Wilhelm Baum   Kaiser Sigismund

Wilhelm Baum

KAISER SIGISMUND

Hus, Konstanz
und Türkenkriege

VERLAG STYRIA

Umschlagbild: Porträt Kaiser Sigismunds von Pisanello um 1433
(Tempera auf Pergament, Wien, Kunsthistorisches Museum).

Die Deutsche Bibliothek – CIP-Einheitsaufnahme

Baum, Wilhelm:
Kaiser Sigismund : Hus, Konstanz und Türkenkriege /
Wilhelm Baum. – Graz ; Wien ; Köln : Verl. Styria 1993
ISBN 3-222-12203-2

1993 Verlag Styria Graz Wien Köln
Alle Rechte vorbehalten
Printed in Austria
Umschlaggestaltung: Zembsch'Werkstatt, München
Gesamtherstellung:
Druck- und Verlagshaus Styria, Graz
ISBN 3-222-12203-2

INHALT

Vorwort ... 7

I. Die Preßburger Verlobung von 1411 und ihre Vorgeschichte ... 11

II. Die Hausmachtpolitik Karls IV. und die Anfänge Sigismunds als König von Ungarn ... 17

III. Jahre der Selbstbehauptung (1387–1403) ... 30

IV. Reform- und Kirchenpolitik (1404–1410) ... 51

V. Sigismund als Vermittler zwischen Polen und dem Deutschen Ritterorden (1409–1412) ... 64

VI. Die Wahl zum deutschen König (1410/11) ... 74

VII. Krieg gegen Venedig, Italienzug und Königskrönung (1411–1414) ... 83

VIII. Der Beginn des Konstanzer Konzils (1414/15) ... 100

IX. Der Krieg gegen Friedrich IV. von Österreich (1415) ... 112

X. Der Prozeß gegen Jan Hus (1415) ... 120

XI. Sigismunds Reise nach Perpignan, Paris und London und das Bündnis von Canterbury (1415/16) ... 130

XII. Das Ende des Konstanzer Konzils und der Krieg gegen Venedig (1417–1420) ... 139

XIII. Türkenkrieg, Reichstag zu Breslau und erster Hussitenzug (1419/20) ... 148

XIV. Kurfürstentage, Reichsreform und Mainzer Reichsvikariat (1421–1424) ... 163

XV. Der Binger Kurfürstenbund – Sigismunds tiefste Demütigung (1424/25) ... 179

XVI. Italienpolitik, Türkenfeldzug und Kongreß von Luck (1426–1429) ... 196

XVII. Rückkehr nach Deutschland und letzter Hussitenkreuzzug (1430/31) ... 219

XVIII. Der Beginn des Basler Konzils, Romzug und Kaiserkrönung (1431–1433) ... 232

XIX. Auseinandersetzung mit Burgund, Reichsreformbestrebungen und Bündnis mit Venedig (1433–1435) ... 255

XX. Der Einzug in Prag (1436) ... 272

XXI. Reichstag zu Eger, letzte Friedensbemühungen und Tod ... 281

Anmerkungen ... 297
Zeittafel (allgemein) ... 312
Zeittafel (Sigismund) ... 315
Literatur ... 318
Personenregister ... 327

VORWORT

Die Geschichte des späten Mittelalters ist in vieler Hinsicht immer noch unzulänglich erforscht. Insbesondere die ausgestorbenen Geschlechter und erloschenen Linien der Dynastien hatten häufig niemand, der ihr „Gedächtnis" bewahrte, um das sich z. B. Gestalten wie Kaiser Maximilian stets bemühten. Im deutschsprachigen Raum wurde über Jahrhunderte hindurch besonders die Geschichte des Hauses Habsburg erforscht und beschrieben. Während die hochmittelalterlichen Kaisergeschlechter der Karolinger, Ottonen, Salier und Hohenstaufen stets ein breites Echo fanden, konzentrierte sich die Geschichtsschreibung der Zeit seit dem 14. Jahrhundert eher auf das Landesfürstentum als dem Vorläufer der heutigen Länder und Regionen. Dies zeigt sich etwa besonders bei der Erforschung der Geschichte der Institutionen; über „das Reich" der Ottonen, Salier und Hohenstaufen existiert eine umfangreiche Literatur. So wurde z. B. die Reichsmünzprägung dieser Zeit eingehend und systematisch erforscht, während für die Zeit des späten Mittelalters lediglich regionale Münzgeschichten verfaßt wurden und die Geschichte der Reichsmünzprägungen in diesem Zeitraum nicht einmal in Ansätzen behandelt ist. Ähnlich ist es auch bei der Geschichtsschreibung, der Kunst, der Literatur und auf anderen Gebieten. Wichtige Texte führender Denker dieser Epoche sind noch unediert; so ist z. B. das Werk des Staatsrechtlers Antonio Roselli, der Sigismund von Luxemburg seine „Monarchia" widmete, bis heute kaum bekannt und erforscht. Die Geschichtsschreibung lebt heute wie in früheren Zeiten weitgehend von staatlichen und regionalen Subventionen, die sich in der Regel von politischen Motiven her legitimieren müssen. Die auf diese Weise staatlich finanzierten „Landesgeschichten" stellen nur selten überregionale Aspekte in den Vordergrund. Da das Reich der Luxemburger längst zerfallen ist und die politischen Nachfolgegebilde andere Wege gehen, gibt es keine Institution, die ein Interesse daran hat, Werke wie das vorliegende zu unterstützen.
Joseph Aschbach verfaßte zwischen 1838 und 1845 eine vierbändige Biographie des letzten Kaisers aus dem Haus Luxemburg, der immer im Schatten seines Vaters Karl IV. stand. Da Sigismund über ein halbes Jahrhundert König von Ungarn war, beschäftigte sich die Geschichtsschreibung der Ungarn immer wieder mit seiner Zeit, obwohl gerade die Verbindung des ungarischen Königtums mit dem deutschen Kaisertum in Ungarn selbst nicht gerne gesehen wurde.

Elemér Mályusz verfaßte eine Monographie über „Kaiser Sigismund in Ungarn", die auch ins Deutsche übersetzt wurde; es freut mich besonders, daß ich mit Herrn Mályusz noch vor seinem Tod in Kontakt treten und wertvolle Impulse erhalten konnte. Weitere wichtige Hinweise erhielt ich von Prof. Bertalan Kéry (Stockholm), dem Verfasser eines Standardwerkes über die Ikonographie des Kaisers, und von Prof. Wolfgang von Stromer (Erlangen), der grundlegende Arbeiten über die Wirtschaftspolitik und die Beziehungen des Kaisers zu asiatischen Herrschern verfaßte. Erfreut konnte ich immer wieder in Gesprächen mit Fachkollegen – wie z. B. mit Frau Marija Wakounig (Wien) – feststellen, daß diese meine Auffassung, daß Sigismund der bedeutendste Kaiser des späten Mittelalters war, teilten. Bedeutende Historiker wie etwa Hermann Heimpel planten bereits vor Jahrzehnten, eine neue Biographie Sigismunds zu verfassen. Ich fragte mich oft, wieso dieses von so vielen Seiten seit Jahrzehnten erwartete Werk bisher nicht erschienen ist, obwohl die Herausgabe der Reichstagsakten und die sich daran anschließenden Dissertationen um die Jahrhundertwende eine gute Vorarbeit leisteten. Bei der Arbeit an diesem Werk mußte ich dann jedoch immer wieder feststellen, wie viele Gebiete noch unbearbeitet waren. Zahlreiche Berichte der Geschichtsschreiber des späteren 15. Jahrhunderts – wie z. B. Johann Thuróczy († ca. 1490) oder Jan Długosz († 1480) – über Türken- oder Bosnienfeldzüge Sigismunds in den 1390er Jahren waren aus der zeitlichen Distanz verschiedenen Jahren zugeordnet worden und stifteten in der späteren Literatur eine heillose Verwirrung; häufig wurden die Berichte geradezu zu Topoi, die mit der historischen Wirklichkeit nicht mehr viel zu tun haben.

Aufgrund meiner Vorarbeiten über die Geschichte der Habsburger und ihrer politischen Beziehungen im 15. Jahrhundert interessierte mich die Persönlichkeit Sigismunds seit Jahren. Wie in meinen Monographien über Cusanus und Sigismund den Münzreichen ging ich auch bei dieser Arbeit vom gesicherten Fundament der Urkunden aus und erstellte mir in jahrelanger mühevoller Arbeit ein Itinerar, in das jede Urkunde des Kaisers eingetragen wurde; so war es möglich, den Weg Sigismunds über Jahrzehnte von Prag nach Brandenburg, nach Ungarn, Polen, Dalmatien, Bulgarien, Konstantinopel, Italien, Frankreich, Deutschland und England gewissermaßen von Tag zu Tag zu verfolgen. Aus den zum Teil erhaltenen Verhandlungsinstruktionen, aus den Berichten der Zeitgenossen, den Schriften der Kritiker und Schmeichler, aus den hinterlassenen Kunstwerken und Plänen läßt sich ein Bild des Kaisers entwerfen und seine politische Zielsetzung ziemlich umfassend rekonstruieren, das sicher noch ergänzt werden kann, andererseits aber in der Grundstruktur klar vor Augen liegt.

Die „Habsburgerwelle", die in der Gegenwart nostalgische Gefühle weckt, sollte uns nicht vergessen lassen, daß es Sigismund war, auf den die Konzeption der Donaumonarchie zurückgeht; er war überzeugt, daß das von den Türken hart bedrängte Königreich Ungarn sich nur dann behaupten könne, wenn es von Österreich und Böhmen gestützt werde. Diese Konzeption konnte der letzte Luxemburger mit seinem Schwiegersohn Albrecht II. von Österreich realisieren. Gerade in der Gegenwart rücken die osteuropäischen Staaten wie Polen, Ungarn,

Tschechien, die Slowakei, Slowenien, Kroatien und Bosnien in das Gesichtsfeld Mitteleuropas. Alle diese Gebiete hat Sigismund – mit Ausnahme einer nur kurzen Regentschaft in Polen – über viele Jahrzehnte beherrscht und mitgeprägt. Die Auseinandersetzung mit der Geschichte dieser Gebiete war teilweise recht mühsam; die Sprachbarrieren wirken hier immer noch hemmend. Kein deutscher Kaiser hat so lange und so intensiv diese wichtige östliche Zone Mitteleuropas mitgestaltet. Das vorliegende Werk ist daher nicht nur eine Einführung in ein lange vernachlässigtes Gebiet deutscher, ungarischer und böhmischer Geschichte, sondern auch in das faszinierende Leben dieser Völker, deren geistiger Reichtum in Mitteleuropa bisher noch viel zu wenig bekannt ist.

Klagenfurt 1993   Wilhelm Baum

I.
Die Preßburger Verlobung von 1411 und ihre Vorgeschichte

Nur einige Wochen nach seiner Anerkennung als römisch-deutscher König traf der ungarische König Sigismund von Luxemburg Anfang Oktober 1411 in Preßburg ein, um dort einen Reichstag abzuhalten. Seit seiner Wahl zum deutschen König hatte er den Boden des Reiches noch nicht einmal betreten. Große Probleme und Aufgaben kamen auf ihn zu, die er angesichts des Machtverfalls des deutschen Kaisertums kaum bewältigen konnte. Das gesamte 14. Jahrhundert hindurch hatten sich die drei großen Dynastien des Reiches, die Habsburger, Luxemburger und Wittelsbacher, in immer neuen Variationen um die Krone des Reiches gestritten. Die Macht des einst so stolzen Kaisertums der Ottonen, Salier und Staufer war dadurch immer mehr gesunken, und die Zersplitterung durch den permanenten Bürgerkrieg hatte dazu geführt, daß große Teile des Reiches im Westen, Osten, Norden und Süden bereits verlorengegangen waren. König Sigismund war ein Mann der großen Visionen. Er sah die Zwistigkeiten zwischen den großen Familien und deren Folgen für das Reich und Europa. Die Christenheit war unter sich gespalten; drei Päpste kämpften miteinander um die Anerkennung. Das Osmanische Reich bedrängte Europa vom Balkan her. Die neapolitanische Linie des einstigen ungarischen Königshauses der Anjou machte Sigismund von Neapel aus den Thron streitig. Die Handelsrepublik Venedig hatte die Bedrohung Ungarns durch die Türken ausgenützt und 1409 die wichtige ungarische Hafenstadt Zara (Zadar) besetzt. Wohin der König sah: Es gab nur Schwierigkeiten.

Auf dem Preßburger Reichstag legte König Sigismund nun am 7. 10. 1411 den Grundstein für eine Vision, die bereits ein halbes Jahrhundert zuvor Herzog Rudolf IV. „dem Stifter" von Österreich vor Augen gestanden war: die Zusammenfassung der ungarisch-luxemburgischen und der habsburgisch-österreichischen Kräfte zu einem Großreich an der Donau, das nicht nur den Einbruch der Türken in Europa abwehren, sondern auch eine neue und vergrößerte Machtbasis für ein gestärktes Kaisertum bilden sollte. Bereits seit dem Sommer des Jahres 1402 hatte er derartige Pläne mit Herzog Albrecht IV. von Österreich, dem Oberhaupt der „albertinischen" Linie der Habsburger, die das Herzogtum Österreich regierte, beraten. Nach einem Putsch der ungarischen Barone und einer halbjährigen Gefangenschaft hatte Sigismund im August 1402 in Wien für den Fall, daß er ohne Söhne sterbe, die Habsburger als Nachfolger in Ungarn einge-

setzt. Unter ihnen schätzte der König vor allem Albrecht IV., den er noch im gleichen Jahr zu seinem Stellvertreter im Königreich Ungarn ernannte. Auf dem Preßburger Reichstag erkannten die ungarischen Barone dann auch im September 1402 den 25jährigen Habsburger als Nachfolger in Ungarn an und beschworen dies mit einem feierlichen Eid.
Die Bindungen zwischen König Sigismund und Herzog Albrecht IV. waren in der Folge immer enger geworden. Im Juli 1404 unterstützte der Herzog den König bei seinem Feldzug nach Mähren. Über mehrere Wochen hindurch belagerte Albrecht die Stadt Znaim, die er auch mit Kanonen beschießen ließ. Er gelobte, Wien nicht eher wieder zu betreten, bis Znaim gefallen sei. Sigismunds Biograph Eberhard Windecke berichtet, daß der König und der Herzog bei der Belagerung durch ein Gericht mit schwarzem Pfeffer vergiftet worden seien. Der Geschichtsschreiber Thomas Ebendorfer erzählt, er habe als Kind in seinem Heimatort Haselbach gesehen, wie man den todkranken Herzog in einer Sänfte nach Österreich zurückbrachte. Dabei habe er beklagt, in welches Elend Österreich nun geraten werde. Vor seinem Tod erhielt der Herzog jedoch das Versprechen Sigismunds, seinem siebenjährigen Sohn Albrecht ein zweiter Vater zu sein.
König Sigismund, an dem man häufig mit Recht kritisierte, er halte seine Versprechungen nicht ein, übertrug seine Zuneigung zu Albrecht IV. fortan auf dessen gleichnamigen Sohn. Auf dem Preßburger Reichstag des Jahres 1411 setzte er nun einen langgehegten Plan in die Tat um. Er verlobte den 1397 geborenen Albrecht V. mit seiner zweijährigen Tochter Elisabeth. Während die bei derartigen Anlässen ausgestellten Urkunden meist im sachlichen Juristendeutsch ausgestellt wurden, entrollte der König nun die gesamte Vorgeschichte der Verlobung in der feierlichen Urkunde. Er beginnt dabei mit dem Brünner Frieden von 1364 zwischen seinem Vater Kaiser Karl IV. und Herzog Rudolf IV., bei dem eine Erbverbrüderung zwischen den Häusern Luxemburg und Habsburg geschlossen worden sei. Dann berichtet Sigismund weiter über sein freundschaftliches Verhältnis zu Albrecht IV., das niemals eine Trübung erfahren habe. Um der Liebe und Treue willen, die Albrecht ihm bis zu seinem Tod entgegengebracht habe, wolle er dies nun dem Sohn vergelten, wie er es dem sterbenden Herzog versprochen habe. „Seit dieser Zeit nennen wir Albrecht unseren Sohn, und wir wünschen ihm nun dasjenige zu leisten, was wir schon seinem Vater zugedacht haben. Mit Rücksicht auf die freundschaftlichen Verhältnisse, die nicht nur zwischen Böhmen und Österreich, sondern auch zwischen den Königen Ungarns und den österreichischen Herzögen in den verflossenen Jahren, vorzüglich aber zu Zeiten König Ludwigs bestanden, haben wir uns entschlossen, uns mit unserem Sohn Albrecht noch enger zu verbinden und ihm unsere liebe Tochter Elisabeth zur Gemahlin zu geben."[1]
Die Verlobung Albrechts V. von Österreich mit Sigismunds Tochter Elisabeth eröffnete für beide Dynastien, die sich Jahrzehnte hindurch befehdet hatten, eine große gemeinsame Zukunftsperspektive. Albrecht V. sollte dann auch während der 26jährigen Regierungszeit Sigismunds als römischer König und deutscher Kaiser dessen einziger verläßlicher Bündnispartner im Reich werden. Die

habsburgische Hausmacht bildete nun die Verstärkung für Sigismunds Königtum, der als erster deutscher König im Reich selbst über keinen direkten Besitz mehr verfügte. Sigismund betonte noch vor seinem Tod, Ungarn könne den Kampf gegen die Weltmacht der Türken bestehen, wenn es an Österreich und Böhmen einen dauernden Rückhalt finden werde. Angesichts der Tatsache, daß Sigismund keine männlichen Erben hatte, war es nur logisch, daß er die Nachfolge seines Schwiegersohnes im Reich, in Ungarn und auch in Böhmen erstrebte. „Am Schluß seines Lebens war es die Sorge seiner letzten Stunden, daß nach seinem Tode auch Wirklichkeit würde, was er im Leben angebahnt hatte. Sigismund wurde so der Schöpfer der Österreichisch-Ungarischen Monarchie."[2]

Die Preßburger Verlobung von 1411 zeigt die gesamte Perspektive luxemburgisch-habsburgischer Politik eines Jahrhunderts auf, die König Sigismunds Handeln bestimmte. Die Häuser Habsburg und Luxemburg waren beide an der Peripherie des Reiches entstanden. Weder Rudolf I. von Habsburg (1272–1291) noch Heinrich VII. von Luxemburg (1308–1314) waren Reichsfürsten gewesen, als die Wahl der Fürsten zum deutschen König auf sie gefallen war. Die mächtigen Reichsfürsten wollten eine starke königliche Macht in Deutschland verhindern. Rudolf I., der gegen den mächtigen Böhmenkönig Ottokar gewählt wurde, konnte diesen ausschalten und die Nachfolge seines Hauses in Österreich und der Steiermark durchsetzen. Sein Sohn Albrecht I. (1298–1308) wurde zwar ebenfalls deutscher König, fiel aber auf dem Höhepunkt seines Wirkens einem Meuchelmord zum Opfer. Nun wählten die Fürsten den ersten Luxemburger zum deutschen König, der jedoch die staufische Italienpolitik wiederaufnahm, aber ebenfalls in jungen Jahren verstarb, bevor er seine Vorstellungen verwirklichen konnte. Nach seinem Tod wählte ein Teil der Fürsten Herzog Friedrich „den Schönen" von Österreich (1314–1330), den Sohn Albrechts I., während die gegnerische Partei den Wittelsbacher Ludwig „den Bayern" (1314–1347) auf den Schild erhob. In der Zeit des Bürgerkrieges konnte Johann „der Blinde", der Sohn Heinrichs VII., seine Hausmacht ausbauen und das Königreich Böhmen für die Luxemburger erwerben. Schon vor dem Tod Kaiser Ludwigs erhob der Papst von Avignon Johanns Sohn Karl IV. (1346–1378) auf den deutschen Königsthron.

Unter Kaiser Karl IV. wurde die Zahl der Kurfürstentümer in der „Goldenen Bulle" von 1356 mit sieben festgelegt, um zukünftige Doppelwahlen zu verhindern. Gleichzeitig wurden damit die Habsburger von der Kurwürde ferngehalten. Dann konnten die Luxemburger mit der Mark Brandenburg 1373 noch eine zweite Kurstimme erwerben. Erstmals seit der staufischen Kaiserzeit gelang es Karl IV. 1376 als deutschem Kaiser, die Wahl seines Sohnes Wenzel zum römischen König noch zu Lebzeiten durchzusetzen. Diese Wahl kann als ein Höhepunkt in der Geschichte des luxemburgischen Hauses angesehen werden.

Die Habsburger wurden nach dem Tod Friedrichs des Schönen für mehr als ein Jahrhundert von der Königs- und Kaiserwürde ferngehalten. Sie nutzten diese Zeit jedoch zum konsequenten Ausbau ihrer Hausmacht. Friedrichs jüngerer Bruder Herzog Albrecht II. „der Lahme" († 1358) war ein kluger Regent, dem 1326 die Erwerbung der Grafschaft Pfirt im Elsaß und 1335 die des Herzogtums

Kärnten gelang. Das Reich der Habsburger reichte nun vom Wiener Becken über die Steiermark, Kärnten und die alten Besitzungen um den Bodensee und in Oberschwaben bis zu den Vogesen. In den Kämpfen Karls IV. mit seinen Gegenkönigen verhielt sich Albrecht II. neutral. Bereits Ende 1344 hatte Karl noch als Markgraf von Mähren in Wien seine Tochter Katharina mit Albrechts Sohn Rudolf verlobt.[3] Nach seiner Wahl bemühte sich König Karl IV., gute Beziehungen zu dem klugen Herzog von Österreich zu erhalten. Im ersten „Brünner Erbvertrag" vom 26. 5. 1348 mit Karl IV. wurde erstmals die gegenseitige Erbfolge zwischen Habsburgern und Luxemburgern festgelegt; anschließend vereinbarten beide Seiten endgültig die Verlobung des Herzogssohnes Rudolf mit der Königstochter Katharina. König Ludwig „der Große" von Ungarn trat der Erbverbrüderung zwischen Habsburgern und Luxemburgern bei. Albrecht II. ließ sich dann in Seefeld an der mährischen Grenze von Karl mit den Reichslehen belehnen. 1353 trafen Karl IV., König Ludwig von Ungarn und Albrecht II. in Wien zusammen, wo die Vermählung Rudolfs IV. mit Katharina beschlossen wurde. Vor seinem Tod erließ Albrecht II. 1355 ein Hausgesetz, in dem festgelegt wurde, daß alle männlichen Habsburger „zur gleichen Hand" mit den Herzogtümern Österreich, Steiermark, Kärnten und Krain und den übrigen Besitzungen belehnt werden sollten.

Nach dem Tod Albrechts II. übernahm zunächst dessen 19jähriger Sohn Rudolf IV. „der Stifter" die Regierung der habsburgischen Länder. 1353 war der Herzog König Karl IV. erstmals im Stift Zwettl begegnet. Ein Chronist bemerkte dazu, Karl habe sich dabei wie ein Kaiser, der junge Rudolf aber wie ein römischer König verhalten.[4] Möglicherweise machte er sich Hoffnung auf die Nachfolge des Königs, aber die Geburt des Thronfolgers Wenzel im Jahr 1361 machte diese Pläne zunichte. Angesichts der Ausschaltung seines Hauses von der Kurwürde ließ Rudolf gleich nach dem Regierungsantritt von seiner Kanzlei einige Freiheitsbriefe fälschen, nach denen den Habsburgern die Würde eines „Erzherzogs" zustehe; auch nannte er sich entsprechend der Politik seines Hauses, das mit dem Ende der Staufer untergegangene Herzogtum Schwaben zu erneuern, „Herzog von Schwaben". Nach schweren Spannungen zwischen Karl IV. und seinem Schwiegersohn vermittelte König Ludwig von Ungarn eine Aussöhnung, nach der Rudolf IV., Albrecht III. und Leopold III., die Söhne Albrechts II., 1360 die Belehnung durch das Reichsoberhaupt erhielten. Auf den Titel eines Herzogs von Schwaben mußte Rudolf verzichten, weil der deutsche Kaiser dort selbst großen Einfluß ausübte, auf den er nicht verzichten wollte.

Auch nach der Aussöhnung des Jahres 1360 bestanden die Konflikte zwischen Kaiser Karl IV. und seinem Schwiegersohn weiter. 1362 verbündete sich Rudolf mit König Kasimir von Polen und König Ludwig von Ungarn, der bereits 1356 ein Bündnis mit Albrecht II. erneuert hatte, gegen Karl IV. Noch im gleichen Jahr fielen Ludwig und Rudolf mit Truppen in Mähren ein. Während der Feldzug wenig Erfolg für die Verbündeten brachte, gelang es Herzog Rudolf 1363, die Tiroler Gräfin Margarethe Maultasch dazu zu bewegen, ihm das Paßland Tirol abzutreten, das während Margarethes erster Ehe luxemburgisch gewesen war.

Angesichts der Erfolge der Türken, die 1367 Adrianopel in Thrakien eingenommen hatten, mahnte der Papst den Kaiser, mit seinen Gegnern Frieden zu schließen.

Anfang Februar 1364 fand in Brünn daher ein Fürstenkongreß statt, an dem der Kaiser, seine Tochter Katharina, deren Gemahl Rudolf IV., König Ludwig von Ungarn und der Legat des Papstes teilnahmen. Im Friedensschluß wurde vereinbart, daß nicht nur die Waffen ruhen sollten, „sondern es sollte in Zukunft zwischen den Häusern Habsburg und Luxemburg die engste Verbindung herrschen, ja sogar eine Vereinigung der Länder beider untereinander und allenfalls auch mit Ungarn zu einem mächtigen Reiche angebahnt werden. Dieser Plan der Vereinigung der österreichischen, böhmischen und ungarischen Länder zu einem großen Reiche, wie er 73 Jahre später vorübergehend, bleibend nach anderthalb Jahrhunderten verwirklicht wurde, ist wohl Rudolfs bedeutendster staatsmännischer Gedanke."[5] Ob es freilich allein die Idee Rudolfs war, ist fraglich; es scheint, daß der Kaiser sich erhoffte, in den habsburgischen Ländern die Nachfolge antreten zu können.

Im zweiten „Brünner Erbvertrag" vom 10. 2. 1364 wurde vereinbart, daß die Habsburger die Länder der Luxemburger erben sollten, wenn Karl IV., sein Bruder Johann Heinrich von Mähren und sein Sohn Wenzel ohne Erben sterben sollten. Umgekehrt würden die Luxemburger die Länder der Habsburger erben, wenn Rudolf IV. und seine Brüder Albrecht III. und Leopold III. sowie König Ludwig von Ungarn keine männlichen Nachkommen hinterlassen sollten. Ungarn wurde also in den luxemburgisch-habsburgischen Erbvertrag einbezogen; die Luxemburger sollten die habsburgischen Gebiete aber erst erben, wenn auch die ungarischen Anjous ausgestorben wären. Es scheint, daß bei dem Bündnis zwischen Rudolf IV. und König Ludwig von 1362 bereits die gegenseitige Erbfolge zwischen Österreich und Ungarn vereinbart wurde. Außerdem verzichtete Karl IV. nun endgültig auf Tirol, den früheren Besitz seines Bruders Johann Heinrich von Mähren, dessen Tochter Katharina 1353 mit Albrecht III. verlobt worden war; Rudolf wurde nun in Brünn mit Tirol belehnt. Die Vermählung von Rudolfs Schwester Margarethe mit Johann Heinrich von Mähren, dem früheren Gemahl der Margarethe Maultasch, festigte dann den „Brünner Erbvertrag" zwischen den Häusern Luxemburg und Habsburg weiter. Alte Vorstellungen aus der Zeit Ottokars II. und Albrechts I. dürften bei diesem Abkommen nachgewirkt haben. „Man hat das Vertragskonzept von Brünn nicht ganz zu Unrecht als geniale Präfiguration Großösterreichs und der nachfolgenden österreichisch-ungarischen Monarchie angesehen."[6] Zur Zeit des Abschlusses des Brünner Vertrages waren seine Folgen noch nicht übersehbar. Weder Rudolf IV. noch seine Brüder hatten damals bereits Nachkommen. Karl IV. konnte nicht ahnen, daß sein Sohn Wenzel keine Nachkommen hinterlassen und von seinem Stamm einzig der 1368 geborene Sohn Sigismund übrigbleiben würde.

Nach dem Tod Rudolfs IV. bemühte sich Karl IV. mit Erfolg, den Erbvertrag zwischen Österreich und Ungarn rückgängig zu machen. 1365 sorgte er für die Auflösung des Verlöbnisses zwischen Albrecht III., dem Bruder Rudolfs IV., und der Tochter König Ludwigs, um eine Verbindung seiner eigenen Tochter Elisabeth mit dem nun ältesten Habsburger zu forcieren.[7] Im Frühjahr 1366 kam es zur Verlobung seiner erst achtjährigen Tochter mit dem 17jährigen Habsburger. König Ludwig sagte die Habsburger daher im Februar 1366 von allen ihm geleisteten Erbverträgen ledig. Damit waren die ungarischen Anjous endgültig aus der Nachfolge in Österreich ausgeschaltet. Die Ironie der Geschichte wollte es freilich, daß es 1437 dennoch zur Vereinigung von Österreich und Ungarn kommen sollte. König Sigismund von Ungarn war diese Vorgeschichte vom Brünner Erbvertrag von 1348 bis zum zweiten Brünner Vertrag von 1364 bekannt, die er in der Verlobungsurkunde vom 7. 10. 1411 rekapitulierte. 1348 und 1364 konnte man noch nicht ahnen, welche Seite der Vertragspartner die andere beerben würde. Seit Sigismund von Luxemburg als ungarischer König 1402 das Bündnis mit Albrecht IV. geschlossen hatte, zeichnete es sich jedoch ab, daß es eher die Habsburger sein würden, die die luxemburgische Hausmacht beerben konnten. Sigismund betrachtete dann folgerichtig Albrecht V. als seinen Nachfolger und bemühte sich, ihm seine Kronen und Länder zu hinterlassen. Diese Bemühungen bilden eine Konstante seiner ansonsten so unruhigen und wechselhaften Politik, die er Jahrzehnte hindurch konsequent verfolgte.

II.
Die Hausmachtpolitik Karls IV. und die Anfänge Sigismunds als König von Ungarn

In seiner Typisierung des spätmittelalterlichen Kaisertums teilt Peter Moraw dessen Entwicklung in drei Phasen ein: Die „kleinen" Könige von Rudolf I. bis Heinrich VII. sieht er, ausgehend von einer nur schmalen Hausmacht, als eigentlich nur „deutsche" Könige, die sich in erster Linie auf das bewahrte oder wiedergewonnene Krongut stützten und sich am Vorbild der Staufer orientierten. Die Zeit Ludwigs des Bayern sei eine Übergangsphase zum „hegemonialen Königtum" gewesen, das sich auf einen großen und wachsenden Länderkomplex habe stützen können. Karl IV. führte diese Phase zur Vollendung. „Der König-Kaiser war erstmals seit hundert Jahren wieder seinen Hauptpartnern, dem Papst und den Nachbarkönigen, wirklich gewachsen; er galt schließlich als die erste Respektsperson des christlichen Europa, so daß das Zeitalter der kurialen Oberherrschaft ohne viel Aufhebens in der Praxis zu Ende ging."[1] Die Zeit des 15. Jahrhunderts sieht Moraw dann von der „dualistischen Lösung" der Verfassungsfrage gekennzeichnet, die auf einem allgemeinen Minimalkonsens statt zentraler Machtpolitik beruht habe. Trotz seiner starken Schematisierung bietet sich dieser Erklärungsversuch auch zur Analyse der Politik Karls IV. an.

Benesch von Weitmühl, der Geschichtsschreiber Karls IV., erklärte einmal, der Kaiser habe den Kauf neuer Gebiete mit Steuern aus seinem böhmischen Königreich bezahlt, denn vom Reich und seinen Städten habe er zeit seines Lebens wenig oder nichts bekommen. Noch während der Regierungszeit Heinrichs VII. konnte dessen Sohn Johann durch die Ehe mit der Przemyslidin Elisabeth, der Tochter König Wenzels II., 1310 das Königreich Böhmen mit der Markgrafschaft Mähren gewinnen. 1335 gelang ihm die Erwerbung von Breslau und die polnische Anerkennung der Lehensoberhoheit über die piastischen Herzogtümer in Schlesien. Bereits König Johann plante die Erwerbung Polens; noch zu seinen Lebzeiten verlobte sein Sohn Karl seine Tochter Margarethe 1338 mit Ludwig, dem späteren König von Ungarn und Polen.

Karls IV. Halbbruder Wenzel hatte die Stammgrafschaft Luxemburg geerbt, die der König 1354 zum Herzogtum erhob. Durch seine Ehe mit Johanna, der Tochter Herzog Johanns III. von Brabant und Limburg, konnte er 1355 auch dieses Herzogtum erwerben. Die westliche Bastion der Familie, das Stammherzogtum Luxemburg, lag von Prag etwa 600 Kilometer entfernt. Nach Wenzels kinderlosem Tod fiel

Luxemburg 1383 an die Hauptlinie zurück, während Brabant nach dem Tod von Wenzels Witwe 1406 an ihren Großneffen Anton von Burgund überging. Damit war die westliche Seitenlinie der Luxemburger erloschen.
Karl IV. hatte in seiner Jugend maßgeblich mit zur Erwerbung Tirols für seinen Bruder Johann Heinrich beigetragen und für diesen sogar das Cadore, Feltre und Belluno erobert. Mit der Vertreibung seines Bruders brach jedoch bereits Ende 1341 die luxemburgische Herrschaft in Tirol zusammen; im zweiten „Brünner Vertrag" mußte Karl schließlich die Habsburger mit Tirol belehnen. 1353 begann der König mit der systematischen Erwerbungspolitik in der Oberpfalz, die eine Landbrücke zwischen Böhmen und Nürnberg bilden sollte, die er durch eigene Territorien erreichen wollte. Durch seine dritte Ehe mit der Erbnichte des Herzogs von Schweidnitz-Jauer konnte Karl 1368 dieses schlesische Herzogtum erwerben. Am erfolgreichsten erwies er sich in seiner Beziehung zu den Wittelsbachern Ludwig „dem Römer" und Otto „dem Faulen", die das Kurfürstentum Brandenburg innehatten. Zunächst löste er die von den Wittelsbachern an die Wettiner verpfändete Niederlausitz aus und kaufte sie ihnen 1366/67 ab. Diese Erwerbung wurde der Kern des für seinen jüngsten Sohn Johann geschaffenen Herzogtums Görlitz. 1363 verlobte er den brandenburgischen Markgrafen Otto mit seiner Tochter Elisabeth. Zwei Jahre darauf gab dieser ihm die Kurmark auf sechs Jahre zur Verwaltung. Als Otto sich mit König Ludwig von Ungarn gegen den Schwiegervater verbündete, wurde die Verlobung wieder gelöst. Als er sich gegen die Verträge mit dem Kaiser auflehnte, marschierte dieser 1371 in die Mark Brandenburg ein. Im April 1372 gelang es Karl, König Ludwig dafür zu gewinnen, seinen vierjährigen Sohn Sigismund mit Ludwigs Tochter Maria oder aber – wenn Ludwig noch einen Sohn erhalten sollte – mit seiner ältesten Tochter Katharina zu verloben. Der Erzbischof von Gran verhandelte diesbezüglich in Brünn und Prag mit dem Kaiser, der sich verpflichtete, weder Ungarn noch Polen anzugreifen.[2] „Hier tauchte zum erstenmal der Gedanke an ein zweites Zentrum der luxemburgischen Dynastie außerhalb des Reiches und unabhängig von diesem in Mitteleuropa auf."[3] Daraufhin ließ der ungarische König Markgraf Otto fallen, der in einem zweiten Feldzug vom Kaiser gefügig gemacht wurde. Im Vertrag von Fürstenwalde trat Markgraf Otto dem Kaiser am 18. 8. 1373 für die ungeheure Summe von 500.000 Gulden die Mark Brandenburg ab, erhielt jedoch die Kurstimme zunächst auf Lebenszeit zugesichert. Karl ließ nach böhmischem Vorbild das „Landbuch", ein Generallandesurbar der Kurmark, anlegen und belehnte Anfang Oktober 1373 seine drei Söhne Wenzel, Sigismund und Johann zur gesamten Hand mit Brandenburg. Damit hatte der Kaiser neben dem Königreich Böhmen noch eine zweite Kurstimme gewonnen. Er ließ die Stadt Tangermünde nach dem Vorbild von Prag zu einer Nebenresidenz ausbauen. Von allen Erwerbungen des Kaisers war die der Kurmark die bedeutendste.
Entsprechend dem Vorbild seines Vaters richtete Karl IV. seinen Blick bald auch auf die Königreiche Polen und Ungarn. 1363 heiratete er in Krakau in vierter Ehe Elisabeth, die Tochter Herzog Bogislaws V. von Pommern und der Elisabeth von Polen, der Tochter des letzten Piastenkönigs Kasimir III. Die überaus kräftige

16jährige Prinzessin, die Hufeisen verbiegen konnte, war ein eigenartiges Pendant zu dem hinkenden Kaiser, dem sie sich freilich stets unterordnete. König Kasimirs Schwester Elisabeth, Gemahlin König Karls I. von Ungarn und Mutter König Ludwigs „des Großen", hatte den Anspruch auf den polnischen Thron geerbt. Da König Ludwig keine Söhne hatte, bot eine Vermählung einer seiner Töchter mit einem Sohn Karls Erbaussichten auf die beiden Reiche Ungarn und Polen. Karl IV. selbst faßte in erster Linie eine Nachfolge in Polen ins Auge und war dafür auch bereit, in gewisser Weise den von Polen bedrängten Deutschen Ritterorden zu opfern. Für den polnischen Thron kam demnach Karl IV. oder sein und Elisabeths Sohn Sigismund in Frage.[4]

Bereits vor der Wahl zum deutschen König hatte Karl mit der Verlobung seiner Tochter Margarethe den ersten Schritt in die Richtung einer Allianz mit Ungarn gesetzt und König Ludwig I. dabei versprochen, seine Ansprüche auf den polnischen Thron zu unterstützen. Der König aber zögerte die Hochzeit mit der nicht geliebten Braut hinaus, bis diese 1349 als Gemahlin Ludwigs, nach anderen Quellen aber erst 1351, unvermählt am ungarischen Königshof starb. Nach ihrem Tod heiratete König Ludwig eine bosnische Prinzessin, die ihm drei Töchter gebar. Wichtiger als Ungarn blieb für Karl jedoch Polen. 1348 schloß er einen Freundschaftspakt mit König Kasimir, in dem in vager Form vereinbart wurde, den Deutschen Ritterorden aus Polen zu vertreiben. 1365 bestätigte der Kaiser dann diesen Vertrag, der dahingehend erweitert wurde, daß Karl dem Polenkönig Waffenhilfe gegen den Deutschen Orden in Aussicht stellte und ihn als Herrn von Pommerellen bezeichnete. „Es gibt dafür kaum eine andere Erklärung, als daß Karl schon damals wie später das Ziel ins Auge faßte, das sein Vater zurückgesteckt hatte: Polen für sich und sein Haus zu gewinnen, statt es nur von Schlesien, Brandenburg, Pomerellen abzudrängen."[5]

Bevor Karl IV. selbst Söhne hatte, galt sein Neffe Jobst von Mähren als Thronfolger. 1356 verlobte der Kaiser ihn mit einer Nichte König Ludwigs von Ungarn. Als dann sein Sohn Wenzel geboren wurde, trat dieser 1365 an Jobsts Stelle. Karl sprach nun davon, die Kinder aus dieser Ehe würden die böhmische, polnische und die ungarische Krone erben. Als König Ludwig schließlich noch drei Töchter erhielt, löste der Kaiser das Verlöbnis Wenzels mit der Nichte des Ungarnkönigs wieder. Sein nächster Plan bestand nun darin, auf seinem zweiten Romzug vom Papst eine kirchlich nicht legitimierte Ehe Kasimirs als gültig erklären zu lassen, um die Tochter aus dieser Verbindung mit Wenzel zu vermählen. Durch den Widerstand Ungarns gegen diesen Versuch der Ausschaltung des ungarischen Königs aus dem polnischen Erbe wurde die Kurie gezwungen, die Legitimation der Tochter Kasimirs III. zu widerrufen. Somit mußte Karl auch diesen Plan, die Krone Polens für seinen Sohn Wenzel zu gewinnen, nach langem Widerstand aufgeben. Nach dem Tod König Kasimirs III. wurde Ludwig I. von Ungarn als neuer König von Polen anerkannt, der nun beide Reiche in Personalunion regierte.

Unter dem Haus der Anjou hatte Ungarn eine bedeutende Steigerung seines Ansehens in Europa erreicht. Die Anjou waren ursprünglich Grafen der Provence gewesen. 1265 hatte Karl I. von Anjou mit Hilfe des Papstes die Nachfolge der Hohenstaufen im Königreich Sizilien antreten können. Nach der „Sizilianischen Vesper" von 1282 behaupteten sich die Anjou nur im Königreich Neapel. Karls Sohn Karl II. war mit Maria, der Tochter des Arpadenkönigs Stephan V. von Ungarn, vermählt; 1301 wurde er in Esztergom zum König von Ungarn gekrönt. Aber erst sein Enkel Karl Robert, dessen Mutter Clementia eine Tochter Rudolfs I. von Habsburg war, konnte mit päpstlicher Unterstützung die Macht in Ungarn übernehmen. Als Karl I. (1308–1342) entfaltete er eine segensreiche Tätigkeit in Ungarn. Der bedeutende Edelmetallreichtum ermöglichte eine große Währungsreform, die die Einführung der ab 1325 geprägten ungarischen Goldgulden zur Folge hatte, die bald zu einer der wichtigsten und stabilsten Währungen Europas wurden. Der Einfluß der mächtigen Barone konnte bald ausgeschaltet werden; seit 1323 wurden in Ungarn keine Reichstage mehr abgehalten. Deutsche und rumänische Siedler wurden auch weiterhin in Siebenbürgen und in den Karpaten angesiedelt, und es entstand eine blühende Stadtkultur, die an den Rändern stark vom deutschen Bürgertum geprägt war. 1338 kam es zu der erwähnten Verlobung des 1326 geborenen Thronfolgers Ludwig mit der Tochter Karls IV. Die zukünftige Hauptstadt Ofen (Buda) wurde mit einem umfangreichen Stapelrecht versehen und entwickelte sich zum wichtigsten Umschlagplatz des Landes. In zweiter Ehe heiratete Karl eine Schwester König Johanns von Böhmen, mit dem er sich gegen die Habsburger verbündete. Seine dritte Gemahlin Elisabeth, die Mutter Ludwigs „des Großen", war dann die Schwester Kasimirs III. von Polen. 1339 kam es zum Abschluß eines Erbvertrages, in dem für die Zeit nach dem Tod Kasimirs eine polnisch-ungarische Personalunion vorgesehen wurde. 1342 heiratete sein jüngster Sohn Andreas seine Verwandte Johanna I. von Neapel, die ihren Gemahl jedoch drei Jahre später ermorden ließ, was zu mehreren letztlich erfolglosen Kriegen Ungarns mit Neapel führte, weil das Papsttum eine fremde Großmacht von Italien fernhalten wollte. Karls Außenpolitik war dadurch geprägt, gute Beziehungen zu Polen und Böhmen zu unterhalten und auch im Königreich Neapel Einfluß zu nehmen. Dadurch wurde das angevinische Reich zu einer enormen Bedrohung der aufstrebenden Seemacht Venedig.[6]

Ludwig I. der Große (1342–1382) entfremdete sich im Lauf seiner erfolgreichen Regierungszeit seinem einstigen Schwiegervater Karl IV. mehr und mehr, weil er dessen Rivalen Ludwig den Bayern unterstützte. Man erwog 1359 sogar, ihn zum deutschen Gegenkönig zu erheben. König Ludwig, der seine Mutter Elisabeth außerordentlich schätzte, war sehr erbittert, als er erfuhr, daß der Kaiser die herrschsüchtige Intrigantin als Hure bezeichnet hatte; er mußte sich brieflich entschuldigen und die Äußerung als Scherz bezeichnen. 1347/48 unternahm Ludwig seinen ersten Zug nach Neapel. Nach seinem Sieg über die Königin Johanna zwang ihn die Pest zum Rückzug. 1350 unternahm er seinen zweiten Zug nach Neapel; er konnte jedoch lediglich das Fürstentum Salerno behaupten und ein Erbrecht sichern. Auf dem Balkan drängte er die Sekte der Bogumilen zurück, und nach seiner polnischen Krönung unternahm er kreuzzugartige Feldzüge gegen Litauen. Er förderte den Handel der dalmatinischen Städte und wurde dadurch zum erbitterten Feind Venedigs, das vom Papsttum gegen ihn unterstützt wurde. Durch die Unterstützung Serbiens versuchte die expansionistische Republik die Balkanpolitik Ludwigs zu durchkreuzen. Dieser hingegen unterstützte Venedigs Rivalen Genua und Padua und behauptete sich in langen Kriegen von 1347 bis 1381 gegen Venedig. Einer seiner größten Triumphe war der Frieden von Zara, in dem die Markusrepublik am 18. 2. 1358 Zara, Trogir (Trau), Šibenik und Split (Spalato) abtreten mußte. Alle Inseln und Küstenplätze zwischen dem Quarnero und dem Gebiet von Durazzo fielen an Ungarn, das damit Kroatien und Dalmatien erfolgreich behauptete. Ragusa (Dubrovnik) fiel von Venedig ab und schloß einen Schutzvertrag mit König Ludwig, der Ungarn zu einer europäischen Großmacht erhoben hatte.

König Ludwig traf jedoch zu wenig Vorkehrungen gegen die Osmanen, die 1354 Gallipoli eroberten, 1359 erstmals vor Konstantinopel standen und bereits während seiner Regierungszeit bedeutende Gebietsgewinne auf dem Balkan erzielen konnten. Die Walachei, die zunächst wie auch das Fürstentum Moldau die ungarische Oberhoheit anerkennen mußte, machte sich 1377 wieder selbständig. Fürst Twartko I. von Bosnien († 1391), der zeitweise die ungarische Oberhoheit anerkannt hatte, ließ sich 1376 zum König von Serbien, Bosnien und dem Küstenland krönen. Der byzantinische Kaiser Johannes V. Paläologos kam 1366 nach Ofen zu König Ludwig und versprach ihm die Wiedervereinigung der orthodoxen Kirche, wenn das christliche Europa Byzanz gegen die Türken unterstütze. Auf Betreiben des Papstes schloß Karl IV. 1367 in Viterbo ein siebenjähriges Bündnis mit König Ludwig ab, das auch eine gegenseitige Unterstützung in Italien zum Inhalt hatte. Der Kaiser verlor darüber jedoch seine Heiratspolitik nicht aus dem Auge.

In Polen, wo seine Herrschaft nie recht populär wurde, gelang es König Ludwig, „Rotrußland" (die Fürstentümer Halitsch und Wladimir in Galizien) zu erobern; er gliederte sie jedoch Ungarn an, was ihm in Polen selbst weitere Antipathien einbrachte. 1374 begann Ludwig den Krieg gegen die Osmanen; 1377 gelang es ihm, den Sultan Murad zu besiegen; die Stiftung des Wallfahrtsortes Mariazell erinnert noch heute an dieses Ereignis. Problematisch blieb für König Ludwig jedoch stets die Nachfolgefrage, da er aus seiner zweiten Ehe nur drei Töchter hatte.

Neben Karl IV. bemühte sich auch der französische König Karl V. um einen Erbvertrag mit dem König von Ungarn und Polen. So kam es zu der Vereinbarung, daß Ludwig von Anjou, der Bruder des französischen Königs, Ludwigs älteste Tochter Katharina heiraten sollte. So wurde es denkbar, daß ein französischer Prinz die Provence, Unteritalien, Ungarn und möglicherweise auch Polen erben würde. Dies konnte Kaiser Karl IV. nicht gleichgültig lassen. Seinen am 14. 2. 1368 in Nürnberg geborenen zweiten Sohn Sigismund hatte Karl schon wenige Tage nach seiner Geburt mit Katharina, der Tochter des Nürnberger Burggrafen Friedrich V. von Zollern, verlobt. Als dieser jedoch noch Söhne erhielt, wurde das Verlöbnis für den Kaiser wieder uninteressant. Nachdem er noch 1365 seinen Sohn Wenzel für ein Verlöbnis mit einer Tochter Ludwigs vorgesehen hatte, vereinbarte er im April 1372 mit einer ungarischen Verhandlungsdelegation unter der Leitung des Erzbischofs von Gran und des ungarischen Palatins Nikolaus Gara in Breslau, daß sein Sohn Sigismund Ludwigs Tochter Maria oder ihre Schwester Katharina heiraten sollte. Ein Jahr später wurde dann konkret verabredet, daß der mittlerweile fünfjährige Prinz die dreijährige zweite Königstochter Maria heiraten sollte. Dabei ließ sich König Ludwig in Kaschau von den polnischen Ständen zusichern, daß seine älteste Tochter ihm nachfolgen solle, wenn er keine Söhne hinterlassen würde. Im April 1375 wurde der Verlobungsvertrag mit Sigismund in Brünn dahingehend konkretisiert, daß Maria nach Vollendung ihres 12. Lebensjahres Sigismund heiraten sollte.[7] Dieser war Anfang 1376 im Alter von acht Jahren von seinem Vater mit Kurbrandenburg belehnt worden. Der Vater hatte seinen zweiten Sohn selbst in die Mark gebracht, wo die Stände ihrem neuen Herrn huldigten.[8] Noch im gleichen Jahr erreichte der Kaiser, daß sein Sohn Wenzel in Frankfurt zum römischen König gewählt wurde. Bei der Krönung in Aachen trug Sigismund, der bei der Königswahl bereits die Kurstimme abgegeben hatte – obwohl Markgraf Otto noch lebte –, seinem Bruder das Reichsschwert vor. Die letzte Sorge des alten Kaisers war es nun, dem luxemburgischen Haus die erworbenen Machtpositionen zu sichern.

Die Nachfolge König Wenzels in Böhmen und im Reich war unangefochten. Seinem dritten Sohn Johann verlieh Karl IV. neben dem Herzogtum Görlitz auch die Herzogtümer Schweidnitz und Jauer in Schlesien, während seine Neffen Jobst und Prokop die Markgrafschaft Mähren erhielten. Nun galt es, die Nachfolge seines Sohnes Sigismund in Ungarn und Polen zu sichern. Da König Karl V. von Frankreich nicht müde wurde, das angevinische Reich zu sichern, entschloß sich der alte Kaiser zu handeln. Er reiste noch einmal nach Paris, um mit König Karl V. zu verhandeln. Am 5. 1. 1378 kam es zu einer dreistündigen geheimen Besprechung zwischen den beiden Monarchen, von der es keine Aufzeichnungen gibt. Zwei Tage später ernannte der Kaiser den französischen Kronprinzen Karl zum Reichsstatthalter in der Grafschaft Vienne, einem Teilbereich des zum Reich gehörenden Königreichs Arelat, das seither Delphinat genannt wurde. Außerdem ernannte er ihn auch zum Reichsstatthalter im gesamten Königreich Arelat. Schon längst hatte Frankreich ein Auge auf dieses Gebiet geworfen, das der jeweilige Dauphin bereits seit drei Generationen als Lehensträger des Reiches verwaltete. 1365 hatte Karl sich als einziger Kaiser seit Friedrich I. Barbarossa in Arles zum burgundischen König krönen lassen. Ende 1377 gab er das Königreich auf und verständigte sich mit dem französischen König, daß dafür Polen und Ungarn an seinen Sohn Sigismund fallen sollten. „So verlagerte sich die Luxemburgermacht, die später die Habsburger beerbten, zum Südosten, statt nach den Plänen Karls IV. nordostwärts zu wachsen und die Länder im Strombereich der Ostsee zu vereinen, die damals weithin von deutscher Siedlung, Wirtschaft und Kultur durchdrungen wurden."[9] Am 29. 11. 1378 starb dann der unermüdliche Karl mit 62 Jahren in Prag; er hatte wie kein Kaiser seit dem Ende der Staufer das Ansehen des Reiches erhöhen und dessen Macht steigern können. Sein Verzicht auf das Arelat war freilich umsonst gewesen, denn König Ludwigs älteste Tochter Katharina starb 1378, und nun rückte die mit Sigismund verlobte Maria automatisch in der

Thronfolge nach. Von der Kindheit des jungen Sigismund ist kaum etwas bekannt. Da sein Vater hochgebildet war, ließ er auch seinen Söhnen eine sorgfältige Erziehung zukommen. Von Sigismund berichtet man, daß er sehr sprachbegabt war und sich schon in jungen Jahren außer in Deutsch und Tschechisch auch in Latein und Französisch geläufig ausdrücken konnte. Später lernte er sich auch in Italienisch und in „Slawisch" (vermutlich Kroatisch) auszudrücken. Von seinen Erziehern kennen wir den Humanisten Niccolò dei Beccari aus Florenz, der sich nachweislich zwischen 1376 und 1377 an den Höfen in Prag und in Tangermünde aufhielt, wo Sigismund erzogen wurde. Mit 14 Jahren wurde der Prinz bereits wegen seiner großen Bildung gerühmt. In den nächsten Jahren nach dem Tod seines Vaters lebte der junge Sigismund abwechselnd in der Mark Brandenburg und am Prager Hof seines Bruders; sein ältestes Siegel als Kurfürst hängt an einer Urkunde des Jahres 1374.[10] In den Jahren 1378, 1379 und 1381 hielt sich Sigismund vornehmlich in der Mark Brandenburg auf, wo er häufig in Berlin urkundete. Vermutlich war Sigismund im Herbst 1379[11] anläßlich der Verlobung mit Maria von Ungarn in Tyrnau in Ungarn; auch die Kaiserinwitwe nahm mit böhmischen Adeligen an der Feier teil. Nach anderen Quellen fand die Verlobung jedoch erst im Jahr 1380 statt, nachdem Ludwigs Mutter Elisabeth, die am ungarischen Hof die Fäden zog, gestorben war.[12] Der Vorgang selbst wird nur in voneinander abweichenden Chroniken berichtet. König Ludwig betraute nun ungarische Lehrer mit der Erziehung des Prinzen, der nun zunächst die ungarische Sprache lernen mußte, die er sehr bald fließend beherrschte und auch am Hof sprach.[13]
Bereits vor dem Tod Karls IV. war es 1378 zum Schisma in der katholischen Kirche gekommen, als Papst Gregor XI. im Herbst 1376 von Avignon, wo die Päpste 70 Jahre lang unter der Bevormundung Frankreichs regiert hatten, nach Rom zurückkehrte. Nach seinem Tod wurde Papst Urban VI. gewählt, dem 13 Kardinäle ein Vierteljahr später den Kardinal von Genf als (Gegen-)Papst Klemens VII. entgegenstellten. Während Urban VI. in Rom blieb, schlug Klemens VII. in Avignon seine Residenz auf. Beide Päpste versuchten nun, eine zahlreiche Anhängerschaft zu gewinnen und besonders die Staatslenker zur Anerkennung ihres Pontifikates (Obödienz) zu bewegen. Als die Königin Johanna von Neapel Klemens VII. anerkannte, ersuchte Papst Urban VI. König Ludwig von Ungarn, sie zu stürzen. Dieser schickte Herzog Karl von Durazzo mit einem Heer nach Neapel. Karl war wie Ludwig ein Urenkel Karls II. von Neapel und der letzte männliche Sproß der italienischen Anjous. Er ließ die Königin nach der Einnahme Neapels erdrosseln und trat selbst die Regierung des Königreichs Neapel an. Da König Ludwig den römischen Papst unterstützte, bemühte sich Klemens VII., die ungarische Erbfolge in Polen zu durchkreuzen. Dies veranlaßte König Ludwig, die Erbfolge seiner Tochter Maria und des Prinzen Sigismund nun energisch voranzutreiben.
Nachdem es 1378 zum neuerlichen Ausbruch eines Krieges zwischen Venedig und Genua gekommen war, verbündete sich König Ludwig mit Genua, Francesco da Carrara von Padua und dem Patriarchen von Aquileia gegen die Markusrepublik. Der König ließ verlauten, er wolle den elf Provinzen seines Reiches eine zwölfte, nämlich Venedig, hinzufügen. Während den Venezianern die Einnahme von

Šibenik gelang, eroberten die Verbündeten Chioggia und fast das gesamte venezianische Festland („Terra ferma"). Venedig verbündete sich jedoch mit Leopold III. von Österreich, dem es 1381 Treviso abtrat, um es nicht in die Hände seiner Feinde fallen zu lassen. Durch die Vermittlung des Grafen von Savoyen kam es im August 1381 zum Frieden von Turin, durch den der 1358 geschlossene Friede von Zara bestätigt wurde. König Ludwig behauptete ganz Dalmatien, aber seine Geldforderung in Höhe von einer Million Dukaten wurde auf eine jährlich zu bezahlende Summe von 7000 Dukaten reduziert.[14]

Zur Zeit des Turiner Friedens urkundete der 13jährige Sigismund von Luxemburg als Markgraf von Brandenburg in Berlin. Im Jahr darauf ist er urkundlich in Ungarn nachzuweisen. Möglicherweise wurde er nur vorübergehend am ungarischen Hof erzogen, ebenso wie Herzog Wilhelm von Österreich, der Sohn Leopolds III., der als Bräutigam für die 1374 geborene jüngste Königstochter Hedwig vorgesehen war. Die Polen hatten die Thronfolge einer Tochter König Ludwigs nur unter der Bedingung akzeptiert, daß diese in Polen leben müsse. Da Maria als Thronfolgerin in Ungarn vorgesehen war, bestimmte man Hedwig für den polnischen Thron. Nach dem Tod von Ludwigs Mutter Elisabeth, die die eigentliche Regierung Polens seit dem Tod ihres Bruders Kasimir geleitet hatte, wollte Ludwig seiner Tochter Maria und ihrem Verlobten Sigismund jedoch beide Reiche hinterlassen. Nach einem Reichstag in Kaschau, zu dem nur wenige polnische Adelige erschienen waren, fand am 25. 7. 1382 in Altsohl in der Zips ein neuer Reichstag statt, auf dem die nicht sehr zahlreich erschienenen Polen dem 14jährigen Sigismund, dem Urenkel König Kasimirs des Großen, die Huldigung als dem zukünftigen Gemahl Marias leisten mußten.[15] Der König übertrug dem jungen Prinzen nun die Verwaltung Polens.

Sigismund von Luxemburg war jedoch noch zu unreif und unerfahren für diese Aufgabe. Der Erzbischof von Gnesen und der verhaßte Statthalter Domarat waren Sigismunds Ratgeber. Der Prinz hielt sich gerade in der Nähe von Posen auf, als ihn die Nachricht erreichte, daß König Ludwig am 11. 9. 1382 in Tyrnau verstorben war. Die 40jährige Regierungszeit Ludwigs war für Ungarn sehr erfolgreich gewesen. Die vielfältigen Konflikte auf dem Balkan, in Polen und Italien hatten jedoch zur Folge, „daß seine Regierung ebenso den Höhepunkt Ungarns als den Einbruch des Verfalls der königlichen Macht bezeichnete".[16]

Unterdessen bemühte sich Sigismund, der sich Ende Oktober 1382 in Radom in einer Urkunde als „Herr des Königreichs Polen" bezeichnete, vergeblich um die Anerkennung seiner Herrschaft in Polen, während seine Braut Maria bereits am 17. 9. in Stuhlweißenburg zur Königin von Ungarn gekrönt worden war. Neugeprägte ungarische Münzen bezeichneten sie sogar als „Rex" von Ungarn. Während Sigismund in Gnesen die Totenfeier für König Ludwig abhielt, verweigerten die polnischen Großen ihm die Huldigung und verlangten zuvor den Sturz des Statthalters Domarat und die Zusicherung, daß die Regenten in Polen ihre Residenz nähmen. Sie wollten der zukünftigen Königin selbst einen Mann auswählen, der das Land in ihrem Sinn regieren sollte. Aus Furcht, daß Polen für ihre Töchter verlorengehen könnte, ließ die Königinwitwe Elisabeth, die mittlerweile in Ungarn die Regentschaft übernommen hatte, Anfang Dezember durch ungarische Gesandte auf einem polnischen Reichstag erklären, die Polen seien nicht verpflichtet, Sigismund zu huldigen, wenn nur einer ihrer Töchter der polnische Thron bewahrt bleibe. Die Polen kamen dieser Aufforderung nach, und Sigismund mußte den Rückzug antreten. So ging ihm das Königreich Polen durch die Uneinigkeit an der Staatsspitze verloren. Auf dem Reichstag in Sierad ersuchten die Polen Ende Februar 1383 die Königinmutter Elisabeth, ihnen eine Tochter zu schicken, da sie sich sonst selbst einen König wählen würden. Im März versprach die Königinmutter den Polen jedoch, ihnen die mit Herzog Wilhelm von Österreich verlobte Tochter Hedwig zu schicken, die schließlich 1385 zur Königin Polens gekrönt wurde. Sie entband sie von den Eiden, die sie ihrer Tochter Maria und Markgraf Sigismund geleistet hatten, und verpflichtete sie, Hedwigs Verlobten Wilhelm als König von Polen anzuerkennen.[17]

Als der aus dem Haus der Piasten stammende Herzog Ziemovit von Masowien 1383 dann jedoch versuchte, die Macht in Polen zu übernehmen, schickte die Königinmutter Elisabeth im Juli des Jahres den Prinzen Sigismund an der Spitze einer 12.000 Mann starken Armee nach Polen, um den Aufstand mit aller Härte zu unterdrücken und die Verwaltung Polens zu übernehmen. Der Sieg des Prinzen brachte ihm in Ungarn Popularität ein, während die Abneigung in Polen gegen ihn stieg, was sich noch nach mehr als hundert Jahren im Werk des polnischen Geschichtsschreibers Jan Długosz bemerkbar machte. Sigismund belagerte den Gegenkönig Ziemovit in Brest und zwang ihn am 7. 10. 1383 zu einem Waffenstillstand, der bis Ostern 1384 dauern sollte.[18] Nachdem Sigismund vergeblich versucht hatte, die Krakauer Burg zu überrumpeln, kehrte er nach Ungarn zurück. Die Königinmutter billigte den Waffenstillstand jedoch nicht. Als die Polen nun Anfang März 1384 auf dem Reichstag von Radom drohten, im Mai einen neuen König zu wählen, wenn Hedwig bis dahin nicht in Polen erschienen sei, ernannte Elisabeth Sigismund noch einmal zu ihrem Statthalter in Polen und schickte ihn mit einer neuen Armee dorthin. Als der Prinz nun mit ungarischen und brandenburgischen Truppen in Lublau in der Zips an der polnischen Grenze erschien, verweigerten ihm die Polen den Zutritt ins Land. Daraufhin setzten die Polen einen Termin zur Wahl eines neuen Königs fest. Nun gab die Königinmutter nach, um den Thron für ihre Tochter Hedwig zu retten, und schickte ihre zehnjährige Tochter im Juni 1384 nach Polen; unter dem Jubel der Bevölkerung wurde Hedwig dann am 15. 10. 1385 in Krakau zur Königin gekrönt. Mittlerweile hatte der litauische Fürst Jagiello, der aufgrund seiner Auseinandersetzungen mit dem Deutschen Ritterorden Kontakte mit dem polnischen Adel aufgenommen und sich zum Zusammenschluß beider Länder bereit erklärt hatte, im März 1385 einen Vertrag zur Vereinigung seines Landes mit Polen unterzeichnet und sich verpflichtet, mit seinem gesamten Volk das Christentum anzunehmen. Nach dem Widerruf der Verlobung Hedwigs mit Herzog Wilhelm wurde die zwölfjährige Prinzessin gezwungen, am 18. 2. 1386 in Krakau Jagiello zu heiraten, der von den Polen nun formell zum König gewählt wurde. Damit war nicht nur an der Ostgrenze des Reiches und Ungarns das neue Großreich Polen-Litauen entstanden, sondern auch die neue Dynastie der Jagiellonen, die zu einer enormen Bedrohung für den Deutschen Ritterorden wurde. Markgraf Sigismund hatte damit das Königreich Polen endgültig verloren.

In Ungarn war es mittlerweile zu einer Verschwörung gegen das Regiment der Königinnen gekommen, an deren Spitze der Agramer Bischof Paul Horvati stand. Königinmutter Elisabeth und ihre Tochter Maria reisten im Herbst 1383 nach Dalmatien, um dort die Huldigung der Bevölkerung entgegenzunehmen. Unterdessen versuchte der bosnische König Twartko, seine Macht bis an die Adria auszudehnen. Der Palatin Nikolaus Gara versuchte die Probleme des Landes dadurch zu lösen, daß er dem Bruder des französischen Königs Karl VI. die Hand der Königin Maria anbot. Im April 1385 ließ der Bischof von Raab die Königin per procurationem mit Ludwig von Orleans trauen. Sigismund von Luxemburg hatte in dieser Zeit keinerlei Einfluß auf die Geschicke des Landes. Er hatte nur die Wahl, seine ungarischen Pläne aufzugeben oder seine Verwandten zu Beginn des Jahres 1385 um Hilfe zu ersuchen. Im Juli 1385 verpfändete er seinen Vettern Jobst und Prokop die Altmark und trat seinem Bruder Wenzel das Verfügungsrecht über das Kurfürstentum ab. Bereits im August konnte er mit Unterstützung seiner Verwandten Preßburg und Nordwestungarn erobern.

Mittlerweile hatte Bischof Paul Horvati im Spätsommer 1385 in Neapel dem dortigen König Karl „dem Kleinen" von Neapel einen Brief mit der Bitte überreicht, nach Ungarn zu kommen, um dem Haus Anjou die Krone zu erhalten. Der König sagte dies trotz seiner früher gegenüber König Ludwig gegebenen Versprechungen, die Thronfolge Marias anzuerkennen, zu und landete Anfang September 1385 in Zengg und zog von dort weiter nach Zagreb. Er wollte dann gegen Ofen vorrücken, um eine Machtübernahme Sigismunds oder des Prinzen Ludwig von Orleans zu verhindern. Im Dezember 1385 zog Karl in Ofen ein, während Sigismund sich aus Verbitterung darüber, daß man ihm nicht erlaubt hatte, die Königin Maria zu heiraten, nach Böhmen zurückzog.

In dieser Situation setzte der 17jährige Prinz Sigismund alles auf eine Karte. Er trat seinem Bruder Wenzel endgültig die Mark Brandenburg ab und kam Ende September 1385 nach Ofen zurück. Im Oktober oder November 1385 erzwang er seine Hochzeit mit der Königin. Nach Beendigung des Festes berief er einen Reichstag nach Ofen ein, auf dem er als „Tutor" Ungarns anerkannt wurde. Dann eilte er nach Böhmen, um dort Truppen zu sammeln. In Brünn versprach er seinen Parteigängern Güter in Ungarn, wenn er dort die Macht übernommen habe. Davon war er aber noch weit entfernt. Während Sigismund in Böhmen für den Feldzug rüstete, nahm die Königinmutter Kontakte mit König Karl auf. Dieser beeilte sich nun, die Macht in Ungarn zu ergreifen, bevor Prinz Sigismund seine Rüstungen beendet habe. Ohne auf Widerstand zu stoßen zog er in Ofen ein. Er ließ sich zum Reichsverweser ernennen und zog nach Stuhlweißenburg, wo er am letzten Tag des Jahres 1385 in Anwesenheit der beiden Königinnen zum König gekrönt wurde.

Als neuer König stellte Karl im Januar 1386 Urkunden für Ungarn aus. In seiner kurzen Amtszeit als ungarischer König ließ er nach neapolitanischem Vorbild

seine Verfügungen in Registern sammeln. Auf einem Reichstag in Ofen wurde der Beschluß gefaßt, die beiden Königinnen zum Rücktritt aufzufordern. Königin Maria, die kaum selbst regiert hatte, verlangte sicheres Geleit für den Abzug nach Böhmen zu ihrem Gemahl Sigismund. Ihre herrschsüchtige Mutter aber wollte auf die Macht nicht verzichten und versuchte, sich mit Karl zu arrangieren. Karl erlaubte den beiden Königinnen, auf der Burg zu wohnen. Die bosnische Königinmutter aber inszenierte mit ihrem Palatin Nikolaus Gara eine Verschwörung gegen den König; am 7. 2. 1386 teilte sie ihm mit, daß sie einen Brief von ihrem Schwiegersohn Sigismund erhalten habe, über den sie sich mit ihm beraten wolle. Als Karl den Raum betrat und die Räte fortschickte, um vertraulich mit der Königinmutter reden zu können, kam Nikolaus Gara mit einem Begleiter, der ein Messer aus dem Kleid zog und damit dem König auf den Kopf schlug. Obwohl ihm bereits ein Auge ausgeschlagen war, vermochte Karl sich noch zu verteidigen. Er wurde von der Partei der Königinnen nach Visegrád (Plintenburg) gebracht und – als seine Wunden zu heilen schienen – am 24. 2. 1386 auf Elisabeths und Garas Befehl im Kerker umgebracht.[19]
Nach dem Attentat auf König Karl kam es zu Gewaltakten gegen das italienische Gefolge des Königs. Dessen Anhänger flohen nach Kroatien und sammelten sich dort um den Ban Johann Horvati. Nun war der Weg für Sigismund frei. Da seine Verwandten ihm nicht uneigennützig Hilfe zukommen lassen wollten, mußte er ihnen Anfang Dezember 1385 neben der Mark Brandenburg auch ungarische Besitzungen verpfänden. Die Königinnen waren darüber sehr erzürnt und versuchten, ihn abzusetzen. Im April 1386 zogen König Wenzel und die beiden Markgrafen von Mähren mit Sigismund los und kamen bis Raab, wo es am 12. Mai zu einem Vertrag kam, nach dem die an die Luxemburger verpfändeten Gebiete mit den Städten Preßburg und Tyrnau für 200.000 Gulden ausgelöst werden sollten. Sigismund sollte mit Maria leben können, aber die Krönung aufgeschoben werden. Es ist bezeichnend für das Mißtrauen König Wenzels gegenüber seinem Bruder, daß er in seinem Schiedsspruch bestimmte, daß die Krönung Sigismunds zum ungarischen König nicht ohne seine Zustimmung erfolgen dürfe. Von einer Beteiligung Sigismunds an der Regierung war jedoch keine Rede. Er begab sich anschließend mit seinem Bruder Wenzel nach Böhmen zurück, während Elisabeth und ihr Günstling Gara die Regierung übernahmen. Dieser überredete die beiden Königinnen, mit ihm eine Reise nach Slawonien zu machen. Mitte Juli reisten die Königinnen nach Diakovar in Syrmien, wo sie dann von Johann Horvati gefangengenommen wurden. Dem Palatin Gara wurde der Kopf abgeschlagen; die beiden Königinnen ließ Horvati auf die Burg Novigrad an der Adriaküste in der Nähe von Zara bringen, wo die Königinmutter nach einer halbjährigen Gefangenschaft im Januar 1387 vor den Augen ihrer Tochter erdrosselt wurde. So endete die Witwe Ludwigs des Großen, die mehrere Jahre hindurch das Schicksal Ungarns entscheidend mitbestimmt hatte.[20]
Die in Ofen versammelten ungarischen Magnaten wandten sich nun an Sigismund, den sie als „Kapitän von Ungarn" bezeichneten, und ersuchten ihn, nach Ungarn zu kommen, um die chaotischen Verhältnisse zu ordnen. Die Partei der Horvati

wollte den ungarischen Thron jedoch für Ladislaus von Durazzo, den Sohn König Karls, bewahren. Die Venezianer wollten jedoch eine für sie bedrohliche Vereinigung von Ungarn mit Neapel verhindern und setzten sich für Sigismund ein. Sie schlossen Novigrad von der Seeseite her ein, um zu verhindern, daß die Königin Maria nach Neapel gebracht würde. Im Herbst 1386 konnte Markgraf Sigismund zunehmend Einfluß in Ungarn gewinnen. Er sammelte Truppen und zog im September von Altenburg nach Stuhlweißenburg und kam Ende November nach Veszprém. Mittlerweile hatte er den polnischen Woiwoden Stibor zu seinem Berater gemacht und zog mit seinen Truppen Ende des Jahres 1386 nach Kroatien, wo er mit den Gesandten des Dogen über venezianische Hilfe verhandelte. Dann kam er nach Novigrad und wollte die Burg von der Landseite aus einnehmen. Auf den Vorschlag der Venezianer hin, die ihm eine Bereinigung der Angelegenheit versprachen, zog sich Sigismund Ende Februar 1387 nach Ofen zurück, wo er in der Königsburg seine Residenz aufschlug.

In Ungarn wurden die Verhältnisse immer chaotischer. Die Horvati waren im Besitz von Kroatien und Slawonien. König Twartko bedrohte den Süden Ungarns, die Woiwoden der Walachei und der Moldau waren im Begriff, sich Polen anzuschließen, und König Wladislaw Jagiello von Polen stellte Ansprüche auf die ungarische Krone, da man nicht wußte, ob die Königin Maria überhaupt noch lebte. Sigismund nannte sich während des Feldzuges nach Novigrad abwechselnd Vormund, Hauptmann und Vorsteher von Ungarn. Der Erlauer Bischof Johann Kanizsai nahm an dem Feldzug teil; er wurde bald zu einem seiner wichtigsten Berater. Seit Anfang März 1387 versprach Sigismund bei Schenkungen nicht mehr, diese durch seine Gattin bestätigen zu lassen, sondern sie selbst zu bestätigen, wenn er den Thron bestiegen habe. Vor seiner Wahl zum König verpflichtete er sich, den Baronen ihre Rechte zu belassen, eine Amnestie zu erlassen und die Verträge mit seinen Verwandten für ungültig zu erklären. Insbesondere gelobte er auch, keinen Ausländern kirchliche Pfründe oder staatliche Ämter zu verleihen. „Was jedoch als etwas völlig Neues und in der ungarischen Geschichte bis dahin Beispielloses galt, das war, daß die Großgrundbesitzer ihren künftigen König durch einen Vertrag zur Einhaltung seiner Versprechungen verpflichteten, indem sie mit ihm als Gleichberechtigtem eine Liga gründeten."[21] Er durfte keinen Baron aus der Liga ausschließen und keine Anordnung zu ihrem Schaden erlassen. Die Großgrundbesitzer sollten auch die wichtigsten Ämter innehaben. Stibor und Kanizsai waren die wichtigsten Ratgeber des Königs; sie übten den größten Einfluß auf ihn aus.

Obwohl Königin Maria noch immer von der Partei der Horvati in Novigrad gefangengehalten wurde und keine Kontakte zu ihrem Gatten unterhalten konnte, erreichte Sigismund mit Unterstützung des venezianischen Gesandten Pantaleon Barbo, daß er am 31. 3. 1387 in Stuhlweißenburg mit der Stefanskrone zum König von Ungarn gekrönt wurde. Die Venezianer wollten auf jeden Fall verhindern, daß die neapolitanischen Anjous die Adria von beiden Seiten kontrollieren konnten. Immer wieder kritisierte man bei Sigismund zwei grundlegende Laster: Er war ein hemmungsloser Genießer, der sich durch nichts von der Verfolgung seiner Sinnesfreuden abhalten ließ. Sein zweiter Hauptfehler war die geradezu sprichwörtliche und leichtsinnige Verschwendungssucht. Wenn er Geld besaß, verteilte er es unter seine Freunde. So vergab er bald mit vollen Händen Güter an seine Anhänger. 1387 gehörten in Ungarn 100 Burgen dem König, 18 dem Klerus und 108 den Adeligen. Zehn Jahre später verfügte die Krone nur noch über 47 Burgen, während der Klerus 21 und der Adel 159 Burgen in Besitz hatte.[22] Auf der anderen Seite hatte Sigismund nach jahrelangen Wirren mit 19 Jahren erreicht, daß er nun als König von Ungarn anerkannt worden war. Nach einer Reihe von Niederlagen hatte er damit 1387 seinen ersten großen Erfolg errungen. Mit Recht wurde daher 1987 in Ungarn das 600-Jahr-Jubiläum des Königtums Sigismunds gefeiert.

Die nur dürftigen zeitgenössischen und zum Teil auch parteiischen Quellen reichen nicht aus, um ein abgerundetes Charakterbild des 19jährigen Königs zu zeichnen. Als unsteter Geist glich er eher seinem Großvater Johann als seinem bedächtigen Vater Karl. Seine Verstellung, Hinterlist und Grausamkeit wurden schon von den Zeitgenossen kritisiert. Daneben gewann er durch Liebenswürdigkeit und Großzügigkeit auch viele Menschen für sich, besonders Frauen. Ein Zug wurde bereits jetzt deutlich: Sigismunds Stärke lag eher im diplomatischen als im militärischen Bereich. Er hatte das Königtum eher durch sein Verhandlungsgeschick als durch den militärischen Einsatz seiner Verwandten gewonnen. Damit kehrte jedoch keineswegs Ruhe in Ungarn ein. Die gefangene Königin Maria wurde erst am 4. 6. 1387 den Venezianern ausgeliefert. Wladislaw Jagiello heiratete die Königin Hedwig und wurde dann zum König von Polen gekrönt. Galizien ging Ende 1387 für Ungarn verloren und wurde Bestandteil Polens. Der bosnische König Twartko eroberte einen großen Teil Dalmatiens, bewog den Serbenfürsten Lazar zum Einfall in Ungarn und unterstützte die Kroaten bei ihrem mit den Horvatis unternommenen Aufstand gegen König Sigismund. Obwohl die Städte Split und Trogir den König dringend um Hilfe ersuchten, berichten die Quellen wenig über energische Gegenmaßnahmen gegen seine zahlreichen Feinde. Sigismund stand damit vor gewaltigen Aufgaben, und es sollte eineinhalb Jahrzehnte dauern, bis es ihm endgültig gelang, seine Herrschaft in Ungarn zu festigen.

III.
Jahre der Selbstbehauptung
(1387–1403)

Die nächste Phase im Leben Sigismunds ist gekennzeichnet von einer Reihe von Niederlagen, aber auch Erfolgen, die freilich häufig eher durch günstige Umstände als durch planende Politik erreicht wurden. Erst allmählich erlangte der jugendliche König Weitblick und Reife und lernte es, seine großen Geistesgaben auch zum Nutzen seines Landes einzusetzen. Joseph von Hormayr, einer seiner ersten Biographen, bemerkte dazu: „Leichten Sinnes war er, von der Art derjenigen, die, wenn sie hundertmal untergetaucht werden, wie Kork schnell wieder oben aufschwimmen. Voller Regsamkeit war er, nie mutlos, wo er der Gewalt mißtraute, listig und falsch, von hohem einnehmendem Ansehen, schön und feurig, bis in sein siebzigjähriges Alter den Weibern und allerlei Freuden ergeben, aber mit Kräften zum Aushalten gerüstet."[1]
Die Befreiung der Königin war für Sigismund zwar eine ritterliche Pflicht, die die Gelegenheit bot, sein Können zu zeigen – erreicht wurde sie aber im Juni 1387 vom venezianischen Gesandten Pantaleon Barbo, dem Geheimschreiber Lorenzo de Monacis und dem Admiral Johann Barbadico. Nachdem Sigismund einige Tage nach seiner Krönung die Bevölkerung Ungarns zur Treue aufgefordert hatte, verhandelte er mit Barbo über eine Unterstützung gegen die Partei der Horvati. Dieser wünschte den Abschluß eines Bündnisses, aber Sigismund verlangte zunächst die Befreiung der Königin. Der Doge stimmte zu und beorderte Barbadico mit einer Flotte nach Novigrad. Sigismund schickte Nikolaus Gara, den Sohn des ermordeten Palatins, mit Truppen gegen Johann Horvati, dem jedoch die Flucht nach Bosnien zu König Twartko gelang. Nun erst gaben die Verschwörer auf und ließen die Königin gegen das Versprechen der Straflosigkeit frei und übergaben sie an Barbadico. Mitte Juni gelangte sie mit dem Schiff nach Zengg, wo sie sich beim Dogen für ihre Errettung bedankte. Dann wurde sie von den Venezianern nach Zagreb gebracht, wo sie im Juli ihren Gemahl wiedersah und einige Zeit mit ihm verblieb. Im August bestätigte Sigismund den Venezianern den Frieden von Turin von 1381 und den Erhalt der jährlichen Zahlung der 7000 Dukaten.
Ein großes Problem für die Geschichte Ungarns bestand darin, daß die slawischen Randgebiete immer wieder versuchten, bei für sie günstigen Gelegenheiten die ungarische Oberhoheit abzuschütteln. Zu diesen „unsicheren" Gebieten gehörten neben Bosnien und Galizien insbesondere die von Woiwoden (Fürsten) beherrschten

Fürstentümer Moldau und Walachei, die zwischen Ungarn, Polen und dem Osmanischen Reich hin- und herpendelten. Die Wirren nach dem Tod König Ludwigs führten dazu, daß diese Gebiete Ungarn zunächst verlorengingen. Den Anfang machte Galizien im Frühjahr 1387. Königin Hedwig hatte bei ihrer Thronbesteigung geloben müssen, Galizien wieder mit Polen zu vereinigen. Im Februar 1387 fiel sie selbst mit Truppen in „Rotrußland" (Galizien) ein und eroberte Jaroslaw, Grodek, Lemberg und Przemyśl. Als Halitsch sich verteidigte, brachte Großfürst Witold von Litauen, der Vetter König Wladislaws II., Truppen heran, so daß die Stadt im August 1387 kapitulierte. Auf diese Weise kam Galizien, das seit dem 12. Jahrhundert ein ständiger Zankapfel zwischen Ungarn und Polen gewesen war, an die polnische Krone zurück, bei der es bis 1772 verblieb. Im August 1388 schloß Sigismund mit Polen einen einjährigen Waffenstillstand.[2] Er nahm nun Kontakte mit dem Deutschen Orden auf, setzte dann aber auf den Weg der Verständigung.

Das nächste Gebiet, das Ungarn nach der Thronbesteigung Sigismunds verlorenging, war das Fürstentum Moldau, dessen Fürst Peter am 27. 9. 1387 in Lemberg die polnische Lehenshoheit anerkannte. Das Fürstentum reichte vom Dnjestr bis zu den Karpaten und grenzte ans Schwarze Meer und das Donaudelta, wo die Stadt Kilia lag, die Sigismund später als Endpunkt einer Straße von Ungarn zum Schwarzen Meer ins Auge faßte. Das polnische Herrscherpaar benutzte die günstige Gelegenheit, Galizien wieder ihrem Reich einzuverleiben. Sigismund mußte beim Verlust der Moldau tatenlos zusehen, da er nicht einmal in Ungarn seine Herrschaft konsolidiert hatte. Nach dem Verlust der Moldau wandte sich Sigismund nach Kroatien, um dort die Horvatis zu bekämpfen, die jedoch nach Bosnien entkamen. Nach seiner Rückkehr nach Ofen begannen König Twartko von Bosnien und die ungarischen Flüchtlinge mit der Eroberung der dalmatinischen Hafenstädte, die bis Mitte 1389 bis auf Zara verlorengingen.

1388 begann Sultan Murad I. neue Eroberungszüge auf dem Balkan. Zunächst wurde der bulgarische Fürst Sisman III. von Tirnowo ein Vasall der Türken, die 1389 einen Feldzug gegen den Fürsten Lazar von Serbien, der beim Tod König Ludwigs die ungarische Oberhoheit abgeschüttelt hatte, unternehmen. Auch König Twartko und Nikolaus Gara unterstützten den Fürsten, der in der berühmten Schlacht auf dem Amselfeld im Kosovo im Juni 1389 besiegt wurde. König Sigismund versuchte nun vergeblich, die noch immer von dem Johanniterprior Johann von Palisna, einem Anhänger der Partei der Horvati, besetzte Adriafestung Vrána (Aurana) zu erobern. Er fand sich zunächst mit dem Verlust Dalmatiens ab. In der Literatur haben die beiden Feldzüge Sigismunds nach Bosnien und gegen die Moldau für Verwirrung gesorgt und werden ganz verschieden datiert. Dies liegt vor allem daran, daß die Historiker sich in erster Linie auf den recht unzuverlässigen späteren Geschichtsschreiber Johann Thuróczy († ca. 1490) stützten. Ausgangspunkte für eine Datierung müssen die Urkunden sein, die im Zusammenhang mit den Feldzügen ausgestellt wurden. Der Feldzug nach Bosnien und gegen die Türken fand im Mai 1392 statt, allerdings eroberte Sigismund nicht in diesem Jahr die Festung Klein Nikopolis in der Walachei,

sondern erst 1395 im Zusammenhang mit seinem Feldzug gegen die Moldau, der nach einer Urkunde genau in die Zeit fiel, in der seine Gemahlin Maria starb.
Der Tod König Twartkos im Jahr 1391 entlastete König Sigismund, weil sein Bruder und Nachfolger Stefan Dabischia sich von der Partei der Horvati distanzierte und ihn wieder als seinen Oberherrn anerkannte. 1392 unternahm Sigismund dann seinen ersten Feldzug gegen die Türken. Sein Vetter Jobst von Mähren schickte ihm Hilfstruppen dazu. Auch Herzog Bolko von Oppeln, der Pole Stibor und Graf Wilhelm von Cilli nahmen an dem Feldzug teil; letzterer starb auf der Heimreise an einer Krankheit, die er sich auf dem Feldzug zugezogen hatte, im September 1392. Sigismund überschritt die Donau und traf in Keve (Kovin) im Osten von Belgrad auf die Türken. In einigen Urkunden von Ende Mai bis Ende Juni 1392 berichtet der König von seinem Türkenfeldzug, der zumindest bis Ende Juli dauerte und von Thuróczy nicht erwähnt wird, wohl aber vom deutschen Chronisten Corner und den Annalen von St. Peter in Salzburg. In einer Urkunde behauptet Sigismund, Sultan Bajazed sei ihm bei Keve persönlich entgegengetreten. Mitte August war Sigismund, der das Oberkommando dem Feldhauptmann Ladislaus Sárói überlassen hatte, dann in Temesvár. Der Erfolg dieses Feldzuges scheint nicht besonders groß gewesen zu sein; bleibende Erfolge wurden dabei nicht erzielt.[3]
Die verschiedenen Feldzüge des Königs und seiner Getreuen führten dann nach und nach zum Zusammenbruch der Partei der Horvati. Daß deren Anführer Johann nach Fünfkirchen gebracht, grausam gefoltert und dann geviertteilt wurde, ist kaum anzunehmen und wahrscheinlich nur eine von Thuróczy überlieferte unhistorische Sage, weil Sigismund, der ansonsten seine Erfolge gegen seine Feinde in Belohnungsurkunden referierte, nie davon berichtet. Die harten Maßnahmen des Königs machten ihm jedoch keine Freunde; die Anhänger der Opposition warteten lediglich auf neue Gelegenheiten. Noch heute ist in Ungarn die zuerst von Enea Silvio Piccolomini berichtete und dann von Thuróczy übernommene und vermutlich unhistorische Geschichte[4] der 31 Verschwörer bekannt, zu denen Stefan Konth aus dem Geschlecht der Grafen Hedervár gehört haben soll. Es wird berichtet, der König habe sie allesamt in Ofen enthaupten lassen. Als ein Knecht des Grafen Hedervár bei dessen Hinrichtung geweint habe, habe Sigismund ihn trösten wollen und ihm versprochen, er wolle ihm mehr geben als sein früherer Herr. Der Knecht aber habe dem König geantwortet: „Dir böhmischem Schweine werde ich nie dienen."[5] Die noch heute besungene Geschichte des Knechtes, der als Zweiunddreißigster enthauptet wurde, verdeutlicht, wie sich aus der Xenophobie ein populärer Mythos entwickeln konnte, der Ähnlichkeiten mit den schweizerischen Tell-Sagen zeigt. Piccolomini mit seinem feinen psychologischen Gespür begriff, was die Ungarn hören wollten, erkannte wohl die Wirksamkeit eines solchen Mythos und machte ihn populär. Das historische Substrat der Sage ist allenfalls eine Stimmung im Land, die zeigte, wie wenig es Sigismund gelungen war, die Herzen seiner Untertanen zu gewinnen. Wenn wir dem Lübecker Chronisten Hermann Corner glauben dürfen, vermochte Sigismund auch die Liebe seiner Ehefrau nicht zu erlangen; es heißt, er habe sie eingesperrt

und erst durch harte Behandlung zur Unterwürfigkeit gezwungen.[6] Diese Verhaltensweisen des Königs machten ihn bei seinen Untertanen keinesfalls beliebt und sollten ihm noch manche Probleme bereiten.

Nennenswerte Unterstützung erhielt Sigismund bei seiner Selbstbehauptung vor allem von seinen Verwandten aus Böhmen, die ihm freilich nicht uneigennützig halfen. 1388 kam es dann zum großen „Kassensturz", als seine Vettern Jobst und Prokop sowie sein Bruder Johann zu Pfingsten nach Trentschin gekommen waren. Die Summe der Schulden hatte mittlerweile die gigantische Höhe von 565.263 Goldgulden erreicht![7] Sigismund verpfändete seinen beiden Vettern Jobst und Prokop die Mark Brandenburg, die den Pfandherren als volles Eigentum zufallen sollte, wenn sie nicht bis 1396 ausgelöst wurde. Die Regierung der Kurmark sollte Jobst übernehmen. Gegenüber König Wenzel verzichtete Sigismund auf seinen ererbten Anteil an den Kuttenberger Bergwerken, und seinem Bruder Johann überließ er das Nachfolgerecht in Böhmen und die Neumark, so daß er im Deutschen Reich nun nichts mehr besaß.

Die Schwäche König Wenzels, der seit dem Landfrieden von Eger und der Auflösung des Städtebundes im April 1389 kaum noch in das Geschehen im Reich eingriff, nutzte Albrecht III. von Österreich zu einem Versuch, um den Habsburgern die Krone des Reiches zurückzugewinnen. Am 2. 6. 1390 kam es in Preßburg, der Lieblingsresidenz König Sigismunds in Ungarn, zum Abschluß eines Bündnisses mit König Sigismund und Markgraf Jobst von Mähren, das gegen König Wenzel gerichtet war. Dieses Bündnis wurde 1392 erneuert; freilich wurde König Wenzel entsprechend den damaligen Gepflogenheiten als deutscher König von der Bündnispflicht ausgenommen. Margarethe von Pommern, eine Verwandte König Sigismunds, wurde mit Ernst, einem Sohn Leopolds III., verlobt. Die logische Fortsetzung dieses Bündnisses war der Vertrag vom 18. 12. 1393 zu Znaim zwischen Sigismund, Albrecht III., Jobst und Markgraf Wilhelm I. von Meißen, der das Preßburger Bündnis von 1392 verschärfte und eine deutliche Spitze gegen König Wenzel enthielt. Aus der Bündnispflicht wurde diesmal nicht der deutsche König, sondern nur das „Reich" ausgenommen.[8] Die Bündnispartner unterschieden also deutlich zwischen dem „Reich" und dem Träger der Krone. Im Mai 1394 verbündeten sich die Habsburger unter der Leitung Albrechts III. mit 14 Reichsstädten, die versprachen, für den Fall, daß das Reich „ledig werde", einen Habsburger als Thronkandidaten zu unterstützen.

Die Ermordung des Generalvikars Johannes von Pomuk, des später heiliggesprochenen „Nepomuk", verstärkte die Opposition gegen König Wenzel „den Faulen" in Böhmen, wo seit Jahren die Ideen des englischen Reformtheologen Wiclif Eingang in der Bevölkerung gefunden hatten. Im Lauf des Jahres 1393 kam es zu wachsenden Unruhen in Böhmen. Sigismund wandte sich nun wieder den Verhältnissen im Erbreich seines Vaters zu. „Es war sein aufrichtiger Wunsch, dem Beispiele seines Vaters und dem des Hauses Luxemburg zu folgen und in Böhmen und im deutschen Reiche festen Fuß zu fassen. Wir können es auch so formulieren: Ungarn interessierte ihn samt aller seiner Probleme und Machtverhältnisse viel weniger als die europäische Großmachtpolitik."[9]

Von Znaim aus, wohin er Ende 1393 gekommen war, begab sich König Sigismund auf Einladung seines Bruders Wenzel nach Prag, wo er bis Februar 1394 blieb. Obwohl er erst unmittelbar zuvor ein Bündnis gegen seinen Bruder Wenzel geschlossen hatte, verspürte er nun keine Skrupel, am 2. 2. 1394 ohne Wissen der böhmischen und ungarischen Stände mit Wenzel einen gegenseitigen Erbvertrag abzuschließen. Es ist nicht sicher beweisbar, ob Sigismund in die Verschwörung der böhmischen Barone gegen Wenzel eingeweiht war, die dazu führte, daß der König im Mai im Kloster Beraun von seinem Vetter Jobst von Mähren gefangengenommen wurde. Die Verschwörer brachten Wenzel zunächst heimlich auf die Prager Burg. „Daß zu allem diesem König Sigismund der Anstifter gewesen, ist aus dem Verlauf der Begebenheiten höchst wahrscheinlich zu machen."[10] Diese Meinung vertritt auch Sigismunds Biograph Eberhard Windecke. Wenzel setzte seinen Vetter Jobst zum Hauptmann über das Königreich Böhmen ein und wurde schließlich auf das Schloß Wildberg nach Oberösterreich gebracht.
Seine Freilassung verdankte Wenzel in erster Linie seinem Bruder Johann von Görlitz, der nach dem Erhalt der Nachricht von der Gefangennahme Wenzels unverzüglich mit Truppen nach Prag eilte, und Pfalzgraf Ruprecht II., der sich an die Spitze der kurfürstlichen Opposition stellte und im Juli 1394 als Reichsvikar amtierte. Der ehrgeizige Pfalzgraf wollte das Machtvakuum im Reich ausfüllen und den ihm für die königsfreie Zeit zustehenden Titel eines Reichsvikars ausüben. „Mit der Übernahme des Reichsvikariates schuf Ruprecht II. in seiner Person einen neuen Mittelpunkt des Reiches, auf den hin alle dessen Kräfte während Wenzels Gefangenschaft sich zu richten hatten."[11] Die östliche Gruppe der Kurfürsten (Brandenburg, Sachsen, Böhmen) fiel in dieser kritischen Zeit als Ordnungsfaktor aus, nicht aber die vier rheinischen Kurfürsten, die nicht bereit waren, einen anderen Luxemburger (Sigismund oder Jobst) oder etwa Albrecht III. als neuen König zu akzeptieren. Die „Rheinschiene" wurde nun zum Zentrum des Geschehens. Pfalzgraf Ruprecht schickte seinen Sohn Ruprecht III. – der 1400 deutscher König werden sollte – von der Oberpfalz aus nach Böhmen, während Herzog Johann von Görlitz Mitte Juli Budweis einnahm und in Böhmen als Reichsverweser regierte. Ende Juli traf Ruprecht III. in Budweis bei Herzog Johann ein. Das ansonsten so behäbig agierende „Reich" hatte nun mit erstaunlicher Schnelligkeit reagiert und den Intentionen Sigismunds und Albrechts III. eine diplomatische Niederlage bereitet; Anfang August 1394 wurde Wenzel mit Wissen Herzog Albrechts auf Schloß Wildberg befreit und nach Krumau und von dort aus nach Budweis zu Ruprecht III. gebracht. Damit endete das Reichsvikariat seines Vaters. Die böhmischen Barone, die den Sturz des Königs geplant hatten, begaben sich nun unter den Schutz Albrechts, der die Beschwerden des Königs wegen seines Treuebruchs nur mit fadenscheinigen Argumenten zurückweisen konnte. Wenzel übertrug seinem Bruder die Landeshauptmannschaft und Herzog Stephan III. von Bayern-Ingolstadt die Reichslandvogtei in Schwaben, was für die Schwabenpolitik der Habsburger einen enormen Rückschlag bedeutete. Später schloß Wenzel ein Bündnis mit Frankreich und Polen, das ihm freilich wenig Hilfe brachte. Markgraf Jobst hingegen verbündete sich mit etlichen böhmischen Baro-

nen Mitte Dezember 1394 auf sieben Jahre mit Albrecht III. und dessen Sohn Albrecht IV. sowie seinen Neffen Wilhelm und Leopold IV.; König Sigismund und Markgraf Wilhelm von Meißen, die übrigen Partner des Znaimer Bündnisses von 1393, fehlten dabei.[12]

Wenn König Sigismund in der zweiten Hälfte des Jahres 1394 weniger in das Geschehen eingriff, lag dies in erster Linie daran, daß er sich nun der Wiedereroberung Dalmatiens zuwandte, die ihm noch im gleichen Jahr gelang.[13] In einer Urkunde für die Brüder Kanizsai von 1397 berichtet Sigismund, daß er Kroatien und Bosnien zurückerobert, die bosnische Festung Dobor erobert und danach den Feldzug gegen das Fürstentum Moldau unternommen habe. Während in Split noch im August 1394 das Chaos herrschte, amtierte dort im Januar 1395 Nikolaus von Gara im Auftrag Sigismunds. Der Feldzug nach Dalmatien muß demnach in die zweite Hälfte des Jahres 1394 fallen.[14] Mitte Juli traf Sigismund in Djakovo in Slawonien mit dem serbischen Fürsten Stefan Dabischia zusammen, mit dem er einen Vertrag schloß, durch den er die verlorenen Gebiete in Dalmatien und Kroatien zurückerhielt. Dabischia wurde von ihm als König von Bosnien anerkannt; nach seinem Tod aber sollte sein Reich an Ungarn fallen.[15]

Zu Weihnachten 1394 weilte Sigismund in Siebenbürgen, um von dort aus gegen die Walachei aufzubrechen. Im Februar belohnte der König nach dem Abschluß des ersten Feldzuges in Kronstadt diverse Mitstreiter. Der 1394 von den Türken abgesetzte Woiwode Mircea kam nun nach Kronstadt, wo er eidlich Beistand gegen die Türken gelobte und wieder in sein Amt eingesetzt wurde. Anschließend kehrte Sigismund zunächst nach Ofen zurück, wo er sich bis Anfang Mai aufhielt. Während des ganzen Jahres 1394 verhandelte Sigismund mit Venedig um eine Unterstützung gegen die Türken, die die Markusrepublik jedoch davon abhängig machte, daß auch andere Staaten Ungarn zu Hilfe kämen.[16] Er reiste an die polnische Grenze und traf dort mit Königin Hedwig zusammen und vereinbarte an Stelle des Waffenstillstandes in Neusandez mit ihr einen echten Frieden. Mittlerweile hatten die Türken Widdin und Groß Nikopolis an der rechten Seite der Donau im heutigen Bulgarien erobert. Sigismund schickte nun eine Gesandtschaft an den Sultan Bajazed nach Bursa, der erklärte, er habe auch ein Recht auf seine Eroberungen. Auf dem Rückweg sollte die Gesandtschaft ein Bündnis mit Kaiser Manuel schließen. Es war jedoch praktisch wertlos, weil das Kaiserreich Byzanz sich auf die von den Türken belagerte Hauptstadt beschränkte. König Sigismund, der zur Obödienz des römischen Papstes Bonifaz IX. gehörte, der 1389 nach dem Tod Urbans VI. gewählt worden war, schickte nun Gesandte nach Rom, um den Papst zu ersuchen, einen Kreuzzug gegen die Türken zu proklamieren. Seit Ende des Jahres 1394 drängten griechische und burgundische Diplomaten Venedig, den Ungarnkönig zu unterstützen. Dieser wollte auf dem Land bis Konstantinopel vordringen, während eine venezianische Flotte im Bosporus den Türken den Nachschub abschneiden sollte. Die Venezianer sagten schließlich Hilfe zu, unterhandelten aber gleichzeitig mit Bajazed, um sich den Krieg zu ersparen.

Im Mai 1395 kehrte Sigismund von Ofen nach Siebenbürgen zurück und unternahm nun einen zweiten und entscheidenden Feldzug in die Walachei. In Begleitung der Brüder Nikolaus und Johann von Gara sowie des Graner Erzbischofs Johann Kanizsai zog er im Juni dann von Kronstadt aus über den Törzburger Paß (heute Predealpaß) den Türken entgegen, die bereits die Donau überschritten hatten. Er durchzog die Walachei, nahm Orschowa und die Festung Klein Nikopolis (Turnu Magurele) an der Nordseite der Donau gegenüber der türkischen Festung Nikopolis ein und konnte den Feldzug siegreich beenden. Mircea und seine Söhne Michael und Vlad – der wegen seiner Grausamkeit den Beinamen „Dracul" erhielt und als „Dracula" zur sagenhaften Figur wurde – hielten Sigismund bis zu seinem Tod die Treue. Erst nach Sigismunds Tod wechselte Vlad Dracul mit der Walachei 1438 endgültig auf die Seite der Türken über.[17]

Noch vor der Eroberung von Klein Nikopolis hatte Sigismund die Nachricht erhalten, daß seine Gemahlin Maria am 17. 5. 1395 in Großwardein mit ihrem frühgeborenen Kind nach einem Reitunfall im Schildgebirge gestorben war. Er ließ seine Gemahlin am Grab seines Lieblingsheiligen Ladislaus in Großwardein beisetzen, kümmerte sich aber sonst nicht mehr um ihr Gedächtnis. „Sein Verhalten war brutal, möglicherweise vergalt er damit Marias Abneigung gegen ihn, die sie schon als Kind empfand und anscheinend bis zu ihrem Tod nicht überwinden konnte."[18] Der König dachte noch im Dezember des gleichen Jahres daran, sich mit Johanna, der Tochter Karls von Neapel, zu verloben, was jedoch starken Widerspruch erregte. Im Frühjahr 1396 trat die Republik Florenz bei Sigismund ebenfalls für diesen Plan ein. Bereits im nächsten Jahr verlobte er sich dann mit Margarethe, der Tochter des schlesischen Herzogs Heinrich von Brieg aus dem Haus der Piasten, die jedoch noch minderjährig war. Als es 1401 soweit war, daß die Braut nach Ungarn kommen und Stibor sie holen sollte, wurde Sigismund von den aufständischen Baronen gefangengenommen, und danach starb Margarethe.[19]

Der Sommerfeldzug des Jahres 1395 und der Tod seiner Gemahlin hinderten Sigismund daran, sich näher mit der Entwicklung in Böhmen zu befassen, denn immerhin war es denkbar, daß König Jagiello und Königin Hedwig nun Erbansprüche auf Ungarn stellen würden. Man mußte also mit einem polnischen Angriff in Oberungarn, der heutigen Slowakei, rechnen. Allein der polnische König, der in unzufriedener und kinderloser Ehe mit der Königin Hedwig lebte, war noch mit der Festigung seiner Herrschaft über Polen und Litauen beschäftigt. König Ladislaus von Neapel, der Sohn des 1386 ermordeten Königs Karl, hatte schon 1392 den Titel eines Königs von Ungarn angenommen und versucht, nach Zengg überzusetzen. Da er jedoch den römischen Papst anerkannte, unterstützte Klemens VII. von Avignon den Thronprätendenten Ludwig II. von Anjou, so daß auch das Königreich Neapel durch ein Schisma in einen jahrelangen Bürgerkrieg gestürzt wurde. Dies alles führte dazu, daß König Sigismund sich trotz des Erlöschens des Hauses Anjou in Ungarn mit dem Tod seiner Gemahlin als König im Besitz der faktischen Macht behaupten konnte, obwohl die Opposition gegen sein Regime damit keineswegs aufhörte.

In Böhmen hatten die Wirren auch nach der Freilassung König Wenzels nicht aufgehört, zumal sich sein Bruder Johann nun mit seinem Vetter Jobst von

Mähren verbündete. Bei der Verpfändung Brandenburgs an Jobst war vereinbart worden, daß die Mark nach seinem kinderlosen Tod an seinen Bruder Prokop übergehen sollte. Als Jobst sich nun mit seinem Bruder Prokop zerstritt, verwies er die brandenburgischen Stände Anfang Juni 1395 für den Fall seines söhnelosen Todes an König Sigismund. Offensichtlich wollte er den ungarischen König für sich gewinnen. Als er einige Tage später zu Wenzel auf die Burg Karlstein kam, ließ dieser ihn gefangennehmen. Erst nach der Ratifizierung des Krakauer Bündnisses mit Polen entließ Wenzel den Vetter wieder aus der Gefangenschaft.
Die Stellung Albrechts III. gegenüber König Wenzel hatte sich mittlerweile nach Abschluß eines Landfriedensbündnisses mit einer Gruppe von schwäbischen Reichsstädten wieder gebessert. Obwohl Wenzel die Städtebündnisse verboten hatte, verbündeten sich die Reichsstädte im Mai 1395 mit Albrecht III. und seinen Neffen Wilhelm und Leopold IV. für den Fall, daß sie wegen ihrer Einung von Wenzel angegriffen würden. Im Lauf des Juni 1395 traten weitere Reichsstädte dem Bündnis bei. Gestützt auf diese Bündnisse erklärten Albrecht III., sein Sohn Albrecht IV. und sein Neffe Wilhelm König Wenzel Mitte Juli 1395 den Krieg.[20] Im August schloß Albrecht in Zwettl ein Bündnis mit Markgraf Jobst und den böhmischen Baronen, in dem sie sich verpflichteten, dafür zu sorgen, daß Herzog Albrecht das Reichsvikariat erhalte. Nun wurde die Lage für Wenzel gefährlich. Er ernannte seinen Bruder Johann zum Hauptmann des Königreichs Böhmen. Noch im August erreichte sein Kanzler den Abschluß des Bündnisses mit Frankreich. Durch die Erhebung des Reichsvikars Giangaleazzo von Mailand zum Herzog konnte er die Habsburger an der Südflanke bedrohen. Albrecht III. ließ sich davon jedoch nicht beirren, sondern bereitete den Einmarsch in Böhmen vor. Nun kam das Schicksal König Wenzel zu Hilfe: Bevor Albrechts Truppen die Grenze überschritten, starb der Herzog völlig überraschend Ende August 1395; die nun folgenden Erbauseinandersetzungen unter den Habsburgern lähmten die Politik dieser Dynastie für mehr als ein Jahrzehnt.
König Wenzel, der sich als unfähig erwies, sein Land ohne Unterstützung durch eine starke Hand zu regieren, ersuchte nun seinen Bruder Sigismund um Hilfe, der sich bisher als Vermittler gezeigt, in Wirklichkeit aber hinter den Kulissen die Fäden gezogen hatte. Ende 1395 schrieb Sigismund an seinen Bruder, daß er sein Schicksal bedaure; er forderte ihn auf, das Ansehen des Hauses Luxemburg zu heben und nach Rom zu ziehen, um sich zum Kaiser krönen zu lassen.[21] Anfang Februar 1396 ersuchte Wenzel seinen Bruder Sigismund um Hilfe bei der Befriedung des Landes. Da er seine ewigen Geldnöte kannte, schickte er auch gleich 2000 Goldgulden als Reisegeld mit. Ende Februar 1396 kam Sigismund nach Prag und stellte die Ordnung im Land wieder her. Auffallend war, daß sein Bruder Johann von Görlitz, der praktisch in Haft genommen wurde, wenige Tage später plötzlich verstarb. Eberhard Windecke berichtet, daß er vergiftet wurde.[22] Ob Sigismund und seine Vettern Jobst und Prokop ihn vergiften ließen, wie die Böhmen behaupteten, ist nicht erwiesen; auf jeden Fall kam ihnen der Tod Johanns sehr gelegen. Am Todestag Johanns erneuerten Wenzel und Sigismund dann ihren Erbvertrag von 1394, in dem sie sich ohne Rücksprache mit den Ständen gegenseitig für

Böhmen und Ungarn zum Erben einsetzten. Da die Opposition in Deutschland sich immer wieder darüber beklagte, daß Wenzel so selten ins Reich komme, ernannte er am 19. 3. seinen Bruder Sigismund zum Reichsvikar auf Lebenszeit. In der Urkunde erklärte er, daß vielfache Geschäfte es ihm unmöglich machten, ins Reich zu kommen. Daher solle ihn Sigismund auf dem nächsten Reichstag in Frankfurt vertreten.[23] Die Fürsten waren mit dieser Ernennung jedoch nicht einverstanden, da Sigismund seit der Verpfändung Brandenburgs kein Reichsfürst mehr war und jedermann wußte, daß die ungarischen Angelegenheiten ihn vollauf beschäftigten und er keine Möglichkeit hatte, in das Geschehen in Deutschland einzugreifen.

Nach dem ersten Türkenfeldzug Sigismunds im Jahr 1392, bei dem ihn seine Vettern Jobst und Prokop unterstützt hatten, und dem erfolgreichen Feldzug des Jahres 1395, während dem er Klein Nikopolis auf der linken Seite der Donau erobert hatte[24], erwartete man sich in Europa, König Sigismund sei der Mann, um die Invasion der Osmanen auf dem Balkan zu stoppen. Nach seiner Rückkehr aus Böhmen eilte er im Frühjahr 1396 zum Hafen Nin bei Zara, wo er bereits französische Kriegsschiffe vorfand. Herzog Philipp der Kühne von Burgund schickte Hilfsgelder, und auch von Venedig traf Unterstützung ein. Die Flotte segelte nun los zum Schwarzen Meer, um an der Donaumündung die Entwicklung abzuwarten. Mittlerweile war es auch zum Abschluß eines Bündnisses zwischen Sigismund und Kaiser Manuel von Byzanz gekommen.

Noch im April 1396 war ein etwa 2500 Mann starkes französisch-burgundisches Kreuzfahrerheer unter Johann Ohnefurcht, dem Sohn Herzog Philipps, von Paris und Dijon aufgebrochen, dem sich in Deutschland einige tausend Bayern und Schwaben unter dem Pfalzgrafen Ruprecht und dem Nürnberger Burggrafen Johann von Zollern angeschlossen hatten. Sigismund zog nun von Nin aus nach Ofen zurück, um das Kreuzfahrerheer zu begrüßen. Graf Hermann II. von Cilli, der spätere Schwiegervater Sigismunds, dessen Vetter Wilhelm den Türkenfeldzug des Jahres 1392 mitgemacht hatte, setzte im Juni 1396 in Cilli sein Testament auf und stieß mit seinen Truppen zu König Sigismund.[25] Das Heer zog dann in verschiedenen Abteilungen die Donau entlang nach Siebenbürgen und von dort in die Walachei, wo es sich mit den Truppen des Woiwoden Mircea vereinigte. Sigismund selbst zog durch den Paß des Eisernen Tores und besetzte Widdin und Orschowa in Bulgarien. Die Größe des christlichen Heeres wird von dem bayerischen Teilnehmer Johannes Schiltberger mit 60.000 Mann angegeben, der Berner Chronist Justinger spricht von 100.000 Mann.[26] In Wirklichkeit dürfte das christliche Heer jedoch nur etwa 9000 bis 10.000 Mann stark gewesen sein, während die türkische Armee etwa 11.000 bis 12.000 Mann umfaßte. Die Schlacht bei Nikopolis, das vergeblich belagert wurde, wurde nicht nur zum größten militärischen Fiasko im Leben Sigismunds, sondern überhaupt zu einem Meilenstein der Kriegsgeschichte. Die Elite der europäischen Gesellschaft betrachtete den Kreuzzug als eine Art Kavalierstour. Sultan Bajazed hatte mittlerweile durch einen abgefangenen Brief des Kaisers Manuel an Sigismund von dessen Plänen erfahren und die 1394 begonnene Belagerung Konstantinopels abgebrochen und seine Truppen in Adrianopel gesammelt. Die Schlacht von Nikopolis Ende September 1396 wurde zu einer Katastrophe, weil der Adel in seiner Überheblichkeit die Streitkraft der Türken unterschätzte und sich nicht diszipliniert einem einheitlichen Kommando unterordnete. Die Türken hingegen waren zahlenmäßig überlegen, diszipliniert und hatten eine bessere Führung. Die Franzosen sprachen voll Verachtung von den Türken und griffen übereilt an, während das türkische Heer nach einem genau durchdachten Kriegsplan kämpfte. Sigismund prahlte, nicht nur Bajazed, sondern alle Könige des Morgenlandes würden nicht imstande sein, ihn zu besiegen, und die Lanzen der christlichen Armee seien imstande, sogar den einstürzenden Himmel aufzuhalten. Vergebens bemühte er sich, Herzog Johann Ohnefurcht davon abzuhalten, als erster anzugreifen. Er wollte die Truppen des Woiwoden Mircea gegen die türkische Vorhut einsetzen, um den Kern der Armee für die Janitscharen aufzusparen. Doch Sigismund konnte sich gegenüber den unbesonnenen Franzosen nicht durchsetzen, die in ihrem Übermut sogar die türkischen Gefangenen niedermetzelten. So begannen die Franzosen unter der Führung Herzog Johanns die Schlacht. Dahinter standen die ungarischen Truppen, die König Sigismund selbst befehligte; die dritte Gruppe aus deutschen, böhmischen, walachischen, polnischen und bosnischen Truppen befehligten Nikolaus Gara und Burggraf Johann von Nürnberg. Bajazed hatte sein Heer in zwei Teile geteilt: einen stellte er den Verbündeten gegenüber auf, die glauben sollten, dies sei die gesamte türkische Armee. Mit den Janitscharen hielt der Sultan sich selbst im Hintergrund. Die vom Wein erhitzten Franzosen glaubten auch, die ihnen gegenüberliegenden Truppen seien das gesamte türkische Heer, und griffen an. Der plötzliche Angriff der Janitscharen brachte das christliche Heer ins Wanken. Die Franzosen wurden von den Türken überrannt, bevor die Ungarn ihre Kampfstellung entfalten konnten. Die Niederlage der Franzosen allein bedeutete an sich noch nicht die Niederlage in der Schlacht, aber König Sigismund besaß nicht die Begabung eines bedeutenden Feldherrn, der im richtigen Augenblick rasch die notwendigen Entscheidungen zu fällen wußte. So konnte nur der Mittelteil des Heeres mit Sigismund, Nikolaus Gara und Graf Hermann von Cilli mit den Polen, Bayern, Schwaben, Steirern und Böhmen den Türken einige Zeit standhalten, bis der serbische Fürst Stephan Lazarewitsch auf seiten der Türken in den Kampf eingriff und Sigismund, der mittlerweile in Lebensgefahr geraten war, vom Burggrafen von Nürnberg und dem Grafen von Cilli zur Donau gebracht wurde, wo er mit dem Graner Erzbischof Johannes Kanizsai ein Schiff bestieg und die Donau hinabfuhr. Graf Hermann von Cilli, der Johanniter-Großmeister und Nikolaus Gara folgten auf einem zweiten Schiff. Sigismund ernannte nach der Gefangennahme des Palatins Leusták Ilsvai den Baron Dietrich Bubek zum neuen Palatin, trug ihm auf, den Ungarn die Nachricht von seiner Rettung zu bringen, und fuhr weiter bis zum Schwarzen Meer, wo ihn ein venezianisches Schiff aufnahm und nach Konstantinopel brachte. Der Vorwand, mit dem dortigen Kaiser ein Bündnis zu schließen, sollte die wahre Ursache der Flucht verdecken. Es war dem König peinlich, eine derartig katastrophale Niederlage erlitten zu haben, und er getraute sich nicht, den Ungarn, die ihn eben jetzt dringend brauchten, unter die Augen zu treten. Sultan Bajazed ließ einen großen Teil der christlichen Gefangenen niedermachen. Nur prominente Kreuzzugsteilnehmer, die hohe Lösegelder zahlen konnten, erlangten die Freiheit wieder. Für Herzog Johann von Burgund, der 24 Gefährten auswählen durfte, die verschont wurden, mußte der reiche Burgunderherzog Philipp 200.000 Gulden bezahlen, für die er eine Sondersteuer ausschrieb![27] Sigismund trug angeblich 100.000 Dukaten dazu bei, wofür er den jährlichen Tribut Venedigs in Höhe von 7000 Dukaten verpfändete. Der Burgunderherzog wurde zunächst in Ketten nach Gallipoli und dann in die türkische Hauptstadt Bursa gebracht. Erst 1398 konnte er mit seinen Gefährten heimkehren. Der 16jährige bayerische Lanzenknecht Schiltperger, vor dessen Augen fünf bayerische Adelige enthauptet wurden, gehörte zu denjenigen jugendlichen Gefangenen unter 20 Jahren, die nicht umgebracht wurden; nach 32jähriger Sklaverei gelang es ihm, wieder in seine Heimat zurückzukehren, wo er seine traumatischen Jugenderlebnisse niederschrieb.

Die Niederlage des Kreuzfahrerheeres bei Nikopolis bedeutete gleichzeitig auch das Ende der mittelalterlichen Kreuzzugsideologie; es wurde allen Beteiligten klar, daß die osmanische Kriegsmaschinerie nicht mit bunt zusammengewürfelten Haufen von Adeligen und Abenteurern aufgehalten werden konnte, die derartige Unternehmungen als Kavalierstour ansahen. Insofern bildet Nikopolis ein Pendant zur Niederlage des österreichischen Ritterheeres bei Sempach 1386 gegen die Schweizer Eidgenossen. Auch für Ungarn bedeutete dies, daß in Zukunft ein allgemeines Aufgebot erlassen und die Heeresverfassung gänzlich erneuert werden mußte. 1397 dachte Sigismund dann auch erstmals daran, dem Deutschen Ritterorden das Burzenland in Siebenbürgen zurückzugeben, das König Andreas II. ihm abgenommen hatte. Über Jahre hindurch bemühte er sich, den Orden nach Ungarn an die türkische Grenze zu verlegen.

Ungarn lag nun schutzlos vor den Türken da. Sultan Bajazed höhnte, er werde nun Ofen erobern, Deutschland und Italien unterjochen und sein Pferd auf dem Altar des Petersdomes zu Rom füttern. Die Türken rückten nun auf dem Balkan vor, und eine einzelne Vorhut erreichte bereits die steirische Grenze und plünderte die Stadt Pettau. Ein schwerer Gichtanfall zwang den Sultan jedoch zum Abbruch des Feldzuges. Der Vormarsch des Großkhans Timur Lenk (Tamerlan) von Samarkand gegen die Türken nötigte Bajazed zur Defensive auf dem Balkan; seine Niederlage in der Schlacht bei Angora im Juli 1402 führte dann zu jahrelangen Thronkämpfen unter den Osmanen, die Ungarn eine Ruhepause brachten.

Während der neue ungarische Palatin Bubek vergeblich erklärte, König Sigismund sei noch am Leben, glaubte man allgemein, er sei in der Schlacht oder in der Donau umgekommen. Der König hätte nämlich ohne Schwierigkeiten über die Walachei und Siebenbürgen nach Ungarn zurückkehren können, wenn er nicht die Schande gefürchtet hätte. So ließ er sich von der venezianischen Flotte, die an der Donaumündung auf die Siegesnachricht gewartet hatte, nach Konstantinopel bringen, wo ihm niemand helfen konnte. Er begrüßte den Kaiser Manuel und schrieb am 11. 11. an den Großmeister der Johanniter einen optimistischen Brief, er habe die Reichshauptstadt mit seinen Schiffen vor den Türken gerettet, da sie ohne seine Ankunft in wenigen Tagen in die Hände der Türken gefallen wäre.[28] Dann ersuchte er ihn um die Sendung einiger Galeeren, da er in sein Reich zurückwolle, um eine neue Koalition gegen die Türken zusammenzubringen. Aus dem Brief sprechen keinerlei Selbstzweifel. Wie ein siegreicher Feldherr bestieg Sigismund in Konstantinopel die Galeere des Admirals Tommaso Mocenigo, des späteren Dogen. Dann fuhr die Flotte los, um die Dardanellen zu erreichen, bevor die türkischen Schiffe sie sperren konnten. Sie kamen jedoch zu spät; in der Meerenge kreuzten bereits türkische Schiffe, und in der Festung Gallipoli waren bereits die Gefangenen, unter denen sich der Herzog von Burgund und Schiltperger befanden. Die Türken stellten die Gefangenen nun zur Schau und höhnten, Sigismund solle kommen und sie befreien. Dem König gelang jedoch die Flucht, und er segelte mit dem Johanniter-Großmeister nach Rhodos. Von dort aus fuhr er mit dem Schiff Mocenigos weiter nach Ragusa, wo er am 21. 12. mit Hermann von Cilli, Johann Kanizsai und Nikolaus Gara, dem Ban von Kroatien, ankam. Anfang 1397 kamen die Flüchtlinge nach Split, wo Sigismund dem Admiral Mocenigo eine Jahresrente von 1000 Dukaten anwies, die von der venezianischen Jahresrate von 7000 Dukaten abgezogen werden sollte. Bereits Ende Januar ersuchte eine Gesandtschaft Sigismunds den Dogen um ein Bündnis gegen die Türken, das jedoch vom Senat abgelehnt wurde.

Noch im Januar 1397 verließ der König dann Split und kam am 6. 2. nach Knin, von wo er, ohne auf Widerstand zu stoßen, Ende Februar nach Kreutz (Krisevci) in Slawonien kam. Hier wurde der ehemalige Palatin Stefan Lackfi, der Woiwode von Siebenbürgen, der unterdessen Kontakte zu König Ladislaus von Neapel aufgenommen hatte und von diesem angeblich zu seinem Statthalter in Ungarn ernannt worden war, auf Anstiften des Erzbischofs Kanizsai mit seinem Anhang niedergemetzelt. Nun berief Sigismund für Ende September einen Reichstag nach Temesvár ein, auf dem die zukünftige Verteidigung des Landes beraten werden sollte. Kanizsai, der Pole Stibor und Hermann von Cilli erhielten die Güter der geächteten Verschwörer. Die Venezianer schickten Ende 1396 einen Beauftragten nach Dalmatien, der die Situation erkunden sollte. Da er bereits im März 1397 wieder zurückberufen wurde, kann man annehmen, daß die Markusrepublik die Herrschaft Sigismunds trotz seines gewaltigen Prestigeverlustes als gesichert ansah.

Für den Reichstag in Temesvár im Oktober 1397 hatte Sigismund erstmals außer den Prälaten und Baronen auch je vier Vertreter aus jeder Grafschaft sowie erstmals auch Vertreter der Städte eingeladen. Die Stände forderten den König nun zur Einhaltung der Verfassung und zur Entlassung aller Ausländer auf; nur der Pole Stibor und der Agramer Bischof Eberhard wurden ihrer Verdienste wegen von dieser von Sigismund bewilligten Maßnahme ausgenommen. Bezüglich der Landesverteidigung wurde beschlossen, daß in Zukunft bei einem Angriff auf die Landesgrenzen alle Magnaten, Barone und Grafen mit ihrem allgemeinen Aufgebot ins Feld rücken müßten. Für jeden zwanzigsten Untertanen sollten die Magnaten einen Kämpfer ausrüsten. Nach dem ungarischen Wort „húsz" für zwanzig wurden die ähnlich gekleideten Reiter in Zukunft „Husaren" genannt.²⁹ Diese Reform der Kriegsverfassung sollte Ungarn vor weiteren Türkeneinfällen schützen. Nach der Ausschaltung der Gegner Sigismunds erhielt er das Recht, Schenkungen, die er in den Wirren seiner Anfangszeit aus einer Notlage heraus gemacht hatte, zu widerrufen. Außerdem erhielt er das Recht, verpfändete Königsburgen ohne Gegenleistungen zurückfordern zu können.³⁰ Mittlerweile hatte König Wenzel in Fragen des Schismas innerhalb der Kirche eine Initiative ergriffen und sich im April 1398 in Reims mit König Karl und dem Herzog von Burgund getroffen, wo beide vereinbarten, die beiden Päpste Bonifaz IX. in Rom und Benedikt XIII. in Avignon, den Nachfolger Klemens' VII., zum Rücktritt zu zwingen und einen neuen Papst zu wählen. König Sigismund erklärte sich bereit, seinen Bruder dabei zu unterstützen, und reiste deswegen 1398 nach Krakau, um auch das polnische Königspaar für diesen Plan zu gewinnen und möglicherweise ein Bündnis zum Schutz Wenzels gegen die deutschen Fürsten abzuschließen. Er nahm in Krakau an Turnieren teil und gewann die Gunst der Frauen, erreichte aber nicht sein Ziel, das polnische Königspaar für die Absetzung des römischen Papstes zu gewinnen.

Inzwischen hatte die Opposition im Reich gegen König Wenzel weiter zugenommen. Besonders im Westen, wo die Idee der Reichsherrschaft über Italien noch lebendig war, hatte die Ernennung des Visconti zum Herzog von Mailand für eine große Summe Geldes einen Sturm der Entrüstung hervorgerufen. Die vier westlichen Kurfürsten an der „Rheinschiene" beanspruchten die Teilnahme an der Reichsregierung und betonten, nicht der König allein, sondern nur er mit den Kurfürsten repräsentierten „das Reich". Im Oktober 1396 hatten die durch die Luxemburger vom Thron verdrängten Häuser Wittelsbach und Nassau sich zur gegenseitigen Förderung ihrer Interessen verbunden. 1397 konnte Graf Johann von Nassau mit Hilfe des Pfalzgrafen Ruprecht II. von Papst Bonifaz gegen den Willen des Domkapitels die Ernennung zum Erzbischof von Mainz erreichen. Obwohl auch Wenzel sich für ihn verwendete, wurde Kurfürst Johann zum erbitterten Gegner der Luxemburger; im Pfalzgrafen sah Johann das zukünftige Werkzeug seiner Politik. Im April 1399 schlossen Mainz, Köln und die Pfalz eine neue Einung zur Wahrung ihrer Kurrechte. Auf dem Kurfürstentag von Oberlahnstein wurde Wenzel dann am 20. 8. 1400 in Anwesenheit von Herzog Stefan III. von Bayern und dem Nürnberger Burggrafen Friedrich VI. von Zollern abgesetzt und einen Tag später der 48jährige Kurfürst Ruprecht III. von der Pfalz zum neuen König gewählt.

Trotz der internen Zwistigkeiten im Haus der Luxemburger konnte sich der neue König aufgrund seiner geringen Machtbasis nur im Südwesten des Reiches durchsetzen. Obwohl es seinem Sohn Ludwig im Juli 1401 mit Unterstützung der Brüder Jobst und Prokop von Mähren gelang, mit einem Heer bis an die Mauern Prags vorzustoßen, vermochte er König Wenzel nie zu einem formellen Thronverzicht zu bewegen. Er war auch wesentlich aktiver als Wenzel, erreichte aber nie dessen Macht; dadurch wurde klar, daß die kleinen und mittleren Fürstentümer des Westens als Machtbasis für das deutsche Königtum nicht ausreichend waren und daß nur die größeren östlichen Hausmachtgebiete dafür in Frage kamen.

Wie bei den Luxemburgern gab es um diese Zeit auch im Haus Habsburg lange interne Auseinandersetzungen, die die politische Stellung der Dynastie nach außen schwächten. Leopold III. und Albrecht III. hatten 1379 ihre Besitzungen geteilt; Leopold erhielt dabei die Steiermark, Kärnten, Krain, Istrien und Tirol mit den Vorlanden, Albrecht hingegen Österreich. Nach dem Tod Leopolds III. in der Schlacht bei Sempach verwaltete Albrecht bis zu seinem Tod die Gebiete seines Bruders für dessen Söhne Wilhelm, Leopold IV., Ernst und Friedrich IV. Dann beanspruchte Herzog Wilhelm 1395 als ältester Habsburger die Verwaltung aller Gebiete bei Fortbestand der Linienteilung. Ein Jahr später erhielt Leopold die Verwaltung Tirols und der Vorlande, während Albrecht IV., der Sohn Albrechts III., die Mitherrschaft Herzog Wilhelms in Österreich abzuschütteln versuchte. Dabei lehnte er sich an König Sigismund von Ungarn an. Die Spaltung innerhalb der Habsburger zeigte sich auch in der Stellungnahme im Streit des neuen Königs Ruprecht mit den Luxemburgern. Leopold IV., der seinen jüngeren Bruder Friedrich IV. mitversorgen sollte, verbündete sich im Oktober 1400 mit dem neuen König Ruprecht, dem er die Öffnung der Alpenpässe anbot. Dieser war vor allem auch deswegen gewählt worden, um Mailand wieder dem Reich zu unterwerfen. Anfang Juli 1401 wurde dann vereinbart, daß Ruprechts Tochter Elisabeth Herzog Friedrich heiraten und dessen Bruder Leopold den Italienzug mit etwa 5000 Mann begleiten sollte. Der Italienzug des Königs wurde jedoch zu einem Fiasko; nach einer Niederlage bei Brescia Mitte November 1401 kehrte Leopold IV. nach Österreich zurück. Das Scheitern Ruprechts dokumentiert, daß die Zeit, in der die deutschen Könige die Verhältnisse in Italien machtpolitisch aus eigener Kraft entscheiden konnten, endgültig vorüber war. Im Mai 1402 kam Ruprecht gescheitert aus Italien zurück. Sein Ansehen war durch die Niederlage derartig gesunken, daß er nur noch im südwestdeutschen Raum anerkannt wurde.
Seit dem Abschluß der Erbverträge mit König Wenzel von 1394 und 1396 lebte sein Bruder Sigismund mit ihm wieder in freundschaftlichen Verhältnissen. Da Wenzel während seiner Frankreichreise seinem Vetter Prokop die Regierung Böhmens übertragen hatte, verbündete sich Jobst am 18. 1. 1400 mit Sigismund, der ihn nun ungeachtet der Erbverträge von 1394 und 1396 ohne Wissen der ungarischen Stände zum Erben der ungarischen Krone bestimmte.[31] Dies rief in Ungarn große Empörung hervor. Als ob nichts geschehen sei, besuchte Sigismund dann den Bruder im März in Prag und nahm auch an der Krönung von dessen Gemahlin Sophia teil. Nach der Krönung begleitete Wenzel den Bruder auf der Heimreise bis Kuttenberg. Nach dem kinderlosen Tod der Königin Hedwig von Polen im Juli 1399 waren von polnischer Seite aus keine Erbansprüche auf Ungarn mehr zu befürchten; König Wladislaw II. lebte mit Sigismund zunächst in Frieden. Als König Wenzel noch vor seiner Absetzung die Durchführung eines Romzuges zur Kaiserkrönung erwog, beauftragte er seinen Bruder Sigismund im Juni 1400, diesbezüglich mit Papst Bonifaz IX. zu verhandeln. Nach seiner Absetzung ersuchte Wenzel den Bruder, zu ihm zu kommen und die Lage mit ihm zu beraten. Er scheint mit der Unterstützung Sigismunds gerechnet zu haben, da er der Stadt Straßburg im September mitteilte, eine böhmische Armee werde mit Unterstüt-

zung seines Bruders Sigismund und seines Vetters Jobst in Kürze im Reich erscheinen. Erst nach mehreren Gesuchen und der Verpfändung einiger Krongüter kam Sigismund jedoch im Oktober nach Kuttenberg, wo er mit Jobst und den böhmischen Baronen beriet, um welchen Preis er seinem bedrängten Bruder seine Hilfe verkaufen könnte. Er forderte den Ersatz sämtlicher Kriegskosten, die Abtretung Schlesiens und der Lausitz und die Verwaltung des Königreichs Böhmen. Wenzel war über diese bei den Verhandlungen im Kloster Sedlitz vorgetragenen Zumutungen Sigismunds derartig empört, daß er, ohne sich von seinem Bruder zu verabschieden, davonritt. Sigismund zog daraufhin mit seinen Truppen wieder nach Ungarn zurück. Von dieser Zeit an sprach Wenzel in seinen Briefen nicht mehr von der Hilfe seines Bruders. Es schadete ihm in Deutschland jedoch außerordentlich, daß er nicht mit einem Heer erschien, um die Empörung gegen ihn mit Waffengewalt zu zerschlagen. Die öffentliche Meinung neigte sich nun zunächst König Ruprecht zu, bis dieser von seinem erfolglosen Italienzug zurückkehrte.

Als in Ungarn bekannt wurde, daß König Sigismund ohne Wissen der Stände den unbeliebten Markgrafen Jobst von Mähren zu seinem Nachfolger eingesetzt hatte, kam es im Frühjahr 1401 zu einem neuen Aufstand gegen ihn. Der König hatte auch entgegen den Temesvárer Beschlüssen dem Grafen Hermann II. von Cilli, dem er bereits 1397 die Stadt Varaždin geschenkt hatte, 1399 die Grafschaft Seger (Zagorien) verliehen, wodurch die Grafen zu ungarischen Reichsbaronen aufstiegen.[32] Dies empörte die ungarischen Barone. Es scheint, daß auch Papst Bonifaz IX. bei der Verschwörung seine Hände im Spiel hatte und König Ladislaus von Neapel unterstützte, der von einigen aufständischen bosnischen Baronen zum König proklamiert wurde. Am 28. 4. 1401 kam es dann in der Königsburg zu Ofen zu einem Putsch der Barone, an deren Spitze der Palatin Bubek und der Graner Erzbischof Johannes Kanizsai standen. Es scheint, daß Nikolaus Gara, der Pole Stibor und Graf Hermann von Cilli sich nur beteiligten, um sich in der Folge für den König einsetzen zu können. Die Aufständischen warfen dem König seine Rechtsverletzungen vor und versuchten, Hand an ihn zu legen. Sigismund aber zog das Schwert und erklärte, wer sich von ihm beleidigt fühle, solle zum Kampf mit ihm antreten. Ähnlich wie sein Bruder Wenzel tobte der König in einem Wutanfall, als ihm sein ausschweifendes Leben vorgeworfen wurde. Er forderte seine Anhänger auf, die Rädelsführer zu ergreifen. Als sich jedoch niemand für ihn einsetzte und er erkannte, daß er von allen verlassen war, gab er den Widerstand auf. Er wurde am hellichten Tag nach Visegrád gebracht, ohne daß sich irgend jemand für ihn engagiert hätte. Voller Entrüstung schrieb Sigismund darüber an den Dogen und seine Anhänger in Böhmen, ohne damit aber an seinem Schicksal etwas ändern zu können.

Trotz all seiner charakterlichen Schwächen zeigte der König in der Situation seiner größten Erniedrigung auch edle Züge. Er weigerte sich, seine ausländischen Freunde wie etwa Stibor fallenzulassen, und ging lieber in Gefangenschaft. Die Hartnäckigkeit, mit der er die Forderungen der Barone ablehnte, überraschte diese. Kanizsai ließ statt des königlichen Siegels ein neues mit der Umschrift

„Siegel der heiligen Krone des Königreichs Ungarn" anfertigen und nahm den Titel „Kanzler der heiligen Krone" an. Da man Sigismund in Visegrád für nicht sicher hielt, brachte man ihn nach Südungarn auf die Burg Siklós, die Nikolaus Gara gehörte, der den Aufständischen seinen Sohn und Bruder als Geisel stellen mußte.

Mit Sigismund geriet einer seiner Anhänger in Gefangenschaft, der später noch eine große Karriere machen sollte. Filippo Scolari, genannt Pippo Spano, war ein Florentiner, der mit 13 Jahren seine Heimatstadt verlassen und im Dienst eines italienischen Kaufmanns in Ofen Buchhaltung gelernt hatte. Da es in Ungarn nur wenige Menschen mit derartigen Kenntnissen gab, wurde er von Johannes Kanizsai angestellt. Durch die Heirat mit einer ungarischen Adeligen wurde er bald zum Grafen von Ozora. König Sigismund erkannte bald seine Fähigkeiten und übertrug ihm die Aufsicht über die Bergwerke von Kremnitz und die Salzkammer. Er stieg in der Gunst des Königs, der den Kaufmann sogar zum Feldherrn machte und ihm die Leitung mehrerer Kriege gegen die Türken und Venezianer übertrug.[33]

Die ungarischen Barone, die ihren König gefangengenommen hatten, konnten sich unterdessen über die zukünftige Linie nicht einig werden. Während Reste der Horvati-Partei an Ladislaus von Neapel als Thronprätendenten festhielten, bot ein Teil der Barone im Nordwesten des Landes im Juni 1401 König Wladislaw II. von Polen die Krone an, der nach dem Bericht von Długosz das Angebot ablehnte und den Adel ermahnte, Sigismund wieder anzuerkennen, während dieser ihn später beschuldigte, das Angebot sehr wohl angenommen und die Zips mit einem Einfall bedroht zu haben. Die in der Nähe Österreichs lebenden Barone boten Herzog Wilhelm die Krone an, der mittlerweile Johanna II., die Schwester König Ladislaus' von Neapel, geheiratet hatte und dem es dann auch gelang, Wieselburg, Ödenburg und einige andere feste Plätze zu besetzen. Schließlich trat noch Markgraf Jobst als ungebetener Bewerber auf, der mit Berufung auf den Erbvertrag vom Januar 1400 Preßburg und Tyrnau besetzte.

Die Uneinigkeit der Parteien stärkte die Position Sigismunds. Besonders der aus der Pfalz stammende und vom siebenbürgischen Woiwoden Stibor geförderte Bischof Eberhard von Zagreb, der frühere Propst von Hermannstadt, setzte sich für den König ein. Stibor, der gerade zu dieser Zeit Margarethe von Brieg, die Verlobte des Königs, ins Land holen sollte, trieb Markgraf Jobst über die Grenzen zurück und machte sich dadurch populär.

Graf Hermann von Cilli und Nikolaus von Gara hielten König Wladislaw, der gerade die Tochter seines Vetters Wilhelm geheiratet hatte, von einem Eingreifen in den Konflikt auf seiten der Barone ab. Nikolaus Gara vermittelte zwischen der Liga der Barone und dem König, der sich über seine Vergangenheit reuig zeigte und gute Vorsätze für die Zukunft faßte. Als sich nach und nach die slawische Bevölkerung Ungarns in Bosnien, Slawonien, Kroatien und Dalmatien für König Ladislaus, den letzten männlichen Vertreter des neapolitanischen Zweiges der Anjous, aussprach und auch Venedig Unterstützung für dessen Pläne zur Überfahrt nach Dalmatien signalisierte, befürchteten die böhmischen Luxemburger, die ja aufgrund der Verträge mit Sigismund ein Erbrecht auf den ungarischen Thron beanspruchten, ihre Ansprüche zu verlieren, für die sie teilweise schon große Summen investiert hatten. Besonders aber verwandte sich Graf Hermann von Cilli, der Schwiegervater von Nikolaus von Gara, für den König, der im August nach 18wöchiger Gefangenschaft von diesem freigelassen wurde. Offensichtlich verlobte Sigismund sich anschließend mit Barbara, der neunjährigen Tochter Graf Hermanns, um dem Gerede von seinem ausschweifenden Lebenswandel ein Ende zu machen. Es wurde auch berichtet, Sigismund hätte der Mutter Garas versprochen, nach seiner Befreiung eine Tochter Hermanns zu heiraten.[34] Damit wurde der König zum zukünftigen Schwiegersohn des Grafen von Cilli und zum Schwager Garas, der im Jahr darauf Palatin von Ungarn wurde. Am 19. 8. teilte König Wenzel seinem Bruder mit, daß er Nikolaus Gara eine jährliche Rente von 1000 Gulden für seine Befreiung verliehen habe; zu dieser Zeit muß Sigismund sich demnach bereits in Freiheit befunden haben. Am 27. 10. beschwor er auf dem Reichstag in Papa in Westungarn, an seinen Gegnern, die ihn in Gefangenschaft gehalten hätten, keine Rache zu nehmen und diesen zu verzeihen. Nur die in der Zwischenzeit getätigten Besitzveränderungen erkannte Sigismund nicht an; wer sich königliche Einkünfte angeeignet hatte, mußte diese wieder herausgeben. Dann reiste er, noch bevor er die südlichen Provinzen zurückgewonnen hatte, nach Böhmen, um dort die Verhältnisse zu ordnen. Dies verdeutlicht, daß er sich in seiner Herrschaft nunmehr sicher fühlte.

Mittlerweile war auch König Wenzel im Juli 1401 von den pfälzischen Truppen vor Prag hart bedrängt worden. Seine Vettern Jobst und Prokop unterstützten König Ruprecht jedoch nur, um Wenzel Konzessionen abzuringen; sobald sie diese erreicht hatten, zwangen sie die pfälzische Armee zum Rückzug aus Böhmen. Offensichtlich wurde bei dem Vergleich vereinbart, daß König Sigismund die Verhältnisse durch einen Schiedsspruch regeln sollte. Kaum war Sigismund aus der Gefangenschaft befreit und hatte den Reichstag von Papa hinter sich gebracht, warnte er den Dogen im Dezember von Tyrnau aus, sich mit König Ruprecht einzulassen.[35] Dann reiste er über Wien, wo er mit Albrecht IV. zusammentraf, nach Kuttenberg in Böhmen zu Verhandlungen mit seinem Bruder Wenzel. Die beiden beschlossen dann, nach der Wiederherstellung der Ordnung in Böhmen solle Wenzel nach Rom gebracht und dort zum Kaiser gekrönt werden, denn Papst Bonifaz IX. hatte es angesichts der Macht der Luxemburger nicht gewagt, König Ruprecht anzuerkennen. Sigismund wurde erneut von Wenzel zum Reichsvikar ernannt. Als Reichsvikar führte er seit 1402 erstmals den kaiserlichen Doppeladler im Wappen, der bisher nur inoffiziell für das deutsche Königtum verwendet worden war.[36] Zu Beginn des Jahres 1402 schickte er Hermann von Cilli zu den Grafen von Görz und Ortenburg, um die Route für den Romzug seines Bruders zu sichern. Wenzel hingegen kündigte den Städten Italiens an, er werde mit Sigismund zur Kaiserkrönung nach Rom kommen. Auch mit Papst Bonifaz IX. traten die Brüder diesbezüglich in Verhandlungen. Um die Streitigkeiten zwischen Jobst und Prokop von Mähren zu beenden, sollte dieser auf Lebenszeit von Wenzel das Herzogtum Schweidnitz und Jauer erhalten. Anfang

Februar setzte Wenzel in Königgrätz dann seinen Bruder zum Statthalter Böhmens ein. Der böhmische Landtag erkannte diese Maßnahme an und schwor Sigismund die Treue, der wiederum den Herzog Giangaleazzo zur Treue gegen das Haus Luxemburg ermahnte.

Es sah nun alles so aus, als ob der Romzug Wenzels genau zu der Zeit beginnen könne, als Ruprecht von seinem erfolglosen Zug aus Italien zurückkehrte. Allein es kam genau zu diesem Zeitpunkt zum neuerlichen Bruch zwischen Wenzel und seinem Bruder, der dazu führte, daß Sigismund den Bruder am 6. 3. in Prag heimlich gefangennahm. König Ruprecht machte nun den Brüdern Jobst und Prokop Angebote, wenn sie auf seine Seite wechseln und Wenzel zum Rücktritt bewegen würden. Daraufhin entschloß sich Sigismund zu einer Blitzaktion gegen die Vettern und ließ Wenzel in einem Turm der Prager Burg gefangenhalten. Da Jobst geflohen war, brach er nun endgültig mit ihm und setzte die albertinische Linie der Habsburger zu seinem Erben ein, die ihm auch militärische Hilfe geschickt hatte. Er belagerte Prokop in der Burg Pösing in Böhmen, lockte ihn unter dem Versprechen des sicheren Geleites zu einem Gespräch und ließ ihn dann verhaften. Ende Juni zog Sigismund mit Wenzel und Prokop von Prag nach Österreich; er erweckte dabei den Anschein, als ob er Wenzel zur Krönung nach Rom führte. Mitte Juli brach er mit Hermann von Cilli und den Gefangenen von Krumau auf und ritt zur Burg Schaumburg bei Linz, die im Besitz der Cillier war und auf der Kriegsrat gehalten wurde. Graf Hermann von Cilli sollte Wenzel nun mit den Grafen von Görz und Ortenburg zum Herzog von Mailand bringen, der Wenzel dann nach Rom zur Kaiserkrönung geleiten sollte. Der Plan wurde jedoch dadurch vereitelt, daß König Ruprecht Herzog Leopold IV. und den Salzburger Erzbischof ersuchte, die Alpenpässe für die Luxemburger zu sperren. Außerdem starb Herzog Giangaleazzo von Mailand Anfang September. Als Sigismund von den Gegenmaßnahmen Ruprechts erfuhr, gab er den Plan der Kaiserkrönung Wenzels auf, damit dieser nicht von seinen Gegnern gefangengenommen werden könnte. Er nahm nun neue Verhandlungen mit den Habsburgern auf, die ebenfalls nach Burg Schaumburg gekommen waren.

Anfang August 1402 brach König Sigismund mit seinen Gefangenen von Burg Schaumburg auf und ritt nach Wien, wo er am 16. 8. den bereits erwähnten Erbvertrag schloß und den Habsburgern in Erweiterung des Brünner Vertrages von 1364 nun auch die Erbfolge in Ungarn zusicherte. Dabei ließ Sigismund jedoch noch offen, welchen Habsburger er zu seinem Nachfolger ernennen werde. Er versprach, danach zu trachten, die im Besitz von Jobst und Prokop befindliche Mark Brandenburg in die Hand zu bekommen und den Habsburgern zu verleihen. In den Auseinandersetzungen mit König Wenzel und den Markgrafen von Mähren beschlossen beide Seiten, keinen Separatfrieden mit den Gegnern abzuschließen. Auch die Habsburger setzten Sigismund für den Fall des Aussterbens ihrer Dynastie zum Erben ein. Beide Seiten gelobten auch, die Kirchenspaltung beenden zu helfen.

Dieser Erbvertrag, der den Habsburgern die Aussicht auf das Königreich Ungarn eröffnete, wurde zwischen Sigismund, Albrecht IV. und den Herzögen Wilhelm

und Ernst geschlossen. Dies hing damit zusammen, daß Herzog Wilhelm aufgrund des Hollenburger Vertrages von 1395 auch in den albertinischen Gebieten die Mitregentschaft ausübte. König Sigismund ließ seinen Bruder Wenzel nun in Wien bei Herzog Wilhelm zurück und zog mit Albrecht IV. nach Preßburg. Während er im Erbvertrag vom 16. 8. noch offengelassen hatte, welchen Habsburger er als Nachfolger haben wollte, erließ er Mitte September in Preßburg ein Manifest, in dem er beurkundete, daß er Albrecht IV. zum Erben der ungarischen Krone bestimmt und die frühere Verfügung, daß Markgraf Jobst diese erben sollte, aufgehoben habe. Da er als Reichsvikar und Reichsverweser von Böhmen mit seinen Regierungsaufgaben überlastet sei, setzte er Albrecht auch zu seinem lebenslänglichen Statthalter in Böhmen ein und verordnete, daß alle Bischöfe und Würdenträger ihm die Treue geloben müßten. Um dem Rechtsakt eine besondere Sicherheit zu verleihen, ließ er ihn am 21. 9. vom ungarischen Reichstag beschwören; 112 Siegel – darunter die von Nikolaus Gara, Stibor, Johann Kanizsai und den Städten Preßburg und Ödenburg – bekräftigten den Rechtsakt der diesbezüglichen Urkunde. Einige Tage darauf verkaufte er die ursprünglich zum Kurfürstentum Brandenburg gehörende Neumark um 63.700 Dukaten an den Deutschen Ritterorden. Dann kehrte er mit Albrecht IV. nach Wien zurück, wo beide unter Mitwirkung der Herzöge Wilhelm und Ernst Ende November König Wenzel zur vollständigen Abdankung zwangen. König Ruprecht schickte im Oktober 1402 den Nürnberger Burggrafen Friedrich von Zollern nach Wien, um mit Wenzel, Sigismund und den Habsburgern über die Anerkennung seines Königtums zu verhandeln. Er verlangte den Rücktritt Wenzels, die Auslieferung der Reichskleinodien und des Reichsarchivs und stellte König Sigismund die Belehnung mit der Mark Brandenburg in Aussicht, obwohl er gleichzeitig auch mit deren Inhaber Markgraf Jobst verhandelte. Sigismund aber lehnte das Angebot ab; er wollte Wenzel in seinem Gewahrsam behalten und ihn eventuell zum Kaiser krönen lassen, um dann selbst römischer König werden zu können.
Während Sigismund sich mehr und mehr der Reichspolitik widmete und mit aller Konsequenz seine Machtergreifung in Böhmen durchzuführen suchte, holte sein Rivale Ladislaus von Neapel zum entscheidenden Schlag gegen ihn aus. Ende August 1402 landete seine Flotte in Zara, wo die Bevölkerung ihm einige Tage darauf huldigte. Noch auf dem Preßburger Reichstag, auf dem die Erbfolge der Habsburger besiegelt wurde, erfuhr Sigismund von der Entwicklung der Dinge in Dalmatien, aber er achtete zunächst nicht auf die Gefahr; er wollte die Machtergreifung in Böhmen zu Ende führen und schickte nur wenige Truppen unter der Führung des Bans von Kroatien nach Dalmatien. Noch im Lauf des November huldigten auch Trogir, Šibenik und Split König Ladislaus, der Ende des Jahres von einer Delegation aus Dalmatien aufgefordert wurde, unverzüglich dorthin zu kommen, um das Land in Besitz zu nehmen. Kaum hatte Sigismund dann Ende November Wien in Richtung Böhmen verlassen, als in Ungarn der letzte große Aufstand gegen ihn ausbrach, an dessen Spitze der Graner Erzbischof Johannes Kanizsai trat. Doch auch diese Entwicklung hielt Sigismund nicht davon ab, seinen Zug nach Böhmen fortzusetzen.

In Böhmen hauste Sigismund mit seinen ungarischen und österreichischen Truppen wie in Feindesland. Von Kolin aus erließ er im Dezember 1402 ein Manifest, in dem er den Grund seines Kommens mitteilte. Zu Beginn des Jahres 1403 nahm er Kuttenberg ein und führte den dort aufbewahrten Schatz König Wenzels und auch das königliche Archiv fort. Markgraf Jobst, der sich bereits im Februar mit der ungarischen Opposition verbündet hatte, unterstützte diese gegen Sigismund, mit dem er im April einen Waffenstillstand schloß. Mittlerweile erkannte Papst Bonifaz IX. Anfang Juni König Ladislaus von Neapel als König von Ungarn an, der sich nun endlich anschickte, selbst nach Dalmatien zu kommen, und am 19. 7. in Zara landete, wo er von der Bevölkerung jubelnd begrüßt wurde. Der Ban von Kroatien, den Sigismund den Aufständischen entgegengeschickt hatte, war mittlerweile im Februar von den Aufständischen bei Bihać besiegt und gefangengenommen worden. Als die Geistlichkeit und der Papst sich immer stärker hinter den Aufstand stellten, der bald ganz Ungarn erfaßte, entschloß sich Sigismund dann aber doch, das Unternehmen in Böhmen abzubrechen, ohne daß er einen entscheidenden Schlag gegen seine Gegner geführt hätte.

Auf der Rückreise von Böhmen nach Ungarn hatte Sigismund im Juli in Hainburg oder Preßburg ein Gespräch mit seinem Bruder Wenzel. Die Kirche mußte für ihre Unterstützung des Aufstandes schwer büßen, denn im August sperrte Sigismund in Preßburg der päpstlichen Kammer alle Einnahmen aus Böhmen und verbot, irgendwelchen Anordnungen des Papstes Folge zu leisten. Während dieser Befehl in Böhmen weniger Beachtung fand, wurden die analogen Beschlüsse des Preßburger Reichstages vom April 1404 zum Anfang des von Sigismund begründeten ungarischen Staatskirchentums.[37] Bonifaz IX. nahm nun mit aller Schärfe den Kampf gegen die Luxemburger auf, billigte die Absetzung König Wenzels und erkannte Ruprecht von der Pfalz Anfang Oktober 1403 als deutschen König an. Damit war auch der Plan Sigismunds, Wenzel eventuell noch in Rom zum Kaiser krönen zu lassen, gescheitert. Herzog Wilhelm, der König Sigismund ohnehin nicht mochte und mit Ladislaus' Schwester Johanna vermählt war, hatte daher kein Interesse mehr daran, Wenzel noch weiterhin in Wien gefangenzuhalten, und ließ ihn im November 1403 entkommen. Die Statthalter Sigismunds in Böhmen konnten nichts gegen die Rückkehr Wenzels unternehmen, der zu Weihnachten in Prag einzog. Damit fand die erste Herrschaft Sigismunds über Böhmen ihr vorläufiges Ende.

König Ladislaus von Neapel ließ sich mittlerweile am 5. 8. in Zara in Anwesenheit des päpstlichen Legaten von dem verräterischen Erzbischof Kanizsai zum König von Ungarn krönen. Eine Versammlung der aufständischen Barone hatte mittlerweile mit den polnischen Ständen Kontakte aufgenommen, den Erbvertrag mit Albrecht IV. für ungültig erklärt und endgültig auf Galizien verzichtet. Auch Ofen, Raab, Erlau, Gran und andere bischöfliche Städte traten jetzt zu Ladislaus über, der immer noch zögerte, sich direkt nach Ungarn zu begeben, obwohl der ungarische Klerus ihn dazu drängte. Anfang September machte er sich dann endlich auf den Weg. Er kam, ohne auf Widerstand zu stoßen, bis Raab. Als Sigismund jedoch aus Böhmen zurückkehrte, gelang es ihm rasch, den Aufstand niederzuschlagen. Stibor führte einen Teil des Heeres auf Schiffen nach Raab und nahm die Stadt nach kurzer Belagerung ein. Das Heer des Königs von Neapel wurde aufgerieben, während Stibor Ofen einschloß und zur Übergabe zwang. Sigismund selbst zog nach Gran und belagerte die Stadt, die er dann mit Stibors Hilfe einnehmen konnte. Der Verräter Kanizsai fand Gnade, mußte aber das Kanzleramt an den tüchtigen Bischof Eberhard von Zagreb abgeben.

In wenigen Wochen war Sigismund wieder Herr der Lage. Diesmal ging er mit Nachsicht gegen seine Feinde vor. Auf dem Reichstag zu Ofen verkündete er Anfang Oktober eine allgemeine Amnestie für diejenigen, die sich ihm freiwillig unterwarfen. Dies zeigte auch Erfolg, und bald sah sich König Ladislaus von allen Anhängern verlassen und mußte Ende Oktober nach Neapel zurückkehren. Damit waren die Versuche der neapolitanischen Anjous, die Nachfolge ihrer ungarischen Vettern anzutreten, endgültig gescheitert. Auch die ungarische Opposition gegen König Sigismund sah nun ein, daß ein weiteres Verfolgen ihrer Politik aussichtslos war. Erst jetzt hatte Sigismund seine Herrschaft über Ungarn endgültig gefestigt, und es wurde auch nie wieder ernsthaft der Versuch unternommen, sie ihm zu entreißen. Die Ernennung des Kanzlers Eberhard signalisiert den Beginn einer Phase, in der das ungarische Königtum die seit dem Tod Ludwigs des Großen verlorengegangene Machtstellung wieder zurückgewinnen konnte. Für Ungarn begann nun eine produktive Phase der inneren Beruhigung, die eine neue Blütezeit für Handel, Landesausbau, Wissenschaften und Künste zur Folge hatte.

IV.
Reform- und Kirchenpolitik
(1404–1410)

Mit der Flucht des Königs Ladislaus aus Dalmatien beginnt die Phase der ungestörten Herrschaft König Sigismunds in Ungarn. Der Wohlstand des Landes beruhte maßgeblich auf dem Bunt- und Edelmetallbergbau, der in der Ära der Anjous unter der Leitung italienischer Fachleute und Bankiers ausgeweitet wurde. Die ungarische Goldguldenwährung wurde zu einer Leitwährung Europas; ihre Ausprägung war italienischen Fachleuten anvertraut. Mit der Zeit König Sigismunds wandelten sich die Verhältnisse; mehr und mehr wurden von der Regierung jetzt deutsche Fachleute zu Rate gezogen. Bis 1392 wurde der 7000-Dukaten-Tribut Venedigs über die Bank der Medici überwiesen; nun aber kam erstmals ein Bankenkonsortium aus Eger und Nürnberg zum Zug. Neben dem Amt des Salzkammergrafen war das des „Tricesimators" („Dreißkers", der ein Dreißigstel einer Ware als Zoll einnahm), des Zolleinnehmers und der Kammergrafen der Bergstädte Kremnitz und Kaschau von entscheidender Bedeutung. 1395 wird der Nürnberger Kaufmann Ulrich Kamerer erstmals als „Tricesimator" und sein Kollege Marcus von Nürnberg als Kammergraf von Kaschau erwähnt. Die beiden gehörten in Zukunft zum Kreis der engsten Mitarbeiter des Königs. „Sie besitzen das Ohr König Sigismunds. Sie beeinflussen in den nächsten beiden Jahrzehnten maßgeblich seine Wirtschaftspolitik und schließlich sogar seine Reichsreformpläne für Ungarn und seit 1410 auch für Deutschland. ... Dabei zeigte sich, daß von der bisherigen Geschichtsschreibung für utopisch und verfehlt gehaltene wirtschaftliche und politische Projekte König Sigismunds durchaus einer rationalen Planung entsprangen, die auch den Konzeptionen der hinter Kamerer und Marcus stehenden Handelshäuser entsprach. Das gilt für die Pläne Sigismunds, Türken und Venezianer mit Hilfe orientalischer Verbündeter zu bekämpfen, für die Projekte eines deutschen Schwarzmeer-Handels und für den Wirtschaftskrieg und die Kontinentalsperre gegen Venedig. Kamerer und Marcus gehörten offenbar zu den Miturhebern dieser Projekte."[1]
Wie immer, so standen auch in der Geschichte Ungarns um 1400 hinter den politischen die wirtschaftlichen Interessen. Als die Barone der Kanizsai-Liga 1401 gegen König Sigismund putschten, wurden alle Deutschen in Buda in einer Nacht auf Befehl von König Ladislaus verhaftet. Nach der Niederschlagung des Aufstandes von 1403 ließ König Sigismund alle Florentiner in Ungarn verhaften. Nur einige

wenige, die den König unterstützt hatten, wie Pippo Spano, blieben im Dienst des Königs. Die deutschen Wirtschaftsexperten gaben nun den Ton in Ungarn an. Von 1402 bis 1405 reformierte Marcus von Nürnberg das ungarische Zollwesen; mit Kamerer kontrollierte er das gegen Polen behauptete Bleimonopol. Kamerers Schwiegersohn Ulrich Forchtel war Repräsentant des Nürnberger Handelshauses Stromeir in Ungarn; Sigismunds späterer Biograph Eberhard Windecke aus Mainz stand in seinen Diensten. Diese deutschen Unternehmer führten eine Reihe von technischen Innovationen ein und repräsentierten gegenüber der feudalen Adelswelt den gesellschaftlichen Fortschritt. Sie entwässerten die „ertrunkenen" Bergwerke der Karpaten mit Hilfe von Verfahren, die ihnen jüdische Ingenieure aus dem islamischen Kulturkreis vermittelt hatten. Wie einflußreich Marcus von Nürnberg war, läßt sich daraus entnehmen, daß ihm von den wichtigsten Bergbaukammern in Ungarn 1395 Kaschau, 1399 Ofen, 1404 Kremnitz, Hermannstadt und Nagybánya unterstanden und daß er von 1399 bis 1405 Obergraf der Kammern war. In den 1420er Jahren hatte auch Ulrich Kamerer die meisten dieser Schlüsselfunktionen in der ungarischen Wirtschaft inne. Entscheidend aber war, daß es den deutschen Wirtschaftskapitänen gelang, der gesellschaftlichen Entwicklung neue Impulse zu geben. Die feudalen Barone mußte der König schonen und ihnen auch weitgehend die leibeigenen Bauern überlassen. Einflußmöglichkeiten gab es in erster Linie bei der Kirche, die seit 1403 im Sinn des Cäsaropapismus entmachtet wurde, sowie bei den Städten, die bisher bei den Reichstagen gar nicht vertreten waren. Dem Königtum sollte eine neue Machtbasis gegeben werden, indem durch ein Bündnis der Königsstädte, des niederen Adels und der Ritter ein Gegengewicht gegen die Magnaten geschaffen wurde. „Die Reichsreform des Marcus von Nürnberg von 1405 gab Ungarn die fortschrittlichste Staats- und Wirtschaftsverfassung der damaligen Welt. Sehr wahrscheinlich war Marcus auch der intellektuelle Urheber des Konzepts einer Verfassungsreform König Sigismunds für das Römische Reich bzw. das Regnum Germanicum."[2] Wie in vielen Belangen, so konnte Sigismund später als deutscher König und Kaiser Erfahrungen verwerten, die er vorher in Ungarn hatte sammeln können.

In den Ländern der Luxemburger hatten die Städte ein besonderes Gewicht. Sigismund verstand es, die Staatseinnahmen durch Förderung der Städte und der Wirtschaft zu steigern. Er war auch bereit, die Städte zu unterstützen. Dabei vertraute er den Patriziern mehr als den Handwerkern, die auf eine Beteiligung an der Macht drängten. 1402 verlieh Sigismund den Städten Ödenburg, Preßburg, Bartfeld, Tyrnau und Leutschau das Stapelrecht, um wichtige Handelswege zu fördern, während vorher nur Ofen und Kaschau privilegiert waren. Allein die Bürger der königlichen ummauerten Städte waren Bürger im eigentlichen Sinn, während die Bewohner bischöflicher Städte Leibeigene waren. In den ersten Regierungsjahren des Königs wurden in den Städten die italienischen Kaufleute vom süddeutschen Handelskapital verdrängt. Auf der Versammlung der Städte im März 1405 behandelte Sigismund alle Städte Ungarns als eine Einheit. Am 15. 4. 1405 erließ er das von Marcus von Nürnberg beeinflußte „Städtedekret". Alle ummauerten Städte sollten in Zukunft das Recht haben, Abgeordnete zu den

Reichstagen zu schicken. Damit sollte angeregt werden, daß die Kommunen selbst für ihre Befestigung sorgten. Die Landbevölkerung sollte das Recht haben, in eine Stadt zu ziehen und dort das Bürgerrecht zu erwerben („Stadtluft macht frei!"), wenn sie vorher den Grundzins bezahlt hatten. Wie sehr die Macht des Königs durch die Städte gestärkt wurde, zeigt sich besonders am Beispiel Kaschaus (Kosice) in der heutigen Slowakei, das mit etwa 9000 Einwohnern die bevölkerungsreichste Stadt Ungarns war und mit über 200 verschiedenen Berufsgruppen in Handwerk und Handel alle übrigen Städte Ungarns überragte. Seit seinem Aufenthalt nach dem Friedensschluß mit Polen im Juli schätzte Sigismund die Stadt, der er 1399 das Stapelrecht erteilte. Häufig übernahm Kaschau Zahlungsverpflichtungen für ihn auch mit hohen Summen, die in „König Sigismunds Register" verzeichnet wurden. Der König wollte sich der Kontrolle der Oligarchen entziehen; dies zeigt sich darin, daß er „ein laufendes Kreditkonto bei der Stadt Kaschau besaß, dessen Existenz durch die Anweisungen auf die Steuern nur unvollkommen verschleiert wurde".[3] Die häufigen Aufenthalte Sigismunds in der Stadt, die ihm in den Wirren von 1399 bis 1401 stets die Treue gehalten hatte, dienten nicht zuletzt der Beschaffung von „Ehrungen" (Geschenken), Schmiergeldern und Anleihen.

Um den Handel zu fördern, wurden die Münzen, Maße und Gewichte in ganz Ungarn vereinheitlicht. Die Ausfuhr des ungemünzten Goldes und Silbers sowie des Kupfers wurde 1405 von Sigismund verboten.[4] Die Städte erhielten eine eigene Gerichtsbarkeit; zweite Instanz der Gerichte wurde der königliche Oberschatzmeister und erst dann der König selbst. Ausländisches Salz durfte nicht mehr nach Ungarn importiert werden. In allen Städten mußten zwei beeidete Bürger die Warenladungen für das Ausland überprüfen und versiegeln. Alles Gold und Silber aus den Bergwerken mußte zu einem bestimmten Preis an die königlichen Bergämter abgeliefert werden; nur die Goldschmiede konnten Edelmetalle erwerben. Jeder, der ein neues Bergwerk anlegen wollte, konnte dies tun und im ersten Jahr alle Einkünfte behalten. Das Stapelrecht der Stadt Ofen wurde aufgehoben, denn alle Städte sollten in Zukunft gleichberechtigt sein.[5] Die Steigerung des Handelsvolumens im späten Mittelalter machte eine Großmünze an Stelle der bisherigen Silberdenare notwendig. Nachdem Frankreich und Böhmen mit „Tournosen" und „Prager Groschen" eine Silbergroßmünze geschaffen hatten, begannen Florenz, Genua und Venedig im 13. Jahrhundert mit der Prägung von Goldgulden. Die Anjous verboten 1325 die Ausfuhr von Gold aus Ungarn und begannen mit der Prägung von ungarischen Goldgulden. Im 15. Jahrhundert überschwemmten jährlich über 400.000 in Ungarn geprägte Goldgulden mit dem Bild des heiligen Ladislaus Europa; der ungarische Gulden bekam damit eine Rolle, die mit der des Dollars und der Deutschen Mark in der Gegenwart vergleichbar ist. Der ungarische Goldgulden behielt stets sein Gewicht von 3,44 Gramm Feingold und war daher wertbeständig, während der rheinische Goldgulden der Kurfürsten aufgrund ihrer Wirtschaftspolitik zwischen 1399 und 1419 an Wert verlor und von 24 auf 19 Karat sank. Es gelang Sigismund, „während seiner ganzen fünfzigjährigen Regierung wenigstens eine Münzerneuerung zu vermeiden".[6] Damit wurde der ungarische Gulden zu einer Leitwährung für die Nachbarländer. Pro Jahr wurden etwa eineinhalb Tonnen Gold in Ungarn produziert, was einer Menge von etwa 420.000 geprägten Gulden entspricht. Nagybánya war Mittelpunkt des Goldbergbaues im Südosten des Landes und ebenso wie Hermannstadt Sitz einer Kammer und einer Münzstätte. Die wichtigste Münzstätte wurde jedoch im Lauf der Regierungszeit Sigismunds Kremnitz, das auch Sitz einer Kammer war und wo die berühmten „Kremnitzer Denare" geprägt wurden.

Die ungarischen Städte nahmen nun einen großen Aufschwung. In Ödenburg, das in den ersten eineinhalb Jahrzehnten der Regierungszeit Sigismunds ummauert und dafür von ihm belohnt wurde, verdoppelte sich die Bevölkerung auf 4700 Personen. Ofen als zweitgrößte Stadt des Landes hatte in der Regierungszeit Sigismunds etwa 8000 Einwohner, Preßburg 4800, Bartfeld 3500 und Eperies 2000.[7] Andere wichtige Städte waren Zagreb, Stuhlweißenburg, Erlau, Leutschau, Debreczin, Großwardein, Klausenburg, Kronstadt und Hermannstadt – ohne die später verlorengegangenen Städte Dalmatiens.

Zu den Deutschen, die am Hof Sigismunds Karriere machten, gehörte nicht nur der Mainzer Kaufmann Eberhard Windecke, der 1406 nach Ofen kam und seit 1410 im Dienst des Königs stand, für den er vor allem finanzielle Aufträge ausführte. Eine Schlüsselrolle nahm besonders der aus dem Rheinland stammende Eberhard ein, der 1393 Propst von Hermannstadt, 1397 Bischof von Zagreb, 1406 von Großwardein und 1409 wiederum Bischof von Zagreb wurde. Besonders seine Übernahme des Erzkanzleramtes nach dem Sturz des Johann Kanizsai symbolisiert den Wandel am Hof des Königs. Ab 1404 liefen alle Fäden der Politik in seiner Hand zusammen. Eine entscheidende Maßnahme zur Wiederherstellung des königlichen Ansehens bestand darin, daß Kanzler Eberhard 1405 ein neues Siegel für den König anfertigen ließ. Dann wurde verordnet, daß alle Urkunden und Privilegien der Könige Ludwig, Maria und Sigismund ohne Ausnahme innerhalb eines Jahres der königlichen Kanzlei vorgelegt werden mußten, die überprüfen sollte, ob die Besitztitel zu Recht bestünden. „Eberhard gab sich nicht zufrieden, die Urkunden auf Authentizität zu überprüfen, sondern forschte nach, ob die darin enthaltenen Rechte den Besitzern zustanden, wie sich diese während des Aufstandes benommen hatten, ob sie – falls sie an der Bewegung teilgenommen hatten – innerhalb der festgesetzten Zeit Reue gezeigt hatten, ob sie vom König die Amnestie erhielten und ob sie dies auch nachweisen konnten."[8] Elemér Mályusz bemerkt mit Recht, ein ungarischer Kanzler hätte es nie gewagt, die Privilegien der Mächtigen in Frage zu stellen. Für die königliche Kanzlei brachte diese Überprüfung auch eine Menge zusätzlicher Einnahmen. „Eberhards Überzeugung, daß seine Forderungen erfüllbar waren, stammte daher, daß er aus dem Rheinland stammte, das schon auf einer höheren Stufe der wirtschaftlichen Entwicklung stand und von städtischem Charakter war. Von dort brachte er auch die Hochschätzung des intellektuellen Wirkungsbereichs sowie das Bewußtsein mit, daß dieser den sozialen Aufstieg förderte."[9] Dazu kam, daß nun nach den jahrelangen Wirren und ständigen Absetzungen von hohen Beamten Kontinuität in der

Verwaltung eintrat. Sowohl Kanzler Eberhard († 1419) wie auch der Palatin Nikolaus Gara († 1433) und der Salzkammergraf Pippo Spano († 1426), Hermann von Cilli († 1435), der Ban von Slawonien oder der siebenbürgische Woiwode Stibor († 1414) behielten ihre Funktionen bis zu ihrem Tod. Sie bildeten den Kern der Macht, der seit 1404 die Funktion der Liga der Barone abgelöst hatte. Alle diese hervorragenden Männer, zu denen man auch die Wirtschaftskapitäne Marcus von Nürnberg und Ulrich Kamerer zählen muß, hielten Sigismund ihr ganzes Leben hindurch die Treue und wurden dafür von ihm auch reichlich belohnt.

Der Einfluß des rheinischen Kanzlers Eberhard zeigt sich noch auf einem anderen Gebiet, zu dem nur wenige Quellen erhalten sind, nämlich in der frühen Geschichte der Universität Ofen. Die 1367 von König Ludwig in Fünfkirchen (Pecs) gegründete Universität bestand zur Zeit Sigismunds nicht mehr. Der König stiftete dafür die Universität Ofen, deren Gründung von einzelnen Autoren auf das Jahr 1389 datiert wird; offensichtlich bestand 1390 in Ofen ein „Studium Generale". Höchstwahrscheinlich mußte die Stiftung jedoch 1395 erneuert werden, denn Anfang 1395 ersuchte der König durch den Ofener Propst Lukas Szántói den Papst um die Erlaubnis zur Errichtung einer Universität; am 6. 10. 1395 stellte Papst Bonifaz IX. den Stiftungsbrief aus.[10] Der Propst bekam das Kanzleramt, denn die Professoren sollten aus den Einkünften des Kapitels bezahlt werden. Als Szántói 1403 am Aufstand gegen den König teilnahm, entzog Sigismund ihm die Kanzlerwürde, und die Universität hörte 1404 auf zu bestehen. Von den Professoren weiß man nur, daß einer wohl nicht ganz freiwillig 1402 sein lukratives Amt aufgab, um dem Rheinländer Johann Wrede Platz zu machen, der vom Reichskanzler Eberhard protegiert wurde, der ihn gemeinsam mit seinen beiden Neffen Hans und Heinrich von Alben nach Ungarn berufen hatte. Als der König 1410 die Universität neu gründen ließ, übernahm Wrede gleich wieder eine Professur. Georg von Hohenlohe, den Sigismund am Hof Albrechts IV. als dessen Kanzler kennengelernt hatte und der sich seit 1412 ständig in der Umgebung des Königs aufhielt und dann die Würde des Erzkanzlers von Deutschland und des Gubernators des Erzbistums Gran übernehmen sollte, half dem König bei der Neugründung der Universität, die 1410 von Papst Johannes XXIII. genehmigt wurde. Er war es vermutlich, der Sigismund vorschlug, den aus dem Rheinland stammenden Lambert Sluter von Geldern, den der Papst 1411 zum Propst von Ofen ernannte, zum Kanzler der Universität zu ernennen, wobei wiederum der Vorgänger zur Resignation gezwungen wurde. Noch im Jahr 1410 kam Kardinal Branda Castiglione im Auftrag von Papst Johannes nach Ofen, um die Neugründung der Universität zu überwachen. Sluter war der Vertreter der Universität Ofen auf dem Konzil von Konstanz. Sein Tod im Jahr 1419 bedeutete das Ende der Universität, an der auch der König nach dem Ende des Konzils das Interesse verloren hatte. Dies verdeutlicht, daß der noch eher der Geisteswelt des Mittelalters verhaftete König den Wert der hochqualifizierten Bildung zu wenig zu schätzen wußte.

Die Macht der Barone konnte und wollte Sigismund nicht antasten, da sie immer noch den Kern der Truppen stellten, die seit 1433 „Banderium" im Sinn von

Privattruppen des Adels und der Prälaten genannt wurden. Außer Stibor, Hermann von Cilli und Pippo von Ozora wurden auch die Brüder von Alben, die Neffen des Kanzlers Eberhard, zu Baronen ernannt. Von 1387 bis 1403 erhob Sigismund 31 Personen zu Baronen; bis zu seinem Tod waren es 115, von denen nur etwa die Hälfte aus Familien stammte, deren Vorfahren ebenfalls bereits Barone waren. Sie erhielten den Titel „Magnificus", der freilich nirgends genau definiert wurde.

1408 gelang es dem König, die Barone von politischer Tätigkeit auf ein anderes Feld abzulenken: Er gründete den Drachenorden. Zu den 24 Mitgliedern gehörten der König und die Königin sowie weitere 22 Barone. Es scheint, daß Nikolaus Gara anregte, daß auch sein Bruder Johann, seine Verwandten Hermann von Cilli und dessen Sohn Friedrich sowie Pippo von Ozora aufgenommen wurden. Das Ziel der Ordensmitglieder sollte der Kampf gegen die Ungläubigen und die Verteidigung des Glaubens sein. Es wurde festgelegt, daß Konflikte zwischen dem König und einem Ordensmitglied von einem Schiedsgericht des Ordens beigelegt werden sollten. Dadurch erreichten die Barone, daß ihre Familien nicht wie der Adel früher nach ihrem Tod um Hab und Gut gebracht werden konnten; außerdem war der König zum Schutz der Witwen und Waisen von Ordensmitgliedern verpflichtet. Die Barone hofften, die Aufteilung der Macht zwischen dem König und ihnen für immer geregelt zu haben, zumal die Aufnahme neuer Mitglieder nur mit ihrer Zustimmung erfolgen sollte. Sigismund berief zwar in erster Linie seine Anhänger in den Orden, aber er legte dessen Statuten jeweils so aus, wie es für ihn vorteilhaft war. Auch erwartete er, daß die Mitglieder ihm helfen würden, seine Beschlüsse zu verwirklichen.

Das Zeichen des Drachenordens war ein ringförmig gekrönter toter Drache mit einem kreuzförmigen Wundmal am Rücken. Dazu gehörte ein Flammenkreuz mit der Aufschrift „O wie barmherzig, gerecht und sanftmütig ist Gott". Dieses Ordenszeichen wurde an vielen Gegenständen im Besitz des Kaisers angebracht und fand sich auch in seinem Grab. Die Mitglieder trugen das Zeichen an einer doppelten goldenen Kette mit goldenem Kreuz. Jeder neue König sollte bei seiner Krönung vor den Mitgliedern die Statuten beschwören. Neben den 24 ordentlichen Mitgliedern, die jederzeit freien Zutritt zum König hatten und an den Staatsgeschäften teilnahmen, gab es auch außerordentliche Mitglieder, wie z. B. Herzog Ernst „der Eiserne" von Österreich, der 1409 aufgenommen wurde und mit Herzog Albrecht die österreichische Gesellschaft des Drachenordens gründete, Großfürst Witold von Litauen oder ausländische Thronprätendenten wie Brunoro della Scala von Verona und Marsiglio Carrara von Padua oder auch der Minnesänger Oswald von Wolkenstein.

1406 unternahm Sigismund einen Feldzug nach Bosnien, wo Ladislaus von Neapel vor seiner Flucht den bosnischen Woiwoden Hervoja zum Vizekönig und Herzog von Split ernannt hatte. Nach einer siegreichen Schlacht und der Eroberung der Feste Dobor ließ er 126 bosnischen Herren den Kopf abschlagen. Hervoja stritt sich mit Twartko II. († 1443), dem Sohn des 1391 verstorbenen gleichnamigen Königs, um die Macht. Sigismund besiegte Hervoja 1408 und nahm ihn dann in den Drachenorden auf; er bestätigte ihn als Herzog von Split und machte ihn sogar zum Patenonkel seiner Tochter Elisabeth. König Twartko II. wurde gefangengenommen und nach Ofen gebracht, wo er etliche Jahre lebte. Damit kehrten die Bosnier „nach 26 Jahren des Abfalls wieder unter die Botmäßigkeit Ungarns zurück".[11] Schließlich erkannte nur noch die Hafenstadt Zara König Ladislaus an. Als dieser sie nicht mehr halten konnte, verkaufte er sie am 18. 7. 1409 um 100.000 Dukaten an Venedig, das sich damit endgültig an der dalmatinischen Küste durchsetzte. Es gelang Sigismund nie mehr, diesen Verlust wettzumachen. Im Jahr 1410 konnte er dafür jedoch die Eroberung Bosniens beenden. Herzog Hervoja, von dem ein glagolitisch geschriebenes Missale erhalten ist, gehörte als Mitglied des Drachenordens fortan zu den Vasallen König Sigismunds. Auch der Woiwode Vlad Dracul von der Walachei und Fürst Stefan Lazarewitsch von Serbien wurden in den Orden aufgenommen, der dadurch auch zu einem Instrument außenpolitischer Absicherung wurde.

Im Zusammenhang mit der Stellung des Adels am Hof Sigismunds ist der nach 1426 verstorbene Minnesänger und Mundschenk Laurenz Tari zu erwähnen. Er reiste 1408 auf einer Pilgerfahrt bis nach Santiago de Compostela und Irland und erzählte einem Notar in Dublin seine Visionen in der St.-Patricks-Höhle, die in der „Höllenfahrt" niedergeschrieben wurden. Die Ritter in Ungarn lebten ganz ähnlich in der Sagenwelt des Mittelalters wie in Deutschland und Frankreich und knüpften an die Mythen um Parzival usw. an. Taris nur bruchstückhaft erhaltene Beschreibung der Pilgerfahrten nach Spanien und Irland enthält Ausschnitte aus Weltreisen nach Afrika, Asien – wo er die Arche Noah gesehen haben will – und Indien. Von diesen Reisen brachte er auch „Reliquien" von Kreuzsplittern usw. mit; im Gefolge Sigismunds nahm er auch am Konstanzer Konzil teil. Auch König Sigismund, der gerne in dem am Hof zu Ofen beliebten Alexanderroman (Pseudokallisthenea) las und sich davon inspirieren ließ, lebte in dieser ritterlichen Welt und war noch eher ein Mensch des Mittelalters als des bereits in seiner Zeit beginnenden Zeitalters des Humanismus. In der Einleitung zu dem „Secretum Secretorum", dem Fürstenspiegel des Roger Bacon, schrieb der ungarische Geschichtsschreiber Johann Küküllei 1387/88 für Sigismund, der wahre König müsse ein Feldherr sein. Daher strebte auch der König im ersten Jahrzehnt seiner Regierung nach dem Kriegsruhm Alexanders. Er schätzte Leute wie Tari, den er auch für diplomatische Missionen verwendete.

Sigismunds zweite Eheschließung mit Barbara, der Tochter Hermanns von Cilli, wird gewöhnlich mit der Gründung des Drachenordens in Verbindung gebracht. Sie muß jedoch schon Ende 1405 stattgefunden haben, da der venezianische Senat Anfang 1406 ein Glückwunschschreiben schickte, in dem auch die Rolle des Brautvaters glorifiziert wurde, und da Barbara ab dieser Zeit von Sigismund in Urkunden „unsere liebe Frau" genannt wird.[12] Die etwa 14jährige Königin wurde vom Erzbischof von Gran gekrönt und war als Gemahlin Sigismunds befugt, bei Privilegienbestätigungen ihre Zustimmung zu geben. Der König verschrieb ihr eine ihrer Stellung entsprechende Morgengabe in Form der Dreißigstzölle, die etwa 20.000 Gulden pro Jahr ausmachten. 1419 wurden ihr diese Ausgaben wegen ihrer Untreue gesperrt. Später aber schenkte der König ihr wieder viele Burgdomänen, und ihr Besitz wurde immer größer. Enea Silvio Piccolomini schildert sie als nymphomane Atheistin, die keinerlei Moralvorstellungen anerkannt und das Leben nach dem Tod geleugnet habe. Königin Barbara gebar 1409 die Tochter Elisabeth; bei ihrer Taufe in Kaschau fungierte Herzog Hervoja von Split als Pate. 1411 verlobte Sigismund sie mit Herzog Albrecht V. von Österreich.

Seitdem König Sigismund im Juli 1403 Böhmen verlassen hatte und König Wenzel nach seiner Flucht aus Wien nach Prag zurückgekehrt war, hatten sich die Verhältnisse in Böhmen nicht beruhigt. Im Juni 1404 rüstete sich Sigismund mit den Herzögen Albrecht IV. und Ernst zu dem bereits erwähnten Feldzug gegen Mähren, der sich gegen König Wenzel und seine Vettern Jobst und Prokop richtete. Nach der Rückkehr von der Belagerung Znaims starb Albrecht IV. Mitte September 1404 in Klosterneuburg. Für Sigismund war dies ein großer Verlust, denn Albrecht war sein treuester Verbündeter gewesen, während Herzog Wilhelm, der immer noch die Mitregentschaft in Österreich innehatte, im November einen Waffenstillstand mit Wenzel und seinen Vettern schloß und die Erbverträge zwischen den Häusern Habsburg und Luxemburg erneuerte. Im Fall des söhnelosen Todes Wenzels und seiner Vettern sollten demnach die Habsburger die Nachfolge in Böhmen antreten. Dies war natürlich ein Bruch des 1396 zwischen Wenzel und Sigismund abgeschlossenen Erbvertrages.

König Sigismund war über diese Entwicklung sehr erbittert und schaltete sich nun in die inneren Streitigkeiten der leopoldinischen Habsburger ein. Kurzfristig nahm er sogar Verhandlungen mit König Ruprecht auf, den er als römischen König titulierte. Nach dem Tod seines Vetters Prokop von Mähren, der im Januar 1405 starb, schloß er ein Bündnis mit Leopold IV., das Herzog Wilhelm und sein Bruder Ernst vergeblich aufzulösen suchten. Es kam ihm auch sehr gelegen, daß die Witwe Albrechts IV. sich bei ihm über die Vormundschaft Herzog Wilhelms über ihren Sohn Albrecht V. beklagte, denn Sigismund hatte dem verstorbenen Herzog ja vor seinem Tod versprochen, seinen Sohn Albrecht wie einen eigenen Sohn zu betrachten. Im Mai schloß die Herzoginwitwe ein Bündnis mit Sigismund, der nun den Einmarsch in Österreich vorbereitete. Bevor es dazu kam, starb Herzog Wilhelm plötzlich und ohne Erben im Juli 1406; dadurch wurde auch sein Bündnis mit König Wenzel gegenstandslos.

In Österreich ging der Streit zwischen den Brüdern Leopold IV., Ernst und Friedrich IV. unvermindert weiter, bis Leopold 1411 starb. Die Stände Österreichs erklärten nach dem Tod Herzog Wilhelms im August 1406, nur Herzog Albrecht V. gehorchen zu wollen. Herzog Ernst suchte nun Rückhalt bei König Sigismund und sein Bruder Leopold bei Jobst von Mähren. Im September 1408 schloß Sigismund mit Herzog Leopold Frieden. Ernst wurde nun auch in den ungarischen Drachenorden aufgenommen. Erst der Schiedsspruch König Sigismunds vom März 1409, nach dem Leopold IV. und Ernst gemeinsam die Vormundschaft über Albrecht V. übernehmen sollten, brachte vorübergehende Beruhigung in die österreichischen Wirren. Am 30. 9. 1409 erneuerte Sigismund in Ofen die Brünner Erbeinigung von 1364 zwischen den Habsburgern und Luxemburgern, die sich freilich nicht auf das Königreich Ungarn bezog. Erst der Tod Leopolds IV. beendete Anfang Juni 1411 die nun schon seit 1395 andauernden Wirren in Österreich. Wie bereits erwähnt, wurde nach dem Scheitern des maßgeblich vom Klerus inszenierten Putsches gegen König Sigismund im Jahr 1403 die Stellung der Kirche in Ungarn durch die Verfügung, daß der freie Verkehr des Klerus mit dem Papst unter das Verbrechen der Majestätsbeleidigung falle und daher strengstens verboten sei, schwer erschüttert. Der König besetzte nun die geistlichen Ämter und Pfründen und dekretierte, daß jede päpstliche Ernennung so lange ungültig sei, bis er seine Zustimmung dazu („Placet regium") erteilt habe. Sigismund knüpfte dabei freilich bereits an ältere ungarische Traditionen an. Papst Bonifaz dagegen unterstützte weiterhin König Ladislaus von Neapel, der nach der Vorherrschaft in ganz Italien trachtete. Nach dem Tod Bonifaz' IX. folgte ihm zunächst Innozenz VII. (1404–1406) und dann Gregor XII., der im April 1408 die Einnahme Roms durch König Ladislaus hinnehmen mußte.

Die Päpste versuchten immer wieder, die Bischofsernennungen Sigismunds für ungültig zu erklären und eigene Bischöfe zu ernennen, aber der König konnte sich als der Stärkere in der Regel durchsetzen. Sigismund nutzte die Spannungen zwischen dem Papst und den Kardinälen für seine Politik aus. So schrieb er den Kardinälen im Juli 1404 einen Brief, in dem er darlegte, welche verheerenden Folgen die Politik des Papstes für Ungarn gehabt habe. Insbesondere legte er dar, wie der päpstliche Legat die Untertanen seines Reiches vom Treueid entbinden wollte. „Sind das die Taten eines frommen Mannes und die Pflichten eines guten Hirten, unter den Söhnen den Krieg zu schüren und die Pest unter den Schafen zu verbreiten?" Er unterschied dabei genau zwischen der Persönlichkeit des Papstes und der Kirche an sich.[13] Als Innozenz VII. sich im Sommer 1405 bemühte, in der Frage der Wiedervereinigung der katholischen Kirche mit der Orthodoxie aktiv zu werden, schickte Sigismund eine Gesandtschaft nach Rom. Als Gregor XII. im November 1406 gewählt wurde, gab er das feierliche Versprechen ab, auf seine Würde zu verzichten, wenn auch der Papst zu Avignon dazu bereit sei, damit die beiden Kardinalskollegien gemeinsam einen neuen Papst wählen könnten. Gregor und Benedikt XIII. verpflichteten sich dann im Vertrag von Marseille, bis Allerheiligen 1407 zu Verhandlungen in Savona zusammenzutreffen. Sigismund schickte jedoch im Sommer dieses Jahres eine Delegation unter der Leitung des Kardinals von Fünfkirchen nach Rom, um den Papst von der Reise nach Savona abzuhalten. Im September 1407 verhandelte der Kardinal in Siena im Auftrag Sigismunds mit dem Papst, der sich von der Warnung beeindruckt zeigte, er könne ganz unter den Einfluß Frankreichs geraten. Als Gregor seinen Entschluß, nicht nach Savona zu gehen, zu Allerheiligen 1407 öffentlich verteidigte, berief er sich unter anderem auch auf den Rat des ungarischen Königs.

In der Begründung Sigismunds, die er außer an den Papst auch an Venedig, Florenz, Ferrara, Bologna, Siena und Perugia schickte, verdient die historische Argumentation Interesse. Er erinnert daran, daß sein Vater Karl IV. noch vor seinem Tod seinen Söhnen den Gehorsam gegenüber dem römischen Papst Urban VI. eingeschärft habe. Er geht dann ein ganzes Jahrhundert zurück und erinnert an das Verhalten des französischen Königs gegenüber Papst Bonifaz VIII., von dem das Sprichwort sage, er habe angefangen wie ein Fuchs, habe regiert wie ein Löwe und sei gestorben wie ein Hund. Dann erinnert er an eine Verschwörung, die in Avignon gegen Bonifaz IX. angezettelt worden sei. Schließlich sollten die Gesandten Sigismunds den Papst noch ersuchen, bezüglich seines Bosnienfeldzuges einen Kreuzzug gegen die Ungläubigen zu verkünden. Der Papst entsprach dem Wunsch und erließ die diesbezüglichen Bullen. Dies verdeutlicht, daß Sigismund in diesen ganz Europa bewegenden Fragen ein wichtiges Wort mitzureden hatte. Obwohl Sigismund nach dem Tod Papst Bonifaz' IX. wieder mit den römischen Päpsten Innozenz VII. und Gregor XII. Kontakte aufnahm, weigerte er sich jedoch, die innerstaatliche Verfügungsgewalt über die kirchlichen Pfründe aufzugeben. Bei der vollständigen Versöhnung mit der Kurie gab er durchaus seine Verfehlungen zu, die von dem bedeutenden Theologen Dietrich von Niem auch kritisiert wurden. Sigismund begründete seine Kirchenpolitik mit dem Kampf gegen die Türken, der ihn zur Konzentration aller Kräfte gezwungen habe. Der Papst konnte ihn bei den Türkenfeldzügen auch unterstützen. Für Sigismund blieb König Ladislaus von Neapel, der den größten Teil des Kirchenstaates besetzt hatte, eine enorme Bedrohung. Ende 1407 ersuchte er den Papst um die Zurücknahme der Anerkennung König Ruprechts, damit ein Anliegen seines Bruders Wenzel unterstützend. Entrüstet nahm Sigismund zu den Verhandlungen zwischen dem Papst und König Ladislaus Stellung. Er erinnerte wieder daran, wie der päpstliche Legat den Anjou bei seiner Landung in Dalmatien unterstützt hatte, der Sohn jenes König Karl, der Gregors Vorgänger Urban VI. belagert und selbst die Römer bestochen habe, seinen Vorgänger zu verjagen. Empört bezeichnete Sigismund den Anjou als „Monstrum", das die Mark Ancona besetzt und einen Angriff gegen die Ewige Stadt unternommen habe. Der entrüstete König ersuchte den Papst schließlich, er möge der Welt die Verdienste des luxemburgischen Hauses für die Kirche mitteilen.

Nach der Absage des Treffens von Savona durch Gregor XII. fiel der größte Teil der Kardinäle seiner Obödienz von ihm ab. Benedikt XIII. übersiedelte nach Perpignan, nachdem Frankreich von ihm abgefallen war. Ende Juni 1408 traten die Kardinäle beider Päpste zusammen und beriefen für den März 1409 ein Konzil nach Pisa, auf dem beide Päpste abdanken sollten. König Wenzel erhoffte sich von dieser Synode die allgemeine Anerkennung als römischer König, erkannte das Konzil an und unterstützte es, während König Ruprecht an Gregor XII. festhielt, da dessen Vorgänger ihn anerkannt hatte. Als auf dem Reichstag von Frankfurt Anfang 1409 Kardinal Landulf von Bari als Delegierter der Kardinäle und ein Vertreter Gregors XII. auftraten, erkannte König Ruprecht Gregor an, obwohl die meisten Fürsten sich für die Kardinäle erklärten. Kardinal Landulf reiste anschließend nach Prag, wo König Wenzel sich bereit erklärte, das Konzil zu unterstützen. Dafür erklärte der Kardinal, er werde dafür sorgen, daß der künftige Papst allein ihn als König anerkennen werde und nicht „Herzog Ruprecht von Bayern". Dies verdeutlicht, wie nun das Schisma in der Kirche auch die Spaltung im deutschen Königtum zu beeinflussen begann.

Während Gregor XII. in Cividale und Benedikt XIII. in Perpignan Konzile einberiefen, die kaum besucht wurden, tagte in Pisa vom März bis August 1409 die Synode der Kardinäle, die von König Wenzel sowie den Königen von Frankreich, England, Polen, Portugal und Sizilien anerkannt wurde. Im Juni erklärte das Konzil sich als über den Päpsten stehend und die beiden Päpste für abgesetzt. Daraufhin wurde der aus Griechenland stammende Erzbischof von Mailand zum Papst gewählt und nahm den Namen Alexander V. an. Gregor XII. schlug nun vor, die Könige Sigismund von Ungarn, Wenzel von Böhmen und Ladislaus von Neapel sollten vorschlagen, wo die drei Päpste sich zwecks Beilegung des Konfliktes treffen sollten.

König Sigismund, der bisher zu Gregor XII. gehalten hatte, verhielt sich nun zunächst neutral, zumal Frankreich die führende Rolle in der Auseinandersetzung spielte. Ihm ging es um die Mitwirkung der Fürsten und die Ausschaltung der Dominanz des französischen Königs. Insofern betrieb er nun eine ganz ähnliche Politik wie später beim Konstanzer Konzil. Den Kardinälen gegenüber trat er gemeinsam mit Venedig dafür ein, Gregor XII. zur Einhaltung seiner Wahlkapitulation zu bewegen. Auf dem im März 1409 eröffneten Konzil von Pisa war Sigismund daher offiziell nicht vertreten, sondern ließ sich von der Gesandtschaft seines Bruders Wenzel mitvertreten. Am 8. 6. 1409 schloß Wenzel mit dem Konzil einen Vertrag; gegen die Anerkennung der Konzilsbeschlüsse erhielt er die Zusicherung, daß der neue Papst ihn anerkennen und innerhalb eines Jahres zum Kaiser krönen werde; Wenzel sollte freilich nach Italien ziehen, um den Kirchenstaat zurückzuerobern.[14] Nach der Wahl Alexanders V. sprach dieser ihn in einem Dankschreiben als „Rex Romanorum" an; König Ruprecht gegenüber verhielt sich das Konzil jedoch mehr als kühl und abweisend.

Im Sommer 1409 wechselte König Sigismund behutsam und vorsichtig von der Partei Gregors XII., dessen Sache aussichtslos geworden war, zu Alexander V. über. Im September wurde dies bereits in einer deutschen Streitschrift gegen König Ruprecht erwähnt. Sigismund bezeichnete Alexander als Papst, ohne jedoch bereits offiziell die Obödienz zu wechseln.[15] Es war dies ein erster Schritt in Richtung auf einen derartigen offiziellen Wechsel hin, den nun auch die meisten deutschen Reichsfürsten vollzogen. König Wenzel, der von etlichen Reichsstädten immer noch als König anerkannt wurde, konnte nun damit rechnen, wieder allgemein anerkannt zu werden.

König Sigismund mußte politisch um diese Zeit zwei schwere Niederlagen einstecken. Venedig, das unter dem Dogen Michele Steno die Eroberungspolitik auf dem Festland, das als „Terra ferma" bezeichnet wurde, wiederaufnahm, hatte seit dem Zerfall der mailändischen Großmachtstellung nach dem Tod Giangaleazzos 1404 Belluno, Feltre und Vicenza und 1405 dann auch Verona und Padua erobert und die Angehörigen des Hauses Carrara hingerichtet. Bereits seit 1403 hatte es den jährlichen Tribut von 7000 Dukaten nicht mehr an Ungarn bezahlt. 1409 erfolgte dann der Verkauf von Zara an Venedig. Dies war für Sigismund eine Niederlage, die er bis zu seinem Tod nicht verschmerzen und vergessen konnte. Venedig wurde für zweieinhalb Jahrzehnte für ihn zu einem Hauptfeind. Außer-

dem mußte er 1409 von seiten der Türken, seines zweiten Hauptfeindes, bei Golubac an der unteren Donau eine Niederlage hinnehmen. Er ersuchte daher den neugewählten Papst Alexander V., einen Kreuzzug gegen die Türken auszurufen. Der Papst kam dem Wunsch Sigismunds nach und erließ die Bulle. Dann starb er nach einem kurzen Pontifikat überraschend Anfang Mai 1410. Schon zwei Wochen später wählte das Konzil den machtgierigen und ganz weltlich eingestellten Baldassare Cossa zum neuen Papst, der den Namen Johannes XXIII. annahm. Einen Tag nach dem Papst starb auch König Ruprecht am 18. 5. 1410, als er eben dabei war, einen Feldzug gegen Erzbischof Johann von Mainz, der von seinem einstigen Förderer zu seinem erbittertsten Gegner geworden war, vorzubereiten. Obwohl König Wenzel vom Konzil von Pisa und von Alexander V. als römischer König anerkannt worden war, galt Ruprecht in Deutschland bis zu seinem Tod weitgehend als rechtmäßiger König. Die Kurfürsten Johann von Mainz und Friedrich von Köln kümmerten sich jedoch nicht um die Beschlüsse des Konzils; der Mainzer Erzbischof leitete bereits einige Tage nach dem Tod Ruprechts entsprechend den Bestimmungen der „Goldenen Bulle" das Wahlverfahren ein und berief die Kurfürsten für den 1. 9. 1410 zur Königswahl nach Frankfurt. Für König Sigismund, der die Entwicklung in der Kirche bereits seit Jahren beobachtete und dem Versuch Frankreichs entgegengetreten war, mit Hilfe der Kardinäle und der Bewegung des Konziliarismus – die die Suprematie des Konzils über den Papst vertrat – seinen Einflußbereich auszuweiten, bot sich nun eine günstige Gelegenheit zur Einschaltung in die Auseinandersetzungen. Er schickte einen seiner besten Mitarbeiter, den Florentiner Pippo Spano, nach Italien, um mit Hilfe des neuen Papstes Einfluß auf die deutsche Königswahl zu nehmen.
Am 20. 6. 1410 berichtet ein italienischer Bischof am Hof des erst vor einem Monat zum Papst gewählten Johannes XXIII. in Bologna, der Papst habe ihm mitgeteilt, daß König Sigismund von Ungarn ihn als rechtmäßigen Papst anerkenne und in Aussicht gestellt habe, daß er diesbezüglich bald eine Urkunde erhalte. Er habe auch die Hoffnung, daß ganz Deutschland ihn bald anerkennen werde.[16] Offensichtlich hatte Sigismund unmittelbar nach Erhalt der Nachrichten vom Tod König Ruprechts und der Wahl des Papstes Pippo Spano in der ersten Juniwoche mit der höchst wichtigen Mission betraut. Tatsache ist nun, daß bereits am 25. 7. Vertreter der Kurfürsten von Mainz und Köln mit Sigismund in Visegrád über eine Kandidatur zur deutschen Königswahl verhandelten. Hätte erst der neue Papst Sigismund den Vorschlag einer Kandidatur gemacht, wäre es notwendig gewesen, sein Einverständnis einzuholen. Da dies zeitlich unmöglich war, bleibt nur die Erklärung, daß Sigismund von sich aus die Thronkandidatur betrieb. An die Vereinbarung mit dem Papst war auch die Bedingung geknüpft, die Kurie müsse zwischen Venedig und Ungarn über die Rückgabe Zaras und der dalmatinischen Städte verhandeln. Wir stoßen hier wieder auf eine der größten Begabungen Sigismunds: Er hatte die Fähigkeit, eine günstige politische Konstellation, zu der er selbst im Grund nichts beigetragen hatte, durch blitzschnelle und gezielte Aktionen für seine Interessen zu nützen und die Welt dann vor vollendete Tatsachen zu stellen. Es gelang ihm dadurch nicht nur, die höchste Würde des

Reiches zu erringen, sondern in dem Streit in der Kirche, in dem der deutsche König kaum eine Rolle gespielt hatte, eine entscheidende Rolle zu spielen und sich zum Schiedsrichter Europas aufzuwerfen. Dies zeigt, daß auch das seit dem Ende der Staufer an Ansehen gesunkene Amt des deutschen Königs bei einem genialen Inhaber auch im späten Mittelalter noch an Bedeutung gewinnen konnte. Die Gründung des Drachenordens gegen Ende seiner Konsolidierungsphase in Ungarn nützte ihm auch hier, da er aus diesem Kreis verläßliche Stellvertreter auswählen konnte. „Die Organisation bewahrte ihn vor den Alltagssorgen der ungarischen Regierung. Er konnte jahrelang ohne Bedenken im Ausland verweilen, da seine Anhänger für das Land Sorge trugen und seinen Intentionen entsprechende Maßnahmen trafen."[17] Somit konnte Sigismund sich nun über die Grenzen Ungarns hinaus auf das Terrain der Weltpolitik begeben. Er wurde in der Folge zur überragenden Gestalt auf dem deutschen Thron im 15. Jahrhundert, der trotz seiner vielfachen Bedrängnisse und geringen Macht im Reich in der Lage war, diese Macht noch zu steigern und eine wahrhaft imperiale Politik zu betreiben.[18]

V.
Sigismund als Vermittler zwischen Polen und dem Deutschen Ritterorden (1409–1412)

Unmittelbar vor seiner Wahl zum deutschen König wurde Sigismund von Luxemburg im Sommer 1410 mit der Niederlage des Deutschen Ritterordens in der Schlacht bei Tannenberg mit dem Heer des Königs Wladislaw von Polen konfrontiert. Dies verlangt, die Vorgeschichte dieser berühmten Schlacht, die das Gleichgewicht der Kräfte in Osteuropa entscheidend veränderte und bis heute in Polen als der große Sieg über das Deutschtum angesehen wird, näher zu analysieren. Der Niedergang des Deutschen Ritterordens vollzog sich seit dem letzten Viertel des 14. Jahrhunderts etwa gleichzeitig mit dem Aufstieg Polens. Der Ritterorden rekrutierte seinen Nachwuchs vornehmlich aus dem west- und süddeutschen Adel. 1309 war der Sitz des Hochmeisters von Venedig auf die Marienburg verlegt worden. Die Ordensmitglieder gerieten im Lauf der Zeit zunehmend in Konflikt mit dem einheimischen Adel und dem Bürgertum der Städte. Rechtlich stand das Ordensgebiet unter dem Schutz des Papstes, obwohl Kaiser Friedrich II. es 1226 in der „Goldenen Bulle von Rimini" als zur „Monarchia Imperii" gehörend bezeichnet hatte. Somit gehörte es auch zum Reich, nicht aber zum Lehensverband des Kaisers. Der Orden führte nicht nur Kreuzzüge, sondern erwarb auch christliche Gebiete wie das Herzogtum Pommerellen, das die Landbrücke zum Reich darstellte. 1346 kaufte der Orden vom Dänenkönig Estland und dehnte seine Herrschaft bis zum Finnischen Meerbusen aus. Die Bevölkerung des Ordensstaates wurde – vor allem in Preußen – seit dem 14. Jahrhundert mehr und mehr eingedeutscht; in den Randzonen gab es jedoch weiterhin Minderheiten, vor allem im Baltikum. In Livland trat der Orden das Erbe des Schwertbrüderordens an. Das Erzbistum Riga gehörte als Reichsfürstentum zum Deutschen Reich und unterstand dem Orden seit 1394; die Städte Riga, Dorpat und Reval waren großteils deutschsprachig, während auf dem Land Baltisch und Finnisch gesprochen wurde.

In Polen, das seit 1138 in Fürstentümer zerfallen war, konnte der aus dem Piastenhaus stammende Fürst Wladislaw Lokietek 1320 die seit 1296 erledigte Königskrone gewinnen. Sein Sohn Kasimir der Große, der Gründer der Universität Krakau, verzichtete 1343 im Frieden von Kalisch zugunsten des Ordens auf Pommerellen. Er konnte Galizien und einen Teil Wolhyniens erwerben und schloß 1349 einen Erbvertrag mit Ludwig dem Großen von Ungarn, dem Sohn seiner

Schwester Elisabeth, der Polen von 1370 bis zu seinem Tod im Jahr 1382 regierte. Die religiöse Rechtfertigung des Ordensstaates wurde problematisch, seit er im Osten zum überwiegenden Teil vom katholischen Polen begrenzt wurde. Allmählich wurde das heidnische Großfürstentum Litauen mit der Hauptstadt Wilna, das um 1340 vom Fürsten Gedimin geeint worden war und bis in die Nähe der dreimal vergeblich belagerten Stadt Moskau reichte, zum Hauptgegner des Ordens. Gedimins Enkel Jagiello suchte dann den Weg der Verständigung mit Polen und verpflichtete sich 1385 zur Heirat der im Jahr zuvor gekrönten Königin Hedwig, die er nach seiner Taufe heiratete. So kam es 1385 durch den Vertrag von Krewo zur Vereinigung Polens mit Litauen. Auf diese Weise wurde Jagiello König von Polen und mußte sich verpflichten, die früher zu Polen gehörenden und von König Ludwig mit Ungarn vereinigten Gebiete Galizien und Ruthenien zurückzugewinnen. Litauen wurde nun christianisiert; bereits 1387 wurde das Bistum Wilna gegründet. 1392 überließ Jagiello, der bei der Taufe den Namen Wladislaw (II.) angenommen hatte, seinem Vetter Witold die Regierung der Ostgebiete unter nomineller polnischer Oberhoheit. Polen bildete fortan gemeinsam mit Litauen ein Großreich, das den Ordensstaat vollständig umklammerte. Durch den Aufstieg Polen-Litauens zur Großmacht wurde das politische Gleichgewicht in Osteuropa entscheidend verändert.

Im Mittelpunkt der Bestrebungen des polnischen Herrscherpaares stand zunächst die Rückerwerbung von Galizien („Rotrußland") mit den Zentren Lemberg und Halitsch am Dnjestr. Im Februar 1387 gelang der Königin Hedwig die Einnahme von Grodek, Przemyśl und Lemberg; dadurch fiel Galizien an Polen zurück, wozu es bis 1773 gehörte. Auch der Erzbistumssitz Halitsch konnte mit Unterstützung des Fürsten Witold eingenommen werden, was der ungarische Statthalter von Rotrußland, Herzog Wladislaw von Oppeln, vergeblich zu verhindern versuchte. Im September 1387 leistete dann auch der Woiwode des Fürstentums Moldau dem polnischen Königspaar in Lemberg den Treueid, während der Woiwode der Walachei ein Schutzbündnis mit Polen abschloß.[1]

Herzog Wladislaw von Oppeln, dem König Ludwig die Herzogtümer Dobrzyn und Kujawien abgetreten hatte, versuchte, mit Hilfe des Deutschen Ordens – der sich seit 1390 im Kriegszustand mit Polen befand – und König Sigismunds seine Unabhängigkeit von König Wladislaw zu verteidigen. 1391 verpfändete er dem Orden eine Burg bei Thorn. König Sigismund, der zu Beginn des Jahres 1391 nach Krakau reiste und das polnische Königspaar zum Frieden stimmte, erneuerte Anfang 1392 den Frieden mit Polen und vereinbarte zur Durchsetzung desselben ein Schiedsgericht für Konfliktfälle mit Wladislaw. Er hielt sich hinsichtlich seiner Ambitionen in Richtung Polen zunächst noch zurück; zu Beginn seiner Regierungszeit in Ungarn hatte er sich zwar mit dem Verlust Galiziens und der Moldau abgefunden, aber er wartete nur auf eine günstige Gelegenheit zur Rückerwerbung. Es konnte ihm nur genehm sein, wenn Polen durch Verwicklungen mit dem Deutschen Orden von Galizien abgelenkt wurde. Da Herzog Wladislaw von Oppeln in ständigem Konflikt mit Polen lebte, bot er die gefährdeten Gebiete Dobrzyn und Kujawien dem Orden zum Kauf an. Weil seine Besitzrechte an den Herzogtümern jedoch nicht ganz einwandfrei waren, sollte der König von Ungarn „dazwischengeschaltet" werden. Anfang Mai 1392 reiste Sigismunds Gesandter Hermann Schoef zum Hochmeister und bot ihm zunächst die Neumark zum Kauf an, dann auch Dobrzyn und Kujawien, was der Hochmeister jedoch ablehnte, da er die Auflösung der Personalunion zwischen Ungarn und Polen zur Kenntnis nahm und dem Ungarnkönig kein Obereigentumsrecht an polnischen Gebieten mehr zugestand. Der Herzog reiste nun persönlich zum Hochmeister und verpfändete ihm Ende Juli 1392 das Land Dobrzyn. Dann ritt er zu König Sigismund nach Ungarn, der im Jahr darauf eine Einwilligungserklärung zu dieser Verpfändung ausstellte.

Nach den Verhandlungen zwischen Sigismund und Herzog Wladislaw entwickelte dieser im Sommer 1392 den Plan, Polen zwischen den Verbündeten aufzuteilen. Der Herzog teilte dem Hochmeister im Sommer 1392 mit, daß zwischen Sigismund, König Wenzel, Herzog Johann von Görlitz, Herzog Albrecht III. von Österreich und dem Markgrafen von Meißen ein Bündnis gegen Polen geschlossen worden sei, dem auch der Hochmeister beitreten sollte. Die Gebiete bis Kalisch und Masowien sollten an den Deutschen Orden fallen, alles Land südlich von Kalisch und Sandomir mit Rotrußland an Ungarn und der westliche Teil bis zur Warthe an die Mark Brandenburg und an König Wenzel.[2] Sigismund verfolgte den Plan jedoch nicht weiter, da er durch die Bedrohung von seiten der Türken zu sehr in Mitleidenschaft gezogen war; auch der Hochmeister verhielt sich in dieser Frage eher reserviert. Möglicherweise war der Plan auch nur eine Idee des Herzogs von Oppeln, um den Orden zu einer aktiveren Kriegführung gegen Polen zu bewegen.

Gegen Ende 1393 bot König Sigismund dem Orden wiederum den Verkauf der Herzogtümer Kujawien, Dobrzyn, Bromberg und Włocławek an der Weichsel an; es scheint jedoch, daß es ihm dabei mehr um das Geld als um einen Krieg mit Polen ging. Der Hochmeister verwies darauf, daß er Dobrzyn bereits als Pfand besitze, und verhielt sich wiederum reserviert. Sigismund hingegen unternahm in den nächsten Jahren nichts weiter gegen Polen. Im Februar 1395 wurde der Friedensvertrag erneuert.[3] Nach dem Tod der ungarischen Königin Maria zog Erzbischof Johann Kanizsai mit einem Heer nach Kaschau; dabei ist nicht klar, ob er direkt gegen König Wladislaw loszog oder nur die Anhänger der Königin Hedwig niederhalten wollte, die nun die einzig überlebende Tochter König Ludwigs war. Königin Hedwig nahm nun den Titel „Erbin Ungarns" an; für die ungarischen Vasallen bot ihr Anspruch einen einfachen Vorwand, je nach Situation eine Schaukelpolitik zwischen Ungarn und Polen zu treiben. Die Spannungen wurden noch verschärft, als König Wenzel sich im Juni 1395 mit König Wladislaw verbündete. Dennoch unternahm der polnische König keinen ernsthaften Versuch, Sigismund vom ungarischen Thron zu verdrängen.

Im Juli 1397 traf der ungarische König erneut mit dem polnischen Königspaar an der Grenze ihrer Länder in Zipser Neudorf bei Kaschau zusammen.[4] Dabei wurde ein Friede auf 16 Jahre geschlossen. Der Text des Vertrages ist nicht erhalten; es scheint jedoch, daß Hedwig und Wladislaw dabei auf die Erbfolge in Ungarn verzichteten, während Sigismund sich bereit erklärte, während der Friedenszeit keine Ansprüche auf Galizien zu stellen. Die Walachei sollte unter ungarischem und die Moldau unter polnischem Einfluß verbleiben.[5] Herzog Wladislaw von Oppeln nahm an den Verhandlungen teil. Es kam jedoch zu keiner Einigung zwischen König Wladislaw und ihm, weil Polen das Herzogtum Dobrzyn zurückforderte. Sigismund erbot sich nun, zwischen Polen und dem Hochmeister Konrad von Jungingen einen Waffenstillstand bis zum nächsten Jahr zu vermitteln. Über Käsmark geleitete Sigismund seine Gäste dann zurück zur polnischen Grenze. Damit begann die lange Phase der Bemühungen Sigismunds, zwischen den beiden verfeindeten Mächten einen dauerhaften Frieden zu vermitteln. Die Streitigkeiten, die mittlerweile zwischen Großfürst Witold und seinem Vetter Wladislaw II. ausgebrochen waren, nutzten in der Folgezeit dem Deutschen Orden. Am 12. 10. 1398 kam es zum Friedensschluß zwischen dem Orden und Litauen in Salinwerder, durch den das Land Samogitien im heutigen Litauen an den Orden fiel, der damit seine größte Ausdehnung erreicht und eine breite Landverbindung zwischen Preußen und den Besitzungen in Kurland, Livland und Estland gewonnen hatte.[6] Als Sigismund das polnische Königspaar im November des gleichen Jahres erneut in Krakau besuchte, fand das gute Verhältnis zwischen Ungarn und Polen seinen Ausdruck in rauschenden Festen in freundlicher Atmosphäre. Als Königin Hedwig im Jahr 1399 kinderlos starb, wurde Sigismund dadurch der Sorge enthoben, daß seine Herrschaft in Ungarn durch einen Erbanspruch von ihrer Seite bedroht werden konnte. Auch er unternahm nun keinen Versuch, die Herrschaft Wladislaws II. in Polen in Frage zu stellen. Als König Sigismund 1401 von den ungarischen Magnaten gefangengenommen wurde, forderte ein Teil des Adels Wladislaw auf, den ungarischen Thron zu besteigen. Während der polnische Geschichtsschreiber Długosz berichtet, Wladislaw habe den Thron ausgeschlagen und die ungarischen Stände ermahnt, ihrem König die Treue zu bewahren, beschuldigte Sigismund ihn später, er habe bei Neusandez ein Heer aufgestellt, um in die Zips einzufallen; freilich scheint der polnische König sich auch diesmal nicht ernstlich für die ungarische Krone interessiert zu haben.[7] Die Beziehungen zwischen Ungarn und Polen blieben seit dem Friedensvertrag von 1397 auch weiterhin gut.

Wie bereits erwähnt, hatte Sigismund 1396 nach dem Tod seines Bruders Johann von diesem die Neumark geerbt, die nun seinen einzigen Besitz im Reich bildete. Bereits im Jahr darauf bot er dem Deutschen Orden dieses Gebiet zum Kauf an. Der Hochmeister lehnte den Kauf ab, da sich die Aufmerksamkeit des Ordens ganz auf die Auseinandersetzung mit Litauen richtete. Nach weiteren ergebnislosen Verhandlungen ließ Sigismund die Neumark 1402 durch Stibor König Wladislaw zur Verpfändung anbieten. Nun fürchtete der Hochmeister, daß Polen die Verbindung des Ordens mit dem Reich abschneiden könnte, und kaufte das Gebiet um 63.200 Gulden. Doch nun wurde Sigismund in eine Reihe von Auseinandersetzungen verwickelt, da einzelne Teile der Neumark besitzrechtlich umstritten waren. Einzelne Adelige hatten sich je nach Situation unter den Schutz der Luxemburger oder Polens gestellt, wie z. B. die Herren von der Ost mit der

Burg Driesen, die nun von Polen beansprucht wurde. Der Hochmeister ersuchte nun Sigismund, eine Erklärung über die Zugehörigkeit von Driesen abzugeben. Dieser erklärte die Burg zum luxemburgischen Besitz und wurde so in den Streit des Deutschen Ordens mit Polen hineingezogen. Nachdem er einmal Stellung bezogen hatte, mußte Sigismund das Gesicht wahren und bei seinem Standpunkt bleiben. 1406 versuchten die Polen, die zwei Jahre zuvor Dobrzyn vom Orden gekauft hatten, Driesen mit Gewalt zu besetzen, was ihnen aufgrund der Wachsamkeit des Ordens jedoch nicht gelang, der sich nun neuerlich an Sigismund wandte. Der ungarische König unterstützte neuerlich den Standpunkt des Ordens, vermied aber ansonsten jegliche Auseinandersetzung mit Polen. Bis zum Jahr 1409 wurde der Friede auf diese Weise gewahrt.

Da es immer schon Reibungen und Streit zwischen dem Ordensstaat und Polen gegeben hatte, mag Sigismund die Bedeutung des Konfliktes unterschätzt haben. Hinter den Grenzkonflikten stand jedoch das Streben der Großmacht Polen, die Vormacht des Ordens, dessen innere Struktur hinter der allgemeinen gesellschaftlichen Entwicklung zurückblieb, zu brechen und die früher polnisch gewesenen Gebiete zurückzuerwerben. Ulrich von Jungingen, der 1407 seinem Bruder Konrad als Hochmeister folgte, war leichtsinnig genug, sich auf eine totale Konfrontation mit der neuen Großmacht einzulassen. Als Strafe für die angebliche Unterstützung eines Aufstandes in Samogitien – das sich mit allen Mitteln gegen den Orden und die Christianisierung gewehrt hatte und nicht befriedet werden konnte – plante er einen Feldzug nach Litauen. Als der König von Polen ihn im unklaren darüber ließ, ob er sich neutral verhalten würde, erklärte der Orden Polen und Litauen, die 1401 in der Union von Wilna und Radom ihre Union erneuert hatten, den Krieg. Im Oktober 1409 gelang es König Wenzel von Böhmen, der 1404 in Breslau ein neues Bündnis mit König Wladislaw geschlossen hatte, einen Waffenstillstand bis zum nächsten Sommer zu vermitteln. Beide Seiten rüsteten nun weiter für den Entscheidungskampf, der flankiert war von Gesandtschaften an verschiedene Höfe, um den jeweiligen Standpunkt propagandistisch zu verbreiten.

König Sigismund, der seit 1396 Reichsvikar war, hatte seit 1402 den Doppeladler in sein Siegel aufgenommen, das er an schwarzgelbe Seidenfäden hängen ließ, die seit 1355 nur dem Reich vorbehalten waren und von Karl IV. und Wenzel erst seit der Krönung benutzt wurden.[8] Dies dokumentiert seinen Anspruch auf die höchste Würde im Reich und seine politische Zielsetzung. Während Wenzel in Deutschland dafür kritisiert wurde, daß er sich mit dem Polenkönig verbündet hatte, bot das Eingreifen in den Konflikt Sigismund nun die Möglichkeit, sich in Deutschland populär zu machen. Da der Orden stets über wohlgefüllte Kassen verfügte, ließ sich erwarten, daß von dem Geld des Ordens auch etwas für ihn abfallen werde. Im Herbst 1409 kam es zu direkten Verhandlungen zwischen dem Orden und Sigismund, der am 20. 12. in Kaschau mit Vertretern des Hochmeisters ein Bündnis gegen Polen abschloß. Sigismund verpflichtete sich zum Beistand für den Orden, aber er verlangte einen Preis, den man nur als unverschämt bezeichnen kann: 300.000 Gulden sollten die Ritter dafür zahlen, außerdem sollten sie noch zusätzlich für 10.000 Mann einen dreimonatigen Sold bezahlen. Dafür stellte

Sigismund dem Orden Samogitien, Dobrzyn und Kujawien in Aussicht. Eberhard Windecke holte zu Beginn des Jahres 1410 40.000 Gulden für den König ab. Mitte Februar 1410 fällte König Wenzel dann einen Schiedsspruch, der für den Orden sehr günstig war und ihm Samogitien und Driesen beließ. Die polnischen Gesandten weigerten sich, den Spruch zu akzeptieren. Da Wenzel einige Punkte seinem Bruder Sigismund zur Entscheidung überlassen hatte, mußte dieser nun in der Frage aktiv werden.
Der ungarische König, der stets eine Verhandlungslösung der militärischen Konfrontation vorzog, lud seinen polnischen Kollegen zu einem Treffen in Käsmark in der Zips ein, um die Ordensfrage mit ihm zu besprechen. Dieser aber schickte seinen Vetter Witold zu den Verhandlungen. Sigismund unternahm nun den Versuch, den Großfürsten gegen Polen aufzuhetzen, und bot ihm im April 1410 in Käsmark die Königskrone an, falls er sich von Polen lösen wolle. Ansonsten aber wurde bei dem Treffen lediglich erreicht, daß die Verhandlungen weitergeführt werden sollten.[9] Sigismund wollte nun zunächst selbst nach Polen reisen, um den Frieden zu vermitteln, schickte dann jedoch Anfang Mai 1410 Nikolaus von Gara und Stibor zu König Wladislaw. Die Gesandten verhandelten gewissermaßen bis zur letzten Minute. Noch in seiner Eigenschaft als Reichsvikar erklärte Sigismund dann Mitte Juni dem polnischen König den Krieg.[10]
Die die politischen Kräfteverhältnisse in Osteuropa grundlegend verändernde Schlacht bei Tannenberg und Grunewald fand am 15. 7. 1410 statt. Wie immer werden die Zahlen der Teilnehmer von den Geschichtsschreibern gewaltig übertrieben; noch Aschbach beziffert die Zahl der Polen mit 150.000 Mann, von denen 60.000 gefallen sein sollen. Moderne Berechnungen sprechen von 18.000 Reitern und 3000 Mann Fußvolk auf polnischer Seite.[11] Nach anfänglichen Erfolgen wurde die zahlenmäßig etwas unterlegene Ordensarmee durch die geschickte Taktik des Polenkönigs eingeschlossen und fast vollkommen vernichtet; der Hochmeister Ulrich von Jungingen fiel, und 51 erbeutete Banner wurden im Krakauer Dom aufgehängt. Da man wie meist im späten Mittelalter keine Reserve gebildet hatte, konnten die Polen das Ordensland überfluten. Nur die Marienburg wurde durch Heinrich von Plauen gehalten, der zum neuen Hochmeister gewählt wurde. Der Nimbus von der Unbesiegbarkeit des Ordens war nun gebrochen, und in den Städten nahm die Opposition gegen das Ordensregiment zu.
König Sigismund unterstützte den Orden keineswegs so, wie dieser es sich aufgrund der Bündnisse erwartet hatte. Er schickte Stibor mit einer Armee nach Südpolen, der zwar die Einnahme von Altsandez gelang, die aber dann wieder aus Polen vertrieben wurde. Danzig erhielt ein Schreiben des Königs, treu zum Orden zu stehen, dem auch er helfen wolle. Immerhin hatten die Maßnahmen Sigismunds den Effekt, daß Wladislaw die Belagerung der Marienburg aufgab und seinen großen Sieg zunächst nicht weiter ausnutzte. Zu Beginn des Krieges hatte Sigismund geglaubt, daß er im Hintergrund die Fäden ziehen könne. Im Dezember schloß der Hochmeister jedoch mit Polen einen Waffenstillstand und dann am 1. 2. 1411 den ersten Thorner Frieden, der für den Orden noch glimpflich ausging. Der Orden verlor lediglich Dobrzyn und Samogitien, das erst nach dem

Tod Wladislaws und Witolds für dauernd an den Orden fallen sollte, der indes vor der Freilassung der Gefangenen 100.000 Gulden Kriegsentschädigung an Polen zahlen sollte. König Sigismund wurde der Beitritt zum Frieden freigestellt. „Thorn war ein Sieg des litauischen Sondergeistes. Witold war der Sieger, Litauen der Nutznießer. Denn alles lief immer mehr darauf hinaus, daß Polen eine Menge Opfer zur Erhaltung der Union bringen mußte, Litauen aber die Erfolge einheimste und diese Opfer dann gemeinhin durch Untergrabung der Union vergalt."[12]

Sigismund sah sich nach dem Friedensvertrag jedoch zunächst beiseite geschoben und versuchte vergeblich, dessen Abschluß zu verhindern. Er mußte nun selbst einen Weg finden, mit Polen zu einem Frieden zu gelangen. Im März 1411 handelten Stibor, Nikolaus Gara und Johannes Kanizsai mit den Vertretern des polnischen Königs einen Waffenstillstand aus, der im November noch einmal bis zum August 1412 verlängert wurde. Während Sigismund sich zunächst nicht sehr aktiv für den Orden eingesetzt hatte, bewog die außenpolitische Lage ihn dann, seine Politik zu ändern. König Wladislaw war es nämlich durch eine geschickte Außenpolitik gelungen, Sigismund einzukreisen, der seit Herbst 1411 mit der Republik Venedig Krieg führte und einen Zweifrontenkrieg vermeiden wollte. Während Sigismund 1409 Herzog Ernst von Österreich noch in den Drachenorden aufgenommen hatte, kam es bald zum Zerwürfnis zwischen ihnen. Seit einem Schiedsspruch Sigismunds vom März 1409 übten Leopold IV. und sein Bruder Ernst die Vormundschaft über Albrecht V. aus, ohne sich jedoch viel um ihn zu kümmern. Nach dem Tod Leopolds IV. im Juni 1411 war Albrecht 16 Jahre alt und damit nach den habsburgischen Hausgesetzen mündig. Die Herzöge Ernst und Friedrich IV. versuchten indes, ihren Neffen Albrecht auch weiterhin zu bevormunden. Daraufhin griff Sigismund, der Albrecht längst als zukünftigen Gemahl seiner Tochter Elisabeth sah, in den habsburgischen Hauskonflikt ein und erklärte den Herzog, den er Anfang Oktober 1410 mit seiner zweijährigen Tochter verlobt hatte, Ende des Monats für volljährig. Damit war es mit dem Einfluß Ernsts auf die Regierung in Österreich vorbei. Herzog Friedrich IV., der jüngste Sohn Leopolds III., hatte bereits im Juli 1407 ein Bündnis mit der Republik Venedig, der Erzrivalin Sigismunds, geschlossen.[13] Er plante, die Wirren im Patriarchat Aquileia zu benutzen, um in Friaul seinen Einflußbereich auszudehnen. Für Sigismund hatte dieses Gebiet jedoch als Einfallstor von Ungarn nach Italien im Hinblick auf einen geplanten Romzug strategisch eine höchst wichtige Bedeutung. Der über Sigismund erbitterte Ernst, der in erster Ehe mit einer Verwandten des Königs verheiratet gewesen war, knüpfte nun Kontakte mit Polen an und reiste im Herbst 1411 nach Krakau, um Zimburgis von Masowien, die Tochter Herzog Ziemovits III., der mit einer Schwester König Wladislaws vermählt war, zu heiraten. Auf diese Weise wurde Ernst der Neffe des Königs von Polen. Am 23. 2. 1412 schlossen die Brüder mit König Wladislaw ein Bündnis ab, dessen Spitze sich gegen König Sigismund richtete.

Der polnische König wußte, wie er Sigismund treffen konnte; bereits im Frühjahr 1411 knüpfte er Kontakte mit der Republik Venedig an, um mit ihr ein Bündnis abzuschließen.[14] Die Markusrepublik erklärte dem polnischen König, sie sei bereit, Sigismund den Weg nach Italien abzuschneiden und ihn zu Land und zu Wasser zu bekriegen. Damit geriet Sigismund in Gefahr, eingekreist zu werden und in eine gefährliche Isolierung zu geraten. Der Deutsche Ritterorden war somit der einzige Verbündete, auf den er überhaupt noch rechnen konnte. Der Papst, der König von Frankreich und König Wenzel setzten sich jetzt für den Orden ein und warnten den polnischen König vor einem weiteren Vorgehen. Sigismund ersuchte nun Anfang 1412 seinen Vetter König Erich von Dänemark um Hilfe für den Orden[15], mit dem er ein Hilfsbündnis abschloß. Darin wurden dem Orden Kujawien und Dobrzyn zugesichert; allerdings sollte er im Kriegsfall an Sigismund die gigantische Summe von 375.000 Gulden bezahlen! Auf der anderen Seite mußte Sigismund aber auch alles versuchen, den Ring zu durchbrechen, den Wladislaw um ihn gezogen hatte. Er schätzte die machtpolitische Situation richtig ein und erkannte, daß der Deutsche Orden Polen auf Dauer nicht gewachsen sein würde. Er vertraute seinem Verhandlungsgeschick und versuchte nun, durch persönliche Verhandlungen mit Wladislaw die gegnerische Koalition zu sprengen, was ihm letztendlich auch gelingen sollte.

König Wladislaw II. hatte nach dem Tod seiner Gemahlin Hedwig 1401 Anna von Cilli geheiratet, eine Cousine von Sigismunds Schwiegervater Hermann, der der Vormund der neuen polnischen Königin gewesen war und in einem guten Verhältnis zu ihr stand. Da König Sigismund seit dem Juli 1411 allgemein anerkannter deutscher König war, drängte es ihn, endlich im Reich zu erscheinen und sich krönen zu lassen. Er wollte daher den Rücken frei haben und lud Königin Anna ein, ihre Cousine Barbara zu besuchen. Dann schickte er seinen Schwiegervater mit Nikolaus Gara und dem päpstlichen Legaten Kardinal Branda Castiglione im Februar 1412 an den polnischen Hof, um Wladislaw zu einem Treffen in Lublau (Stara Lublovna) an der Grenze zwischen Polen und Oberungarn in der Zips einzuladen.

Anfang März 1412 traf die polnische Königin in Käsmark bei Sigismund und Barbara ein. Die beiden Königinnen reisten nun nach Lublau, während Sigismund den polnischen König an der Grenze in den Karpaten begrüßte. Es gelang Graf Hermann nun, innerhalb weniger Tage einen Frieden zu vermitteln, der immerhin acht Jahre Bestand hatte. Sigismund verzichtete am 15. 3. im Frieden von Lublau auf Galizien und Ruthenien, das so lange bei Polen bleiben sollte, wie die beiden Könige und Großfürst Witold lebten. Fünf Jahre nach dem Tod eines von ihnen sollte ein Schiedsgericht über den weiteren Verbleib Galiziens entscheiden. Die Huldigung des Woiwoden der Moldau an Polen erkannte Sigismund an; allerdings sollte der Fürst bei einem türkischen Angriff auf Ungarn Sigismund unterstützen. Im Fall, daß er seine Verpflichtungen nicht einhielt, sollte das Land zwischen beiden Reichen geteilt werden. Der Streit zwischen dem Deutschen Orden und Polen blieb aus dem Friedensvertrag ausgeklammert und sollte durch einen Schiedsspruch Sigismunds entschieden werden.[16] Später schränkte Wladislaw diesen „Blankoscheck" jedoch ein: Die Verpflichtung des Ordens zum finanziellen Schadenersatz sollte durch den zu fällenden Schiedsspruch Sigismunds nicht tangiert werden – was angesichts der Versuche des stets geldbedürftigen Königs,

etwas von der Schadenersatzsumme für sich abzuzweigen, durchaus verständlich war! Am Tag darauf beschworen die beiden Könige den Frieden. Die beiden Urkunden wurden von je einem halben Hundert Fürsten und Prälaten mitbesiegelt. Nikolaus von Gara, Hermann von Cilli und Johannes Kanizsai schworen, ihren König immer an die Einhaltung des Friedens zu erinnern.
König Sigismund konnte triumphieren; es war ihm gelungen, die Koalition seiner Feinde zu sprengen. Er zeigte sich nun als Weltmann und Grandseigneur. Während die Königin Anna nach Polen zurückreiste, zogen die beiden Könige nach Kaschau, wo sie das Osterfest feierten. Dann reisten sie über Tokaj und Debreczin nach Großwardein. Sigismund war ein begeisterter Verehrer des ungarischen Nationalheiligen Ladislaus, dessen Bild die ungarischen Goldgulden zierte und der hier begraben lag. In der Kathedrale beschworen sie am Grab des Heiligen erneut den Frieden. Nach Deutschland meldete Sigismund, der Polenkönig habe ihm seine Hilfe gegen die Türken zugesichert. Auch Herzog Ernst war jetzt zu einem Waffenstillstand bereit. Nun entfaltete Sigismund seine ganze Freigebigkeit und Lebenskunst. Wochenlang war er mit dem Polenkönig auf der Wildschweinjagd. Zu Pfingsten wurde dann in Ofen ein glanzvoller Hoftag gefeiert, an dem die beiden Königspaare, Großfürst Witold, die Herzöge Ernst und Albrecht V. von Österreich, Fürst Stefan Lazarewitsch von Serbien, Kardinal Branda Castiglione, der Legat des Papstes, und viele Fürsten, Grafen und Ritter teilnahmen. In einem Bericht heißt es, Teilnehmer aus 17 Ländern hätten an dem Fest teilgenommen, darunter auch „Abrahemsche lute vom heiligen grabe und sust vil heßlicher Heiden mit langen Berten".[17] Auf Turnieren gab es goldene Preise zu gewinnen, und große Jagdveranstaltungen beendeten das Fest. Danach wallfahrteten die beiden Könige nach Stuhlweißenburg zum Grab des heiligen Königs Stefan. Dort gab Sigismund Wladislaw dann die polnische Königskrone und die Reichsinsignien zurück, die König Ludwig 40 Jahre zuvor mit nach Ungarn genommen hatte.
Ende Juli 1412 kehrte König Wladislaw, der sich später noch bereit erklärte, zwischen Sigismund und Herzog Ernst einen Frieden zu vermitteln, nach Polen zurück. Nun begann für Sigismund der unangenehme Teil: Er mußte die gegenseitigen Klageartikel studieren und eine Entscheidung treffen. Der Orden hatte den Erzbischof Johann von Riga als Bevollmächtigten entsandt. Dem Hochmeister war es angesichts des hervorragend organisierten Kundschafterdienstes des Ordens natürlich nicht entgangen, wie sich das Verhältnis zwischen Sigismund und Wladislaw entwickelt hatte. Als die Delegierten des Ordens eine Mitwirkung der Kurfürsten beim Schiedsspruch verlangten, geriet Sigismund so in Zorn, daß er den Ordensrittern mit Krieg drohte. Die Ritter hatten von den 100.000 Gulden Kriegsentschädigung erst die Hälfte gezahlt, und Sigismund hätte gern die andere Hälfte als „Vermittlungsprovision" kassiert.
Am 24. 8. 1412 fällte Sigismund den „Ofener Schiedsspruch", der den jahrhundertealten Konflikt zwischen dem Orden und seinen Gegnern natürlich auch nicht lösen konnte. Es wurden nur einige Klagepunkte behandelt; alle anderen wurden an eine einzusetzende Kommission verwiesen. Die Gefangenen sollten innerhalb

von sechs Monaten ausgeliefert werden. Polen sollte dem Orden urkundlich verbürgen, Samogitien nach dem Tod Wladislaws und Witolds an den Orden zurückzustellen. Die mit dem Orden verfeindeten Bischöfe von Ermland und Kujawien sollten wieder in ihre Rechte eingesetzt werden. Ansonsten wurde der Thorner Friede in allen Hauptpunkten bestätigt. Es blieb dem Orden anheimgestellt, mit König Wladislaw über eine Herabsetzung der Reparationen zu verhandeln.[18] Damit war der Konflikt zwischen dem Deutschen Orden und Polen zwar nicht beigelegt, aber die Gefahr eines Zweifrontenkrieges war für Sigismund gebannt, und er konnte sich nun den Problemen zuwenden, die sich aus seiner mittlerweile erfolgten Wahl zum deutschen König ergaben, und seine Energie dem im September 1411 mit der Republik Venedig ausgebrochenen Krieg widmen.

VI.
Die Wahl zum deutschen König (1410/11)

Die Situation im römisch-deutschen Reich war beim Tod König Ruprechts verworrener als je zuvor. Karl IV. hatte zwar in der „Goldenen Bulle" die Königswahl geregelt, gemäß der sein Sohn Wenzel 1376 zum König gewählt worden war, aber seither war es zu keiner unumstrittenen Wahl mehr gekommen. 1400 war Wenzel von den vier rheinischen Kurfürsten abgesetzt und Ruprecht von der Pfalz zum neuen deutschen König gewählt worden. Wenzel verzichtete indes nie auf die Königswürde und wurde in der Spätzeit Ruprechts sogar vereinzelt wieder anerkannt, wie z. B. vom Konzil zu Pisa. König Ruprecht, der am Ende seiner Regierungszeit vor allem von dem korrupten Mainzer Erzbischof Johann von Nassau, der beim Sturz Wenzels 1400 federführend gewesen war, bekämpft wurde, regierte am Ende seiner Tage wie ein Kurfürst mit einer Königskrone; nur der Tod ersparte ihm eine katastrophale Niederlage. Nun hielt Wenzel seine Stunde für gekommen, zumal ihn die Kurfürsten Rudolf von Sachsen und Jobst von Mähren zu Brandenburg unterstützten; da er sich nach wie vor als König betrachtete, lehnte er jede Neuwahl ab; von den Kurfürsten verweigerten also die drei östlichen von Böhmen, Sachsen und Brandenburg die Teilnahme an der von Erzbischof Johann von Mainz ausgeschriebenen Königswahl.
Die vier rheinischen Kurfürsten, die 1400 Wenzel abgesetzt hatten, waren diesmal jedoch unter sich gespalten. Pfalzgraf Ludwig III., der Sohn König Ruprechts, der angesichts der Schwierigkeiten seines Vaters auf jede Kandidatur verzichtete, war seit Jahren aus mehreren Gründen mit dem Mainzer Erzbischof verfeindet. Wie Erzbischof Werner von Trier gehörte auch er zur Obödienz des römischen Papstes Gregor XII., an dem beide strikt festhielten. Die Erzbischöfe Johann von Mainz und Friedrich von Köln indes hielten ebenso verbissen an der Obödienz des Pisaner Papstes Johannes XXIII. fest, der von den meisten Fürsten des Reiches als Papst anerkannt wurde. Die beiden Lager standen sich unversöhnlich gegenüber. König Sigismund von Ungarn war schon zu Lebzeiten Papst Alexanders V. schrittweise in dessen Lager übergetreten. Unmittelbar nach der Wahl von Johannes XXIII. schickte er seinen Vertrauten Pippo Spano nach Bologna, wo er am 21. 6. 1410 den neuen Papst anerkannte. Dieser erklärte sich sofort bereit, die Kandidatur Sigismunds zu unterstützen, und schickte den Ritter Hugo von Hervorst und den Diplomaten Nikolaus de Altronandis nach Deutschland, um die Kur-

fürsten zur Unterstützung Sigismunds anzuhalten. Offensichtlich ging die Initiative zu der politischen Kooperation vom ungarischen König aus; der Papst versprach sich jedoch großen Nutzen von einem Königtum Sigismunds und kam diesem auch hinsichtlich seiner Wünsche um eine Vermittlung im Streit mit Venedig um Dalmatien sowie bezüglich der neugegründeten Universität Ofen mit der Legation des Kardinals Branda Castiglione nach Ungarn entgegen; Anfang August 1410 erkannte Johannes XXIIII. Sigismund als König von Ungarn an.[1]
Die Anerkennung des Papstes, der von jeher ein Gegner des Königs Ladislaus von Neapel gewesen war, brachte Sigismund jedoch auch für Ungarn große Vorteile. Johannes XXIII. unterstützte zunächst die Gründung der Universität Ofen. Noch wichtiger war jedoch für Sigismund, daß der Papst seine Verfügungen im Gefolge der Temporaliensperre von 1403 und der Unterbindung des Verkehrs mit der Kurie von 1404 als legitim anerkannte und sich von seinem Vorgänger Bonifaz IX. distanzierte. Johannes XXIII. schenkte Sigismund nun alles, was dieser vom Kirchengut in Ungarn an sich genommen habe! Bemäntelt wurde dies damit, daß der König bereits angefangen habe, um viele tausend Gulden in Ofen eine Kollegiatskirche zu bauen.[2]
Wie verhielten sich nun die anderen Mächte Europas zur Frage der deutschen Königswahl? Der französische König Karl VI. war geisteskrank; sein Bruder Ludwig von Orleans hatte für ihn die Regentschaft geführt, bis er 1407 auf Veranlassung Herzog Johanns von Burgund ermordet wurde, der nun die französische Politik leitete. König Wenzel hatte sich immer um ein gutes Verhältnis zu Frankreich bemüht, das den Erzbischof von Köln, die Herzöge von Lothringen, Geldern und Bayern-Ingolstadt sowie den Markgrafen von Baden durch Dienstverträge an sich gebunden hatte. Wenn Pfalzgraf Ludwig nach der Wahl Sigismunds äußerte, Frankreich habe ihm 50.000 Kronen Bestechungsgelder für die Wahl angeboten[3], so verdeutlicht dies zumindest, daß die Wahl des römisch-deutschen Königs auch für die französische Politik eine große Bedeutung hatte. Der Kölner Erzbischof forderte über den Grafen Emich VI. von Leiningen, Ruprechts früheren Kanzler, König Heinrich IV. von England aus dem Haus Lancaster, mit dem er in näherem Kontakt stand, auf, um die deutsche Königskrone für sich oder einen seiner Söhne anzuhalten.[4] Da Pfalzgraf Ludwig mit Blanca, der Tochter des Königs von England, vermählt war, glaubte der Kölner Erzbischof mit der Unterstützung des Pfälzers rechnen zu können. Dies war ein Schachzug, um die verfeindeten Lager der rheinischen Kurfürsten wieder zu versöhnen. Der Plan scheiterte jedoch, da der englische König eine Kandidatur ablehnte.
König Sigismund von Ungarn brachte sich nun selbst ins Spiel. Sein erster Erfolg war, daß Papst Johannes XXIII. sich für ihn einsetzte. Dies bedeutete auch eine Verminderung der Chancen Wenzels, der ja vom Konzil von Pisa anerkannt worden war. Wenn Sigismund gewählt werden wollte, brauchte er zumindest vier Stimmen. Angesichts der Tatsache, daß Rudolf von Sachsen und Jobst von Mähren, der Kurfürst von Brandenburg war, weiterhin an König Wenzel festhielten, mußte Sigismund versuchen, die vier rheinischen Kurstimmen auf sich zu vereinigen. Aufgrund der Gesandtschaft Johannes' XXIII. nach Deutschland schickten

75

die Kurfürsten von Mainz und Köln eine Gesandtschaft nach Ungarn, die um den 25. 7. 1410 in Visegrád mit dem König verhandelte, während der im Jahr zuvor in seinen Dienst getretene Nürnberger Burggraf Friedrich VI. von Zollern gleichzeitig im Auftrag der Kurfürsten von Trier und der Pfalz mit ihm Gespräche führen wollte. An sich wäre eine Einigung mit den Erzbischöfen von Mainz und Köln für Sigismund einfach gewesen, da auch sie Papst Johannes XXIII. anerkannten. Eine klare und eindeutige Festlegung auf diesen Papst hätte jedoch den Pfälzer und den Trierer verprellt. Daher mußte Sigismund die Forderung der beiden Erzbischöfe ablehnen, einzig und allein Papst Johannes um die Bestätigung zu ersuchen. Auch war Sigismund nicht bereit, den Erzbischöfen zu konzedieren, ohne ihre Zustimmung keinen Reichsvikar für den Fall seiner Abwesenheit vom Reich zu ernennen, da dieses Amt häufig vom pfälzischen Kurfürsten ausgeübt worden war. Die Verhandlungen von Visegrád zerschlugen sich in erster Linie jedoch an der Konfirmationsfrage; Sigismund konnte nicht versprechen, sich auf jeden Fall von Papst Johannes bestätigen zu lassen, den er längst anerkannt hatte. Daher ist die Erklärung des Chronisten Andreas von Regensburg, die Verhandlungen seien an den Geldforderungen der Erzbischöfe gescheitert, abzulehnen.[5] Sigismund brach die Verhandlungen mit den beiden Erzbischöfen jedoch nicht ganz ab, obwohl deren Gesandte von Visegrád aus nach Brünn zu seinem Vetter Jobst zogen, um auch diesem zu den gleichen Bedingungen die Krone anzubieten. Der unbeliebte Markgraf, der sich keines guten Rufes erfreute, versprach dann auch bald den Gesandten alles, was diese von ihm wollten, obwohl er noch kurz zuvor daran festgehalten hatte, daß Wenzel der rechtmäßige König sei und es deswegen gar keiner Wahl bedürfe.

Nach der Abreise der Gesandten der beiden Erzbischöfe gelang es Burggraf Friedrich VI., König Sigismund zu einer Vereinbarung mit den Kurfürsten von Trier und der Pfalz zu bewegen, die beide Papst Gregor XII. anerkannten. Friedrich, der an der Schlacht von Nikopolis teilgenommen und 1403 im Auftrag König Ruprechts mit Sigismund verhandelt hatte, war der Schwager des Königs, den er freilich 1409 verließ, um fortan Sigismund zu dienen.[6] Für Sigismund bedeutete die Zusammenarbeit mit dem Burggrafen, der über große Erfahrung in der Politik des Reiches verfügte, einen großen Gewinn. Am 25. 7. 1410 verschrieb er ihm dann 20.000 Gulden, um ihn noch enger an sich zu binden. Friedrich VI. von Zollern verfügte auch über gute Kontakte zu seinem Neffen Pfalzgraf Ludwig III. und konnte Sigismund diesbezüglich alle Wege ebnen.[7] Im Auftrag der Kurfürsten von der Pfalz und Trier führte Friedrich nun nach dem Abbruch der Verhandlungen zwischen Sigismund und den Erzbischöfen von Köln und Mainz die Gespräche mit dem König. Für diesen trat nun die Komplikation auf, daß ihm die beiden Stimmen von Köln und Mainz zu einer Mehrheit fehlten. Er bediente sich daher des fraglichen Mittels, die brandenburgische Kurstimme zu beanspruchen und diese Friedrich VI. zu übertragen, obwohl er die Mark 1388 an Jobst mit der Klausel verpfändet hatte, sie sollte nach fünf Jahren in sein Eigentum übergehen, wenn er sie bis dahin nicht zurückgelöst hätte. Infolgedessen war Jobst längst als Kurfürst anerkannt, von Wenzel belehnt und auch nach der Absetzung Wenzels und dem Tod Ruprechts als Kurfürst zur Wahl eines neuen Königs geladen worden.

König Sigismund gab dem Burggrafen Friedrich gewissermaßen einen „Blankoscheck" für die Verhandlungen mit den Gesandten des Pfalzgrafen und des Kurfürsten von Trier. Am 6. 8. weilte er in Käsmark in Oberungarn; daher kann die am 5. 8. in Ofen besiegelte Wahlkapitulation, die Friedrich noch zusätzlich mitbesiegelte, nicht in Sigismunds Anwesenheit ausgestellt worden sein. Offensichtlich wurden die Artikel von den Gesandten auf besiegelte Pergamente geschrieben, zumal Sigismund ja gar keine deutsche Kanzlei hatte. In diesen Urkunden[8] versprach Sigismund, als römischer König alle Regierungsakte Ruprechts zu bestätigen und sein Königtum für allgemein anerkannt gelten zu lassen. Damit wurde die Absetzung Wenzels von ihm als rechtmäßig anerkannt. Neben den üblichen Privilegienbestätigungen gelobte Sigismund, Ludwig die Reichspfandschaften Oppenheim, Ingelheim, Kaiserslautern, Ortenberg, Offenburg, Gengenbach und die Reichsstadt Selz zu belassen. Weiters wollte der Pfalzgraf auch die 21 mit ihm verbündeten schwäbischen und elsässischen Reichsstädte in den besonderen Schutz des Königs genommen haben, was dieser bestätigte. So konnte der Pfalzgraf ihm gleich noch mit einer Koalition Rückhalt verschaffen, in der er selbst die führende Rolle spielte. Offensichtlich sicherte Sigismund dem Pfalzgrafen jedoch nicht das Reichsvikariat zu, denn sonst hätte Ludwig sich später bei seinem Zerwürfnis mit Sigismund ja darauf berufen. Bezüglich der Kirchenfrage gelobte Sigismund, die Anhänger Gregors XII. weder zu belästigen noch ihre Belästigung zu dulden und für die Herstellung der Kircheneinheit Sorge zu tragen. Da die beiden Kurfürsten wohl wußten, daß Sigismund bereits Johannes XXIII. anerkannt hatte, war dies ein Erfolg für sie. Sie muteten ihm nicht zu, zu Gregor, den er ohnehin nur aus politischen Gründen verlassen hatte, überzutreten, sondern begnügten sich mit der Sicherstellung ihrer Partei.[9] Die Vermutung, die ungarische Kanzlei habe die Parteinahme für Gregor abgeschwächt[10], ist wohl nicht stichhaltig, da die pfälzisch-trierische Partei Sigismund diesbezüglich niemals einen Vorwurf machte.[11]

Während Burggraf Friedrich mit der besiegelten Wahlkapitulation von Ofen nach Frankfurt ritt, verhandelte die Delegation der Erzbischöfe von Mainz und Köln in Brünn mit Markgraf Jobst, der seine ablehnende Haltung gegenüber einer Neuwahl aufgab und die beiden Hauptforderungen der Kurfürsten nach der bedingungslosen Anerkennung von Papst Johannes XXIII. und der Zusicherung, ohne ihre Zustimmung keinen Reichsvikar zu ernennen, konzedierte. Markgraf Jobst wollte aber nicht eher als Kandidat auftreten, bis er die Zustimmung seines Vetters Wenzels hatte, und begab sich nun im August nach Prag, um dort mit dem König von Böhmen zu verhandeln, der zunächst für einen Aufschub der Königswahl eintrat. Da Wenzel einsah, daß sich eine Neuwahl nicht vermeiden lasse, erklärte er, er sei bereit, Jobst zu wählen, wenn er ihn als „älteren römischen König" anerkenne, ihm zur Kaiserkrone verhelfe und verspreche, sich während seiner Lebenszeit nie um die Kaiserkrone zu bemühen.

Auf die Anfang Juni vom Mainzer Erzbischof Johann ausgestellte Einladung zur

Königswahl am 1. 9. 1410 hatte Kurfürst Rudolf von Sachsen, der wie Jobst die Teilnahme an der Wahl abgelehnt hatte, mit einem ablehnenden Brief geantwortet, in dem er Wenzel als römischen König bezeichnete. Da Wenzel nun bereit war, Jobst unter den angegebenen Bedingungen seine Stimme zu geben, und der Sachse in der Regel dem böhmischen König folgte, konnte Jobst nun bei der Wahl mit fünf Stimmen rechnen. Die Stadt Frankfurt versuchte in dieser Wahlangelegenheit neutral zu bleiben und die Bestimmungen der „Goldenen Bulle" genauestens einzuhalten. Darin war festgelegt, daß nur die Kurfürsten mit 200 Reitern während der Wahlzeit in die Stadt durften, aber keine anderen Fürsten. Am 1. 9. erschienen nun die vier rheinischen Kurfürsten in der Stadt und empfingen am Tag darauf die Eide der Stadt, die Ordnung der „Goldenen Bulle" einzuhalten. Am gleichen Tag begehrte auch Burggraf Friedrich als Vertreter König Sigismunds als des Kurfürsten von Brandenburg Einlaß in die Stadt. Er wurde schließlich als Gesandter des ungarischen Königs, nicht aber als Vertreter des Kurfürsten von Brandenburg eingelassen. Daraus läßt sich schließen, daß die Erzbischöfe von Mainz und Köln immer noch mit der Möglichkeit rechneten, Sigismund zu wählen, denn Herzog Stephan von Bayern, der die Kurwürde der Wittelsbacher beanspruchte, durfte die Stadt nicht betreten. Sigismund hatte also mit der Partei des Mainzers noch nicht endgültig gebrochen.[12]

Die Partei des Mainzers versuchte nun, die Königswahl aufzuschieben, während der Pfälzer gemäß den Bestimmungen der „Goldenen Bulle" auf die Wahl drängte, die bestimmte, daß die Mehrheit der anwesenden oder vertretenen Kurstimmen entscheide. Am 19. 9. wollten die Erzbischöfe von Mainz und Köln bereits abreisen, als sie erfuhren, daß die pfälzische Partei zur Wahl entschlossen war. Als die Verhandlungen jedoch scheiterten, erkannten Trier und die Pfalz den Burggrafen Friedrich als rechtmäßigen Vertreter Brandenburgs an und bereiteten sich auf die Wahl vor. Erzbischof Johann aber verhängte noch in der Nacht das Interdikt über Frankfurt, damit die vor der Wahl vorgeschriebene Heiliggeistmesse im Dom nicht gelesen werden könne. Als die Kurfürsten von der Pfalz und Trier und der Burggraf am 20. 9. die Bartholomäuskirche betreten wollten, fanden sie diese geschlossen. Nachdem sie eine Stunde gewartet hatten, leisteten sie auf dem Friedhof vor dem Chor den Eid auf das Evangelium und wählten dann den König von Ungarn zum römischen König und teilten dies der Stadt mit. Da der Erzbischof von Trier bereits Anzeichen von Senilität zeigte, entstand im Volksmund das Sprichwort:

> „In Frankfurt hinderm chor
> Habent gewelt ein kunig ein chind und ein tor."[13]

Der Pfalzgraf, der mit 34 Jahren freilich kein „Kind" mehr war, schloß zwei Tage später mit dem Erzbischof von Trier einen Beistandspakt für den Fall ab, daß beide wegen der Wahl angegriffen würden. Der Burggraf schrieb einige Tage darauf aus Heidelberg an die verbündeten Städte, der Pfalzgraf werde ihnen bis zur Ankunft Sigismunds im Reich beistehen. Am 28. 9. trafen dann Bevollmächtigte der ostdeutschen Kurfürsten in Frankfurt ein, die das Versprechen von

Markgraf Jobst mitbrachten, nur Johannes XXIII. anzuerkennen, einen Reichsvikar nur mit Zustimmung von Mainz und Köln zu ernennen, die Königswürde nur mit Zustimmung der Wähler aufzugeben und die Wahl Sigismunds wirkungslos zu machen. Daraufhin wählten die Erzbischöfe von Mainz und Köln und die Bevollmächtigten Wenzels und Jobsts am 1. 10. im Frankfurter Dom den Markgrafen zum römischen König. Noch am gleichen Tage kam auch der Vertreter des Kurfürsten von Sachsen und stimmte der bereits geschehenen Wahl zu. Es scheint jedoch, daß die Bevollmächtigten Wenzels über ihre Aufträge hinausgingen, da dieser sich auch nach der Wahl noch als deutscher König betrachtete. „Die Doppelwahl ist das Resultat des Kampfes zwischen den Parteien der rheinischen Kurfürsten. Erzbischof Johann und Pfalzgraf Ludwig sind die Hauptpersonen, ihre Kandidaten und die Päpste aber sind zugleich die Waffen und die Bundesgenossen, deren sie sich gegeneinander bedienen."[14] Sigismund war für die Kurfürsten des Reiches zunächst noch eine Schachfigur, die sie bewegten; das sollte sich jedoch bald ändern.

Es kann kein Zweifel daran bestehen, daß die Wahl Sigismunds ungültig war, da er nicht im Besitz der brandenburgischen Kurstimme war und somit nur zwei echte Kurstimmen erhielt. Jobst hingegen hatte nach dem Verzicht Wenzels zumindest vier Stimmen erhalten. Dies hielt Wenzel jedoch nicht davon ab, am 28. 10. als römischer König von Nürnberg und anderen Städten die fällige Reichssteuer zu fordern. Die Doppelwahl nützte letztlich weder Sigismund noch Jobst, sondern schadete nur dem Ansehen des Königtums an sich. Hinter den Kulissen gingen die Verhandlungen weiter. Interessant ist, daß nur einem Luxemburger zugetraut wurde, mit der Krise im Reich fertig zu werden. Am 29. 9. hatte sich eine Gruppe von 21 Reichsstädten in Innsbruck neuerlich mit den leopoldinischen Habsburgern Ernst und Friedrich IV. auf neun Jahre verbündet, die ihnen Unterstützung bei einer Bewerbung um die Königskrone zusagten. Auf die Frankfurter Wahl hatte dies jedoch keinerlei Einfluß; es vermag lediglich frühe Wurzeln des späteren schweren Konfliktes zwischen König Sigismund und Herzog Friedrich IV. von Österreich aufzuzeigen.

Weder Sigismund noch Jobst nahmen in den Wochen nach der Wahl Einfluß auf das Geschehen in Deutschland. Während Gerüchte umgingen, beide bereiteten sich auf einen Entscheidungskampf vor, verstarb Jobst überraschend am 18. 1. 1411 in Brünn, wahrscheinlich an einer Vergiftung. Nun stand der allgemeinen Anerkennung Sigismunds nichts mehr im Weg. Papst Gregor XII. bestätigte die Wahl Sigismunds, der sich bereits von ihm losgesagt hatte, und hob dabei dessen Verdienste um die Kirche und seine Vorgänger hervor.[15] Obwohl Burggraf Friedrich bereits aus Ungarn berichtet hatte, König Sigismund nehme die Wahl an, erklärte dieser erst nach dem Tod Jobsts am 21. 1. 1411 in Ofen offiziell, er nehme die Wahl an und werde bald in das Reich kommen, um den Deutschen Ritterorden zu unterstützen. Um die Jahreswende verhandelten auch Gesandte Papst Johannes' XXIII. in Ofen mit ihm. So konnte Sigismund am 24. 1. den Grafen Friedrich von Ortenburg zum Reichsvikar von Friaul und dem Patriarchat Aquileia ernennen, dem er gemeinsam mit dem Papst ein neues Oberhaupt geben werde; dabei verwendete er erstmals das neue Reichssiegel.[16] Entscheidend für die Einigung im Kurkollegium war jedoch, daß Sigismund sich nun mit seinem Bruder Wenzel versöhnte, mit dem der Mainzer Erzbischof Kontakte wegen einer neuen Kandidatur aufnahm. Bereits Ende Januar berichtete Burggraf Friedrich aus Ofen, daß Sigismund nun mit Wenzel über eine Anerkennung verhandle. Aus einer Urkunde Wenzels an die Grafen Philipp und Adolf von Nassau gehen derartige Verhandlungen hervor, denn sie enthalten die Klausel, die Grafen würden die Geldsummen erhalten, wenn Sigismund oder er zum König gewählt würden.[17] Offenbar wollten beide Brüder das Königtum des luxemburgischen Hauses erhalten.

Mittlerweile leitete Erzbischof Johann Ende Februar 1411 das Verfahren für eine Neuwahl des Königs ein, da das Amt durch den Tod von Jobst vakant geworden sei. Am 11. 3. lud Johann die Kurfürsten für den 11. 6. zur Wahl, wogegen die Kurfürsten von der Pfalz und Trier heftig protestierten. Der Mainzer bot Sigismund offensichtlich eine Wahl an, wenn er sich einer Neuwahl unterwerfe. Sigismund lehnte dies ab; auch später zählte er seine Regierungszeit in den Urkunden von der ersten Wahl her. Die Erzbischöfe wandten sich nun an Wenzel und boten ihm an, er solle Kaiser werden, wenn sein Bruder zum König gewählt würde. Damit übernahmen sie die gleiche Rechtskonstruktion, die Wenzel auch vor der Wahl Jobsts akzeptiert hatte; am 6. 6. schrieb Wenzel den Erzbischöfen, er werde die Wahl beschicken, und ersuchte sie, mit der Wahl bis zur Ankunft seiner Vertreter zu warten. Während die Verhandlungen zwischen Sigismund und Wenzel ins Stocken geraten waren, nahte der Wahltag. Bei einer strittigen Wahl war es Brauch, den Kandidaten als König anzuerkennen, der 45 Tage unangefochten vor der Stadt Frankfurt in einem Lager gewartet hatte. Der Trierer Erzbischof bereitete am 8. 6. das Lager für Sigismund vor, während der Erzbischof von Mainz erschien und wiederum Herzog Stephan von Bayern als Vertreter der Kur der Wittelsbacher anerkannt haben wollte. Dieser wurde jedoch Mitte Juli aus der Stadt ausgewiesen. Man wartete allgemein auf den Abschluß der Verhandlungen zwischen Sigismund und Wenzel, was Ende Juni gemeldet wurde. Am 9. 7. kam es dann zum Abschluß des Vertrages zwischen den Brüdern, den der Woiwode Stibor, Pippo Spano, Nikolaus Gara und Johann Kanizsai ausgehandelt hatten. Wenzel sollte Böhmen behalten und die Kaiserwürde erhalten, wofür Sigismund beim Papst und den Kurfürsten wirken sollte. Die Reichseinkünfte und an das Reich heimfallende Lehen sollten geteilt werden. Wenzel durfte die Reichskleinodien behalten. Die Brüder sollten sich gegenseitig unterstützen, wenn die Kurfürsten versuchen sollten, der Krone zu Böhmen und dem Haus Luxemburg („der cron zu Beheim und dem huse zu Luczemburg") die höchste Würde im Reich zu entziehen. Beide Seiten sollten ihre Anhänger mit der Gegenpartei versöhnen.[18] Nach dem Tod Jobsts erhielt Sigismund nun die Markgrafschaft Brandenburg zurück, während die Markgrafschaft Mähren und die Herzogtümer Luxemburg, Görlitz, Schweidnitz und Jauer an Wenzel fielen. Damit war der Weg frei zu einer Beilegung des Konfliktes.

Am 17. 7. kamen die beiden Kurfürsten von Mainz und Köln in Frankfurt zur Königswahl zusammen. Wenzel und Kurfürst Rudolf hatten ihre Gesandten

Bischof Johann von Würzburg und Albrecht Schenk von Landsberg nach der Aussöhnung zwischen den Brüdern abgefertigt, Sigismund hingegen den Burggrafen Johann von Nürnberg, den Bruder Friedrichs VI., der am 9. 7. in Frankfurt eintraf und die Sigismund nun rechtmäßig zustehende brandenburgische Kurstimme führen sollte. Die beiden Erzbischöfe, die im Frühjahr ihre Verhandlungen mit Sigismund abgebrochen hatten, erhielten um den 20. 6. den Brief Wenzels mit der Erklärung, er sei zu einer Neuwahl bereit. Nun entschlossen sie sich, Sigismund die Wahlbedingungen vorzulegen, die bereits Jobst akzeptiert hatte. Um den 10. 7. wußte man in Ofen, daß die Gesandten der Erzbischöfe unterwegs waren. Diese zögerten die Wahl nun bis zum Eintreffen der Zustimmung Sigismunds zur Wahlkapitulation hinaus, während die Kurfürsten von der Pfalz und Trier die Wahl überhaupt zu verhindern versuchten, da sie nur die erste Wahl als rechtmäßig ansahen. Offensichtlich ließ Sigismund nach mitgebrachten Vorlagen die Wahlkapitulation an Mainz und Köln ausstellen, die offiziell erst nach der Wahl am 22. 7. in Frankfurt ratifiziert wurde. Darin verpflichtete sich Sigismund, nur Johannes XXIII. als Papst anzuerkennen und ohne Zustimmung der Erzbischöfe, denen alle Privilegien bestätigt wurden, keinen Reichsvikar zu ernennen. Auch sollte der König keine neuen Rheinzölle erheben. Zum Reich gehörende Territorien in Italien, Frankreich und Deutschland sollte er zum Reich zurückbringen, insbesondere das Herzogtum Mailand.[19] Da Sigismund sich nun der Zustimmung der gregorianischen Kurfürsten von Pfalz und Trier sicher war, konnte er problemlos die Konzession machen. Damit waren die letzten Würfel gefallen; alles andere war nur noch Ritual und Nachgeplänkel.

Am 17. 7. ließ der Mainzer Erzbischof die Wahlbevollmächtigten in der Bartholomäuskirche versammeln und die Heiliggeistmesse lesen, aber nicht den Eid auf das Evangelium leisten, da die Boten aus Ofen mit der Wahlkapitulation – die nur den Bevollmächtigten von Böhmen und Sachsen bekannt war – noch nicht zurück waren. Die Abgeordneten der Pfalz und von Trier hatten als Beobachter an der Zeremonie teilgenommen. Am 20. 7. müssen die Gesandten aus Ofen in Frankfurt eingetroffen sein, denn am Abend dieses Tages gab der Erzbischof von Mainz den Befehl, für den nächsten Tag den Wahlakt vorzubereiten. Wiederum nahmen die Vertreter von Pfalz und Trier an der Messe teil, verließen die Kirche jedoch vor der Eidesleistung der Wähler. Diese wählten nun einstimmig Sigismund zum römischen König, und am Tag darauf wurde die Wahlkapitulation Sigismunds für Mainz und Trier ratifiziert. Damit war Sigismund rechtmäßig gewählter deutscher König und von allen sieben Kurfürsten anerkannt.

Am 30. 1. 1412 richtete König Sigismund aus Ofen ein Rundschreiben an das gesamte Deutsche Reich, in dem er eindrucksvoll die Probleme seiner Regierungszeit beleuchtete. Die Einnahmen des deutschen Königs seien auf 12.000 Gulden im Jahr gesunken! Die Venezianer hätten dem Reich große Besitzungen in Friaul sowie Verona und Vicenza, Treviso entrissen, und Friedrich IV. von Österreich habe Udine besetzt. Deshalb habe er Pippo Spano mit 10.000 Reitern nach Italien gesandt; er wolle die Reichslande in Italien zurückgewinnen, wie auch das Königreich Arelat, Burgund, Lothringen, Savoyen und andere „welsche lant" wie „Italia mit Lamparten". Auch in Preußen gebe es große Probleme, wo die Ordensgebiete, die „ouch zu uns und dem heilgen Romschen riche gehoren", von König Wladislaw von Polen und Herzog Witold von Litauen bedrängt würden. Herzog Ernst von Österreich sei zum Polenkönig geritten, um sich mit ihm zu verbünden; wie sein Bruder wolle auch er das Reich und den Deutschen Orden schädigen. Daher ersuche er die Reichsstände, Venedig, Österreich und Polen als seinen Feinden keine Unterstützung zu leisten. Alle diese Probleme hätten bisher die Krönungsreise ins Reich verhindert. Wenn er aber seine Länder bestellt habe, wolle er sich „erheben, gein tutschen landen zu ziehen".[20] Noch vor seiner zweiten Wahl hatte er Anfang 1411 an Erzbischof Werner von Trier geschrieben, das Reich sei zerrissen und verfallen und bedürfe engelsgleicher Kräfte; er verglich sich mit David, der von Gott von den Schafen weg zum Königsamt berufen worden sei, „sinem volcke zu eim propheten und heilsame vorfechter", um den Goliath zu bekämpfen.[21] Im Gegensatz zu seinem Bruder Wenzel und seinem Vorgänger Ruprecht aber war Sigismund, der nun 43 Jahre alt war, dieser Aufgabe gewachsen. Das Zirkularschreiben legte dar, wo die Schwachstellen des Reiches und die Aufgaben lagen, denen er sich fortan mit allen Kräften widmen wollte.

VII.
Krieg gegen Venedig, Italienzug und Königskrönung (1411–1414)

Nach seiner allgemeinen Anerkennung als römisch-deutscher König und dem Friedensschluß mit König Wladislaw von Polen und dem „Ofener Schiedsspruch" vom August 1412 konnte König Sigismund sich endlich mit dem seit Jahren schwelenden Konflikt mit der Republik Venedig auseinandersetzen. Die Markusrepublik hatte 1386 die Insel Korfu und zwei Jahre später das Herzogtum Morea auf der Peloponnes sowie von dem oberitalienischen Fürstenhaus Carrara das Gebiet von Treviso erwerben können und dann seinen Festlandbesitz, die „Terra ferma", auf Kosten des Reiches weiter ausgeweitet. Nach der Eroberung Bellunos und Feltres (1404) konnte es im Jahr darauf mit der Eroberung von Verona das frühere, 1387 von Giangaleazzo von Mailand eroberte Fürstentum der della Scala erobern und die Herrschaft der Carrara in Padua stürzen und 1406 Belluno erwerben. Es zeugt von der Ohnmacht der Reichsgewalt in Italien, daß der in Italien gänzlich gescheiterte König Ruprecht ebensowenig gegen die Eroberungspolitik der Venezianer unternahm wie gegen die der Visconti von Mailand, denen König Wenzel die Mailänder Herzogswürde verkauft hatte. 1409 hatte dann König Ladislaus von Neapel die bedeutende Hafenstadt Zara mit den umliegenden Inseln um 100.000 Dukaten an Venedig verkauft. Die Rückgewinnung des Reichsbesitzes in Italien war Sigismund daher vor der Wahl von den Kurfürsten zur Pflicht gemacht worden. Geschickt versuchte er nun, in seiner Auseinandersetzung mit Venedig Reichsinteressen mit ungarischen Interessen zu vermischen, um die Hilfe beider Reiche im Kampf gegen die reiche Handelsgroßmacht zu gewinnen. Damit wurde er zum wichtigsten Gegenspieler der Kaufmannsrepublik, die mehrfach nicht davor zurückschreckte, einen Mörder zu dingen, um Sigismund aus dem Weg zu räumen.
Als Sigismund im Sommer 1409 Rechenschaft von Venedig verlangte, schickte die Republik eine Verhandlungsdelegation, die den König an die Verdienste der Venezianer bei der Befreiung seiner ersten Gemahlin erinnerte. Im Jahr darauf sandte der Senat den Admiral Tommaso Mocenigo, der den König nach der Schlacht von Nikopolis nach Dalmatien zurückgebracht hatte, nach Ungarn, um Sigismund eine Geldzahlung in Aussicht zu stellen, wenn er auf ganz Dalmatien und die Zahlung der 7000 Dukaten verzichte. Der König, der bereits den Verlust der Fürstentümer Moldau und Walachei hatte hinnehmen müssen, wollte jedoch

unter keinen Umständen auf den Zugang Ungarns zur Adria verzichten und hat diesen Vorsatz dann auch bis zu seinem Tod eingehalten.

Als Sigismund Unnachgiebigkeit zeigte, erklärte sich die Signoria bereit, dem König für den Verzicht 50.000 Dukaten zu zahlen. Sigismund aber verzögerte die weiteren Verhandlungen, da er Pippo Spano nach Bologna zu Papst Johannes XXIII. geschickt und diesen um Vermittlung in der Dalmatienfrage ersucht hatte.[1] Bereits seit Jahren hatte Sigismund mit den Venezianern ergebnislos über einen großen Kreuzzug gegen die Türken verhandelt. Nun entwickelte er den Plan eines großen Kreuzzuges zur Befreiung des Heiligen Grabes, den er dem Papst durch Pippo Spano unterbreiten ließ. Im Frühjahr 1411 kündigte er dem byzantinischen Kaiser Manuel in einem eindrucksvollen Brief einen Kreuzzug ins Heilige Land an und legte ihm seine Vorstellungen über die Wiedervereinigung der katholischen und orthodoxen Kirche dar. Er erklärte ihm, daß er Johannes XXIII. als einzigen Papst anerkenne, von dessen in Rom geplanten Konzil jedoch nicht viel halte, da es dort keine geeigneten Persönlichkeiten gebe, um das Werk der Wiedervereinigung voranzutreiben. Für ihn stehe bei einem Konzil die Wiedervereinigung als Voraussetzung des großen Kreuzzuges im Vordergrund.[2] Man kann die in diesem Brief geäußerten Ansichten durchaus als eine Lebensleitlinie des Königs betrachten, der die große Gabe hatte, den Kern der welthistorischen Probleme rasch zu erfassen, und mit Diplomatie und Geschick Gegensätze zu überbrücken versuchte, um dieses große Ziel zu erreichen. Im Frühjahr des nächsten Jahres schrieb Sigismund während der Verhandlungen mit Wladislaw von Polen über eine Türkenhilfe in Kaschau noch einmal an Kaiser Manuel, er wolle im Herbst nach Deutschland, um zu Martini einen Reichstag in Frankfurt abzuhalten, an dem er einen Frieden zwischen England und Frankreich vermitteln und den Kreuzzug beschließen lassen wollte. Danach wollte er sich in Aachen zum König krönen lassen, um dann im Winter nach Italien zur Krönung mit der lombardischen Krone und nach Rom zur Kaiserkrönung ziehen zu können. Bis dahin sollte das ungarische Heer die Republik Venedig besiegt und den Weg nach Italien freigekämpft haben. Dann könnte er auch seinen alten Feind Ladislaus von Neapel mit deutschen und ungarischen Truppen unterwerfen. Auf dem zukünftigen Konzil sollte über die Kirchenunion verhandelt und dann der große Kreuzzug durchgeführt werden. Dann erinnerte Sigismund Kaiser Manuel daran, was Byzanz von der herrschsüchtigen venezianischen Krämerrepublik in den Kreuzzügen erlitten habe, und schlug vor, diese zu Lande und zu Wasser anzugreifen. Genuesische und griechische Kriegsschiffe sollten Venedig in der Ägäis bekämpfen und griechische und ungarische Truppen die Peloponnes zurückerobern. Er wolle selbst mit einem Heer in Friaul einfallen und die vertriebenen Fürsten von Verona und Padua wieder zur Herrschaft bringen. Dann sprach Sigismund vom Römischen Reich und dem Byzantinischen Reich als von einem einzigen Imperium im antiken Sinn; auch die alten Kaiser hätten Mitarbeiter gesucht und ihre Reiche geteilt. Daher könnten die beiden Kaiser sich wegen der großen Ausdehnung ihres Herrschaftsbereiches ihre Aufgaben ohne Kompetenzschwierigkeiten teilen.[3] Sigismund setzte hier eine Einheit der beiden „römischen" Reiche voraus, in der er sich als Kaiser und den byzantinischen Herrscher als seinen Gehilfen sah. Kein deutscher König seit Karl IV. hatte eine derart universale Perspektive wie Sigismund, der sich weit über die übliche Tagespolitik hinaus mit den großen und bewegenden Fragen seiner Zeit befaßte. Wenzel und Ruprecht müssen daneben mit Recht als „kleine Könige" gesehen werden, die kaum über ihr regionales Einflußgebiet hinausblickten. Allerdings stellte sich Sigismund die Lösung der Fragen häufig zu einfach vor. Er unterschätzte die gewaltigen Finanzmittel von Venedig oder Mailand, die den dortigen Regenten ganz andere Möglichkeiten gaben als die mehr ideelle als reale Macht des deutschen Königs und auch die von den Magnaten begrenzte Macht des Königs von Ungarn. Trotz des im Jahr zuvor mit seinem Bruder Wenzel geschlossenen Vertrages ließ Sigismund in dem Brief an Kaiser Manuel vom Frühjahr 1412 erstmals auch den Plan erkennen, sich zum Kaiser krönen zu lassen. In der Kurzlebigkeit seiner Versprechungen zeigen sich auch bereits renaissancehafte Züge bei Sigismund. In Italien wurde er bald auch als „Kaiser" (Imperator) bezeichnet. Seit 1411 rechnete man dort mit einem Erscheinen des Königs. Angesichts der Tatsache, daß seit dem letzten Italienzug Karls IV. und dem gescheiterten Zug Ruprechts kein deutscher König mehr in Italien aufgetreten war, zeigte man sich in Italien relativ verunsichert und beunruhigt, da man nicht genau wußte, was der König wollte.

Die zweite deutsche Königswahl festigte Sigismunds Machtposition erheblich. Er schickte im September 1411 den Propst Johann von Aussig zu Verhandlungen an den Hof von Johannes XXIII., der einige Monate zuvor nach Rom übersiedelt war. Der Kirchenstaat wurde jedoch von König Ladislaus von Neapel bedroht, und der Papst ersuchte Sigismund daher, mit Truppen nach Italien zu kommen. Noch im September kam die ungarische Vorhut in Friaul an, wo es seit Jahren infolge einer Doppelbesetzung des Patriarchats Aquileia Unruhen gab. Die Wirren im Patriarchat boten den Herzögen Friedrich IV. und Ernst von Österreich die Gelegenheit, einen Versuch zu unternehmen, die habsburgische Hausmacht zu erweitern. Während Ernst nach Polen reiste, um dort die Nichte König Wladislaws zu heiraten, schaltete sich Friedrich IV. in die bürgerkriegsartigen Wirren ein. Als der Reichsvikar Friedrich von Ortenburg in Cividale anerkannt wurde, schloß die Stadt Udine Anfang November 1411 einen Schutzvertrag mit Herzog Friedrich ab, dem gemeinsam mit seinem Bruder eine Reihe von Festungen eingeräumt wurde.[4] Der Herzog setzte den Brixner Domherrn Johann Mengen als Verweser ein, und der Hauptmann Burkhard von Rabenstein sollte militärische Unterstützung herbeiholen. Sigismund hingegen erinnerte Herzog Friedrich an die von seinem Vater Karl IV. geschlossenen Erbverträge mit den Habsburgern und die negativen Erfahrungen, die sein Vater Leopold mit den Venezianern gemacht habe. Er kündigte ihm das Erscheinen seiner Truppen in Friaul an und bot ihm Verhandlungen an.[5]

Pippo Spano brach nun im September 1411 von Krain aus in Friaul ein; bereits am 7. 12. besetzte er die Burg von Udine. Die Habsburger hatten ihr friulanisches Abenteuer schlecht organisiert. Die Venezianer bauten erst an der Livenza hinter einem Graben eine Abwehrstellung auf, die Pippo mit seiner Armee zu Weihnachten erreichte. Der Feldherr konnte Sigismund bald melden, daß er 19 venezianische Fahnen erbeutet habe. Noch vor Ende des Jahres eroberte er Seravalle, Belluno und Feltre. Dann kehrte er zur Livenza zurück und eroberte Motta, um von dort aus nach Treviso zu ziehen. Sigismund bestätigte den Vertretern der Dynastien Carrara und della Scala die Reichsvikariate über Padua, Verona und Vicenza.

Pippo lag etwa einen Monat vor Treviso, als er plötzlich mit einem Großteil seiner Truppen nach Ungarn zurückzog. Wie kam es dazu? Im Februar 1412 schlossen Herzog Ernst und Friedrich IV. das Bündnis mit König Wladislaw von Polen, der sich wie die beiden Habsburger um ein Bündnis mit Venedig bemühte. Die Situation wurde nun für König Sigismund gefährlich. Der Senat von Venedig ersuchte König Wladislaw, den Italienzug Sigismunds zu verhindern, und bot ihm sogar die Kaiserkrone an. Herzog Friedrich verhandelte in Trient mit Venedig über ein Bündnis; die Markusrepublik sagte ihm im April 1412 ihre Unterstützung für den Fall zu, daß er Kaiser werde und einen Romzug unternehmen wolle.[6] Wie bereits erwähnt, bemühte sich Sigismund nun, die Entstehung einer Tripelallianz gegen ihn zu verhindern und den polnischen König aus der Front seiner Gegner herauszubrechen, was ihm bei dem Treffen zu Lublau im März 1412 auch gelang. Der Rückzug Pippo Spanos aus Friaul ist in diesem Kontext zu sehen. Sigismund wollte nicht zu martialisch auftreten, bis die Gefahr einer Einkreisung vorüber war.

Unterdessen kam eine päpstliche Gesandtschaft unter der Leitung des Grafen Bertoldo Orsini im Dezember 1411 nach Venedig. Der Graf sollte nach Ofen zu König Sigismund, um ihn zu ersuchen, so rasch wie möglich nach Italien zu kommen. Orsini erzählte in Venedig unvorsichtigerweise von dem Hilfsgesuch des Papstes an Sigismund und wurde daher von den Venezianern zunächst festgehalten; erst im Frühjahr 1412 konnte er nach Ungarn weiterreisen. Der Papst hatte den Venezianern nämlich versprochen, Sigismund nicht eher zum Kaiser zu krönen, als er sich mit Venedig geeinigt hätte; daher legten sie nun Protest gegen den Plan des Papstes ein. Die Erfolge der ungarischen Truppen blieben auf die vom Papst vermittelte nächste Verhandlungsrunde zwischen Venedig und Sigismund vom Februar bis zum April 1412 nicht ohne Einfluß. Zudem hatte Sigismund am 12. 2. einen Wirtschaftskrieg gegen Venedig ausgerufen, indem er den Hansestädten den Verkehr mit Venedig verbot, das sich Reichslande angeeignet habe. Auch verfolgte er zu dieser Zeit erstmals den Plan, den Verkehr in den Vorderen Orient von der Brenner-Venedig-Route über Ungarn zum Schwarzen Meer umzuleiten. Dieser Wirtschaftskrieg sollte ihn später noch lange beschäftigen. Sigismund forderte Herzog Johann Ohnefurcht von Burgund auf, den Handel der Venezianer zu schädigen[7], und ersuchte König Heinrich IV. von England, Venedig den Krieg zu erklären.[8]

Nun merkten die Kaufleute am Rialto, daß es ernst wurde. Bei den Friedensverhandlungen im Februar 1412 verlangten die venezianischen Gesandten wiederum die Abtretung Dalmatiens und der „Terra ferma". Der Papst erklärte, ein Friede sei nur möglich, wenn Venedig sich mit dem Status quo zufriedengebe. Nun verlangten die Venezianer neben Zara und den Inseln, die sie bereits besaßen, noch Trogir und Šibenik. Schließlich boten sie bei einer Beibehaltung des Status quo in Dalmatien und der Rückgabe von Belluno, Feltre und Ceneda 100.000 Dukaten. Die ungarischen Gesandten deuteten an, eventuell außer Ragusa ganz Dalmatien abzutreten. Es scheint jedoch, daß Sigismund die Verhandlungen nur als Hinhaltetaktik betrieb, bis er das Bündnis mit Polen unter Dach und Fach hatte. Als dies erreicht war, ließ er die Verhandlungen Mitte Mai 1412 abbrechen. Nach dem Abschluß des Bündnisses mit Sigismund teilte König Wladislaw den Venezianern mit, er sei bereit, den Ausgleich zwischen ihnen und Sigismund zu übernehmen. Der Senat schickte nun noch im April 1412 Tommaso Mocenigo nach Ofen zu Verhandlungen. Nun wurde das Angebot weiter erhöht – so hoch wie niemals später mehr! Venedig bot nun 300.000 Dukaten für die Abtretung der „Terra ferma" und Dalmatiens – allenfalls mit Ausnahme von Split und Ragusa – und den Verzicht auf die jährliche Zahlung von 7000 Dukaten.[9] Auch war man bereit, auf weitere Eroberungen auf Kosten Ungarns zu verzichten. Die für die Bestechung der Unterhändler festgesetzte Summe wurde verdoppelt, aber es kam auch diesmal zu keinem Abschluß der Verhandlungen. Sigismund konnte und wollte nicht auf Dalmatien verzichten, das Venedig bis zum Ende der Republik lediglich mit dem fragwürdigen Rechtstitel des Kaufes von 1409 besaß. Weder Sigismund noch irgendeine ungarische Regierung hat jemals auf Dalmatien verzichtet.

Anfang Mai 1412 eröffnete Sigismund den Krieg von neuem. Er ernannte Brunoro della Scala zum Reichsfeldherrn gegen Venedig. Mittlerweile hatten ungarische Einheiten Friaul gehalten, bis es die Venezianer angriffen. Der Generalkapitän Carlo Malatesta, der Herr von Rimini, übernahm den Oberbefehl. Anfang Juni versuchte er vergeblich, Udine zu erobern. Er mußte sich bis zum Grenzfluß Livenza zurückziehen, so daß Friaul wieder unbestritten in der Hand der Ungarn war. Im Juli wurde Ludwig von Teck, der Schwager des Reichsvikars Friedrich von Ortenburg, zum neuen Patriarchen von Aquileia gewählt. Er gehörte zur luxemburgisch-cillischen Partei, hatte schon mehrfach für das Amt kandidiert und war der letzte deutsche Patriarch und der letzte weltliche Herrscher dieses alten Reichsfürstentums.

Im August 1412 trafen dann neue ungarische Truppen in Friaul ein, die jedoch am 24. 8. von Carlo Malatesta bei Motta an der Livenza besiegt wurden. Diese schwere Niederlage veranlaßte Sigismund zu einer Änderung seiner Pläne. Bisher wollte er den Feldzug gegen Venedig nur von seinen Feldherren führen lassen und im Herbst nach Deutschland zum geplanten Frankfurter Reichstag und der Königskrönung reiten und dann selbst noch im Winter nach Italien kommen, um sich zum Kaiser krönen zu lassen. Nun galt es für den König, selbst nach Friaul zu ziehen, um die Operationen gegen Venedig zum Erfolg zu führen. Im Dezember stand Malatesta bereits vor Udine, als er die Nachricht erhielt, die ihn zum sofortigen Rückzug bewog: Sigismund war selbst an der Spitze seiner Truppen in Cividale eingetroffen.

Unterdessen kam es in Adelsberg in Krain zu einer weiteren Verhandlungsrunde, an der Kardinal Branda Castiglione und Graf Bertold Orsini den Papst, die Grafen von Cilli und Nikolaus Gara den König und Tommaso Mocenigo die Republik Venedig vertraten. Die Markusrepublik war jetzt sogar bereit, die 7000 Dukaten pro Jahr zu zahlen. Sie verlangte die Anerkennung des gegenwärtigen Besitzstandes in Dalmatien und der „Terra ferma" und war willens, 100.000–200.000 Dukaten zu zahlen. Im äußersten Fall war sie bereit, sich mit Zara und dem derzeitigen Besitzstand zufriedenzugeben. Da Sigismund jedoch nicht bereit war, auf Dalmatien zu verzichten, wurden die Verhandlungen Ende November abgebrochen. Nun sollten wieder die Waffen entscheiden.

Bei den Venezianern hatte inzwischen Pandolfo Malatesta, der Bruder von Carlo, das Oberkommando über die Truppen in der „Terra ferma" übernommen. Sigismund übertrug den Oberbefehl über seine Truppen Pippo Spano, der von den Angehörigen der della Scala und Carrara begleitet wurde. Pippo versuchte zunächst Treviso einzunehmen; da es stark besetzt war, zog er dann nach Padua, das von Pandolfo selbst verteidigt wurde. Daher zogen die Ungarn nun nach Vicenza, wohin Pandolfo jedoch vorauseilte. Daraufhin zog Pippo weiter nach Verona, wo Pandolfo ihm wiederum zuvorkam, so daß die Ungarn die Belagerung aufheben und sich nach Bassano zurückziehen mußten. Die Bevölkerung hatte zu den Venezianern gehalten, und König Sigismund mußte den Versuch aufgeben, die von Venedig besetzten Gebiete rasch zu „befreien".

Sigismund selbst war während des Feldzuges von Mitte Dezember 1412 bis Mitte Januar 1413 in Udine geblieben und hatte versucht, durch rege diplomatische Tätigkeit neue Verbündete zu finden. Die Venezianer hatten die hohen Forderungen Herzog Friedrichs IV. von Österreich als Preis für ein Bündnis zurückgewiesen. Es kam auch zu Konflikten um strittige Gebiete in der Valsugana, die im Mai zu einem offenen Krieg führten. Zudem mußte der politisch nicht sehr geschickte jugendliche Herzog gleichzeitig einen Angriff des bayerischen Herzogs Stephan abwehren, bei dem die Saline von Hall zerstört wurde. Es kam dann zu einer Annäherung der Habsburger an Sigismund, der gleichzeitig auch mit dem Markgrafen Teodoro von Montferrat, den Gonzaga von Mantua und Facino Cane, dem Herrn von Mailand, verhandelte und bereits im Juli 1412 den Grafen Amadeo VIII. von Savoyen zum Reichsvikar in der Lombardei ernannt hatte. Aber auch Venedig bemühte sich um Verbündete und bot König Ladislaus von Neapel Hilfe bei einem Eroberungszug gegen das Königreich Ungarn an. König Sigismund zog am 20. 1. 1413 nach Istrien, wo er die venezianischen Besitzungen angriff, um so von der Niederlage seines Hauptheeres abzulenken. Sein sanguinisches Temperament verleitete ihn häufig dazu, sich begeistert und ohne kühle Berechnung seiner Kräfte in ein neues Engagement zu stürzen, bevor das frühere abgeschlossen war. So fing er nun an, sich mit der Konzilsfrage zu beschäftigen, bei der auf diplomatischem Weg größere Lorbeeren zu ernten waren als im Krieg gegen die Kaufmannsrepublik. Gegen Ende Januar schickte er seinen Hofbeamten Laurenz von Pastoch nach Venedig, um Friedensverhandlungen anzubieten. Da dem Senat der Krieg ohnehin zu kostspielig wurde, kamen beide Seiten daher bald zu einem Waffenstillstand.

Die Venezianer erklärten sich bereit, die nominelle Oberhoheit Sigismunds über

Dalmatien und die Reichslande anzuerkennen, und bewilligten ihm eine jährliche Zahlung von 5000 Dukaten. Daraufhin versuchte Sigismund noch einen militärischen Erfolg zu erringen; im Februar nahm er Muggia und Valle in Istrien ein und kehrte Mitte März von Istrien nach Friaul zurück und belagerte dort vergeblich die Burg Ariis. In Dalmatien war mittlerweile Ende Oktober Šibenik von den Venezianern erobert worden. Im März 1413 schalteten sich Kardinal Branda und Graf Bertoldo Orsini in die Verhandlungen – an denen bereits Vertreter des Königs von Polen und der Republik Florenz mitwirkten – ein und schlugen lediglich einen fünfjährigen Waffenstillstand auf dem Status quo vor; der Papst sollte danach die Herstellung eines dauerhaften Friedens vermitteln und Sigismund das Recht haben, so oft er wolle, mit seinem Heer das Gebiet von Venedig zu durchqueren. In letzter Minute boten die Venezianer nun noch einen Frieden auf dem territorialen Status quo und eine jährlichen Zahlung von 5000 Dukaten an und erklärten sich bereit, unter Umständen noch 100.000 Dukaten zu zahlen, doch Sigismund lehnte dies ab. So wurde am 17. 4. 1413 in Castelletto bei Latisana der Waffenstillstand auf fünf Jahre geschlossen, ohne daß Sigismund auf Dalmatien oder die Reichslande verzichtet hätte.[10] Beide Seiten wußten indes, daß die endgültige Entscheidung nur vertagt war. Es fiel Sigismund schwer, einzusehen, daß er der modernen Seemacht mit ihren gewaltigen finanziellen Mitteln, die die eines deutschen und ungarischen Königs um ein Vielfaches überstiegen, nicht gewachsen war. Auch die nun beginnenden Friedensverhandlungen führten zu keinem Ergebnis, weil Sigismund in der Dalmatienfrage keine Konzessionen machen wollte.

Kardinal Branda und Graf Orsini drängten Sigismund nun zu einer raschen Intervention in Mittelitalien, zumal die Lage des Papstes in Rom immer bedrohlicher wurde. König Ladislaus griff Ende Mai den Kirchenstaat an und eroberte am 8. 6. Rom, das der Papst fluchtartig verlassen mußte. Sigismund aber richtete seine Aufmerksamkeit zunächst auf Mailand. Nach dem Tod Herzog Giangaleazzos hatte der Söldnerführer Facino Cane an Stelle seiner Söhne Giovanni Maria und Filippo Maria regiert. Der König hatte ihm im Mai 1412 die Entsendung eines Heeres angekündigt, um die Rechte des Reiches über Mailand zu erneuern, wie er dies vor der Wahl den Kurfürsten gelobt hatte. Nach dem plötzlichen Tod Facinos wurde Herzog Giovanni Maria ermordet. Nun war es Filippo Maria Mitte Juni 1412 gelungen, die Hauptstadt Mailand zu besetzen. Sein Plan, das zerfallene Reich seines Vaters wiederherzustellen, wurde zunächst von seinen Verwandten Estorre und Giovan Carlo gestört, die ihren Anteil an der Macht verlangten. Bald floh Giovan Carlo zu König Sigismund, mit dem auch Filippo Maria Kontakt aufnahm. Damit begann 1412 der jahrzehntelange Kontakt zwischen beiden, bei dem es mehrfach zu Frontwechseln kam.[11] Sigismund verhielt sich sehr vorsichtig, mußte er in Italien als römischer König doch als oberster Schiedsrichter auftreten wie sein Urgroßvater Heinrich VII.; er schickte Bevollmächtigte zur Wahrnehmung der Reichsgeschäfte in der Lombardei, gab Filippo Maria ein Schutzprivileg und vermittelte einen Waffenstillstand mit seinen Feinden, vermied es aber, ihn als „Herzog" zu titulieren, und schob eine Entscheidung in der

Mailänder Frage auf. Erst als Filippo Ende 1412 König Sigismund um die Belehnung mit dem Herzogtum Mailand ersuchte und dieser die Legitimierung der Herrschaft des Visconti ablehnte, kam es Anfang 1413 zum Bruch. Filippo wandte sich nun an König Wenzel, der sich bereit erklärte, seine Würde zu bestätigen. Sein Bündnisangebot an Venedig wurde jedoch abgelehnt, da sich die Markusrepublik zu dieser Zeit entschloß, mit Sigismund Frieden zu schließen; daher brach sie auch die laufenden Bündnisverhandlungen mit König Ladislaus ab, um den Waffenstillstand strikt einzuhalten.

König Sigismund blieb bis Mitte Juni 1413 in Feltre; er verhandelte mit den Vertretern des Papstes, der Republik Florenz und anderer italienischer Staaten um ein Bündnis zur Absicherung eines Zuges nach Rom und gegen König Ladislaus von Neapel. Mittlerweile hatte Papst Johannes XXIII. im Februar 1413 die Vertagung des in Rom stattfindenden Konzils und im Monat darauf die Wiedereröffnung an einem anderen Ort innerhalb von drei Monaten angekündigt; damit war Sigismunds Plan zur Reise nach Rom zum Konzil und zur Kaiserkrönung hinfällig geworden. Dies war ihm zunächst recht ungelegen, bot dann aber die Möglichkeit, auf das neu einzuberufende Konzil Einfluß zu nehmen. In Feltre kam es Mitte Juni auch zur ersten persönlichen Begegnung mit Herzog Friedrich IV., der zuerst mit dem Säbel gerasselt hatte und nun zwischen allen Stühlen saß. Zuerst wollte er Sigismund gemeinsam mit den Venezianern bekämpfen; nun vermittelte Sigismund bei den Venezianern einen Waffenstillstand, zu dem sich der Doge Ende Juni dem König gegenüber bereit erklärte. Schon damals mußte Sigismund den Eindruck gewinnen, daß der Herzog politisch noch recht unerfahren war; auch später war es dem König leicht, den Habsburger politisch zu überspielen. Eine Chronik berichtet, der Streit zwischen beiden sei entbrannt, als der Herzog in Feltre Arm in Arm mit dem König über die Straße gegangen sei und beide dabei so gelenkt habe, daß der Mantel des Königs in einer Pfütze mit Kot beschmiert worden sei. Weiters erzählt Sigismunds Biograph Eberhard Windecke über einen – urkundlich nicht nachweisbaren – Besuch Sigismunds in Innsbruck, wo bei einem Ball ein Bürgermädchen vergewaltigt worden sei. Der König und der Herzog hätten sich gegenseitig der Tat bezichtigt; schließlich habe sich aber herausgestellt, daß der Herzog der Täter gewesen sei.[12] Derartige Klatschgeschichten sind typisch für Windecke, der als Finanzbeamter am Hof des Königs nur wenig Einblick in dessen politische Perspektiven gewinnen konnte und politische Entwicklungen durch derartige Anekdoten erklärte.

Als König ohne Hausmacht im Reich war Sigismund darauf angewiesen, stets einflußreiche neue Mitarbeiter zu gewinnen. Über die Grafen von Cilli dürfte der Kontakt zu den mit ihnen verwandten Grafen von Görz hergestellt worden sein. Schon vor seinem Zug nach Tirol arbeitete Sigismund mit Bischof Georg von Trient, einem der wichtigsten politischen Gegenspieler Friedrichs IV., zusammen. Auch der frühere österreichische Landvogt Hans von Lupfen ging nun zum König über[13], der im Sommer 1413 auch mit den mit Herzog Friedrich verfeindeten Grafen von Werdenberg in Kontakt trat und im Juli 1413 in Meran Verhandlungen mit den Eidgenossen, den „Erbfeinden" der Habsburger, aufnahm. In dieser ständigen Erweiterung des Kreises seiner Verbündeten zeigte sich das große diplomatische Geschick des Königs, der unentwegt hinter den Kulissen Verhandlungen führte.

Von Feltre aus ritt Sigismund im Juni 1413 über Trient nach Salzburg, wo er einen Frieden zwischen den Leopoldinern und dem Salzburger Erzbischof sowie zwischen Österreich und Herzog Stephan von Bayern vermittelte. Am 22. 7. bot er von Bozen aus die Eidgenossen zu seinem Zug in die Lombardei auf und bestellte ihre Vertreter nach Chur. In Bozen verhandelte er auch mit den Gesandten der Republik Florenz. Aufschlußreich ist ein Bericht der florentinischen Gesandten von Anfang August: Sigismund habe erklärt, die Herzöge von Österreich und Bayern hätten ihm ein Heer von 12.000–15.000 Mann in Aussicht gestellt, das er selbst besolden müsse. Er wolle daher den Feldzug gegen König Ladislaus nur dann führen, wenn der Papst und Florenz 12.000–15.000 Reiter besoldeten. Von der Adria aus sollten ungarische und vom Tyrrhenischen Meer aus genuesische Schiffe Neapel angreifen.[14] Auch bei diesen Überlegungen zeigt sich der mangelnde Wirklichkeitssinn des Königs, der mittlerweile das ungarische Aufgebot entlassen hatte, da es nicht verpflichtet war, sich an einem Feldzug zu beteiligen, der mit Ungarn überhaupt nichts zu tun hatte. Er unterschätzte seine ökonomischen und politischen Möglichkeiten wie auch die seiner Gegenspieler Venedig und Mailand. Die Florentiner waren jedenfalls nicht bereit, sich auf ein derartiges Abenteuer einzulassen.

Am 3. 8. 1413 konnte Sigismund in Meran einen fünfjährigen Waffenstillstand zwischen Venedig und Herzog Friedrich IV. vermitteln. In Chur verlieh er dann dem Grafen Hugo von Werdenberg die von Friedrich IV. beanspruchte Grafschaft Heiligenberg und dem von Friedrich bedrängten Bischof Hartmann von Chur, den er in seinen Schutz nahm, die Grafschaft im Walgau. Dem ebenfalls mit dem Herzog verfeindeten Grafen Friedrich von Toggenburg, der einst österreichischer Landvogt gewesen war, verlieh er seine zum Teil mit fraglichen Rechtstiteln erworbenen Besitzungen als Reichslehen. Den im Trentino begüterten Grafen Vinciguerra von Arco erhob er zum Reichsgrafen. Mit den Eidgenossen verhandelte er dann über eine Unterstützung für seinen Italienzug. In Chur gelang es Sigismund auch, ein erstes Bündnis mit einem französischen Prinzen abzuschließen. König Karl VI. war seit 1391 zeitweise wahnsinnig und regierungsunfähig. Sein jüngerer Bruder Ludwig von Orleans hatte zunächst die Regentschaft ausgeübt, bis er 1407 auf Betreiben seines Vetters Johann von Burgund ermordet wurde. Sigismund war mit dem Burgunderherzog verfeindet, seit dessen Bruder Anton 1409 Sigismunds Nichte Elisabeth von Görlitz, die Tochter seines Bruders Johann, geheiratet und die Regierung in Luxemburg angetreten hatte. Er hatte der Bevölkerung Luxemburgs verboten, Herzog Anton zu huldigen. Die Feindschaft gegen Burgund führte Sigismund nun zur Annäherung an die Hofpartei der Orleans. Am 12. 9. verbündete er sich nun mit Karl von Orleans, dem Sohn Ludwigs, gegen den Herzog von Burgund und erneuerte dabei das alte Familienbündnis der französischen Könige mit seinem Vater Karl und seinem Bruder Wenzel.[15]

Es fällt auf, daß bereits in Chur eine Reihe von Adeligen aus dem alemannischschwäbischen Raum, die bisher zum Bündnissystem der Habsburger gehört hatten, nun im Gefolge Sigismunds auftauchten, der den Aufenthalt in Chur vor allem dazu benützte, neue Partner im süddeutschen Raum zu gewinnen. Daneben bemühte sich Sigismund auch um die Eidgenossen, die in seiner Regierungszeit die rechtliche Durchsetzung der vollen Landeshoheit erreichten. Schon immer hatten sie die Politik der nichthabsburgischen Könige und Kaiser unterstützt. Bei den Verhandlungen in Chur zeigten die Vertreter von Bern, Zürich und Solothurn jedoch wenig Interesse an einem Unternehmen, bei dem es fraglich war, ob sich große Beute machen ließ. So gestatteten sie lediglich die Anwerbung von 600 Söldnern, die den König jedoch schon am Fuß der Alpen wieder verließen, als er sie nicht mehr entlohnen konnte.[16]

Über Bellinzona zog Sigismund Mitte Oktober 1413 nach Tesserete, wo sich auch schwäbische und elsässische Truppenkontingente einfanden. Nach dem Abzug der eidgenössischen Söldner wurde es jedoch klar, daß die Streitmacht des Königs für einen Krieg mit Mailand zu schwach war. Er begann daher wieder Verhandlungen mit Filippo Maria, die am 23. 10. mit dem Vertrag von Sala bei Como abgeschlossen wurden. Der Herzog versprach dem König, ihm 2000 Mann für seinen gegen König Ladislaus von Neapel geplanten Zug zur Verfügung zu stellen, und verpflichtete sich, alle Streitigkeiten mit den Herren von Como, Crema, Cremona und Lodi Sigismund zur Entscheidung zu überlassen, ihm alle Städte zu öffnen und ihm bei einem Romzug die lombardische Krone zu geben. Sigismund erkannte dafür Filippo als Herrn Mailands mit den derzeitigen Besitzungen an und versprach ihm die Bestätigung seines Titels, wenn die Kurfürsten damit einverstanden seien.[17] Die Bevollmächtigten des Herzogs leisteten dem König den Treueid, und kurz nach Mitte November kam es in dem kleinen Ort Cantù bei Como zur ersten persönlichen Begegnung zwischen Sigismund und Filippo. Der krankhaft mißtrauische Herzog, der mit Truppen zu dem Treffen mit dem König kam, leistete in Anwesenheit des Kardinals Zabarella Sigismund den Treueschwur, der jedoch nur Gültigkeit haben sollte, wenn Sigismund ihm bestätige, was ihm gebühre. Es kam jedoch zu keiner Einigung, weil der König sich weigerte, den Herzog von Reichs wegen zu belehnen. Nach dem Bruch Sigismunds mit Filippo Maria nahm dieser Kontakte mit den Venezianern auf, die Sigismund Anfang Dezember 1414 noch einmal 150.000 Dukaten für die Abtretung Dalmatiens anboten. Der König zeigte an den unter der Leitung des Papstes stehenden Verhandlungen jedoch kein rechtes Interesse, so daß der neue Doge Tommaso Mocenigo die Verhandlungen im Februar 1414 abbrach. Venedig schloß dann am 10. 3. mit Filippo Maria ein Verteidigungsbündnis auf fünf Jahre. Mit diesem an sich gegen jedermann gerichteten Bündnis wollten sich die beiden Vertragspartner insbesondere gegen Sigismund absichern. Es wurde ausdrücklich vereinbart, daß der Bündnisfall gegeben sei, wenn Sigismund einen der beiden Partner oder ihre Anhänger angreife. Die Partner stellten einander 1000 Reiter bei einem Angriff in Aussicht, die Mailand in der Poebene und Venedig in Friaul, der Mark Treviso oder in Istrien helfen sollten. Das Bündnis sollte jedoch nicht nur für die Gegenwart gelten, sondern bei jedem neuen Italienzug Sigismunds

automatisch in Kraft treten. Keiner der beiden Partner sollte ohne Zustimmung des anderen einen Separatfrieden mit dem König schließen können.[18] Mit dieser neuen Allianz war in Norditalien für Sigismund ein Sperriegel entstanden, den er mit seinen schwachen Kräften nicht überwinden konnte. Seine Pläne eines Zuges gegen König Ladislaus mußte er demnach endgültig begraben.
Es gelang Sigismund in Italien nicht, größere oder mittlere Mächte für einen Zug gegen Neapel zu gewinnen. Florenz und der Papst verhandelten hauptsächlich darüber mit ihm. Bei den Bozner Verhandlungen und bei anderen Gelegenheiten sprach der König von Genua wie von einem festen Verbündeten. Die Verhandlungen mit Graf Amadeo von Savoyen, den er zum Reichsvikar in Piemont ernannt hatte, führten zu keinem eigentlichen Bündnis. Die ligurische Republik war bis 1413 unter der Oberhoheit des Marchese Teodoro II. von Montferrat gewesen, mit dem Sigismund nach der Privilegienbestätigung ebenfalls verhandelte. Als er im März 1414 der Republik Genua, der er bereits die Privilegien bestätigt hatte, seinen Besuch ankündigte, setzte sich in der Stadt die gegnerische Partei durch, und der König mußte den Plan aufgeben.[19] Dennoch versuchte Sigismund später während seines Handelskrieges mit Venedig immer wieder, die Hafenstadt mit der Verlegung des über den Brenner gehenden Handels über die Schweizer Alpenpässe und Genua zu ködern. Dem Markgrafen Teodoro, der mit Mailand verfeindet war, verlieh der König das Reichsvikariat über die Lombardei. Im Mai 1414 kam es in Pontestura noch einmal zu Verhandlungen zwischen Sigismund, Florenz und Siena, die jedoch zu keinem Ergebnis führten, da der König im Grunde genommen über keine Machtmittel verfügte. So kam es in Florenz zu einem Frontwechsel und am 22. 6. 1414 zum Abschluß eines Separatfriedens auf sechs Jahre zwischen der Republik und König Ladislaus, der alle seine Eroberungen behalten konnte. Dadurch geriet Sigismund in eine gefährliche Isolation, stand ihm nun doch in Oberitalien die Liga zwischen Mailand und Venedig und in Mittelitalien die zwischen Neapel und Florenz gegenüber. Damit waren alle italienischen Pläne Sigismunds gegenstandslos geworden; nur im kirchenpolitischen Bereich konnte er noch einen großen Erfolg erzielen.
Der größte Erfolg von Sigismunds Italienzug war seine Mitwirkung am Zustandekommen des Konstanzer Konzils. In einem Brief an Venedig bezeichnete er sich im April 1413 erstmals als „Vogt und Schirmer der Kirche".[20] Bereits im Sommer 1411 hatte Carlo Malatesta, der Herr von Rimini, bei dem sich Gregor XII. seit Mitte 1412 aufhielt, ihn als „Schutzherrn der Kirche" („Advocatus ecclesiae") bezeichnet und ihn aufgefordert, sich des Unions- und Konzilswerkes anzunehmen.[21] Der deutsche Theologe Dietrich von Niem schrieb aufgrund seiner Erfahrungen einige Traktate über die Kirchenreform. Er vertrat auch die Auffassung, daß die Führung eines Kreuzzuges dem Kaiser obliege, und betonte bereits im Juli 1412 in einer Schrift über die Kirchenreform, der Kaiser als Führer der verbündeten Fürsten und Könige solle das Konzil einberufen. Dietrich hatte im Mai 1410 an der päpstlichen Kurie seinen Traktat „Über das Schisma" vollendet, als Pippo Spano zu den Verhandlungen nach Bologna kam. Nach diesen Verhandlungen ergänzte Dietrich am Schluß dieser Abhandlung noch einen Anhang über die

Schlacht bei Nikopolis und bemerkte dabei, wenn damals ein mächtiger römischer König wie zu den alten Zeiten des Reiches an der Spitze der Christen gestanden wäre, hätten diese wohl ihre Feinde besiegt. Um diese Zeit schrieb er auch, von König Sigismund von Ungarn, von dessen Wahl jetzt die Rede sei, könne man nicht viel erhoffen, da er schon anderweitig beansprucht und gerade seine Familie es gewesen sei, die das Reich und seine Rechte verschleudert habe. Dieser „Verfechter einer pointierten Kaiserideologie"[22] sprach dem römischen König also eindeutig das Recht zu einer Berufung des Konzils zu. Angesichts des Autoritätsverlustes des Papsttums konnte Sigismund diese Situation geschickt für sich ausnutzen.

Im März 1413 hatte Johannes XXIII. ein Konzil für Anfang Dezember einberufen, ohne jedoch einen Tagungsort zu nennen. Daraufhin äußerte Sigismund die Absicht, am Zustandekommen des Konzils mitzuwirken und dem Papst ein Hilfskontingent unter der Führung Bertoldo Orsinis für den Krieg gegen König Ladislaus zu schicken. Dieses konnte jedoch nicht in das Geschehen eingreifen, da die Venezianer den Durchmarsch durch ihr Territorium verweigerten. Sigismund schickte nun im Juli 1413 eine Gesandtschaft zum Papst, um Einzelheiten auszuhandeln. Der Papst sandte im August die Kardinäle Zabarella und de Challant sowie den byzantinischen Humanisten Manuel Chrysoloras zum König und gab ihnen die Vollmacht, mit Rat und Zustimmung Sigismunds den Konzilsort und die Zeit festzusetzen. Auch sollten sie ein Zusammentreffen zwischen Sigismund und dem Papst in Genua oder Nizza vorbereiten. Am 13. 10. kamen die Gesandten in Como bei Sigismund an. In den Verhandlungen versuchte Sigismund nicht ohne Erfolg, an die alte Kaiseridee, nach der der Kaiser Schirmherr der Christenheit und deren weltliches Oberhaupt sei, anzuknüpfen, wozu der Titel „Vogt und Verteidiger der Kirche" („Advocatus et defensor ecclesiae") die Grundlage bot. In einem Schreiben an den König von Frankreich von Ende Oktober 1413 erklärte Sigismund, er habe sich nach Beratungen mit Fürsten und Gelehrten mit der Konzilsfrage befaßt. An König Heinrich V. von England schrieb er, der Papst wolle im Einvernehmen mit ihm den Konzilsort festlegen; er ersuche ihn daher um Vorschläge. In beiden Briefen stellte Sigismund die Situation etwas übertrieben dar, als ob es nur an ihm allein liege, wo das Konzil stattfinde. Es ging ihm auch gar nicht um den Rat Heinrichs V.; er betonte ohnehin, das Konzil müsse im Zentrum Europas auf Reichsboden stattfinden. In den Verhandlungen selbst schlug Sigismund auf Rat des Grafen Eberhard von Nellenburg die Reichsstadt Konstanz am Bodensee vor, die verkehrsmäßig günstig gelegen sei und den zu erwartenden Strom der Konzilsteilnehmer aufnehmen könne.

Am 30. 10. 1413 wurden die Verhandlungen in Como abgeschlossen. Da die Kurie damit rechnen mußte, daß die Anhänger Gregors XII. und Benedikts XIII. an keinem Konzil teilnehmen würden, das von Johannes XXIII. einberufen worden war, teilte Sigismund nun den Untertanen des Reiches und der ganzen Christenheit mit, er berufe „aus kaiserlicher Gewalt" („per imperiale officium") das Konzil für den 1. 11. 1414 nach Konstanz, das er als Konzilsort vorgeschlagen habe und das die Gesandten des Papstes mit ihm nach langen Beratungen zum Konzilsort bestimmt hätten.[23] Gleichzeitig lud er auch Papst Gregor XII. und König Karl VI. zum Konzil ein. Sigismund trat also als Einladender auf, um die Anhänger der Obödienzen Gregors XII. und Benedikts XIII. zu einer Teilnahme am Konzil zu bewegen. Das Autoritätsvakuum in der Kirche ermöglichte dem König eine Steigerung seiner Macht. In seinen Einladungsschreiben an Gregor XII. und die Könige Europas stellte Sigismund sein imperiales Selbstverständnis heraus, wobei in üblicher Weise die eigene Bedeutung stärker betont wurde, als ihr in Wirklichkeit zukam.

Giovanni Vignati, der Herr von Lodi und Piacenza, stellte Sigismund nun seinen Palast zur Begegnung mit dem Papst zur Verfügung. Am 30. 10. traf Sigismund dann in Piacenza mit Johannes XXIII. zusammen; am 2. 11. hielten beide ihren festlichen Einzug in Lodi. Als der Papst und der König auf einem Turm in Cremona den Ausblick in die Lombardei genossen, dachte der Stadttyrann Gabrino Fondolo einen Augenblick daran, beide hinunterzuwerfen.[24] Es kam nun auch noch einmal zu den bereits erwähnten Friedensverhandlungen zwischen dem Kaiser und Venedig, in denen die Markusrepublik nun 100.000 Dukaten für die Abtretung Dalmatiens und noch 50.000 zusätzlich für den Verkauf Trogirs bot; notfalls sollte dieser nur auf 25 bis 30 Jahre abgeschlossen werden. Auch bot die Republik Sigismund für einen Türkenfeldzug in Griechenland fünf bis zehn Schiffe an. Da er jedoch nicht auf Dalmatien verzichten wollte, wurden die Verhandlungen im Februar 1414 von Venedig abgebrochen. Bezüglich eines Romzuges Sigismunds kam es zu keinem Ergebnis, weil der Papst und Florenz ihn hätten finanzieren müssen und letztlich nicht daran interessiert waren, daß der König seine Macht in Italien stärkte. Der Papst wollte von Sigismund nicht völlig abhängig werden und nahm in Lodi auch Verhandlungen mit Herzog Friedrich IV. von Österreich auf. Offensichtlich wurde Johannes mißtrauisch, der König könnte eine Absetzung aller drei Päpste auf dem Konzil betreiben, und wollte sich daher rückversichern. Dazu dienten ihm geheime Absprachen mit dem Herzog, die dann zu dem Meraner Bündnis vom Oktober 1414 führen sollten.[25]

Am 9. 12. 1413 berief Johannes XXIII. von Lodi aus in einer Bulle das Konzil ein. Er erklärte dabei, König Sigismund habe ihm den Ort vorgeschlagen und die Sicherheit des Konzils garantiert. Beim Weihnachtsgottesdienst in der Kathedrale von Lodi nahm der König für sich das Privileg in Anspruch, das Weihnachtsevangelium vorzusingen. Ansonsten gab es in Italien kaum noch Lorbeeren für Sigismund zu ernten. Er verhandelte noch Anfang 1414 von Cremona aus mit Herzog Ludwig II. von Anjou, der die Nachfolge im Königreich Neapel beanspruchte und dabei vom Papst unterstützt wurde, über einen Zug gegen König Ladislaus. Aus dem geplanten Treffen der beiden wurde jedoch nichts; Ludwig verzichtete angesichts des Konfliktes von Frankreich mit Burgund dann auf seine neapolitanischen Ansprüche; der briefliche und diplomatische Verkehr mit Sigismund betraf vor allem Burgund und das Konzil. Das erstrebte Bündnis kam jedoch nicht zustande. Als der König von Neapel im Frühjahr 1414 einen neuen Vorstoß gegen den Kirchenstaat unternahm, verhandelten der Papst und Florenz mit Sigismund in Pontestura über einen Zug gegen Ladislaus. Im Mai unterhandelte der König in

Rivoli noch einmal mit den Fürsten von Savoyen, Montferrat und Saluzzo über ein Bündnis; für eine kurze Zeit dachte er auch noch einmal an eine Verständigung mit Filippo Maria von Mailand. Auf die Nachricht vom Vormarsch des Königs Ladislaus hin dachte er zunächst daran, dem Papst zu Hilfe zu kommen, und schickte dann einen savoyischen Prinzen nach Mailand, um mit dem Herzog eine Verständigung zu erreichen. Dann jedoch schloß Florenz den erwähnten Friedensvertrag vom Juni 1414 auf sechs Jahre, der Sigismund in Italien völlig isolierte. Nun änderte der König seinen Plan. Nach Abschluß des Bündnisses mit Frankreich plante er, im September mit König Karl VI. in Verdun zusammenzutreffen und von dort nach Italien zurückzukehren. In Trino, wo er auch mit einer Gesandtschaft des byzantinischen Kaisers verhandelte, schrieb er an die Stadt Ragusa, er begebe sich jetzt nach Deutschland und werde mit einer großen Armee nach Italien zurückkehren, um die Reichsrebellen niederzuwerfen.[26] Da Sigismund auch aus dem Reich keine nennenswerte Unterstützung erhalten hatte, lud er Mitte Juni 1414 die Stände des Reiches zu einem Reichstag nach Speyer ein, wo er hoffte, Unterstützung aus Deutschland für einen neuen Zug nach Italien zu erhalten, um dann im August mit einem neuen Heer nach Italien zu kommen, dort den Feldzug gegen König Ladislaus durchzuführen und im November bei der Eröffnung des Konzils zu sein.[27] Auch dies zeigt wieder den überschwenglichen Optimismus des Königs, der überzeugt war, all dies in wenigen Monaten durchführen zu können. Die vielfältigen Probleme, mit denen er konfrontiert war, verdeutlichen, wie überfordert der König angesichts der minimalen Machtmittel des Reiches war.

Sein letzter Erfolg des Italienzuges war die Erneuerung des alten luxemburgischen Familienbündnisses mit König Karl VI. von Frankreich, der auf die erste Einladung Sigismunds zur Teilnahme am Konzil von Ende Oktober 1413 eher kühl reagiert hatte. Das Churer Bündnis mit Herzog Karl von Orleans hatte mittlerweile den Weg zu einer neuen Liga geebnet. Am 28. 3. 1414 hatte Karl VI. in Paris das alte Familienbündnis der Valois mit den Luxemburgern erneuert; die grünen Seidenschnüre an der Urkunde sollten symbolisieren, daß der Vertrag für ewige Zeiten abgeschlossen sei.[28] Sigismund bestätigte nun seinerseits am 25. 6. 1414 in Trino bei Vercelli das Familienbündnis, das sich vor allem gegen Burgund richtete, das zum Feind beider Staaten erklärt wurde. Eine Ironie des Schicksals wollte es, daß am 6. 8. sein alter Feind Ladislaus von Neapel verstarb. Damit erübrigte sich auch Sigismunds Zug nach Neapel. Auf der anderen Seite aber brauchte Johannes XXIII. ihn nun nicht mehr so sehr als Verbündeten wie in den Jahren zuvor, als König Ladislaus den Papst durch seine Politik in die Arme Sigismunds getrieben hatte.

Von Savoyen aus zog Sigismund Ende Juni 1414 in Begleitung des Grafen Amadeo und des Markgrafen Teodoro von Montferrat durch Savoyen über den Großen St. Bernhard ins Üchtland, wo er Anfang Juli in Bern Rast machte und über eine Unterstützung seiner Pläne von seiten der Eidgenossen verhandelte.[29] Hier wurde er freundlich empfangen und erhielt Hilfszusagen gegen Mailand und Friedrich IV. von Österreich. Dann zog er weiter über Solothurn, Basel und Straßburg nach

Speyer. Nachdem bereits 1411 König Heinrich IV. von England mit Sigismund durch den Ritter Hartung von Klux[30] Kontakte aufgenommen hatte, ließ der römische König nun durch den gleichen Ritter dem neuen englischen König Heinrich V. einen Allianzvertrag anbieten. Heinrich stimmte zu und bevollmächtigte im Juli 1414 eine Gesandtschaft, die im August in Koblenz mit Sigismund freundschaftliche Beziehungen herstellte. Ob es jedoch zu einem Bündnisvertrag kam, ist nicht ganz sicher; es wurde jedenfalls bisher kein Vertragstext gefunden, und die formelhafte Erwähnung von „Vereinbarungen" („contractis") läßt auch die Deutung zu, daß es sich nur um ein freundschaftliches Abkommen ohne weitere Konsequenzen handelte. Immerhin waren Gesandte Englands dann auch bei der Aachener Krönung Sigismunds anwesend.[31]

Bevor Sigismund nach Aachen zur Krönung reiste, ritt er noch nach Nürnberg, um dort einen Reichslandfrieden für Franken durchzusetzen, der am 30. 9. auf drei Jahre erlassen wurde. Nachdem es ihm auf dem Speyerer Reichstag nicht gelungen war, die Auseinandersetzungen zwischen Mainz und der Pfalz zu schlichten, griff er auf frühere Versuche zurück, regionale Landfriedenseinungen zu errichten. Eine Kommission unter der Leitung des von Sigismund eingesetzten Hauptmanns Erenfried von Sekendorf sollte die Gerichtsbarkeit ausüben und die Exekutionen durchführen. Der Versuch des Königs, den Landfrieden auf eine breitere Basis zu stellen und somit ganze Territorien zusammenzuschließen, war jedoch letztlich erfolglos; ähnliche Bemühungen, auch in Schwaben, am Rhein und im Elsaß einen Landfrieden zustande zu bringen, scheiterten.[32] Derartige Versuche des Königs sollten ihm noch viele Enttäuschungen bereiten. Sigismunds Biograph Windecke berichtet, der König sei auf dem Weg nach Aachen – erzürnt über das Ausbleiben der Fürsten – umgekehrt, um der Königswürde zu entsagen und nach Ungarn zurückzureiten, und nur Burggraf Friedrich VI. hätte ihn überzeugt, es doch noch einmal zu versuchen.[33] Davon kann keine Rede sein; Sigismund dachte keinen Augenblick daran, die Krone niederzulegen.

Aus der Zeit seines ersten Nürnberger Aufenthaltes ist uns ein interessantes Dokument erhalten, das Sigismunds Aufgeschlossenheit für moderne technische Errungenschaften dokumentiert. Das Königtum benötigte seit Beginn des 15. Jahrhunderts für den immer umfangreicher werdenden Schriftverkehr große Mengen Papier; die Register Sigismunds wurden allesamt auf Papier geschrieben, das immer billiger geworden war. Ohne ein gutes schriftliches Nachrichtenwesen war eine „moderne" Kriegführung nicht mehr möglich. In Nürnberg besuchte der König nun Deutschlands älteste Papiermühle, die 1390 von dem Kaufmann Ulman Stromeir gegründet worden war, dessen Neffe Erhart 1396 in der Schlacht bei Nikopolis auf seiten Sigismunds mitgekämpft hatte und dessen Handelshaus vielfältige Beziehungen nach Ungarn unterhielt. Der König bat nun Ulmans Sohn Georg, ihm einen Fachmann zur Verfügung zu stellen, der die Fähigkeit habe, Papier herzustellen. Obwohl die Techniker ansonsten eidlich an das Betriebsgeheimnis gebunden waren, stellte Georg Stromeir dem König seinen Mitarbeiter Hans Geyger als Fachmann zur Verfügung. Dieser wurde einige Zeit später in Bayern verhaftet. Die Stadt Nürnberg verwandte sich nun für Geyger; sie berichtete dem

Pfleger, daß Stromeir den Mann dem König zur Verfügung gestellt hatte. Dann bekam man jedoch Bedenken, den Brief in dieser Form abzuschicken, „da das Vorhaben des Königs wohl den Charakter eines Staatsgeheimnisses hatte".[34] Der Brief wurde nun in verkürzter Form ohne Hinweis auf die Pläne des Königs abgeschickt. Allein das erhaltene Konzept gibt einen Einblick in die vielseitigen Interessen des Königs, der auf seinen Reisen die Verhältnisse scharf beobachtete und moderne technische oder künstlerische Errungenschaften auch in seinem Herrschaftsbereich verwertet wissen wollte.

Mitte Oktober 1414 traf die Königin Barbara aus Ungarn kommend in Nürnberg ein und reiste ihrem Gemahl nach, der bereits auf dem Weg nach Aachen war, wo beide am 8. 11. vom neuen Kölner Erzbischof Dietrich von Mörs gekrönt wurden. Mit Ausnahme seines Bruders Wenzel und des Erzbischofs Johann von Mainz waren alle Kurfürsten zugegen. Sigismund, der Papst Johannes XXIII., der ihn bis zur Krönung nur als „Erwählten" („Electus") bezeichnet hatte, nie um eine Approbation ersuchte, sah in der Krönung eine Erneuerung der ihm schon seit der Wahl zustehenden Rechte. Er teilte dem Papst die Krönung mit, ohne ihn freilich um eine Bestätigung zu ersuchen. „Seit Sigismund hatte das Bestätigungsrecht der Päpste keine Bedeutung mehr."[35] Auch in dieser Frage war es dem König gelungen, das Autoritätsvakuum in der Kirche politisch geschickt auszunutzen. Nunmehr war Sigismund rechtmäßig gekrönter deutscher König. Er erweiterte nun seine Hofkanzlei, nachdem sein aus den Kanzleien Wenzels und Ruprechts übernommener Sekretär Johannes Kirchen bereits im Juli 1411 mit der Anlage der Reichsregistraturbücher begonnen hatte, in der der Inhalt vieler Urkunden protokolliert wurde. Der Graner Erzbischof Johannes Kanizsai wurde Kanzler, obwohl dieses Amt traditionellerweise dem Erzbischof von Mainz zustand. Die Reichsstädte, die ihn am Anfang nur zögernd anerkannt hatten, mußten nun tiefer in die Tasche greifen. In Fällen, in denen man früher nur etwa 60 Gulden für eine Privilegienbestätigung gezahlt hatte, ließ Sigismund sich nun häufig den zwanzigfachen Betrag oder noch mehr entrichten. So benutzte der König geschickt und konsequent jede sich ihm bietende Gelegenheit, seinen Einfluß und seine Machtmittel zu vergrößern. Auch bemühte sich Sigismund immer wieder um die Erweiterung seiner personellen Basis. Zunächst konnte er sich nur auf Albrecht V. von Österreich stützen, den er 1411 mit seiner Tochter Elisabeth verlobt hatte. Von Wien kam Georg von Hohenlohe, der Bischof von Passau, an Sigismunds Hof; 1417 wurde er sein Kanzler. Die Verbindungen zur Pfalz und zu Kurtrier konnte er durch weitere Bündnisse mit den anderen Kurfürsten ausbauen. Burggraf Friedrich VI. von Zollern erhielt zunächst Kurbrandenburg als Pfand und wurde auf dem Konzil feierlich zum Kurfürsten erhoben und mit der Mark belehnt. Die Familien der Cillier mit den Grafen von Görz und Ortenburg sicherten ihm die Verbindung von Ungarn nach Italien. Die Eidgenossen bildeten als freie Bauerngemeinden und Reichsstädte ein staatsrechtliches Kuriosum im Reich, das zwar isoliert, aber politisch recht schlagkräftig war. Nach seiner Rückkehr aus Italien hatte Sigismund begonnen, den Eidgenossen durch Privilegienerteilungen ihre Besitzungen zu legitimieren, um sie dadurch für sich zu gewinnen.[36] Sie und die Familienverbände der Grafen von Werdenberg, Montfort, Nellenburg, Toggenburg, Lupfen und Waldburg sicherten ihm die Umgebung des Konzilsortes gegen mögliche Unternehmungen Herzog Friedrichs IV., der sich Ende 1413 mit dem isolierten Mainzer Kurfürsten Johann verbündet hatte. Schwaben wurde somit als besonders königsnahe Landschaft eine „Ersatzhausmacht im Reich".[37] Im Herrschaftsbereich Friedrichs IV. schürte Sigismund die Adelsopposition; zu Beginn des Konzils nahm er den Minnesänger Oswald von Wolkenstein in seinen Dienst, der ihm zwei Jahrzehnte lang eine große Stütze war.[38] Auch die Bischöfe von Chur und Trient gehörten zum Kreis des königlichen Hofes. In den vergangenen Jahrzehnten war der deutsche König kaum im Reich präsent gewesen; nun verlangten die kirchlichen und politischen Wirren eine starke Autorität; Sigismund war fähig und willens, dieses Amt auszuüben.

VIII.
Der Beginn des Konstanzer Konzils (1414/15)

Das Konstanzer Konzil war das bedeutendste gesellschaftliche Ereignis des späten Mittelalters, das die geistige Entwicklung Europas nachhaltig beeinflussen sollte. Daß Sigismund von Luxemburg das Konzil zumindest in der ersten Phase entscheidend steuern konnte, liegt an den Wirren der in sich gespaltenen Christenheit. Das Papsttum als deren höchste Autorität, die für sich die Unfehlbarkeit beanspruchte, war in höchstem Maß unglaubwürdig geworden. Selbst Heilige wußten nicht, welcher der Päpste der „richtige" war. In dieser Situation der Verunsicherung ergriff Sigismund die sich ihm bietende Chance, um das gesunkene Ansehen des Reiches und des römischen Königtums wieder zu heben. Dies gelang ihm dadurch, daß er einerseits Papst Johannes XXIII., den Papst mit der weitaus größten Obödienz, hinter sich hatte, andererseits aber auch mit den beiden anderen Päpsten – Gregor XII. und Benedikt XIII. – in Kontakt stand. Zumindest Gregors Obödienz sah in Sigismund den einzig befugten Einberufenden des Konzils. Hätte der König von vornherein ausschließlich das Konzil von Pisa – und damit nur Johannes XXIII. – anerkannt, wären die Anhänger der anderen Päpste überhaupt nicht auf dem Konzil erschienen; so wartete die Gesandtschaft Gregors XII. zum Teil vor den Mauern der Stadt, bis der König selbst nach Konstanz gekommen war.

Es kam Sigismund also darauf an, sich auf keinen Fall zu früh festzulegen. Man muß wohl sagen, daß er den Pisaner Papst täuschte, der sich erwartete, in Konstanz bestätigt zu werden. Schon vor Beginn des Konzils gelangte Sigismund jedoch zu der Erkenntnis, daß nur der Rücktritt aller Päpste („Via cessionis") den Weg zu einer Lösung aus der Krise freimachen würde. In das Machtvakuum in der Kirche waren auch die Professoren der Universitäten vorgestoßen, die zahlreiche Reformtraktate verfaßten und somit auch den König mit Argumentationshilfen bedienten. Es gab daher keine andere Versammlung des Mittelalters, auf der eine derartige Anzahl von bedeutenden Denkern an welthistorischen Entscheidungen mitwirkte. Dietrich von Niem, der Pariser Theologe Johannes Gerson, der Wiener Theologe Nikolaus von Dinkelsbühl, die Humanisten Poggio Bracciolini und Manuel Chrysoloras, aber auch Dichter wie Oswald von Wolkenstein waren zeitweise Gäste der Stadt, in der Jan Hus sein Ideal von der „reinen Lehre" des Christentums verteidigte, während gleichzeitig mehr als 700 Prostituierte für die

„Unterhaltung" der Konzilsteilnehmer sorgten. Hier gilt es indes, lediglich den Anteil König Sigismunds am Konzil herauszuarbeiten. In dem Maß, wie es ihm gelang, die kirchlichen Zustände zu konsolidieren, verlor er an Einfluß auf dem Konzil. Entscheidend wirkte er daher vor allem in den ersten Monaten auf das Geschehen ein. Wie in der Unionsfrage, so vertrat er auch in der Problematik der böhmischen Revolutionsbewegung um Jan Hus flexible und undogmatische Positionen; auch in Briefen und Urkunden vermied er bewußt die präzisen Formulierungen der Kanonisten, deren Definitionen und Konklusionen die Standpunkte häufig nur verhärteten. Dabei benutzte er häufig Vorstellungen aus der Ideologie des hochmittelalterlichen Kaisertums (z. B. das Amt des „Vogtes der Kirche"), die im Grunde längst jede Bedeutung verloren hatten, um diese mit neuen Inhalten zu versehen und somit seine Macht zu erweitern. Die Formulierung vom „imperiale officium", das ihm die Einberufung des Konzils in einem „Edictum universale" gebiete, in der er an die Imperatorenidee, wie sie Karl dem Großen vorschwebte, anknüpfte – gegen die dann auch der König Ferdinand von Aragon heftig protestierte und erklärte, er sei kein Untergebener eines deutschen Imperators[1] –, gebrauchte er später nicht mehr.[2] Sigismund benutzte also die historische Nomenklatur des hochmittelalterlichen Reiches, um Autoritätsvakuen in den Situationen seiner Zeit zur Machterweiterung auszunutzen und diese zu legitimieren. Die Verschlagenheit, mit der er gleichzeitig mit dem Papst und dem „Ketzer" Hus verhandelte und beiden vage Versprechungen machte, die so formuliert waren, daß man sie gegebenenfalls wieder abschwächen oder uminterpretieren konnte, und die Rücksichtslosigkeit, mit der er sich Persönlichkeiten gefügig machte oder ihre Schwächen ausnutzte, kennzeichnen Sigismund bereits als einen echten Menschen der Renaissance, obwohl gerade er, der von modernen „Wunderwaffen" träumte und aufgeschlossen war, von seiner Geistigkeit und Religiosität her doch ein Mensch des Mittelalters blieb. Die Art und Weise, wie Sigismund mit den Todfeinden England und Frankreich verhandelte, sie gegeneinander ausspielte und mit beiden Mächten, während sie im Krieg waren, Rückversicherungsverträge abschloß, erinnert an die von Machiavelli beschriebene Politik.

1337 hatte König Eduard III. von England aus dem Haus Anjou (Plantagenet), der durch seine Mutter ein Enkel von König Philipp IV. „dem Schönen" von Frankreich war, gegen den aus der Linie Valois stammenden König Philipp VI. Thronansprüche erhoben, da er mit Philipp IV. näher verwandt war als neue König. Damit begann der „Hundertjährige Krieg" zwischen England und Frankreich aus rein dynastischen Gründen. 1346 landete Eduard III. in Frankreich und besiegte die Franzosen in der Schlacht bei Crécy, in der König Sigismunds Großvater Johann von Luxemburg gefallen war. Nach dem Sturz Richards II., des letzten Königs aus dem Haus Anjou, konnte sich Heinrich IV. von Lancaster 1399 als Nachfolger in England durchsetzen. Dieser führte nach der Ermordung des Herzogs Ludwig von Orleans, des Bruders des geisteskranken Königs Karl VI. von Frankreich, die Eroberungspolitik der Anjou-Könige in Frankreich fort und ersuchte 1411 König Sigismund durch seinen Gesandten Hartung von Klux um ein Bündnis, durch das er die größere Operation gegen Frankreich absichern wollte.

Sigismund ging jedoch nicht auf das Angebot ein. Möglicherweise veranlaßte ihn das politische Zusammenwirken Heinrichs IV. mit Herzog Johann von Burgund zu dieser Entscheidung. Im Frühjahr 1413 folgte der von Shakespeare verherrlichte König Heinrich V. seinem Vater auf den englischen Thron. Er erneuerte den Krieg mit Frankreich, der angesichts der innerfranzösischen Wirren Aussicht auf große Erfolge und die Möglichkeit bot, die neue Dynastie Lancaster durch politische Erfolge zu legitimieren. Obwohl die Lancaster überhaupt keine Nachkommen der französischen Könige waren, verlangte der englische Heinrich V. von Frankreich die vollständige Übertragung von Krone und Herrschaft. Im Sommer 1415 landete er dann in Frankreich, wo es ihm im Herbst des gleichen Jahres gelingen sollte, in der Schlacht von Azincourt das französische Heer zu vernichten.

Im Juli 1414 traf Sigismund auf dem Reichstag zu Speyer Hartung von Klux, den er zu Heinrich V. schickte und ihn um die Vorbereitung einer Zusammenkunft mit englischen Theologen vor Beginn des Konzils ersuchte; gleichzeitig sprach er auch die Hoffnung aus, daß neben Johannes XXIII. auch Gregor XII. und Benedikt XIII. nach Konstanz kämen. Der König schickte nun eine neue Gesandtschaft zu Sigismund, der wahrscheinlich noch auf dem Koblenzer Fürstentag ein Bündnis mit England, dessen Text nicht erhalten ist, ratifizierte.[3] Dann schlug Sigismund König Heinrich den Abschluß einer Tripelallianz mit Frankreich zur Beförderung der Konzilsintentionen vor. Dabei sprach er erstmals von den „drei Usurpanten des päpstlichen Stuhles", was beweist, daß er schon damals an die Absetzung Johannes' XXIII. dachte. Auch schlug er dem König vor, den Gegensatz zu Frankreich mit einer Heirat einer Tochter von König Karl VI. zu überbrücken. Weiters berichtet er auch, daß ihn die Kurfürsten von seinem Plan, in Kürze mit einem Heer nach Italien zu ziehen, abgebracht hätten. Sigismund wurde dieses Bündnisses wegen des Doppelspieles bezichtigt. Dies trifft jedoch nur zum Teil zu; auf der einen Seite erwähnte er dem französischen König gegenüber durchaus, daß er mit Heinrich verhandelte; nur über den Vertragsabschluß selbst berichtete er nichts oder nur ganz vage mit allgemeinen Floskeln.

Frankreich war zu dieser Zeit durch den Bürgerkrieg zwischen den Parteien der Orleans und Burgund geschwächt. In der Kirchenfrage hatte Frankreich sich schon zu Zeiten der Päpste von Avignon recht aktiv engagiert und Johannes XXIII. und das Pisanum anerkannt, obwohl auch Benedikt XIII. noch Anhänger in Frankreich hatte. Als Sigismund daher Ende Oktober 1413 König Karl VI. zum Konzil einlud, war dessen Reaktion eher eine Absage. Der gut unterrichtete Mönch von St. Denis berichtet in seiner Chronik, daß die Gesandten Sigismunds erklärt hätten, das Konzil solle feststellen, welcher Papst der richtige sei. Diese Frage war für Frankreich längst entschieden. Zudem wollte man nicht die vermeintlich führende Rolle an den römischen König verlieren. Noch von Italien aus hatte Sigismund den französischen König mehrfach um ein Treffen in Avignon oder Paris ersucht. Der Überfall Johanns von Burgund auf Paris im Februar 1414 machte diesen Plan jedoch zunichte. Die Folge davon war das bereits erwähnte Bündnis mit Sigismund vom März bzw. Juni 1414. Über die Konzilsfrage verlautete dabei nichts. Im Juli 1414 schrieb Sigismund von Koblenz aus an Karl VI., er wünsche eine Zusammenkunft mit ihm und ersuche ihn, nur ja keinen Frieden mit Burgund ohne sein Wissen abzuschließen. Nichtsdestotrotz schloß Frankreich ohne Konsultation mit Sigismund am 4. 9. 1414 den Frieden von Arras mit Burgund. Darüber beklagte sich Sigismund Mitte Oktober 1414 in einem Brief an den König, zumal der Herzog von Burgund mit seinem Bruder, dem Herzog von Brabant, den neuen Kölner Erzbischof Dietrich von Mörs bekämpfe.[4] Dann ersuchte er Karl VI. wiederholt, Theologen der Universität Paris zum Konzil zu schicken. Unterdessen bemühte man sich im Sommer 1414 in Frankreich, Johannes XXIII. zur Übersiedlung nach Avignon zu bewegen. Die geplante Zusammenkunft von Karl VI., Sigismund und Johannes XXIII. in Lyon kam jedoch nicht zustande. Als dieser bereit war, das Konzil in Konstanz zu besuchen, scheiterte somit der französische Versuch, weiterhin die führende Rolle in der Kirchenfrage spielen zu wollen. Gleichzeitig aber war dies ein großer Erfolg für Sigismund, der Frankreich nun den führenden Rang genommen hatte. Ihn mußte es auch befriedigen, daß König Heinrich V. am 20. 10. 1414 eine Gesandtschaft zum Konzil bevollmächtigte. Damit war es Sigismund gelungen, die miteinander völlig zerstrittenen Länder Frankreich und England, mit denen er verbündet war, zu einer Teilnahme am Konzil zu gewinnen, bei dem er jedoch die Regie führen konnte. Auf dem diplomatischen Parkett war Sigismund immer erfolgreicher als auf dem Schlachtfeld!

Das große Problem blieben nun noch die beiden anderen Päpste; Sigismund mußte sie demütigen und zur Teilnahme am Konzil bringen, ohne sie aber ganz aufzugeben, denn sie waren es ja, die ihn als Einberufer des Konzils anerkannten. Dies verlieh ihm auch ein willkommenes Druckmittel, um Johannes XXIII., den er nun nicht mehr brauchte, gefügig zu machen und seinen Sturz zu inszenieren. Gregor XII., der sich seit Ende 1412 bei Carlo Malatesta in Rimini aufhielt, nachdem König Ladislaus ihn verlassen hatte, nahm bereits im Frühjahr 1413 Verhandlungen mit Johannes XXIII. auf; er zeigte sich von Anfang an einem Rücktritt nicht abgeneigt, wenn ein Konzil von allen drei Päpsten angerufen werde. Als die Verhandlungen scheiterten und Sigismunds Absichten nach der Konferenz von Lodi sichtbar wurden, wandte sich Gregor an Pfalzgraf Ludwig mit dem Ersuchen, dem König klarzumachen, daß eine Konzilseinberufung durch Johannes XXIII. die Anerkennung von dessen Legitimität zur Folge habe. Sigismund hatte zwar noch von Lodi aus Gregor zur Teilnahme am Konzil eingeladen, doch erhielt dieser das Schreiben erst Mitte Juli 1414, nachdem der König im Juni den Grafen Amadeo von Savoyen zu Verhandlungen mit Gregor ermächtigt und Ende Juli den Erzbischof Andreas von Kalocsa nach Rimini geschickt hatte. Sigismund schickte dem Papst einen Geleitbrief und ersuchte ihn, am Konzil teilzunehmen. Die Instruktion des Erzbischofs sprach ganz deutlich von der erneuten Absetzung des Papstes, den Sigismund relativ schroff behandelte. Recht zynisch hatte der König geschrieben, er werde ihn nach einer etwaigen Verurteilung wegen begangener Verbrechen schützen und nach einer Absetzung auch finanziell für ihn sorgen. Durch eine klare und verletzende Sprache wollte Sigismund den Papst unterwerfen, der bitter antwortete, er könne nicht verstehen, warum der König den Weg verlassen habe, den sein Vater ihm vor seinem Tod geraten habe. Obwohl Lodi von Rimini nur zwölf Tagesreisen entfernt sei, habe er das Einladungsschreiben erst nach mehr als acht Monaten erhalten, während Sigismund schon viel früher mit Benedikt XIII. in Unterhandlung getreten sei. Er sei prinzipiell zum Rücktritt bereit, wolle jedoch über die Art und Weise mitbestimmen. Daher ersuche er den König, ihn nicht in die Verzweiflung zu treiben, sondern ihm freies Geleit zu gewähren. Der Erzbischof aber brach die Verhandlungen ab und erklärte, das Konzil werde auch ohne Gregor zusammentreten, wenn er nicht kommen wolle.[5] Gregor bevollmächtigte daraufhin Mitte Oktober den Kardinal Giovanni Dominici als seinen Vertreter am Konzil und ließ Sigismund mitteilen, er habe Erzbischof Andreas erklärt, daß er bereit sei, auf dem Weg der Abdankung an der Kirchenunion mitzuwirken.

Für Sigismund kam es nun darauf an, Gregor gegenüber keine Konzessionen zu machen; sein Gesandter machte ihm Mitte November schwere Vorwürfe, er verdrehe die Bibel. Mit der Antwort Gregors darauf brach die Korrespondenz mit dem König ab. Da sich auch die Republik Venedig völlig von ihm abgewandt hatte und ihm nicht einmal ein entsprechendes Geleit geben wollte, erschien Gregor nicht selbst auf dem Konzil. Er hatte mit der Erklärung vom Oktober bereits den ersten Schritt in Richtung Rücktritt gesetzt; die rücksichtslose Sprache Sigismunds ihm gegenüber hatte ihre Wirkung nicht verfehlt; im Juni 1415 ließ Gregor auf dem Konzil dann durch Carlo Malatesta seinen Rücktritt erklären. Gregors Anerkennung des Konvokationsrechtes des römischen Königs hatte diesem zu einem weiteren Machtgewinn verholfen, dem Papst selbst aber im Grunde nichts genützt. Nach dem Rücktritt Johannes' XXIII. war dies der zweite Sturz eines Papstes, bei dem Sigismund erfolgreich systematisch die Fäden gezogen hatte.

Papst Benedikt XIII. war eine härtere Natur. Bereits 1398 hatte Frankreich dem Papst in Avignon seine Obödienz entzogen, das 1408 die vollständige Neutralität im Streit der beiden Päpste erklärte. Im gleichen Jahr übersiedelte der Papst, zu dessen Obödienz neben Kastilien und Aragon vor allem Schottland und Irland gehörten, in seine spanische Heimat. Nach dem Pisanum blieben Verhandlungen zwischen Johannes XXIII. und Benedikt XIII. ergebnislos. Als nun König Ladislaus von Neapel durch seine Spione vom Konzilsplan Sigismunds erfuhr, schlug er im Herbst 1413 eine neapolitanisch-französisch-spanische Allianz vor und wandte sich an den aragonesischen König Ferdinand I. von Antequera, der auch König von Sizilien und als Vormund seines Neffen Juan II. von Kastilien Regent von Kastilien war. Während der Verhandlungen zwischen Ladislaus und Ferdinand I. tauchte das Gerücht auf, Frankreich wolle sich wieder der Obödienz Benedikts XIII. anschließen. Im Frühjahr 1414 gingen einige Bischöfe von Sizilien und Kalabrien zu Benedikt über, der seine Kurie zunächst nach Sizilien und dann von dort aus nach Rom verlegen wollte. Nach dem Tod von König Ladislaus bemühte er sich, dessen Erbin und Schwester Johanna II. mit einem Sohn Ferdinands I. zu vermählen.

Im Mai 1414 knüpfte nun auch Sigismund Verhandlungen mit Benedikt an und schickte seinen Gesandten Ottobono de Bellonis zu diesem und Ferdinand I., der gegen die Formulierung des „imperiale officium" im Schreiben Sigismunds von Ende Oktober 1413 Protest erhoben hatte, da er nicht unter der Oberhoheit des römischen Königs stehe. Ottobono entschuldigte dies mit einem Versehen; der Brief sei von der Kanzlei Sigismunds im Stil der Briefe abgefaßt worden, der bei anderen „dem Reiche unterworfenen Königen" (!) verwendet worden sei. Diese Formulierung findet sich auch im Brief an Karl VI. von Frankreich, der jedoch nicht dagegen protestierte, während Ferdinand I. einen Widerruf verlangte. Sigismund appellierte an Ferdinand, die Spaltung der Christenheit überwinden zu helfen, und schlug ihm eine Zusammenkunft in Marseille, Nizza oder Savona vor. Möglicherweise stellte Sigismund, der sich gegenüber Ferdinand als Einladender zum Konzil bezeichnete, diesem auch den Rücktritt Johannes' XXIII. und Gregors XII. in Aussicht.[6]

Vom aragonesischen Hof aus begab sich Ottobono de Bellonis nach Tortosa zu Benedikt XIII. und forderte ihn auf, an dem Gespräch Sigismunds mit Ferdinand I. teilzunehmen. König Ferdinand verhandelte von Juli bis September mit Benedikt XIII. in Morella; so lange wartete Ottobono mit der Rückkehr. Der schwerkranke König bemühte sich, seine Reiche und die Obödienz Benedikts für den Anschluß an die Union zu gewinnen. Der Papst erklärte sich bereit, in der Zeit von April bis Juli 1415 mit Sigismund in Nizza zusammenzutreffen, verlangte aber dafür die Ungültigkeitserklärung des Konzils von Pisa. Ferdinand erklärte sich zu einer Zusammenkunft in Villefranche bei Nizza mit Sigismund bereit, instruierte aber seine Gesandten ans Konzil, dort klarzustellen, daß er Benedikt XIII. anerkenne. Während Sigismund also bei Benedikt praktisch nichts erreichte, vermochte er jedoch König Ferdinand allmählich auf den Weg der Kirchenunion zu lenken; bei der Zusammenkunft in Narbonne sollte es ihm ein Jahr später gelingen, die spanischen Könige zum Anschluß an das Konzil zu bewegen. Es kann kein Zweifel darüber bestehen, daß Sigismund das größte Verdienst am Zustandekommen des Unionskonzils von Konstanz[7] gebührt. Nicht zufällig wurde auf dem Konzil an die Synode von Sutri erinnert, als Kaiser Heinrich III. im 11. Jahrhundert drei Päpste abgesetzt hatte. Die Anspielung auf Karl den Großen im Konvokationsschreiben war ebenso nicht zufällig gewählt. Sein Eingreifen in den innerkirchlichen Konflikt erinnert auch an Konstantin und Theodosius, die den Gang der Konzilien im 4. Jahrhundert bestimmten. Insofern ist auch dem Urteil Moraws zuzustimmen, der betont: „Seit dem Ausgang der Antike dürfte kein König eine vergleichbare Rolle gespielt haben."[8]

Es wurde bereits betont, daß Sigismunds Herrscherideal trotz renaissancehafter Züge seines Charakters noch mittelalterlich bestimmt war. Der Kreuzzug gegen den Islam blieb ihm Lebensleitlinie – abgesehen davon, daß dieser für Ungarn eine lebenswichtige Entlastung bedeutete. Daher blieb er auch in Verbindung mit Kaiser Manuel II. von Byzanz, dessen Reich jedoch im Grunde nur noch auf die Stadt Konstantinopel beschränkt war. Sigismunds Äußerung, er sei bereit, zurückzutreten und Manuel die Herrschaft zu übergeben, wenn es dadurch zu einer

Union der Kirchen käme[9], dürfte freilich nicht ganz ernst gemeint gewesen sein. Als Manuels Gesandter Johannes Chrysoloras 1414 Sigismund um Hilfe gegen die Türken ersuchte, vertröstete dieser den Kaiser in einem Schreiben auf das Konzil, das sich mit der Kreuzzugsfrage und der Unterstützung der Byzantiner beschäftigen werde. Der Kaiser solle daher eine Gesandtschaft mit Chrysoloras zum Konzil schicken.[10] Anfang 1415 erschien dann auch eine Delegation Kaiser Manuels unter der Leitung von Chrysoloras auf dem Konzil.

Johannes XXIII. hatte mittlerweile seine Verhandlungen mit Herzog Friedrich IV. von Österreich fortgeführt und war Anfang Oktober von Bologna ins Etschtal gereist; Mitte Oktober kam er nach Meran, wo er ein Bündnis mit Friedrich IV. schloß und ihn zum Generalkapitän der Kirche ernannte. Das Bündnis wurde häufig als Beweis für die politische Ungeschicklichkeit Friedrichs IV. angesehen; die genaue Analyse seiner Situation zeigt jedoch, „daß dieser Schritt Friedrichs aus seiner ganzen Lage heraus begreiflich war, ja, daß er vielleicht gar nicht anders handeln konnte".[11] Der Papst spürte sehr wohl, daß Sigismund ihn auf dem Konzil absetzen wollte, und verband sich daher mit dessen Feind Friedrich. Johannes XXIII. reiste dann mit einem glänzenden Gefolge von 600 Personen durch Tirol über den Arlberg zum Bodensee. Am 28. 10. traf er in Konstanz ein, wo am 3. 11. das Konzil eröffnet wurde.

Am Anfang dominierte Johannes XXIII. mit seinem großen italienischen Anhang in den Beratungen des Konzils. Über die Geschäftsordnung der großen Konzilien der Antike wußte man damals wenig. Im späten Mittelalter, besonders 1409 in Pisa, war es üblich geworden, daß die Themenbereiche in den Versammlungen der „Nationen" vorbereitet und dann der Generalkongregation vorgelegt wurden. In Pisa gab es eine französische, englische, italienische und deutsche Nation. So wurde es auch in Konstanz gehandhabt. Zuerst wurden Themengebiete in den Versammlungen der Nationen diskutiert. Wenn man sich geeinigt hatte, wurden sie in einer öffentlichen „Session" vorgelesen und verabschiedet. Johannes XXIII. hoffte, aufgrund der zahlenmäßigen Überlegenheit seines Anhanges das Konzil beherrschen zu können, zumal am Anfang die Franzosen fehlten. Am 16. 11. fand die erste öffentliche Sitzung statt, in der die Konzilsbeamten gewählt wurden. Wichtige Entscheidungen wollte man bis zur Ankunft Sigismunds aufschieben. Erst nach dieser Sitzung kam am 18. 1. 1415 der berühmte Pierre d'Ailly, der Kardinal von Cambrai, nach Konstanz, der bald zusammen mit dem Kardinal Guillaume Fillastre systematisch auf den Sturz Johannes' XXIII. hinarbeiten sollte. Als einen Tag später Kardinal Dominici als Vertreter Gregors XII. in Konstanz ankam und am Quartier seiner Gesandtschaft das Papstwappen anschlagen ließ, wurde dieses in der Nacht darauf heruntergerissen. Daran entzündete sich die Grundsatzfrage, ob das Pisanum als Ganzes zu bestätigen und somit Gregor als bereits abgesetzt anzusehen sei. D'Ailly schwenkte bald auf die Linie der Sorbonne ein, daß das Pisanum nur bedingt als gültig anzusehen sei. Die zweite öffentliche Sitzung wurde nun mehrmals auf die Zeit nach der Ankunft Sigismunds verschoben. Dieser zog am Heiligen Abend 1414 in Konstanz ein; er hatte verlangt, daß man mit der Mette auf ihn warte, und sang dann in der nächtlichen

Messe gemäß einem alten kaiserlichen Privileg als Diakon das Weihnachtsevangelium. Der Theologe Nikolaus von Dinkelsbühl hielt die Festpredigt zur Begrüßung des Königs.[12] Ende Dezember kam es dann zu einem Zwischenfall, als Sigismund auf der Straße einen mailändischen Gesandten sah, ihn als Spion beschimpfte und erklärte, wenn der Papst nicht wäre, würde er ihn am liebsten aufhängen lassen. Als er den Gesandten verhaften ließ, beschwerte sich die Generalkongregation über diesen Geleitbruch, so daß Sigismund zurücksteckte. Er sagte dem Konzil Redefreiheit und Sicherheit, Regelung der Lebensmittelversorgung und Freiheit in Glaubenssachen zu. Nach einer anfänglichen Überschätzung seiner Möglichkeiten hatte er sich sehr schnell mit den Verhältnissen auf dem Konzil zurechtgefunden. Noch Ende Dezember empfing Sigismund den Bericht des Erzbischofs von Kalocsa über die Verhandlungen mit den beiden anderen Päpsten. Kardinal Dominici ersuchte ihn nun um einen Geleitbrief. Am 4. 1. sprach Sigismund darüber in der Generalkongregation. Während der Papst zunächst ausweichend geantwortet hatte, befürwortete d'Ailly den Geleitbrief. Sigismund unterstützte ihn, und allmählich kam es zu einer Kooperation des Königs mit der französischen Nation. Der Kardinal zog sich nun den besonderen Haß des Papstes zu, als er erklärte, gerade das Pisanum, von dem Johannes seine Legitimität herleite, beweise doch, daß das Konzil über dem Papst stehe. Daraufhin versuchte der Papst eine Zensur über d'Ailly zu verhängen, der sich jedoch von Sigismund die Redefreiheit bestätigen ließ. In einer deutschen Denkschrift wurde nun die Auffassung vertreten, nur Sigismund könne die Absetzung der drei Päpste erreichen, da Gregor XII. und Benedikt XIII. das Pisanum ja nicht als rechtsverbindlich anerkannt hätten. Weiters wird dazu geraten, auch die Vertreter der anderen Obödienzen zuzulassen. In einem „Sündenregister" Johannes' XXIII. wird auch behauptet, dieser habe das Leben nach dem Tod geleugnet und halte seine Eide nur, so lange Sigismund in der Nähe sei. Die Augen der Welt seien auf den römischen König gerichtet, der allein die Kirche retten könne. „Unser herre der König hat inne seiner hant das himelreich und die helle; ... an ym nehst gute ist gelegen alle selikeit der cristenheit."[13]

Als nun am 8. 1. 1415 Gesandte Benedikts XIII. in Konstanz eintrafen, erklärte d'Ailly unter Berufung auf das Verhalten Kaiser Heinrichs III. in der Synode von Sutri 1046, Sigismund habe das Recht, das Konzil – das nicht durch die Autorität des Papstes, sondern in erster Linie aufgrund seines Drängens zustande gekommen sei – einzuberufen und mit den Gesandten Benedikts XIII. und Gregors XII. zu verhandeln, da die Kirche das Schisma aus eigener Kraft nicht beenden könne. D'Ailly räumte dem römischen König damit eine besondere Stellung auf dem Konzil ein. Daraufhin gewährte Sigismund der Gesandtschaft des spanischen Papstes am 12. 1. im Kloster Kreuzlingen Audienz. Damit war Johannes XXIII. nun nicht mehr der selbstverständlich anerkannte Papst, und Sigismund konnte nun als einzige von allen drei Obödienzen anerkannte Autorität seinen Einfluß geltend machen. Auf diese Weise geriet die Position Johannes' XXIII. ins Wanken. Die Gesandten Benedikts XIII. luden Sigismund nun zum Treffen mit „ihrem Papst" in Nizza ein und erklärten, bis zum Mai könne der Kirche so der Friede wiedergegeben werden. Mitte Januar 1415 schlug Sigismund vor, in Überlingen mit der Gesandtschaft Gregors XII. zu verhandeln und dann diese eventuell an den Konstanzer Gesprächen zu beteiligen. In einem theologischen Traktat wurde Sigismund als „Engel Gottes auf Erden" bezeichnet, der nach Gott die einzige Hoffnung für eine Wiedervereinigung verkörpere. Es bestehe nur die Gefahr, daß er sich von der Partei des Papstes bestechen lasse. Durch die Herstellung der Einheit könne Sigismund größeren Ruhm erlangen, als ihn je ein Fürst erworben habe. Der westfälische Augustinereremit Dietrich Vrie, einer der wenigen „Gregorianer" unter den Konzilstheologen, widmete Sigismund seinen Traktat „Vom Trost der Kirche". Der Wiener Theologe Nikolaus von Dinkelsbühl erklärte als Gesandter Albrechts V. in einer Ansprache, Sigismund müsse wie seine Vorgänger für das Konzil sorgen. Derartige Ausführungen belegen, daß das Konzil von Konstanz auch bei der Entwicklung des spätmittelalterlichen Nationalbewußtseins eine große Rolle spielte.

Am 17. 1. 1415 konnten Pfalzgraf Ludwig, der Vertreter des Erzbischofs von Trier und die Bischöfe von Speyer, Worms und Verden als Anhänger Gregors XII. ihren Einzug in Konstanz halten. König Sigismund ritt den Einziehenden entgegen und dokumentierte damit, daß die „Gregorianer" mit seiner Unterstützung rechnen konnten. Einige Tage darauf kam die Delegation der Engländer nach Konstanz, deren Führer Bischof Robert Hallum von Salisbury die Politik Sigismunds unterstützte. Entsprechend den guten Beziehungen Sigismunds mit Heinrich V. arbeitete die „Germania" auf dem Konzil in der Regel mit der „Anglia" zusammen. Am 22. 1. hielt Kardinal Dominici als Anführer der Gesandtschaft Gregors XII. seinen Einzug in Konstanz; einige Tage später wurde die Delegation von Sigismund empfangen, mit dem sie allein verhandeln wollte. Mit dem Pfalzgrafen und dem Herzog von Brieg bildeten die „Gregorianer" eine kleine, aber durchaus einflußreiche Gruppe auf dem Konzil. Pfalzgraf Ludwig schlug nun vor, Papst Johannes dürfe weder den Vorsitz des Konzils innehaben noch an dessen Sitzungen teilnehmen. Damit wurde der Papst indirekt zum Rücktritt aufgefordert.

Am 30. 1. schlug Kardinal Fillastre nun dem Konzil den Rücktritt aller drei Päpste vor und forderte das Konzil auf, Johannes XXIII. um seinen Rücktritt zu bitten. Als Sigismund die Denkschrift Fillastres in die Hände bekam, war er mit ihrem Inhalt völlig einverstanden, ließ sie kopieren und allen Nationen zustellen. Damit kam die Lawine ins Rollen, denn Johannes XXIII. sah bald ein, daß es in dieser Sache für ihn nichts mehr zu gewinnen gab. Sigismund wurde nun in einer Denkschrift gebeten, Schritte zu unternehmen. Auch in der pisanischen Partei begann man nun einzusehen, daß nur ein Eingreifen Sigismunds Bewegung in die Sache bringen könne; auch hier verlangte man in einer Denkschrift die Absetzung des Papstes. Dieser aber weigerte sich und versuchte, durch eine große Zahl neu angekommener italienischer Prälaten seine Gegner zu majorisieren.

Das Konzil wandte sich daher nun Geschäftsordnungsfragen zu. Bisher durften nur die höheren Prälaten abstimmen, unter denen Johannes XXIII. eine Mehrheit hatte. Fillastre und d'Ailly eröffneten nun den Kampf um die Abstimmungsweise. Anfang Februar 1415 schlug d'Ailly unter Berufung auf die Vorgangsweise des

Pisanums den Rücktritt aller drei Päpste und die Einführung des Stimmrechtes für die Theologen und die Könige, Fürsten oder ihre Prokuratoren vor, während Fillastre das Konzil überhaupt radikal demokratisieren wollte. Nun protestierten die deutsche und die englische Nation gegen die Abstimmung nach Köpfen; beide verlangten die gleiche Zahl von Teilnehmern aus jeder Nation bei Beschlußfassungen. Als die französische Nation auf diese Linie einschwenkte, waren die Übermacht der Italiener und der dominierende Einfluß des Papstes endgültig gebrochen; das Konzil stimmte in Zukunft nach Nationen ab.

Mitte Februar 1415 kamen die Vertreter der deutschen, französischen und englischen Nation zu der Überzeugung, daß nur die Abdankung aller drei Päpste den Weg zur Wiedervereinigung freimachen würde; genau diese Strategie hatte Sigismund, der sich mit der Auffassung der drei Nationen solidarisierte, von Anfang an verfolgt. Am 14. 2. legte Fillastre dem Papst den Standpunkt der drei Nationen dar. Die Opposition gegen Johannes XXIII. brachte nun gezielt Indiskretionen über dessen Vorleben in Umlauf und beschuldigte ihn des Mordes, der Unzucht mit der Frau seines Bruders und mit Frauen von Untergebenen, der Verführung von Jungfrauen, der Sodomie, des Ämterkaufes und der Piraterie. So wurde der Papst mürbe gemacht; um einer Untersuchung seines Privatlebens zu entgehen, erklärte er am 16. 2. in Anwesenheit Sigismunds, der Fürsten und vieler Konzilsteilnehmer, er sei bereit, zurückzutreten. Daraufhin erklärte Kardinal Zabarella, Johannes sei zur Zession bereit, aber nur unter der Bedingung, daß auch Gregor XII. und Benedikt XIII. diesem Schritt folgten.

Sigismund und die drei Nationen waren mit dieser Zessionsformel nicht einverstanden und teilten dies dem Papst mit. Nun zog der Papst den Rücktritt in die Länge. Dietrich von Niem schlug die Absetzung aller drei Päpste vor. Ende Februar legte man dem Papst eine neue Formel vor, die die drei Nationen formuliert hatten und die auch von Sigismund unterstützt wurde. Nun ging der König zum Papst und legte ihm die Formel vor. Am 1. 3. erklärte Johannes vor Sigismund und den Vertretern der Nationen, er akzeptiere diese Formel. Daraufhin ließ Sigismund die Glocken der Stadt läuten. Am Tag darauf beschwor Johannes in der zweiten öffentlichen Sitzung die Abdankungsformel. Sigismund war davon so ergriffen, daß er sich von seinem Thron erhob, die Krone ablegte, vor dem Papst auf die Knie fiel und ihm die Füße küßte. Diese überschwengliche Äußerung dürfte durchaus seinen echten Gefühlen entsprochen haben. Am 6. 3. stellte Johannes eine förmliche Zessionsbulle aus. Damit war das Haupthindernis für die Einigung aus dem Weg geräumt. Nun verlangte der König noch, der Papst solle für die Verhandlungen in Nizza Prokuratoren bestimmen, die dort für ihn den Rücktritt erklärten. Am 10. 3. weihte der Papst für Sigismund eine goldene Rose – eine übliche Auszeichnung für Könige. Sigismund, der Geschenke häufig versetzen ließ, um zu Geld zu kommen, schenkte die Rose gleich der Konstanzer Münsterkirche. Bereits am nächsten Tag schlug er der Generalkongregation vor, einen neuen Papst zu wählen; damit wollte er freilich nur dokumentieren, daß er Johannes nicht mehr als Papst ansah.

Seit dem 8. 3. 1415 hielt sich auch Herzog Friedrich IV. in Konstanz auf. Als

Sigismund den Konstanzer Magistrat beauftragte, niemand aus der Stadt abreisen zu lassen, protestierte der Papst nach einem vergeblichen Ausreiseversuch eines Kardinals einige Tage später, dies sei ein Bruch des freien Geleits. Friedrich IV., der mit Markgraf Bernhard von Baden dem Papst zugesichert hatte, jederzeit seine Flucht zu unterstützen, erklärte bedeutungsvoll, er werde sein Geleitwort jedermann gegenüber halten. Am 15. 3. beschloß die Generalkongregation, der Papst dürfe sich nicht vom Konzilsort entfernen und das Konzil nicht auflösen, bevor die Kircheneinheit wiederhergestellt sei. Sigismund traute den Versprechungen des Papstes, der selbst in Nizza seine Zession deklarieren wollte, nicht und verlangte, daß die Zession bei den Verhandlungen mit Benedikt XIII. durch Prokuratoren vorgenommen und er selbst zu einem Prokurator ernannt werde. Er wollte damit verhindern, daß der Papst auf französischem Boden unter anderen Verhältnissen seine Meinung wieder ändern konnte. Jean Mauroux, der Patriarch von Antiochien, trug dem Papst die Forderung der Generalkongregation vor; am 16. 3. antwortete Johannes XXIII. ausweichend. Als Bischof Robert Hallum von Salisbury vorschlug, den Papst gefangenzunehmen, wenn er sich weigere, seinen Rücktritt in der gewünschten Form zu akzeptieren, näherte sich die französische Nation der italienischen. Am 19. 3. versuchte Sigismund, bei der Sitzung der französischen Nation Einfluß auf die Beratungen zu nehmen, und forderte sie auf, die Beschlüsse der Deutschen und Engländer zu übernehmen. Als er mit seinem Gefolge an der Abstimmung teilnehmen wollte, verlangten die Franzosen die Entfernung der Deutschen und Engländer aus ihrer Versammlung und weigerten sich, in ihrer Anwesenheit zu beraten. Daraufhin geriet Sigismund so in Zorn, daß er rief: „Jetzt wird sich zeigen, wer für die Kircheneinheit und das Reich ist."[14] Er drohte den nichtfranzösischen Kardinälen die Verhaftung an, wenn sie die Versammlung nicht verließen. Dieser Vorfall kündigte die nächste Wende an, obwohl auch die französische Nation schließlich die Forderung Sigismunds unterstützte, der Papst solle durch Prokuratoren seine Zession erklären lassen. Der König, der zunächst mit der nicht näher definierten Formel des „Imperiale officium" das Konzil einberufen und sich als Vogt der Kirche gewissermaßen eine übernationale Stellung verschafft hatte, nahm fortan nur noch als Mitglied der deutschen Nation am Konzil teil.
Friedrich IV. von Österreich, Herzog Johann von Burgund und Erzbischof Johann von Mainz, die alten Feinde Sigismunds, unterstützten Johannes XXIII. bei den Fluchtplänen, die ihn nun beschäftigten und über die er spätestens am 19. 3. mit Herzog Friedrich beriet. Am 20. 3. 1415 veranstaltete Friedrich außerhalb der Stadt ein Turnier mit dem Junggrafen von Cilli. Dadurch wurde die allgemeine Aufmerksamkeit abgelenkt; Johannes konnte als Reitknecht verkleidet in der Nacht mit Herzog Friedrich nach Schaffhausen auf österreichisches Gebiet fliehen.[15] Nun entstand ein Tumult; viele Italiener und Österreicher flohen aus der Stadt. Schon befürchtete man, daß sich das Konzil auflösen würde. Allein König Sigismund behielt in dieser prekären Situation einen ruhigen Kopf; am nächsten Morgen ritt er mit Pfalzgraf Ludwig durch die Stadt und verkündete überall durch Herolde und auch selbst, niemand brauche wegzugehen; jedermann und

jede Habe werde von ihm geschützt werden. Er versammelte die Fürsten und Konzilsväter und gab ihnen eine feierliche Versicherung ab, er werde selbst unter der Gefahr seines Lebens das Konzil schützen und zu Ende führen. Dadurch gelang es ihm, die Aufregung in der Stadt allmählich zu beruhigen.
Von Schaffhausen aus verschickte der Papst nun sogenannte „Informationen", Rechtfertigungsmanifeste an das Konzil, Könige, Fürsten und Universitäten. Während der berühmte Theologe Johannes Gerson, Kanzler der Sorbonne, der eben erst in Konstanz eingetroffen war, in einer Predigt den Grundsatz verkündete, daß das Konzil auch über dem Papst stehe und daher auch ohne ihn tagen und die Kirche reformieren könne, inszenierte Sigismund in einer Blitzaktion einen Rachefeldzug gegen Herzog Friedrich IV., der als Urheber der Papstflucht angesehen wurde. Durch eine rasche und schlagkräftige Aktion konnte er innerhalb weniger Wochen das vorländische Reich der Habsburger zerschlagen, bevor die Fürsten des Reiches eine Aktion der Solidarität mit Friedrich auch nur ins Auge fassen konnten. Hierin zeigte sich Sigismund als genial: Er konnte, wenn es die Situation erforderte, blitzartig reagieren und damit jeder Gegenoperation durch sein entschlossenes Zugreifen zuvorkommen. Angesichts seiner chronisch schlechten Finanzlage bot ihm die Verteilung der Beute außerdem die Möglichkeit, seine leere Kasse wieder einmal zu füllen und als großzügiger Weltmann aufzutreten.

IX.
Der Krieg
gegen Friedrich IV. von Österreich
(1415)

Der Rachekrieg, den König Sigismund nach der Flucht des Papstes gegen seinen alten Feind Herzog Friedrich IV. „mit der leeren Tasche" inszenierte, gehört nicht nur zu den wenigen erfolgreichen Kriegen des Luxemburgers, sondern war auch ein Überraschungscoup, der blitzartig zum Erfolg führte, bevor die Fürsten sich eingehend mit der Problematik auseinandersetzen konnten. Alle späteren Versuche Sigismunds, einen neuen Krieg gegen Friedrich zu entfesseln, blieben erfolglos. In dieser Situation zeigte sich nun Sigismunds Begabung, eine einzigartige Situation geradezu überfallsartig für sich auszunutzen, dazu bot sich dem König die Chance, neben der Rache auch noch alte Schulden zu begleichen. Die rechtliche Fundierung der Aktion blieb schwankend; Sigismund konnte sich nicht auf einen langen Prozeß vor einem Fürstengericht einlassen, bei dem er damit rechnen mußte, daß seine Standesgenossen sich für Friedrich einsetzten. Reichsrechtlich war das Verhalten des Königs durchaus anfechtbar.

Es wurde bereits erwähnt, daß Friedrich seit 1407 versuchte, Sigismund mit Hilfe der Republik Venedig zu bekämpfen. Der Tiroler Landesfürst konnte auf den Handel über den Brenner nicht verzichten und wurde zudem im Trentino ständig mit einer Schaukelpolitik aufsässiger Adeliger konfrontiert, die je nach Situation zwischen Österreich und Venedig hin- und herpendelten. Sigismund verfügte über etliche Hebel, die er gegen Friedrich in Bewegung setzen konnte. Da war zunächst die Tiroler Adelsopposition; angesichts des in der Literatur immer noch kursierenden Irrtums, der Minnesänger Oswald von Wolkenstein sei mit Friedrich IV. nach Konstanz gekommen, muß betont werden, daß er schon früher, am 16. 2. 1415, in den Dienst Sigismunds trat[1] – als Friedrich noch im Elsaß war! Oswald kann als Verkörperung der tirolischen Adelsopposition gegen den Herzog gesehen werden, die an Sigismund immer einen gewissen Rückhalt fand.

Damit nähern wir uns einem weiteren Schachzug des Königs, der die Schwachstellen in Friedrichs Machtbereich geschickt für sich ausnutzte. Bis 1415 stand der größte Teil des Adels im Bodenseeraum im Dienste Habsburgs, das die alten Geschlechter der Montforter, Werdenberger, Nellenburger, Hewen und Lupfen bereits teilweise verdrängt oder in Abhängigkeit gebracht hatte. Alle diese Adeligen, die bisher nolens volens im Schatten des Hauses Österreich gelebt hatten, wandten sich nun dem Luxemburger zu und benutzten die Chance, um sich aus der für sie tödlichen Umklammerung zu befreien. Die Folge war, daß die Habsburger Vorderösterreich nie zu einem fertigen „Land" ausbauen konnten wie etwa Tirol oder Kärnten. Es darf dabei auch nicht übersehen werden, daß Sigismund 1415 als deutscher König nach der Verleihung Brandenburgs an Friedrich VI. von Zollern praktisch über keine Hausmacht im Reich mehr verfügte. Schwaben, dessen mit dem Ende der Staufer untergegangene Herzogswürde die Habsburger immer wieder erneuern wollten, war für Sigismund als besonders königsnahes Land mit einer großen Zahl von Reichsstädten gewissermaßen eine „Ersatzhausmacht", in der er keine Konkurrenten dulden wollte. Also mußte es sein politisches Ziel sein, die Machtstellung der Habsburger in Schwaben zu zerschlagen.

Zu dem Potential, das Sigismund gegen Habsburg aktivierte, gehörten natürlich in erster Linie die Eidgenossen, die um 1415 so etwas wie eine militärische Großmacht bildeten. Im „heiligen römischen Reich" bildeten sie als freie Bauerngemeinden und Städte, die einen „ewigen Bund" miteinander eingegangen waren, ein verfassungsrechtliches Kuriosum. Die habsburgische Propaganda stellte sie als Empörer gegen „Adel und Ehrbarkeit" hin und verunglimpfte sie mit Verleumdungen etwa über das angebliche Nationallaster der als „Kuhmelker" verspotteten Eidgenossen, die Unzucht mit Kühen.

Um 1230 wurde der St.-Gotthard-Paß als neue Nord-Süd-Verbindung eröffnet, 1231 erhob König Heinrich, der Sohn Friedrichs II., Uri zu einer reichsfreien Talgemeinde. 1291 erneuerten Schwyz, Uri und Unterwalden einen bereits bestehenden älteren Bund. Bis zum Tod Rudolfs I. von Habsburg (1291) war das Verhältnis zwischen den Eidgenossen und den Habsburgern gut gewesen. Albrecht I. warf 1292 bereits einen Aufstand nieder, und sein Gegenspieler, König Adolf von Nassau, bestätigte 1297 die Reichsfreiheit von Schwyz und Uri. Hier finden wir erstmals das sich dann später immer wiederholende Paradigma: die nichthabsburgischen Könige unterstützten die Eidgenossen und privilegierten sie. Sigismunds Urgroßvater Heinrich VII. bestätigte 1309 die Reichsfreiheit von Schwyz, Uri und Unterwalden; damit hatten alle „Urkantone" trotz diverser Besitzrechte der Habsburger in ihrem Gebiet die Reichsfreiheit erworben. 1315 besiegten die Eidgenossen in der Schlacht bei Morgarten erstmals ein habsburgisches Ritterheer; damit entstand der Mythos von der Unbesiegbarkeit der Bauernaufgebote, die im Krieg keine Gefangenen machten und danach trachteten, mit großer Beute heimzukehren. Nach der Schlacht von Morgarten kam es zur Bundeserneuerung; danach fiel Luzern von Österreich ab, und 1351 schloß sich die Reichsstadt Zürich der Eidgenossenschaft an, im Jahr darauf auch Zug und Glarus. Karl IV. anerkannte die Reichsfreiheit von Uri und Zürich und vermittelte zwischen den Eidgenossen und Österreich, an dessen Stärkung er kein Interesse hatte. Mit dem Beitritt der Reichsstadt Bern zum Bund erhielt die Eidgenossenschaft 1353 die Ausdehnung, die sie bis 1415 behielt. Sie war freilich noch kein festgefügter Staat, und nicht immer waren die selbstbewußten innerschweizerischen Bauern mit den Bürgern der Städte einer Meinung; auf den Zusammenkünften der Orte, den „Tagsatzungen", wurde die gemeinsame Politik festgelegt. Berühmt wurden die Eidgenossen vor allem dadurch, daß sie durch ihr „Aufgebot" in der Lage waren, innerhalb von wenigen Tagen 10.000–15.000 Mann zum Kampf zu stellen. Der Tod Herzog Leopolds III. von Österreich, des Vaters Friedrichs IV., in der Schlacht von Sempach wurde für die „Schwyzer" – wie die Eidgenossen seit dem Beginn des 15. Jahrhunderts genannt wurden – zum identitätsstiftenden nationalen Mythos, während er für Österreich für Jahrhunderte ein Trauma blieb. Friedrich IV., der bereits im Appenzellerkrieg die Kampfkraft der Eidgenossen kennengelernt hatte, konnte 1412 mit ihnen den „50jährigen Frieden" abschließen, der seine Westfront entlastete. König Sigismund, der trotz seines Verhaftetseins in mittelalterlichen Adelsidealen leutselig war und auch gut mit einfachen Menschen umgehen konnte, gelang es, das gewaltige militärische Potential der Eidgenossen für seine Politik zu aktivieren, wobei freilich betont werden muß, daß diese sich nur dann mobilisieren ließen, wenn auch für sie etwas dabei abfiel.

Bereits bei seinem Besuch in Bern hatte Sigismund 1414 über eine Unterstützung bei einem etwaigen Krieg gegen Österreich verhandelt. Der Berner Chronist Justinger berichtet, Sigismund habe Friedrich IV. nach seiner Ankunft in Konstanz aufgefordert, sich belehnen zu lassen; der Herzog aber habe dies abgelehnt, Sigismund aber ein Bündnis gegen die Eidgenossen angeboten, die den 50jährigen Frieden gebrochen hätten. Der König aber überspielte Friedrich und forderte ihn auf, zu konkretisieren, worin die Eidgenossen den Frieden gebrochen hätten. Daraufhin habe der Herzog ausweichend geantwortet, er müsse erst bei seinen Vögten nachfragen. Justinger bemerkt dazu: „Und also erfand sich vorm Küng und vor allen Fürsten, daz die Klegde gar und gentzlichen erlogen waz."[2] Bereits im Januar 1415 hatte Sigismund ein erstes Hilfsgesuch an die Eidgenossen gerichtet, das von diesen jedoch Mitte Februar auf der Tagsatzung unter Berufung auf den Frieden von 1412 abgelehnt wurde.

Die Flucht des Papstes veränderte die gesamte politische Situation Herzog Friedrichs grundlegend. Im Wiener Haus-, Hof- und Staatsarchiv haben sich 737 Fehdebriefe an den Herzog erhalten; bereits zwischen dem 25. und 29. 3., also noch vor der Ächtung des Herzogs, wurden ihm mehr als 100 Fehdebriefe zugestellt. Zu ihren Absendern gehörten die Reichsstädte Ravensburg, Buchhorn, Esslingen, Lindau, Rottweil, Weil, Konstanz, Überlingen, Pfullendorf und Biberach sowie die Grafen Friedrich und Johann von Zollern, Hans von Lupfen, Konrad und Egon von Fürstenberg, Rudolf und Wilhelm von Montfort-Tettnang und Wilhelm von Montfort-Bregenz. Am 30. 3., dem Tag der Ächtung des Herzogs, erhielt dieser weitere 90 Fehdebriefe, u. a. von Bischof Otto von Konstanz, den Grafen Friedrich von Toggenburg und Eberhard von Nellenburg sowie den Reichsstädten Ulm, Nördlingen, Hall und St. Gallen. Danach kamen die Kriegserklärungen von Bischof Hartmann von Chur, Kurfürst Ludwig von der Pfalz, dem Abt von St. Gallen, dem Bischof von Speyer, dem Reichserbkämmerer Konrad von Weinsberg und den Reichsstädten Kempten, Isny, Kaufbeuren, Leutkirch, Mainz, Speyer, Frankfurt, Worms, Wetzlar und Basel. Damit war es dem an sich nahezu mittellosen König gelungen, eine große Koalition gegen Herzog Friedrich zusammenzubringen und den Feldzug gewissermaßen gratis führen zu können. Graf Friedrich von Toggenburg, der wie Hans von Lupfen vorher österreichischer

Vogt gewesen war, erkannte nun seine einzigartige Chance, sich seinen mit Gewalt und nicht immer ganz korrekten Geschäften zusammengetragenen Besitz vom König legitimieren zu lassen und noch erweitern zu können. Bereits am 26. 3. erschien er im Auftrag Sigismunds vor dem Rat von Zürich und ersuchte um Waffenhilfe gegen Herzog Friedrich, den der König am 22. 3. wegen „Verrates an Kirche und Reich" nach Konstanz zitiert hatte. Am 30. 3. verhängte der König dann feierlich die Reichsacht über Friedrich und gebot allen Fürsten, Grafen und Städten, den Herzog wegen Fluchtbeihilfe, Verlassen des Konzils, Unterdrückung der Untertanen und seiner Vergehen gegen die Kirche, die Bischöfe von Brixen, Trient und Chur sowie gegen verschiedene Adelige nicht zu „hausen und zu hofen", sondern an der Bestrafung mitzuwirken.[3] Die juristische Fundierung der Ächtung war durchaus anfechtbar, besonders weil Sigismund nicht die übliche Vorladefrist von 45 Tagen abgewartet hatte. Der König wollte aber nicht so lange warten, bis irgendwelche Fürsten aus Solidarität oder Mitleid gegen die wohl schon geplante Blitzaktion einschreiten konnten. Von der Ächtungsurkunde haben sich nur wenige Exemplare erhalten; Sigismund änderte später auch die Begründung für die Ächtung. Noch am 30. befahl er dem Friedrich feindlich gesinnten Bischof Hartmann von Chur und den Städten St. Gallen und Lindau, mit dem Grafen von Toggenburg nach Feldkirch zu ziehen und die österreichischen Besitzungen einzunehmen.

Es ist anzunehmen, daß Sigismund schon vorher geheime Verhandlungen mit der Militärmacht Bern geführt hatte, das bereits am 23. 3. den Auszug von 8000 Mann verbindlich zusagte. Die Eidgenossen ließen sich die einmalige Chance, ihr Gebiet durch einen offiziell verkündeten „Reichskrieg" auszuweiten, natürlich nicht entgehen. Zwar bemäntelten sie den Expansionismus heuchlerisch und erklärten, an den Frieden von 1412 gebunden zu sein, es sei denn, das Konzil entbinde sie von dem Eid; aber das sich selbst als „unfehlbar" bezeichnende Konzil kam dem Wunsch nach und erließ am 3. 4. ein Rundschreiben an die Eidgenossen, in dem diese aufgefordert wurden, in die Gebiete des Herzogs einzumarschieren und ihm diese nie mehr zurückzugeben. Damit hatte die höchste Instanz der Christenheit dem König vor einem internationalen Publikum Rückendeckung und eine Legitimation für den Krieg gegeben, auf die er immer zurückgreifen konnte.

Nun erging eine Flut von Mandaten aus der Kanzlei des Königs, der am 1. 4. auch von Solothurn eine Hilfszusage erhielt. Zürich erhielt von Sigismund das Recht, eroberte Gebiete mit eigenen Amtleuten besetzen zu können. Sigismund maß bei den Eidgenossen durchaus mit zweierlei Maß: Bern, die stärkste Militärmacht, besetzte nun in einem Blitzfeldzug den westlichen Aargau bis zur Rheinlinie und ließ sich selbst huldigen. Hier wagte Sigismund keinen Widerspruch; nur eine entsprechende Geldsumme von 5000 Gulden verlangte er 1418 für die endgültige Belehnung mit den Städten Zofingen, Aarau, Lenzburg und Brugg! Bei Zürich hingegen, das militärisch weniger erfolgreich war, versuchte er, selbst eine Art Obereigentumsrecht zu behalten. Luzern sagte Mitte April die Unterstützung zu und begann sofort mit der Belagerung von Sursee. Sigismund bestätigte den Eidgenossen nun, daß alle Untertänigkeit gegenüber dem Haus Österreich beendet sei und daß sie in Zukunft allesamt reichsunmittelbar sein sollten. Damit wurde der rechtliche Sonderstatus der Schweizer in der Reichsverfassung legitimiert, gleichzeitig aber auch der Grund dafür gelegt, daß diese sich allmählich vom Reich loslösten.

Sigismund wandte sich nun auch direkt an die österreichischen Städte und Untertanen. Er forderte Baden im Aargau, Brugg und Rapperswil auf, in Zukunft nicht mehr dem Herzog, sondern ihm zu gehorchen. Die Gebiete, die Graf Friedrich von Toggenburg im St. Galler Rheintal als Pfand von Österreich innehatte, wurden zu Reichspfändern erklärt. Zofingen, Mellingen, Sursee und Bremgarten erhielten den Befehl, Konrad von Weinsberg zugunsten des Reiches zu huldigen. Luzern erklärte Sigismund zur freien Reichsstadt; noch heute ist sein Einzug dort auf den Bildern an der berühmten Seebrücke zu sehen. Straßburg erhielt die vorderösterreichischen Städte Endingen und Kenzingen zu „ewigem Besitz". Am 22. 4. erklärte Sigismund feierlich, daß alle Länder und Besitzungen Herzog Friedrichs fortan dem Reich gehören sollten.

Noch im Lauf des April 1415 wurde ein zweiter Prozeß gegen Herzog Friedrich durchgeführt, der mit Johannes XXIII. über Schaffhausen und Laufenburg nach Freiburg geflüchtet war. Alle, die Beschwerden gegen Friedrich vorzubringen hatten, wurden nach Konstanz geladen. Neben Bischof Georg von Trient und dem Patriarchen von Aquileia trat auch der Bischof von Freising als Kläger auf. Der Truchseß Johann von Waldburg, dem Sigismund die von Österreich begehrte Reichslandvogtei in Schwaben verpfändete, legte Forderungen an Friedrich vor, die gewissermaßen zukünftige Erwerbungen legitimieren sollten. Jedermann, der glaubte, alte Rechnungen mit dem Haus Österreich zu begleichen zu haben, erschien nun vor dem Gericht des Königs. Über den Ausgang des zweiten Verfahrens lassen uns die Quellen im Stich. Sigismund ging es aber darum, rasch vollendete Tatsachen zu schaffen, bevor es zu Gegenoperationen kam.

Der Feldzug gegen Herzog Friedrich[4] fand vor allem an vier Fronten statt: Im Aargau erreichten die Eidgenossen bald die Rheinlinie. Burggraf Friedrich VI. nahm den Thurgau und Hegau ein, der Pfalzgraf und Graf Hans von Lupfen die österreichischen Besitzungen im Elsaß und Graf Friedrich von Toggenburg die vorarlbergischen Gebiete. Bereits am 28. 3. begann der Vorstoß des neuen brandenburgischen Kurfürsten Friedrich in den Thurgau; noch in der Nacht wurde Stein am Rhein eingenommen, Ende März auch Diessenhofen; Frauenfeld jedoch erst nach einwöchiger Belagerung. Während Rapperswil und Winterthur rasch eingenommen wurden, hielt sich Schaffhausen bis zur Kapitulation des Herzogs. Innerhalb weniger Wochen ging so der seit 1264 im Besitz der Habsburger befindliche Thurgau vollständig verloren.

Graf Friedrich von Toggenburg leitete den Vorstoß in das Rheintal. Anfang April wurde das Schloß Rheineck an der Rheinmündung in den Bodensee eingenommen. Den heftigsten Widerstand leistete Feldkirch, das Friedrich noch am 3. 5. in einem Brief aufstachelte, sich nicht zu ergeben, da er bald mit Truppen zum Entsatz komme. Die Belagerer liehen bei der Stadt Konstanz ein Geschütz, den „großen Heber", und beschossen die Stadt; schon am 5. 5. teilte der Herzog

Feldkirch jedoch seine Kapitulation mit. Die Grafschaft Feldkirch verpfändete Sigismund zunächst um 2000 Gulden an Eberhard von Nellenburg.[5] Als Ulrich von Ems, dem Dornbirn um 400 Gulden verpfändet war, die Pfandsumme zurückhaben wollte, verlieh Sigismund ihm den Ort und schlug noch 600 Gulden auf das Pfand hinzu. Auch der Bregenzer Wald wurde erobert; westlich des Arlbergs behaupteten die Habsburger in Vorarlberg lediglich die Stadt Bludenz.
Der militärisch entscheidende Zug der Eidgenossen in den Aargau verlief doppelgleisig. Bern begann am 12. 4. einen Großangriff auf den westlichen Aargau bis zur Reuß und eroberte in kürzester Zeit Zofingen, Aarau, Lenzburg, Brugg und die altehrwürdige Habsburg. Ohne Absprachen mit den anderen Eidgenossen schuf es vollendete Tatsachen und ließ sich von den eroberten Städten huldigen. Die übrigen Auszüge der Eidgenossen waren jedoch weniger erfolgreich; Luzern konnte Sursee und dann gemeinsam mit Zürich Mellingen einnehmen. König Sigismund aber wollte von der Beute auch etwas abbekommen und schickte Konrad von Weinsberg als Vermittler zur Stadt Bremgarten, die von Zürich und Luzern belagert wurde, um einen Waffenstillstand zu vermitteln. Bremgarten brauchte so nicht vor den Eidgenossen zu kapitulieren und huldigte dem König. Von Bremgarten zogen die Verbündeten weiter nach Baden, der Hauptfestung der Habsburger, auf der sich auch das Hausarchiv befand. Der Landvogt kapitulierte am 3. 5. für die Stadt und zog sich dann in die Festung zurück. König Sigismund bemühte sich, die Feste mit dem Archiv nicht in die Hände der Eidgenossen fallen zu lassen; nach der Kapitulation des Herzogs befahl er den Belagerern von Baden, sich zurückzuhalten und Stadt und Festung an das Reich zu übergeben. Die Eidgenossen aber wollten vollendete Tatsachen schaffen und ignorierten den Befehl des Königs. Bevor das Archiv übergeben werden konnte, transportierten sie es nach Luzern und zündeten die Festung an. Damit war der Aargau vollständig in den Händen der Schweizer. Aus den habsburgischen Urbaren wurden dann zum Teil die Seiten, die Besitzungen im Gebiet der Eidgenossen verzeichneten, herausgeschnitten und vernichtet. Den Rest bewahrte man als Faustpfand für künftige Verhandlungen mit Österreich.
Den Feldzug im Elsaß leitete der pfälzische Kurfürst mit einem Aufgebot der Reichsstädte Hagenau, Schlettstadt, Kolmar, Mülhausen und Basel. Ludwig eroberte zunächst die Stadt Heiligenkreuz, die er behielt, und zog dann weiter nach Thann und Ensisheim, das auch von Basel belagert wurde. Die Rheinfestung Säckingen wurde jedoch vergeblich bestürmt, während Graf Hans von Lupfen die Stadt Oberbergheim besetzte. Die Stadt Waldshut verweigerte die Huldigung an den König. Somit war nahezu der gesamte Besitz der Habsburger in den vorderen Landen am Bodensee, in Oberschwaben und im Elsaß innerhalb weniger Wochen für Österreich verlorengegangen. Die Eidgenossen, die nun die Rheinlinie erreicht hatten, konnten den Aargau für immer behaupten.
Herzog Friedrich blieb bis gegen Ende April 1415 in Freiburg. Im Mai erklärte Sigismund die habsburgische Breisgaustadt Freiburg, die zuvor an Straßburg verliehenen Städte Endingen und Kenzingen sowie die Städte Breisach, Schaffhausen, Diessenhofen und Rheinfelden zu freien Reichsstädten und verlieh Bräunlingen

an Graf Hans von Lupfen. Die von Österreich an eine Gräfin von Toggenburg verpfändete Grafschaft Kyburg wurde in eine Reichspfandschaft umgewandelt. Einige Städte wie z. B. Neuenburg erhielten nach ihrer Huldigung an den König die Bestätigung, daß sie eventuell wieder an die Habsburger zurückgegeben würden. Es scheint daher, daß Sigismund daran dachte, Friedrich IV. eines Tages den Breisgau wieder zurückzugeben. Die einzige Stadt in Vorderösterreich, die nachweislich im Besitz Österreichs blieb, war Villingen.[6]

Friedrich IV. war einem Mann wie König Sigismund nicht gewachsen. Zunächst war er großsprecherisch als „Generalkapitän der Kirche" in Konstanz erschienen. Wie unvorsichtig er war, geht allein daraus hervor, daß er das enorm wichtige Hausarchiv in exponierter Lage in der Nähe von Zürich beließ und auch den belagerten Städten keinen Entsatz brachte. Trotzdem war seine Sache nicht so ohne weiteres verloren. Man konnte natürlich nicht innerhalb von wenigen Wochen an vier verschiedenen Fronten eine Gegenoperation beginnen. Der Herzog hätte an die Solidarität der Fürsten appellieren müssen. Wie aussichtsreich seine Lage war, zeigt sich daran, daß Friedrichs Bruder Ernst, der im Juni nach Bozen kam, um zumindest in Tirol das Regime der Habsburger zu behaupten, im Juli sogar einen erfolgreichen Vorstoß über den Arlberg machte, bei dem es ihm gelang, die Burg von Feldkirch zu erobern.[7] Friedrich hätte die Nerven bewahren und Zeit gewinnen müssen. Eine derartige Kräfteverschiebung, wie Sigismund sie im April 1415 im Bodenseeraum durchführte, konnte nicht im Interesse der Fürsten sein, unter denen Friedrich Verbündete wie Erzbischof Johann von Mainz, Herzog Karl von Lothringen und Markgraf Bernhard von Baden hatte. Aber der Herzog war kein Staatsmann mit Perspektive; politisch lebte er nur von der Hand in den Mund. Dem ersten schweren Fehler, keine Vorsorge gegen die Machinationen des Königs zu treffen, fügte er bald noch einen weiteren hinzu.

Bereits Mitte April streckte Herzog Friedrich Friedensfühler aus und bat den König um Gnade und Verzeihung. Seine Briefe machten einen kläglichen Eindruck. Sigismund aber forderte die Unterwerfung des Herzogs und schickte Herzog Ludwig VII. von Bayern-Ingolstadt, einen Vetter Friedrichs und Schwager König Karls VI. von Frankreich, nach Freiburg zu Verhandlungen. Friedrich versuchte nun, seine Haut zu retten, indem er den Papst opferte, nachdem er kurz zuvor noch erklärt hatte, Johannes XXIII. werde bis zum Ende des Konzils bei ihm verbleiben. Es heißt, zwei französische Konzilsdeputierte hätten ihm die Ausweglosigkeit seiner Situation klargemacht. „Friedrich, der nicht schlau genug war, dieses Lügengewebe zu durchblicken, hielt sich wirklich für verloren und wollte gleich in derselben Nacht noch aufsitzen und nach Konstanz reiten. ... Unter den politischen Fehlgriffen des Herzogs war dieser wohl unstreitig der größte. Mit den Hilfsmitteln, die ihm zu Gebote standen, hätte er der Sache eine ganz andere Wendung geben können."[8] So gab er klein bei und kehrte am 30. 4. nach Konstanz zurück.

Im Unterwerfungsvertrag, der am 7. 5. ratifiziert wurde, gelobte Friedrich, als Geisel in Konstanz zu bleiben, bis der Papst zurückgekehrt sei, und alle Einwohner seiner Länder in Schwaben, im Elsaß, am Rhein, im Breisgau und in Tirol dem

König gehuldigt hätten. Er mußte diesbezügliche Mandate an alle seine Untertanen und Städte schicken und ihnen die Unterwerfung und die Leistung des Treueides an den König befehlen.[9] Da die Tiroler dem Befehl keine Folge leisteten, bedeutete dies, daß der Herzog bis auf weiteres in Konstanz in der Haft verbleiben mußte. Die Folge des Vertrages war praktisch die Vernichtung der in zwei Jahrhunderten aufgebauten Machtposition der Habsburger. Sigismund hatte dies in wenigen Wochen ohne eigene Streitkräfte erreicht und konnte zudem seine leeren Kassen füllen, denn jeder, der ihm Geld geben konnte, hatte die Möglichkeit, etwas vom Besitz der Habsburger zu erwerben. So verpfändete Sigismund z. B. am 22. 7. 1415 um 4500 Gulden den östlichen Aargau mit den Städten Mellingen, Bremgarten und Baden an Zürich.[10] Da die Stadt Zürich noch im gleichen Jahr die übrigen Eidgenossen an der Pfandschaft beteiligte, entstand somit eine gesamteidgenössische „gemeine Herrschaft", die gemeinsam verwaltet wurde und so zum Zusammenwachsen der acht Orte beitrug.

König Sigismund stand nun auf dem Höhepunkt seiner Macht; nie wieder sollte er über eine derartige Machtfülle verfügen. Die Zeitgenossen trugen die Demütigung des Herzogs in die Chroniken ein, die es Sigismund ermöglichte, den Akt vor einer internationalen Kulisse politisch auszuschlachten. „Am 5. Mai vollzog sich jener Ergebungsakt, der in der Geschichte seinesgleichen nicht hat."[11] Friedrich begab sich in Begleitung von Herzog Ludwig von Bayern und Burggraf Friedrich in das Refektorium des Konstanzer Franziskanerklosters, um den König um Vergebung zu bitten, der Fürsten, etwa 20 ausländische Gesandte, Vertreter des Konzils und der Universitäten dazu eingeladen hatte. Nikolaus von Dinkelsbühl berichtete darüber an Albrecht V. von Österreich.[12]

Der König genoß die Szene der Erniedrigung Friedrichs. Er saß im Refektorium am äußersten Ende des Tisches, mit dem Rücken zur Tür und zählte die „Verbrechen" des Herzogs auf. Da er geschworen habe, nie einen Frieden mit ihm zu schließen, bat Sigismund die Konzilsväter um ihre Meinung und unterhielt sich mit den italienischen Botschaftern, als Friedrich von den beiden Fürsten gebracht wurde. Alle drei knieten an der Türschwelle nieder, in der Mitte des Saales noch einmal und dann vor ihm ein drittes Mal. Dann erst drehte sich Sigismund um und fragte, was sie wollten. Daraufhin fragte er den Herzog, ob er sich, die Seinigen und seine Länder übergebe. Als Friedrich dies versprochen hatte, gab Sigismund ihm die Hand und richtete ihn auf. Nun wurden die Urkunden besiegelt, und Friedrich verpflichtete sich, bis zur vollständigen Huldigung aller seiner Untertanen als Gefangener in Konstanz zu bleiben. Daraufhin sagte Sigismund zu den italienischen Botschaftern: „Ihr Herren aus Italien, ihr wisset, daß die Herzöge von Österreich die mächtigsten sind in Deutschland; lernet, was ich vermag!"[13] Chronisten und Gesandte verzeichneten das denkwürdige Ereignis, das auch in den Bilderchroniken wie etwa der Konzilschronik Ulrichs von Richental oder der „Spiezer Chronik" von Diebold Schilling dem Älteren abgebildet wurde.[14]

X.
Der Prozeß gegen Jan Hus
(1415)

Bereits seit dem hohen Mittelalter war die Verweltlichung der Kirche immer wieder ein Angriffspunkt theologischer Denker, die eine Reform der Kirche „an Haupt und Gliedern" verlangten. Der englische Theologe John Wiclif († 1384) war der erste Europäer, der es wagte, den praktisch totalen Widerstand gegen die „Amtskirche" theologisch zu formulieren. Wie Hus gehört er zu den Vorläufern der Reformation. Er übersetzte die Bibel ins Englische und griff die weltliche Macht der Kirche und besonders der Klöster an. Auch trat er für die Verweigerung des päpstlichen Lehenszinses und die Besteuerung der Kirche durch den Staat auf und lehrte, daß die Hierarchie nicht die Kirche sei und daß ein Priester geistliche Gewalt nur dann ausüben könne, wenn er ein armes Leben gemäß den Grundsätzen der Bibel führe. Schließlich bestritt er auch das Dogma der Transsubstantiation, der Lehre von der Umwandlung des Brotes zum Leib Christi in der Wandlung, mit dem die Kirche die priesterliche Funktion legitimierte. Die Bibel wurde für ihn zur „Freiheitsurkunde" und „Magna Charta der Menschenrechte in der Kirche". Das Gesetz Christi sei unendlich höher zu stellen als jede menschliche Überlieferung – dieser Satz Wiclifs wurde später auch zum Leitmotiv für Jan Hus.[1] Wiclif forderte, daß der Papst und der Klerus sich dem „Gesetz Christi" unterwerfen sollten, und verwarf schließlich das Zölibat, den Ablaß, die Sakramente, die Heiligen- und Reliquienverehrung und forderte eine grundlegende Reform der Kirche, die von Staat und Königtum mit Hilfe der Universitäten überwacht werden sollte. Damit begann die Vorgeschichte der Reformation. 1382 hatte König Wenzel von Böhmen seine Schwester Anna mit König Richard II. von England vermählt. Durch die Beziehungen zwischen den beiden Königshäusern waren böhmische Studenten nach Oxford gekommen und hatten in den umliegenden Dörfern die mittlerweile verbotenen Schriften Wiclifs kopiert und nach Böhmen gebracht. Hier hatten bereits zur Zeit Karls IV. der Augustiner Konrad von Waldhausen und Konrad Milic als aufrüttelnde Bußprediger gewirkt. Aus dem Kreis um Milic wurde 1391 die Bethlehemkapelle in Prag gestiftet, wo das einfache Volk in tschechischer Sprache religiös unterwiesen werden sollte. Mathias von Janow († 1394) war der führende Kopf an der Predigtkirche, zu dem bald auch Jan Hus stoßen sollte. Die Prager Universität wurde schließlich zu einem Sammelbecken der Wiclifanhänger in Böhmen; innere soziale Spannungen und die Adelsopposition gegen König Wenzel bereiteten allmählich den Boden für eine große geistige, soziale und politische Revolution vor, die schließlich durch den Prozeß des Jan Hus ausgelöst wurde, deren Wurzeln jedoch viel weiter zurückreichen.

König Wenzel von Böhmen war in der ersten Phase seiner Regierung nicht ohne Erfolg geblieben. Seit der Gefangennahme durch die Adelsopposition sank sein Ansehen jedoch immer mehr, als er vor dem böhmischen Adel kapituliert und ihm wesentlichen Einfluß auf die Regierung des Landes zugestanden hatte. 1405 mußte er dem Adel die Landfriedenswahrung und im Jahr darauf das Besetzungsrecht für die höchsten Landes- und Hofämter übertragen. Damit wurde seine königliche Macht vom Adel im wesentlichen auf die Krondomänen beschränkt. Wenzel ergab sich mehr und mehr der Trunksucht und wurde auch durch die Gicht gehindert, im Land umherzureisen. Gleichzeitig nahmen die Spannungen zwischen dem reichen deutschen Bürgertum und der überwiegend tschechischen Unterschicht zu. Der geringer werdende Ertrag der Kuttenberger Silberbergwerke führte zu einem Absinken des Wohlstandes im Land. Ein gutes Drittel des Bodens Böhmens war im Besitz der Kirche, was zunehmend zu Spannungen führte. Wenzel war auch seit 1384 in einen langjährigen Konflikt mit dem Prager Erzbischof geraten; die Ermordung des Generalvikars Dr. Johannes von Nepomuk schadete seinem Ansehen sehr. Als der König 1403 aus der Wiener Haft fliehen konnte und nach Prag zurückkehrte, wurden dort gerade 24 Thesen Wiclifs an der Universität verurteilt. Auch die Heidelberger Universität schloß sich der Verurteilung an, die 1408 von der päpstlichen Kurie bestätigt wurde.

König Wenzel war den Anforderungen in dieser Situation der Gärung keineswegs gewachsen. Er änderte mehrfach seine Haltung zu den Unruhen und neigte sich 1409 den Wiclifiten zu. Als die Deutschen wie König Ruprecht zu Papst Gregor XII. hielten und die Tschechen die neutralistische Politik Wenzels unterstützten, änderte dieser 1409 im „Kuttenberger Dekret" die Verfassung der Prager Universität, indem er die Vorherrschaft der deutschen Professoren, die mit drei mehrheitlich deutschen Universitätsnationen – der sächsischen, bayrischen und „polnischen" – die „böhmische" majorisieren konnten, abschaffte und dem tschechischen Element die führende Rolle verschaffte. Daher zogen die meisten deutschen Professoren unter Protest von Prag nach Leipzig, wo eine neue Universität gegründet wurde. Damit hatten die Spannungen in Böhmen 1409 einen Höhepunkt erreicht.[2]

Johannes (Jan) Hus, der Reformator Böhmens, war bis 1403 öffentlich wenig in Erscheinung getreten. Er stammte aus einer armen tschechischen Familie und wurde um 1370 in Husinec, dem „Gänsedorf", in Südböhmen, nach dem er später benannt wurde, geboren. Über seine Kindheit und Jugend ist kaum etwas bekannt. Er besuchte die Schule in Prachatice in Böhmen und tauchte um 1386 in Prag auf. Die Ängste seiner Jugend zeigten sich später in der Angst vor den Frauen, deren Mode und Halsausschnitte er später scharf kritisierte. Er war eher ein asketischer Fundamentalist als ein philosophischer Kopf, der trotz seines Abgleitens in eine immer schärfere Opposition zum Lehramt der Kirche im Grunde ein konservativer und frommer Mensch blieb, der an die Himmelfahrt

Mariens glaubte und Dogmen wie das der Transsubstantiation nie in Frage stellte. Seine theologische und philosophische Bildung war eher unterdurchschnittlich; er zitierte Vergil aus zweiter Hand und bezog sein Wissen aus theologischen Anthologien und nicht aus dem Studium der primären Quellen.[3] Seine Karriere machte er eher aufgrund seines energischen Auftretens im tschechisch-nationalen Sinn als durch wissenschaftliche Gelehrsamkeit. Obwohl er das Werk Wiclifs seit 1398 eifrig exzerpierte und studierte, griff er die kirchlichen Dogmen kaum an und übernahm von Wiclif vor allem den ethischen Rigorismus, bei dem er freilich keine Kompromisse machte.

An der Prager Universität wurde Hus 1393 Baccalaurear und 1396 Magister; im Jahr 1400 erhielt er die Priesterweihe und begann dann das Studium der Theologie, das er freilich nie mit dem Doktorat abschloß. Im Wintersemester 1401/02 wurde er Dekan der Artistenfakultät und 1402/03 für ein halbes Jahr auch Rektor der Universität. Entscheidend für seine weitere Entwicklung wurde jedoch seine Ernennung zum Prediger und Rektor an der Bethlehemkapelle am 14. 3. 1402, kam er doch nun zunehmend mit den einfachen Menschen zusammen, auf die er bald einen großen Einfluß ausübte. In der Auseinandersetzung mit deutschen Professoren der Prager Universität, die auf der Verwendung des Latein in akademischen Kreisen beharrten, trat er für den Gebrauch der tschechischen Volkssprache ein. Er faßte die „heißen Eisen" der tschechischen Kleinbürger an, die gegen die reichen deutschen Prälaten und die deutsche Prager Oberschicht opponierten. So wurde er bald zu einem kompromißlosen Volksprediger, der die Menge hinter sich wußte.

1403 verurteilte die Prager Universität die 24 bereits von der Londoner Synode verworfenen Thesen Wiclifs. 1406 verdammte der Erzbischof Sbinko von Hasenburg, der nach jahrelangen Wirren endlich sein Amt antreten konnte, auch Wiclifs Abendmahlslehre, die Hus ebenfalls nicht akzeptierte, und nach weiteren Auseinandersetzungen schließlich 1408 weitere 45 Thesen, die nach damals üblicher Art aus dem Werk des Theologen zusammengestellt waren. Hus vertrat damals die Auffassung, niemand dürfe die 45 Thesen im ketzerischen Sinn lehren; die tschechische Nation stimmte dieser widersinnigen Forderung zu. Es war schon damals so wie auch heute: Viele Menschen verurteilten die – recht langweiligen – Werke Wiclifs, ohne sie je gelesen zu haben. Weniger die Schriften als der Name eines aufrührerischen Kopfes zog die Menschen an, die ihr Vergnügen daran hatten, wenn in der Kirche geistige Auseinandersetzungen ausbrachen. Auch ein Mann wie Dietrich von Niem machte sich nicht die Mühe, die Schriften von Hus zu lesen. Es genügte das Gerücht der Ketzerei, und der westfälische Theologe rief nach dem weltlichen Arm des Staates, um Hus aburteilen zu lassen.

Obwohl Hus anfangs unter den tschechischen Wiclifiten keine führende Rolle spielte, mußte er sich Mitte 1409 vor dem erzbischöflichen Inquisitor verantworten. Seit diesem Jahr befaßte sich auch die römische Kurie aufgrund einer Reihe von Denunziationen böhmischer Prälaten über Ketzereien, die bereits seit 1405 begonnen hatten, mit den Zuständen in Böhmen.[4] Ausgerechnet Kardinal Baldassare Cossa, der spätere Papst Johannes XXIII., ließ 1408 den Prager Professor Stefan Palecz in Bologna verhaften. Bei akademischen Auseinandersetzungen in Prag spielte Magister Hieronymus von Prag die führende Rolle, der später ebenso wie Hus auf dem Konstanzer Konzil verbrannt werden sollte.

Als der Erzbischof im Juli 1410 die Werke Wiclifs verbrennen ließ, trat Hus mit seinem Protest gegen diese Maßnahme erstmals ins Rampenlicht des Geschehens; am 18. 7. wurde er erstmals vom Erzbischof gebannt. Nun wurde ihm von den kirchlichen Behörden der Prozeß gemacht, und im Herbst wurde er vor die Kurie Papst Alexanders V. geladen. Er schickte Vertreter mit Entschuldigungen an die Kurie, wo Kardinal Odo Colonna, der spätere Papst Martin V., das Verfahren führte. Von Colonna wurde Hus im Februar 1411 erneut gebannt; Mitte März wurde der Bann in den Kirchen Prags verkündet, und im Jahr darauf wiederholte eine Prager Synode die Exkommunikation und belegte den Ort, wo er sich aufhielt, mit dem Interdikt. Hus protestierte dagegen, legte eine Appellation an Christus ein und schlug diese in Prag öffentlich an. König Wenzel, der ja noch zum römischen Kaiser gekrönt werden wollte, setzte sich nun für Hus ein, dessen Rechtgläubigkeit er beweisen wollte, und vermittelte bei der Kurie. Im September schrieb Hus an Papst Johannes XXIII., wegen der Gefahren auf dem Weg nach Rom könne er nicht an die Kurie kommen, aber er unterwerfe sich der Kirche; könne man ihm eine Irrlehre nachweisen, sei er bereit, den Tod auf dem Scheiterhaufen auf sich zu nehmen. Dennoch beruhigte sich Prag nicht; Erzbischof Sbinko flüchtete nach Preßburg zu König Sigismund. Als Hieronymus von Prag sich an dessen Hof aufhielt und eine Beschwerde des Erzbischofs gegen ihn einlief, ließ Sigismund ihn verhaften und übergab ihn dem Erzbischof von Gran, der ihn jedoch bald wieder freiließ. Er „konnte nicht länger darüber im unklaren sein, daß es sich in Böhmen um mehr als das Gezänk einiger Professoren handelte. Welche Folgen aber daraus erwachsen konnten, das hat er nicht erkannt."[5]

Auch nach der Einsetzung des neuen Prager Erzbischofs Albik von Uniczow kehrte in Böhmen keine Ruhe ein. Als Papst Johannes XXIII. den Kreuzzug gegen König Ladislaus predigte und einen Ablaß dazu verkündete und die diesbezüglichen Bullen im Mai 1412 in Prag mit Wissen des Königs und des Erzbischofs publiziert wurden, verfaßte Hus eine Schrift gegen den Ablaß und eine weitere gegen die päpstliche Bulle, wobei er sich ganz auf das Gedankengut Wiclifs stützte. Am 7. 6. unterzog er die Kreuzzugsbulle an der Universität einer scharfen Kritik. Dadurch kam es zum Bruch mit der Kurie, der zur Folge hatte, daß sich der König und die Universität, aber auch die Mehrheit der tschechischen Geistlichen von ihm distanzierten. König Wenzel war über die Unruhen sehr erzürnt und ließ im Juli 1412 drei Handwerksburschen, die im Sinn von Hus gegen das Ablaßunwesen Kritik geübt hatten, hinrichten. Daraufhin organisierte Hus ein feierliches Begräbnis und las für sie eine Messe, bei der er die Toten als Märtyrer bezeichnete. Als die Kurie im Juli 1412 den großen Kirchenbann über ihn verhängte, legte Hus Berufung an ein künftiges Konzil ein und verließ – wahrscheinlich auf Wunsch König Wenzels – Prag und zog auf die dem Ritter Heinrich Lefl von Laczan gehörende Burg Krakovec in Westböhmen, wo er in den nächsten Jahren gegen den Sittenverfall des Klerus predigte und weitere Anhänger fand. Vergeblich versuchte Wenzel, zwischen Hus und der Kurie zu vermitteln; im Februar 1413 ließ Johannes XXIII. die Schriften Wiclifs, die auf dem Konzil von Rom als ketzerisch verurteilt worden waren, verbrennen, wodurch indirekt auch Hus selbst verurteilt wurde. In dieser Zeit verfaßte Hus seinen Traktat über die Kirche („De ecclesia"), in dem er im Anschluß an den weitgehend abgeschriebenen Wiclif für eine Geistkirche eintrat.

Zu dieser Zeit nahm der Konflikt gewissermaßen „internationale" Dimensionen an. Der berühmte Pariser Philosoph und Theologe Johannes Gerson forderte Ende Mai 1414 den neuen Prager Erzbischof Konrad von Vechta auf, den König zum energischen Einschreiten gegen Hus zu veranlassen. Im September wiederholte er seine Ermahnung und wies den Erzbischof darauf hin, welche Gefahren für Kirche und Staat aus dem von Hus vertretenen Satz entstehen könnten, daß ein im Stand der Todsünde lebender Amtsträger keine Jurisdiktion ausüben könnte.[6]

Als das Konstanzer Konzil einberufen wurde, sahen König Wenzel und sein Bruder und zukünftiger Erbe Sigismund darin eine Gelegenheit, die religiösen Wirren in Böhmen zu beenden. Seit dem Frühjahr 1414 stand König Sigismund mit Hus in direkter Verbindung. Er hielt sich zunächst sehr zurück, um seine zukünftigen Untertanen nicht gegen sich aufzubringen. Da jedoch auch Glaubensfragen (die „causa fidei") eine zentrale Rolle auf dem Konzil spielen sollten, mußte er auch auf die Theologen Rücksicht nehmen, insbesondere seit der Verurteilung der Lehren Wiclifs auf dem Konzil von 1413. Nur die Auflösung des römischen Konzils hatte verhindert, daß „der Fall Hus" schon in Rom zur Sprache kam. Im Sommer 1414 verhandelte der Ritter Heinrich Lefl von Laczan, der Besitzer der Burg Krakovec, im Auftrag von Hus mit Sigismund. Dabei machte der König Hus offensichtlich mündliche Versprechungen, die später nicht eingehalten wurden. Hus wollte auf keinen Fall das Risiko eines Ketzerprozesses eingehen; er verlangte öffentliches Gehör („audiencia publica") auf dem Konzil, mit dem er gewissermaßen in einen Disput eintreten wollte. Später behauptete Hus, Sigismund habe Heinrich Lefl versprochen, ihm Gehör auf dem Konzil und freie Rückreise zu gewähren.

Fest steht jedenfalls, daß Sigismund auf dem Konzil Hus und den Böhmen zunächst entgegenkam; er dürfte sich wohl zugetraut haben, die Dinge so beeinflussen zu können, daß alles ein gutes Ende finde. Dabei unterschätzte der König jedoch den Fanatismus der Theologen; es waren auch gerade die in der Konzilsfrage „fortschrittlichen" Vertreter dieses Fachs, die lehrten, daß das Konzil über dem Papst stehe, wie Johannes Gerson und Pierre d'Ailly, die später den Tod von Hus forderten. Die theologischen Spitzfindigkeiten dürften Sigismund ziemlich gleichgültig gewesen sein. Sogar der berühmte evangelische Theologe Adolf von Harnack betonte vor einem Jahrhundert, es hätten Wiclif und Hus, „beide Reformer das Dogma unangetastet gelassen. Was sie reformieren wollten und reformiert haben, sind die kultischen und sakramentalen Ordnungen, welche in den letzten Jahrhunderten entstanden waren." Sogar die – seit 1414 von den Anhängern von Hus erhobene berühmte Forderung nach der Zulassung des Laienkelches „ist vor dem Konstanzer Konzil keine Häresie"[7] und wurde später vom Basler Konzil den

Böhmen zugestanden. Sigismund konnte wohl davon ausgehen, mit etwas Geschick zur Versöhnung zwischen Hus und der Kirche beitragen zu können, was ja auch in seinem ureigensten Interesse lag.

Am 18. 10. 1414 stellte Sigismund in Speyer den berühmten und vieldiskutierten Geleitbrief[8] für Hus aus, der sich bereits Anfang September in seinem Brief an Sigismund bereit erklärt hatte, zum Konzil zu kommen, wenn er einen Geleitbrief erhalte. Am 10. 10. brach Hus in Begleitung der Ritter Wenzel von Duba, Johann von Chlum und dessen Onkels Heinrich von Chlum, genannt Lacembok, nach Konstanz auf. Von Nürnberg aus ritt Wenzel von Duba an den Rhein zu Sigismund, um den Geleitbrief zu holen, während Hus am 3. 11. ankam und dort erst den Geleitbrief des Königs erhielt. Bereits einen Tag später schrieb er seinen Freunden, er sei ohne Geleit nach Konstanz gekommen, wo sein Todfeind Michael de Causis gegen ihn arbeite. Einen Geleitbrief des Papstes hatte er ebenfalls nicht; allerdings hatte Johannes XXIII. in der Einberufungsbulle des Konzils allen Ketzern freies Geleit zugesichert. Am 9. 11. wurde Hus mitgeteilt, daß der Papst nach Rücksprache mit den Kardinälen die Kirchenstrafen gegen ihn suspendiert habe. Der Geleitbrief Sigismunds enthielt keine Aussagen darüber, daß dadurch etwa geltendes Recht suspendiert würde. Der spätere Protest der tschechischen Adeligen bezieht sich daher auch auf die mündlichen Zusagen des Königs, von denen im Geleitbrief selbst nichts steht. Dies wirkt jedoch ohne Zweifel sophistisch; man konnte die Sache so drehen, wie man es haben wollte, und der Vorwurf, daß Sigismund Hus „hereingelegt" habe, besteht wohl nicht zu Unrecht! Vergebens haben katholische Historiker wie der spätere Rottenburger Bischof Karl Josef von Hefele oder noch 1960 der Benediktiner Paul de Vooght Sigismund vom Vorwurf des Geleitbruches reinzuwaschen oder den Geleitbrief selbst umzudeuten versucht. In neuester Zeit verweist man wieder darauf, daß die Frage vom Geleitbrief des Königs aus betrachtet werden muß. „Er stellt die einzige Rechtsgrundlage für die Beantwortung unserer Frage dar, und seine Interpretation ergibt tatsächlich, daß der König Hus auch die sichere Rückkehr vom Konzil garantiert hatte."[9]

In Konstanz meldete Johann von Chlum nach der Ankunft der Gruppe dem Papst, daß Hus unter königlichem Geleit gekommen sei. Dieser erklärte, Hus könne sich frei in Konstanz bewegen – sogar wenn er seinen eigenen Bruder getötet hätte. Bereits am 4. 11. erhob Michael de Causis die Anklage wegen Ketzerei gegen ihn und begann zusammen mit Hus' früherem Freund Stefan Palecz mit der Wühlarbeit unter den Konzilsvätern. Hus schätzte seine Lage allerdings falsch ein und schrieb seinen Freunden, er glaube, man fürchte sich vor der Predigt, die er nach Ankunft des Königs halten werde. Als jedoch Ende November das völlig grundlose Gerücht auftauchte, Hus sei geflohen, ließen die Kardinäle ihn am 28. 11. zu einer Unterredung auffordern, bei der der Ahnungslose verhaftet wurde. Johann von Chlum protestierte gegen diesen Akt; am 24. 12. ließ er ein Protestschreiben öffentlich anschlagen, in dem er im Namen Sigismunds, der eben in Konstanz ankam, gegen die Verhaftung protestierte. Der König wurde sehr zornig und schwor, „Hus zu befreien, selbst wenn er eigenhändig die Tür seines Gefängnisses erbrechen müßte".[10] Dies entsprach seinem Temperament; aus der Tatsache, daß er letztlich aber doch nicht gegen die Verhaftung einschritt, ergibt sich, „daß der König subjektiv die Schuld des Geleitbruchs auf sich geladen hat, und zwar in dem Augenblick, wo er den Widerstand gegen Husens Verhaftung aufgab".[11]

Wie rasch Sigismund sein Gewissen beruhigt hatte, zeigte sich am 1. 1. 1415: Eine Konzilsdeputation verlangte von ihm, er solle keine Aktion des Konzils unter Berufung auf das freie Geleit verhindern. Er erklärte daraufhin, der Fall Hus und „andere Kleinigkeiten" („alia minora") dürften die Reform von Kirche und Reich nicht hindern. Es scheint auch, daß der König seinen Geleitbrief jetzt umdeutete, da er sich nur auf ihn berief, seine mündlichen Zusagen vor den Konzilsvätern aber nicht aufdecken wollte. Später erklärte er dem böhmischen Adel gegenüber, er habe in der Angelegenheit oft unwillig die Sitzungen verlassen und sei einmal sogar verärgert aus Konstanz weggeritten. Wahrscheinlich waren Sigismund die theologischen Streitigkeiten vollkommen gleichgültig, solange die „öffentliche Ordnung" gewahrt blieb. Er dürfte sowohl den sturen, von sich selbst überzeugten und mit dem Wahn aller Religionsfanatiker agierenden Hus unterschätzt haben, wie auch die Ängste der Konzilsväter, die ja zum Teil ihre Ämter gekauft hatten und sich von den Reformforderungen des Fundamentalisten direkt angesprochen fühlen mußten. Sigismund bemühte sich zwar, Hus zu retten, um dessen Landsleute nicht vor den Kopf zu stoßen, ließ ihn dann aber fallen, als er sah, daß ein massiveres Eintreten für ihn seine Konzilspolitik gefährden würde. Durch kleinere Zugeständnisse wie sein Eintreten dafür, daß der Magister auf dem Konzil gehört werde, versuchte er, die Brücke zu den Böhmen nicht abbrechen zu lassen. Bis zum Tod des Reformators glaubte er, diesen durch Zureden zur Nachgiebigkeit überreden zu können. Daß er sich durch sein Verhalten des Geleitbruches schuldig machte, versteht sich von selbst und bleibt als Makel an seiner Persönlichkeit hängen.

Der Fall Hus wurde in späterer Zeit vor allem aus nationalistischer Perspektive gesehen. Michael von Deutschbrod („de Causis"), der Anwalt der böhmischen Kläger, war ein Deutscher, aber die Zeugen waren vor allem Tschechen. Als Kardinal d'Ailly versuchte, Hus einen Ausweg zu eröffnen, äußerte sich Bischof Johann von Bucca „der Eiserne" von Leitoschmil aus Angst vor einem milden Urteil dagegen. Michael de Causis stellte acht Anklagepunkte gegen Hus zusammen, der u. a. behauptet habe, Priester, Bischöfe und der Papst hätten keine Amtsgewalt, wenn sie im Stand der Todsünde seien. Anfang Dezember stellte das Konzil eine Kommission zur Behandlung der Hus-Frage zusammen. Am 6. 12. wurde Hus zu den 45 verurteilten Artikeln Wiclifs verhört. In seiner schriftlichen Stellungnahme lehnte er die meisten Artikel ab oder deutete sie orthodox um. Was er akzeptierte, waren „einige reformerische Auffassungen, denen jeder der Konzilsväter hätte beipflichten können".[12] Daher wurde seine Aufrichtigkeit in Frage gestellt; auch in anderen Fragen verdrehte er den Standpunkt durch Spitzfindigkeiten und gebrauchte mehrfach auch die Unwahrheit. Hus hatte sich in seinen Vorstellungen über den Ablauf des Verfahrens vollkommen verschätzt. Einst hatte er gehofft, auf hohem Roß neben dem König in Konstanz einzureiten; nun beklagte er sich im Gefängnis, daß dieser ihn vergessen und ihm nie einen

Gruß habe ausrichten lassen. Im Januar 1415 legte man ihm 42 Thesen vor, die Stefan Palecz aus seinem Traktat „De Ecclesia" zusammengestellt hatte. Einige darunter betrafen nur die Kirchendisziplin, ohne dadurch jedoch ketzerisch zu sein. Obwohl Hus den Papst wegen seiner Ablaßbulle kritisierte, hatte er doch seine Autorität als solche nicht in Frage gestellt. Ab Ende Januar gewann der nun nach Konstanz gekommene Pariser Theologe Johannes Gerson Einfluß auf das Verfahren. Der berühmte Kanzler der Sorbonne sah in Hus einen Zerstörer der kirchlichen Disziplin, dem man eher mit Feuer und Schwert als mit der Vernunft entgegentreten müsse. Als im Februar eine böhmische Delegation mit dem Prager Inquisitor Nikolaus von Nazareth, der Hus schon vor Monaten die Rechtgläubigkeit bestätigt hatte, in Konstanz ankam, wurde sie zunächst verhaftet. Der Wiener Theologe Peter von Pulkau berichtete, die Nationen bestünden auf der Gefangenhaltung von Hus, während König Sigismund schwanke. Als nach der Flucht des Papstes in Konstanz ein Chaos ausbrach und die Kurialen des Papstes dem König die Gefängnisschlüssel übergaben, hätte Sigismund ihn sehr wohl befreien können, wie er vorher verkündet hatte. Aber er wollte sich vor dem Konzil nicht bloßstellen und beschränkte sich fortan darauf, dafür zu sorgen, daß Hus ein ordentliches Verfahren und Gehör vor dem Konzil erhielt. Er übergab ihn dem Konstanzer Bischof, der ihn am 24. 3. in die bischöfliche Burg Gottlieben bringen ließ.

Anfang Mai 1415 wurden die Lehre Wiclifs, seine Schriften und besonders die 45 Artikel in der achten Session des Konzils als Irrlehre verurteilt. Diese Konzilsentscheidung bildete dann die Basis für das weitere Vorgehen gegen Hus – ein juristisch anfechtbares Verfahren! Kurz darauf kam es in Prag und Brünn zu Adelsversammlungen, auf denen gegen das Vorgehen des Konzils protestiert wurde; 250 an der Urkunde hängende Siegel dokumentierten die Stärke des Anhangs des Reformators in Böhmen. In dem am 13. 5. auf dem Konzil verlesenen Schreiben wurde gegen den Geleitbruch protestiert und die Freilassung und die Anhörung Hus' durch das Konzil gefordert. Das Konzil lehnte seine Freilassung jedoch entschieden ab. Am 31. 5. machten einige böhmische und polnische Adelige eine Eingabe an das Konzil, in der sie eine Erleichterung der Haft verlangten. Als Kardinal d'Ailly Hus im Gefängnis besuchte und nicht zum Einlenken bewegen konnte, wurde – wohl auf Drängen Sigismunds hin – beschlossen, den Magister am 5. 6. vor dem Konzil anzuhören.

Bei der ersten Anhörung von Hus im Konstanzer Franziskanerkloster kam es bei den Zeugeneinvernahmen zu einer heftigen Auseinandersetzung über einen – angeblich gefälschten – Brief, in dem Hus seinen Anhängern mitgeteilt haben soll, auch wenn er in Konstanz offiziell widerrufen sollte, wäre dies nur ein Widerruf mit dem Mund und nicht mit dem Herzen. Beim nächsten Verhör zwei Tage später ging es um die 45 Artikel Wiclifs; nachdem Wenzel von Duba und Johann von Chlum sich beim König darüber beschwert hatten, daß die Zeugenaussagen und Zitate aus seinen Schriften in Abwesenheit von Hus verlesen worden waren, kam Sigismund selbst mit den beiden Rittern zur Sitzung. „Bedeutete schon dieser Schritt eine nachdrückliche Verwendung des Königs zugunsten des Angeklagten, über die eigene Zuständigkeit hinaus, so kam Sigismund noch in einem weiteren Punkte den Wünschen Husens entgegen: er wohnte den folgenden Sitzungen persönlich bei und ermöglichte auch den Herren von Chlum und Duba sowie dem Baccalaurear Peter von Mladenowic den Zutritt."[13] Mladenowic protokollierte die folgenden Verhöre genau. Man versuchte ständig, Hus Häresien nachzuweisen, aber seine Reformforderungen wie die nach der Besitzlosigkeit des Klerus konnten nicht als Irrlehre in dogmatischer Hinsicht bezeichnet werden. Dann riet d'Ailly ihm, sich dem Konzil zu unterwerfen. Sigismund schloß sich dem an und drohte, er werde selbst den Scheiterhaufen anzünden, wenn er verstockt bliebe. In der dritten und letzten Vernehmung vom 8. 6. ging es um die 39 Artikel, die Palecz aus dem Werk von Hus zusammengestellt hatte. In der Definition als der Gemeinschaft der von Gott Prädestinierten folgte Hus eindeutig Wiclif. Umstritten blieb das Problem der sündigen Inhaber kirchlicher Ämter. In dieser Sitzung fiel die endgültige Entscheidung. Hus wiederholte die These, daß ein kirchlicher Jurisdiktionsträger, der sich im Stand der Todsünde befinde, vor Gott sein Amt verwirkt habe. „Das war Sprengstoff für die kirchliche Hierarchie und nicht nur für diese, sondern auch für jede weltliche Autorität."[14] Sigismund, der sich mit dem Pfalzgrafen und dem Burggrafen von Nürnberg unterhielt, hatte gar nicht zugehört. Die Konzilsväter machten ihn nun darauf aufmerksam, daß es hier um etwas gehe, das auch ihn berühre. Hus mußte seine Aussage wiederholen. Während Sigismund spontan erklärte, niemand sei ohne Sünde („nemo sine crimine vivit"), stellte d'Ailly die Tragweite der Äußerung heraus und hielt Hus vor, daß er nun nicht nur die geistliche Gewalt umstürzen wolle, sondern auch die weltliche und das Königtum. Damit war für Sigismund das Maß voll; der König von Aragon hatte sich bereits bei ihm beklagt, daß er mit dem Ketzer Hus zu glimpflich verfahre; er solle nicht zulassen, daß das „Teufelswerk" weiter gedeihe. Einen Angriff auf seine Majestät wollte Sigismund auf keinen Fall hinnehmen. Dann sprach man über Fragen der kirchlichen Disziplin. Bei der mündlichen Verhandlung stellte sich heraus, daß etliche Vorwürfe zu Unrecht erhoben worden waren. D'Ailly betonte wieder, welch bedeutende Gelehrte auf dem Konzil seien, und riet Hus, sich dem Konzil zu unterwerfen. Man verlangte, er solle einfach allen Irrtümern abschwören. Hus aber betonte ständig, er habe etliche Dinge nie behauptet. Daraufhin appellierte Sigismund an die Vernunft: „Höre, Hus! Warum möchtest Du denn nicht allen irrigen Artikeln abschwören, von denen Du sagst, daß die Zeugen boshafterweise gegen Dich ausgesagt haben? Ich jedenfalls will allen Irrtümern abschwören und schwöre ihnen ab und dazu, daß ich keinen Irrtum festhalten will. Es ist aber nicht erforderlich, daß ich vorher einen gehalten habe."[15] Sigismund war ein Taktiker und Politiker, Hus hingegen ein Fundamentalist und konsequenter Dogmatiker, der von seinen Auffassungen nicht ablassen wollte. Er nahm die Brücke nicht an, die man ihm bauen wollte. Daraufhin wurde der König zornig: „Johannes Hus! Seht, zwei Wege sind euch gesetzt, daß Du abschwörst, die hier verurteilten Irrtümer widerrufst und dich der Gnade des Konzils überläßt, und das Konzil wird dir wohl Gnade erweisen; oder wenn es dein Wille ist, diese Irrtümer zu verteidigen – auch das Konzil und die Doktoren

Pisanello:
Kaiser Sigismund
(Zeichnung um 1433, Paris, Louvre. Foto: Bert Alan Kery, Stockholm)

Pisanello:
Kaiser Sigismund mit dem Abzeichen des Drachenordens
(Zeichnung um 1433, Paris, Louvre. Foto: Bert Alan Kery, Stockholm)

*König Sigismund, umgeben von Höflingen,
im Gespräch mit Papst Johannes XXIII. wegen der Einberufung eines Konzils*
(Österreichische Nationalbibliothek, Bildarchiv, Wien)

*Einzug König Sigismunds
und seiner Gemahlin Barbara am Weihnachtstag in Konstanz*
(Österreichische Nationalbibliothek, Bildarchiv, Wien)

*König Heinrich V.
schenkt König Sigismund im Oktober 1416 in Calais goldene Gefäße*
(Österreichische Nationalbibliothek, Bildarchiv, Wien)

*König Wladislaw II. von Polen
empfängt König Sigismund im März 1424 in Kaschau*
(Österreichische Nationalbibliothek, Bildarchiv, Wien)

*Die Stände Böhmens schwören
Kaiser Sigismund auf dem Landtag zu Iglau im Juli 1436 die Treue*
(Österreichische Nationalbibliothek, Bildarchiv, Wien)

*Bleistiftzeichnung vom Treffen
König Sigismunds mit dem dänischen König Erich von Pommern (rechts)
und Kaiser Johannes VII. Paläologus (links) im Juni 1424 in Ofen*
(Paris, Coll. Edmond de Rothschild. Foto: Bert Alan Kery, Stockholm)

haben ihre Rechte, was sie mit dir am Ende machen sollen."[16] Hus hatte in der Nacht kaum geschlafen und litt unter Zahn- und Kopfschmerzen. Man warf ihm nun vor, er habe die drei von König Wenzel hingerichteten Handwerksbursche gewissermaßen heiliggesprochen und als Gegner des „Antichristen" bezeichnet. Als Hus nach dem Verhör abgeführt wurde, hörten einige seiner Anhänger, wie Sigismund zu den Konzilsvätern sagte: „Hochwürdigste Väter! Ihr habt bereits gehört, daß aus der Fülle dessen, was in seinen Büchern steht, was er eingestanden hat und was gegen ihn hinreichend bewiesen ist, sogar ein einziger Punkt davon zu einer Verurteilung für ihn ausreichen würde. Falls er jene Irrtümer nicht widerrufen, ihnen abschwören und ihr Gegenteil formulieren will, dann soll er also verbrannt werden."[17] Sigismund dachte in dieser Frage rein politisch. Er riet den Vätern, Hus auch bei einem Widerruf nicht zu glauben, denn wenn er nach Böhmen zu seinen Gönnern zurückkehren würde, könnte er von neuem Aufruhr entfachen. Daher solle das Konzil auch an Könige und Fürsten schreiben und mit Hieronymus von Prag „Schluß machen", denn er wolle nach Spanien abreisen und vorher diese Frage erledigt wissen. Er sei noch ein junger Mann gewesen, als diese Sekte in Böhmen entstanden sei, und nun sehe man ja, was daraus geworden sei. Sigismund sah den Fall Hus also als ein politisches Problem. Ihm ging es darum, das Konzil zu Ende zu führen und die Nachfolge in Böhmen anzutreten. Die religiöse Frage berührte ihn nicht sonderlich. Der bartlose Asket aus der Unterschicht blieb dem König, der den Genüssen des irdischen Lebens keineswegs abgeneigt war, im letzten fremd. Sigismund wollte anfangs sicher nicht die Vernichtung des Reformators, aber er ließ ihn später aus rein politischen Gründen fallen. Von daher hatte Hus auch recht, wenn er im Juni den König in einem Brief an Johann von Chlum als „falsch" bezeichnete („Sigismundus omnia dolose egit!").[18] Der König aber nahm noch einmal Verbindung zu Hus auf und schickte den Pfalzgrafen und seine Freunde Chlum, Duba und Lacembok zu ihm, um ihn zur Nachgiebigkeit zu überreden. Hus aber lehnte dies ebenso ab wie einen letzten Vermittlungsversuch von seiten des Konzils. Mitte Juni wurde ihm klar, daß sein Leben verwirkt war. Am 5. 7. forderte man ihn noch einmal zum Widerruf auf; daraufhin wurde seine Lehre am nächsten Tag im Beisein Sigismunds in der 15. öffentlichen Sitzung als Irrlehre verurteilt. Vergeblich versuchte er sich zu verteidigen, er werde seine Meinung aufgeben, wenn er aus der Bibel widerlegt werde, und berief sich auf das freie Geleit, wobei er Sigismund fest ansah, der dabei errötete.[19] Man zog Hus feierlich die priesterlichen Gewänder aus, setzte ihm eine Papiermütze auf, die ihn als Erzketzer bezeichnete und mit Dämonen bemalt war, und führte ihn vor die Stadt, wo man ihn an einen Pfahl band und den Scheiterhaufen errichtete. Als der Scheiterhaufen brannte, betete er für seine Verfolger. Seine Überreste wurden noch einmal verbrannt, um einen Reliquienkult zu verhindern, und dann in den Rhein gestreut. Der katholische Theologe Joseph Lortz bemerkt dazu: „Daß dies geschah trotz einem kaiserlichen Geleitbrief, läßt sich formaljuristisch rechtfertigen, bleibt aber trotzdem eine beklagenswerte, eine peinliche, ja furchtbare und verhängnisvolle Tat. Am frommen Eifer und an der persönlichen tiefen Gläubigkeit des sittenreinen Mannes besteht kein Zweifel."[20]

XI.
Sigismunds Reise nach Perpignan, Paris und London und das Bündnis von Canterbury (1415/16)

Zur Wiederherstellung der Einheit in der Kirche bedurfte es zunächst des formellen Rücktritts der drei Päpste. Nach der Flucht Johannes' XXIII. wurde am 6. 4. 1415 in der fünften öffentlichen Session das Konzilsdekret „Haec sancta" verabschiedet, in dem erstmals die Superiorität des Konzils über den Papst deklariert wurde. Dann setzte man eine Anklageschrift gegen Johannes XXIII. auf, der am 20. 5. in Radolfzell verhaftet wurde. Der Prozeß gegen den Papst wurde bereits am 29. 5. in Anwesenheit Sigismunds mit der Absetzung beendet; Johannes wurde Sigismund als dem Vogt der Kirche zur Bewachung übergeben, der ihn dem Pfalzgrafen übergab und nach Heidelberg bringen ließ. Dort blieb Baldassare Cossa, wie der ehemalige Papst nun wieder hieß, bis zur Neuwahl von Papst Martin V. in Haft.
Unterdessen hatte auch Gregor XII. den Weg zu einer Einigung freigemacht. Er schickte Carlo Malatesta nach Konstanz und ernannte König Sigismund am 15. 3. zu seinem Prokurator. Im Mai erklärte er endgültig seine Bereitschaft zur Abdankung. Mitte Juni traf Malatesta in Konstanz ein. Am 4. 7. wurde in der 14. öffentlichen Session folgendes, „den wahren Tatsachen widersprechende Theater"[1] durchgeführt: König Sigismund präsidierte statt des Kardinallegaten bei der Sitzung; es war dies die einzige, in der er den Vorsitz führte. Formal berief Gregor XII. durch Carlo Malatesta nun das Konzil neu ein – das durch diesen Kompromiß sogar seine bisherige Legitimität in Frage stellte – und ließ dann seinen Rücktritt als Papst erklären. Daß Sigismund sozusagen als Ansprechpartner Gregors fungierte und den Vorsitz übernahm, steigerte sein Ansehen; auch weiterhin unterstützten ihn die ehemaligen „Gregorianer", da er „ihrem Papst" einen ehrenvollen Abgang ermöglicht und die Absetzung erspart hatte. Nach dieser Zeremonie beschloß das Konzil, sich nicht vor der Wahl eines neuen Papstes aufzulösen. Nun bestellte Sigismund den Pfalzgrafen Ludwig zum Protektor des Konzils. In der 16. Session bestellte das Konzil dann 15 Deputierte, die den König auf der Reise zu den Verhandlungen mit Benedikt XIII. und Ferdinand I. von Aragon-Sizilien begleiten sollten. In der 17. Session am 15. 7. wurde Sigismund vom Konzil verabschiedet. Dabei hielt er eine Rede, die für sein Selbstverständnis charakteristisch ist. Im Bewußtsein seiner Würde erläuterte er den Konzilsvätern der vier Nationen die Befreiung des Heiligen Grabes und die Rettung der unter der Herrschaft der

Türken lebenden Christen als Ziel seiner Politik. Auch um die Wiederherstellung des Friedens zwischen England und Frankreich sowie zwischen dem Deutschen Orden und Polen werde er sich bemühen; Verhandlungen dazu seien schon im Gange; er fordere die Parteien auf, die Waffenstillstandsgebote des Konzils zu beachten. Dann ließ sich Sigismund vom Burggrafen von Nürnberg das Geld für die Reise vorstrecken und reiste über Schaffhausen nach Basel, wo er der Stadt Zürich um 4500 Gulden den westlichen Aargau verpfändete. Der Herzog Ludwig von Brieg, Nikolaus Gara und Brunoro della Scala begleiteten ihn. In seiner Delegation befand sich auch der Humanist Pier Paolo Vergerio († 1444) aus Capodistria (Koper), der als Sekretär des Kardinals Zabarella ans Konzil gekommen und mittlerweile in den Dienst des Königs getreten war, bei dem er Jahre hindurch blieb und dem er später nach Ungarn folgte, wo er eine – nicht mehr erhaltene – Biographie Sigismunds verfaßte.[2] Einige Tage nach der Abreise des Königs schickte das Konzil ihm den Erzbischof Johann Wallenrode von Riga mit der Bitte nach, sich mit der Friedensmission bezüglich der Aussöhnung von Frankreich und England nicht zu lange aufzuhalten.

Bei der Abreise scheint Sigismund noch vorgehabt zu haben, wie im Frühjahr verabredet, nach Nizza zu reisen, um dort Benedikt XIII. und König Ferdinand zu treffen. Bald jedoch erhielt er die Nachricht, daß Ferdinand ernsthaft erkrankt sei. Daraufhin vereinbarte er mit dem aragonesischen König, das Treffen in Perpignan abzuhalten, um damit auch dem Papst zu ersparen, Aragon zu verlassen. Über Neuenburg, Lausanne und Genf zog er nach Chambery in Savoyen und von dort aus weiter über Valence und Montpellier nach Narbonne, wo er Mitte August eintraf und vom Erzbischof empfangen wurde. Benedikt XIII. weigerte sich jedoch, seine Residenz Valencia zu verlassen, und verlangte vor einem Treffen seine Anerkennung als Papst durch Sigismund. Am 18. 9. begrüßte König Ferdinand den römischen König in seiner Residenz zu Perpignan, wohin der Papst Ende September kam. Der 77jährige Benedikt verweigerte jedoch starrsinnig jeden Rücktritt. Der Minnesänger Oswald von Wolkenstein, der Sigismund auf der Reise begleitete, schrieb darüber in seiner großen Lebensballade:

> „Der König Sigmund mühte sich
> dort täglich achtzehn Wochen lang,
> mit Papst und Bischof, Kardinal.
> Und hätte man die massakriert,
> die dabei falsches Spiel getrieben,
> das Schisma fortgesetzt –
> dann sänge ich gleich als ‚Protest'
> ein Freudenlied auf dem Podest."[3]

Der Dichter entwirft eine farbige Darstellung der Situation bei den langwierigen Verhandlungen mit dem starrsinnigen Papst, der seine Situation völlig verkannte, und König Ferdinand, dessen Gemahlin Eleonore ihm den Kannenorden verlieh, mit dem er sich später porträtieren ließ.[4] Auch König Karl III. von Navarra und Königin Margaretha, die Witwe Martins I. von Aragon, nahmen an den Verhandlungen teil. An der Hartnäckigkeit des Papstes und der Regentin Katharina von Kastilien, die den Papst unterstützte, scheiterten zunächst jedoch die Verhandlungen; Anfang November zog Sigismund verbittert mit seinem Gefolge nach Narbonne zurück.

König Ferdinand I. von Aragon, der sich aufrichtig um die Union in der Kirche bemühte, einigte sich jedoch bald mit den Gesandten der übrigen spanischen Könige über eine Beendigung des Schismas und schickte einen Boten zu Sigismund nach Narbonne mit der Bitte, noch etwas zuzuwarten. Daraufhin schickte dieser eine Delegation nach Perpignan und nahm die Verhandlungen von neuem auf. Benedikt XIII. erkannte nun die Ausweglosigkeit seiner Lage und floh an die Küste und von dort aus in die Bergfestung Peñiscola bei Valencia. Dies veranlaßte die Könige von Aragon, Kastilien und Navarra sowie die Vertreter Schottlands, sich von Benedikt zu lösen. Am 13. 12. 1415 schloß Sigismund mit den Vertretern der spanischen Könige das Konkordat von Narbonne, in dem diese namens ihrer Herren das Konzil von Konstanz anerkannten. Nach der Vereinigung der Obödienzen in Konstanz sollte dort ein neuer Papst gewählt werden. Am Tag darauf teilte Sigismund dem Pfalzgrafen und dem Konzil, dem er bis dahin noch nicht geschrieben hatte, mit, daß er es durch seine fortgesetzten Anstrengungen dahin gebracht habe, daß nun alle christlichen Nationen Europas sich vereinigt hätten. Die Konzilsväter erkannten diese diplomatische Leistung durchaus an, durch die Sigismund den Glanz des Kaiseramtes wiederherstellen und erweitern wollte.[5] Sigismund entließ nun die Konzilsdeputierten und schickte zu Weihnachten von Avignon aus Erzbischof Johann von Riga nach Konstanz, um dem Konzil mitzuteilen, daß er nun nach Paris reisen wolle.

Aus der Zeit seines Aufenthaltes in Avignon ist ein bemerkenswertes Dokument über Sigismunds Kunstinteressen erhalten. Johannes XXIII. hatte sich seit Beginn seiner Regierungszeit mit der Restaurierung des Papstpalastes in Avignon beschäftigt, der durch die katalanischen Söldner Benedikts XIII. zum Teil zerstört worden war. Offensichtlich hatte der Papst dem König in Lodi oder Cremona von diesen Arbeiten erzählt, denn Sigismund erbat sich eine vedutenhafte Ansicht des Palastes mit Mauern, Türmen und Dächern, die der Maler Bertrand de la Barre und der Steinmetz Jean Laurent herstellten. Dafür erhielten sie im August 1415 einen Vorschuß und kurz nach Sigismunds Ankunft in Avignon die Endbezahlung. Sigismund nahm diese Ansicht mit, die ihm für den Ausbau der Königsburg von Buda, insbesondere für den von ihm erbauten „Neuen Palast", als Anregung diente. In ähnlicher Weise hatte er bereits im Mai 1414 ein Bild des „Ospedale della Scala" von der Stadt Siena erbeten.[6] Dies spricht für Sigismunds kulturelle Aufgeschlossenheit; er studierte interessante Bauten und Kunsterzeugnisse, um derartige Neuerungen auch in Ungarn einzuführen.

In Avignon erhielt Sigismund auch die Nachricht vom Sieg der Engländer über die Franzosen am 25. 10. 1415 bei Azincourt. Gestützt auf das Bündnis von 1414 mit Frankreich und die guten Beziehungen zu England wollte er nun „als ehrlicher Makler" zwischen den beiden Ländern vermitteln, die im August 1415 den „Hundertjährigen Krieg" wieder von neuem begonnen hatten. Der ehrgeizige

König Heinrich V. war mit einem Heer mittlerweile nach Frankreich übergesetzt und hatte im September die Festung Harfleur an der Seinemündung erobert und dann bei Azincourt das französische Heer vernichtet. Als Sigismund nach Lyon kam, ersuchten ihn Gesandte König Karls VI., im Krieg zwischen den beiden Ländern zu vermitteln. Graf Amadeo VIII. von Savoyen hatte Sigismund bedeutende Geldsummen für die Reise geliehen. Er gehörte zu den oberitalienischen Verbündeten des Königs, der am 19. 2. in Chambery Savoyen zum Herzogtum erhob. Die Bürger von Lyon hatten die Erhebung in ihrer Stadt verweigert, weil diese nicht zum Reich gehörte. Sigismund, der schon in seinem Rundschreiben von Ende Januar 1412 die Rückgewinnung der Gebiete an der Rhone zu seinen Zielen erklärt hatte, setzte verschiedene Aktivitäten, um die Oberhoheit des Reiches im Arelat wiederherzustellen, indem er z. B. Ende Januar 1416 die Bürger von Valence unter den Schutz des Reiches stellte.

Von Chambery zog Sigismund im Februar 1416 über Lyon nach Paris, wo er auch über einen Kreuzzug gegen die Türken zur Eroberung Jerusalems sowie über die Kirchenreform verhandeln wollte; Anfang März traf er in der Hauptstadt ein, wo er von Herzog Ludwig VII. von Bayern, dem Bruder der Königin, begrüßt wurde. Angesichts der Geisteskrankheit König Karls VI. war die Zentralgewalt in Frankreich geschwächt; der Bürgerkrieg, in dem sich auf der einen Seite der Herzog Johann von Burgund und auf der anderen Seite die Partei der Orleans gegenüberstanden, deren Führung Graf Bernhard VII. von Armagnac, der Connetable von Frankreich und Schwiegervater von Herzog Karl von Orleans, dem Neffen des Königs, innehatte, dauerte fort. „Der König und der Dauphin sind lediglich Hampelmänner, an deren Fäden die Hauptakteure des Geschehens abwechselnd ziehen."[7]

In Paris selbst konnte Sigismund aufgrund der Wirren nicht viel ausrichten; der Graf Armagnac hatte die Hauptstadt bei seiner Ankunft verlassen, um ihm keine Ehren erweisen zu müssen. Sigismund residierte im Louvre und nahm an einer Sitzung des Parlamentes teil. Der französische Geschichtsschreiber Juvenal des Ursins berichtet in seiner Geschichte Karls VI., eine ihr Recht suchende Partei sei abgewiesen worden, da sie nicht zum Ritterstand gehörte. Daraufhin sei Sigismund aufgesprungen und habe einen Knappen zum Ritter geschlagen, damit dieser zu seinem Recht kommen könne. Dies sei von der Partei der Orleans als eine Einmischung in die inneren Angelegenheiten betrachtet worden; verärgert war man auch, weil Sigismund sich auf den Thron des französischen Königs gesetzt hatte. Als großer Frauenverehrer bewirtete Sigismund 120 Pariser Damen im Louvre und schenkte ihnen kostbare Ringe. Er schickte auch französische Künstler und Handwerker nach Ofen zum Ausbau der Königsburg.

Ein Brief Sigismunds vom 5. 4. 1416 an den Graner Erzbischof Johann Kanizsai und das Konzil gibt Aufschluß über seine weiteren Pläne. Der Erzbischof wurde aufgefordert, zum Abschluß der Verhandlungen mit Frankreich und England schleunigst nachzukommen, denn er wolle Anfang Mai in Calais mit Heinrich V. von England zusammentreffen und den Frieden vermitteln, dann bereits zu Pfingsten (7. 6.) in Konstanz sein und dort die Neuwahl des Papstes zuwege bringen und dann noch im gleichen Jahr nach Ungarn zurückkehren.[8] Sigismund beabsichtigte demnach, mit dem englischen König zusammenzutreffen; von einer Englandreise berichtet er jedoch nichts. Die knappe Zeitangabe bis zur Rückkehr nach Konstanz läßt sich nur mit seinem unerschütterlichen Optimismus, mit dem er auch die schwierigsten Probleme in kürzester Zeit zu lösen hoffte, erklären, oder aber der Termin war nur als Notlüge zur Vertröstung der Konzilsväter gedacht, die befürchteten, daß auf dem Konzil in seiner Abwesenheit nichts weiterginge. Es ist jedoch auch denkbar, daß Sigismund bei all seinen enthusiastisch entwickelten Plänen selbst daran glaubte, all die Probleme in so kurzer Zeit lösen zu können. „Für einen solchen Träumer im Punkte der Entwürfe ist er von einer staunenswerten Realistik im Handeln. In diesem Widerspruch spitzt sich sein Wesen fast tragisch zu. Und wie oft er auch ein Mißlingen in sein Lebensbuch einzutragen hat, so stumpft das doch weder den Flug seiner Einbildungskraft noch seine rastlose Tätigkeit ab, weil Menschen seiner Anlage überall den Grund des Verfehlens suchen und finden, nur nicht dort, wo er steckt, nämlich in ihnen selbst."[9]

Das einzige Resultat der Pariser Verhandlungen Sigismunds war jedoch zunächst nur, daß man beschloß, Herzog Wilhelm von Bayern-Holland, dessen Tochter Jakobäa mit dem Dauphin Johann verheiratet war, zu den Verhandlungen mit England hinzuzuziehen. Durch seine Gemahlin Margarethe, die Schwester Herzog Johanns von Burgund, hatte er auch zu dessen Partei gute Verbindungen. Nachdem es Sigismund noch in Paris gelungen war, den Waffenstillstand zwischen Polen und dem Deutschen Orden zu verlängern, verließ er St. Denis und ritt nach Abbeville, wo die Bewohner sich feindselig gegen ihn verhielten und sein Gefolge erschlagen wollten. Bereits seit Anfang April rechnete Heinrich V. mit seinem Besuch in England. Nach vielfältigen Ärgernissen erreichte Sigismund mit der französischen Verhandlungsdelegation unter der Leitung des Erzbischofs Reginald von Reims am 25. 4. Calais, von wo aus er einige Tage darauf nach Dover übersetzte, wo er von Herzog Humfried von Glocester, dem Bruder des Königs, herzlich begrüßt wurde.

Von Dover zog Sigismund weiter nach Canterbury, wo er von Erzbischof Heinrich, dem Onkel des Königs und Primas von England, empfangen wurde. Nach dem Besuch des Grabes von Thomas Beckett zog er Anfang Mai wie ein Triumphator in London ein, das er als erster deutscher König besuchte. Heinrich V. ritt ihm mit 5000 Reitern entgegen und räumte ihm den Palast von Westminster ein. Im englischen Parlament erklärte der König in Sigismunds Anwesenheit, man werde die in Frankreich bereits begonnene Friedensvermittlung nun in England fortsetzen. Unterdessen war es zu einem kurzen Waffenstillstand zwischen Frankreich und England gekommen. Durch die Verzögerung der Ankunft Wilhelms von Holland kamen die Verhandlungen nicht recht voran. Am 24. 5. wurde Sigismund in Windsor auf dem Kapitel des Hosenbandordens in diesen aufgenommen. Ende Mai kam dann Herzog Wilhelm von Holland nach London. In Frankreich konnten die Engländer zu dieser Zeit nur den Brückenkopf Harfleur halten, so daß Heinrich sich vorerst dazu bereiterklärte, einen Frieden aufgrund

des Status quo zu schließen. Noch während der Verhandlungen griff der Connetable von Frankreich England selbst an; sein Plan, die in Southampton liegende englische Flotte zu verbrennen, scheiterte jedoch. In Frankreich erhielt die Kriegspartei der Orleans unter dem Grafen von Armagnac wieder die Oberhand. Sigismund bemühte sich nun, die Friedensverhandlungen wieder in Gang zu bringen, und ordnete Nikolaus Gara, Bertoldo Orsini und Brunoro della Scala dazu mit dem Entwurf eines Waffenstillstandsvertrages[10] nach Paris ab, die am 21. 6. London verließen. Der Herzog überwarf sich dann mit Sigismund, weil dieser sich weigerte, seine Tochter Jakobäa mit Holland zu belehnen. Dies entsprach nicht nur nicht dem Reichsrecht, sondern hätte auch zur Folge gehabt, daß Holland an Frankreich gefallen wäre. Sigismund hingegen bemühte sich ja, die dem Reich von Frankreich entrissenen Gebiete zurückzuerwerben. Herzog Wilhelm reiste daher aus England ab, ohne sich von den beiden Königen zu verabschieden. Er erklärte sich jedoch bereit, an dem Friedenskongreß teilzunehmen, der nach dem endgültigen Waffenstillstand in Calais stattfinden sollte.
Unterdessen überreichte Nikolaus Gara Ende Juni 1416 in Paris dem Regentschaftsrat den Friedensvorschlag Sigismunds, der beinhaltete, daß die Könige von England und Frankreich sich in der Picardie treffen sollten; auch Sigismund und Herzog Wilhelm würden an dem Treffen teilnehmen. Am 7. 7. nahm König Karl die Londoner Präliminarien an.[11] Der Entwurf beinhaltete, daß Harfleur in der Zeit des Waffenstillstandes in englischem Besitz bleiben sollte. Nach dessen Abschluß aber sollten die Franzosen die Belagerung von Harfleur aufheben. Innerhalb von 20 Tagen nach der Abreise aus England sollte der Erzbischof von Reims mitteilen, ob Frankreich die Vorschläge Sigismunds annehme oder nicht. Graf Armagnac trat nun im Kronrat dafür ein, die Vorschläge abzulehnen und Harfleur, das die Engländer nur mit Mühe hielten, zu erobern. Man beschloß nun, die Verhandlungen in die Länge zu ziehen, so daß man unterdessen die umkämpfte Stadt erobern könne. Dazu bedienten sich die Franzosen eines hinterhältigen Tricks: Der eigentliche Waffenstillstandsvertrag[12] wurde ergänzt durch einen von Sigismund und Wilhelm von Holland in London besiegelten Anhang, einer „Cedula". Diese bestand aus einer modifizierten Abschrift des dreijährigen Waffenstillstandes zwischen Richard II. von England und Frankreich von 1389, in dem die Details des Waffenstillstandes geregelt wurden. Dem schwachsinnigen König aber hatte der Erzbischof die „Cedula" vorenthalten. Graf Armagnac, der eigentliche Machthaber in Frankreich, wollte den Waffenstillstand gar nicht. Die Engländer gingen nun davon aus, daß es zum Abschluß komme, und stellten die bereits angelaufenen Operationen zum Entsatz von Harfleur zunächst ein. Sigismund aber meldete dem König nach Erhalt des Briefes von Karl VI. seinen scheinbaren „Erfolg" und teilte dies in gewohnter Weise den Umgebenden mit. Als nun die englischen Diplomaten am 17. 7. in Beauvais mit den Franzosen zusammentrafen, um über die Modalitäten des geplanten Treffens der Könige von Frankreich und England zu verhandeln, erklärten die Franzosen, die „Cedula" nicht zu kennen; die Gesandten Sigismunds ritten nun nach Paris zu König Karl VI., der ihnen mitteilte, aufgrund des Bündnisses zwischen Kastilien und Frankreich müsse er

sich erst bei seinem Partner rückversichern und könne nur einen Waffenstillstand auf ein Jahr schließen. Als die französische Flotte am 18. 7. vor Portsmouth auftauchte, merkten Sigismund und die Engländer, daß die Franzosen sie getäuscht hatten. Am 13. 8. teilte Karl VI. Sigismund mit, daß er von den Londoner Präliminarien zurücktrete.[13] Nun war Sigismund, der erst am 27. 8. in Calais von der Sache erfuhr, als „Friedensstifter" vor aller Welt lächerlich gemacht. Eberhard Windecke berichtet über die tiefe Entrüstung Sigismunds, die diesen auch in England in ein schiefes Licht stellte. Sigismund war so empört, „daß ihm die Tränen über die Backen rannen".[14] In seiner Erbitterung protestierte er gegen das falsche Doppelspiel der Franzosen. Mit einem entrüsteten Schreiben wandte er sich an den französischen König, dem er mit bitteren Worten seinen Verrat an dem alten Familienbündnis zwischen den Häusern Valois und Luxemburg vorwarf. Nun war für ihn der Weg frei zu einem Bündnis mit England und zum Wechsel der Allianzen.

Unterdessen waren die militärischen Aktionen, die parallel zu den Verhandlungen liefen, für die Engländer jedoch günstig verlaufen. Mit Hilfe von genuesischen Schiffen griffen die Franzosen nun die englische Küste an, während Heinrich V. mit Sigismund in Schloß Leeds bei Kent weilte. Der englische König eilte sofort nach Southampton, um die Verteidigung zu übernehmen. Nach dem französischen Überfall gelang es den Engländern, in einer Seeschlacht vor Harfleur die Franzosen zu besiegen und so die Festung zu entsetzen.

Der französische Pamphletist Jean de Montreuil behauptet, Sigismund hätte den Bruch mit Frankreich von langer Hand mit Heinrich V. von England vorbereitet. Diese These wurde noch 1874 von dem Historiker Max Lenz vertreten, während Joseph Caro einige Jahre später glaubhaft machen konnte, daß das Bündnis Sigismunds mit England erst die Konsequenz des unaufrichtigen Doppelspiels der Franzosen war. Im Bündnisvertrag von Canterbury vom 15. 8. 1416[15] referiert Sigismund dessen Vorgeschichte. Er habe sich aufrichtig um die Versöhnung der beiden Völker bemüht, um das Werk der Einigung der Christen zu fördern. Nach schwierigen Verhandlungen sei ein Entwurf für einen Friedensvertrag zustande gekommen, der mit seinem und Herzog Wilhelms Siegel versehen und nach Paris gebracht worden sei. Der französische König habe ihm die Erfüllung aller Forderungen zugesagt, dann aber sein Versprechen nicht eingehalten und somit die Partner arglistig getäuscht. Freilich spielten beide Seiten ein Doppelspiel: Heinrich V. wollte die Aufhebung der Belagerung von Harfleur erreichen und die Armagnac-Partei in Frankreich das Inkrafttreten des Waffenstillstandes so lange verzögern, bis die strategisch wichtige Hafenstadt gefallen war. Nur Sigismund konnte sich daher mit Recht beklagen und dies auch zum Vorwand benutzen, die langjährige luxemburgische Familienallianz mit Frankreich aufzugeben. Am gleichen Tag, an dem Harfleur durch einen englischen Seesieg entsetzt wurde, verbündete Sigismund sich in Canterbury mit Heinrich V. gegen Frankreich. Unter den Motiven für den Vertrag nennt Sigismund auch die Annexionen von Reichsbesitz durch die französischen Könige. Frankreich habe das Schisma am meisten unterstützt und die Verhandlungen in Perpignan gestört. Um den Frieden der Kirche wiederherzustellen und die dem Reich und England durch Frankreich entrissenen Gebiete wieder in den ursprünglichen Zustand zu versetzen, habe er sich mit Heinrich verbündet. Das Schutzbündnis sollte auf ewige Zeiten gelten und beide Seiten, ihre Nachfolger und Erben verpflichten. Keine der beiden Seiten dürfe je ein Bündnis zum Schaden der anderen eingehen oder einem Vasallen erlauben, gegen den Partner Krieg zu führen. Beiden Verbündeten wurde es freigestellt, von Frankreich besetzte Gebiete mit Gewalt zu erobern. Beide Seiten sollten auch in zukünftigen Bündnissen ihre Partner berücksichtigen und sich verpflichten, keinen Separatfrieden mit Frankreich zu schließen. Das Bündnis sollte nach der Bestätigung von seiten des englischen Parlamentes und der Kurfürsten in Kraft treten. Trotzdem beschlossen die beiden Könige, in Calais an weiteren Friedensverhandlungen mit Frankreich teilzunehmen.

Nach dem Abschluß des Bündnisses reiste Sigismund am 24. 8. 1416 nach Dover und fuhr über den Kanal nach Calais, wo Heinrich V. einige Tage später eintraf. Das Bündnis von Canterbury wurde den Franzosen gegenüber geheimgehalten. An den Verhandlungen zwischen England und Frankreich nahm Sigismund nicht mehr teil. An König Karl, die Königin und Prinz Ludwig von Anjou richtete er eine Denkschrift und Briefe, in denen er über seine Vermittlungsbemühungen berichtet und seine Verärgerung kundgab. Er brauchte nun Geld für die Rückreise und ließ die Kleinodien, die ihm der englische König geschenkt hatte, von seinem Sekretär Eberhard Windecke um 18.000 Gulden verpfänden. Bis das Geld da war, bemühte sich Sigismund auch in Calais um die Kirchenunion. Die Franzosen schlugen bei den Verhandlungen mit den Engländern vor, Heinrich solle Katharina, die Tochter Karls VI., heiraten und ein Stück vom Reichsgebiet erhalten, das Sigismund abtreten sollte! Am 3. 10. kam dann der Waffenstillstand zwischen Frankreich und England zustande. Zwei Tage später kam auch Herzog Johann von Burgund nach Calais. Nachdem er sich vor dem Thron Sigismunds als seinem obersten Lehnsherrn zweimal verneigt hatte, huldigte er dem Kaiser für seine Reichslehen und ließ sich von ihm belehnen. Der englische König verlangte von ihm die Anerkennung als König von Frankreich und Lehnsherr sowie die Beteiligung an der Eroberung Frankreichs. Aber erst im Mai 1417 kam es zum Abschluß eines Geheimvertrages zwischen England und Burgund. Sigismund verabschiedete sich Mitte Oktober vom englischen König, der das Bündnis von Canterbury bereits einige Tage später im Parlament ratifizieren ließ. Er wollte nun durch Flandern zurück ins Reich und ersuchte den Herzog von Burgund und die Stände Flanderns um einen Geleitbrief. Da Herzog Johann aber nicht zulassen wollte, daß die ihm unterstehenden Stände Geleit erteilten, gab Sigismund den Plan der Landreise auf und ersuchte die Stadt Dordrecht in Holland, ihn mit dem Schiff zu holen, zumal der Waffenstillstand zwischen England und Frankreich erst Anfang November ratifiziert wurde. Am 13. 11. kam der König mit dem Schiff nach Dordrecht und reiste von dort über Nimwegen nach Aachen, wo er Ende November eintraf.

Während Sigismund durch die Niederlande zurück nach Konstanz reiste, vermittelte Herzog Wilhelm von Holland in Valenciennes die Versöhnung zwischen

Herzog Johann und der Partei um die Königin Isabeau von Frankreich und den Dauphin. Nach einem Besuch in Köln reiste Sigismund zu Weihnachten nach Lüttich, wo er Bischof Johann, den einzigen Bruder des holländischen Herzogs Wilhelm, besuchte. Er wollte verhindern, daß Holland über Wilhelms Tochter Jakobäa an Frankreich fiel, und sagte dem noch nicht zum Priester geweihten Bischof seine Unterstützung zu, wenn er nach dem Tod seines Bruders Holland beanspruchen würde. Dadurch wird deutlich, daß Sigismund sich nun offen gegen die französische Politik stellte, um bedrohte oder verlorengegangene Gebiete an der westlichen Peripherie des Reiches wieder fester an dieses zu binden. Auch darin zeigt sich sein konsequentes Bestreben, ein „Mehrer des Reiches" zu sein.

Von Lüttich aus reiste Sigismund nach Konstanz zurück, wo er am 27. 1. 1417 nach eineinhalbjähriger Abwesenheit eintraf. Als er von Pfalzgraf Ludwig und den Konzilsvätern begrüßt wurde, empfingen ihn die sehr zahlreich erschienenen Engländer besonders freundlich. Beim festlichen Einzug in die Stadt trug er den Hosenbandorden und begrüßte allein die Engländer mit Handschlag. Der Bischof von Salisbury eilte auf die Kanzel, um Kardinal d'Ailly bei der Begrüßung im Dom zuvorzukommen. Am Tag darauf berief der König die englischen Konzilsväter zu sich, drückte ihnen freundlich die Hand und erklärte, die Beziehungen, die König Heinrich IV. zum Reich geknüpft habe, seien jetzt noch fester geworden und sollten ewig währen. Vergleiche er die englische kirchliche und politische Organisation mit der des Reiches, müsse er sagen, daß er sich in England wie im Paradies gefühlt habe.[16] Von nun an sollte die englische Nation auf dem Konzil noch enger als bisher mit der deutschen zusammenarbeiten.

XII.
Das Ende des Konstanzer Konzils und der Krieg gegen Venedig (1417–1420)

Nach der Rückkehr nach Konstanz mußte König Sigismund sich zunächst mit Herzog Friedrich IV. von Österreich auseinandersetzen, der Ende März 1416 aus seiner Konstanzer Haft geflohen war. Im November 1415 hatte das Konzil den Herzog bei Androhung des Bannes und Verlust aller Lehen dazu verurteilt, Bischof Georg von Trient wieder in sein Amt einzusetzen. Die Durchsetzung der Landeshoheit in Tirol und in den Vorlanden hatte zur Folge, daß der Einfluß der Bischöfe von Brixen, Trient und Chur – die ja formal Reichsfürsten waren – und des Adels zurückgedrängt wurde. Eine derartige Stärkung des Landesfürstentums lag natürlich nicht im Interesse des Königtums, das sich unter Sigismund eher auf die kleineren Reichsstände und die Städte stützte. Insofern mußte Sigismund daran gelegen sein, die Bischöfe und die Adelsopposition zu unterstützen.
Nach der Rückkehr Sigismunds nach Konstanz mußte er feststellen, daß Friedrich IV. sich mittlerweile mit seinem Bruder Ernst, der nach der Ächtung des Bruders die Verwaltung Tirols übernahm, geeinigt hatte. Obwohl die Habsburger ihre Gebiete in drei Linien geteilt hatten, mit den Zentren Wien, Graz und Innsbruck, arbeiteten sie trotz interner Differenzen in allen wichtigen Fragen meist zusammen. Friedrich fand demnach bei seinem Bruder Ernst und auch bei seinem Vetter Albrecht V. einen gewissen Rückhalt. Es scheint, daß die Maßnahmen des Königs gegen Friedrich auf dem Konzil im Bereich des heutigen Vorarlberg bis zum Frühjahr 1417 noch keinen durchschlagenden Erfolg gehabt hätten; so war z. B. der Graf Eberhard von Nellenburg wohl zu schwach, um sich in der Grafschaft Feldkirch durchzusetzen. Der gewalttätige und politisch geschickte Graf Friedrich VII. von Toggenburg war für Sigismund nun der richtige Mann, die Maßnahmen gegen Herzog Friedrich auch mit Gewalt durchzusetzen.[1] Ende Februar 1417 verpfändete er ihm die Grafschaft Feldkirch um 3000 Gulden. Einige Tage später wurde Herzog Friedrich vom Konzil exkommuniziert. Durch einen Burgrechtsvertrag mit Zürich und Schwyz hatte Graf Friedrich, der außer der Grafschaft Toggenburg seit 1406 die Grafschaft Sargans mit Windegg und dem Gaster im Rheintal als österreichisches Pfand besaß, einen Rückhalt an den Eidgenossen. Die Bevölkerung der Grafschaft Feldkirch war jedoch nicht erfreut, den Grafen als neuen Herrn zu bekommen; Sigismund mußte sie erst mehrfach zur Huldigung auffordern. Mit der Unterstützung Zürichs gelang es ihm dann im Juni 1417, die

Burg von Feldkirch einzunehmen, die nun zu seiner neuen Residenz wurde. Noch im März 1417 forderte Sigismund die früheren Lehensträger Herzog Friedrichs auf, nun ihm zu huldigen. Es gelang ihm jedoch nicht, Friedrich wie 1415 durch einen Überraschungscoup zu besiegen. Graf Hans von Lupfen sollte die Huldigungen erzwingen; er wurde königlicher Landvogt im Elsaß, Sundgau und Aargau. Dann gelang es Sigismund, den Markgrafen Bernhard I. von Baden auf seine Seite zu ziehen; er ernannte ihn zum königlichen Landvogt im Breisgau und forderte die Städte Freiburg, Breisach, Neuenburg, Endingen und Kenzingen auf, ihm als seinem Vertreter gehorsam zu sein. Villingen, das 1415 Österreich treu geblieben war, wurde noch einmal zur Reichsstadt erhoben. Ende Oktober 1417 reiste Sigismund zu Graf Friedrich nach Feldkirch und über Rapperswil nach Zürich und Luzern, um die Verbündeten um Unterstützung für einen Zug gegen Tirol zu ersuchen. Noch heute ist der Einzug des Königs auf einem Gemälde auf der historischen Holzbrücke in Luzern zu sehen. Da Sigismund keine namhafte Hilfe erhielt, verschob er den Angriff auf Tirol und gab ihn schließlich ganz auf. Abgesehen von der Huldigung der Breisgaustädte an Markgraf Bernhard ging der neue Vorstoß Sigismunds gegen Herzog Friedrich ins Leere und führte zu keinem Ergebnis.

Auf dem Konzil waren mittlerweile die Bemühungen des Königs um die Kirchenunion weitergegangen. Im September 1416 war eine Delegation des Königs von Aragon in Konstanz eingetroffen, und im Juni 1417 erschienen auch die Vertreter Kastiliens, so daß Papst Benedikt XIII. am 26. 7. 1417 in Anwesenheit Sigismunds in der 37. Session abgesetzt werden konnte. Damit war endlich das Schisma in der Kirche beendet.

In der Folgezeit kam es jedoch zu einem Zerwürfnis zwischen Sigismund und vielen Konzilsvätern. Das deutsch-englische Bündnis zeigte auch in Konstanz mehr und mehr seine Folgen, besonders seit Sigismund am 22. 3. 1417 König Karl VI. über sein Bündnis mit Heinrich V. informiert und ihm formell den Krieg erklärt hatte.[2] Die englische Nation stimmte fortan in der Regel mit der deutschen, während die Franzosen häufig mit den Italienern zusammengingen; diese Gruppe wurde nun noch durch die Spanier als neue fünfte Konzilsnation verstärkt. Der König wurde vor allem von den ehemaligen Gregorianern unterstützt; der Erzbischof von Mailand, der Patriarch von Antiochien, Erzbischof Johann Wallenrode von Riga und Bischof Robert Hallum von Salisbury waren seine engsten Mitarbeiter. Nach den Anfangsbuchstaben der vier lateinischen Ortsnamen (Mediolanensis, Antiochenus, Rigensis und Sarisberiensis) wurde die Gruppe „Mars" genannt; sie übte maßgeblichen Einfluß auf das Konzil aus. Der Tod von Bischof Robert im September 1417 schwächte die Stellung Sigismunds, der unbedingt die Kirchenreform vor der Papstwahl durchsetzen wollte, weil er befürchtete, daß ein gewählter Papst danach trachten werde, das Konzil möglichst rasch zu beenden und dadurch die Reform aufzuschieben. Die spätere Entwicklung sollte ihm dabei recht geben.

Sigismund hatte schon einige Male das Konzil verlassen, um dieses unter Druck zu setzen. Am 7. 9. 1417 verlangte er nun mit der deutschen Nation die Durchsetzung der Kirchenreform, wogegen die italienische, französische und spanische Nation protestierten. Daraufhin geriet Sigismund in Zorn und verbot den Kardinälen das Münster. Als er zwei Tage später mit den Deutschen unter Protest das Münster verließ, rief man ihnen nach: „Hinaus mit den Häretikern!" („Recedant Haeretici!") Der Kardinal Fillastre beklagte in seinen Tagebüchern, daß der König durch seine Anwesenheit das Konzil zu manipulieren versuchte. Als französische Kardinäle das frühere Bündnis Sigismunds mit Frankreich veröffentlichen wollten, um zu beweisen, daß er dieses mit dem Vertrag von Canterbury – dessen Inhalt allmählich durchgesickert war – gebrochen habe, ließ er sein ungarisches Gefolge bewaffnen, so daß die Franzosen sich verbarrikadierten. Als eine Aufforderung an die deutsche Nation vorgelesen werden sollte, sie möge der Konzilsmehrheit beitreten, rief Sigismund unter Protest, man solle dies nicht vorlesen, und verließ den Raum. Als er dabei hörte, wie ein Italiener sagte, man solle doch den Aufruf an die Tore anschlagen, stürzte er auf ihn zu, schlug ihn mit der Faust unters Kinn und rief: „Dich wird man an die Tore hängen!" Mit dem Ruf: „Diese Italiener und Franzosen wollen uns einen Papst geben. Bei Gott, sie werden es nicht tun"[3], verließ er den Dom.

Der „Prioritätsstreit", ob man zuerst die Kirchenreform beschließen oder einen neuen Papst wählen solle, wurde im Herbst 1417 mit immer größerer Heftigkeit ausgetragen. Schließlich gingen auch die Engländer zur Konzilsmehrheit über. Im August 1417 stellten die Vertreter der deutschen Nation Beschwerdeschriften („Gravamina") zusammen, wie sie fortan bis zum Ausbruch der Reformation immer wieder erneuert werden sollten. Das aus 15 Italienern, sieben Franzosen und einem Spanier bestehende Kardinalskollegium drängte jetzt, die Papstwahl vorzunehmen. Sigismund verlangte nun, daß außer den Kardinälen auch die Nationen durch Deputierte an der Papstwahl beteiligt werden sollten, da sonst die Franzosen und Italiener vollkommen das Übergewicht hätten. Am 9. 10. 1417 wurde in der 39. Sitzung das berühmte Dekret „Frequens" erlassen, das bestimmte, in Zukunft sollten regelmäßig Konzilien abgehalten werden, das erste nach fünf Jahren, das zweite nach sieben und dann jeweils nach zehn Jahren. Damit wollte das Konzil die Kirchenverfassung in eine konstitutionelle Monarchie umwandeln und einen Parlamentarismus in der Kirche einführen.[4] Man glaubte, dadurch die zukünftige Reform der Kirche gesichert zu haben.

Nun wurde der Modus der Papstwahl diskutiert, die Sigismund nicht mehr verhindern konnte. Am 28. 10. schlugen die Franzosen vor, die Kardinäle und je sechs Deputierte der Nationen sollten den Papst wählen; zwei Drittel der Kardinäle und je zwei Drittel der Deputierten in jeder Nation sollten notwendig sein, um den Papst zu wählen. Dem stimmten auch die übrigen Nationen zu. Im „Kaufhaus" am Hafen von Konstanz wurden die Räume für das Konklave hergerichtet. Am 8. 11. bezogen die Wähler das Gebäude; sie wurden von Sigismund vereidigt, der als letzter das Gebäude verließ. Drei Tage später wurde Kardinal Odo Colonna zum Papst gewählt; er nahm den Namen Martin V. an. Nach der Wahl eilte Sigismund herbei und warf sich ganz spontan und impulsiv vor dem Papst nieder und küßte ihm die Füße. Dieser dankte ihm für alles, was er für das Konzil getan habe. Der neue Papst mußte erst noch zum Priester und Bischof geweiht werden, dann wurde er gekrönt. Dabei hielt Sigismund während des Umzuges des Papstes dessen Pferd am Zügel; der König führte diese alte Zeremonie aus, ohne die Situation zu einer Änderung dieses überkommenen Rituals zu benutzen. Obwohl Sigismund in das Konklave nicht eingegriffen hatte, lehnte die französische Regierung den neuen Papst ab, da die Wahl vom deutschen König manipuliert worden sei. Martin V. bestätigte Sigismund im Januar 1418 als deutschen König und ließ nun Baldassare Cossa, den früheren Papst Johannes XXIII., von Heidelberg nach Italien überstellen. Obwohl das Verhältnis zwischen dem Papst und Sigismund gut war, konnte es nicht ausbleiben, daß die Führung des Konzils nun mehr und mehr an Martin V. überging.

Sigismund bekam den neuen Kurs schon bald zu spüren, als er im Zusammenhang mit der Diskussion um die Reform des Kardinalskollegiums Ende 1417 den Papst ersuchte, nach seinem Vorschlag zwei deutsche Kardinäle zu ernennen. Martin V. lehnte diesen Plan ebenso ab wie das Gesuch um die Bestellung eines eigenen päpstlichen Legaten für Deutschland und Ungarn und die Zustimmung zum Wunsch des Königs, über die Vergabe gewisser kirchlicher Ämter entscheiden zu können. Auch später versuchte Sigismund vergeblich, den Papst dazu zu bestimmen, den Passauer Bischof Georg von Hohenlohe, der Anfang September 1418 vom Graner Erzbischof Johannes Kanizsai die Leitung der deutschen Reichskanzlei übernommen hatte, zum Kardinal zu erheben.

Von der Änderung der Kräfteverhältnisse gegen Ende des Konstanzer Konzils profitierte auch Herzog Friedrich IV., dem der neue Papst seine Vermittlung in seinem Streit mit dem König anbot. Im Frühjahr 1418 stellte Sigismund daher ein Fürstengericht unter dem Vorsitz des neuen Kurfürsten von Brandenburg zusammen, das den Konflikt behandeln sollte. Zu einer neuen Ächtung Friedrichs scheint es aber nicht mehr gekommen zu sein. Im Frühjahr 1418 erließ Sigismund noch einmal eine Flut von Mandaten an die ehemals österreichischen Lehensträger in den Vorlanden mit der Aufforderung, sich neu von ihm belehnen zu lassen. Aber auch diese Initiative zeigte keine Wirkung mehr. Anfang März erteilte der König seinem alten Feind freies Geleit nach Konstanz. Am 14. 4. trafen beide in Meersburg zusammen. Dort begannen nun die Friedensverhandlungen, die dadurch überschattet wurden, daß der 1415 zwischen Sigismund und Venedig abgeschlossene Waffenstillstand auslief und eine neue Offensive der Markusrepublik in Friaul zu erwarten war.

Für die Eidgenossen wurde angesichts der Verhandlungen Sigismunds mit Herzog Friedrich die Absicherung ihrer Eroberungen von 1415 aktuell. Am 25. 4. schloß Sigismund in Münsterlingen einen Vorfrieden mit dem Herzog, in dem vereinbart wurde, daß dieser ihm 70.000 Gulden zahlen und dafür nach Möglichkeit die früheren Gebiete zurückerhalten sollte. Dann reiste Sigismund zu einem Blitzbesuch nach Zürich, wo er den Eidgenossen erklärte, sie könnten ihre Eroberungen behalten; Neuenburg, Breisach, Rheinfelden, Schaffhausen und die Gebiete südlich der Rheinlinie sollten beim Reich verbleiben. Für den Fall, daß der Herzog den Frieden nicht einhalte, ersuchte Sigismund die Eidgenossen um die

Zusicherung von 1000 Mann. Dann stellte er der Stadt Zürich den Kauf der Grafschaft Kyburg in Aussicht und verpfändete den westlichen Teil des Aargaues um 5000 Gulden an Bern, wobei die Eroberungen von 1415 anerkannt wurden.[5] Die Grafen von Werdenberg erhielten den Besitz der Grafschaft Heiligenberg und Graf Johann von Freiburg die Herrschaft Badenweiler zugesichert, obwohl beide Gebiete früher österreichisch gewesen waren. Die Verpfändung der Herrschaft Rheinfelden an Frischhans von Bodman wurde um 4000 Gulden erhöht, um eine Rücklösung zu erschweren. Truchseß Johann von Waldburg, der die sogenannten „österreichischen Donaustädte" von Sigismund 1415 als Reichspfand erhalten hatte, bekam noch die strategisch wichtige Reichslandvogtei in Schwaben als Reichspfand um 10.400 Gulden dazu. Bevor der König den offiziellen Friedensvertrag mit Herzog Friedrich schließen wollte, versuchte er noch, vollendete Tatsachen zu schaffen, damit eben nur ein Teil der Gebiete zurück an den Konkurrenten fallen sollte und dessen Gegenspieler im Bodenseeraum gestärkt würden.

Am 7. 5. empfing Sigismund Herzog Friedrich im Augustinerkloster, wo er zuletzt seinen Wohnsitz hatte. Zum Dank für die Gastfreundlichkeit hatte er dort Ende Mai 1417 den Auftrag gegeben, die Kirche mit Fresken auszumalen. Die Fresken, unter denen Sigismund selbst als heiliger Sigismund dargestellt wurde, sind besonders deswegen von großem Wert, weil es nur wenige Kirchen aus dieser Zeit in Deutschland gibt, deren Freskenschmuck aus einer Hand stammt.[6]

Am Tag nach dem Empfang im Augustinerkloster belehnte Sigismund den Herzog mit seinen Reichslehen und bestätigte ihm die Privilegien. Friedrich mußte dem König geloben, ihm bei einem Krieg mit Frankreich oder Venedig sowie gegen jedermann außer seinem Bruder Ernst und seinem Vetter Albrecht beizustehen; ohne Zustimmung des Königs durfte er keine Bündnisse schließen. Bei Nichteinhaltung des Vertrages sollten alle Besitzungen des Herzogs an das Reich fallen. Friedrich konnte die verpfändeten Gebiete im Elsaß und im Breisgau von den Pfandinhabern wieder zurückerwerben, nicht aber die von den Eidgenossen eroberten. Nach Abschluß des Friedensvertrages vom 12. 5. stellte Sigismund dem Herzog eine Reihe von Rückstellungsmandaten an die derzeitigen Inhaber seiner Besitzungen aus. Da er jedoch auf den Verhandlungsweg angewiesen war, ließ er die meisten Mandate gar nicht an die Adressaten überbringen. Wie Friedrich IV. jedoch wirklich dachte, geht aus einem bisher unveröffentlichten Brief vom 27. 7. an die Stadt Frauenfeld im Thurgau hervor. An diesem letzten Tag, den der Herzog in den Vorlanden verbrachte, teilte er den Friedensschluß mit dem König mit, der es den Gebieten überlasse, zu wem sie sich halten wollten. Er wolle nun „von dem Lande reiten" und sich mit seinem Bruder Ernst und seinem Vetter Albrecht beraten und dann in den Thurgau zurückkehren. Dann gebot er den Bürgern im Namen seines Bruders und Vetters, die sich ihrer Eide gegenüber dem „Haus Österreich" nicht ledig gesagt hätten, ihren rechten Herren die Treue zu bewahren.[7] Der Brief stellt einen der frühesten Belege des Begriffes „Haus Österreich" dar und erinnert daran, daß auch die anderen Mitglieder des Hauses in die Sache involviert waren. Auf diese Solidarität konnte der Herzog trotz aller Schwierigkeiten mit seinen Verwandten rechnen. Zunächst nützte ihm dies nicht viel; fürs erste kehrten auch nur die Städte Villingen, Laufenburg und Säckingen sowie die Markgrafschaft Burgau wieder unter seine Herrschaft zurück. Für den Rest seines Lebens blieb es sein wichtigstes Ziel, die 1415 verlorenen Gebiete zurückzuerwerben. Dies ist ihm freilich nur zum Teil gelungen.

Papst Martin V. arbeitete nach seiner Krönung darauf hin, das Konzil zu beenden. Als die Nationen dies merkten, drängten sie Sigismund am 12. 1. 1418, den Papst zur Durchführung der Kirchenreform zu ermahnen. Sigismund aber erklärte, als er dies im Jahr zuvor gefordert hätte, seien sie dagegen gewesen; nun sollten sie selbst den Papst um die Reform bitten. Martin V. aber verhandelte nun einzeln mit den Nationen; mit den Deutschen vereinbarte er am 20. 2. 1418 die Neuordnung des Kardinalskollegiums, die Besetzung der Pfründen, die Abgaben, Prozeßordnung und Dispensen; gemeinsam mit dem englischen Konkordat wurde das deutsche am 21. 3. in der 43. Sitzung verabschiedet. Ein Hauptnutznießer des Konzils war jedoch Ungarn. Als Sigismund nämlich im Sommer 1417 spürte, daß die Gruppe der Reformgegner auf dem Konzil allmählich die Oberhand gewinnen würde, schloß er mit den Kardinälen ein Abkommen, in dem sie sich verpflichteten, die Güter und Rechte des Königs sowie seiner Länder und Reiche zu achten und zu bewahren und dafür zu sorgen, daß der künftige Papst und seine Nachfolger dies bestätigten. Dieses Abkommen trat jedoch nicht in Kraft, da die Kardinäle es nicht ratifizierten. Am 19. 9. 1417 hatte das Konzil dann vor der Papstwahl beschlossen, daß nur die Reformartikel vom Konzil sanktioniert seien, über die Einstimmigkeit bestand; über 18 weitere Reformpunkte sollte der zukünftige Papst entscheiden. Sigismund stimmte dem nur unter der Bedingung zu, daß das Abkommen vom Juli nun ratifiziert werde. Kardinal Fillastre berichtet in seinem Tagebuch, daß die Kardinäle diesem Vertrag nie zugestimmt hätten, wenn sie „frei und in Sicherheit gewesen wären".[8] Auf diese Weise wurde Sigismund zum Begründer des ungarisches Staatskirchentums, das es dem König ermöglichte, Bistümer und Erzbistümer mit Kandidaten seiner Wahl zu besetzen. Wie stark sich Sigismund in dieser Frage fühlte, geht auch daraus hervor, daß er es nach der Wahl des neuen Papstes nicht einmal für notwendig erachtete, sich dieses Privileg vom Papst bestätigen zu lassen.

Das Konzil schloß am 22. 4. mit der 54. Sitzung; als der Papst, den Sigismund vergebens zu überreden versuchte, in Basel, Mainz oder Straßburg seinen Sitz einzunehmen, Mitte Mai von Konstanz abreiste, waren Sigismund, Markgraf Friedrich von Brandenburg und Herzog Friedrich IV., der mittlerweile vom Bann gelöst worden war, dabei und verabschiedeten ihn. Einige Ereignisse am Rand des Konzils sollen hier noch erwähnt werden. Am 18. 4. 1417 belehnte Sigismund Burggraf Friedrich VI. von Zollern noch einmal in feierlicher Form mit der Mark Brandenburg. Der Rechtsakt fand auf dem Obermarkt von Konstanz statt, wo normalerweise der Reichsvogt amtete. Sigismund hatte mit der Krone auf dem Kopf, umgeben von den Kardinälen, Reichsfürsten und Bischöfen, auf einer Tribüne Platz genommen. Dann wurde der Burggraf geholt. Er kniete vor dem König nieder, während der Kanzler die Belehnungsurkunde verlas. Dann legte Friedrich den Lehnseid ab, und Sigismund überreichte ihm zum Zeichen der

Belehnung zwei Fahnen. Ein Festessen mit Volksbelustigung schloß das denkwürdige Ereignis ab, durch das die (Hohen-)Zollern Besitzer der Mark Brandenburg wurden. Die Erhebung Graf Adolfs von Kleve zum Herzog und seine Belehnung erregte zur gleichen Zeit großes Aufsehen.

Mit den Reichsstädten hatte König Sigismund bereits im Februar 1415 auf dem Reichstag in Konstanz Verhandlungen über eine Landfriedensordnung begonnen und dabei den Plan entworfen, die nicht unter einem Fürsten stehenden Reichsgebiete in vier Kreise zu teilen: in Rheinfranken und dem Elsaß, Schwaben, Franken sowie Hessen, Thüringen und Sachsen sollten Prälaten, Herren und Städte für sich je eine Einung schließen. Das Reich sollte demnach mit einem Netz funktionierender Landfriedenseinungen überzogen werden. An der Spitze eines jeden Kreises sollte ein vom König eingesetzter Hauptmann stehen, der mit städtischen Beiräten und Truppen eine Exekution der Friedensordnung durchführen sollte. Auf diese Weise sollte die ansonsten von unten gewachsene Einung von oben her kontrolliert werden. Im März 1415 sollte über den zunächst auf drei Jahre vorgesehenen Reformplan weiter verhandelt werden.[9] Die Fürsten waren jedoch mit der Einrichtung einer Kreishauptmannschaft nicht einverstanden, so daß Sigismund den Plan wieder in Richtung der alten regionalen Landfriedenseinungen verwässerte. 1417 führte der König auf dem Reichstag zu Konstanz neue Reformverhandlungen mit den Reichsständen, die wiederum zu keinem Ergebnis führten. Sein damaliger Sekretär Kaspar Schlick sollte diesen Reformplan später als Reichskanzler unter Albrecht II. und Friedrich III. von neuem aufgreifen.

Die Bedeutung, die das Konzil für das intellektuelle Leben Europas und die Begegnung der Gelehrten und Frühhumanisten hatte, kann nicht hoch genug eingeschätzt werden. Bedeutende Gelehrte und Humanisten wie Poggio Bracciolini, Johannes Chrysoloras, Francesco Zabarella, Johannes Gerson oder Pierre d'Ailly kamen hier zusammen. Manch einer der bürgerlichen gelehrten Konzilsteilnehmer trat auch in den Dienst Sigismunds über wie Pier Paolo Vergerio oder auch der kurpfälzische Jurist Winand von Steeg. Dieser nahm als juristischer Berater der Stadt Nürnberg am Konzil teil und wurde dann Sekretär Sigismunds, den er nach Ungarn begleitete. In seinem Dienst verfaßte der konservative Kanonist 1418/19 einen Traktat „Diamant der kämpfenden Adler" der dem König gewidmet ist und 54 kolorierte Zeichnungen enthält. Der Autor stellt mit Genugtuung fest, daß das Schisma beendet sei und Hus und Hieronymus verbrannt seien. Den seit 1402 von Sigismund verwendeten Doppeladler deutet er allegorisch; das Reich („Imperium") und das Papsttum („Sacerdotium") bilden die beiden Köpfe des Adlers, die aus dem Ei der Kirche Christi entschlüpfen und die Kaiserkrone und die Papsttiara tragen. Auf einem anderen Bild des Doppeladlers trägt ein Kopf Kreuz und Schwert als Symbole der geistlichen und weltlichen Macht. Es lag wohl in Sigismunds Absicht, dem Reichsadler eine göttliche und geistige Dimension zu verleihen.[10]

Noch vor dem Ende des Konzils war nach dem Tod des friulanischen Reichsvikars Friedrich von Ortenburg im April 1418 in Friaul von neuem der Krieg mit Venedig ausgebrochen. Seravalle und Pordenone gingen aufgrund der schwachen Abwehr der ungarischen Verteidigung rasch verloren, und Herzog Ludwig von Teck, der Sigismund treu ergebene Patriarch von Aquileia, der zu Beginn des Jahres 1418 nach Konstanz gekommen war, verlor im Juli 1419 Cividale. Auch in Dalmatien kam es wieder zum Krieg; noch Ende 1418 hätte sich Venedig auf der Grundlage des damaligen Besitzstandes – Zara und Šibenik – zufriedengegeben. Dann kam es wieder zum Kampf; nur Trogir konnte mit genuesischer Hilfe einen Angriff der Venezianer zurückschlagen. Vergeblich versuchte Sigismund im Sommer 1418, Herzog Friedrich zum Einschreiten gegen Venedig zu bewegen. Auch die Ernennung Filippo Maria Viscontis zum Reichsfeldherrn gegen Venedig im Juli 1418 blieb ein papierenes Mandat. Sigismund konnte „nicht erwarten, daß seine Bundesgenossen für ihn die Kastanien aus dem Feuer holen würden; seine eigene Streitmacht mußte in den Krieg eingreifen".[11] Als im Oktober 1419 endlich eine ungarische Entsatzarmee kam, vermochte sie nicht, Cividale zurückzuerobern; der Winter zwang die Ungarn dann zum Rückzug. Im Kriegsjahr 1420 fielen dann die endgültigen Entscheidungen. In Dalmatien eroberten die Venezianer Trogir, Split, Kotor und die Inseln; Ungarn behielt nur den hafenlosen Küstenstreifen zwischen Istrien und Dalmatien. In Friaul fielen im April 1420 Belluno, im Mai Feltre und im Juni Udine in die Hände der Venezianer, die dann auch noch Gemona, Venzone, S. Daniele, das Cadore und Aquileia sowie in Istrien Muggia und Labin eroberten. Damit hörte der altehrwürdige Patriarchenstaat, der für die Kaiser ein Einfallstor nach Italien gewesen war, auf zu bestehen. Das Reich hatte seine südliche Mark ebensowenig verteidigt wie die westlichen und nördlichen Gebiete. König Sigismund, der sich zu dieser Zeit in erster Linie mit dem Hussiten- und Türkenkrieg befassen mußte, war wieder einmal überfordert und nicht in der Lage, das Reich, das auch in dieser Frage keinen Finger rührte, gegen einen Aggressor zu schützen. So ging altes historisches Reichsgebiet verloren, ohne daß die Öffentlichkeit des Reiches sich darum gekümmert hätte. Ungarn verlor für Jahrhunderte den Zugang zur Adria.

In seiner Bedrängnis hatte König Sigismund geglaubt, Venedig mit einem Wirtschaftskrieg in die Knie zwingen zu können. Das Handelsembargo gegen Venedig zeigt Sigismund als modernen Herrscher, der die Bedeutung der Ökonomie in der Politik realistisch einschätzte und konsequent anzuwenden versuchte. Im Februar 1412 hatte er den Hansestädten erstmals allen Verkehr mit Venedig verboten und sie aufgefordert, neue Handelswege zu benutzen. Wie kein anderer europäischer Regent dachte Sigismund hier in großen Perspektiven. Bereits im Frühjahr 1412 hatte er eine Gesandtschaft an Dschelaleddin, den Khan der Goldenen Horde, nach Sarai in Kiptschak an der Wolga geschickt, um ihn zu ersuchen, den alten Warenweg von China über die alte Seidenstraße zur genuesischen Kolonie Kaffa auf der Krim und nach Kilia an der Donaumündung zu erneuern und damit den Handel der Venezianer zu stören.[12] Die Ermordung des Khans scheint die Realisierung des Projektes verhindert zu haben.

Seit 1415 bereitete Sigismund dann eine Kontinentalsperre gegen Venedig vor, die durchaus an das spätere Projekt Napoleons erinnert. Bereits seit 1412 stand der König auch mit Quara Yuluk, genannt Uthman ibn Tur Ali, dem „Schwarzen Blutegel" und Herrn der Turkmenen vom „Weißen Hammel" in Ostanatolien und am oberen Euphrat, in Verbindung. Er war Sigismunds wertvollster Verbündeter im Orient, der mit seinen Einfällen nach Syrien zum Schrecken der Venezianer wurde, zumal er die Handelswege zum Persischen Golf abschneiden konnte. Sigismund nannte ihn in Briefen „Princeps Mezopotamie et imperator Tartarorum".[13] Quara Yuluk hatte bereits 1413 die Venezianer im Orient schwer mißhandeln und verfolgen lassen. Die Chronik Giorgio Dolfins berichtet über ähnliche Verfolgungen im Oktober 1418. Es war sicher auch kein Zufall, daß im Sommer 1418 Jeferimberdi, der Khan der Goldenen Horde, Venedigs Handelskolonie Tana am Don überfiel und zerstörte und dabei die Venezianer massakrieren ließ und ihren Levantehandel bedrohte.[14] Sigismund brachte es zuwege, immer neue Feinde gegen Venedig und auch die mit ihnen zeitweise zusammenarbeitenden Türken aufzustacheln, so daß es nicht verwundert, daß der Senat der Markusrepublik erstmals 1415 und dann noch einmal 1419 einen Mordanschlag auf den König beschloß.

Anfang 1418 sandte Sigismund die Brüder Vischer nach Kilia, Kaffa und Pera bei Konstantinopel, um eine neue Straße von Ungarn nach Kilia anzulegen. Die preußischen Städte Danzig und Thorn sandten 1420 zwei Kaufleute aus, um den Weg nach Kaffa zu finden. Im August 1420 wandte sich Sigismund dann an Michael Küchenmeister, den Hochmeister des Deutschen Ordens, der ihm seinen Mitbruder Witich von der Pforten zur Verfügung gestellt hatte, um die Straße nach Kilia zu bauen und den Kaufleuten zu öffnen. Dieser Plan wurde jedoch durch die Eroberung Kilias durch die Türken zunichte gemacht. Sigismund gab den Kampf gegen Venedig auch weiterhin nicht auf. Er versuchte auch, die Tauernstraße durch den Salzburger Erzbischof, den Bamberger Bischof – der Villach besaß – und die Grafen von Cilli sperren zu lassen; er stellte sogenannte „Kaperbriefe" aus, die die Berechtigung verleihen sollten, venezianische Handelsgüter aufbringen und beschlagnahmen zu lassen. Etwa ein Drittel der Weltproduktion an Silber und Kupfer kam aus den Karpaten. Der von Sigismund mehrfach über Venedig verhängte Handelsboykott hatte immerhin zur Folge, daß die Markusrepublik zwischen 1417 und 1423 infolge des Silberembargos die Münzprägung einstellen mußte. Sigismunds Versuch, Venedig durch den Rivalen Mailand bekriegen zu lassen, scheiterte jedoch; Filippo Maria Visconti, den der König 1418 zum Reichsfeldherrn gegen Venedig ernannt hatte, verbündete sich 1420 auf zehn Jahre mit der Markusrepublik gegen den König. Die Hafenstadt Genua, wohin Sigismund den Mittelmeerhandel über Ravensburg und die Schweiz leiten wollte, wurde 1421 von Mailand erobert. Der Kampf gegen Venedig wurde sowohl im Interesse Ungarns als auch des Reiches geführt. Angesichts der Tatsache, daß die handelspolitische Dominanz der Venezianer in Deutschland und Ungarn von Sigismund erfolgreich zurückgedrängt wurde, werden seine weitausgreifenden Pläne hinsichtlich der Isolation Venedigs in Europa heute nicht mehr in dem Maß als phantastisch angesehen, wie dies bei der Beurteilung auch anderer Pläne Sigismunds in früheren Zeiten oft nur allzuleicht geschah. So wird die Politik des durch die vielen auf ihn einstürmenden Probleme überforderten Kaisers heute gerechter beurteilt als in den vergangenen Jahrhunderten.

XIII.
Türkenkrieg, Reichstag zu Breslau und erster Hussitenzug (1419/20)

Nach den glänzenden Feldzügen des osmanischen Sultans Bajazed I. (1389–1402) auf dem Balkan, die zur Eroberung Bulgariens und der teilweisen Unterwerfung Serbiens, der Moldau und Walachei geführt und Sigismund die schwere Niederlage von Nikopolis (1396) bereitet hatten, mußte das türkische Reich 1402 durch den Einbruch des aus türkisch-mongolischem Geschlecht stammenden Herrschers Timur Lenk, „Tamerlan" genannt, einen schweren Rückschlag hinnehmen, der dem Byzantinischen Reich eine letzte Atempause verschaffte. Timur, der von Samarkand und Taschkent aus mit entsetzlichen Greueltaten ein Reich errichtet hatte, zu dem auch Persien und Mesopotamien gehörten, und der bis nach Moskau gezogen war, besiegte im Juli 1402 Bajazed in der Schlacht bei Angora. Die Thronkämpfe seiner Söhne schwächten das Osmanische Reich weiter, ohne daß die christlichen Völker diese günstige Gelegenheit zu einem Gegenstoß benutzt hätten. Erst unter Bajazeds Sohn Mohammed I. (1413–1421) gingen die Türken auf dem Balkan wieder offensiv gegen die Reste der christlichen Herrschaft vor. König Sigismund schuf eine Donauflotte und ließ in Bártha eine Rüstungsfabrik errichten, in der Kanonenräder, Geschützrohre, Kanonen und Kugeln produziert wurden. Politisch suchte er die Osmanen eher durch eine große Koalition von Byzanz, Genua, Dalmatien, Bosnien, Walachei, Litauen, der Goldenen Horde, den Timuriden und dem Reich vom „Weißen Hammel" (Quara Yuluk) sowie dem Kaiserreich Trapezunt zu bekämpfen.[1]
Bereits nach der Schlacht bei Nikopolis waren die Türken erstmals bis Pettau in der Steiermark vorgestoßen. Trotz des Bosnienfeldzuges Sigismunds gelang es einem türkischen Stoßtrupp 1408, die Stadt Möttling in Krain zu zerstören. Nach der Absetzung König Twartkos II. von Bosnien hatte Sigismund 1408 das Königreich Bosnien aufgeteilt. Den nördlichen Teil gab er zum ungarischen Banat Macsó, den westlichen zu Kroatien unter Ban Hermann von Cilli, einen Teil im Südosten an den serbischen Fürsten Stefan Lazarewitsch und den Süden an den Fürsten Ostoja, einen unehelichen Sohn Twartkos I. von Bosnien. Den bosnischen Fürsten Hervoja hatte König Ladislaus von Neapel zum Herzog von Split erhoben. Sigismund hatte ihn in dem Amt belassen und 1408 sogar in den Drachenorden aufgenommen und zum Paten seiner Tochter gemacht. 1413 fiel Hervoja von Sigismund ab und verbündete sich mit den Türken, nachdem ihm ein

Sonderverfahren vor dem Drachenorden verweigert worden war. Sigismund ächtete ihn Anfang August 1413 in Bozen. Gemeinsam mit den Türken gelang es Hervoja 1415, den ungarischen Ban von Macsó zu schlagen. Auch die Venezianer, die im besten Einvernehmen mit Sultan Mohammed I. standen, unterstützten ihn beim dritten Türkeneinfall im Frühjahr 1415, in dem das Patriarchat Aquileia und Krain heimgesucht wurden. Nun konnten die Türken in Bosnien festen Fuß fassen, Sarajevo besetzen und nach Hervojas Tod 1416 einen Teil Bosniens erobern, in dem ein Statthalter eingesetzt wurde. Der vom Geschichtsschreiber Megiser für das Jahr 1418 erwähnte Türkeneinfall bis Radkersburg dürfte jedoch unhistorisch sein.

Nachdem König Sigismund vor seiner Abreise aus Deutschland im Oktober 1418 in Donauwörth Markgraf Friedrich von Brandenburg zu seinem Reichsvikar ernannt und ihm die oberste Gerichtsbarkeit im Reich übertragen hatte, kehrte er Anfang 1419 nach Ungarn zurück, das er Ende 1412 verlassen hatte. Anfang April verabschiedete sich der Minnesänger Oswald von Wolkenstein in Preßburg von Sigismund, in dessen Dienst er später wieder zurückkehren sollte. Als der König erfuhr, daß die Türken in die Walachei einmarschiert seien, beschloß er, einen neuen Türkenfeldzug zu unternehmen. Er sammelte Ende September bei Großwardein ein Heer und stand am 26. 10. in Orschowa beim Eisernen Tor an der Donau. Ungarischen Chroniken zufolge soll er am 4. 10. zwischen Nissa und Nikopolis einen „großen Sieg" über die Türken errungen haben. Dies ist schon deswegen unmöglich, weil Sigismund noch am 1. 10. in Großwardein war – also Hunderte von Kilometern von Nikopolis entfernt! Der angebliche Sieg Sigismunds ist daher ins Reich der Fabel zu verweisen.[2] Im Gegenteil: Sigismund stand den Türken Ende Oktober 1419 bei Orschowa am Eisernen Tor gegenüber und wagte es aber angesichts des großen Heeres der Türken nicht, eine Schlacht zu beginnen. Es kam offensichtlich Ende Oktober 1419 zu einem fünfjährigen Waffenstillstand mit den Türken, der auch nach dem Tod Mohammeds I. und dem Regierungsantritt Murads II. (1421–1451) erneuert und 1424 noch einmal um zwei Jahre verlängert wurde.[3]

Nach Beendigung des Konstanzer Konzils und der Beruhigung der Situation an der türkischen Grenze an der unteren Donau mußte Sigismund sich mehr und mehr mit der sich abzeichnenden Sozialrevolution in Böhmen auseinandersetzen, mit der sein Bruder Wenzel nicht mehr fertig wurde. Für mehr als ein Jahrzehnt war er nun zu einem abwechselnden Zweifrontenkrieg mit den Hussiten und Türken gezwungen. Für seine Hausmacht in Ungarn waren die Hussitenkriege eine Belastung, die allenfalls dem König einen Gewinn brachten. Diese ständige Doppelbelastung war sicherlich mit eine Ursache für die Opposition, die sich nach dem Tod Sigismunds und seines Schwiegersohnes Albrecht V. gegen eine neuerliche Vereinigung der ungarischen mit der böhmischen und deutschen Krone in Ungarn bildete.[4]

König Wenzel IV. hatte nach der Verbrennung des Hus der hussitischen Bewegung freien Lauf gelassen. Diese breitete sich in gemäßigter Form unter dem tschechischen Adel, in radikalerer jedoch unter den Bauern und den Handwerkern der Städte aus, wobei nationaltschechische und religiös-politische Momente sich miteinander verwoben. Besonders die Hinrichtung des Hieronymus von Prag Ende Mai 1416 in Konstanz erregte die Gemüter nachhaltig. Revolutionäre Strömungen erzeugten ein fanatisches Sendungsbewußtsein des sich als „auserwählt" fühlenden „heiligen" Volkes. Bereits Ende 1415 gingen die Prager Kirchen dazu über, die Kommunion unter beiden Gestalten auszuteilen; der „Laienkelch" wurde mehr und mehr zu einem Symbol der Bewegung. Die Theologen Jakobellus von Mies (Jakoubek von Stríbro) – Nachfolger von Hus als Prediger an der Bethlehemskapelle, der zuerst die Messe tschechisch las – und der Deutsche Nikolaus von Dresden sprachen sich im Sinn Wiclifs gegen den weltlichen Besitz der Kirche aus, was dem Adel sehr gelegen kam. Der hussitische Herrenbund übernahm mehr und mehr die Führung des sich allmählich isolierenden Landes. In den Protesten des Bundes gegen die Hinrichtung von Jan Hus kam auch die nationale Solidarität gegen die „Schmach für die böhmische Zunge" zum Ausdruck, die von nun an stereotyp in der Argumentationsweise der Hussiten wiederkehrte.[5] Die Prager Universität verhielt sich unter dem Einfluß des Königs und des Prager Erzbischofs Konrad von Vechta – der 1421 zu den Hussiten überging – zunächst noch zurückhaltend, sprach sich aber im März 1417 ebenfalls für die Kelchkommunion aus, die sich bald auch auf dem Land ausbreitete. Bald entwickelte sich auch die tschechische Form der Messe, obwohl die hussitische Bewegung auch viele Deutsche zu ihren Anhängern zählte. Der ehemalige Prämonstratenser Johannes von Seelau (Jan Zelivský) wurde zu einem Volksführer der Prager Neustadt, von der die Sozialrevolution ihren Ausgang nahm. Er bezeichnete Sigismund, der gewöhnlich das Emblem des Drachenordens trug, in einer Predigt als den „fuchsroten Drachen, von dem in der Offenbarung die Rede ist".[6] Dieses Bild verwendete jedoch auch der deutsche Kleriker Andreas von Regensburg in seinen Schriften! Spätmittelalterliche revolutionäre Auffassungen vom Weltuntergang und vom „Tausendjährigen Reich" nach dem Sturz des „Antichristen" – auch „Chiliasmus" genannt – fielen in Böhmen auf fruchtbaren Boden. Die Hussiten bezeichneten Sigismund in gleicher Weise als „Antichristen" wie später Luther den Papst. Immer wieder arbeiteten fundamentalistische Strömungen mit dem Muster, den Feind als „Antichrist" und apokalyptisches Ungeheuer zu denunzieren. An der Prager Universität, die zunächst so etwas wie die Leitung der entstehenden hussitischen Kirche übernahm, wurde dann allmählich das Programm entwickelt, das im April 1420 als „Prager Artikel" zur allgemein anerkannten Basis der hussitischen Bewegung wurde. Darin wurde die Zulassung von Laienkelch und freier Predigt, die evangelische Armut der Priester und die Bestrafung der Todsünden gefordert.

In der ersten Phase der hussitischen Revolution übernahmen Nikolaus von Hus und Jan Žižka von Trocznow, die beide bei König Wenzel in Gunst standen, die Führung der Bewegung. Žižka schwor, den Tod von Hus zu rächen, und wurde nach und nach zum fanatischen Anführer und dann auch Heerführer der radikalen Massen. Der bereits teilweise gelähmte König schritt gegen die zunehmende Radikalisierung kaum ein. Im Juni 1418 bestätigte Wenzel einen Landtagsbeschluß, daß kein Böhme vor einem auswärtigen geistlichen Gericht mehr zu erscheinen brauche. Weder Papst Martin V., der schon als Kardinal am Konstanzer Konzil auf die Verurteilung von Hus hingearbeitet hatte, noch König Sigismund vermochten die Bedeutung und den Umfang der Gärung in Böhmen zunächst richtig einzuschätzen; Kirche und Reich reagierten nach den traditionellen Mustern, die gegenüber den reformatorischen Massenbewegungen vollständig versagten. Die Bulle des Papstes vom Februar 1418, in der die Konzilsbeschlüsse gegen Hus bestätigt wurden, wirkten nur kontraproduktiv, so daß auch die Mission des Dominikanerkardinals Giovanni Dominici nach Böhmen ergebnislos blieb und nur zur Solidarisierung der verschiedenen Richtungen führte.

Als zukünftigem Erben der böhmischen Krone konnte es Sigismund nicht gleichgültig sein, wie sich die Dinge in Prag entwickelten. Anfang Dezember 1418 ermahnte er seinen Bruder von Passau aus, die kirchlichen Wirren in Böhmen zu beseitigen und den kirchlichen Frieden herzustellen. Er drohte ihm mit einem Kreuzzug und der Entthronung, wenn er nicht endlich energische Maßnahmen zur Bekämpfung der Ketzer unternähme. König Wenzel schickte nun Ende 1418 eine Gesandtschaft zu Sigismund, die die Aufhebung des Bannes über die Hussiten erreichen sollte. Bei den Verhandlungen, die Mitte Januar 1419 in Linz stattfanden, lehnte Sigismund dies ab und übergab den Gesandten mit Billigung des Kardinallegaten Ferdinand von Lucca ein letztes Ultimatum. Dann drang er darauf, daß sein Bruder Anfang Februar nach Skalitz zu Verhandlungen komme. Wenzel verfügte nun Ende Februar die Wiedereinsetzung der aus ihren Pfarreien vertriebenen Gegner des Laienkelches und ließ die Kelchpriester aus seinen Städten ausweisen. Damit wurde der Funke in dem Pulverfaß entzündet, denn das revolutionäre Selbstbewußtsein der Bewegung war bereits so erstarkt, daß man nun den offenen Widerstand wagte. Johannes von Seelau, der Sprecher der revolutionären Prager „Armen", verschaffte sich mit einer Prozession am 30. 7. 1419 Zugang zu einer Kirche in der Neustadt, wo die Kelchkommunion abgehalten wurde. Er versprach seinen Anhängern, Gott werde sie von den Feinden befreien und ihnen die Herrschaft über das Land geben.[7] Als man dann die Freilassung von inhaftierten Anhängern forderte und der Bürgermeister dies verweigerte und zudem noch ein Priester, der einen Kelch trug, von einem aus dem Rathaus geworfenen Stein getroffen wurde, kam es zum sogenannten „ersten Prager Fenstersturz", bei dem 13 königstreue tschechische Katholiken aus dem Fenster geworfen wurden. Damit wurde das zuvor von Wenzel eingesetzte tschechische Regiment hinweggefegt; der König erregte sich derart, daß er einen Schlaganfall erlitt, an dessen Folgen er am 16. 8. starb. Die chiliastischen Prediger erklärten nun, jetzt stehe der Thron für Christus und das „Tausendjährige Reich" bereit; es brauche kein König mehr gewählt zu werden. Wenzels Witwe Sophia führte zunächst das Regiment im Land, das nach den Hausgesetzen an seinen Bruder Sigismund fiel, der nun der letzte Luxemburger war. Wenzel IV., der älteste Sohn Karls IV., war seinen Aufgaben nicht gewachsen gewesen. Trunksucht und Jähzorn hatten ihn auch in Böhmen allmählich unbeliebt gemacht. Immerhin hatte er auch nach seiner Absetzung als deutscher König noch einigen Einfluß auf das Geschehen im Reich bewahrt und somit mehr Macht ausgeübt als sein Nachfolger Ruprecht. Es war sicherlich auch sein Verdienst, daß der offene Ausbruch der Revolution mit all den entsetzlichen Greueln und Zerstörungen von unschätzbaren Kulturgütern bis zu seinem Tod hintangehalten wurde.

Nach der Ausweisung der Kelchpriester war es noch im Frühjahr 1419 zu Wallfahrtszügen auf Berggipfel gekommen, wo radikale Gruppen den Anfang eines neuen Zeitalters erwarteten. Ausgehend von der Bergpredigt entwickelten die Wallfahrten jedoch mehr und mehr chiliastische Züge und wurden zu einer radikaldemokratischen Bewegung, die besonders die Unterschichten ansprach. Während es den Reformern in Prag und dem Herrenbund in erster Linie um die Kirchenreform ging, predigte Johannes von Seelau schließlich die diktatorische Republik. Für die gemäßigten Gruppen, die vor allem die Durchsetzung der Kommunion unter beiderlei Gestalten („sub utraque specie") forderten, entstand nun der Name „Utraquisten" oder „Calixtiner", während die regelmäßig auf die Bergspitzen ziehenden radikalen Wallfahrtsgruppen nach dem alttestamentlichen Berg Tabor schließlich „Taboriten" genannt wurden. Noch vor dem Tod Wenzels hatte eine Wallfahrtsgruppe am 22. 7. 1419 auf einem Hügel bei Austie etwa 80 Kilometer südlich von Prag, wo bereits 1419 eine Predigtstätte errichtet worden war, in strategisch günstiger Lage die Stadt Tabor gegründet, die bald zu einem Zentrum der radikalen Bewegung und zu einer starken Festung ausgebaut wurde. Die Taboriten vertraten die Auffassung, alles zum Heil Notwendige sei in der Bibel enthalten, und bekämpften das Mönchtum, den Reichtum der Kirche und die Heiligenverehrung. Sie distanzierten sich aufs schärfste von der entstehenden Sekte der Adamiten, die für sinnliche Ausschweifungen und freie Liebe eintraten, und vertraten in ethischen Fragen eine extrem rigorose Disziplin. Kommunistische Bestrebungen und Sekten blieben eher Randerscheinungen des Hussitentums, das die verschiedensten Strömungen umfaßte. Schon bald nach dem Tod Wenzels begann man mit der systematischen Zerstörung von Klöstern und Kirchen, die jedoch eher dem Adel als den Massen des Volkes Nutzen einbrachte. Der asketische und fundamentalistische Zug blieb bei den Taboriten vorherrschend; die Propaganda der Gegenseite versuchte sie indes immer wieder als Scheusale abzustempeln. Es versteht sich von selbst, daß die Geschichtsschreiber praktisch ohne Ausnahme den Parteienstandpunkt wiedergaben; zur Geschichte der Hussiten bis 1423 ist besonders die Chronik des gemäßigten Prager Magisters Laurentius von Březová von Bedeutung.

Schon in den Unruhen der ersten Wochen nach dem Tod Wenzels waren viele deutsche kelchfeindliche Bürger aus Prag geflüchtet. Die Hussiten einigten sich nun über die Formulierung der vier „Prager Artikel", die fortan zur Grundvoraussetzung für jedwede friedliche Einigung erklärt wurden. Jan Žižka war es Ende Oktober gelungen, die königliche Festung Vyšehrad zur Übergabe an die Aufständischen zu veranlassen; nach einem Waffenstillstand zwischen der Prager Gemeine und der Königin Sophie wurde die die besonders revolutionäre Neustadt bedrohende Burg jedoch wieder an die Königlichen übergeben. Der Hradschin auf der Prager Kleinseite verblieb ebenfalls in der Hand der königlichen Regentschaft und des Oberstburggrafen Čeněk von Wartenberg, der jedoch mehrfach die Partei wechselte. Im November wurde die Stadt Prag selbst vom hussitischen Landvolk und städtischen Handwerkern erobert; die Königinwitwe Sophie versuchte zunächst, einen Bürgerkrieg zu vermeiden und mit der Bewegung das Land zu verwalten.

Ende Dezember 1419 kam Sigismund nach Brünn, wo er seinen ersten Landtag als neuer König von Böhmen abhielt. Auch Königin Sophie und der päpstliche Legat Ferdinand nahmen daran teil. Die Prager Gesandten hatten nicht nur hussitische Priester mitgebracht, sondern sie vollzogen auch die Kommunion unter beiderlei Gestalten. Erst am dritten Tag ließ Sigismund die Gesandten vor, die vor ihm die Knie beugten und ihn als erblichen König anerkannten. Sigismund aber überhäufte sie mit Vorwürfen und forderte die Zerstörung der nach dem Tod Wenzels errichteten Befestigungen gegen die Prager Burg. Enea Silvio Piccolomini kritisierte Sigismund 1458 in seiner „Historia Bohemica", er hätte das ganze hussitische Unheil im Keim ersticken können, wenn er nach dem Tod Wenzels und dem Ende des Türkenfeldzuges mit seinen ungarischen Truppen sofort nach Böhmen gezogen wäre. Statt dessen habe er Böhmen verloren und Ungarn nicht geschützt. Es lag jedoch nicht in der Macht Sigismunds, die Ungarn zu einem Krieg mit den Hussiten zu zwingen, der ihrem Land nicht viel einbrachte. Auch ist es denkbar, daß er die Problematik, die seine Nachfolge in Böhmen aufwarf, aufgrund der Berichte der königstreuen böhmischen Adeligen unterschätzte. In diesem Zusammenhang ist auch auf den Bericht des polnischen Geschichtsschreibers Długosz einzugehen, der Piccolomini benutzt und berichtet, König Wladislaw habe Sigismund bei einem Treffen in Sandez im September 1419 den sofortigen Einmarsch in Böhmen empfohlen und seine Unterstützung dazu angeboten. Długosz, der Sigismund nicht mochte, dürfte diese Hilfszusage frei erfunden haben, da Sigismund sich bei seinen Hilfsgesuchen an den Polenkönig nie auf das Treffen von Sandez, sondern immer nur auf den früheren Freundschaftsvertrag von 1412 berief.[8]

Die Regierung Böhmens übertrug Sigismund auf dem Brünner Landtag zunächst der Königin Sophie und dem Adelsrat, an dessen Spitze der utraquistische Prager Oberstburggraf Čeněk von Wartenberg stand. Auf die Forderungen der Hussiten ging Sigismund nur ausweichend ein. Er wollte Zeit gewinnen und es noch nicht zum Bruch kommen lassen. So erklärte er nun wie schon früher öfters in Briefen, er wolle jene Einrichtungen schützen, die schon sein Großvater, sein Vater und seine Vorfahren geschaffen hätten. Unter dieser ausweichenden Antwort konnte man alles und nichts verstehen; Sigismund schwankte noch und wollte sich möglichst alle Optionen offenhalten. Für den Augenblick gebot er Ruhe und verschob die Entscheidung in der Kelchfrage auf später. Bereits von Großwardein aus hatte er Anfang Oktober die Stadt Nürnberg zu einem Reichstag in Breslau für den Dezember eingeladen, wo sie mitteilen sollte, wieviel Truppen sie für den für den Sommer 1420 geplanten Reichskrieg stellen könne.[9] Offensichtlich plante Sigismund, die Dinge in Böhmen so lange in der Schwebe zu belassen, bis er mit Hilfe eines Reichsheeres in der Lage war, einen entscheidenden Schlag gegen die Hussiten zu führen. Am 5. 1. 1420 traf er in Breslau ein, wo die Reichshilfe auf dem

Reichstag beschlossen und der Streit zwischen dem Deutschen Orden und Polen beigelegt werden sollte.

Die Situation des Deutschen Ordens war zu dieser Zeit nicht besonders rosig. Nach dem Krieg des Jahres 1410 und dem Thorner Frieden von 1411, auf dem vereinbart worden war, daß Litauen das Land Samogitien bis zum Tod Witolds und Wladislaws behalten konnte und dann an den Orden zurückgeben sollte, hatten die Feindseligkeiten zwischen dem Orden und Polen nicht aufgehört. In der Union von Horodlo hatten sich Polen und Litauen 1413 erneut zusammengeschlossen. Anfang 1414 wurde der Ordensmarschall Michael Küchenmeister zum neuen Hochmeister gewählt. Im Juli des gleichen Jahres kam es auch zu einem neuen Krieg zwischen dem Orden und Polen; der Waffenstillstand vom Oktober 1414 machte dem „Hungerkrieg" ein Ende. Man kam dabei überein, den Streit durch das Konzil, den römischen König und den Papst entscheiden zu lassen. Das Konzil entschied dann, daß Samogitien in weltlichen Fragen unter dem römischen König, in geistlichen aber unter den Bischöfen stehen solle. Bei seinem Aufenthalt in Paris verlängerte Sigismund, der im April 1415 ein Bündnis mit Großfürst Witold von Litauen geschlossen hatte, 1416 den Waffenstillstand bis Juli 1417 und im Mai 1417 dann noch einmal um ein weiteres Jahr. Nach seiner Wahl setzte sich Papst Martin V. dann sehr für den Orden ein. Großfürst Witold, der ein energischerer Charakter als sein polnischer Vetter war, erkannte den Thorner Frieden im Oktober 1418 nicht mehr an. Er vertrat die Auffassung, daß der Ritterorden sich von seiner Konzeption her überlebt hatte, da es keine Heiden in Litauen mehr zu bekehren gab. Witold bemühte sich im Gegenteil, die Unterstützung des Papsttums für einen „Kreuzzug" gegen die Russen und Tataren zu gewinnen.[10]

Unterdessen konferierte Sigismund, der den Orden zu einer „Lehnsnahme vom Reiche" bewegen wollte und auf die Seite Polens getreten war, im Mai 1419 in Kaschau mit König Wladislaw. Da es offensichtlich war, daß der Hochmeister den Frieden nicht einhalten wollte, stand Sigismund diesmal auf seiten Wladislaws, der sich urkundlich – auch für seinen Vetter Witold – verpflichtete, Sigismunds Schiedsspruch anzunehmen. Es scheint, daß die beiden Herrscher eine Aufteilung des Ordenslandes für den Fall ins Auge faßten, daß der Orden den Spruch nicht akzeptieren sollte. Auch eine Transferierung des Ordens nach Zypern wurde diskutiert. König Erich VII. von Pommern, der Herrscher über die Staaten Dänemark, Norwegen und Schweden, die sich 1397 zur „Kalmarer Union" zusammengeschlossen hatten, war mit Polen verbündet, da er dem Orden Estland wegnehmen wollte.[11] Der Vertreter des Ritterordens wollte nun auf keinen Fall Sigismund allein als Schiedsrichter akzeptieren; auch der Papst sollte dabei vertreten sein. Anfang Juli 1419 ersuchte Sigismund den Polenkönig jedoch, von einem Angriff auf den Ordensstaat Abstand zu nehmen. Der Papst bevollmächtigte den Erzbischof von Mailand mit der Friedensvermittlung, und nun verpflichtete sich auch der Hochmeister im Juli 1419, den Schiedsspruch Sigismunds zu akzeptieren. Daraufhin wurde der Waffenstillstand bis zum Juli 1420 verlängert.

Als Sigismund Anfang 1420 nach Breslau kam, blieb ihm nicht mehr viel Zeit für die Vermittlung zwischen Polen und dem Deutschen Orden. Sein Hauptziel war es, das Reich für den Krieg gegen die Hussiten zu gewinnen. Deshalb mußte er einen politischen Schwenk vornehmen, denn er konnte nicht die Hilfe des Reiches erbitten und gleichzeitig den Orden fallenlassen. So konnte der Schiedsspruch Sigismunds[12] – der im wesentlichen den Thorner Frieden von 1411 erneuerte – nur zuungunsten Polens ausfallen.

Polen hatte sich von dem Schiedsspruch die Abtretung Pommerellens, des Kulmerlandes und des Michelauer Gebietes erwartet. Zunächst wollte Sigismund durch eine Verschiebung des Urteils Zeit gewinnen, aber die Polen beharrten auf einem Abschluß des Schiedsverfahrens. Als der polnische König von Sigismunds Schlußurteil erfuhr, geriet er in heftigen Zorn und nannte ihn einen hinterlistigen, falschen und meineidigen Fürsten, während Großfürst Witold vor Wut aufbrüllte und einen Protest formulierte, in dem er die Ordensritter als Fremdgeborene bezeichnete, die ihm sein Erbe wegnehmen wollten. Trotzdem hielt Wladislaw sich an das für den Orden so günstige Urteil, mit dem Sigismund auf die öffentliche Meinung und die deutschen Fürsten Rücksicht nahm. Das Vorgehen Sigismunds zeigt, wie er internationale Schiedsverfahren als Werkzeug für seine Politik benutzte; zunächst spielte er das Spiel mit den zwei Optionen, bis er schließlich einer den Vorzug gab und die andere fallenließ, wenn es ihm politisch opportun erschien.[13]

Was mag Sigismund noch zu diesem Frontwechsel veranlaßt haben? Die Eroberung Prags durch die Hussiten Anfang November dürfte ihn zu der Überzeugung gebracht haben, daß es ihm trotz allen Entgegenkommens nicht gelingen werde, das Königreich Böhmen auf friedliche Weise in die Hand zu bekommen. In den Sympathien des polnischen und tschechischen Volkes füreinander spielte zweifellos auch ein nationales Element eine Rolle; böhmische Adelige hatten Polen bei den Feldzügen gegen den Deutschen Orden unterstützt. Angesichts der Erfolge des militärischen Genies Žižka, der ein neues System der Kriegführung mit Wagenburgen einführte, rechnete Sigismund wohl damit, nur vereint mit dem Papst und den deutschen Fürsten – die traditionell den Deutschen Orden unterstützten –, den Kampf um Böhmen beginnen zu können.

Am 6. 3. 1420 ließ Sigismund gegenüber den Hussiten die Maske fallen, als er 23 Breslauer Demokraten, die einen ähnlichen Aufstand wie die Prager Hussiten versucht hatten, öffentlich hinrichten ließ. Kurz darauf ließ er zwei Prager Hussiten verbrennen und durch den päpstlichen Legaten den Kreuzzug gegen die Hussiten ausrufen. Mittlerweile kamen polnische Gesandte nach Breslau, um Sigismund den Protest des Königs und des Großfürsten gegen den Breslauer Spruch zu überbringen, gegen den sie Appellation an den Papst einlegten. Sigismund schlug nun die Taktik ein, den Polen in Aussicht zu stellen, er werde sich gegenüber dem Orden für kleinere Abänderungen einsetzen, wenn der König den Spruch nur als Ganzes akzeptiere. König Wladislaw, der sich sehr vom Klerus beeinflussen ließ, war damit einverstanden, während der energische Großfürst Witold in einem Brief an Sigismund im März dagegen protestierte. So konnte Sigismund nach außen sein Gesicht wahren, während er sich darüber im klaren sein mußte, daß das gute Verhältnis zum polnischen König zerbrochen war. Dieser war in gleicher Weise unaufrichtig, denn er wollte nur abwarten, „bis es sich zeigte, was jener in Böhmen ausrichten werde".[14] Immerhin war es ja denkbar, daß Sigismund, der den Deutschen Orden bisher in erster Linie mit Worten unterstützt hatte, nach einem siegreichen Feldzug gegen die Hussiten mit dem Orden gegen Polen ziehen könnte. Zudem erhielt er durch das Ende Mai von den böhmischen Hussiten an ihn gerichtete Angebot, die Krone Böhmens zu übernehmen, ein zusätzliches Druckmittel gegen Sigismund in die Hand.

Die Bekanntmachung der Kreuzzugsbulle in Böhmen erregte dort einen Sturm der Entrüstung; fortan gab man sich über die wahre Einstellung König Sigismunds keinen Illusionen mehr hin. Ende März erklärte die Hauptstadt Prag den König in einem Manifest, in dem Čeněk von Wartenberg in geschickter und für das Ausland berechnender Weise Sigismunds Vorgehen dargestellt hatte, für abgesetzt; auch ein großer Teil des Adels fiel nun von Sigismund ab, schloß sich dem Protest in einem weiteren Manifest an und schickte ihm Absagebriefe. In den Manifesten wurden auch nationale Emotionen geweckt; sie wandten sich gegen den „deutschen Erbfeind" und „Unterdrücker der böhmischen Sprache" und wurden bald auch in Deutschland verbreitet. Ende April meldete der Diplomat Hartung von Klux aus Schweidnitz in Schlesien an König Heinrich V., Sigismund könne sich dieses Jahr nicht mehr mit ihm treffen und die Engländer in Frankreich unterstützen, da er nun den Feldzug gegen Böhmen führen müsse. Nun mußten die Waffen entscheiden; Ende April 1420 rückte Sigismund von Schlesien aus in Böhmen ein. Nach der Besetzung von Königgrätz zog er Mitte Mai unter dem Jubel der deutschen Bevölkerung in der Silberstadt Kuttenberg ein, wo man bereits begonnen hatte, gefangengenommene Hussiten in die Grubenschächte der Silberbergwerke zu werfen.

Als Sigismund mit seinen ungarischen und schlesischen Truppen und seinem Gefolge vor Prag rückte, hatte Žižka die böhmische Hauptstadt verlassen und in Pilsen, das er als „Sonnenstadt" bezeichnete, apokalyptische Vorstellungen verbreitet. Diese seit alttestamentlichen Zeiten immer wieder neu auftauchenden Ideen propagierten das Ende der Welt mit einer „Abrechnung" mit den „Bösen" und einem Sieg der „guten Kräfte". Derartige Durchhalteparolen waren stets dazu angetan, ihre Anhänger zu fanatisieren und einen Umsturz der gesellschaftlichen Ordnung zu legitimieren. Es wurde bereits erwähnt, daß Johannes von Seelau König Sigismund in seinen Predigten im Frühjahr 1420 als „apokalyptisches Ungeheuer" bezeichnete. Dieser beging nun einen weiteren schweren politischen Fehler. Als er in der zweiten Maihälfte noch in Kuttenberg war, zögerte er, rasch mit seinen Truppen nach Prag vorzustoßen, wo eine königstreue Besatzung auf der Burg Vyšehrad eingeschlossen war. Es kam nun eine Gesandtschaft der Stadt Prag nach Kuttenberg, um ein letztes Mal mit ihm zu verhandeln. Sie forderte die Bewilligung der freien Religionsausübung und die Zulassung der Kelchkommunion. Sigismund aber zeigte sich gegenüber den vor ihm auf die Knie fallenden Gesandten hochmütig und verlangte, sie sollten alle Waffen auf den Vyšehrad bringen. Als die Prager Bevölkerung dies hörte, kam es zu einem Sturm der Entrüstung.

Nun kamen die Taboriten unter Nikolaus von Hus und Jan Žižka am 20. 5. nach Prag, um die Verteidigung zu übernehmen und das revolutionäre Element zu verstärken. Man gelobte nun, Sigismund niemals als König von Böhmen anzuerkennen. Die „Prager Artikel" wurden nun zur Grundlage der Neuordnung des Staates erklärt. Alle Nichtcalixtiner mußten Prag verlassen. In diesen Wirren flohen etwa 1400 reiche Bürger und Patrizier aus Prag; es waren zumeist Deutsche, deren Besitz unter die Masse der Armen verteilt wurde. Auf diese Weise wurde Prag zum Mittelpunkt der revolutionären Kräfte in Böhmen.
Unterdessen zog Sigismund mit angeblich an die 100.000 Mann[15] von Kuttenberg über Leitmeritz am 27. 5. 1420 nach Mělnik, der Residenzstadt der böhmischen Könige im Norden Prags, und zog von dort zur Feste Karlstein und zur Burg Wenzelstein bei Kunratiz, wo er die Schätze seines Bruders an sich nahm. Dann schlug er bei dem Kloster Königsaal am Rande Prags, wo sich die Grabstätte der böhmischen Könige befand, sein Lager auf. Čeněk von Wartenberg, der Burggraf von Prag, wechselte nun gegen die Zusicherung der Straflosigkeit auf die Seite Sigismunds über und lieferte ihm die Prager Burg (Hradschin) aus. Dieser brachte nun unter Gefährdung seines Lebens mit seinen Truppen Lebensmittel auf die belagerte Festung Vyšehrad. Unterdessen wurde die Festung Tabor von dem einflußreichen Adeligen Ulrich von Rosenberg, der auf die Seite des Königs übergewechselt war, belagert. Daraufhin zog Nikolaus von Hus mit einem Teil der Taboriten von Prag ab und besiegte Rosenberg. Am 26. 6. überrumpelten die Hussiten Königgrätz und schnitten Sigismund damit von seinem Nachschub aus Schlesien ab. Dieser hatte mittlerweile von den rheinischen Kurfürsten, Albrecht V. von Österreich, dem Markgrafen Friedrich von Meißen und den Herzögen Heinrich und Wilhelm von Bayern Unterstützung erhalten. Am 30. 6. hielt Sigismund seinen Einzug in den Hradschin auf der Kleinseite der Stadt. Die Taboriten und die Truppen der Stadt Prag zogen sich hinter die Stadtmauern zurück. Die Alt- und Neustadt Prags wurde nun von der Burg auf der Kleinseite der Moldau und der Feste Vyšehrad im Süden der Neustadt bedroht. Žižka erkannte die strategische Bedeutung des Veitsberges (Vítkov) im Osten der Altstadt; geriet er in die Hand der Königlichen, dann war die Stadt von drei Seiten eingeschlossen. Daher verschanzte sich der Taboritenführer auf dem Veitsberg. Am 14. 7. ließ Sigismund die Stadt angreifen. Markgraf Friedrich von Meißen bekam die Aufgabe, den Veitsberg zu stürmen. Sigismund hielt sich mit einem Teil der Truppen auf der Kleinseite in Reserve, um, falls notwendig, Verstärkungen schicken zu können. Es war schwer, die deutschen, ungarischen und böhmischen Truppen optimal zu koordinieren. Nach der Niederlage des Markgrafen am Veitsberg ließ Sigismund die Schlacht abbrechen; für ihn war es ein großer Prestigeverlust und für die Hussiten ihr bisher größter Triumph. Der Veitsberg wurde in Žižkaberg (Žižkov) umbenannt.
An sich war die Niederlage Sigismunds nicht sehr gravierend. Er hatte jedoch am Ende der Schlacht Mühe, Tätlichkeiten zwischen Deutschen und Tschechen zu verhindern. Die rohen Übergriffe der fremden Soldaten führten dazu, daß sich viele, die bisher zum König hielten, nun mit den Hussiten solidarisierten. Ein

Fehler war vor allem, daß der König mit dem Reichsheer keine eindeutige militärische Entscheidung suchte. Die gemäßigte Partei der Hussiten proklamierte die vier „Prager Artikel" zur Grundlage und Vorbedingung für jedwede Einigung. Sigismund ließ sich nun am 28. 7. im Veitsdom vom Prager Erzbischof Konrad in Anwesenheit Albrechts V., der Herzöge Wilhelm und Heinrich von Bayern und der Markgrafen Friedrich und Wilhelm von Meißen zum König von Böhmen krönen und setzte von diesem Tag ab in den von ihm ausgestellten Urkunden den Titel eines Königs von Böhmen zu den vorher gebrauchten Titeln eines römischen, ungarischen, dalmatinischen und kroatischen Königs hinzu.

Die Königskrönung hatte zur Folge, daß der König nun sein Gefolge gewissermaßen entlohnen mußte. Nachdem die Hussiten bereits dazu übergegangen waren, reiche Klöster zu plündern, zeigte sich der stets in Geldnöten befindliche König auch nicht zimperlich und ließ die Monstranzen, Reliquiare, goldenen Geräte und Statuen aus dem Veitsdom zerschlagen, um damit die Soldaten zu bezahlen. Den päpstlichen Legaten vertröstete er mit dem Versprechen, nach dem Sieg über die Hussiten noch wertvollere Kirchengeräte zu spenden. Auch die Schätze aus Burg Karlstein wurden weggebracht; Sigismund verpfändete sogar die Reichskleinodien an die Stadt Nürnberg und mehrere böhmische Städte an den Markgrafen von Meißen. Dann hob er die Belagerung der Stadt Prag auf und entließ die Soldaten. Die Deutschen fühlten sich gegenüber den Böhmen und Ungarn benachteiligt und nannten den König einen Betrüger und Anhänger der Ketzer.[16] Die „Partei der Armut" in der Prager Neustadt betrachtete den Sieg über „König Holofernes" als Zeichen göttlicher Huld und Aufforderung zu weiteren Aktionen. Sigismund ernannte nun Wenzel von Duba zum Prager Oberstburggrafen und erließ eine Landfriedensordnung mit den ihm treu gebliebenen Adeligen und zog sich dann nach Kuttenberg zurück. Es scheint, daß ihn die böhmischen Adeligen überredet hatten, die Deutschen zu entlassen, da das Wüten der Soldateska ihn nur noch mehr Sympathien bei den Böhmen kosten würde und daß sie ihm versprachen, es zuwege zu bringen, daß er als König anerkannt würde, wenn er den Hussiten nur einige kleine Zugeständnisse machte. Sie rechneten wohl auch damit, daß die Stadt Prag und die gemäßigten Hussiten, die sich nur notgedrungen mit Žižka und den Taboriten eingelassen hatten, wieder ins königliche Lager zurückkehren würden.

Die Taboriten zogen im August 1420 aus Prag ab und zerstörten zahlreiche Klöster, darunter auch das berühmte Königsaal mit den Gräbern Karls IV. und Wenzels, deren Gebeine geschändet wurden. Im August sah Sigismund ein, daß ihm auch seine Zurückhaltung keine Sympathien bei den Tschechen einbrachte. Er ließ die päpstliche Kreuzzugsbulle am 16. 8. in Kuttenberg noch einmal feierlich verkündigen. Unterdessen belagerten die Prager die Festung Vyšehrad. Als den Königlichen die Lebensmittel ausgingen, brach Sigismund mit ungarischen Truppen von Kuttenberg auf, um die Burg zu entsetzen. Er zog im Norden Prags vorbei und ließ von Leitmeritz einige Schiffe auf dem Landweg über Walzen nach Beraun im Süden von Prag schaffen, dort mit Lebensmitteln beladen und in die Moldau bringen. Die Prager hatten die Moldau jedoch mit Ketten abgesperrt und fingen die Schiffe ab. Eine Gesandtschaft der Stadt Prag kam nun zu Sigismund nach Beraun, bat ihn um Frieden und schlug ihm vor, den Vyšehrad mit einer Truppe aus Prag zu besetzen. Sigismund war über diesen Vorschlag derartig erzürnt, daß er den Abgeordneten auf der Stelle hinrichten lassen wollte und nur mit Mühe davon abgehalten werden konnte. Er zog nun über Karlstein nach Kuttenberg zurück, um seine ungarischen Truppen von dort zur Verstärkung zu holen. Am 31. 10. schrieb er der Besatzung auf dem Hradschin, er werde am nächsten Tag den Vyšehrad entsetzen und ordne daher an, sie solle einen Ausfall gegen die Stadt unternehmen. Der Brief fiel jedoch den Pragern in die Hände. Als ein General im Lager Sigismunds vorschlug, den Angriff zu unterlassen, da er nur unnütze Opfer kosten würde, beschimpfte der König die mährischen Ritter als Feiglinge und ließ sie angreifen. Am Allerheiligentag mußte Sigismund nun seine zweite schwere Niederlage hinnehmen; sein Heer löste sich in wilder Flucht auf, und viele Adelige fielen. Am Tag darauf wurde die Festung Vyšehrad nach der Übergabe an die Stadt Prag bis auf die Grundmauern zerstört, damit der Stadt von dort aus kein Schaden mehr zugefügt werden konnte. Nur der Hradschin blieb nun noch in der Hand der Königlichen. Da die Moldau ihn von der Stadt Prag trennte, bedeutete dies jedoch keine besondere Bedrohung der Stadt.

Anfang 1421 zog Sigismund von Kuttenberg über Leitmeritz und Brüx nach Pilsen, um Žižka zurückzudrängen, der in dieser Gegend etliche Städte erobert hatte. Er zog dann gegen Tachau im Böhmerwald, das von Žižka belagert wurde. Dieser hob die Belagerung auf und marschierte nach Tabor, um Verstärkung zu holen. Nach seiner Rückkehr drängte er Sigismund zurück, der vergeblich auf Hilfe aus Bayern wartete. Nur mit den Ungarn und der Unterstützung der Stadt Pilsen wagte er keine Schlacht gegen Žižka, sondern ergriff am 12. 2. die Flucht. Sein Heer löste sich vollständig auf. Über Leitmeritz floh er nach Kuttenberg und verließ Böhmen; am 9. 3. war er in Znaim. Am 24. 3. belehnte er in Seefeld bei Znaim seinen Schwiegersohn Albrecht V. von Österreich mit den Reichslehen. Im Mai zog er sich dann nach Ungarn zurück. Sein erster Zug gegen die Hussiten war vollständig gescheitert, nicht zuletzt deshalb, weil er eben kein großer Feldherr war und auf diesem Gebiet Žižka mit seinen fanatisierten Massen und seiner Taktik, von den mit Ketten verbundenen Wagen aus die feindliche Reiterei anzugreifen, unterlegen war. Böhmen wurde nun unter Žižkas Führung praktisch unabhängig; es versteht sich von selbst, daß die Niederlage des römischen Königs, der ja ein „Mehrer des Reiches" sein wollte, auch auf seine Stellung in Deutschland und gegenüber Polen nicht ohne Einfluß blieb.

Neben dem mangelnden Feldherrntalent Sigismunds spielten natürlich auch andere Gründe für das Scheitern des Hussitenfeldzuges eine Rolle. Die Stellung des deutschen Königs war seit dem Ende der Stauferzeit mehr und mehr gesunken. Nur Ludwig der Bayer und Karl IV. waren im 14. Jahrhundert den benachbarten Reichen und dem Papst wirklich gewachsen gewesen. Was sich nun besonders bemerkbar machte, war, daß das Reich nicht nur keine starke Zentralgewalt, sondern auch keine durchgreifende Organisation im Steuer- und Kriegswesen besaß. Gerade auf diesem Gebiet wurden jedoch in den nächsten Jahren Reformen unternommen, die wieder zu einer Stärkung der königlichen Gewalt im Reich führen sollten. Da Sigismund durch die Hussitenfrage und die Türkenkriege auf Jahre gebunden blieb, erlebte die Institution des Kurfürstenkollegiums in dieser Phase so etwas wie eine „goldene Zeit"; nie wieder sollten die Kurfürsten eine derartige Stellung im Reich einnehmen wie in den nächsten Jahrzehnten. Ihre Rolle im Reich wuchs, während das Königtum durch die Konsolidierung seiner Hausmacht die Basis für einen erneuten Machtzuwachs legen konnte.

Bei seiner Abreise aus Deutschland hatte Sigismund im Oktober 1418 den Kurfürsten Friedrich I. von Brandenburg zum Reichsvikar ernannt. Dieser spielte nun die Rolle, die in den ersten Jahren von Sigismunds Königtum Pfalzgraf Ludwig eingenommen hatte, der mittlerweile ein Feind des Königs geworden war. Im Lauf des Jahres 1420 zeichnete sich jedoch auch zwischen Friedrich und Sigismund ein Zerwürfnis ab. Der Kurfürst hatte zunächst den Deutschen Orden gegen Polen unterstützt. Noch vor der Schlacht am Veitsberg hatte Sigismund am 5. 7. den polnischen König um Unterstützung gegen die Hussiten ersucht. In diesem Schreiben bot er König Wladislaw auch seine Vermittlung in dessen Streit mit dem Kurfürsten von Brandenburg an.[17] König Wladislaw hatte mittlerweile die Gesandtschaft der Hussiten unter der Leitung von Hynek von Kolstein empfangen, die ihm die Krone Böhmens anbot. Der über 70jährige polnische König war jedoch nicht bereit, die „Prager Artikel" zu akzeptieren. Sein Vetter Witold von Litauen war in dieser Hinsicht weniger dogmatisch; er glaubte auch, daß eine Wiedervereinigung zwischen den Orthodoxen und Katholiken möglich sei. Es ist möglich, daß die Hussiten dem polnischen König nur pro forma die Krone anboten und letztlich ihr Augenmerk auf Großfürst Witold richteten. Der polnische Reichstag riet dem König, den Hussiten eine ausweichende Antwort zu geben, um dadurch Druck auf Sigismund ausüben zu können, damit dieser den Breslauer Schiedsspruch revidiere. Wladislaw gab der hussitischen Gesandtschaft daher Ende Juli zur Antwort, er könne ohne seinen Vetter Witold nichts beschließen. Nach den Niederlagen Sigismunds schlug der polnische König dann eine schärfere Gangart ein. Er berief die Polen aus dem Kreuzzugsheer zurück und appellierte gegen den Breslauer Spruch an den Papst, der den Streit vor sein Gericht zog.

Unterdessen war es zu Friedensverhandlungen zwischen Polen, das einen Angriff norddeutscher Fürsten auf Brandenburg unterstützt hatte, und dem Markgrafen Friedrich gekommen. Dabei war auch die Möglichkeit einer Heirat zwischen Friedrichs gleichnamigem Sohn und der Tochter des Königs von Polen zur Sprache gekommen. Zu Weihnachten 1420 traf der Markgraf in Brüx mit Sigismund zusammen, um mit ihm das Projekt zu besprechen. Der König hatte offensichtlich nichts gegen die Ehe einzuwenden. Zu dieser Zeit ersuchte er nach der zweiten Niederlage gegen die Hussiten König Wladislaw noch einmal um militärische Hilfe. Dieser aber antwortete sarkastisch, Gott im Himmel solle ihm helfen; er brauche seine Soldaten zum Kampf mit dem Deutschen Orden. Dies hatte den Abbruch der Beziehungen zwischen König Wladislaw und Sigismund zur Folge, während Kurfürst Friedrich sein Heiratsprojekt weiterverfolgte.

Die Hussiten schickten Ende Dezember 1420 eine zweite Delegation unter der

Leitung von Hynek von Kolstein nach Polen, um König Wladislaw oder dem Großfürsten Witold die Krone Böhmens anzubieten. Der Großfürst zeigte sich diesem Wunsch geneigt. Ende Februar 1421 schrieb Sigismund, der von der Sache erfahren hatte, dem Markgrafen Friedrich einen Brief, in dem er ihn an seine Verpflichtungen dem Reich gegenüber erinnerte und von der Heirat abriet. Er teilte ihm auch mit, daß er 1412 im Vertrag von Lublin mit Wladislaw vereinbart habe, daß der Verzicht auf Galizien und Rotrußland nur bis fünf Jahre nach ihrem Tod gelten sollte. Da der polnische König ein Greis sei, müsse man bald mit dem Wiederaufleben der Auseinandersetzungen rechnen.[18] Der Markgraf ließ sich jedoch nicht von seinen Plänen abhalten; er reiste im März 1421 nach Krakau und schloß dort am 8. 4. den Heirats- und Bündnisvertrag ab, der ihn nun zwang, seine bisherige Unterstützung des Deutschen Ordens aufzugeben. Das Krakauer Bündnis bedeutete daher das Ende der freundschaftlichen Beziehungen zwischen Sigismund und dem Markgrafen.

Unterdessen traf die Gesandtschaft der Hussiten in Worany noch einmal mit König Wladislaw und Großfürst Witold zusammen; Hynek von Kolstein bot zuerst dem König und nach dessen Ablehnung dem Großfürsten die Krone an. Der König lehnte eine Kooperation mit den Hussiten ab, bis diese die „Prager Artikel" aufgegeben hätten. Auf dem Landtag von Lublin erteilte Wladislaw den Hussiten dann eine endgültige Absage. Damit aber ging der Ball weiter an den Großfürsten, der durchaus bereit war, Sigismund Schwierigkeiten zu bereiten, um ihn dadurch von einer Unterstützung des Ordens abzubringen.

Im Frühjahr 1421 konnten die Hussiten in Böhmen weitere Erfolge erzielen. Der deutsche Prager Erzbischof Konrad von Vechta trat am 21. 4. zu den Utraquisten über. Einige Tage darauf ließ Sigismund durch Ulrich von Rosenberg die provisorische Duldung der „Prager Artikel" in Aussicht stellen. Dieser Schritt erfolgte jedoch genau ein Jahr zu spät und brachte Sigismund zudem im Reich großes Mißtrauen bezüglich seiner Zuverlässigkeit ein. Anfang Juni 1421 hielten die böhmischen Stände in Tschaslau (Cáslav) einen Landtag ab, auf dem Sigismund für eine Anerkennung als König wiederum die vorläufige Gewährung der „Prager Artikel" anbieten ließ. Der Landtag erklärte Sigismund jedoch als der böhmischen Krone unwürdig und abgesetzt und die Herrschaft des Hauses Luxemburg in Böhmen als beendet, da er trotz des gegebenen Geleits die Verbrennung von Jan Hus zugelassen, die ständischen Rechte und Freiheiten verletzt und das Ausland gegen Böhmen aufgeboten habe. Die Stände wählten einen ständigen Ausschuß von 20 Direktoren, die für die öffentliche Ordnung sorgen sollten. Neben Žižka gehörten dazu auch Čeněk von Wartenberg und Ulrich von Rosenberg, die wieder einmal die Partei gewechselt hatten.[19] In Tschaslau waren auch Vertreter der mährischen Stände, die im Gegensatz zu den böhmischen jedoch Sigismund als König akzeptierten; in Mähren behauptete sich in den Städten dann auch das deutsche Patriziat.

Mit dem Landtag waren die Verhandlungen zwischen dem König und den Hussiten gescheitert. Sigismund, der nach der Kapitulation der Prager Burg am 7. 6. 1421 auch den letzten Stützpunkt in der Hauptstadt verloren hatte, konnte in dieser Frage, in der sein Ansehen als römischer König und letzter Vertreter des Hauses Luxemburg auf dem Spiel stand, natürlich in keiner Weise nachgeben. Er mußte jetzt versuchen, die Kräfte des Reiches zu organisieren und für den Kampf gegen das Hussitentum einzusetzen. Damit begann die Ära der Reichsreform; wie so oft führte die Niederlage zu einer kritischen Reflexion über die eigenen Schwächen. Man versuchte nun noch einmal, die überalterte Struktur des Reiches den neuen Gegebenheiten anzupassen, um dieses gegenüber der Bedrohung durch die Hussiten zu schützen.

XIV.
Kurfürstentage, Reichsreform und Mainzer Reichsvikariat (1421–1424)

Als König Sigismund 1416 mit Heinrich V. von England den Vertrag von Canterbury schloß, wurde vereinbart, daß auf seiten Englands das Parlament und auf seiten des Reiches die Kurfürsten den Vertrag ratifizieren sollten. Die in der „Goldenen Bulle" Karls IV. 1356 festgeschriebene verfassungsrechtliche Stellung verschaffte diesen eine besondere Stellung als Kollektivorgan neben dem Königtum. Seit der Absetzung König Wenzels war die Macht der Kurfürsten noch gewachsen. Der feste Block der vier rheinischen Kurfürsten war nur in der Frage des Schismas in der Kirche und anläßlich der Wahl Sigismunds gespalten. Von den Kurfürsten hatten Pfalzgraf Ludwig III. und Erzbischof Werner von Trier Sigismund von vornherein gewählt. Die anderen Kurfürsten waren erst im Juli 1411 der Wahl beigetreten. Zum Mainzer Erzbischof Johann II. von Nassau blieb das Verhältnis des Königs gespannt; er nahm auch als einziger Kurfürst nicht an der Aachener Krönung teil. Dem neuen Kölner Kurfürsten Dietrich von Mörs hatte Sigismund 1414 maßgeblich zur Anerkennung verholfen. Mit dem Pfalzgrafen, den Sigismund zunächst zum Reichsvikar ernannt hatte, überwarf er sich dann; besonders augenscheinlich wurde dies, als der König 1418 bei seiner Abreise nach Ungarn Friedrich von Zollern zum Reichsvikar ernannte, dem er 1417 die Mark Brandenburg mit der Kurwürde verliehen hatte. Als Friedrich jedoch durch seine Bündnispolitik mit Polen eine eigenständige Politik auch gegen den König konzipierte, kam es auch mit ihm zum Bruch. Beim Reichstag zu Breslau belehnte Sigismund 1420 auch den neuen Trierer Erzbischof Otto von Ziegenhain und Albrecht III. von Sachsen, den Bruder Rudolfs III. und letzten Askanier.[1] Nach dem Tod des Mainzer Kurfürsten Johann wurde im Oktober 1419 vom Domkapitel Konrad III. Rheingraf von Dhaun gewählt. Dieser schloß sich zwar der Opposition der rheinischen Kurfürsten gegen die Politik Sigismunds an, verhandelte aber schon bald mit dem Reichserbkämmerer Konrad von Weinsberg, einem der fähigsten Diplomaten und Gefolgsleute Sigismunds, über die Möglichkeit einer Übernahme eines Reichsvikariates[2], da abzusehen war, daß Sigismund nun über Jahre hinweg kaum in Deutschland aktiv werden konnte.
Angesichts seiner Niederlagen gegen die Hussiten schrieb Sigismund im November 1420 einen Reichstag nach Eger aus, den er dann auf Mitte April nach Nürnberg verschob. Ende Februar 1421 kam es daraufhin zu einem Treffen der

vier rheinischen Kurfürsten in Boppard, wo der Trierer Erzbischof sich bemühte, die Spannungen zwischen Kurpfalz und Mainz auszugleichen, da man fühlte, daß man nur dann erfolgreich gegen den König auftreten konnte, wenn man sich einig war. Als der König auf dem Nürnberger Reichstag nicht erschien, schlossen die Kurfürsten am 23. 3. ein Bündnis gegen die Hussiten und verpflichteten sich, nur gemeinsam gegenüber Sigismund aufzutreten. Dem Bund traten dann die Bischöfe von Würzburg, Speyer, Bamberg, Straßburg und Augsburg, der Erzbischof von Magdeburg und der Landgraf von Hessen sowie die Markgrafen von Meißen bei; Beitrittsverhandlungen mit den Reichsstädten führten jedoch zu keinem Abschluß.[3] Somit stand dem König bald ein mächtiger Block gegenüber, der durchaus eigenständig initiativ wurde. Auf einem Fürstentag in Oberwesel wurden die Verhandlungen Ende Mai 1421 mit den Reichsstädten fortgeführt. Kardinal Branda von Piacenza predigte im Auftrag des Papstes den Kreuzzug und bemühte sich um ein Zustandekommen eines Feldzuges. Die Städte stimmten einem Kreuzzug zu, wollten aber nicht vertraglich gebunden sein und sich nicht den Weg zum grundsätzlich städtefreundlichen König verbauen. Dann setzten die Kurfürsten fest, daß am 23. 8. 1421 der Reichsfeldzug gegen die Hussiten in Eger beginnen sollte. Sie wandten sich auch an König Wladislaw von Polen, den sie ersuchten, den Streit mit dem Deutschen Orden ruhen zu lassen. Die Kurfürsten begannen somit, eine völlig eigenständige Außenpolitik zu betreiben, die durchaus im Interesse des Reiches lag; auch in den kommenden Jahrzehnten sollte das Kurkollegium in dieser Hinsicht aktiv bleiben. Bischof Georg von Passau, der neue Reichskanzler Sigismunds, versuchte im Juni 1421 bei weiteren Folgetreffen, noch einen gewissen Einfluß auf die Bewegung zu nehmen, die an Gewicht zunahm; auf einem weiteren Reichstag in Görlitz erklärten 86 Reichsstädte im Juni 1421 ihre Bereitschaft, an dem geplanten zweiten Hussitenfeldzug teilzunehmen.[4]
Sigismund blieb zunächst nichts anderes übrig, als die Aktion zu „genehmigen", um wenigstens den Schein zu wahren, daß das Reichsoberhaupt in die Sache involviert sei; er erklärte auch, im August selbst mit seinen Truppen von Ungarn aus in Polen einmarschieren zu wollen. Die rheinischen Kurfürsten wandten sich bei einem neuen Treffen in Boppard Ende Juni noch einmal an König Wladislaw von Polen, den sie ersuchten, die Gesandtschaft der Hussiten, die ihm die Krone anbieten wollten, abzuweisen. Im Juli antwortete der König den Kurfürsten, die Gesandtschaft der Hussiten sei zuerst im Februar 1421 in Worany und dann auf dem Landtag in Lublin erschienen; er aber habe das Angebot abgelehnt.[5] Allerdings sagte der König dabei nicht die ganze Wahrheit, da die Gesandtschaft sich anschließend zum Großfürsten Witold begeben hatte, der dann seinen Neffen, den Prinzen Sigismund Korybut, nach Böhmen schickte, wo er im Mai 1422 eintraf. Dies geschah natürlich nicht ohne Wissen und Zustimmung des polnischen Königs!
Die Kurfürsten bereiteten sich dann im Sommer 1421 auf den (zweiten) Hussitenkreuzzug vor, an dem sie mit Ausnahme des Kurfürsten von Mainz allesamt persönlich teilnahmen. Durch die Aktivität der Kurfürsten entstand durchaus der Eindruck, daß sie es nicht zulassen wollten, daß Böhmen der deutschen Krone

entfremdet würde. Dies betonten sie auch gegenüber dem Legaten des Papstes, wobei ein letztes Mißtrauen angesichts der Kontakte zwischen Papst Martin V. und dem Großfürsten Witold von Litauen offenblieb.

Die mangelnde Koordination des zweiten Hussitenkreuzzuges war eine Hauptursache für das völlige Scheitern. Ende Mai 1421 begannen schlesische Fürsten auf Geheiß Sigismunds mit einem Feldzug nach Nordostböhmen. Der König sprach im Mai bereits von seinem Zug nach Mähren, der jedoch erst im Oktober zustande kam. Vorher feierte er jedoch noch am 29. 9. 1421 die Vermählung seiner Erbtochter Elisabeth mit Herzog Albrecht V. von Österreich in Preßburg. Dies war die Geburtsstunde der Donaumonarchie, denn nun wurde vereinbart, daß die Gebiete der Habsburger und Luxemburger in Zukunft in einer Hand vereinigt werden sollten; erstmals gehörten nun Ungarn, Mähren Schlesien und später dann auch Böhmen mit Österreich zu einem Machtkomplex. Sigismund bot dem Schwiegersohn 200.000 Dukaten für seine Mühen im Hussitenkrieg als Pfanderhöhung auf die verpfändeten Städte Budweis, Iglau und Znaim. 100.000 Dukaten erhielt Albrecht als Mitgift; dazu mußte er seiner Frau noch einmal 100.000 Dukaten als „Widerlage" oder „Witwengut" bezahlen. Dies sollte im Fall eines Todes des Gatten zur Absicherung der Witwe dienen. Dann bestimmte Sigismund Albrecht und Elisabeth als seine Nachfolger in Ungarn, Böhmen und Mähren und schloß mit Albrecht ein Bündnis für den Hussitenkrieg. Dieser Vertrag entschied über die Zukunft der Donauländer, deren Zusammenschluß Vision geworden war. Er bedeutete aber auch für viele Jahre Krieg. „Das Kriegsglück wechselte zwar zu verschiedenen Malen, aber Albrecht bestand siegreich den schweren Kampf und erreichte am Ende sein Ziel."[6] Nach Abschluß der Verträge wurde der Papst über die Hochzeit und den Beginn des Feldzuges informiert.

Der von den Kurfürsten unterdessen ohne Abstimmung mit dem König begonnene Feldzug selbst wurde zu einem völligen Desaster. Ende August 1421 rückte das Reichsheer unter der Führung der Kurfürsten von Köln, Trier und der Pfalz von Eger aus auf Prag vor. Die Fürsten waren sich über das Vorgehen uneinig. Mitte September marschierten die Truppen in Richtung auf Saaz und erwarteten nun den Angriff Sigismunds und Albrechts V. von Mähren aus. Diese aber feierten in Preßburg noch die Hochzeit des Herzogs, während das Reichsheer bald den Mut verlor. Hätte Sigismund in dieser Situation einen schnellen Angriff unternommen, wäre die Situation für die Hussiten höchst bedrohlich geworden. Nach sechsmaligem ergebnislosen Sturm auf Saaz hieß es plötzlich, Žižka komme von Prag mit Entsatztruppen. Das Reichsheer floh am 2. 10. 1421 und wurde von Žižka verfolgt. Die Reichsarmee hatte Böhmen längst verlassen, als Sigismund und Albrecht V. mit ungarischen und österreichischen Truppen dann Anfang November in Mähren einrückten; am 10. 11. erschien der König auf dem mährischen Landtag in Brünn und verlangte vom Adel die Aufkündigung der Bündnisse mit den Hussiten und das Abschwören der „Prager Artikel". Nachdem beides erfolgt war, zog Sigismund weiter nach Iglau, wo er am Ende des Monats eintraf. Pippo Spano schlug vor, Kuttenberg zu besetzen, das von den Pragern gehalten wurde. Von den Einwohnern um Hilfe ersucht, erschien Žižka mit den

Taboriten. Am 20. 12. gelang es Sigismund, Kuttenberg zu besetzen. Nach einem nächtlichen Überfall Žižkas wagte Sigismund es aber nicht mehr, das Heer der Taboriten anzugreifen. In panischer Angst floh das ungarische Heer am ersten Tag des Jahres 1422 vor dem mittlerweile völlig erblindeten Taboritenführer, ohne sich mit dem Feind geschlagen zu haben. Um den Rückzug nach Mähren zu decken, ließ Sigismund Kuttenberg anzünden. Am 9. 1. 1422 brachte er die Armee bei Deutschbrod zum Stehen. Das Heer wurde von Žižka geschlagen und floh durch eisige Flüsse unter Zurücklassung des gesamten Gepäcks über Iglau nach Mähren zurück; mit Mühe und Not entkam Sigismund der Gefangennahme.[7] Die Taboriten aber nahmen Deutschbrod ein, metzelten die Bevölkerung nieder und ächerten die Stadt ein. Es nützte Sigismund auch nicht viel, daß er die katastrophale Niederlage mit dem verfrühten Abzug des Reichsheeres und der winterlichen Kälte zu entschuldigen versuchte. Dieses schmähliche Versagen des obersten Kriegsherrn konnte natürlich nicht ohne Rückwirkungen auf seine Stellung im Reich und seine Beziehungen zu Polen und dem Papst bleiben.

Nach der zweiten Gesandtschaft der Hussiten unter Hynek von Kolstein nach Polen und Litauen im Frühjahr 1421 schickte Großfürst Witold im Juni 1421 seinen Gesandten Wyszek Raczynski zu Verhandlungen nach Böhmen. Dieser empfahl den Hussiten, den Prinzen Sigismund Korybut als Gubernator und Stellvertreter des Großfürsten in Böhmen einzusetzen. Nach der Ablehnung König Wladislaws, den Bitten der Hussiten zu entsprechen, verhandelte er mit König Sigismund über die Hussitenfrage. Der Geschichtsschreiber Długosz berichtet, die Polen hätten von Sigismund Kriegshilfe gegen den Deutschen Orden und die Abtretung Schlesiens gefordert, während Sigismund ihrem König seine Erbtochter oder seine Schwägerin Sophie als Gemahlin angeboten hätte. Offensichtlich stellte der polnische König Sigismund wirklich Hilfe gegen die Hussiten in Aussicht, vermutlich um den Preis der Revision des Breslauer Schiedsspruches.[8] Mit Rücksicht auf die deutschen Kurfürsten aber mußte Sigismund das Angebot ablehnen; in seinem Brief an die Kurfürsten im Juli 1422 wird dies von König Wladislaw ausdrücklich erwähnt.

Nach der Rückkehr der dritten Gesandtschaft der Hussiten nach Polen vom Lubliner Landtag im August 1421 erklärte ein Landtag in Kuttenberg im September die Bereitschaft, Witold als König von Böhmen anzuerkennen. Im Oktober kam eine neue Gesandtschaft des Großfürsten nach Prag, die die Ankunft seines Verwandten Sigismund Korybut meldete.[9] In die Verhandlungen schaltete sich nun auch die päpstliche Kurie ein. Martin V., der sich bei König Wladislaw für die Ablehnung des Antrags der Hussiten bedankte, schickte den Nuntius Antonio Zeno nach Polen, der bald auch mit Witold Kontakt aufnahm. Kurfürst Friedrich von Brandenburg hatte es kurz zuvor erreicht, daß der Waffenstillstand zwischen dem Deutschen Orden und Polen-Litauen noch einmal verlängert wurde. König Sigismund hätte es fast lieber gesehen, es wäre zum Krieg gekommen, da Polen in diesem Fall die Hussiten nicht hätte unterstützen können. Großfürst Witold überzeugte den päpstlichen Legaten, daß die Hussitenfrage nicht mit Gewalt zu lösen sei. Er erklärte, Sigismund Korybut werde mit den Hussiten verhandeln,

und ersuchte um Aufhebung der Kreuzzugspredigt. Die Sympathie des Nuntius für den Plan Witolds verärgerte König Sigismund sehr. Der Papst hingegen verwarf die Pläne Witolds und stellte sich eindeutig auf die Seite des Deutschen Ordens. So waren eigentlich Witold und Sigismund die Kriegstreiber, während Polen und der Deutsche Orden zum Frieden bereit gewesen wären.
Im Juli 1422 brach der Krieg zwischen dem Orden und Polen-Litauen aus. Im Frieden vom Melnosee wurde dann nach nur kurzen Kampfhandlungen die preußisch-litauische Grenze so festgelegt, wie sie bis in das 20. Jahrhundert bestand. König Sigismund protestierte zunächst gegen den ohne sein Wissen geschlossenen Friedensvertrag, fühlte er sich doch von Polen-Litauen bedroht und wollte dieses durch den Orden gebunden wissen. Wie groß die von Polen und Litauen ausgehende Gefahr für Sigismund 1421/22 war, zeigt noch ein anderes Beispiel. Über seine Mutter Elisabeth, Tochter des Herzogs Bogislaw V. von Pommern-Stolp, war Sigismund ein Vetter von Erich von Pommern, der 1412 seiner Großtante Margarethe als Herrscher über Dänemark, Norwegen und Schweden gefolgt war. Erich wollte die der dänischen Krone verlorengegangenen Gebiete wie das Herzogtum Schleswig und das 1346 an den Deutschen Orden abgetretene Estland zurückerwerben. An sich stand er mit seinem Vetter Sigismund seit dessen Königswahl auf gutem Fuß; bereits Anfang 1412 hatte dieser den Herrscher der „Nordischen Union" um eine Unterstützung des Deutschen Ordens gebeten.[10] Während des Konstanzer Konzils hatte Sigismund den Vetter in der schleswigschen Frage und dieser ihn in der Frage der Kirchenreform und anderen Belangen unterstützt. Auch in der Angelegenheit Lübecks, wo 1410 ein „Neuer Rat" durch eine Revolte an die Macht gekommen war, arbeiteten die Vettern Hand in Hand, obwohl behauptet wurde, Erich wolle Lübeck vom Reich loslösen und mit Dänemark vereinigen. Ende 1415 meldete der livländische Ordensmeister an den Hochmeister des Deutschen Ordens, daß der Dänenkönig Estland zurückgewinnen wolle. Schon damals beschuldigte der Orden Erich, ein Bündnis mit Polen geschlossen zu haben. Im Sommer 1416 begann Erich einen Krieg gegen die Grafen von Holstein, die sich weigerten, dem König das Herzogtum Schleswig abzutreten.
König Sigismund war an den Fragen, die die nordischen Reiche betrafen, sehr interessiert und fühlte sich als römischer König auch hier zuständig; auf dem Konzil gehörten die Skandinavier zur deutschen Nation. Als die Friesen, denen er die Reichsunmittelbarkeit verliehen hatte, sich vom Reich abwenden wollten, forderte er sie 1417 zum Gehorsam auf, wobei er betonte, daß das Reich mit England und Dänemark verbündet sei. Er war auch bereit, dieser großangelegten Politik Schleswig zu opfern und seinem Vetter entgegenzukommen. Im Frühjahr 1419 ließ Sigismund dem Vetter durch seinen Gesandten Trulle das Emblem des Drachenordens überbringen. In Wittenberg plauderte der Gesandte über seinen Auftrag, was ein Diplomat der Hansestadt Lübeck sofort nach Hause berichtete. Trulle erzählte, Sigismund sei sehr unzufrieden mit der Hanse, die er einen „Bund des Ungehorsams" gegenüber dem Reich genannt habe; er habe auch die Absicht, im nächsten Jahr nach Dänemark zu reisen, um Erich zu besuchen.[11] Dieses

Beispiel zeigt, daß es auch im späten Mittelalter noch möglich war, die Macht des Kaisertums zu steigern; die Könige Wenzel und Ruprecht hatten in Norddeutschland kaum einen Einfluß, während Sigismund nun daran dachte, den mächtigen Bund der Hanse, der de facto eine völlig eigenständige Außenpolitik betrieb, wieder fester in das Reich zu integrieren. Es dürfte daher kein Zufall sein, daß schon auf dem Konzil ein Vertreter der Stadt Stralsund prophezeit hatte: „Dysse konyngh wert eyn mechtych keyser."[12]

Es mußte daher für Sigismund bedrohlich erscheinen, daß König Erich am 15. 7. 1419 mit König Wladislaw von Polen ein Bündnis schloß.[13] Bald jedoch kam Sigismund ein glücklicher Zufall zu Hilfe. Erich plante nämlich, seinen Neffen Bogislaw von Pommern, den er zu seinem Nachfolger ausersehen hatte, mit Hedwig, der Tochter König Wadislaws, zu vermählen, um den Norden mit Polen und Litauen zu einer Personalunion zu verbinden, die vom Eismeer bis zum Schwarzen Meer reichen sollte. In ihren kühnen Spekulationen und teilweise glücksspielerhaften Kombinationen waren die beiden Vettern sich sehr ähnlich. Als der polnische König sich jedoch im April 1421 mit Kurfürst Friedrich von Brandenburg verbündete und seine Tochter dessen Sohn zur Gemahlin versprach, gab Erich seine Ambitionen in Richtung Polen auf. In den Vermittlungsbemühungen um Schleswig wurde der Einfluß Sigismunds nun zurückgedrängt. Ähnlich wie man in Polen und Böhmen, aber auch in Ungarn in Zeiten der Krise zwischen der Krone („Corona Regni") und dem Träger der Krone unterschied, betonten die Holsteiner im Mai 1421 in der Diskussion darüber, wer der oberste Richter sein sollte, sie sähen das „Römische Reich" als obersten Schiedsherrn an, während König Erich den „Römischen König" Sigismund als solchen bezeichnete. Die Kurfürsten, die mit dem König immer unzufriedener wurden, versuchten sich als Bestandteil „des Reiches" in dieser Sache ins Spiel zu bringen. Offensichtlich waren die Holsteiner skeptisch, ob der römische König in dieser Sache wirklich unparteiisch entscheiden würde. Obwohl Sigismund noch zu Beginn des Jahres 1422 den Deutschen Orden vor dem dänischen König warnte, da dieser ein Bündnis mit den Hansestädten plane und gegen den Orden vorgehen wolle, näherten sich die beiden Vettern allmählich wieder; gegenüber der kurfürstlichen Opposition sollte Sigismund an dem absolutistisch denkenden Vetter einen sicheren Rückhalt finden.

Der litauische Prinz Sigismund Korybut, der im Mai 1422 im Namen des Großfürsten Witold mit 5000 Reitern nach Prag gekommen war, konnte als Reichsverweser in Böhmen neben dem blinden Taboritenführer Žižka keine große Rolle spielen. König Sigismund befand sich zur Zeit der Ankunft Korybuts in Böhmen in Südmähren. Als er von der Ankunft des viel schwächeren polnischen Heeres erfuhr, zog er sich ohne einen Schwertstreich nach Ungarn zurück, während die Stadt Olmütz den Polen tapfer Widerstand leistete; auch in dieser Situation zeigte sich, daß Sigismund kein großer Feldherr war. Obwohl Korybut sich in Böhmen als Utraquist ausgab, die „Prager Artikel" anerkannte und verteidigte und alles unternahm, um sich beliebt zu machen, gelang ihm dies nicht. Die Bevölkerung Prags wollte Korybut zum König krönen, aber die Feste Karlstein, auf der sich die böhmischen Reichsinsignien befanden, war noch in der Hand von etwa 400 Anhängern Sigismunds. Fünf Monate hindurch belagerte Korybut die stark befestigte und nach damaligen Begriffen uneinnehmbare Burg, bis im November 1422 die Nachricht kam, Landgraf Friedrich von Thüringen nähere sich vom Norden und Albrecht V. vom Süden. Daraufhin hob Korybut die Belagerung auf. Mittlerweile übte der Papst jedoch großen Druck auf König Wladislaw und Großfürst Witold aus, die Unterstützung der Hussiten zu beenden. Geldmangel und schwindende Autorität aufgrund seiner Mißerfolge veranlaßten Prinz Korybut daraufhin im April 1423, Böhmen zu verlassen und nach Polen zurückzukehren.

Die Niederlage des Reichsheeres beim zweiten Hussitenzug im Herbst 1421 war nicht zuletzt auf die schlechte Organisation und die Mangelhaftigkeit der Reichskriegsverfassung zurückzuführen. Daran änderten auch die Reformversuche des Nürnberger Reichstages vom Sommer 1422 zunächst nicht viel. König Sigismund selbst brachte durch sein geringes Engagement die öffentliche Meinung bald gegen sich auf. Der Geschichtsschreiber Andreas von Regensburg nannte ihn einen Räuber und Widersacher der Kirche; er sei schlechter als Herodes, Nero oder Domitian. Seine hübsche Schwägerin Sophie, die Witwe Wenzels, habe ihn durch verbrecherische Liebe dazu betört, den von ihm auf dem Konzil geleisteten Eid, die Hussiten zu bekämpfen, zu brechen; daher sei Sigismund ein Ketzer und des Kaisertums unwürdig, und auch die Königswürde werde Gott bald von ihm nehmen. In der Tat bildete sich um den Bund der Kurfürsten im Frühjahr 1422 eine Opposition gegen Sigismund, die durchaus erwog, ihn abzusetzen und einen neuen König zu wählen. Kurfürst Friedrich von Brandenburg, den der König zunächst gefördert und dem er die Mark Brandenburg mit der Kurwürde abgetreten hatte, war die Seele der Opposition.

Nach seiner Flucht aus Böhmen hatte sich Sigismund im Frühjahr 1422 in Mähren aufgehalten; hier besuchte ihn der Kölner Erzbischof Dietrich im März; er schlug ihm vor, einen Reichstag nach Regensburg zu berufen. Am 8. 3. berief der König dann für Ende Mai 1422 einen Reichstag nach Regensburg ein. Statt jedoch sogleich mit den Kurfürsten gemeinsam etwas zu unternehmen, zog Sigismund dann über Preßburg nach Debreczin und Großwardein, wo er im Juni einen ungarischen Landtag abhielt. Der König war wochenlang wie verschollen und verschob dann Anfang Mai den Reichstag ohne jede Entschuldigung auf Anfang Juli.[14] Dabei ging das Gerücht um, die Fürsten würden einen neuen König wählen, wenn Sigismund nicht endlich etwas gegen die Hussiten unternehme. Die rheinischen Kurfürsten indes nahmen sich der Hussitenfrage an, zumal eine große Verwirrung im Reich herrschte, da niemand wußte, wann der Reichstag nun stattfinde. Da Sigismund Erzbischof Dietrich ersucht hatte, auch die Städte einzuladen, schrieben die Kurfürsten auf einer Versammlung in Oberwesel im Juni 1422 eigenmächtig einen Reichstag für Mitte Juli nach Nürnberg aus, nicht jedoch nach Regensburg, wohin Sigismund eingeladen hatte.

Der König erkannte sehr wohl, was sich von seiten der Kurfürsten gegen ihn zusammenbraute; Ende 1421 war der Reichserbkämmerer Konrad von Weinsberg, ein Schwager des Kanzlers Bischof Georg von Hohenlohe zu Passau, der seit 1414 im Dienst Sigismunds stand, als Mittelsmann des neuen Mainzer Erzbischofs Konrad nach Ungarn zum König gekommen, um mit ihm über eine Spaltung der kurfürstlichen Front zu verhandeln.[15] Dabei wurde der Plan gefaßt, den Kurfürsten von Mainz auf dem nächsten Reichstag zum Statthalter im Reich zu ernennen, was natürlich einen Affront gegen den pfälzischen Kurfürsten bedeutete, der traditionell das Amt des Reichsvikars ausübte. Weiters plante Sigismund, ähnlich wie in Ungarn die Städte zu einem Gegenpol gegen die Fürsten aufzubauen und auch zu Leistungen für den Hussitenkrieg heranzuziehen.

Vor dem Beginn des Reichstages kam es noch einmal zu einer Kraftprobe zwischen Sigismund und den Kurfürsten. Die Fürsten hatten bereits in Regensburg Quartiere bestellt, und auch Kardinallegat Branda war Mitte Mai dorthin gekommen, als es plötzlich hieß, der Reichstag werde auf Anfang Juli verschoben. Die Kurfürsten erreichten nicht, daß der König den Reichstag für Mitte Juli nach Nürnberg verlegte. Sie reisten nun trotzdem dorthin, während Sigismund am 20. 7. mit seiner Gemahlin Barbara und Herzog Ernst von Österreich in Regensburg einzog. Er schickte nun eine Gesandtschaft nach Nürnberg, um die Fürsten und Städtevertreter zu veranlassen, nach Regensburg zu kommen. Die Abgesandten der Städte waren dazu bereit, nicht aber die Fürsten, die erklärten, der König solle nach Nürnberg kommen. Als Sigismund dies erfuhr, wurde er sehr aufgebracht und erklärte, es sei seiner Majestät nicht angemessen, daß er den Fürsten nachreise. Seine Berater empfahlen ihm jedoch, nachzugeben, da man ihn sonst bezichtigen würde, er sei schuld daran, wenn wieder kein Kreuzzug gegen die Hussiten zustande komme. Am 25. 7. 1422 gab Sigismund nach und zog nach Nürnberg, wo er einen Tag später ankam, nachdem die in Regensburg anwesenden Reichsstände schon dorthin abgereist waren; „die Demütigung des stolzen Fürsten war der Opposition gelungen".[16]

Am Tag der Ankunft des Königs schrieben fünf Kurfürsten an den polnischen König und ersuchten ihn, den Prinzen Korybut aus Böhmen abzuziehen und – statt den Deutschen Orden zu bekämpfen – gegen die Hussiten zu ziehen.[17] Auch Sigismund versprach, den Orden und den neuen Hochmeister Paul von Rußdorf gegen Polen zu unterstützen, das nach Ablauf des Waffenstillstandes im Juli 1422 den Krieg mit dem Orden beginnen wollte. Pfalzgraf Ludwig und der Kölner Erzbischof Dietrich reisten dann zum Hochmeister, um eine Versöhnung des Ordens mit Polen zu versuchen. Markgraf Friedrich von Brandenburg verbot jedoch den Durchzug durch sein Land zum Ordensgebiet und schickte seinen Sohn Friedrich an den polnischen Hof, um ihn dort als zukünftigen König erziehen zu lassen. Mit der Entschuldigung, zum Reichskrieg gegen die Hussiten verpflichtet zu sein, vermied er jedoch die vertraglich vereinbarte Unterstützung Polens. Da er eine Versöhnung mit Sigismund nicht mehr für möglich hielt, schloß er sich eng an den Bund der rheinischen Kurfürsten an.

Sigismund war nun gezwungen, mit den Kurfürsten, die ihn so sehr gedemütigt hatten, das Einvernehmen zu suchen, besonders mit Pfalzgraf Ludwig und Markgraf Friedrich, mit denen er sich in Nürnberg äußerlich wieder versöhnte. Er mußte Friedrich Anfang September auch zum Reichsfeldherrn gegen die Hussiten ernennen und ihm umfassende Vollmachten für den Krieg geben. Unterdessen hatte der polnische König Mitte Juli dem Deutschen Orden den Krieg erklärt und war in dessen Gebiet einmarschiert. Dem Orden kam freilich zugute, daß König Wladislaw und Großfürst Witold in dieser Frage zerstritten waren, denn der Großfürst wollte seine Kräfte auf sein Engagement in Böhmen konzentrieren. Obwohl der Kontakt zwischen Preußen und dem Reichstag nur sehr schlecht funktionierte, erfuhr man Mitte August in Nürnberg vom Vormarsch der Polen. Wie 1410, so behauptete der Orden sich auch jetzt nur in den Festungen, während das flache Land besetzt wurde. Vergeblich versuchte Markgraf Friedrich, Solidaritätsaktionen des Reichstages mit dem Orden zu verhindern. Doch so schnell ließ sich die Reichshilfe nicht realisieren. Bevor sie wirksam wurde, unterzeichnete der Hochmeister ohne Rücksprache mit Sigismund oder den Kurfürsten am 27. 9. 1422 den Frieden vom Melnosee, in dem der Friede von Thorn von 1411 und die Schiedssprüche Sigismunds von 1412 und 1420 ausdrücklich aufgehoben wurden. Der Orden brauchte zwar nur kleinere Gebiete abzutreten, mußte aber ausdrücklich darauf verzichten, daß Samogitien nach dem Tod des Großfürsten Witold an den Orden zurückfallen sollte. Dieser wollte seine Hände frei haben für sein Unternehmen in Böhmen und drängte auf einen Kompromißfrieden, der wirklich für Jahrzehnte zur Beruhigung der Lage im Ordensgebiet beitragen sollte.[18] Witold erhielt zwar einerseits Samogitien mit einem kurzen und wertlosen Zugang zur Ostsee, nicht aber die begehrte Memelmündung; immerhin war damit jedoch die Landverbindung von Ostpreußen nach Livland und Kurland unterbrochen. Somit kann der Friede als ein echter Kompromiß bezeichnet werden.

Der Nürnberger Reichstag vom Juli bis September 1422 war außerordentlich gut besucht. Neben den Kurfürsten waren die Bischöfe von Würzburg, Speyer, Bamberg, Eichstätt, Passau, Chiemsee, Regensburg, Freising und Lausanne, die Herzöge Ernst von Österreich, Heinrich, Wilhelm, Ernst und Albrecht III. von Bayern und Erich von Sachsen-Lauenburg, Pfalzgraf Johann von Neumarkt, die Markgrafen Friedrich von Meißen und Bernhard von Baden sowie etwa 40 Grafen und die Delegierten von 72 Reichsstädten vertreten. Viel Mühe kostete die Aussöhnung des Königs mit den Kurfürsten, die wie die eigentliche Reichsregierung auftraten und den Hussitenfeldzug ausschrieben, dem der König nur zustimmte. Die Fürsten schlugen vor, den „hundertsten Pfennig" als allgemeine Kriegssteuer vorzuschreiben.[19] Während der Pfalzgraf auf seiner Mission in Preußen weilte, ernannte Sigismund am 25. 8. den Mainzer Erzbischof Konrad, den er erst auf dem Reichstag kennengelernt und Anfang August belehnt hatte, zu seinem Reichsvikar und Statthalter. Mit Markgraf Friedrich, Erzbischof Konrad und Bischof Johann von Würzburg erneuerte Sigismund als König von Böhmen ein Bündnis und eine Erbeinigung seines Vaters Karl IV. von 1366, der eine Landbrücke von seinen böhmischen zu seinen luxemburgischen Territorien herzustellen versucht hatte. Damit konnte Sigismund, der im Gegensatz zu seinem Vater im fränkischen Raum keine Stützpunkte mehr hatte, nun nicht nur seine Isolation überwinden, sondern durch die Verbindung über die fränkischen Territorien der Zollern und die Bistümer Würzburg und Mainz den Kontakt mit dem Westen des Reiches wiederherstellen und die Fürstengruppe des Rheinlandes in der Mitte trennen. Auf dem Reichstag wurde Ende August beschlossen, die belagerte Festung Karlstein zu entsetzen; Markgraf Bernhard von Baden berichtete an Herzog Adolf von Berg, Sigismund wolle zurück nach Wien und dann von Ungarn aus dem Deutschen Orden zu Hilfe kommen.[20] Noch vor Ende August wurde das Reichsgesetz über die Stellung von Kontingenten zum Krieg gegen die Hussiten verabschiedet. Die auch von Eberhard Windecke überlieferte Liste des „Anschlages" zum Krieg kann als älteste Matrikel des Reiches angesehen werden. Dabei waren die Kurfürsten mit je 50 Gleven (eine Gleve entspricht etwa vier Reitern) veranschlagt, der Herzog von Savoyen mit 50, der Herzog von Jülich und Geldern mit 60 und die Herzöge und Bischöfe in der Regel mit etwa fünf bis 20 Gleven. Die Städte in Brabant und im Fürstbistum Lüttich sollten je 100, die in Holland 60 Gleven stellen, die Eidgenossen 250 und die Äbte meist nur zwei. Von den Reichsstädten wurden die größeren wie Nürnberg und Lübeck mit 30 und Hamburg, Straßburg und Metz mit 20 Gleven veranschlagt, was gewisse Rückschlüsse auf die Steuerkraft und Einwohnerzahl der Städte zuläßt.[21] Daneben existiert noch eine Liste von Reichsständen, die lieber den „hundertsten Pfennig" geben und keine militärischen Kontingente stellen wollten.[22] In einer weiteren Liste wurde verzeichnet, wie viele Soldaten die einzelnen Reichsstände zur Entsetzung von Karlstein stellen sollten. Das Verzeichnis darf freilich nicht als exakte Auflistung der Reichsstände gesehen werden, denn bei vielen war die Reichsunmittelbarkeit umstritten; manche wurden offensichtlich auch vergessen. Der Katalog kann demnach als der erste bekannte Versuch angesehen werden, die Mitglieder des Reiches systematisch zu erfassen.[23] Sigismund wollte die alte und den Bedürfnissen seiner Zeit nicht mehr entsprechende Lehnsverfassung dahingehend umgestalten, daß in Zukunft ein regelrechtes Reichsheer auf reichsständischer Basis aufgestellt werden sollte, das das alte Lehnsaufgebot der Reichsvasallen überflüssig machen sollte.[24] Zu diesen Reformbestrebungen hatte Sigismund Vorarbeiten geleistet und bereits im März 1422 dem Speyerer Bischof Raban den Befehl erteilt, ihm die Reichsregister König Ruprechts auszuliefern. Bereits 1417 hatte Sigismund mit einer Kanzleireform begonnen und ein „Reichsachtbuch" und den heute im Wiener Haus-, Hof- und Staatsarchiv aufbewahrten Reichsregisterband „F" anlegen lassen, in den nur Privilegien eingetragen wurden, die bleibendes Recht setzten. Der Protonotar Johannes Kirchen brachte die Registerführung wieder in Ordnung, die im Reich von Sigismunds Urgroßvater Heinrich VII. und dann wieder von seinem Vater Karl IV. vor 1350 eingeführt worden war. Das Reichsachtbuch sollte die höchste Gerichtsbarkeit im Reich fördern und ausbauen; bereits 1415 wird das königliche Kammergericht erstmals erwähnt, das neben das königliche Hofgericht trat, das den König auf Reisen begleitete. Das Kammergericht setzte sich aus Fachjuristen zusammen und amtierte relativ ungebunden. Die Zahl der gelehrten Juristen nahm allmählich zu; Sigismund bevorzugte hierbei Italiener auch in deutschen Angelegenheiten. Nachweislich seit 1421 war mit dem königlichen Fiskal auch ein Prokurator als „Staatsanwalt" verbunden, der die Gesamtheit der königlichen Rechte überwachte.[25] Die Zahl der ausgestellten Urkunden der königlichen Kanzlei verdeutlicht die Tätigkeit der Regierung: Von 1420 bis 1422 stellte Sigismund etwa 400 bis 500 Schriftstücke im Jahr aus; dann sank die Zahl bis 1428 auf weniger als 150 Urkunden ab. „Damals ist demnach ein Tiefpunkt königlicher Machtausübung erreicht. Dieser Rückschritt ist nicht zuletzt aus der Abwesenheit Sigismunds zu erklären, der Ungarn kaum verläßt."[26] Insgesamt sind von Sigismund etwas mehr als 12.000 Urkunden ausgestellt worden, etwa 2000 mehr als von seinem Vater.

Konrad von Weinsberg, den Sigismund bereits 1414 zum Unterkammermeister ernannt hatte, ordnete als Reichserbkämmerer die Finanzen. Die Einnahmen des Königs bestanden hauptsächlich aus den Jahressteuern der Reichsstädte und den Abgaben der Juden. Unter Sigismund begann dann eine außerordentliche Besteuerung des Reiches zu speziellen Anlässen wie etwa zu den Hussitenzügen. Die Einziehung des „hundertsten Pfennigs", einer Einkommens- und Vermögenssteuer von einem Prozent, erwies sich jedoch als schwierig, da die dazu notwendigen Institutionen fehlten. Auch eine von Sigismund geplante Münzreform scheiterte; 1420 hatte der König die Reichsmünzstätte in Eger aufgefordert, zweiseitige Pfennige, von denen 18 auf einen Prager Groschen gingen, sowie einseitige Heller im Wert von einem halben Pfennig zu prägen. Damit konnte der Münzverschlechterung jedoch nicht Einhalt geboten werden.[27] Dann knüpfte der König an die Politik seines Vorgängers Ruprecht an, der mit der Prägung von Reichsgoldgulden in Frankfurt – mit einem Doppeladler neben dem hl. Johannes – begonnen und 1409 ein diesbezügliches Gesetz erlassen hatte. 1418 ließ Sigismund die Prägung von Reichsgoldgulden in Frankfurt und Nördlingen anlaufen, 1419 in Dortmund und schließlich ab 1429 auch in Basel. Auf der einen Seite der Reichsgoldgulden war ein Reichsapfel dargestellt – weswegen sie auch „Apfelgulden" genannt wurden – und auf der anderen Seite Johannes der Täufer. Die Prägezahl war recht groß; so wurden 1418 in Frankfurt über 250.000 Goldgulden geprägt.[28] Auch die Münzpolitik war für Sigismund ein Mittel der Zentralisierung der Reichsverwaltung und zur Zurückdrängung der kurfürstlichen „rheinischen Gulden". Für den Hussitenfeldzug des Jahres 1422 wirkten sich die Reformmaßnahmen Sigismunds zwar nicht mehr aus, aber immerhin war der Versuch unternommen worden, die völlig überalterte Reichskriegsverfassung und Finanzgebarung des Reiches zu modernisieren. Dieser Versuch wirkte auf jeden Fall als Anregung für die Zukunft weiter. Das Reich blieb trotz der Einsetzung eines Reichsvikars mit umfassenden Vollmachten vorerst auf sich gestellt. In den Fehden der bayerischen Teilfürsten gebot Sigismund Anfang September 1422 eine vierjährige Waffenruhe und bestellte Brunoro della Scala zum Friedenshauptmann. In der Ernennungsurkunde für Erzbischof Konrad III. zum Reichsvikar für zehn Jahre vom 25. 8. werden dessen Rechte und Pflichten aufgezählt. Zunächst erhielt der Kurfürst die Rechte, die nach der Goldenen Bulle bei Thronvakanz an den Pfalzgrafen fielen. Die „quasi-königliche Stellung"[29] Konrads umfaßte sämtliche Gerichtsrechte mit der Strafgewalt, die Ernennung von Rittern und Notaren, das Münzrecht, die Erhebung in den Adelsstand und die Führung des Reichskrieges. Nur die Belehnung der Fürsten mit den Reichslehen behielt sich Sigismund vor. Das königs-

liche Hofgericht sollte in Zukunft eigenständig und mit eigenem Siegel arbeiten. Das Mainzer Reichsvikariat zeigt Sigismund von Luxemburg auf einem Tiefpunkt seiner Macht im Reich, die er weitestgehend abgeben mußte. „Im Verhältnis zu der inzwischen reichsumfassenden Tätigkeit der Kurfürsten war der königliche Stab bemerkenswert unbedeutend. Ein relativ starker Kanzler mit dem fränkischen Familienrückhalt Hohenlohe/Weinsberg und eine relativ ansehnliche Verankerung im schwäbischen Raum (Öttingen, Lupfen, Pappenheim, Bodman) war mehr oder weniger alles, was der König aufzuweisen hatte."[30] Auf der anderen Seite gelang es dem König durch die Verleihung des Reichsvikariats an den Mainzer, das Kurfürstenkollegium, das sich selbst als eine Art Zentralregierung des Reiches betrachtete, zu spalten. Die Übertragung des Hussitenfeldzuges an Markgraf Friedrich und der Preußenzug des Pfälzers und Kölners lenkte diese Kurfürsten vom Geschehen im Reich ab. Gleichzeitig begann Sigismund unmittelbar nach der Übertragung des Reichsvikariates noch auf dem Reichstag mit einem neuen Versuch, die königliche Macht zu steigern.
Bereits in Ungarn hatte Sigismund die Bedeutung der Städte für die Wirtschaft und Politik erkannt. Im Anschluß an den Reichstag erneuerte er die Idee eines Städtebundes, wobei er allerdings seine Vorschläge von 1415 modifizierte. Sigismund wollte diese geplante Vereinigung nur vom Hintergrund aus lenken und zum Gegenpol gegen die Fürsten aufbauen. Nürnberg als Schaltstelle für den Verkehr Deutschlands mit Italien, Informationsträger und Vermittler zwischen König und Reich bot sich für einen Hoftag als Mittelpunkt des königlichen Beziehungsnetzes im Reich an. Schon zu Beginn des Reichstages redete Sigismund mit den Städtevertretern in einem geheimen Gespräch, „das er sich von den stetten nut wolte scheiden, wen er ein gut getruwen zu in hette".[31] Noch im Juli wurde ein Entwurf zu einer Verbindung der freien und der Reichsstädte am Rhein, in der Wetterau, im Elsaß, Breisgau sowie in Franken und Schwaben erarbeitet. Die meisten Reichsstädte lagen im schwäbischen Raum, dem der König stets sein besonderes Augenmerk schenkte, da dieser die königsnahe Landschaft und „Ersatzhausmacht" schlechthin war. Sigismund unternahm nun den Versuch, „durch eine Neuordnung Schwabens dem Königtum neue Machtgrundlagen zu gewinnen".[32] Schwaben war das Gebiet, in dem der König noch die meisten Rechte besaß, und die Städte waren seine wichtigste Einnahmequelle. In seine antifürstliche Konzeption zog Sigismund nun jedoch auch die Reichsritterschaft mit ein, die häufig mit den Städten verfeindet war. Ritter und Städte sollten sich nach seiner Vorstellung gegen die Fürsten verbünden und die Macht des Kaisertums stärken. Sigismund setzte sich nun über das Bündnisverbot der Goldenen Bulle hinweg und erlaubte der „Ritterschaft in Deutschen landen" am 13. 9. 1422, sich zum Schutz ihrer Rechte zu verbinden und auch die Reichsstädte in den Bund aufzunehmen.[33] Damit erkannte er die Entwicklung der letzten Jahrzehnte an, in denen Rittergesellschaften und Städtebünde gegen die bestehende Reichsverfassung entstanden waren. Auf diese Weise wollte er das Einungswesen auffangen und dem Reich dienstbar machen. So konnte sich die Rittergesellschaft vom St. Georgenschild in Schwaben, vom König systematisch unterstützt, bald zu

einem beachtlichen Machtfaktor in Schwaben entwickeln. Ihre Mitglieder, der Hofrichter Hans von Lupfen, der Hofmeister Ludwig von Öttingen, der Erbmarschall Haupt von Pappenheim, Graf Eberhard von Nellenburg, die Ritter Hans Konrad von Bodman und Kaspar von Klingenberg, waren allesamt im Dienst des Königs, der sich beim Aufbau seiner königlichen Behörden seit dem Konstanzer Konzil vornehmlich auf schwäbische Adelige stützte. Auf diese Weise zählte auch die Rittergesellschaft zu Sigismunds Herrschaftssystem im Reich.
Bisher hatte der König in wechselnden Koalitionen mit diversen Fürsten versucht, die Ordnung im Land aufrechtzuerhalten. Die königlichen Landfriedensordnungen hatten das Einungswesen bisher ignoriert und von oben her den Frieden dekretiert. Sigismund änderte diese Politik nun ganz und wollte den Frieden von unten her über die Einungen aufbauen und diese auch gegen Übergriffe der Fürsten schützen. Dies sollte nicht nur den Frieden sichern, sondern die Machtbasis des Königtums erweitern. Für die Reichsleitung war es auch einfacher, wenn sie z. B. im Hussitenkrieg nur mit einigen Gesellschaften verhandeln mußte, weil sie ja nicht jeden einzelnen Ritter kannte. So sollten Bernhard von Baden und Kaspar von Klingenberg untersuchen, welche Ritter man im Reichsanschlag vergessen habe. In den kommenden eineinhalb Jahrzehnten verhandelten nun die Rittergesellschaften mit den Städtebündnissen über einen gemeinsamen Bund zur Landfriedenssicherung. Auch wenn das Bundesprojekt letztlich an der Haltung der Städtebünde scheiterte, ist das Privileg Sigismunds für die Ritterschaft von 1422 „als die Magna Charta der deutschen Reichsritterschaft bis zum Ende des alten Reichs deren staatsrechtliche Grundlage geblieben".[34]
Mitte September 1422 reiste König Sigismund nach dem Ende des Reichstages über Regensburg und Wien nach Preßburg zurück, das er nun neben der Königsburg in Ofen zu seiner Hauptresidenz ausbauen ließ, da er von hier aus Ungarn regieren und die Verhältnisse in Deutschland beeinflussen konnte. Nach dem Abschluß des Friedens vom Melnosee führte er von Preßburg aus die Verhandlungen mit König Wladislaw von Polen weiter. Nach dem Tod Albrechts III. von Sachsen, des letzten Askaniers, war nun das Kurfürstentum Sachsen Ende 1422 neu zu besetzen. Gleichzeitig unternahm ein Reichsheer von nicht einmal 4000 Mann unter der Führung des Kurfürsten Friedrich von Brandenburg einen Zug gegen die Hussiten.[35] Daneben brachten die Markgrafen von Meißen, denen Sigismund um 90.000 Gulden Burgen im Vogtland verpfändete und die Vogtei der Niederlausitz übertrug, allein etwa 20.000 Mann auf die Beine.
Im September 1422 rückte Markgraf Friedrich mit seinen Truppen auf die böhmische Grenze vor, um die noch immer belagerte Feste Karlstein zu entsetzen. Zu dieser Zeit scheiterte ein Versuch der Taboriten, sich der Stadt Prag zu bemächtigen; der Aufstand wurde mit Hilfe der polnischen Truppen des Prinzen Korybut niedergeschlagen. Ende September 1422 kam der Kurfürst mit 600 Reitern in die Gegend von Eger. Lediglich die Bischöfe von Würzburg und Bamberg waren dem Reichsaufgebot nachgekommen, während Markgraf Wilhelm von Meißen von Chemnitz aus mit 3000 Reitern in Nordböhmen einfiel. Der Markgraf erkannte wohl, daß seine Kräfte für einen Angriff gegen die Hussiten zu schwach waren, da

das in Nürnberg beschlossene Reichsaufgebot nur zu einem geringen Teil realisiert wurde. Mitte Oktober zog der Kurfürst mit knapp 4000 Mann über den Böhmerwald nach Tachau. Einen Teil seiner Leute legte er in die strategisch wichtige Stadt Pilsen in Westböhmen. Unterdessen hatte Markgraf Wilhelm von Meißen sein Heer mit Kräften aus Schlesien und der Lausitz auf etwa 4000 Mann verstärkt. König Sigismund aber dachte nicht daran, von Süden aus in Böhmen einzufallen, wie er es auf dem Reichstag versprochen hatte; es ist denkbar, daß er absichtlich wegblieb, um seinen Gegenspieler Friedrich als Feldherrn scheitern zu lassen. Am 20. 10. trafen Friedrich und Markgraf Wilhelm bei Brüx zusammen; da das hussitische Belagerungsheer vor Karlstein nur noch etwa 4000–5000 Mann stark war, wäre jetzt der richtige Zeitpunkt zum Losschlagen gewesen. Es gelang den Hussiten jedoch, den Kurfürsten durch Scheinverhandlungen vom Zentrum des Geschehens wegzulocken, während sie am 22. 10. einen letzten großen Sturm auf die Burg versuchten. Nun traten die Bischöfe von Bamberg und Würzburg und dann auch der Markgraf den Rückzug an. Der Rest des Kreuzzugsheeres brach nun in Richtung Karlstein auf. Kurz vor der Burg erhielt das Heer die Nachricht, die Belagerten hätten mit den Belagerern einen Waffenstillstand geschlossen. Dabei hatte die Burgbesatzung versprechen müssen, Sigismund gegen Prinz Korybut und die Prager keine Unterstützung zu gewähren. Dem Kurfürsten blieb nun nichts anderes übrig, als die Truppen zurückzuziehen, ohne daß es zu einer einzigen Schlacht gekommen wäre. Bei diesem dritten Hussitenzug wurde nichts anderes erreicht als eine Verstärkung der König Sigismund noch verbliebenen Positionen im westböhmischen Raum um Pilsen.

Der Tod des letzten askanischen Kurfürsten von Sachsen hatte den Markgrafen und den Kurfürsten im November 1422 veranlaßt, den Hussitenzug abzubrechen. Friedrichs ältester Sohn Johann war mit Barbara, der Tochter des Kurfürsten Rudolf III., vermählt, was den Brandenburger veranlaßte, König Sigismund zu ersuchen, seinem Sohn die sächsische Kurwürde zu verleihen. Daneben beanspruchte Herzog Erich von Sachsen-Lauenburg als nächster Verwandter im Mannesstamm der Askanier die Kurwürde. Außerdem verlangte Pfalzgraf Ludwig die Kurwürde für seinen Sohn Ruprecht. Der König sah nun jedoch eine gute Gelegenheit, die Verhältnisse im Kurfürstenkollegium zu seinen Gunsten zu verändern, und handelte demgemäß rasch und erfolgreich. Ende November schickte er seinen Rat Albrecht Schenk von Landsberg nach Sachsen, um das Herzogtum in Besitz zu nehmen. Seine Wahl fiel auf Friedrich den Streitbaren, den Bruder des Markgrafen Wilhelm von Meißen und Landgrafen von Thüringen. Von beiden Fürsten erwartete sich Sigismund Unterstützung im Kampf gegen die Hussiten. Er übertrug die sächsische Kur daher bereits am 6. 1. 1423 an Friedrich aus dem Haus Wettin und schickte Graf Hans von Lupfen nach Sachsen, das inzwischen von Kurfürst Friedrich von Brandenburg besetzt war, um Friedrich bei der Inbesitznahme behilflich zu sein. Er wollte auf jeden Fall verhindern, daß eine Dynastie in den Besitz von zwei Kurstimmen gelangte. Wie bei der Ächtung Friedrichs IV. von Österreich handelte Sigismund auch diesmal schnell, bevor das Kurfürstenkollegium überhaupt zusammentreten konnte. Vergeblich wandte sich Herzog Erich von

Sachsen-Lauenburg an die Kurfürsten; nachdem Markgraf Friedrich pro forma erklärt hatte, er unterwerfe sich in der Frage dem Urteil der Kurfürsten, bestätigten diese ihn 1424 im Besitz der Kurwürde. Markgraf Friedrich, der nach dem Tod seines Bruders Wilhelm auch noch die Markgrafschaft Meißen und die Landgrafschaft Thüringen erbte, begab sich 1425 nach Ungarn zu König Sigismund. Nachdem er mit ihm und seinem Schwiegersohn Albrecht V. von Österreich Bündnisse und Erbvereinigungen erneuert und Albrecht seine Stimme bei einer zukünftigen Königswahl zugesichert hatte, wurde er am 1. 8. 1425 in Ofen von Sigismund mit Sachsen belehnt, das seine Nachkommen bis zum Ende des Ersten Weltkrieges regieren sollten.

Auch im Konflikt mit Polen gelang es König Sigismund nach dem Nürnberger Reichstag, auf diplomatischem Weg zu einem Erfolg zu kommen. Bei den seit September 1422 von den Räten geführten Verhandlungen wurde schließlich Ende November auf einer Konferenz zwischen ungarischen und polnischen Magnaten ein Treffen der beiden Könige in Käsmark in der Zips vereinbart. Den Ungarn lag wenig am Deutschen Orden und dem polnischen König nichts am böhmischen Abenteuer des Prinzen Korybut. Lediglich Großfürst Witold suchte die Einigung zwischen den beiden Königen zu hintertreiben. Unterdessen hatte Sigismund mit schlesischen Fürsten über eine Aufteilung Polens verhandelt; der Entwurf wurde Anfang 1423 in Preßburg fertiggestellt, kam aber nicht mehr zur Ratifizierung. Da vor allem der Papst den polnischen König zu einer Verständigung mit Sigismund drängte, kam es nun zum Abschluß des Käsmarker Friedens.

Ende März 1423 traf Sigismund mit seinem Kanzler Bischof Georg von Passau, Pippo Spano und Hermann von Cilli in Käsmark ein, wo er das Bündnis mit König Wladislaw besiegelte; auch Großfürst Witold nahm an der Konferenz teil. Der polnische König versprach, den Prinzen Korybut aus Böhmen abzuberufen, die Hussiten nicht mehr zu unterstützen und eine Hilfsarmee von 30.000 Mann gegen sie aufzustellen. Friedrich der Streitbare und Albrecht V. von Österreich sollten den Angriff unterstützen, und auch die Beteiligung König Erichs von Dänemark, Norwegen und Schweden wurde erwartet.[36] Der Vertrag vom Melnosee wurde stillschweigend von Sigismund anerkannt, während Wladislaw auf einen Teil der Reparationen verzichtete. Sigismund konnte erleichtert aufatmen, nachdem er den Ring, der sich um ihn gelegt hatte, gesprengt hatte. Anschließend verbrachten die beiden Könige in Leutschau in der Zips gemeinsam das Osterfest, und Sigismund begleitete seinen Gast zurück bis Bartfeld. Einige Tage später erteilte er den Zigeunern, die zu dieser Zeit in großer Zahl im Donauraum auftauchten, das Privileg einer eigenen Gerichtsbarkeit in Ungarn. Kurz darauf starb sein Reichskanzler Bischof Georg von Hohenlohe zu Passau; der aus Deutschland stammende Bischof Johann von Zagreb wurde sein Nachfolger. Um diese Zeit trat auch der Protonotar Kaspar Schlick aus Eger in die Reichskanzlei ein, in der er später bis zum Reichskanzler aufsteigen sollte.

Durch den Nürnberger Reichstag war die Reichsreformdiskussion in Gang gekommen, die auf die Dauer zu einer Stärkung der Zentralgewalt im Reich führen sollte. Sigismund hatte den Reichsrittern und den Städten vor Augen geführt, daß ein erstarktes Königtum auch ihre Interessen gegenüber den Fürsten schützen würde. Das Mainzer Reichsvikariat Erzbischof Konrads ließ sich in Deutschland kaum durchsetzen, weil vor allem der Pfalzgraf sich querlegte, der nach der Goldenen Bulle darauf Anspruch erhob. Die Folge war, daß der Erzbischof dieses Amt nach einem Kurfürstentag in Boppard im Mai 1423 niederlegte. Im März 1423 verließ Prinz Korybut Böhmen und kehrte nach Polen zurück. König Erich von Dänemark, Norwegen und Schweden wurde in der Folge zu einem wichtigen Bündnispartner Sigismunds gegen die Kurfürsten, die in den folgenden Jahren auf dem Höhepunkt ihres Einflusses in Deutschland standen. Als der bereits über 70jährige König Wladislaw 1424 endlich einen Sohn und Nachfolger erhielt, wurde Sigismund als Pate nach Krakau geladen. Damit war der Traum des brandenburgischen Kurfürsten, seinem Sohn die Krone Polens zu verschaffen, zunichte gemacht und sein Versuch gescheitert, Sigismund beim polnischen König den Rang abzulaufen. Auch auf einem Tiefpunkt seines Ansehens in Deutschland war seine Macht immer noch beachtlich; es gab niemanden, der ihm ernsthaft seine Stellung streitig machte.

XV.
Der Binger Kurfürstenbund – Sigismunds tiefste Demütigung (1424/25)

„Eine lange Reihe von meist resultatlosen Tagen der Kurfürsten, Fürsten und Städte, ein fortgesetztes Verschieben und Offenlassen der wichtigsten nationalen Fragen, daraus setzt sich äußerlich betrachtet die Reichsgeschichte der folgenden Jahre zusammen, sofern sie nicht in dem wüsten Gewirre der kleinen Kriege untergeht. Und doch, wie kläglich uns auch das redselige und tatenlose Treiben der Fürsten und Städteboten erscheinen mag, so dürfen wir nicht übersehen, daß dabei hochwichtige Dinge angeregt und in der Tat, wenn auch langsam, umfassende Reformen vorbereitet werden. Wir dürfen nicht allein nach der schlechten Ausführung, nicht zu hart über die inneren Gebrechen dieser Beschlüsse urteilen. Es war sicher eine unendlich schwierige Aufgabe, für das Reich eine militärische Organisation, ein Finanzwesen zu schaffen, welche es bis dahin, man kann wohl sagen, gar nicht gegeben hatte."[1] König Sigismund kam in diesen Jahren kaum nach Deutschland, wo die Oppositionsgruppe der Kurfürsten vorerst triumphierte. Der Plan des Königs, mit der Ernennung des Mainzer Erzbischofs Konrad zum Reichsvikar und der Ernennung des Burggrafen Friedrich von Meißen zum Kurfürsten von Sachsen einen Keil in die Kurfürstenriege zu treiben, mißlang. Der Erzbischof lud die Städte für den Oktober 1422 zu einem Reichstag nach Worms, um sich als Reichsvikar anerkennen zu lassen. Rund 50 Reichsstädte aus Schwaben, dem Elsaß, vom Mittelrhein und aus Franken folgten der Einladung, aber der Pfalzgraf machte die Absichten des Erzbischofs zunichte, indem er sich allenthalben auf die Goldene Bulle berief, die ihm das Reichsvikariat zuerkannte, und die Städte aufforderte, dem Mainzer keinen Gehorsam zu leisten. Konrad erkannte bald die Aussichtslosigkeit seiner Pläne. Er benutzte seine Stellung noch, um sein Kurstift auf Kosten des Reiches zu vergrößern, einigte sich mit dem Pfalzgrafen und trat dann am 11. 5. 1423 auf einem Kurfürstentag in Boppard nach einem Schiedsspruch der Kurfürsten von Trier und Köln zurück. Auf dieser Konferenz legten die vier rheinischen Kurfürsten ihre weitere Politik fest. Sie planten nun, mit der Verwirklichung der Landfriedensidee dem König bei den Städten den Rang abzulaufen. Die Reichsstädte waren Kaufmannsrepubliken, denen die Sicherheit des Handels auf der Straße ein Hauptanliegen war. Deswegen wehrten sie sich auch gegen Sigismunds Pläne, mit der Reichsritterschaft, mit der sie häufig schlechte Erfahrung gemacht hatten, ein Bündnis einzugehen. Gelang es den Kurfürsten nun, das zu erreichen, was dem König nicht gelungen war, für Ruhe, Ordnung und Sicherheit zu sorgen, dann konnten sie weitere Funktionen der alten königlichen Macht übernehmen. Ihr Anliegen war es nun, zu beweisen, daß das Reich auch ohne den König „funktionierte". Sie wollten dem König den Boden im Reich entziehen und dessen Machtansprüche an sich reißen.

Der Friede von Käsmark zwischen Sigismund und König Wladislaw von Polen fand bei den Kurfürsten keine Zustimmung. Es machte sich Mißtrauen im Reich breit, und man traute dem König nicht mehr recht über den Weg. Enea Silvio Piccolomini berichtet in seiner „Geschichte Böhmens", Sigismund habe dem Taboritenführer Žižka glänzende Angebote gemacht, wenn er auf seine Seite trete, ohne jedoch Beweise dafür zu erbringen. Tatsache ist jedoch, daß Sigismund trotz aller Kreuzzugspredigten den Verhandlungsdraht zu den Hussiten nicht abreißen ließ und daß er keine Anstalten machte, den für den Juni 1423 in Aussicht genommenen Hussitenfeldzug durchzuführen. Die Aufrufe des Königs reichten die Kurfürsten kommentarlos an die Städte weiter. Die Kurfürsten boykottierten also den Feldzugsplan des Königs. Der Chronist Andreas von Regensburg bemerkte sarkastisch, man wollte erst einmal abwarten, ob der König selbst wirklich zur Tat schreiten werde. Am liebsten überließ Sigismund die Feldzüge seinen Verbündeten. König Erich von Dänemark erschien erst im August 1423 in Deutschland, aber ohne Truppen; Sigismund befahl den Reichsuntertanen, seinen Vetter überall gut aufzunehmen. König Wladislaw von Polen hatte Sigismund im Vertrag von Käsmark militärische Unterstützung gegen die Hussiten zugesagt, sich dann aber mit der Ausrede entschuldigt, der Termin sei zu kurzfristig angesetzt, um seine Armee auf einen so weit entfernten Kriegsschauplatz zu bringen. Somit fiel der Feldzug ins Wasser.

Im Lauf des Jahres 1423 ereigneten sich noch einige Dinge im Reich, die zeigten, wie sehr die Macht des Königs gesunken war. Zu Beginn des Jahres 1423 eröffnete Sigismund seine letzte große Offensive gegen Herzog Friedrich IV. von Österreich, den Tiroler Landesfürsten. Zunächst verbriefte er noch einmal Friedrichs Feinden ihre Erwerbungen auf Kosten Österreichs, wie z. B. den Grafen von Lupfen die Herrschaft Hewen im Hegau. Dann nahm er Oswald von Wolkenstein, den Minnesänger und Rädelsführer der Tiroler Adelsrevolte, gegen den Herzog in Schutz. Friedrich hatte nämlich seine Herrschaft im Land Tirol selbst konsolidiert und die Macht des nach Reichsunmittelbarkeit strebenden Adels gebrochen. Oswald von Wolkenstein, der vorübergehend festgenommen worden war, wurde vom Herzog finanziell ruiniert und nur gegen einen Bürgschaftsbrief über 6000 Gulden freigelassen. Sigismund ersuchte nun Filippo Maria von Mailand, dem Minnesänger Schutz zu gewähren, und beschwerte sich bei Friedrichs Bruder Ernst über die Behandlung Oswalds.[2] Albrecht V. berichtete Anfang 1423 seinem Vetter Ernst, der König habe ein neues Ächtungsdekret gegen den Herzog ausgestellt und die Eidgenossen, Mailand, Bayern und die übrigen Nachbarn Tirols aufgefordert, Friedrich anzugreifen. Im Juli 1423 forderte Sigismund die österreichische Stadt Laufenburg auf, dem Herzog durch Hans von Lupfen oder Graf Friedrich von Toggenburg die Fehde anzusagen. Diese ersuchten Zürich um 500

Mann für einen Feldzug gegen Friedrich. Am 16. 7. nahm Sigismund – auf dem Papier – Tirol an das Reich und verlieh es den Brüdern Ulrich und Wilhelm von Starkenberg, den Anführern der Adelsrevolte, und versprach ihnen, Tirol auf immer beim Reich zu erhalten, da Friedrich seine Herrschaft verwirkt habe. Er rief den Adel auf, die Starkenberger zu unterstützen, und ernannte Haupt von Pappenheim zum Reichsfeldherrn gegen Friedrich. Die Eidgenossen schwankten jedoch; nur Zürich war bereit, dem König zu helfen. Die anderen Kantone aber waren voll mit der Auseinandersetzung mit Mailand beschäftigt. Die Situation war nun ganz anders als im März 1418; niemand rührte einen Finger für den im fernen Ungarn weilenden König, und selbst die Tiroler Adeligen waren mißtrauisch, ob sie von Sigismund wirksame Unterstützung bekommen würden. Der Feldzug gegen Herzog Friedrich kam also ebensowenig zustande wie der Hussitenkrieg; Sigismunds Befehle hatten sich als „papierne Mandate" erwiesen, denen kaum Beachtung geschenkt wurde. Die Macht des Königs war auf einem Tiefpunkt angelangt.

Der zweite Fall, der die Methoden der Politik Sigismunds in dieser Phase beleuchtet, ist der Streit um das Herzogtum Geldern, das seit dem Ende des 14. Jahrhunderts in Personalunion mit dem Herzogtum Jülich verbunden war. Nach dem Tod Herzog Reinalds IV. von Jülich-Geldern († 1423) erhob Herzog Adolf I. von Berg, der Sohn eines Vetters Reinalds, Erbansprüche auf Jülich und Geldern. Im Herzogtum Jülich wurde er gleich als legitimer Erbe anerkannt, und es kam zur Vereinigung der beiden niederrheinischen Herzogtümer, die nunmehr einen beachtlichen Machtblock am Niederrhein darstellten. Da Adolf jedoch kein Nachkomme der alten Herzöge von Geldern war, wurde seine Nachfolge in dem niederländischen Herzogtum bestritten, wo die Stände den jungen Arnold von Egmond, dessen Mutter Maria eine Tochter von Johanna, der Schwester Reinalds IV., war, zum neuen Herzog wählten. Dem König fiel nun theoretisch die Entscheidung in dem Streit zu. Kurfürst Konrad von Mainz, ein Verwandter Arnolds von Egmond, nahm sich dessen Sache an und schickte Eberhard Windecke zum König nach Ungarn, während Konrad von Weinsberg für Herzog Adolf aktiv wurde, der ihm 400 Gulden für die „Vermittlung" in Aussicht stellte.[3] Sigismund versprach Arnold die Belehnung, wenn er 14.000 ungarische Gulden an ihn bezahlen würde. Die Urkunden wurden am 15. 8. 1423 ausgefertigt und nach Nürnberg gebracht, wo sie gegen Zahlung der Summe übergeben werden sollten. Als die Familie Egmond jedoch zögerte, das Geld zu bezahlen, schickte Sigismund einen Kommissär nach Nürnberg, der die Urkunden zerschneiden sollte. Nun kam Herzog Adolf I. von Berg zum Zug; da Sigismund die Angelegenheit erst entscheiden wollte, wenn er mit dem Herzog persönlich gesprochen habe, reiste dieser nach Ungarn und wurde am 24. 5. 1425 in Ofen von Sigismund mit Jülich, Geldern und der Grafschaft Zutphen belehnt, die Sigismund als an das Reich zurückgefallenes Lehen bezeichnete. Die Stände von Jülich und Geldern erhielten den Befehl, Adolf zu huldigen. Der König benutzte diese Gelegenheit, um auch das Niederrheingebiet zu einer reichsnahen Landschaft zu machen. Anfang Juni verkündete er, daß er zu Mülheim eine goldene und eine silberne Reichsmünze schlagen lassen werde, die seinen Namen und sein Bild tragen sollten. So wurden der „Mülheimer Weißpfennig" („Albus") mit der Umschrift „Sigismundus Romanorum Rex" und der „Mülheimer Königsgulden" geprägt; beide Münzen stellten eine neue Konkurrenz für den rheinischen Goldgulden der vier Kurfürsten dar! Der Erlös der Münzprägung wurde fortan zwischen Herzog Adolf und dem König geteilt.[4]

Trotz der Belehnung Adolfs durch den König behauptete sich Arnold von Egmond in Geldern und Adolf I. in Jülich, und der Befehl des Königs zur Übergabe von Geldern wurde nicht ausgeführt. Allerdings konnten auch die Kurfürsten, die im Juli 1423 auf einem Tag in Köln vermitteln wollten und sich damit neuerlich in königliche Belange einmischten, nichts erreichen. Wie „konservativ" die Kaiser ihre Herrschaftsansprüche aufrechterhielten, zeigt sich auch darin, daß noch Kaiser Friedrich III. Jahrzehnte später den Herzog in Urkunden als „Arnold, der sich Herzog von Geldern nennt", bezeichnete. Über Jahrzehnte hindurch wurde die nur faktisch innegehabte, vom Reichsoberhaupt aber nicht anerkannte Macht von diesem in Frage gestellt, ohne daß sich dadurch etwas an den Verhältnissen geändert hätte. Auch Kurfürst Dietrich von Köln, den Sigismund ersuchte, sich für Adolf einzusetzen, erreichte in dieser Frage nichts. Noch 1621 wurde König Sigismund auf einem Gemälde, das die Stiftung des Augustiner-Chorherren-Klosters Bödingen bei Blankenberg im Jahr 1423 durch Herzog Adolf darstellt, mit diesem abgebildet.[5] Mit Herzog Adolf I. von Jülich-Berg gewann Sigismund einen wichtigen Verbündeten im Rheinland. Da Arnold von Egmond mit Herzog Philipp von Burgund verbündet war, ist es denkbar, daß Sigismund sich von Adolf von Jülich-Berg eine Unterstützung gegen Burgund erwartete.

Sigismund hatte seine Nichte Elisabeth von Görlitz, die Tochter seines Bruders Johann und Besitzerin des Herzogtums Luxemburg, mit dem früheren Lütticher Bischof Johann von Bayern vermählt, der wiederum die Vormundschaft über seine Nichte Jakobäa von Holland, die Tochter seines Bruders Wilhelm, verlangt und 1420 schließlich die Statthalterschaft über Holland erhalten hatte. Da Herzog Johann keine Kinder hatte, setzte er Herzog Philipp den Guten von Burgund zu seinem Erben ein. Als Herzog Johann nun Anfang 1425 starb, vermochte weder seine Nichte Jakobäa sich durchzusetzen noch der König zu verhindern, daß Holland und sein Stammland Luxemburg an den Burgunderherzog fielen. Arnold von Egmond half Herzog Philipp, Holland in Besitz zu nehmen. Damals gab es in den Niederlanden zwei große Parteien; die Hoeks und die Kabeljaus. Da die Kabeljaus Burgund unterstützten, wandte Sigismund sich an die Hoeks. Herzog Adolf von Jülich-Berg ließ sich von Sigismund dazu bewegen, Arnold von Geldern anzugreifen; er scheiterte jedoch an der Überlegenheit seiner Gegner.[6] Nachdem auch die letzte Wittelsbacherin in den Niederlanden, die Gräfin Jakobäa, 1428 im Vertrag von Delft die Herrschaft Herzog Philipps anerkannt hatte, wurde die Position der Hoeks aussichtslos; vergeblich versuchte Sigismund zu verhindern, daß sie dem Burgunder den Treueid leisteten. Auch Brabant und Luxemburg sollten noch in die Hände Burgunds fallen, ohne daß Sigismund etwas daran ändern konnte. Die Konzentration der Luxemburger auf den Osten des Reiches hatte das neuburgundische Reich dazu benutzt, dem Reich wertvolle Gebiete im

Westen dauerhaft zu entfremden. Besonders in den Jahren der Hussitenkriege war Sigismund weit davon entfernt, sich in die Verhältnisse im Westen einschalten zu können.

In Böhmen wurden die Verhältnisse nach den ersten drei Kreuzzügen (1420/21, 1421 und 1422) und dem Zug Sigismunds von Anfang 1422 immer chaotischer; 1423 brach ein regelrechter Bürgerkrieg zwischen den Hussiten aus. Die utraquistischen Prager Bürger verbündeten sich mit den katholischen Adeligen gegen die Taboriten. Žižka stützte sich zunehmend auf die Orebiten, den radikalen Flügel der Taboriten, und unternahm auch Züge über die Landesgrenzen hinaus. Er stützte sich schließlich auf einen Ritterbund und einen Kranz von Städten um Königgrätz und trennte sich von den Taboriten. Damit gab es nun drei große Gruppierungen der Hussiten: den Bund der böhmischen Stände, die Taboriten und die Gruppe um Žižka. Unterdessen beschlossen die Adeligen mit den gemäßigten Utraquisten Anfang Oktober 1423 auf einem Landtag, mit Sigismund in Verhandlungen zu treten. Dieser hatte bereits Ende März 1423 beim Zusammentreffen mit König Wladislaw in Käsmark diesen ermächtigt, zwischen ihm und den Utraquisten zu vermitteln. Der polnische König hatte das Mandat angenommen. Die Hussiten boten im Herbst 1423 an, sich über die Prager Artikel verständigen zu wollen, wenn ihnen der Kelch gestattet werde. Es muß geradezu tragisch genannt werden, daß erst noch zehn weitere Jahre Blut vergossen werden mußte, bis die Kirche und der König einverstanden waren, auf diese Forderungen einzugehen. Sigismund war aber bereit, einer Art Disputation in Brünn, also in einer in seiner bzw. seines Schwiegersohnes Hand befindlichen Stadt, zuzustimmen.

Im Frühjahr 1424 kamen Gesandte der Hussiten zu König Wladislaw, um die Verhandlungen fortzuführen. Sigismund hatte den Polenkönig ausdrücklich dazu ermächtigt und ihm Vollmachten zu Unterhandlungen über seine Anerkennung durch die Hussiten erteilt. Deren Einstellung hatte sich mittlerweile jedoch wieder verschärft. Ende April 1424 erklärten die Gesandten in Grodno in Litauen bei Verhandlungen, die sie im Anschluß an die Gespräche mit Wladislaw nun mit Großfürst Witold führten, sie würden Sigismund „in alle Ewigkeit" nicht als König anerkennen; der Großfürst möge ihnen den Prinzen Sigismund Korybut zum König geben.[7] Dieser wies sie jedoch ab und riet ihnen, sich Sigismund zu unterwerfen. Die Gesandten hatten jedoch schon längst mit Korybut Kontakt aufgenommen, der damals mit seinen Verwandten in Streit lebte. Am 5. 3. 1424 hatte Sigismund gemeinsam mit König Erich von Dänemark in Krakau an der Krönung von Wladislaws vierter Gemahlin Sophia teilgenommen und dabei auch Witold und Prinz Korybut getroffen. Unmittelbar anschließend muß Korybut heimlich mit Truppen nach Böhmen gezogen sein, wo er noch im Lauf des März eintraf. Damit waren die Aussichten Sigismunds, in absehbarer Zeit die Herrschaft in Böhmen übernehmen und das Hussitenproblem lösen zu können, vorerst wieder einmal vereitelt. Seine Politik gegenüber den Hussiten hatte im Reich zu Gerüchten und Mißtrauen geführt, das die Kurfürsten nun zu einer energischen Gegenaktion veranlaßte.

Sigismunds Politik, durch Verhandlungen erreichen zu wollen, was militärisch nicht durchsetzbar war, wurde von den Kurfürsten und der Kirche, die kompromißlos auf der Ausrottung der Hussiten bestanden, in keiner Weise akzeptiert. Vor allem die Bischöfe verlangten von ihm als dem Schirmherrn der Christenheit eine eindeutige und klare Haltung in dieser Frage. Mitte Oktober 1423 hatte Sigismund den Reichserbkämmerer Konrad von Weinsberg und dessen Schwager Albrecht von Hohenlohe als Gesandte zu den Kurfürsten geschickt, um sie zu ersuchen, mit den Royalisten in Böhmen Verhandlungen aufzunehmen, damit das Erzbistum Prag an den Bischof Johann „den Eisernen" von Olmütz verliehen werde. Dann folgt in der Instruktion der Satz, er empfehle auch den Kurfürsten, „den herzogen zu kronen".[8] Dietrich Kerler, der Herausgeber der Reichstagsakten, interpretierte die Stelle so, daß Sigismund den Kurfürsten den Rat gab, seinen Schwiegersohn Albrecht V. zum König von Böhmen zu krönen. Sigismund sei dabei vermutlich von der Erkenntnis ausgegangen, daß seine Person ein Haupthindernis für die Beilegung der Hussitenfrage war. Auffallend ist, daß Sigismund wenige Tage zuvor seinem Schwiegersohn die Markgrafschaft Mähren mit Ausnahme des Bistums Olmütz und des Herzogtums Troppau verliehen und bestimmt hatte, daß der Bischof und der Herzog dem Habsburger ihre Stimme zur Königswahl geben sollten. Albrecht erhielt damit einen wichtigen Teil der böhmischen Kronländer, die zudem nicht unter der Herrschaft der Hussiten standen. Nun wurde in jüngerer Zeit die These vertreten, Sigismund habe mit dem Herzog nicht seinen Schwiegersohn Albrecht, sondern Herzog Witold von Litauen gemeint. Der Sinn der Instruktion wäre dann gewesen, die Kurfürsten dazu zu gewinnen, die Hussitenfrage an den kinderlosen Großfürsten von Litauen abzuschieben; nach dessen Tod hätte Albrecht, der Mähren gewissermaßen als Entschädigung erhalten hätte, die Möglichkeit gehabt, Böhmen wieder zurückzugewinnen.[9] Erklärt wird dies auch mit dem Hinweis, gerade Sigismund habe immer wieder mit überraschenden und abenteuerlichen Plänen und Kombinationen gearbeitet. Hierzu ist zu bemerken, daß sich weder die Albrecht-These noch die Witold-These eindeutig beweisen läßt. Daß Sigismund bereit war, auf das Stammland seines Vaters zu verzichten, erscheint indes schwer glaubhaft.[10] Der König dürfte wohl eher die Erhebung seines Schwiegersohnes im Auge gehabt haben. Ganz außer acht lassen sollte man die Witold-These jedoch nicht. Sie würde auch erklären, mit welcher Heftigkeit die Kurfürsten auf dem Binger Kurfürstentag gegen Sigismund vorgingen, denn sie hätten es mit Sicherheit nie zugelassen, daß eine Kurwürde des Reiches in die Hände eines litauischen Fürsten gefallen wäre. Daß es außer dieser Instruktion nicht den geringsten Hinweis zu dieser Problematik gibt, zeigt auch, wie sehr bei der Geschichte Sigismunds immer wieder in Betracht gezogen werden muß, daß das Quellenmaterial für viele Fragen äußerst dürftig ist.
Der berühmte Historiker Johann Gustav Droysen nannte das von den Kurfürsten am 17. 1. 1424 in Bingen abgeschlossene Bündnis „das bedeutendste reichsgeschichtliche Ereignis während der ganzen Zeit des Hussitenkrieges".[11] Schon vorher hatten sich der Pfälzer und der Mainzer versöhnt und der Brandenburger mit Friedrich von Meißen ein Bündnis geschlossen. Auch dieser war nach Bingen

gekommen, ebenso wie sein Konkurrent Erich von Lauenburg, der von seinem Schwiegervater Kaspar von Weinsberg, der mit seinem Schwager Albrecht von Hohenlohe als Gesandter Sigismunds gekommen war, unterstützt wurde. Friedrich erklärte nun, er werde sich in seinem Streit mit Herzog Erich über die sächsische Kurwürde einem Spruch des Königs und der Kurfürsten unterwerfen; sollte Sigismund aber innerhalb eines Jahres kein Urteil gefällt haben, werde er einen Spruch der Kurfürsten akzeptieren. Da die Goldene Bulle vorsah, daß der die Kurwürde innehaben solle, der auch das Land besitze, und Friedrich bereits die Herrschaft in Sachsen übernommen hatte, nahmen die fünf anderen Kurfürsten ihn in das Kurfürstenkollegium auf, da er bereits von Sigismund belehnt war. Damit waren de facto die Würfel gefallen, auch wenn Erich von Lauenburg weiterhin seinen Anspruch bekundete.

Vom Bündnisvertrag der Kurfürsten wurden zwei verschiedene Fassungen ausgestellt. Eine sehr scharf gegen Sigismund abgefaßte Urkunde lehnte sich im Text in weiten Teilen an die Verschwörungsurkunde des Bopparder Kurfürstenbundes von 1399 an, der zur Absetzung von König Wenzel geführt hatte. Daß die Kurfürsten diese Urkunde aus dem Archiv geholt hatten, um den Text weitgehend zu übernehmen, spricht für sich. Sie befürchteten, daß Sigismund in irgendeiner Weise mit den Hussiten unter einer Decke stecke; auch hatten sie gehört, daß er seinem Vetter Erich von Dänemark gestatten wollte, die 1402 von ihm an den Deutschen Orden verkaufte Neumark auslösen zu lassen. Zur Absetzung Wenzels hatte wesentlich der Vorwurf beigetragen, daß er dem Reich Gebiete entfremdet und dieses nicht genügend gegen auswärtige Mächte geschützt habe. Nun wurde der gleiche Vorwurf gegen Sigismund erhoben, der einige Monate später dem dänischen König die Oberlehnsherrschaft über das Herzogtum Schleswig zusprechen sollte. Der Kurfürstenbund wurde auch mit der Notwendigkeit begründet, wirksame Maßnahmen gegen die hussitische Ketzerei zu treffen. An die Spitze des Bundes sollte ein jährlich wechselndes Präsidium treten; die Kurfürsten versprachen, Streitigkeiten untereinander von einem Schiedsgericht regeln zu lassen. Jeder Versuch einer Schmälerung des Reiches sollte energisch von allen verhindert werden, die einander gelobten, nie ein Separatabkommen zu schließen. Auch die zukünftigen Erben der Kurfürstenwürde sollten in den Bund aufgenommen werden. Neben der „radikalen" Fassung wurde noch eine „entschärftere" zu Protokoll gebracht, die für die Publikation bestimmt war, während die erstere geheim blieb. Durch den „Binger Kurverein" erklärten sich die Kurfürsten zum Repräsentanten der Reichsidee, die bisher im Königtum ihren Ausdruck gefunden hatte; jetzt wurde der König zum Helfer der Kurfürsten oder zum „Primus inter pares" herabgesetzt. Insofern bedeutet dieses Bündnis wohl den absoluten Tiefpunkt des Königtums Sigismunds. Die Kurfürsten betrieben nun auch eine eigene Außenpolitik. Da König Erich von Dänemark seinen Neffen und Thronfolger Bogislaw von Pommern-Stolp mit der Tochter des Polenkönigs vermählen wollte und hierin von Sigismund unterstützt wurde, der seine Intrigen in diese Richtung spann, schickten die Kurfürsten den Bischof Johann von Lebus an den polnischen Hof, um König Wladislaw am Festhalten an der Heirat zwischen seiner Tochter und dem Sohn des Kurfürsten von Brandenburg zu veranlassen und zu verhindern, daß der Dänenkönig die Neumark vom Deutschen Orden auslöse. Auch Papst Martin V., der über die Hinauszögerung des Hussitenkreuzzuges durch Sigismund ungehalten war, verwandte sich bei König Wladislaw für den Brandenburger, da er sich offensichtlich eher von den Kurfürsten als von Sigismund die rasche Durchführung eines Kreuzzuges erhoffte.

Die Gesandten des Königs, die eigentlich die Kurfürsten über die Käsmarker Verhandlungen vom März 1423 informieren sollten, konnten bei den Kurfürsten wenig ausrichten, die nebenher auch noch mit den Städten über Münzfragen verhandelten. Als Sigismund Anfang März 1424 mit König Erich zusammentraf, der ihm das Geleit des polnischen Königs zur Reise nach Krakau zur Hochzeit Wladislaws überbrachte, ahnten die beiden Vettern noch nicht, daß ihre Politik, die Ehe der Tochter des Polenkönigs mit dem Sohn des Brandenburgers zu verhindern, gescheitert war. Dabei hatte Erich gegenüber dem bereits leicht senilen Wladislaw sogar behauptet, er habe bei den Käsmarker Verhandlungen doch Sigismund bevollmächtigt, über die Hand seiner Tochter zu verfügen, worauf der polnische König geantwortet hatte, er könne sich nicht daran erinnern, Sigismund diese Vollmacht gegeben zu haben, und müsse sich darüber erst mit seinem Vetter Witold beraten. Sigismund hingegen verteidigte sich in einem Brief gegen die vermutlich von Kurfürst Friedrich aufgebrachte Verleumdung, er habe Wladislaw als seinen Vasallen bezeichnet.[12] Wladislaw redete sich bei den Verhandlungen in Krakau auf den Großfürsten aus, zu dem Sigismund und Erich gleich eine Botschaft schickten, die Witold im April 1424 in Grodno erreichte. Der Großfürst aber blieb bei der Verlobung Hedwigs mit dem Brandenburger, die er von Anfang an protegiert hatte. Somit hatten die beiden Vettern eine vollständige Niederlage erlitten. Aber wieder einmal kam das Glück Sigismund zu Hilfe: Durch die Geburt des Thronfolgers Wladislaw wurden die Spekulationen und Befürchtungen hinsichtlich einer Nachfolge des Hauses Zollern in Polen noch im gleichen Jahr gegenstandslos.

Die Kurfürsten beschlossen schließlich am Ende des Binger Treffens, eine Gesandtschaft zum König nach Ungarn zu schicken, die unter der Leitung von Bischof Raban von Speyer, dem einstigen Kanzler König Ruprechts, und des Bischofs Johann von Würzburg, der sich bereits in den Hussitenfeldzügen engagiert hatte, stand. Zu Ostern 1424 kamen die Gesandten nach Ofen, wo Sigismund ein glänzendes Fest gab, bei dem König Erich, Kardinal Branda, Albrecht V. von Österreich, die Herzöge Ludwig, Wilhelm, Heinrich und Johann von Bayern, Patriarch Ludwig von Aquileia und Bischof Heinrich von Osnabrück anwesend waren. Die Gesandten werden Sigismund wohl kaum den Vertrag der Kurfürsten in der „radikalen" Fassung vorgelegt haben. Ihre Sprache war dennoch deutlich, denn Sigismund bekam einen Wutanfall, als sie ihn fragten, ob er in der Hussitenfrage etwas zu tun gedenke. Der König antwortete, für die Bekämpfung der Hussiten habe er Leib und Gut sowie sein väterliches Erbe geopfert, viele Menschen verloren und ungeheure Schulden gemacht. Sein Königreich Ungarn, das von Türken und ketzerischen Bosniern bedrängt werde, habe bisher die Hauptlast des

Kampfes getragen und sei menschenleer, verarmt und nicht mehr in der Lage, weitere Hilfe zu leisten. Trotzdem werde er in der Hussitenfrage nicht nachgeben; mit seinem Schwiegersohn Albrecht habe er für den nächsten Sommer einen neuen Feldzug vereinbart. Nun sollten die Kurfürsten endlich das Ihrige dazu tun, damit die Hussiten besiegt würden. Er wolle daher mit den Kurfürsten verhandeln und lade sie nach Wien ein.[13] Dann erklärte Sigismund vor den ausländischen Gesandten öffentlich, nicht er, sondern der von den deutschen Kurfürsten zur Wortbrüchigkeit aufgestachelte König von Polen sei schuld an der Fortdauer der hussitischen Ketzerei. Die Gesandten der Kurfürsten wurden höchst ungnädig entlassen. Als die Bischöfe sich bei König Erich verabschieden wollten, fuhr er sie an, daß die Kurfürsten und insbesondere der Pfalzgraf an König Wladislaw und Großfürst Witold geschrieben hätten, um sie vom Bündnis mit Sigismund zu trennen und die Heirat seines Neffen Boguslaw mit der Königstochter zu hintertreiben. Als Bischof Raban den Pfalzgrafen verteidigte, schrie König Erich ihn an und drohte, an den Kurfürsten Rache zu nehmen, wenn die Briefe doch geschrieben worden wären.[14]

Während der Anwesenheit König Erichs in Ofen kam auch das bereits erwähnte Thema der Zugehörigkeit Schleswigs zum Reich wieder zur Sprache. Der Konflikt war entstanden, als nach dem Tod des Herzogs Gerhard 1404 dessen Bruder, Bischof Heinrich von Osnabrück, bei der Vormund- und Regentschaft über die unmündigen Kinder übergangen worden war. Die Herzogswitwe Elisabeth hatte sich dabei an König Erich gewandt; als dieser sie jedoch völlig beherrschen wollte, war es 1409 zum Krieg gekommen. 1412 wurde im Waffenstillstand von Flensburg vereinbart, König Sigismund solle den Streit nach dänischem Recht entscheiden. Dieser hatte 1415 einen Spruch des dänischen Lehnsgerichtes bestätigt, nach dem den Kindern Herzog Gerhards das Lehen Schleswig aberkannt wurde. Die Fürsten setzten jedoch den Kampf gegen den dänischen König fort. 1422 schickte Sigismund den schlesischen Herzog Heinrich Rumpold zur Wiederherstellung des Friedens nach Schleswig-Holstein. Die Herzöge, die bereits 1421 betont hatten, sie sähen „das Römische Reich" als obersten Schiedsherrn an, waren angesichts der guten Beziehungen Sigismunds zu seinem Vetter Erich mißtrauisch und wollten die Kurfürsten in das Schiedsurteil eingebunden wissen. Es gelang Heinrich Rumpold jedoch, sie zur Anerkennung seiner Schiedsgerichtsbarkeit zu bewegen. Als er aber starb, fiel das Verfahren an Sigismund zurück, der Ende 1423 die Streitparteien eingeladen hatte, innerhalb von drei Monaten vor seinem Gericht zu erscheinen. Im Februar 1424 ließ Sigismund nach dem Eintreffen König Erichs an seinem Hof die Streitfrage durch italienische Juristen überprüfen und ordnete an, daß für den Fall seiner Abwesenheit von Ofen Hermann von Cilli und Nikolaus Gara im Streitfall nach dänischem Recht entscheiden sollten.[15] Damit war eine Vorentscheidung gefallen; Sigismund brauchte in dieser Phase seiner größten Demütigung durch die Kurfürsten die Unterstützung Erichs, mit dem er bis zu seinem Tod verbunden blieb. Auch erhoffte er sich von seinem Vetter tatkräftige Unterstützung gegen die Hussiten. Nach einem einwöchigen Prozeß verkündete Sigismund dann am 28. 6. 1424 in Anwesenheit König Erichs und

Herzog Heinrichs, daß Schleswig – das bereits 1422 nicht in die Reichsmatrikel aufgenommen worden war – an Dänemark zurückgegeben werden und unter der Oberlehnsherrschaft des dänischen Königs verbleiben solle.[16] König Erich war mit dem nicht unparteiischen Urteil Sigismunds zufrieden und begab sich auf eine Pilgerreise nach Jerusalem.

Herzog Heinrich und seine Verwandten legten indes Berufung an Papst Martin V. ein, der mit der Hussitenpolitik Sigismunds nicht zufrieden war. Obwohl die Kurie aus politischen Gründen letztlich für den Dänenkönig entschied, gaben die Herzöge von Schleswig nicht nach; 1425 kam Erich bei seiner Rückreise von Palästina nach Tata in Ungarn zu Sigismund, um erneut über die Frage zu verhandeln. Konrad von Weinsberg vermerkte dazu: „Was der konig von Tenimarck begert, daz tuwt unser herre der konig."[17] Um seine eigene Position den Kurfürsten gegenüber zu stärken, war Sigismund also durchaus bereit, auf politische Interessen des Reiches zu verzichten, da er in dieser für ihn schwierigen Zeit im dänischen König nahezu den einzigen verläßlichen Partner hatte.

In Ofen kam Sigismund im Sommer 1424 durch die gleichzeitige Anwesenheit Johannes' VIII.[18], der 1421 zum byzantinischen Mitkaiser gekrönt worden war und dann zwei Jahre später endgültig die Nachfolge seines Vaters Manuel angetreten hatte, des Despoten Stefan Lazarewitsch von Serbien und einer Delegation des Sultans Murad II. in eine peinliche Situation. Kaiser Johannes VIII., der sich durch die Unterstützung von Gegensultanen die erbitterte Feindschaft des Sultans Murad und eine Belagerung der Stadt Konstantinopel zugezogen hatte, ersuchte Sigismund in mehrwöchigen Verhandlungen in Tata um ein Bündnis gegen die Türken und schlug ihm vor, diese gleichzeitig zu Lande und zu Wasser anzugreifen; die Venezianer sollten mit ihrer Flotte vor der Halbinsel Morea (Peloponnes) türkische Kräfte binden. Dadurch sollten die Türken davon abgehalten werden, die Walachei zu erobern. Sigismund begriff jedoch, daß ein derartiger Krieg in erster Linie im Interesse der Byzantiner und Venezianer lag. Er verhandelte gleichzeitig mit den Abgesandten Murads, die ihm und Albrecht V. prachtvolle Geschenke überbrachten. Auf diese Weise kam im September ein zweijähriger Waffenstillstand mit den Türken zustande.[19] Sigismund entließ dann den Kaiser, den er wochenlang hingehalten hatte, reich beschenkt und versicherte ihn seiner weiteren Freundschaft. Enttäuscht kehrte Johannes VIII. in seine belagerte Hauptstadt heim[20]; die Erinnerung an dieses Treffen vom Sommer 1424 lebt weiter in einer lavierten Bleistiftzeichnung mit der Jahreszahl 1424, die drei Könige darstellt, von denen der mittlere als Sigismund gekennzeichnet ist. Der linke Herrscher kann durch eine Zeichnung Pisanellos und eine Medaille als Johannes VIII. identifiziert werden, der rechte hingegen als Erich von Pommern, der König von Dänemark. Die Zeichnung gehört damit zu den ältesten europäischen Herrscherporträts der frühen Renaissance.[21] Mit dem zweijährigen Waffenstillstand mit den Türken war Sigismund den pragmatischen Weg gegangen; da er obendrein noch verabsäumt hatte, die Walachei in den Waffenstillstand aufzunehmen, konnten die Türken ungestört den Woiwoden Daniel, den Nachfolger Mirceas, vertreiben, der sich zumindest formell als Vasall Ungarns bekannt hatte. Derartige Separatabkommen dienten in der Regel nur dazu, daß die Türken an einer anderen Stelle auf dem Balkan ihre Eroberungsversuche fortsetzten.

Im Frühjahr 1424 war es Sigismund auch gelungen, nach dem Krakauer Treffen mit König Wladislaw und Großfürst Witold diesen von der Unterstützung der Hussiten abzubringen und zu sich herüberzuziehen. Sigismund schickte seinen Gesandten Dr. Bartholdus nach Grodno, um ihn zur Auflösung der Erbverschwägerung zwischen Polen und Brandenburg zu bewegen. Dabei machte sich Sigismund die Spannung zwischen den Brüdern zunutze und ließ Witold – den er schmeichlerisch mit Julius Cäsar verglich[22] – vor Augen führen, daß er von den Polen übervorteilt werde. Er nutzte das Selbständigkeitsstreben der Litauer aus und trug damit wesentlich zum Abbau der Rivalitäten zwischen Witold und dem Deutschen Orden bei; zugleich entlastete er damit seine Bemühungen um Böhmen, da Witold nun seine Unterstützung des Prinzen Sigismund Korybut aufgab. In dieser Zeit der Entstehung des Binger Kurvereins hatte König Sigismund nur wenig Rückhalt im Reich. Die Beschimpfung des brandenburgischen Kurfürsten anläßlich der Gesandtschaft des Binger Kurvereins hatte sogar sein Schwiegersohn Albrecht öffentlich mißbilligt und dabei auf die Verdienste des Kurfürsten hingewiesen. Der Tod seines Kanzlers Georg von Passau im August 1423 verkleinerte den Kreis derjenigen in der Nähe des Königs, der gute Verbindungen zum Reich hatte. Da die Stadt Nürnberg sich immer als königstreu gezeigt hatte, unterstützte Sigismund sie besonders gegen die Burggrafen aus dem Haus Zollern – zumal nach seinem Bruch mit Friedrich I. von Brandenburg! Durch ein Kreditverbot zuungunsten des Markgrafen hatte die Stadt diesen seit 1422 in schwere Bedrängnis gebracht. Da der Markgraf im Pfandbesitz der Nürnberger Reichsmünze war, erteilte Sigismund bereits im September 1422 der Reichsstadt gegen Zahlung von 2000 Gulden das vollständige Münzregal für Gold- und Silbermünzen, um das Münzrecht des Markgrafen zu entwerten; auch in dieser Frage zeigt sich die Fähigkeit Sigismunds, seinen politischen Widersachern auf dem Gebiet der Wirtschaftspolitik schweren Schaden zuzufügen.[23] Im Herbst 1423 weilte der Nürnberger Kaufmann Sebald Pfintzing neun Wochen lang am Hof Sigismunds in Ofen, wo es ihm gelang, den König zu einer Aufhebung der Handelssperre gegen Venedig zu bewegen. Pfintzing konnte den König mit Hilfe des feinmaschigen Nürnberger Informationsnetzes über die Kräfteverhältnisse seiner Gegner informieren. Bei dieser Gelegenheit verfügte Sigismund Ende September, daß die Reichskleinodien, die er von Prag nach Ofen hatte bringen lassen, auf ewige Zeit in Nürnberg aufbewahrt werden sollten. Im Februar 1424 übergab Sigismund sie den Nürnberger Bürgern Sigismund Stromeir von der Rosen und Sebald Pfintzing, die sie in einem Wagen unter dem Anschein eines Fischtransportes nach Nürnberg schafften, wo der Rat die Ankunft der Kleinodien am 22. 3. 1424 mit einer Prozession feiern ließ. Aus Furcht vor einer Absetzung ließ Sigismund sich freilich verbriefen, daß er sie bei der Wahl eines Gegenkönigs nach Westböhmen bringen könne. Diese Aktion verpflichtete Nürnberg zu besonderer Treue gegenüber dem Herrscher und bestärkte die Funktion der Stadt als königliche Zentrale im Reich.[24] Erst im nachhinein wurden die Kurfürsten von dieser Aktion informiert. Verärgert verweigerten sie der Reichsstadt die erbetene Bestätigung der königlichen Privilegien. Diese aber besorgten sich die Bestätigung des ewigen Verwahrungsrechtes der Reichskleinodien daraufhin beim Papst. Noch im Jahr 1424 löste Nürnberg auch die an Markgraf Friedrich verpfändete Nürnberger Reichsmünze um 4000 Gulden aus. „Bei aller seiner durch den Besitz zweier bedeutender Fürstentümer und der Kurstimme scheinbar noch außerordentlichen politischen Macht war der stolze Fürst finanziell am Ende und durch seine Überschuldung und Insolvenz und dank der geheimen, aber offenbar wirksamen Nürnberger Kreditsperre auch in seiner politischen Aktionsfähigkeit weitgehend gelähmt."[25]

Die Bischöfe Raban von Speyer und Johann von Würzburg berichteten den Kurfürsten im Juli 1424 auf dem Kurfürstentag in Mainz über ihre Verhandlungen mit König Sigismund. Man einigte sich darauf, daß vier Kurfürsten an dem für Ende September geplanten Reichstag in Wien teilnehmen sollten. Vorher jedoch sollten der Mainzer Diplomat Konrad von Bickenbach und der pfälzische Kanzler Meister Peter noch einmal zum König reisen und ihm die „Bedingungen" der Kurfürsten überbringen. Sie betonten den Präzedenzfall, da ihre Vorgänger dem König noch nie so weit entgegengereist wären. Daher sollten die Gesandten Regensburg als Ort des Reichstages vorschlagen. Sollte Sigismund auf Wien beharren, müßte sichergestellt sein, daß er selbst auch persönlich dort sei, da sie nicht lange warten wollten. Für den Fall, daß Sigismund sie fragen sollte, ob sie an ihm als König festhalten wollten, sollten die Gesandten eine Garantie verlangen, daß er sich in Zukunft dem Reich, der Kirche und dem Papst gegenüber so verhalte, wie es als Schirmherr der Kirche und König seine Pflicht sei. Bei einer Pflichtvergessenheit des Königs wollten sie sich das Recht vorbehalten, dagegen einzuschreiten. Bezüglich des Hussitenzuges sollten die Gesandten sich nicht festlegen, sondern von Sigismund Auskunft darüber verlangen, wie es mit dem Waffenstillstand in Böhmen stehe und wer wessen Feind sei. Erst wenn der König schriftlich eine Garantie abgegeben hätte, daß er bereit sei, unter diesen Bedingungen mit ihnen zu verhandeln, wollten die Kurfürsten nach Wien kommen.[26] Sie wollten also „vor Sigismund hintreten und ihn dazu nötigen, ihrer oppositionellen Politik eine nahezu unbegrenzte Angriffsfläche und weitestmöglichen Aktionsraum zu überlassen. Die Kurfürsten wollten sich, auf der Basis umfassender Privilegienbestätigungen, als ständige Kontrollinstanz gegenüber dem Reichsoberhaupt etablieren, um jederzeit von ihrem Widerstandsrecht Gebrauch machen zu können. Nur ihre Eide dem Reich gegenüber würden dann noch zählen, nicht mehr die Bindung an einen König."[27]

Damit aber hatten die Kurfürsten den Bogen überspannt. Die vier rheinischen Kurfürsten sollten kurz darauf in Oberlahnstein die Endredaktion der Instruktion vornehmen. Die Kurfürsten von Sachsen und Brandenburg ritten mit dem Würzburger Bischof heimwärts, als sie in Würzburg Mitte Juli einen Brief des polnischen Königs mit der Nachricht erhielten, Prinz Korybut sei nach Böhmen zurückgekehrt. Die beiden Kurfürsten hatten sich ihren rheinischen Kollegen bei deren Opposition zum König zwar angeschlossen, aber ihre eigenen politischen

Interessen lagen doch im Osten, der nun von einem Ausgreifen des Hussitentums bedroht wurde. Auf die Dauer ließ sich der geschlossene Kurfürstenblock nicht halten. Die beiden Kurfürsten legten den in Oberlahnstein versammelten rheinischen Kurfürsten daher dringend nahe, die Instruktion abzuschwächen und den Krieg gegen die Hussiten in den Vordergrund zu rücken. Dies war der erste Schritt ihrer Wiederannäherung an Sigismund.

In der zweiten Fassung des Verhandlungskonzeptes wurde von den Kurfürsten nun auf das Ultimatum an Sigismund verzichtet. Dafür wollten sie ihm aber nun nicht mehr bis Wien, sondern höchstens bis Regensburg entgegenreisen. Sollte Sigismund an seinem Kommen gehindert werden, könne er ja Albrecht V., Hermann von Cilli und Nikolaus Gara schicken. Die Gesandten reisten nun mit dieser revidierten Instruktion[28] nach Ungarn und trafen Sigismund Ende August bei Komaron auf der Jagd. Der Audienz wohnten auch die Herzöge Ludwig und Wilhelm von Bayern bei. Sigismund lehnte die Forderungen der Kurfürsten strikt ab und bestand auf der Abhaltung des Reichstages in Wien, da er nicht einmal nach Mähren könne, um seinem Schwiegersohn zu helfen, und man ihm vorher ja bereits zugesagt habe, den Reichstag in Wien zu besuchen. Er beklagte sich über das Reich, das zwar groß sei, ihm bisher aber nur geringen Nutzen gebracht habe, während er für die Einheit der Kirche große Opfer auf sich genommen habe. Wenn die Kurfürsten zu ihm kämen, könne der Zwist beigelegt werden. Weder Herzog Ludwig noch die königlichen Räte vermochten Sigismund umzustimmen; die Verhandlungen scheiterten, da weder Sigismund noch die Kurfürsten zu Kompromissen bereit waren.

Am Tag nach der Audienz schrieb Sigismund auf den 25. 11. einen Reichstag nach Wien aus. Im September lud er auch Großfürst Witold von Litauen ein, zum Reichstag nach Wien zu kommen, und lehnte ein von diesem angeregtes Treffen vorerst ab. Mittlerweile hatte das Konzil von Siena im Februar 1424 erstmals vorgeschlagen, in Basel ein allgemeines Konzil abzuhalten. Sigismund berichtete dem Großfürsten, der König von England habe das Konzil angeregt, das innerhalb von sieben Jahren in Basel eröffnet werden solle. Ende November schrieb er noch einmal an Witold, er habe den Reichstag verschieben müssen, da er aufgrund seiner Verhandlungen mit Sultan Murad, der den Waffenstillstand verlängern wollte, verhindert gewesen sei. Witold solle daher nach Wien kommen und in Sachen des zukünftigen Konzils Kontakt mit dem Papst aufnehmen.[29]

Im Oktober 1424 war unterdessen der Taboritengeneral Žižka, einer der unversöhnlichsten Feinde Sigismunds, an der Pest gestorben. Ein Teil der Taboriten nannte sich nach Žižkas Tod die „Waisen" („Orphaniten") des großen Führers. An ihre Spitze trat der frühere Mönch Prokop „der Kleine". Der Priester Prokop „der Große" oder auch „der Kahle" genannt, wurde jedoch der kongeniale Nachfolger Žižkas, unter dessen Leitung die hussitische Bewegung nach fast acht Jahren innerböhmischer Auseinandersetzungen offensiv wurde, um die Anerkennung der Bewegung von den Nachbarn zu erzwingen. Die Bevölkerung von Prag erkannte indes den Prinzen Korybut als ihren Fürsten an. Nach dem blutigen Bürgerkrieg des Jahres 1424 versuchten die Hussiten, ihre inneren Spannungen auszugleichen; im Jahr darauf fielen sie erstmals in Österreich ein. Da Sigismund dem Kurfürsten von Brandenburg auf dem Ofener Hoftag, an dem er ihn öffentlich als „lügnerischen Verräter" geschmäht hatte, die Versöhnung anbot, ersuchte dieser den königlichen Hofmeister Graf Ludwig von Öttingen um Vermittlung. Sigismund verlangte von Friedrich die Aufkündigung des Bündnisses mit Polen und eine Abschrift des Vertrages des Binger Kurvereins. Höhnisch fügte er hinzu, der Markgraf könne ihm den Ehevertrag ruhig ausliefern, da König Wladislaw ihm ohnehin versichert habe, er werde seine Tochter niemals dem Sohn des Markgrafen geben; hieran zeigt sich, wie wenig genau es Sigismund mit der Wahrheit nahm, wenn es ihm politisch nützte. Allerdings sagte auch der Kurfürst nicht die ganze Wahrheit, als er erklärte, in den Binger Verträgen stehe nichts, was gegen den römischen König gerichtet sei. Er lehnte die Auflösung des Bündnisses und der Verlobung seines Sohnes ab und erklärte, er vertraue auf die Zuverlässigkeit des Königs von Polen. Zur Versöhnung sei er bereit, nicht aber zur Unterwerfung. Daraufhin erneuerte Sigismund Mitte September den Prozeß des Ingolstädter Herzogs Ludwig gegen Friedrich wegen dessen fränkischer Besitzungen und lud ihn vor das Hofgericht. Großfürst Witold schickte er die Verpfändungsurkunde über Brandenburg, aus der dieser ersehen sollte, daß er die Mark jederzeit wieder zurücklösen könnte. Anfang November begab sich der Markgraf zu einer Beratung mit den Kurfürsten nach Aschaffenburg, wo das Kollegium beschloß, dem Wiener Reichstag fernzubleiben. Als dem polnischen König am 31. 10. 1424 ein Thronfolger geboren wurde, konnte man davon ausgehen, daß die Thronfolge der Prinzessin Hedwig gegenstandslos geworden war.

Am 5. 1. 1425 traf Sigismund mit einiger Verspätung in Wien ein, um den Reichstag zu eröffnen. Er nahm seinen früheren Plan wieder auf, die Städte mit den Reichsrittern zu verbinden; dies hatte er bereits Anfang Juni in der Ausschreibung des Reichstages durchblicken lassen. Während der Vorverhandlungen hatte er bereits im August den Frankfurter Deputierten Walter Schwarzenberg mit einer Mission an die schwäbischen, rheinischen und fränkischen Städte betraut, die im Gegensatz zu den Kurfürsten ihre Delegierten nach Wien schickten. Von den Fürsten nahmen nur Herzog Ludwig von Bayern-Ingolstadt und Markgraf Bernhard von Baden, der um Hilfe für seine Fehde gegen den Pfalzgrafen ersuchte, am Reichstag teil. Da Pfalzgraf Ludwig mit einer Reihe von oberrheinischen Reichsstädten gegen den Markgrafen verbündet war, bestärkte das Zusammenwirken Sigismunds mit Bernhard das Mißtrauen der Reichsstädte. Neben dem Zusammenschluß mit den Rittern wollte Sigismund von den Städten vor allem eine militärische Unterstützung für den Krieg mit den Hussiten, den er nun ohne die Kurfürsten zu führen gedachte. Die Vertreter der Städte lehnten jedoch beide Forderungen ab und erklärten, sie hätten diesbezüglich keine Vollmachten. Auch die Drohungen des Königs, alle ihre Angelegenheiten unerledigt zu lassen, bis er eine Antwort erhalten habe, nützten nichts. Um sich vor den Kurfürsten nicht den Anschein einer völligen Niederlage zu geben und den Draht zu den Städten nicht abreißen zu lassen, begnügte er sich schließlich damit, ihre zukünftigen Erklärungen zu dieser Frage abzuwarten; ungeschickterweise betraute er neben Konrad von Weinsberg und Ludwig von Öttingen den Städtefeind Bernhard von Baden damit, diese Erklärungen entgegenzunehmen. Auf dem Ulmer Städtetag vom April 1425 traten nur Nürnberg, Augsburg und Frankfurt für die Pläne des Königs ein. Somit mußte Sigismund sein Vorhaben, mit Hilfe der Ritter und der Städte die Fürsten zu unterwerfen, aufgeben. Obwohl sich einige oberrheinische Städte durchaus bereit erklärten, ihn beim Hussitenkrieg zu unterstützen, kam Sigismund vorläufig nicht mehr auf dieses Thema zurück. Wenn er verlauten ließ, es seien „vil ander unser und des richs fürsten ..., graven, herren und der meyste teyl der richstete" zum Reichstag gekommen und hätten ihm Hilfe gegen die Türken zugesagt[30], muß dies eher als Zweckoptimismus an die Adresse der Fürsten angesehen werden.

Ein bedeutender politischer Erfolg Sigismunds in diesen Tagen hat in der historischen Literatur kaum Spuren hinterlassen. In dem Maß, wie er in Zeiten seiner politischen Isolierung im Reich mehr denn je auf seinen Schwiegersohn Albrecht V. angewiesen war, gelang es diesem, den seit nahezu zwei Jahrzehnten schwelenden Streit mit seinem alten Feind Herzog Friedrich IV. von Österreich beizulegen. Es gehörte zur politischen Strategie der Habsburger, trotz ihrer Verwaltungsteilungen alle ihre Besitzungen als Gesamtheit zu betrachten, die ideell jedem Habsburger gehörten. Die Aktionen des Königs gegen Friedrich IV. betrafen auch dessen Vetter Albrecht, der die Restitutionspolitik in den Vorlanden unterstützt und ihm 1418 den größten Teil der Summe geliehen hatte, die Friedrich dem König zahlen mußte. Daß die Einigung sich ankündigte, ergibt sich aus der Tatsache, daß Sigismund dem Minnesänger Oswald von Wolkenstein Mitte Dezember 1424 versprach, sich für ihn bei Herzog Friedrich einzusetzen. Mitte Februar 1425 erteilte er auf der zu Ungarn gehörenden Burg Hornstein bei Eisenstadt dem Ritter freies Geleit zu einem Rechtstag mit dem Herzog in Wien.[31] Auf dieser Burg kam es einige Tage darauf durch die Vermittlung Albrechts V. zur endgültigen Aussöhnung zwischen Sigismund und Herzog Friedrich, der nach dem Tod seines Bruders Ernst im Juni 1424 für seine Neffen Friedrich und Albrecht nun auch noch die Verwaltung Innerösterreichs übernommen hatte und somit im Bund mit Venedig oder Mailand dem König leicht den Weg nach Rom zur Kaiserkrönung sperren konnte. In der Einleitung des „Hornsteiner Vertrages" vom 17. 2. 1425 wird auf Albrecht V. hingewiesen, der in diesem Streit vermittelt habe und beide anwesenden Kontrahenten versöhnen wollte. Sigismund stellte dem Herzog nun alle ihm 1415 entzogenen Gebiete mit Ausnahme derjenigen zurück, die die Eidgenossen erobert hatten. Im Unterschied zum ersten Frieden von 1418, in dem eine Rückkehr der verlorenen Gebiete von der Zustimmung der derzeitigen Inhaber abhängig gemacht wurde, die einem Rückkauf zustimmen mußten, fehlte nun eine derartige Klausel. Friedrich erhielt nun die Möglichkeit, die Gebiete zurückzuerwerben, wenn er es politisch durchsetzen konnte. Sigismund gab ihm die Rückstellungsurkunden mit, die er nach Belieben verwenden konnte. Da die meisten davon im Original im Archiv Friedrichs erhalten blieben, läßt sich daraus schließen, daß der Herzog nur sukzessive bei günstigen Gelegenheiten gegen die derzeitigen Inhaber vorgehen wollte. So ist es auch zu erklären, daß der

Vertrag in der Öffentlichkeit kaum bekannt wurde; bei den eidgenössischen Tagsatzungen war nie davon die Rede. Der früheste Beleg, daß die Sache aber doch durchsickerte, ist ein Brief Basels an Freiburg, in dem berichtet wurde, man habe von dem Basler Diplomaten Henmann Offenburg erfahren, daß der König dem Herzog die Besitzungen wieder zurückgeben wolle.[32]

Die Gesandtschaft, die Kurfürst Friedrich Ende Mai 1425 an den polnischen König schickte, um die angeblichen Verleumdungen Sigismunds zu entkräften, markiert den Höhe- und Wendepunkt der kurfürstlichen Opposition in Deutschland. Mit Billigung Sigismunds und König Erichs unternahmen die Herzöge von Pommern im Frühjahr 1425 einen Einfall in die brandenburgische Uckermark. Dabei kam wieder das Projekt einer Allianz zwischen Ungarn, der Nordischen Union und Polen gegen den Kurfürsten, der von seinen Kollegen jedoch Unterstützung erhielt, zur Sprache. Die Gesandten erklärten nun, der Erzbischof von Mainz habe die Kurfürsten für Anfang Juni 1425 zu einer Versammlung nach Würzburg eingeladen und drohe jedem, der nicht erscheinen werde, den Verlust aller Privilegien an. Es scheint, daß die Neuwahl eines Königs für diese Sitzung auf der Tagesordnung stand. Markgraf Friedrich von Brandenburg meldete nun dem polnischen König, innerhalb weniger Wochen werde eine große Kriegsmacht in Pommern einrücken; die Erzbischöfe von Mainz und Köln, der Pfalzgraf und der Herzog von Sachsen sowie der Bischof von Würzburg würden persönlich in den Krieg ziehen und die Erzbischöfe von Trier und Magdeburg Truppen entsenden. Indem die Gesandten König Wladislaw andeuteten, eine Lösung der polnisch-brandenburgischen Verträge werde daher einen gewaltigen Sturm entfesseln, versuchten sie ihn unter Druck zu setzen und bei der Stange zu halten. Der Kurfürst wurde von den Gesandten als Opfer der Intrigen Sigismunds hingestellt, der ihn ob seiner Treue zu Polen verfolge. Der König scheue sich nicht, gegen die Kurfürsten als die Säulen des Reiches mit den Städten zu konspirieren; auf dem Wiener Reichstag habe er einen Bürgerkrieg anzuzetteln versucht, sei aber schließlich von den Städten abgewiesen worden.[33] Der polnische König erwiderte nur, er müsse sich vor einer Antwort mit seinen Baronen beraten. Bald darauf vereinigten sich polnische Truppen mit den Pommern und brachten dem Kurfürsten eine schwere Niederlage bei, worauf Friedrich den Versuch unternahm, sich Sigismund wieder zu nähern.

Ob der Würzburger Kurfürstentag überhaupt zustande kam, ist nicht sicher; auf jeden Fall geschah nichts von dem, was der Brandenburger dem polnischen König angekündigt hatte. Im Gegenteil: der Binger Kurverein brach noch im gleichen Jahr auseinander. Die östlichen Kurfürsten verfolgten letztlich eine andere Politik als die rheinischen. Bereits im Mai 1425 delegierten die Kurfürsten den Grafen Adolf von Nassau zu Sigismund, um ihm mitzuteilen, daß sie bereit seien, zu ihm zu kommen, um mit ihm über die Lage des Reiches zu beraten. Der erste, der aus der Koalition ausbrach, war der Herzog von Sachsen. Sigismund ging auf das Angebot der Kurfürsten ein und erklärte sich zu einem Kompromiß bereit. Er bestand auf Wien als Ort des Reichstages, ließ aber die Kurfürsten den Termin bestimmen. Im Juni lud er die Kurfürsten ohne Angabe eines Datums nach Wien ein. Der Sommer verging jedoch, ohne daß für den Reichstag oder den geplanten Hussitenzug ein Datum fixiert wurde. Die Spannungen zwischen Polen und König Erich und die Zurückhaltung der Städte, die ihm kaum konkrete Hilfe für den Zug anboten, veranlaßten Sigismund dazu, den für den Sommer 1425 geplanten Hussitenkreuzzug auf das nächste Jahr zu verschieben. Daher hatte es nun auch keine Eile mehr mit der Einberufung des Reichstages; erst Anfang Dezember 1425 berief Sigismund ihn für den 9. 2. 1426 nach Wien ein.

Schon zu Beginn des Sommers 1425 war Friedrich der Streitbare, der neue Kurfürst von Sachsen, nach Ungarn gekommen, um das alte Bündnis zwischen den Häusern Luxemburg, Habsburg und Wettin zu erneuern und dabei Albrecht V. seine Stimme bei einer allfälligen Königswahl zuzusichern; dabei wurde an das Vorgehen Karls IV. bei der Wahl König Wenzels erinnert. Anfang August belehnte Sigismund den Kurfürsten feierlich in Ofen. Von der Bündnispflicht wurden nicht einmal die Kurfürsten, sondern nur der Papst ausgenommen. Der Streit der Wittelsbacher über das bayerische Erbe des Herzogs Johann von Bayern-Straubing spielte Sigismund wieder eine Schlüsselrolle im Streit der verschiedenen bayerischen Linien zu, der neuen Machtzuwachs bedeutete. Gleichzeitig erlitt der Kurfürst von Brandenburg eine schwere Niederlage durch die vereinigten pommerischen und polnischen Truppen. Der Krieg der Eidgenossen gegen Mailand ermöglichte es Sigismund, den Versuch zu unternehmen, sich hier zum Zünglein an der Waage zu machen. Herzog Friedrich von Österreich hatte sich mit Sigismund versöhnt, und auch in Italien verhandelten die Emissäre des Königs über Frieden und Bündnisse mit Florenz, Mailand und Savoyen. Der neue französische König Karl VII. bemühte sich um die Gunst Sigismunds, um diesen von seinem Bündnis mit England abzubringen.[34] Innerhalb weniger Monate hatte sich somit das Blatt gewendet; das Tief in der politischen Lage Sigismunds war überwunden, und die vielfältigen politischen Konflikte boten ihm die Gelegenheit, sich in das Spiel der Kräfte einzuschalten und dieses für den Ausbau seiner Stellung zu nutzen.

XVI.
Italienpolitik, Türkenfeldzug und Kongreß von Luck (1426–1429)

In den Jahren der Hussitenkriege hatte Sigismund von Luxemburg die politische Entwicklung in Italien keinesfalls außer acht gelassen. Während für frühere Phasen der Tätigkeit im Reich die Reichsregister eine wichtige Quelle bilden, müssen wir für diese Phase im Leben des Königs vornehmlich auf die italienischen Quellen, die diplomatische Korrespondenz von Florenz und Mailand sowie auf die venezianischen Senatsprotokolle, zurückgreifen, die uns über das Tauziehen hinter den Kulissen informieren. Noch während des Konstanzer Konzils hatte Sigismund im April 1418 mit dem stets mißtrauischen Filippo Maria Visconti von Mailand ein Bündnis geschlossen, ihn zum Reichsfeldherrn gegen Venedig ernannt und ihm die Territorien in der Lombardei übertragen, die einst sein Vater Giangaleazzo beherrscht hatte, mit Ausnahme der Gebiete, die von den Familien della Scala und Montferrat beansprucht wurden.[1] Ein großer Teil der einst mailändischen Besitzungen war mittlerweile von Venedig erobert und dem Festlandsbesitz der Markusrepublik, der „Terra ferma", eingeliedert worden. Der latente Gegensatz zwischen Mailand und Venedig bot daher Ansatzpunkte für die Italienpolitik Sigismunds. Die von den Venezianern eroberte Mark Treviso hatte der König Anfang 1418 auf dem Papier sogar dem Prinzen Pedro von Portugal, dem Sohn König Johanns I., verliehen, dem er auch ein Jahresgehalt von 20.000 Dukaten versprach, wenn er an seinen Hof käme. Auch Staaten wie Portugal, Kastilien und Aragon versuchte Sigismund gegen Venedig aufzustacheln. Mit Billigung des Königs konnte Filippo Maria einen Teil der lombardischen Besitzungen seines Vaters zurückerwerben. Dann erklärte er den Florentinern Anfang 1420, er wolle Italien vor Beunruhigungen bewahren – womit er einen etwaigen Romzug Sigismunds meinte –, und begann mit den Venezianern über ein Bündnis zu verhandeln. Anfang November 1421 eroberte er die Republik Genua, zu der Sigismund den Transalpinhandel umlenken wollte. Vergeblich schickte der König Brunoro della Scala nach Genua, das dem Reich die fehlende Seemacht ersetzen sollte. Einen Augenblick dachte Sigismund sogar daran, dem bedrängten Dogen von Genua zu Hilfe zu kommen und dann einen Romzug zur Kaiserkrönung zu unternehmen. Diesen Plan mußte er jedoch aufgrund des Hussitenfeldzuges aufgeben. Bedrohlich wurde die Situation für Sigismund, als Filippo Maria am 22. 2. 1422 ein Verteidigungsbündnis mit Venedig auf zehn Jahre abschloß, wodurch dem König der Weg zur Kaiserkrönung nach Rom versperrt wurde.[2] Sigismund plante nun, die Eidgenossen, Savoyen und Florenz zu einer Liga gegen Venedig und Mailand zusammenzuführen. Solange er die mailändische Herzogswürde nicht ausdrücklich bestätigt hatte, mußte Filippo Maria bei einem Romzug Sigismunds mit einer Erschütterung seiner Macht rechnen. Graf Amadeus VIII. von Savoyen hatte 1416 von Sigismund die Herzogswürde erhalten und zwei Jahre darauf Piemont geerbt. Seine Bevollmächtigten hatten auf dem Nürnberger Reichstag 1422 weitere Privilegien von Sigismund erhalten und boten dem König nun ihre Vermittlerdienste an. Im Oktober 1422 ersuchte Sigismund die Republik Florenz um Vermittlung zwischen ihm und Venedig, das im Frühjahr 1423 antworten ließ, es könne ohne den verbündeten Herzog von Mailand nicht über einen Frieden verhandeln. Dieser knüpfte mittlerweile Kontakte mit Herzog Friedrich IV. an, wobei die Tatsache, daß dessen Mutter Viridis Visconti eine Cousine seines Vaters gewesen war, durchaus eine Rolle gespielt haben könnte. Francesco Bussone, Graf von Carmagnola, ein erfolgreicher Condottiere im Dienste Mailands, eroberte im April 1422 das von Uri und Obwalden von den Freiherren von Sax-Misox erworbene Tessin zurück und besiegte die Eidgenossen kurz darauf in der Schlacht bei Arbedo; dann verlangte er alle Gebiete zurück, die sein Vater Giangaleazzo einst besessen hatte. Offensichtlich rechnete der Herzog nicht damit, daß der von den Hussiten bedrängte König sich in den Konflikt einmischen würde. Dieser mußte zuerst die oberitalienische Allianz sprengen, bevor er in Italien wieder eingreifen konnte. Durch die Eroberung Astis verprellte der Herzog von Mailand auch Savoyen.

Im Juni 1423 schlug Sigismund dann durch seinen Gesandten Filippo del Bene den Florentinern, die durch das Ausgreifen Mailands nach Mittelitalien beunruhigt waren, ein geheimes Kriegsbündnis gegen Mailand vor. Den Zürichern gegenüber sprach er seine Freude darüber aus, daß sie mit Mailand keinen Frieden geschlossen hätten. Er hatte den Eidgenossen bereits das Eschental (Valle Antigoria mit Domdossola) verliehen, um seine Handelspolitik besser durchführen zu können. Nun begünstigte er die Entstehung der antimailändischen Allianz; als Florenz im August 1423 den Eidgenossen einen Angriff für das nächste Jahr vorschlug, wollten diese sich erst mit Sigismund beraten.[3] Kurz vor Weihnachten schickte Sigismund nun den Gmünder Schultheißen Kaspar Torner nach Luzern, um die Eidgenossen für das Bündnis gegen Mailand zu gewinnen. Es waren jedoch lediglich Uri, Obwalden und Luzern mit einem Zug einverstanden; die übrigen Kantone unterstützten die „ennetbirgische" (südliche) Politik ihrer Verbündeten nur teilweise und wollten an dem Zug nur teilnehmen, wenn Sigismund persönlich gegen Mailand ziehe. Torner ließ den Schweizern Zeit zur Beratung und zog weiter nach Savoyen und ins Wallis. Als sich seine Rückkehr verzögerte, schickte Sigismund im Juli 1424 eine zweite Gesandtschaft unter der Leitung von Philipp vom Heimgarten in die Schweiz. Nur die Besiegten von Arbedo wollten jedoch am Krieg gegen Mailand teilnehmen. Dennoch teilte Sigismund im August 1424 den Reichsangehörigen im „lombardischen Gebirge" mit, die Eidgenossen würden sie von der Tyrannei Filippo Marias befreien; sie sollten ihre Truppen freundlich aufnehmen und ihnen im Namen des Reiches Gehorsam erweisen. Wie wichtig dem König die Sache war, zeigt sich auch darin, daß er den Eidgenossen ihre etwaigen Eroberungen als Eigentum versprach, während er ihnen den Aargau 1415 nur im Namen des Reiches gegeben hatte.[4]

Die militärischen Erfolge Mailands trieben Florenz jedoch unterdessen an die Seite Venedigs; im September 1423 lehnte die Republik den Vorschlag Savoyens ab, Sigismund an der Liga teilnehmen zu lassen. Erst eine schwere Niederlage gegen Mailand im Jahr darauf und mehrere ergebnislose Hilfsgesuche an die Republik Venedig, der man drohte, eine „andere" Macht um Hilfe zu ersuchen, führten wieder zu einer Annäherung von Florenz an den König. Im Herbst 1424 reiste der florentinische Gesandte Biagio Guasconi zu König Sigismund nach Ungarn, von wo aus er seiner Heimatstadt meldete, Sigismund plane, im Mai 1425 seinen Italienzug zu unternehmen.[5] Die Florentiner versuchten nun, Sigismund zu veranlassen, Venedig bei einem Romzug nicht anzugreifen, und boten ihre Vermittlung an. Somit schien im Herbst 1424 die Kooperation zwischen Sigismund, den Eidgenossen, Florenz und Savoyen alle Voraussetzungen für einen erfolgreichen Romzug des Königs zu bieten. Die Verwicklungen Sigismunds mit den Türken und Hussiten führten jedoch dazu, daß das Unternehmen zunächst verschoben wurde.

Auf den ersten Blick erscheint es inkonsequent, daß Sigismund in seinem Kampf gegen Venedig auch weiterhin das nun mailändische Genua protegierte. Es erweckt den Anschein, daß Sigismund im Lauf des Jahres 1424 zu der Überzeugung kam, daß die hussitische Frage mit Gewalt nicht zu lösen sei. Trotz aller Kreuzzugspläne verfolgte er auch den Weg der Verhandlungen weiter. Das geplante Konzil sollte eine Lösungsmöglichkeit erarbeiten; in den Verhandlungen mit England und Litauen taucht diese Frage nun immer wieder auf. Ab dem Frühjahr 1425 verfolgte Sigismund eine konsequente Friedenspolitik, die die Voraussetzung für eine Durchführung des Konzils war.

Die politische Entwicklung in Frankreich bot Sigismund ebenfalls Anknüpfungspunkte für seine Pläne. Nach der Ermordung des mit England verbündeten Burgunderherzogs Johann ohne Furcht (1419) mußte König Karl VI. von Frankreich im Jahr darauf im Vertrag von Troyes Heinrich V. von England als Erben anerkennen, der nun seine Tochter Katharina heiratete, Ende 1420 in Paris einzog und dann aber überraschend zwei Jahre später starb und nur seinen nicht einmal einjährigen Sohn Heinrich VI. hinterließ, für den sein Bruder Herzog John von Bedford die Regentschaft übernahm. Als nun auch der geisteskranke Karl VI. von Frankreich starb und ihm sein Sohn Karl VII. nachfolgte, sah die Situation in Frankreich wieder ganz anders aus. Karl VII. bemühte sich um die Gunst Sigismunds, um England den wichtigsten Verbündeten abspenstig zu machen – der seinen Partnern freilich nie effektive Hilfe geleistet hatte!

Nachdem 1423 die Byzantiner und im Jahr darauf König Erich von Dänemark bei seiner Palästinareise für Sigismund mit Venedig verhandelt hatten, schaltete sich nun der französische König Karl VII. ein, der im April 1425 den Abt Artaud von St. Antoine de Viennois über Venedig nach Ungarn sandte. Mittlerweile war es

bereits zu einer starken Abkühlung im Verhältnis von Mailand und Venedig gekommen. Anfang Mai erklärte sich Venedig gegenüber Abt Artaud bereit, mit Sigismund Frieden zu schließen, wenn auch Mailand darin eingeschlossen würde. Im September 1425 traf der Abt in Ofen ein, wo bereits Vertreter der Eidgenossenschaft seit dem Frühjahr mit Sigismund unterhandelt hatten. Von den Eidgenossen waren vor allem Zürich und Bern gegen den Krieg mit Filippo Maria. „In der zwischeneidgenössischen Auseinandersetzung um einen Rückeroberungsfeldzug gegen Mailand spielte König Sigismund ein doppeltes Spiel. Einerseits war er nach wie vor an der eidgenössischen Reichsdienstbereitschaft interessiert, andererseits scheint er diese Reichsdienstbereitschaft in erster Linie als Druckmittel gegen Filippo Maria warm gehalten zu haben, ohne ernsthaft an militärische Aktionen zu denken."[6]
Im Frühjahr 1425 waren der Züricher Gesandte Rudolf Stüssi und dann der Luzerner Ratsherr Ulrich Walker nach Tyrnau gekommen, um dort mit Sigismund zu verhandeln. Vermutlich wollten sie wissen, was der König im „Hornsteiner Vertrag" mit Herzog Friedrich IV. vereinbart hatte. Sigismund hatte die Eidgenossen dann im April 1425 ermächtigt, das Gebiet vom St. Gotthard bis in die lombardische Ebene zu erobern und von der „Tyrannei" Filippo Marias zu befreien; die Originalurkunden hatte er jedoch auf Ersuchen der Florentiner zurückbehalten! Seitdem der Condottiere Carmagnola Ende 1424 von Filippo Maria abgefallen und dann zu den Venezianern übergegangen war, sank der Stern des mailändischen Herzogs, den Sigismund nur demütigen, sich gefügig machen und als Gegengewicht gegen Venedig erhalten wollte.
Ende Juli 1425 signalisierte Filippo Maria dem König seine Bereitschaft zum Frieden, ohne vorerst jedoch das Bündnis mit Venedig aufzugeben. Herzog Amadeo VIII. von Savoyen verhandelte gleichzeitig über eine Allianz gegen und ein Bündnis mit Mailand. Im September 1425 schickte Sigismund den Abt Artaud mit Verhandlungsvorschlägen an Venedig und den Papst zurück nach Italien; sein Vizekanzler Propst Johann von Ofen und der Diplomat Giovanni Milanesi da Prato begleiteten die französische Delegation, die Ende Oktober in Venedig ankam und der Markusrepublik ein Bündnis Sigismunds gegen die Türken anbot und um ein Darlehen von 200.000 Dukaten ersuchte. Die Venezianer sollten Sigismund mit ihrer Flotte beim Krieg gegen die Türken unterstützen und den Weg für den Romzug sichern. Die Venezianer erklärten sich zwar zur Flottenhilfe bereit, wollten dem König aber höchstens 50.000 Dukaten leihen. Dann änderte ihr Eingreifen in den Konflikt zwischen Florenz und ihrem Verbündeten Mailand die politische Lage in Oberitalien.
Als es im Dezember 1425 zu einem Bündnis zwischen Venedig und Florenz kam, war Mailand isoliert und umso mehr auf die Unterstützung Sigismunds angewiesen, der ein zu starkes Anwachsen der Macht Venedigs nicht hinnehmen wollte. Im November war sein Gesandter Bartolomeo Mosca nach Mailand gekommen, um den Frieden zu vermitteln. Noch Ende Januar 1426 dachte Sigismund daran, mit Venedig Frieden zu schließen; bereits im Februar berief er seine Gesandten aus Venedig zurück, und im April bot er dem Herzog von Mailand an, im Juli mit

Truppen in Friaul einzumarschieren. Die Florentiner versuchten nun, Sigismund von einem Eingreifen gegen Venedig abzuhalten; im März 1426 verhandelte ihr Gesandter Rinaldo degli Albizzi in Wien mit dem König über einen Frieden zwischen ihm und Venedig. Sigismund ging jedoch nicht auf das Ersuchen ein, seine Verhandlungsdelegation aus Mailand abzuberufen. Ihm ging es darum, den Frieden mit Florenz zu erhalten und die Republik auf seine Seite zu ziehen. Im Mai 1426 legte er den Florentinern seine Bedingungen für einen Waffenstillstand mit Venedig vor. Er wollte Hilfe gegen die Osmanen und die Einbeziehung Mailands und drohte sogar für den Fall des Scheiterns der Verhandlungen einen Sonderfrieden mit Mailand zu schließen. Im Lauf des Frühjahrs 1426 kamen die Verhandlungen zwischen Sigismund und Mailand zu einem Abschluß[7]; durch die Annäherung Sigismunds an Mailand gelang es ihm, die Liga zwischen seinem Erzfeind Venedig und Mailand zu sprengen. Auf dem Feld der Diplomatie sollte sich Sigismund wiederum als höchst erfolgreich erweisen.

Zur gleichen Zeit gelang es dem König auch, den „Binger Kurverein" endgültig zu sprengen. An dem für den Februar 1426 geplanten Reichstag in Wien nahmen von den Kurfürsten nur Friedrich von Brandenburg und Friedrich von Sachsen teil, die sich in ihrer Politik von den vier rheinischen Kurfürsten distanzierten. Mitte März wurde die „Versöhnung" des Brandenburgers, dessen „große Politik" durch die Geburt des polnischen Thronfolgers zunichte gemacht worden war, mit dem König besiegelt. Es besteht kein Zweifel daran, „daß der Wiener Vertrag einen Sieg des Königs, eine Niederlage Friedrichs bedeutete. Der klägliche Ausgang des Kampfes hatte dem letzteren die Unhaltbarkeit seiner Bestrebungen klar gemacht."[8] Die Verhandlungen über einen Feldzug gegen die Hussiten wurden aufgrund des schwachen Besuchs im März 1426 auf einen neuen Reichstag vertagt, den Sigismund für Anfang Mai 1426 in Nürnberg einberief.

Für den Nürnberger Reichstag stellte Sigismund sein Kommen in Aussicht; nach einer Wallfahrt zum Grab des heiligen Ladislaus in Großwardein sagte er seine Teilnahme jedoch Mitte Mai aus Krankheitsgründen ab, so daß der Reichstag Mitte Mai von Kardinal Orsini, dem päpstlichen Legaten, eröffnet wurde. Anfang Mai traf Bischof Johann von Zagreb, der Kanzler des Königs, als dessen Vertreter ein; die Kurfürsten von Sachsen, Trier und Mainz nahmen am Reichstag teil, außerdem die Herzöge Ernst und Wilhelm von Bayern, Erich von Lauenburg, der Erzbischof von Magdeburg und der Bischof von Passau sowie die Vertreter der Städte Augsburg, Ulm, Esslingen, Konstanz und Freiburg. Die Fürsten verhandelten nun mit den Vertretern der Städte über den Hussitenfeldzug. Um nicht den Anschein zu erwecken, als ob sie eine eigenständige Politik betrieben, bestellten sie Sigismunds Vertreter Graf Ludwig von Öttingen zum Vorsitzenden der Verhandlungskommission mit den Städten. Auf die Nachricht von neuen hussitischen Einfällen hin kam es dann im Juni zur Verabschiedung eines Kontingentgesetzes; die 6000 Gleven (etwa 25.000–30.000 Mann) sollten sich in Cham und Freiberg in Sachsen versammeln. Da König Erich von Dänemark Hilfe versprochen hatte, reiste Konrad von Weinsberg nach dem Reichstag zu ihm, um sie einzufordern. Diese Mission scheiterte jedoch, da die Grafen von Holstein mit Unterstützung

der Hanse den Kampf gegen Erich fortsetzten und dieser andere Sorgen hatte, als seinen Vetter gegen die Hussiten zu unterstützen.
Gegen Ende des Reichstages unternahmen die Taboriten im Juni 1426 einen Vorstoß gegen die sächsischen Truppen, die etliche Städte in Nordböhmen wie Teplitz und Aussig besetzt hielten. Gemeinsam mit den Pragern, den „Waisen" unter dem Befehl Prokops des Großen und dem Prinzen Korybut begannen sie die Belagerung von Aussig, während auf dem Reichstag über die Größe der Kontingente verhandelt wurde. Die sächsische Kurfürstin geleitete das deutsche Heer gegen die Hussiten, die sich mit etwa 25.000 Mann in einer Wagenburg verschanzt hatten und mit Haubitzen das Feuer auf die zahlenmäßig überlegenen Deutschen eröffneten. Die Schlacht bei Aussig am 16. 6. 1426 wurde zu einer schweren Niederlage für die Reichstruppen, die 3000–4000 Mann und etwa 4000 beladene Wagen verloren.[9] Karl Marx bemerkte später zu dieser Schlacht, die tschechischen Taboriten hätten der „deutschen Bagage" eine „schreckliche Niederlage" bereitet.[10]
Trotz der Niederlage und der Flucht des Reichsheeres gelang es dem Kardinallegaten und dem Kurfürsten in Sachsen bereits Anfang Juli, ein neues Heer auf den Kriegsschauplatz zu führen. Anfang August warf das sächsische Heer eine Abteilung der Stadt Prag bei Brüx zurück, und im September gelang es dem Pfalzgrafen Johann von Neumarkt erstmals, eine hussitische Wagenburg einzunehmen. Dennoch erzielten die Reichstruppen keinen entscheidenden Erfolg gegen die Hussiten, die im Herbst 1426 in Schlesien und gegen Jahresende in die Oberpfalz und in Österreich eindringen sollten. Wieder einmal zeigte sich, daß den radikalen Taboriten auf die herkömmliche Art militärisch nicht beizukommen war. Wie wenig Hoffnung die päpstliche Kurie auf das Reich setzte, zeigt sich darin, daß der Papst auf das Verhandlungsangebot des Prinzen Korybut einging und sich bereit erklärte, den Hussiten „Gehör" zu schenken, worunter er freilich nur eine bedingungslose Unterwerfung verstand. Dadurch zog sich der Prinz den Unwillen der Prager Utraquisten zu; auf Betreiben des Kanzelredners Jan von Rokyczana wurde er im April 1427 verhaftet; nach seiner Befreiung hielt er sich noch 1428 in Olmütz auf und kehrte dann nach Polen zurück.
Inzwischen hatte im Frühjahr 1426 in der Lombardei der Krieg zwischen Mailand auf der einen und Venedig, Florenz und dann auch Mantua, Savoyen und Montferrat auf der anderen Seite begonnen. Der Condottiere Carmagnola marschierte nun im Sold Venedigs gegen Brescia; zunächst nahm er die Stadt und schließlich am 20. 11. auch die Festung ein. In diesem „ersten mailändischen Krieg", der bis zum Jahresende dauerte, schickte Filippo Maria, der sich nun von einer großen Koalition umklammert sah, eine Reihe von Gesandten zu Sigismund, um ihn zu einem Bündnis zu drängen. Am 21. 1. 1426 bevollmächtigte er Corrado del Carretto, den Markgrafen von Savona, mit den Verhandlungen. Dieser sollte erklären, der Herzog sei bereit, mit Venedig zu brechen, „um sich als treuer Diener des Königs zu erweisen".[11] Die Verhandlungen sollten bis zum Eintreffen Sigismunds in Italien geheim geführt werden. Der Herzog verlangte zunächst die Bestätigung aller von König Wenzel an seinen Vater verliehenen Privilegien vom

König und den Kurfürsten in einer Form, die auch für alle zukünftigen Könige gültig sein sollte. Dann verlangte der mißtrauische Herzog auch die absolute Straflosigkeit für alle etwa begangenen Majestätsbeleidigungen. Im Auftrag des Königs kam unterdessen Brunoro della Scala nach Mailand. Filippo Maria ersuchte ihn, dafür Sorge zu tragen, daß der zu Jahresbeginn mit den Eidgenossen geschlossene Friede ratifiziert würde, damit sich diese nicht in den Konflikt einschalten könnten. Der Gesandte des Königs sagte seine Vermittlung in dieser Frage zu.

König Sigismund war mittlerweile in der glücklichen Lage, auch von Florenz umworben zu werden. Mitte März beobachtete der florentinische Gesandte Rinaldo degli Albizzi in Wien, wie abfällig Sigismund von Filippo Maria sprach, den er nicht einmal als „Herzog" bezeichnete. Der König wollte die Florentiner über seine Absichten im unklaren lassen. Da der Herzog Anfang April noch nichts von Carretto gehört hatte, bevollmächtigte er nun Novello de Caimi, den König um seinen Einmarsch in Italien zu ersuchen, da seine Reserven in zwei Monaten erschöpft wären. Auch ersuchte er Ludwig von Teck, den von Venedig vertriebenen Patriarchen von Aquileia, um seine Vermittlung, die dieser gerne zusagte. Ludwig versprach auch, dafür zu sorgen, daß Sigismund in Dalmatien einrücken würde, und wollte selbst mit Truppen in Friaul und Istrien einfallen. Während des Wiener Reichstages empfing Sigismund auch eine zweite florentinische Verhandlungsdelegation, die auf einen Abschluß der Gespräche drängen sollte. Der Genuese Bartolomeo Mosca, der im Auftrag Sigismunds mit Filippo Maria verhandelte, erklärte diesem, eine Zustimmung der Kurfürsten zu den Privilegienbestätigungen sei nicht notwendig, worauf der mißtrauische Herzog eine Zustimmung der ungarischen Barone verlangte. Als der zweite Gesandte des Herzogs im April in Wien eintraf, war Carretto jedoch bereits abgereist; im April kehrte er nach Mailand zurück. Da der Vormarsch der Türken in die Walachei für Ungarn immer bedrohlicher wurde, war Sigismund nun zu größeren Konzessionen bereit. Aus der Instruktion, die Filippo Maria im April Corrado Carretto für seine zweite Mission erteilte, lassen sich Sigismunds Vorstellungen rekonstruieren. Er war bereit, ihm das erbliche Herzogtum und den Besitz aller lombardischen Gebiete außer Verona, Vicenza, Padua, Cividale, Feltre und Seravalle zu bestätigen und ihn von den Strafen für Majestätsverbrechen („Crimen laesae maiestatis") zu dispensieren. Sigismund garantierte ihm auch persönliche Sicherheit, besonders auch für die Zeit seines Romzugs. Die Verhandlungen sollten geheim bleiben, bis der König mit 8000 Mann in Italien einmarschieren würde. Sigismund verlangte auch die Befugnis, für Mailand mit Florenz Frieden schließen zu können; ein Separatfrieden mit Venedig sollte ausgeschlossen sein. Filippo Maria gelobte dem König Treue und Unterstützung bei den Bemühungen, die Kaiserkrone und die Krone der Lombardei zu erwerben. Sigismund erklärte sich auch bereit, den Herzog für die Gebiete, die er außerhalb des Herzogtums Mailand in der Lombardei besaß, zum Reichsvikar zu ernennen. Mit diesem Beamtentitel war der eitle Visconti freilich ebensowenig einverstanden wie mit der Weigerung Sigismunds, ihn mit irgendwelchen Gebieten außerhalb der Lombardei – z. B. Genua!

– zu belehnen. Die Zusage des Schutzes für den Herzog knüpfte Sigismund freilich an die Bedingung, dies gelte nur so lange der Herzog sich ihm treu erweise – womit dieser ebenfalls nicht einverstanden war. Das Mißtrauen zwischen beiden war überaus groß; der Herzog wollte auch wissen, wie lange sich der König mit wieviel Soldaten beim Romzug in seinem Gebiet aufzuhalten gedenke usw. Von der Verpflichtung der Waffenhilfe gegen Florenz wollte Filippo Maria den König entbinden, solange dieser Venedig nicht unterstützen würde. Angesichts der Bestechlichkeit in Sigismunds Umgebung sollten die Gesandten sich dieser und ihren Praktiken gegenüber großzügig erweisen; so kam Kaspar Schlick zu einer mailändischen Pension!

Mittlerweile nützte Sigismund dem Herzog von Mailand jedoch bereits durch seinen Schwenk gegenüber den Eidgenossen. Nachdem er mit Schultheiß Heinrich von Moos, dem Luzerner Feldhauptmann beim Zug nach Bellinzona, persönlich die Situation besprochen hatte, befahl er im Juni 1426 den Eidgenossen einen radikalen Kurswechsel; sie sollten nichts mehr gegen den Visconti unternehmen, auch teilte er ihnen seine Bündnisverhandlungen mit Filippo Maria mit. Im Monat darauf kam es auf diese Weise mit dem „ersten Mailänder Kapitulat" zu einem Friedensschluß zwischen ihnen und Mailand, das gegen eine Geldentschädigung alle „ennetbirgischen" Gebiete bis zum St. Gotthard zurückerhielt. Bei den Verhandlungen hatte der Administrator des Bischofs von Sitten, der ungarische Erzbischof Andreas von Kalocsa, Sigismund durch die Aussöhnung der Eidgenossen mit Mailand wertvolle Hilfe geleistet und einen großen politischen Erfolg errungen. „Vergleichen wir die Haltung der Eidgenossen mit derjenigen der deutschen Reichsstädte und Fürsten, so zeigt sich, daß die Leistungen der Eidgenossen für den König und seine Politik – denn als solche muß die ennetbirgische Politik trotz den speziellen Interessen der inneren Orte aufgefaßt werden – den Leistungen jeder anderen Stadt und jedes Fürsten nicht nur gleichkamen, sondern diese wesentlich übertrafen. Allein Herzog Albrecht von Österreich, der Sigismund viel zu verdanken hatte, setzte sich in ähnlicher Weise für den König ein."[12]

Die Verhandlungen Sigismunds mit der Gesandtschaft von Florenz kamen im Mai 1426 zum Abschluß. Sigismund verlangte von Venedig, daß es seine Flotte in jedem Jahr, in dem er mit den Türken kämpfte, zur Unterstützung schicken sollte. Die Venezianer signalisierten im Juni Interesse an einem Abschluß eines Waffenstillstandes. Sigismund informierte Filippo Maria über diese Verhandlungen und kündigte ihm an, noch im Juli werde ein ungarisches Heer in Friaul einrücken. Auch Savoyen bemühte sich, zwischen Sigismund und Venedig zu vermitteln; im Juli trat nach dem Herzog von Montferrat auch Herzog Amadeo VIII. der Koalition gegen Mailand bei.

Als sich die Situation Mailands zunehmend verschlechterte, wies Filippo Maria Anfang Juni seine in Ungarn weilende Delegation an, unter jeder Bedingung mit Sigismund einen Vertrag abzuschließen, und bot sogar die Räumung Genuas an, das eine wichtige Rolle in den Planspielen des Königs einnahm. Nun kam es am 6. 7. 1426 in Visegrád endlich zum Abschluß des Bündnisses. Sigismund verpflichtete sich, noch im Juli eine Armee nach Friaul zu schicken und dann im

Herbst selbst nachzukommen. Der Herzog sollte zwischen dem König und dem Sultan vermitteln und der Krieg in erster Linie gegen die Venezianer geführt werden, die wohl noch schlechter seien als die Türken. Ab Anfang Februar 1427 sollte aller Verkehr mit Venedig eingestellt und über Mailand nach Genua umgeleitet werden.[13] Anfang Juli 1426 bestätigte Sigismund endlich die vier Privilegien seines Bruders Wenzel für Giangaleazzo von Mailand mit dem Vorbehalt einer Zustimmung der Kurfürsten; allerdings behielt er die Urkunden bis Mai 1427 zurück. Eine Bestätigung des Besitzes Genuas gab Sigismund dem Herzog jedoch nicht.

Bereits Anfang Juni 1426 hatte Filippo Maria mit Venedig einen vor Sigismund geheimgehaltenen Waffenstillstand geschlossen; er ersuchte nun auch Herzog Friedrich IV. von Österreich und die Bischöfe von Trient und Mantua um Unterstützung. Im Juli schlug er Sigismund vor, Brunoro della Scala solle mit Unterstützung der österreichischen Herzöge und Trients das Erbe seiner Väter zurückerobern. In mehreren Briefen drängte er den König, in dem er seine letzte Rettung sah, Truppen nach Italien zu schicken. Auch erklärte er sich zur Abtretung Genuas bereit, wenn Sigismund einen Italiener als Vikar in der Stadt einsetzen würde. Die Niederlage der sächsischen Truppen bei Aussig und der Vormarsch der Türken in der Walachei nötigten den König jedoch, sich auch diesen Fragen zuzuwenden. Filippo Maria riet ihm, mit den Hussiten und Türken Frieden zu schließen, um sich ganz auf die Situation in Italien konzentrieren zu können. Als im September auch Herzog Amadeus von Savoyen gegen Mailand marschierte, schickte Sigismund Brunoro della Scala und Bischof Johann von Veszprém zu ihm, um ihn von diesem Schritt abzuhalten. Unterdessen verhandelte der Herzog mit den Venezianern über einen Frieden. Der neue Doge Francesco Foscari verlangte von Mailand die Abtretung von Brescia und die Freigabe von Genua. Filippo aber wollte keinen so hohen Preis zahlen. Im September kamen die ersten Truppen, etwa 3000 Ungarn unter dem Befehl des Patriarchen von Aquileia und des Grafen Friedrich von Cilli, nach Friaul, wo sie jedoch von den Venezianern zurückgeschlagen wurden. Vergeblich hoffte der Herzog auf Hilfe von seiten des Papstes, der auf Sigismund nicht gut zu sprechen war, weil er die Konzilspläne unterstützte und daher auch mit dem Prinzen Korybut verhandelte. Filippo Maria ersuchte Sigismund, der ihn Anfang September zum königlichen Generalkapitän in Italien ernannt hatte, ihm zuliebe auf das Konzil zu verzichten; dann würde der Papst auch auf seine Wünsche eingehen, wenn er nach Italien käme. Sigismund aber verschob seine Abreise nach Italien mehrfach, so daß der Herzog seine Friedensverhandlungen mit Venedig wieder aufnahm.

Nach dem Fall von Brescia und der Zurückschlagung der ungarischen Truppen in Friaul schlossen die Venezianer am 30. 10. 1426 durch die Vermittlung des Kardinals Nicolò Albergati Frieden mit Mailand. Der Papst wollte das Gegengewicht, das Mailand zu seinen Gunsten gegen Florenz bildete, aufrechterhalten. Venedig erhielt Brescia, und an Florenz mußte Filippo Maria all seine Eroberungen wieder herausgeben. Da Filippo Maria Sigismund bereits mitgeteilt hatte, er werde beim Ausbleiben der königlichen Armee eventuell einen Sonderfrieden bis zu deren Eintreffen schließen, läßt sich erkennen, daß es der Herzog mit dem Frieden nicht ganz aufrichtig meinte.[14] Brunoro della Scala und Bischof Johann von Veszprém berieten ihn; auf seinen Wunsch verbot der Bischof ihm die vertraglich festgelegte Übergabe der Festungen an Venedig. Als der Herzog an die Ratifikation des Friedens Bedingungen knüpfte, brach der Krieg schließlich im April 1427 von neuem aus.

Während des ersten mailändischen Krieges hatte Sigismund auch mit den spanischen Königen Verhandlungen aufgenommen. Der katalanische König Alfons V. von Aragon und Sizilien († 1458), der Sohn Ferdinands I., war 1420 von Königin Johanna II. von Neapel adoptiert worden und 1421 in Neapel eingezogen, zwei Jahre später wurde er wieder von der Königin verstoßen. Sein neapolitanisches Abenteuer scheiterte zunächst hauptsächlich am Widerstand von Papst Martin V., dem es nach seiner Rückkehr nach Rom (1420) gelungen war, den Kirchenstaat wiederherzustellen. Es sollte noch 20 Jahre dauern, bis Alfons sich endgültig in Neapel durchsetzen konnte. Bereits 1425 hatte sich Alfons von Saragossa aus bei Sigismund für die Übersendung einer Denkschrift bedankt, in der der König energisch die Einberufung eines Generalkonzils gefordert hatte.[15] Wenn Sigismund die starke katalanische Flotte in den Kampf gegen Venedig einbeziehen wollte, mußte er zunächst im Frühjahr 1426 die Spannungen zwischen Aragon und Mailand aus dem Weg räumen. Aragon brauchte bei seinen Plänen in Richtung Neapel einen Verbündeten, mit dem es den Papst in Schach halten konnte. Am 21. 8. 1426 bevollmächtigte Sigismund in Ofen den Ritter Michael von Jakch, mit König Alfons ein Bündnis gegen Venedig abzuschließen.[16] Dieser hingegen schickte Barnard de Corbaria, den Gouverneur von Katalonien, nach Ungarn. In die Verhandlungen, die dann vom Bischof von Veszprém fortgeführt wurden, schaltete sich auch Filippo Maria ein. König Alfons ging es um die Unterstützung Sigismunds bei der geplanten Erwerbung des Königreichs Neapel, die der Papst zu verhindern suchte. Sigismund hingegen erwartete sich neben der Unterstützung gegen Venedig auch Hilfe bei dem für das Jahr 1427 geplanten Romzug. Bezüglich der Aufteilung der Beute verlangte Sigismund die Rückerstattung von Dalmatien. Deutschland und Aragon sollten den Papst dazu zwingen, persönlich auf dem Basler Konzil zu erscheinen.

Im Herbst 1426 wurde Sigismund auch mit der Türkenfrage von neuem konfrontiert. Im September besuchte der greise serbische Despot Stephan Lazarewitsch in Begleitung seines Neffen Georg Brankowitsch König Sigismund in Tata. Bisher hatte er eher mit den Türken sympathisiert, aber mittlerweile durch vielfache Gelegenheit gelernt, daß von ihnen auf die Dauer nichts Gutes zu erwarten sei. Der Despot von „Rascien" (Serbien) leistete Sigismund nun die Huldigung für sich und seinen Neffen und Thronfolger Georg; in dem Vertrag wurde auch vereinbart, daß eine Reihe von serbischen Festungen wie Belgrad und Golubac (Galambóc = „Taubenstein"), die zu Zeiten König Ludwigs zu Ungarn gehört hatten, bei seinem Tod und ganz Serbien beim Erlöschen des Mannesstammes der Familie seines Neffen an Ungarn fallen sollten. Mittlerweile war auch der walachische Woiwode Daniel, der Ende Mai von den Türken besiegt worden war, aus seinem

Land vertrieben worden. Kurz nach Ablauf des zweijährigen Waffenstillstandes mit den Türken begann Sigismund im Herbst 1426 mit der Fortführung des Krieges in Siebenbürgen. Den Feldherrn Johann Maroth, der im September in Friaul einmarschieren sollte, schickte er in die Walachei, wo die Ungarn den mit Hilfe der Türken von seinem Bruder Radul vertriebenen Woiwoden Daniel wieder in sein Amt einsetzten.

Sigismund wurde nun also gezwungen, seine ganze Kraft dem Türkenkrieg zu widmen. Im Dezember 1426 kam er nach Kronstadt in Siebenbürgen, um von dort aus die Operationen zu leiten. Dabei entwarf er das älteste bekannte Militärreglement der Ungarn, das dem deutschen aus den Hussitenkriegen nachgebildet worden war. Die Anführer der Banderien, die in Siebenbürgen wie im Feindesland hausten, sollten in Zukunft für alle Vergehen der Truppen verantwortlich sein.[17] Bei einer Schlacht in der Nähe von Golubac an der rechten Seite der Donau rund 60 Kilometer östlich von Passarowitz bei Orschowa schlug Sigismunds Feldherr Pippo Spano seine letzte Schlacht, in der der portugiesische Prinz Pedro fast seine gesamte Streitmacht von 800 Rittern verlor. Erschöpft von der Schlacht wurde Pippo Spano nach Ungarn gebracht, wo er am 27. 12. 1426 starb.[18] In der Krönungskirche von Stuhlweißenburg hatte der Florentiner sich von Manetto Ammannatini, einem Schüler Brunellescos, eine Grabkapelle erbauen lassen. Den Winter von 1426 auf 1427 verbrachte Sigismund im Feldlager in Siebenbürgen, ohne daß es zu einer Entscheidungsschlacht mit den Türken gekommen wäre.

Im Frühjahr 1427 eröffnete Sigismund den Feldzug in die Walachei, wo er festen Fuß zu fassen versuchte. Nach dem Tod des Fürsten Stephan Lazarewitsch eilte er im Juli nach Serbien, um die 17 festen Plätze zu besetzen, die der Despot ihm überschrieben hatte. Dadurch wurde Serbien praktisch zu einem Bestandteil des ungarischen Reiches. Die 1391 von den Türken eroberte, dann aber an Stephan Lazarewitsch zurückgegebene Festung Golubac hatten Verräter jedoch um 12.000 Dukaten den Türken übergeben. Auf der gegenüberliegenden Seite der Donau ließ Sigismund daher die Festung Lászlóvár (Ladislausburg) anlegen und mit Geschützen und italienischen Feuerwerkern versehen. Nach der Vertreibung Raduls und der Wiedereinsetzung des Woiwoden Daniel in der Walachei plante Sigismund, das ungarische Gebiet bis an die Mündung der Donau auszuweiten.[19] Da Südbosnien mittlerweile bereits von den Türken besetzt und auch Nordbosnien bedroht war, setzte König Twartko II. seinen Neffen Friedrich von Cilli, den Schwager Sigismunds und Enkel Twartkos I., zu seinem Nachfolger ein.[20] Sigismund ließ nun die Befestigung von Belgrad neu verstärken und ausbauen. Dann versuchte er seinen Plan zu verwirklichen, den Deutschen Orden an der türkischen Grenze anzusiedeln.

Mit seinem Vorhaben, den Deutschen Orden an die türkische Grenze zu transferieren, griff Sigismund auf das Vorbild des ungarischen Königs Andreas zurück, der den Orden 1211 im „Burzenland" in Siebenbürgen angesiedelt hatte. Durch die Arbeit deutscher Kolonisten wurde das Gebiet innerhalb eines Jahrzehnts zu einem blühenden Land, bis der Orden 1225 aufgrund der Intrigen des lokalen Adels wieder vertrieben wurde. Bereits ein Jahr nach der Schlacht bei Nikopolis hatte

Sigismund 1397 dem Hochmeister vorgeschlagen, den Orden nach Ungarn zu versetzen und zum Kampf gegen die Osmanen zu verwenden.[21] Nach 1418 tauchte dann das Projekt auf, eine Heerstraße von Kilia an der Donaumündung bis nach Deutschland zu bauen, um den Handel von Venedig abzuleiten. Im Juli 1426 wandte Sigismund sich nun an den Vizewoiwoden von Siebenbürgen und schlug ihm vor, dem Orden das Gebiet vom Eisernen Tor bis Siebenbürgen zu verleihen. Man wollte jedoch aus den Fehlern des 13. Jahrhunderts lernen und zunächst den Adel und die Bevölkerung des Landes befragen. Im Mai 1427 erschien dann Sigismunds Sekretär Kaspar Schlick beim Hochmeister Paul von Rußdorf, um ihn zu ersuchen, Bollwerksmeister, Schiffsbauer, etwa 1000 Matrosen und zunächst zwei Ordensritter zu schicken, um die Länder an der unteren Donau in Besitz nehmen zu können. Der Ordensherr Nikolaus von Redwitz sollte als sein Rat immer in seiner Nähe bleiben. Das Geld für die Ausstattung der Expedition sollte auf die Pfandsumme der Neumark geschlagen werden.

Da der Hochmeister zögerte und nur einige Leute entbehren konnte, ermahnte Sigismund ihn Anfang Juli, ihm rasch Verstärkung zu schicken, da ein erneuter Ausbruch des Krieges mit den Türken bevorstehe. Aufgrund der Erneuerung des Türkenfeldzuges kam die Sache dann ins Stocken; erst nach der Niederlage Sigismunds gegen die Türken bei Golubac im Mai 1428 kam dieser wieder auf die Sache zurück und erinnerte den Hochmeister an das Projekt; Belgrad sei jetzt in seiner Hand; er habe nun genug Schlösser, die er dem Orden anbieten könne; Redwitz werde bald nach Preußen kommen, um Ritter und gute Verwaltungsbeamte zu holen. Nun konnte der Hochmeister sich den Werbungen Sigismunds nicht mehr entziehen.

Mittlerweile war im April 1427 der Krieg zwischen Herzog Filippo Maria und Venedig von neuem ausgebrochen. Obwohl Sigismund selbst gegen die Türken zu kämpfen hatte, ermunterte er Filippo Maria, den Krieg gegen Venedig fortzuführen. Der Herzog von Savoyen bemühte sich, Sigismund mit der Markusrepublik zu versöhnen; er unterbreitete den beiden Parteien Ende Januar 1427 einen Friedensvorschlag, nach dem Venedig sich verpflichten sollte, Sigismund seine Flotte für den Türkenkrieg zur Verfügung zu stellen, ihm den Durchzug nach Rom zu gestatten und ihn auf sein Verlangen nach der Kaiserkrönung mit der Flotte zum Kriegsschauplatz zurückzubringen. Wäre die Bekämpfung der Türken das Kardinalziel der Politik Sigismunds gewesen, so hätte Sigismund jetzt wohl das Angebot angenommen, denn die von Venedig zugesagte Sperre der Dardanellen hätte den Nachschub der Türken aus Asien unterbunden. Die Verhandlungen scheiterten in dieser historischen Stunde jedoch daran, daß Sigismund auf der Rückgabe Dalmatiens an Ungarn bestand![22] Von daher ergibt sich auch, daß es falsch wäre, zu behaupten, daß Sigismund die Kräfte Ungarns für die Reichspolitik ausgebeutet habe – wie ungarische Historiker bisweilen behaupteten. Sigismund opferte die große Perspektive der Bekämpfung der Türken in erster Linie den Interessen seines Königreichs Ungarn. Er wollte Mailand nun so lange in Waffen erhalten, wie er selbst durch den Türkenkrieg an der unteren Donau gebunden war.

Das ganze Frühjahr 1427 über vertröstete Sigismund den Herzog von Mailand mit dem baldigen Erscheinen seiner Truppen in Friaul. Als sich dies immer länger hinzog, übermittelte er Filippo Maria dann im Juni die Bestätigungsurkunden seiner Besitztümer vom Juli des Vorjahres, die er bisher zurückgehalten hatte. Damit wurde der Visconti vorerst abgespeist, der freilich dem König versprechen mußte, die Privilegienbestätigung bis zu Sigismunds Tod geheimzuhalten. Bereits im März hatte ein mailändischer Gesandter dem Herzog aus Siebenbürgen berichtet, daß Sigismund durch den Türkenfeldzug gebunden sei und nicht nach Italien kommen könne. Trotzdem hielt der König an seinen Romplänen fest. Savoyen fiel nun eine Schlüsselrolle im Krieg zu; die Liga drängte den Herzog, endlich gegen Mailand loszuschlagen, während Bischof Johann von Veszprém ihn im Auftrag Sigismunds davon abbringen sollte. Der gewiegte Taktiker Amadeus hielt nun beide Seiten über Monate hindurch hin und schickte seinen Gesandten Henri de Colombier zu Friedensvermittlungen. Dessen Tätigkeit wurde jedoch durch Brunoro della Scala behindert, der versprach, Sigismund werde schon bald mit Truppen in Italien einrücken.

Ende Juli schlossen Brunoro und der Bischof von Veszprém im Namen Sigismunds einige Verträge mit dem Herzog von Mailand, der sich verpflichtete, Sigismund für die Dauer seines Aufenthaltes in Italien Asti als Residenz einzuräumen, in Genua oder Savona Schiffe für die Überfahrt nach Rom bereitzustellen und ohne Erlaubnis des Königs keinen Frieden mit Venedig zu schließen. Alle drei Versprechungen waren jedoch zeitlich limitiert, das dritte sogar nur bis September 1427; wenn bis dahin die königlichen Truppen nicht in Zagreb stünden, sollte das Abkommen ungültig werden! Sigismund versprach, spätestens im Frühjahr 1428 den Truppen nach Italien zu folgen. Er war also willens, in wenigen Wochen ein Reiterheer von mindestens 8000 Mann nach Italien zu schicken und in einigen Monaten darauf selbst nach Italien zu kommen. Daß Brunoro della Scala die Termine gegenüber dem schon fast pathologisch mißtrauischen Herzog hinauszuzögern versuchte, läßt darauf schließen, daß er selbst nicht daran glaubte, daß all dies in einigen Wochen möglich sein werde, zumal sich die Situation in Ungarn zuspitzte und auch die Hussiten neue Erfolge erzielten.[23]

Von Monat zu Monat wiederholte sich das gleiche Spiel: Sigismund vertröstete den Herzog von Mailand, daß der Abmarsch seiner Truppen unmittelbar bevorstehe. Doch Filippo Maria erfuhr von Lodovico de Sabini, seinem Gesandten beim König, durch geheime Berichte, daß dieser aufgrund der türkischen Rüstungen gar nicht in der Lage sei, Truppen in der vereinbarten Stärke abzuschicken. Im August 1427 schloß sich Herzog Amadeus von Savoyen dann trotz aller anderslautenden Befehle Sigismunds der Liga gegen Mailand an. Als der September 1427 verging, ohne daß ein Soldat nach Zagreb kam, beorderte der Herzog seinen Diplomaten Jacopo da Lonate nach Belgrad zu Sigismund, um ihn aufzufordern, endlich die Truppen zu schicken und Venedig offen den Krieg zu erklären.

Kurz darauf aber wurde Mailand in der Schlacht bei Maclodio von der Liga geschlagen. Anfang Dezember schloß Herzog Filippo Maria mit Savoyen Frieden; dabei brach er den Vertrag mit Sigismund, indem er Asti, das er zuvor dem König

Umritt König Sigismunds mit der goldenen Rose

(Österreichische Nationalbibliothek, Bildarchiv, Wien)

Oben: Die Gefangennahme des Jan Hus in Konstanz.
Unten: Die Verbrennung des Jan Hus am 6. 7. 1415 in Konstanz

(Österreichische Nationalbibliothek, Bildarchiv, Wien)

*König Sigismund
empfängt den oströmischen Kaiser Johannes VIII. in Ofen im Juni 1424*
(Österreichische Nationalbibliothek, Bildarchiv, Wien)

*Sigismund
als Personifizierung des Planeten Sonne*
(Österreichische Nationalbibliothek, Bildarchiv, Wien)

*Herzog Friedrich IV. von Österreich
unterwirft sich König Sigismund am 5. 5. 1415*
(Österreichische Nationalbibliothek, Bildarchiv, Wien)

der werlt   Blat CCXXXIX

Linea der kaiser Sigmund

Sigmund des römischē kaiser Karls des vierdē sun ein Beheim. vonn vrspruͤg ein teütscher zu hungern vnd zu Behē künig wardt nach absterbē Ruprechts des römischen königs nach der gepurt cristi. M. cccc. x. iar zu Franckfurt vō dē churfürsten zu römischem künig erwelet. ein gestreng man vnd zu volbringūg aller ding berayt.sunderlicher fürtrechtigkeit.kunmuetig.gabreich.woltetig vnd milt.an herrlichkeit vnd zierlichkeit des leibs scheinper.schöns lawters antlitz.wolgestalts vñ starckes leibs.in frid vnnd krieg fürtreffenlicher großmuetigkeit.vnnd in außgeben vberschwencklich. Alßpald er das Römisch königreich anname do zohe er mit eim großen zeüg schier durch alles galliam ihenßhalb des lampartischē gepirgs gelegen von richtung wegen der krieg daselbst. vnd wiewol er als der allercristelichst fürst vil treffenlicher ruͤmwirdiger gethaten begangē hat so ist doch das die durch leuchtigst allerberuͤmbst vnd gedechtnußwirdigst das er vnuerspart aller muͤe vñ kost Welsche Gallische hispanische vnnd Englische lannd durchschwayffende alle nation in ein concili gein Costnitz zusamme gebracht vnd den gemaynen cristenlichen stand (der dañ von der scisma vnd zwayung wegen in schweren abfal kome was) nach hinlegung derselben zwayung vnnd nach entsetzung der 3 wilewftigen bebst. vnd nach erkiesung babsts Martini des fünften zu ainigkeit zebringen allen müglichen fleiß angekert. vñ die sytten der werltlichen vnnd gaistlichen mit seiner vermanung vnd tugent zu bessern stannd gefüret hat. Er hat Vitoldum den hertzogen zu Littaw zu eim könig gemacht. Vnd Preussen land das der künig zu Poln den Teütschen bruͤdern mit kriegßgewalt abgedrungen het inen widerzegebē geschaffet. vñ könig Wentzelawen seinen bruder als dem römischen reich ein vnnütz man in sangknus genomen. wiewol er. als versewmlich bewaret dem gemaynen nutz zu grosser beschwerde vō dē Behmē darauß wider erledigt ward. Aber er was nit fast glückfellig in kriegen weder gein den Türcken noch gein den Behmen. König Ludwigs tochter was sein erste gemahel. die wardt mit ime gekrönet. Er wardt vō straff wegen gegen.xxxij. widerspennigen hungrischen herrn fürgenome in fangknus gelegt vnd einer wittibē der er irn man erschlagen het zu bewarung gegeben. vnd doch von derselben wittiben auff guͤte vertröstūg ledig gelassen. vnd hat Barbaram des grafen von Cili tochter zu der gemahē. vnlang darnach das königreich an sich gebracht vnd sein verreter gestraft. vnd der wittiben süne mit erlichen stenden vnd reichthümern neben dē förstenn des königreichs angesehen. Behemer land nach vil widerwertigkeit zu lest erobert. Hertzog Albrechtē von österreich seinem tochterman das land Meherrn. vnnd burgrafen Friderichen von Nürmberg das Brandenburgischen marck gegeben. vnd in wanckelm glück vber fünftzig iar geregirt. vnd ist in sein alter zu empfahung kaiserlicher kron aber eins in Welsche land gezogen vnd von babst Eugenio damit bekrönet worde. vñ von dannen gein Mantua gezogen. vnnd hat daselbst Johannem franciscum gonzagam zu einem Mantuanischen marggrafen gemacht. Sich mit den Venedigern befridet. vnd fürdan den weg gein Basel. vnd vō dannē gein Vlme. vnd auß Vlme ausß Regenspurg genome. Daselbsthin kome die Behemen in grosser anzal zu ime. vnd erkanten ine als irn herrn vnd könig. Darnach auff begern der hungern ist er zu Regenspurg auff die schif gesessen vnd auff der Thonaw gein Ofen gefarn. daselbsthin hat er die fürsten des behmischen königreichs zu ime gefordert die sache zu besserm stand gerichtet vñ zu Stulweissenburg sechtzigtawsent guldē vnder sie auß getaylet mit bestymmung eins tags daran er gein behēim komen wolt. Darnach kome er gein der Iglaw vnd nach beschehem vertrag vñ gemachter einigkeit daselbst ist er nach der gepurt Cristi. M. cccc. xxxvi. iar zu Prag eingeritten vnd von den Behmē mit grosser ererbietung empfangen. vnd ime von den landherrn vnd stetten pflicht vnd huldung beschehen. Do komen die orden der gaistlichen wider gein Prag vnd des freweten sich alle cristenliche könig vnd völcker. vñ babst Eugenius schicket disem kaiser zu einer anzaigūg seiner mit frolockūg ein guldine rosen. In disen lewften begunde diser kaiser Sigmund krank vnd schwach zewerden vnd die beschwerde des alters auff sich zeladen. do trachtet Barbara die kaiserin wie sie im gewalt vñ reich bleibē möcht in fürsatz noch also alte nach absterben irs herrn einen andern man zeneme. Als der kaiser des wuetendē weibs fürschleg mercket do ließ er sich vor seinem tod sein tochter noch ein mal zesehen in mehrern fürstē. also kom sein tochter mit Albrechten irem gemahel zu ime in die statt Znam. daselbst hat er denselben Albrechten sein tochterman ime zu eim nochkomen benēnt. vnd die fürnemsten der königreich hungern vnd Behem gebetten seinē letsten willen folg zethun. vnd ließ die reiche seinem tochterman. vnnd sprach das das reich selig wer dem sein tochterman Albrecht vor sein wuͤrd. Darnach starb er vnd wardt zu Wardeyn (als er geordnet) begraben.

Hartmann Schedel, Weltchronik,
mit dem ältesten gedruckten Lebenslauf Kaiser Sigismunds

CClxxx

Serenissimo princpi Johanni Castelle
et Leonis Regi s[uo] m[eo] car[issi]mo

Serenissimo principi d[omino] Johi[anni] portugalie
et Algarbii Regi f[rat]ri [et] d[omi]no f[oe]d[er]e

Illustri philippo Duci Burgundie
p[rinci]pi et N[epo]tuli m[e]o car[issi]mo

Illustri Karolo Du[ci] Lotaringie
Avunculo m[e]o car[issi]mo

Austrie et potenti principi Joseph Regi Francie
tan[quam] fr[atr]i m[e]o dil[ec]to Stem[mati] et in om[nium]ta catholice
fidei sc[h]olare commend[o]

Illustri Petro Regenti portugalie et Algarbie
Regnor[um] secundogenito et Du[ci] Columbrie ip[s]o m[eo] car[issi]mo

Serenissimo principi d[omino] Karolo Regi
Navarre fr[atr]i m[e]o car[issi]mo

Serenissimo principi d[omino] Wladislao Regi Polonie Lituanie[que]
principi supremo et Heredi Russie fr[atr]i m[e]o car[issi]mo

Illustri principi d[omino] Allexandro al[ia]s Mycaylo Magno
Du[ci] Lituanie et Russie fr[atr]i m[e]o car[issi]mo

Illustri principi d[omino] Symbergalo Magno duci Lituanie &c

Illustri principi Theodoro dyspoti fil[io] Illustrissim[i]
principis d[omi]ni Imp[er]atoris Futuro Hag[ia] meo dil[ec]t[o]

Illustri principi Constantino despoto fil[io] Imperatoris egro[tanti] &c

Illustrissimo principi d[omino] Johanni Imperatori et mediatori
Comneno Palealogo tan[quam] fr[atr]i m[e]o car[issi]mo Stem[mati] &c

Serenissimo principi d[omino] Allexio de Agyocomno d[omi]no Imperatori
Trapesundar[um] t[am]q[uam] fr[atr]i m[e]o dil[ec]to Stem[mati] et in sid[e] v[otiva] suscepi monita

Serenissimo principi d[omino] Karoluk principi Mesopotamie
et imperatori Tartaror[um] tanq[uam] fr[atr]i m[e]o dil[ec]to

Serenissimo principi Karolo
Francor[um] Regi fratri m[e]o car[issi]mo

Serenissimo [et] p[o]t[e]nti principi Johanni Secundo
Regni Hungar[ie] filio et Galie Avo m[e]o car[issi]mo

Illustri principi Constantino Komar[um] despoto paleologo Avunc[u]lo m[e]o
car[issi]mo Stem[mati] et ingressui ad vota pl[acui]t fieri

Auszug aus dem Reichsregister

(Wien, Haus- und Staatsarchiv)

*Mühlheimer Weißpfennig,
geprägt um 1425/1434, Vorderseite*

*Mühlheimer Weißpfennig,
geprägt um 1425/1434, Rückseite*

*Ungarischer Goldgulden,
Kremnitz um 1435, Vorderseite*

*Ungarischer Goldgulden,
Kremnitz um 1435, Rückseite*

*Ungarischer Denar,
Patriarchenkreuz.*

*Reichsgoldgulden Basel,
1429/1433*

(Alle: Sammlung Baum, Klagenfurt. Fotos: Wolfgang Schuh, Klagenfurt)

für die Zeit von dessen Romreise zugesichert hatte, an Herzog Amadeo abtrat. Aber er traute dem Herzog von Savoyen nicht ganz, denn bereits Anfang Februar stellte er Asti, Vercelli und Novara unter den Schutz des Königs. Nun schaltete sich Papst Martin V. ein; Kardinal Nicolò Albergati, der bereits Ende 1426 den Krieg beendet hatte, vermittelte auch nun am 19. 4. 1428 das Ende des „ersten mailändischen Krieges" (1426–1428) im Frieden von Ferrara, in dem Filippo Maria auf Bergamo und Brescia verzichten mußte – nicht jedoch auf Genua! König Sigismund war in die Friedensverhandlungen nicht involviert. Obwohl er dem Herzog von Mailand nicht die geringste Unterstützung hatte zukommen lassen, rügte er ihn deswegen sehr und gab sich enttäuscht; im Mai bevollmächtigte der Herzog Corrado del Carretto mit einer Entschuldigungsmission nach Ungarn. Sigismund mußte nun befürchten, daß Venedig, das bisher durch Mailand gebunden war, nun wieder gegen ihn aktiv werden konnte.

Auch in anderen Bereichen hatte Sigismund zu dieser Zeit etliche Mißerfolge zur Kenntnis zu nehmen. Um das Reich konnte er sich zu dieser Zeit kaum kümmern. Sogar die von ihm protegierte Ritterschaft vom St. Georgenschild lehnte es ab, in einem Rechtsstreit vor ihn zu kommen, da sie nicht verpflichtet sei, vor einem römischen König zu erscheinen, wenn dieser sich im „Burzenland" (Siebenbürgen) aufhalte. Bereits im Herbst 1426 hatte Sigismund den Grafen Hans von Lupfen zur Vorbereitung eines Reichskriegssteuergesetzes für einen neuen Hussitenfeldzug bevollmächtigt, worüber dieser im November in Frankfurt mit den Vertretern der Kurfürsten verhandelte. Für den Februar 1427 wurde ein Reichstag nach Mainz ausgeschrieben. Sigismund erneuerte das Handelsverbot gegen Venedig und ersuchte um die Unterstützung des Herzogs von Mailand. Auf dem Reichstag erschien jedoch kein einziger Kurfürst, und auch die meisten Städte blieben ihm fern, so daß für Ende April 1427 ein neuer Reichstag nach Frankfurt ausgeschrieben wurde. Auf diesem kam es dann zur Festlegung einer Heeresordnung.[24] Für Ende Juni wurde der Beginn eines neuen Hussitenkreuzzuges angesetzt. Nur die Kurfürsten von Brandenburg und Trier zogen persönlich in den Krieg, an dem ansonsten lediglich drei Fürsten und fünf Bischöfe teilnahmen. Das Heer war wesentlich kleiner als beim Hussitenkreuzzug von 1421; dafür verfügte man diesmal über mehr Geschütze und Handbüchsen.

Am 12. 7. 1427 zog Erzbischof Otto von Trier mit ca. 5000 Reitern in Tachau in Westböhmen ein; am 23. begann er mit der Belagerung der Stadt Mies (Stříbro). Verhängnisvoll wirkte sich diesmal aus, daß die Fürsten ihre Operationen zu wenig koordinierten. Da Kurfürst Friedrich der Streitbare erkrankt war, schickte er seinen Sohn an der Spitze der sächsischen Truppen. Noch im Juli erschien der Kurfürst von Brandenburg, der an sich auf Prag vorstoßen wollte, vor Mies. Der Dichter Hans Rosenplüt, der an der Belagerung teilnahm, beklagte die Uneinigkeit der Fürsten. Papst Martin V. hatte den Kardinal Heinrich von Winchester, einen Onkel König Heinrichs V. von England, zum Legaten und Organisator des Hussitenkrieges ernannt. Als dieser energische Kirchenfürst nach Mies kam, war Prokop der Große bereits mit den Hussiten im Anmarsch. Als man dies im Kreuzzugsheer erfuhr, wurde am Abend des 2. 8. die Belagerung aufgehoben, und eine wilde Flucht nach Westen begann. Erst in Tachau konnte der Legat die Flüchtenden zum Stehen bringen. Er übergab dem Pfalzgrafen Johann die päpstliche Fahne, der sie jedoch von sich warf und mit der undisziplinierten Masse der Kreuzfahrer flüchtete, so daß der Kardinal und der Kurfürst von Brandenburg in Tränen ausbrachen. Mit Recht betonte Rosenplüt, er habe bei keinem Fürsten etwas gesehen, was man loben könnte. Herzog Albrecht von Österreich war nicht einmal bis zur mährischen Grenze gekommen. König Sigismund kehrte im August 1427 aus der Walachei nach Serbien zurück, wo er bis zum Jahresende mit der Befestigung von Belgrad beschäftigt blieb; er hatte überhaupt nichts zu diesem Hussitenkreuzzug beigetragen. Nur so ist es zu erklären, daß immer wieder das Gerücht auftauchte, Sigismund stecke mit den Hussiten unter einer Decke. Nach der Katastrophe von Mies erlebte Deutschland eine überaus klägliche Phase seiner Geschichte. Der König war in Serbien und nahm fast keinen Anteil an dem Geschehen. Ihn beschäftigte neben der Türkenfrage vor allem der Krieg gegen Venedig und der geplante Romzug. Der Reichstag zu Frankfurt Ende 1427 kam in erster Linie auf Initiative des Kardinals von Winchester zustande. Angesichts der geringen Teilnehmerzahl mußte der Reichstag dann verschoben werden. Die Reichsstädte weigerten sich wiederum, Geldmittel für den Hussitenfeldzug zu zahlen, so daß das Reichskriegssteuergesetz[25] vom 2. 12. 1427 ohne sie zustande kam. Das Gesetz wurde eher theologisch als staatlich begründet und wurde – theoretisch – auch für Polen, Litauen, Skandinavien und Italien als verbindlich erklärt. Auch die Eidgenossen und die Herzöge von Savoyen, Mailand und Lothringen, der Fürst von Orange sowie die „Kommunen" von Venedig, Florenz und Genua wurden zu Zahlungen bis zum 17. 2. 1428 aufgefordert. Die fünfprozentige Einkommenssteuer sollte in fünf Bezirken mit Sammelstellen eingetrieben werden. Jeder Jude sollte eine Kopfsteuer von einem Gulden zahlen, ein normaler Geistlicher ohne Pfründe jedoch nur zwei böhmische Groschen. Infolge der organisatorischen Mängel und der Schwäche der Reichsexekutive konnte das Gesetz jedoch kaum durchgeführt werden, und die wenigen eingelaufenen Gelder wurden zum Teil noch unterschlagen. Immerhin kam es zur Bildung eines „Zentralausschusses", der die Organisation des Kreuzzuges überwachen sollte. Selten bot das Reich ein derart klägliches Bild; es fehlte vor allem an den zentralen Reichsbehörden und einer Exekutivgewalt, wie sie in England und Frankreich bereits im hohen Mittelalter entwickelt worden war. Das Reich war eben ein Sammelsurium aus verschiedenen Staatsgebilden geworden, die sich zum größten Teil von der Zentralgewalt praktisch unabhängig gemacht hatten. Angesichts der Tatsache, daß erst um 1450 von Nikolaus Cusanus die erste Karte Deutschlands geschaffen wurde, ist es auch zu erklären, wieso wichtige Reichsstädte einfach „vergessen" wurden. Gelübde wie die einer Wallfahrt nach Santiago di Compostela konnten zu einer Geldspende umgewandelt werden. „Kein Wort des Gesetzes nennt den deutschen König: an seine Stelle ist ‚eine Art von Reichsregiment mit fürstlichen und städtischen Mitgliedern' getreten, während die oberste Heeresleitung zu Händen eines Kirchen- und eines Laienfürsten daran erinnerte, daß Kirche und Reich zu neuem Kampf gegen ihre Feinde zu rüsten sich anschickten."[26] Die Frist war jedoch viel zu kurz angesetzt, und Kardinal Heinrich Beaufort von Winchester schadete dem von ihm so geförderten Unternehmen selbst, indem er Deutschland bereits Anfang 1428 verließ. Der Chronist Andreas von Regensburg tadelte den Kardinal deswegen besonders und bemerkte verbittert, das Unternehmen sei trefflich begonnen und unrühmlich abgeschlossen worden. Immerhin wurde dieser Mangel von den Zeitgenossen verspürt, und es regte sich der Wunsch nach einer Reform des Reiches, der schon wenige Jahre später den Philosophen Nikolaus Cusanus zu seiner bedeutenden Reformschrift „De concordantia catholica" anregen sollte, in der auch ein Reichsheer vorgesehen war. Dennoch blieb trotz aller Enttäuschungen der Gedanke an eine Zentralisation und einheitliche Reichssteuer im Reich lebendig. „Im Rahmen der deutschen Geschichte des 15. Jahrhunderts war das Gesetz von 1427 trotz aller seiner unrühmlichen Gebrechen in Fassung und Durchführung von epochemachender Bedeutung."[27]

Im Dezember 1427 trafen die rheinischen Kurfürsten und der Markgraf von Brandenburg mit den Vertretern der Städte zu Verhandlungen zusammen, die von dem bei ihnen gesammelten Geld selbst Truppen aufstellen wollten, was der Markgraf, der neben dem Kardinallegaten den Feldzug befehligen sollte, jedoch ablehnte. Die Vertreter der Städte wollten den König in das Unternehmen eingebunden wissen, der sie Anfang November von Belgrad aus aufgefordert hatte, ihm Unterstützung für den geplanten Romzug zu schicken, den er noch im Winter unternehmen wolle.[28] Albrecht von Hohenlohe und Bischof Raban von Speyer wurden zu Sigismund geschickt, um ihn zu ersuchen, dem Kurfürsten von Brandenburg die Reichshauptmannschaft zu verleihen.

Zu Beginn des Jahres 1428 wurde Sigismund von Herzog Friedrich IV. in Österreich erwartet. Der Habsburger hatte die Rompläne des Königs geschickt für seine Politik ausgenützt. Im Oktober 1426 teilte Sigismund der Stadt Frankfurt mit, auch Herzog Friedrich werde den Boykott gegen Venedig unterstützen, und im März 1427 stellte er dem Herzog eine Reihe von Rückstellungsdekreten für Gebiete aus, die dieser 1415 verloren und noch nicht wiedererworben hatte. Der Herzog bevollmächtigte nun einen Diplomaten mit einer Mission an Albrecht V. und Sigismund, in der es um den Durchzug ungarischer Truppen nach Italien ging. Auf geschickte Weise verknüpfte er diese Frage mit der Restitution der Breisgaustädte Freiburg, Breisach, Neuenburg und der Stadt Rheinfelden am Hochrhein.[29] Der König mußte nun eine Konzession machen und entzog die Breisgaustädte im November 1427 der Vogtei des Markgrafen von Baden; Herzog Friedrich konnte damit eine zentrale Machtposition in den habsburgischen Vorlanden zurückgewinnen.

Leider wissen wir nicht, was König Sigismund im Januar 1428 mit Herzog Friedrich IV. besprechen wollte. Vermutlich ging es um den Romzug. Jedenfalls reiste der König, der Anfang Februar 1428 noch in der Nähe Belgrads war und von Bayern aus im April nach Ravensburg kommen wollte, um von dort aus über Österreich nach Rom zur Kaiserkrönung zu ziehen[30], nach Tyrnau in der Nähe der österreichischen Grenze, wo er fünf Wochen blieb, um dann wieder nach Belgrad zurückzukehren. Leider ist die Quellenlage für kein Jahr der Regierungszeit

Sigismunds so schlecht wie für 1428. Mitte März traf er in Tyrnau die Delegation des Heidelberger Fürstentages unter der Leitung von Bischof Raban von Speyer und ernannte den Markgrafen von Brandenburg zum Reichsfeldherrn. „Es war ein ungeheuerlicher Gedanke, die Romfahrt in dem Augenblick auszuführen, in dem das Reich durch den Ketzerkrieg, Ungarn durch den Kampf gegen die Türken gebunden war."[31] Es scheint, daß die ungarischen Magnaten Sigismund überredeten, die Krönungsreise nach Rom zu verschieben. Daraufhin reiste der König nach Tata und kehrte von dort aus nach Serbien zurück. Dort beschäftigte er sich sogleich wieder mit der Türkenfrage.

Der ungarische Ritter Nikolaus von Gorecz, der nach der Schlacht bei Nikopolis zwölf Jahre in türkischer Gefangenschaft gewesen und vermutlich in den Dienst von Tamerlan (Timur Lenk) oder dessen turkmenischen Bundesgenossen Quara Yuluq († 1435), dem Herrn Mesopotamiens, getreten war und daher den Beinamen „Sarazenus" bekommen hatte, erhielt Mitte Februar in Tyrnau ein Lehen. In der Urkunde wird erwähnt, daß Nikolaus, den Sigismund bereits 1412 auf die Krim nach Kaffa und dann nach Sarai zum Chan des Kiptschak geschickt hatte, bei Quara Yuluq, dem „schwarzen Blutegel" und Herrn des Reiches vom „Weißen Hammel", gewesen war. Weiters heißt es in dem etwas verballhornten Text, Nikolaus habe auch mit „Sahrohmerze", dem Sohn des Tatarenherrschers „Demerling" verhandelt. Damit dürfte wohl Schah Roch († 1447), der Sohn Tamerlans, gemeint sein. Bei der Reise von Nikolaus handelte es sich jedenfalls um ein tollkühnes Unternehmen, das bezeugt, wie weit die Perspektive König Sigismunds reichte, wenn es darum ging, den Türken neue Gegner auf den Hals zu schicken.[32]
Ein systematisches Adressenverzeichnis aus dem Reichsregister „D" vom Ende der 1420er Jahre nennt neben Großfürst Witold von Litauen und dessen Nachfolger Swidrigal auch Kaiser Johann VIII. Paläologus von Byzanz, die Despoten Konstantin und Theodor von Morea (Peloponnes), Kaiser Alexios IV. Komnenos von Trapezunt und dessen Schwiegersohn Quara Yuluq, den „Fürsten von Mesopotamien", als Adressaten. Schon allein „eine zuverlässige Information über die Verhältnisse und Ereignisse im Rücken seines Hauptfeindes, das Wissen um Mächtekonstellationen und Feldzugspläne, die sich gegen die Osmanen und ihre Verbündeten richteten, mußte für König Sigismund von größtem Wert sein. Seine Botschafter hatten sich schon mit der Nachrichtenvermittlung ein großes politisches Verdienst erworben, das durch die zu überwindenden Entfernungen, drohenden Gefahren, überstandenen Unbilden und Abenteuer einen außerordentlichen Rang gewinnt. Der Weiße Hammel spielte fortan eine Hauptrolle in den politischen Konzeptionen europäischer Mächte, soweit sie sich auf den nahen Orient und gegen die Türkengefahr richteten."[33] Enea Silvio Piccolomini berichtet auch, Sigismund habe mit dem Herrscher Persiens ein Bündnis geschlossen, um den türkischen Sultan Murad aus Europa zu vertreiben. Denkbar ist, daß die Einkreisung der Osmanen durch Sigismund, Quara Yuluq und Schah Roch den Sultan Murad veranlaßte, die Belagerung von Konstantinopel aufzuheben.
Nach der Rückkehr Sigismunds nach Serbien und dem Verzicht auf den Romzug im April 1428 sah die Situation hinsichtlich der Türken jedoch ernüchternd aus.

Der Versuch, den Deutschen Orden in das Verteidigungssystem zwischen Belgrad und dem Eisernen Tor bei Orschowa einzubeziehen, schlug fehl und belastete die Zusammenarbeit mit der Walachei. Sigismund wollte dem Orden das Banat von Szörény (Turnu Severin) an der linken Seite der Donau übertragen, dessen Hauptmann Nikolaus von Redwitz wurde. Er ließ Belgrad nach der Inbesitznahme im November 1427 zu einer starken Festung ausbauen und privilegierte Familien dorthin übersiedeln.[34] Im April 1428 traf er in Keve (Kowin) zwischen Belgrad und Passarowitz auf der linken Seite der Donau ein, wo er den Ritter Matteo von Tallotz aus Ragusa zum Kommandanten eingesetzt hatte. Dann begann er von der mittlerweile von italienischen Architekten errichteten Festung „Ladislausburg", die reichlich mit Geschützen versehen war, aus zu Wasser und zu Lande den Angriff auf Golubac. Die Festung wurde von Schiffen aus beschossen. Sigismund hatte eine Armee von etwa 30.000 Mann unter dem Kommando des Stephan Rozgonyi, des Kommandanten von Temesvár, bei sich, die von 6000 Mann des Woiwoden Daniel von der Walachei und litauischen Truppen unter dem Kommando des Polen Czarny Zawisza unterstützt wurden. Vom Reich hatte er keinerlei Unterstützung erhalten. Die Gemahlin Rozgonyis versenkte als Befehlshaberin einer Galeere mehrere türkische Schiffe und ließ die feindliche Burg mit Kanonen beschießen. Von der Landseite aus führte Sigismund selbst den Angriff. Die Türme von Golubac stürzten aufgrund der Beschießung bereits ein, als plötzlich die Nachricht bekannt wurde, daß Sultan Murad II. selbst mit einem Heer heranrücke. Sigismund fürchtete nun um die Rückzugsmöglichkeit; nur mit Hilfe Zawiszas gelang es ihm – ähnlich wie 1396 bei Nikopolis –, mit einem Schiff über die Donau zu entkommen, nachdem er bereits am 6. 6. einen Waffenstillstand mit den Türken geschlossen hatte, der Golubac in ihrer Hand beließ.[35]
Der Waffenstillstand vom 6. 6. wurde von den Osmanen jedoch nicht eingehalten. Noch während Sigismund über die Donau setzte, griffen die Türken am 12. 6. die noch auf der rechten Seite des Flusses befindlichen Truppen an. Sigismund selbst stürzte ins Wasser und war in Gefahr, gefangengenommen oder erschlagen zu werden. Die Polen und Walachen wehrten sich tapfer, und die von Italienern bedienten Geschütze der Burg Ladislausburg deckten den Rückzug der ungarischen Armee, während der heldenmütig kämpfende Zawisza, den man für Sigismund hielt, von zahlreichen Türken umringt, schließlich erschlagen wurde. Die Folgen dieser Niederlage von Golubac waren fatal; die Walachei kehrte wieder unter die türkische Oberhoheit zurück. Der Despot Georg Brankowitsch von Serbien erkannte die Oberhoheit der Türken an, denen er Golubac überließ, jährlich 50.000 Dukaten Tribut zahlte und die Heerfolge leisten mußte. Viele Serben, die nicht unter türkischer Oberhoheit leben wollten, übersiedelten fortan nach Ungarn. Die Stadt Keve, die erst kurz zuvor das Stapelrecht erhalten hatte, verödete und wurde 1440 ganz aufgegeben.
Nach der Schlacht bei Golubac zog sich Sigismund nach Temesvár zurück und verhandelte mittels Georg Brankowitsch mit den Türken über einen neuen Waffenstillstand. Unterdessen waren die Hussiten von Mähren aus in Ungarn eingefallen und hatten die Vorstädte von Preßburg niedergebrannt. Am Ende des

Krieges, der zur Ausweitung Ungarns hätte führen sollen, waren die Fürstentümer Serbien und Walachei von der ungarischen unter die türkische Oberhoheit gekommen. Sigismund hatte schließlich nichts anderes erreicht als einen dreijährigen Waffenstillstand mit den Türken. Anfang Juli begann er in Keve mit Marco Dandolo, dem Gesandten der Republik Venedig, Verhandlungen über einen Waffenstillstand mit Venedig, der am 8. 9. in Ilied bei Temesvár abgeschlossen wurde und bis Ende April 1429 dauern sollte; in dieser Zeit wurde auch die Handelssperre aufgehoben, und Venedig bewilligte Sigismund 80.000 Dukaten Subsidien.[36] Mitte Juli faßte Sigismund den Entschluß, durch provisorische Friedensvereinbarungen für Ruhe auf dem Balkan zu sorgen, um nun den Romzug durchführen zu können. Noch vor Einbruch des Winters wollte er über die Alpen in die Lombardei ziehen und auf einem Reichstag, den auch die deutschen Fürsten besuchen sollten, die Verhältnisse in Italien ordnen, sich mit der „eisernen Krone" krönen lassen und dann nach Rom ziehen. Mit Waffenstillstandsabkommen wollte sich Sigismund, der zunächst den Romzug aufgeschoben hatte, um den Türkenkrieg führen zu können, und nun mit den Türken einen Waffenstillstand abschloß, um die Kaiserkrönung durchführen zu können, den Weg nach Italien ebnen. Auch hoffte er, daß die Markusrepublik nun ihre Kräfte auf den Krieg gegen die Türken auf der Peloponnes konzentrieren würde.[37] Die türkische Armee verließ bald darauf Europa, um einen Aufstand in Asien niederzuwerfen, der möglicherweise von Sigismund angezettelt worden war. Auf dem rechten Donauufer behielt Ungarn nur noch die Festung Belgrad.
Mit Eifer betrieb Sigismund nun den Plan weiter, den Deutschen Orden am Eisernen Tor anzusiedeln; im Mai 1429 trafen die ersten Ritter unter der Führung des Nikolaus von Redwitz in Preßburg ein, wo Sigismund ihnen ihre neue Heimat zuwies, in der sie freilich nicht recht Fuß fassen konnten. Dem Markgrafen von Brandenburg teilte er im November 1428 von Serbien aus mit, er wolle die Belagerung von Golubac im nächsten Jahr fortsetzen. Dem Hochmeister des Deutschen Ordens berichtete er von seinem Plan, zu Beginn des Jahres 1429 in Polen mit König Wladislaw und Großfürst Witold zusammenzutreffen. Darauf kehrte er nach Ofen zurück, wo er das Weihnachtsfest verbrachte. Dann trat er seine Reise nach Polen an. Am 22. 1. 1429 traf er in Luck, der Hauptstadt Wolhyniens an der Nordgrenze der heutigen Ukraine mit Weißrußland, ein, wo er die Verhandlungen mit Witold und Wladislaw aufnahm.
Der Fürstenkongreß von Luck, an dem auch ein Vertreter des Deutschen Ordens teilnahm, ging auf den Vorschlag Sigismunds zurück, der sich schon öfters mit den Herrschern von Polen und Litauen an der Grenze im Gebiet der Zips getroffen hatte. „Der römische König in Luck, einer Stadt russischer Erde! Ein Ereignis von einzigartiger Bedeutung, das kaum ein Seitenstück in der gesamten Geschichte des Reiches und des Ostens hat und so von tiefster sinnbildlicher Bedeutung ist. Nur wenige Male war es in der Geschichte des Reiches geschehen, daß ein römischer König oder Kaiser Boden Osteuropas betreten hatte, vielleicht allzu selten zum Schaden des Reiches und seines Ansehens im Osten. Aber jedesmal, wenn es geschah, blieben Taten von weittragender Bedeutung als dauernde

Denkmäler zurück, brachen Epochen in der Ostgeschichte an."[38] Von den früheren Kaisern war nur Otto III. bis Gnesen und Friedrich I. Barbarossa bis nach Schlesien gekommen. Karl IV. hatte Ende 1344 an einem Kreuzzug gegen Wladislaws Vater Olgerd von Litauen teilgenommen und diesen 1358 als „Herrscher der Welt" zur Taufe aufgefordert.[39] Sein Sohn Sigismund führte Karls Politik der Ausdehnung der luxemburgischen Macht nach Osten mit anderen Mitteln fort. So weit wie Sigismund war noch kein Kaiser nach Osten gekommen! In Luck kam es zu einer Annäherung Sigismunds an den Großfürsten, der sein Ziel, die Sicherung Samogitiens, durch den Vertrag vom Melnosee und die Bestätigung Sigismunds im Abkommen von Käsmark vom März 1423 erreicht hatte. Witold entfaltete allen nur erdenklichen Prunk, um Sigismund seine Macht vor Augen zu führen. Dieser verhandelte mit Witold über die Hussitenfrage, den Konflikt zwischen dem Deutschen Orden und Polen und über die Moldaufrage. Auch der 80jährige König Wladislaw von Polen war zum Kongreß gekommen. Das Hauptthema des Kongresses aber war das Angebot Sigismunds, Witold zum König von Litauen zu krönen. Dies fand bei König Wladislaw jedoch keine echte Zustimmung, dessen Verhältnis zu Sigismund in Zukunft eher abgekühlt war. Dazu hatte auch der Versuch des Papstes beigetragen, die Leitung des Hussitenkrieges an Wladislaw zu übertragen. Zwischen den beiden greisen Vettern entstand nun ein tiefes Mißtrauen, das Sigismund für seine Ziele ausnutzte. Sigismund hatte sich bei Wladislaw beklagt, daß der Woiwode von der Moldau ihn beim Türkenkrieg nicht gemäß dem Lubliner Vertrag von 1412 unterstützt habe, und daher von Polen militärische Unterstützung gegen die Türken und die Aufteilung des Fürstentums Moldau gefordert, was der polnische König jedoch abgelehnt hatte. Er plante, nach der Erhebung Litauens zum Königreich ein bleibendes Bündnis zwischen Litauen – das nicht zum Reich gehören sollte –, dem Deutschen Orden, Böhmen und Ungarn zu errichten. Sigismund ging es bei den Verhandlungen auch um seinen universalpolitischen Anspruch. Kaiser und Päpste hatten bereits Königskronen verliehen; im 13. und 14. Jahrhundert aber hatte das Papsttum dem Kaisertum den Rang abgelaufen. Der geniale König versuchte nun, die Rivalität zwischen Großfürst Witold und König Wladislaw zur Steigerung der Macht des römischen Königtums auszunutzen und den Einfluß des Reiches nach Osten auszudehnen. Unter ihm fand die seit König Johann und Karl IV. betriebene luxemburgische Ostpolitik ihre höchste Vollendung; niemals vorher und nachher hatte das Reich in Osteuropa mehr Einfluß als unter Sigismund! Sein Königsprojekt zielte auf die Spaltung der Union von 1386 ab, die das Reich und den Staat des Deutschen Ordens umklammerte. Sigismund setzte an diesem wunden Punkt Polens an, der zugleich die polnisch-litauische Union sprengen und das universalistische Papsttum übertrumpfen und somit Ansehen und Ehre im Reich erwerben wollte.[40] Witold ersuchte Sigismund, König Wladislaw für seinen Plan zu gewinnen. Als der König morgens noch im Bett lag, kam Sigismund zu ihm und überredete den schon senilen Greis, seinem Projekt zuzustimmen. Weiters sprach er sich auf dem Kongreß auch dafür aus, daß die Hussitenfrage und die Kirchenreform auf dem geplanten Konzil besprochen werden sollten, und meinte, daß

Griechen und Russen sich trotz ihrer Bärte und ihrer verheirateten Priester mit der lateinischen Kirche vereinigen sollten. Die Priesterehe sei überdies besser, da das Zölibat bei den katholischen Priestern ohnehin durch die groben Ausschweifungen Ärgernis errege. Dies erfreute die Orthodoxen derart, daß sie den König den „heiligen Sigismund" nannten. „Der Kongreß bedeutet einen Sieg Sigismunds; sein Projekt, kaum aufgestellt, steigerte die Verstimmung Wladislaws und Witolds zum Zwiespalt, seine Durchführung schien den Zerfall der Union Polens und Litauens bewirken zu sollen."[41] So zeigte sich auf dem Kongreß von Luck neuerlich, daß Sigismund auch nach schweren Niederlagen durch sein Verhandlungsgeschick die Initiative in der europäischen Politik zurückgewinnen konnte; für seine Gegner blieb er stets ein Faktor, mit dem sie auch dann zu rechnen hatten, wenn die allgemeine Lage zu dem Schluß verleiten konnte, daß er vorerst auf die Defensive und Konsolidierung seiner Macht zurückgeworfen sei.

Als König Wladislaw nach Polen zurückkam und von der Sache berichtete, erhob sich ein Sturm der Entrüstung im Kronrat. Der Krakauer Bischof Zbigniew Oleśnicki, der an den Verhandlungen in Luck teilgenommen hatte, erklärte, der König möge um Gottes willen von dem von Sigismund mit List und Tücke ersonnenen Plan Abstand nehmen, der auf die Zerstückelung Polens hinauslaufe. Es scheint, daß die Opposition Wladislaw zwang, seine Zustimmung zu widerrufen, oder einfach abmahnende Schreiben ohne sein Wissen in seinem Namen abgeschickt wurden, die Witold zutiefst verletzten, der Sigismund brieflich im Mai als „Haupt der ganzen Christenheit" bezeichnete.[42]

Sein großes Verhandlungsgeschick brachte Sigismund bald einen weiteren Erfolg ein. Während der Bürgerkriege unter den Hussiten konnten die Besatzungen einiger Festungen, die sich noch in der Hand der Königlichen befanden, den Taboriten feste Plätze wegnehmen. Prokop der Große hatte sich daher im Sommer 1428 entschlossen, die Festung Bechin zu belagern, die er im Oktober einnehmen konnte. Sigismund hatte unterdessen im September eine Gesandtschaft nach Prag geschickt, um mit den Hussiten über einen Ausgleich zu verhandeln. In Kuttenberg erklärten seine Diplomaten den Pragern, Taboriten und „Waisen", daß er trotz ihres Abfalls alles Vergangene vergessen wolle, wenn sie bereit seien, ihm Gehorsam zu leisten. Da die Prager und die „Waisen" sich an Verhandlungen uninteressiert zeigten, schlug Sigismund nun den Weg ein, der letztendlich zum Erfolg führte: er knüpfte Verhandlungen mit den gemäßigten Hussiten unter Prokop dem Großen an. Im Februar 1429 erklärten sich die Prager aus der Altstadt zu Verhandlungen bereit, während die Neustädter und die „Waisen" dies ablehnten. Es wurde nun eine Verhandlungsrunde für Ende März 1429 vereinbart.

Die ersten direkten Verhandlungen zwischen Sigismund und Prokop dem Großen begannen in einer Atmosphäre tiefsten Mißtrauens. Herzog Nikolaus von Troppau mußte sich als Geisel und seinen Vater als Bürgen stellen. Am 4. 4. ritt Prokop in Preßburg ein, wo Sigismund, Albrecht V., vier schlesische Herzöge und etliche Prälaten ihn empfingen. Es war dies das erste Mal, daß Sigismund Prokop begegnete, der ihm Auge in Auge gegenüberstand und furchtlos die Prager Artikel verteidigte. An den Gesprächen nahmen auch Vertreter der Pariser Universität teil, die Sigismund drängten, für die rasche Einberufung eines Konzils zu sorgen. Der König forderte die Hussiten zur Umkehr und zur Zurückgabe des Königsgutes auf, die wiederum „Gehör" vor der ganzen Christenheit forderten und verlangten, er solle ihren Glauben annehmen, dann würden sie ihm alle seine Feinde unterwerfen. Sigismund geriet darüber in Wut und bezeichnete Prokops Vorschläge als unsinnig; insgeheim sprach er über die Ausrottung der Ketzer und forderte bei den Verhandlungen, die Hussiten sollten sich dem Urteil des kommenden Konzils unterwerfen. Nach acht Tagen wurden die Verhandlungen abgebrochen, da Sigismund zu der Überzeugung kam, daß die Gesandtschaft ihm die Rückkehr zur alten Ordnung nicht verbürgen konnte; immerhin wurde ein Waffenstillstand bis Juni verabredet, und die Hussiten erklärten sich bereit, die Fragen vor einen böhmischen Landtag zu bringen. Prokop erklärte jedoch, daß die Hussiten nicht eher den Kampf beendeten, bis die Prager Artikel anerkannt wären.[43]

Nach dem Scheitern der Verhandlungen plante Sigismund zunächst einen neuen Feldzug nach Böhmen, den er mit seinen Ungarn, Schlesiern und Lausitzern von Schlesien aus unternehmen wollte. Dann sollte das aus dem „Hussengeld" aufgestellte Reichsheer dazustoßen. Er beteuerte, er wolle nun endlich das „böse Volk" niederwerfen oder sein Leben im Kampf lassen. Der böhmische Landtag erklärte sich am 23. 5. zwar zur grundsätzlichen Anerkennung eines „allgemeinen" Konzils – an dem freilich auch Griechen und Armenier teilnehmen sollten – und zu einem Waffenstillstand mit dem „König von Ungarn" bereit; die Zusage wurde jedoch mit einer Reihe von Klauseln verbunden, so daß eine Annahme derselben unmöglich erschien. Aber Prokop kehrte im Juli 1429 an der Spitze einer Verhandlungsdelegation nach Preßburg zurück. Die weiteren Unterhandlungen scheiterten nur an Nebenpunkten; die Hussiten wollten den Waffenstillstand nicht auf das gesamte Reich ausdehnen. Sigismund konnte und wollte einen Separatfrieden nicht annehmen, zumal er wegen seiner Verhandlungen mit den Hussiten ohnehin diffamiert wurde. Auf klerikaler Seite ging dies so weit, daß der sächsische Franziskaner Mathias Döring den König als Vorläufer des „Antichristen" schmähte.

Während königliche Diplomaten in Prag weiterverhandelten, setzte Sigismund den Michaelstag (29. 9. 1429) als Termin für den Beginn des nächsten Hussitenkrieges fest; die ungarischen Truppen sollten sich in Tyrnau sammeln. Aber sein Aufruf fand im Reich so gut wie keine Resonanz. Die auf dem Frankfurter Reichstag beschlossene Hussitensteuer war nur in geringem Maß bezahlt worden, und auf zahlreichen Fürsten- und Städtetagen war es zu keiner Einigung über die Durchführung und Organisation der Sammlung und des Kreuzzuges gekommen. Von Preßburg aus lud Sigismund im August 1429 die Kurfürsten und alle Reichsstände für Anfang November zu einem Reichstag nach Wien ein. Mitte September erneuerte er dann sein bereits seit Jahren angeordnetes Gebot an die Reichsritterschaft und die Städte, sich zu einer „Mittelpartei" im Reich zusammenzuschließen. Aber das Mißtrauen der Städte gegen die Ritter war zu groß, so daß das Bündnis nicht zustande kam.

Als die beiden Kurfürsten von Brandenburg und Mainz im November 1429 in Wien eintrafen, war Sigismund in Preßburg schwer an der Gicht (Podagra) erkrankt und konnte nicht nach Wien kommen. Obwohl die Reichsstände nicht verpflichtet waren, einen Reichstag außerhalb Deutschlands zu besuchen, kamen sie dennoch nach Preßburg, wo Sigismund Anfang Dezember den Reichstag eröffnete. Zunächst bemühte er sich um die Wiederherstellung des allgemeinen Landfriedens. Die beiden Kurfürsten erklärten, sie könnten nicht im Namen der übrigen Kurfürsten sprechen, und ersuchten darum, in Nürnberg oder Frankfurt einen neuen Reichstag abzuhalten. Die Städteboten erklärten jedoch, sie seien zum Abschluß eines Landfriedens ermächtigt. Daraufhin schlugen die Berater des Königs vor, mit den Vertretern der Fürsten und der Städte getrennt zu verhandeln. Albrecht V. leitete zunächst die Verhandlungen mit den Fürsten, denen Sigismund nun erklärte, ohne einen Landfrieden, der die Bestrafung der Friedensbrecher nach sich ziehen würde, sei keine Regierung möglich, da sich sonst alles in Anarchie auflösen werde. Er erklärte, 1422 seien seine Bemühungen auf dem Nürnberger Reichstag vergeblich gewesen; nun wolle er erst zur Beschlußfassung des Landfriedens ins Reich kommen und drohte auch angesichts seiner schweren Erkrankung mit dem Rücktritt. Möglicherweise spielte er mit dem Gedanken, sich auf Ungarn zurückzuziehen und Albrecht V. die Reichskrone zu überlassen. Die Fürsten nahmen seine Drohung jedoch ernst und beschlossen, seinen Landfriedensentwurf entgegenzunehmen, über den sie mit den anderen Fürsten beraten wollten.
Bei den Geheimverhandlungen mit den Städten erklärte Sigismund dann, nur bei ihnen sei der Reichsgedanke noch lebendig; mit ihren Vorschlägen zur Landfriedensordnung sei er einverstanden. Er distanzierte sich sogar von seinem engen Mitarbeiter Konrad von Weinsberg, einem notorischen Städtefeind, der in Süddeutschland Kaufleute überfallen hatte, und verlangte die Bestrafung der Friedensbrecher „vom Mindesten bis zum Obersten".[44] Sigismund sah nun ein, daß es notwendig war, ins Reich zurückzukehren. Da ihm in Preßburg die juristischen Berater fehlten, verwies er ein Feme-Appellationsverfahren als „oberster Richter des heimlichen Gerichts" an die Stadt Dortmund als der „heimlichen Kammer" des Reiches. Er wollte auch das Hofgericht, das wegen seiner langen Abwesenheit vom Reich darniedergelegen habe, wieder erneuern und jedermann Recht und Gerechtigkeit verschaffen. Auch sprach er von seinen Plänen hinsichtlich einer Einteilung des Reiches in Kreise zwecks Wahrung des Landfriedens. Nachdem Sigismund in den ersten Tagen des Reichstages noch den Wunsch der Fürsten nach einer Rückkehr ins Reich abgelehnt hatte, besann er sich nun auf die Reichstradition und ließ den Städten Mitte Dezember mitteilen, er sei bereit, ins Reich zu kommen, und lud alle Reichsstände ein, sich am 19. 3. 1430 in Nürnberg einzufinden, wo die Reichsreform auf einem neuen Reichstag besprochen werden sollte. Nach jahrelanger Abwesenheit kehrte Sigismund nun im Juli 1430 nach Deutschland zurück. Damit begann die letzte Phase seiner Regierungszeit, die durch das Basler Konzil, die Kaiserkrönung in Rom und den Einzug in Prag zu einem krönenden Abschluß seines Lebens werden sollte.

XVII.
Rückkehr nach Deutschland und letzter Hussitenkreuzzug (1430/31)

Abgesehen von seinen Aufenthalten in Wien von Anfang Januar bis Anfang Februar 1425 und vom März 1426 hatte Sigismund das Reich seit 1422 nicht mehr betreten. Nach mehrmaligem Verschieben seiner Pläne bezüglich einer Rückkehr nach Deutschland und der Krönungsreise nach Rom hatte er Mitte Dezember 1429 auf dem Reichstag in Preßburg für den 19. 3. 1430 einen neuen Reichstag nach Nürnberg einberufen. Aufgrund seiner Erkrankung konnte er jedoch auch diesen Termin nicht einhalten; Anfang April 1430 kündigte er Herzog Adolf von Jülich-Berg von Preßburg aus an, er wolle noch in der gleichen Woche nach Wien kommen. Der Reichstag wurde jedoch zunächst auf Mitte Mai verschoben. Die Hussiteneinfälle nach Mähren und Ungarn zu Beginn des Jahres 1430 verzögerten auch weiterhin das Kommen des Königs; der Nürnberger Reichstag, an dem dann nur die Kurfürsten von Mainz und Brandenburg teilnahmen, führte zu keinem Ergebnis. Erst Ende Juni traf Sigismund in Wien ein, wo er wochenlang durch die Gicht festgehalten wurde. Er berief nun einen Reichstag nach Straubing ein, wo er am 25. 8. 1430 eintraf, um sich mit den Problemen des Reiches auseinanderzusetzen.

Der Hussitenführer Prokop der Große wartete nicht ab, bis ein neuer Kreuzzug unternommen wurde, sondern führte die Hussitenarmeen in sogenannten „großartigen Vorstößen" bis nach Ungarn, Österreich und Deutschland, wo sie sogar die Ostsee erreichten. Mitte Dezember 1429 rückte Prokop mit einer Armee von über 40.000 Mann in die Lausitz ein. Ludwig von Öttingen schrieb als Verweser des obersten Feldhauptmanns Friedrich von Brandenburg an die Fürsten und Städte, Sachsen sei eine Vormauer des Reiches, deren Fall eine Katastrophe nach sich ziehen würde. Die Hussiten zogen in wenigen Tagen bis Torgau elbabwärts und wandten sich dann nach Thüringen, ohne daß es zu einer Entscheidungsschlacht mit den Verteidigern gekommen wäre. Im Januar 1430 wurde Plauen eingenommen und zerstört; dann wandten sich die Hussiten nach Hof, das ebenfalls eingeäschert wurde, um dann in Franken einzufallen. Mittlerweile waren die Kurfürsten von Brandenburg und Mainz nach ihrer Rückkehr vom Preßburger Reichstag in Nürnberg eingetroffen. Als sie von den Vorfällen hörten, beschlossen sie, persönlich an der Seite der Sachsen in den Kampf einzugreifen. Ein Hilferuf der Stadt Eger machte sie auf weitere drohende Einfälle der Hussiten aufmerksam. Kurfürst Friedrich zog nun nach Oberfranken, um dort die Verteidigung seiner Besitzungen zu übernehmen.

Bereits bei früheren Hussiteneinfällen war es üblich geworden, daß einzelne Städte oder Landschaften sich durch Zahlung einer gewissen Summe von Zerstörungen und Plünderungen „freikauften". Kaspar von Waldenfels, der Verteidiger der Burg von Hof, knüpfte nach der Zerstörung der Stadt Kontakte zu den Führern der Hussiten an. Der Kurfürst entschloß sich angesichts der Erfolge der Hussiten, Bayreuth zu verteidigen. Bald erhielt er jedoch eine Nachricht von Waldenfels, der ein Treffen wünschte, da er hoffte, den Abzug der Hussiten erreichen zu können. Trotz gegebener Versprechungen verließ er Bayreuth, das anschließend ebenso wie Kulmbach niedergebrannt wurde. Die in verschiedenen Armeen planmäßig unter dem Kommando Prokops agierenden Hussiten hatten die beiden wichtigsten Städte des Markgrafen systematisch zerstört. Waldenfels traf mit dem Kurfürsten zusammen und ersuchte ihn, mit ihm ins Hussitenlager zu reiten, um über einen Abzug zu verhandeln. Der Markgraf verhandelte nun mit Pfalzgraf Johann, Graf Ludwig von Öttingen, dem Pfleger von Bamberg und den Vertretern von Nürnberg; nachdem man zu der Überzeugung gekommen war, daß ein weiterer Widerstand nur den völligen Ruin des Landes zur Folge haben würde, entschloß man sich, mit den „Ketzern", die von den Kreuzpredigern als „losgelassene Bestien", Mordbrenner und Kirchenschänder bezeichnet wurden, Verhandlungen aufzunehmen.

Prokop der Große war nicht nur ein genialer Heerführer, sondern auch ein bedeutender Politiker. Ihm ging es nicht nur um Raub und Plünderung; er erkannte die Isolierung der Hussiten, die allenfalls von Polen unterstützt wurden, und bemühte sich, seiner Bewegung Anerkennung und „Gehör" zu verschaffen. Der Kurfürst erhielt einen Geleitbrief der „Waisen, welche jetzt in Franken für den Fortgang der göttlichen Wahrheit streiten". Am 6. 2. kam es zu einem ersten Vertrag zwischen den Hussiten und dem Bistum Bamberg, das sich verpflichtete, 12.000 Gulden in Raten zu bezahlen. Anfang Februar standen die Hussiten etwa 25 Kilometer vor Nürnberg, wo in Eile die Befestigungsanlagen instand gesetzt wurden. Nun erkannte man endgültig, daß das gesamte Land bis auf einige wenige Plätze verloren war, wenn es nicht gelang, den Frieden zu erkaufen. Um den 11. 2. schloß der Kurfürst daraufhin auf Schloß Beheimstein einen Vertrag, nach dem die Hussiten gegen eine beträchtliche Geldzahlung abzogen; Nürnberg zahlte 12.000 Gulden, der Kurfürst 9000 und Pfalzgraf Johann 8000. Der zweite Teil des Vertrages enthielt jedoch die Abmachung, daß am 23. 4. die Hussiten mit Vertretern der sechs deutschen Kirchenprovinzen zu einem „gütlichen Tag" in Nürnberg zusammentreffen sollten. Der Kurfürst verpflichtete sich, an den Papst, den König und die Kurfürsten zu schreiben, um ihre Zustimmung zu dem Friedenswerk zu bekommen. Prokop sollte mit einer Delegation von bis zu 400 Personen freies Geleit erhalten. Der zweite Teil des Vertrages wurde von der Seite ihrer Unterzeichner weitgehend verschwiegen und blieb sowohl den zeitgenössischen Chronisten als auch den späteren Historikern wie Sigismunds Biographen Aschbach unbekannt. Mit Fug und Recht kann man daher den Beheimsteiner

Vertrag „den Vorläufer aller religiösen Friedensschlüsse innerhalb der Christenheit" nennen.[1] Gleichzeitig war es ein großer Sieg Prokops, der erreicht hatte, daß die Lehre der Hussiten in Nürnberg öffentlich vorgetragen werden konnte.[2]

Das Verhältnis Sigismunds zu Papst Martin V. hatte sich in den Jahren der Hussitenkriege mehr und mehr abgekühlt. Bereits 1427 hatte ihm Martin, der hinter dem Rücken des Königs mit Korybut und den Jagiellonen verhandelte, erklärt, er nehme lieber die Vermittlung der Polen an, da Sigismunds Name in Böhmen doch nur ein Gegenstand der Furcht und Abneigung sei. In dem Maß, wie Sigismund einsah, daß das Hussitenproblem nicht militärisch, sondern nur auf dem Verhandlungsweg durch ein Konzil zu lösen sei, brachte er den Papst gegen sich auf, der nun den polnischen König als geeigneter ansah, den „Ketzerkrieg" durchzuführen. Zu denjenigen, denen Sigismund durch seine Bereitschaft, mit den Hussiten zu verhandeln, höchst suspekt war, gehörten vor allem der polnische Kanzler Johannes Szaffraniec und sein Anhang, die „Schaffranzen" genannt. Ihr Vertrauensmann in Böhmen war Dobeslaw Puchala, ein Pole, der sich den Hussiten angeschlossen hatte und den Prinzen Korybut beriet; bereits auf der Konferenz von Luck hatte Sigismund seine Rückberufung aus Böhmen verlangt. Die Hofpartei der „Schaffranzen" unterstützte die Hussiten; als Prokop von seiner zweiten Reise nach Preßburg nach Polen zurückkehrte, traf er bei Olmütz mit Puchala zusammen. Die „Schaffranzen" suchten die Politik Sigismunds nach Kräften zu stören, ohne daß es zu einem förmlichen Bündnis zwischen Polen und den Hussiten kam; ein solches wurde erst im Sommer 1431 geschlossen.

Während das Verhältnis zwischen Sigismund und dem Papst gegen Ende der 1420er Jahre immer frostiger wurde, entwickelte sich sein Verhältnis zu Großfürst Witold von Litauen zu einer echten Freundschaft. Martin V. versuchte, die Entscheidung im litauischen Krönungsstreit an sich zu ziehen. „Damit rührte er an dem Recht des römischen Königs, Könige einzusetzen. Demnach zog der Kampf der beiden universalen Gewalten in neuem Gewande um höchst greifbare politische Gegenwartswerte herauf."[3] Sigismund hielt gegen alle Widerstände an seiner Idee fest, Witold eine Königskrone für Litauen zu übersenden. Dies hätte wohl zu einer Loslösung des Fürstentums von Polen geführt und entsprach nicht den Unionsverträgen von 1386. Von dieser Freundschaft profitierte vor allem der Deutsche Orden, der sich mit Sigismund und Polen zu einer Tripelallianz verband. Witold wollte die Krone auch ohne die Zustimmung Polens annehmen. Sigismund hingegen suchte die Bedenken, die am polnischen Hof geäußert wurden, zu zerstreuen, vor allem die Behauptung, er wolle „durch die Krönung die ganze Welt gewinnen".[4]

Die nun beginnende geistige Auseinandersetzung erinnert an den auf dem Konstanzer Konzil ausgetragenen Streit zwischen Polen und dem Deutschen Orden. Während die Polen sich an die Krakauer Universität wandten, ersuchten Sigismund und Witold die Wiener juristische Fakultät um ein Rechtsgutachten über die Frage, ob Sigismund als römischer König berechtigt sei, Witold zum König zu erheben. Während sich die Krakauer Gutachter an traditionelle Denkmuster hielten und die moderne Staatstheorie seit Ockham und Marsilius von Padua igno-

rierten, erkannte der im Dienst Sigismunds wirkende Jurist Giovanni Battista Cigala aus Genua dem Kaiser dieses Recht zu. Dieser wurde von Cigala als mit dem Papst gleichberechtigt bezeichnet. Beide hätten ihre Gewalt unmittelbar von Gott; die Würde des römischen Königs leite sich von der Wahl her und sei mit der des Kaisers völlig gleichrangig. Die Salbung des Königs könne auch von einem normalen Bischof vorgenommen werden. Ende 1429 teilte Sigismund Herzog Filippo Maria von Mailand mit, er habe dem mailändischen Gesandten Benedetto Fulcho Schriftstücke bezüglich der Krönung Witolds mitgegeben; der Papst lasse sich jedoch weiterhin vom polnischen König aufhetzen. Darum ersuche er ihn, auf den Papst einzuwirken, daß dieser den Polen nicht traue und Witold ermahne, die Krone aus seiner Hand anzunehmen. Im Juli 1430 suchte Sigismund die letzten Zweifel des Großfürsten mit dem Hinweis auf das Wiener Gutachten zu zerstreuen und teilte ihm mit, daß König Wladislaw mit den Hussiten unter einer Decke stecke. Er schickte Cigala mit einer Instruktion und der Königskrone nach Litauen. Ende Juli ersuchte er ihn, seine Gesandtschaft in Thorn abholen zu lassen. Im September 1430 sollte in Wilna das Krönungsfest gefeiert werden; Witold lud dazu eine große Zahl von Ehrengästen wie den Großfürsten von Moskau ein. Die Polen wollten der Gesandtschaft Sigismunds, die mit der Krone bis Berlin gekommen war, die Durchreise durch Polen verwehren. Die Vorausgesandtschaft unter der Leitung Cigalas wurde von den Polen überfallen und ausgeraubt; dabei fiel ihnen auch das Wiener Rechtsgutachten in die Hände. Die eigentliche Gesandtschaft mit der Krone unter der Leitung des Erzbischofs von Magdeburg wagte die Weiterreise nicht mehr, da ein polnisches und ein hussitisches Heer zum Angriff bereitstanden. Unterdessen wartete Witold mit dem Großfürsten von Moskau, dem Hochmeister des Deutschen Ordens und den anderen Ehrengästen vergeblich in Wilna auf die Ankunft der Gesandtschaft mit der Krone.
Anfang Oktober erfuhr Witold dann von dem Überfall. Kurz darauf drohte der Papst Sigismund und Witold in einer Bulle energische Maßnahmen an, wenn sie die Krönung vollführten. Unterdessen entschloß sich König Wladislaw von Polen zu einem Besuch bei seinem Vetter in Wilna. Witold forderte ihn auf, sich mit Sigismund zu vertragen, und verlangte seine Erhebung zum König. Der polnische König entgegnete ausweichend, er müsse darüber erst den Rat der Großen seines Reiches einholen. Nach dem Scheitern der Verhandlungen schrieb Witold an Sigismund, er werde nie einen Separatfrieden mit Polen schließen, ohne ihn und den Deutschen Orden einzubeziehen. Er möge ihm daher die Krone ohne besonderes Aufsehen zukommen lassen. Kurz darauf erhielt er einen Brief Sigismunds, der ihm mitteilte, er habe nun die Einwilligung des Papstes zur Krönung erhalten, der eingesehen habe, daß der polnische König die Hussiten unterstütze, was die Hauptursache ihres langen Widerstandes sei. Er wolle daher ein starkes Heer in Deutschland aufbieten, das die Gesandtschaft mit der Krone bis nach Preußen geleiten werde. Witold aber riet ihm von seinem Vorhaben ab und erklärte, er wolle versuchen, sich mit Polen zu verständigen. Bevor der Streit gelöst werden konnte, starb Witold am 27. 10. 1430 im Alter von 80 Jahren. Noch ohne Kenntnis des Todes Witolds schrieb Sigismund ihm am 8. 11. 1430 aus Ulm, er wolle nach

dem Nürnberger Reichstag Ende November nach Preußen kommen und dort mit ihm zusammentreffen. Er „hatte mit seiner imperialen Politik viel, sehr viel erreicht, hatte dem Kaisertum wieder Kraft und Ehrfurcht, ja politische Erfolge verschafft. Dem höheren Schicksal, dem Zufall, mußte er vor dem Pflücken einer reifen Frucht in Litauen weichen, nicht aber dem Papsttum, das soviel es gekonnt hatte, die Stellung Sigismunds zu untergraben bestrebt war."[5]

Papst Martin V. war noch aus einem anderen Grund mit Sigismund höchst unzufrieden. Nachdem die Türken den Waffenstillstand vom Juni 1428 gebrochen hatten, bemühte sich Sigismund weiterhin um einen Frieden, der ihm die Möglichkeit gab, Ungarn zu verlassen, um die Krönungsreise nach Rom antreten zu können. Georg Brankowitsch, der Despot von Serbien, bemühte sich um den Abschluß eines dreijährigen Waffenstillstandes zwischen Sigismund und dem Sultan, der im Februar 1429 erfolgte. Etwas schadenfroh berichtete Sigismund darüber an den Hochmeister des Deutschen Ordens und an die byzantinischen Despoten Theodor und Konstantin nach Morea; sein Motiv bei Abschluß des Waffenstillstandes war wohl, endlich die Möglichkeit zu dem lange geplanten Romzug zu haben. Es ist jedoch unrichtig, daß er den Türken freie Hand gegen Venedig ließ, die im März 1430 Saloniki an den Sultan verloren. „War Sigismund wirklich dem Ideenkreis des Mittelalters so völlig entwachsen, daß er – das weltliche Haupt der Christenheit – mit den Ungläubigen gegen einen christlichen Staat gemeinsame Sache machte? Es ist schwer glaublich; denn gerade er hat eine Wirksamkeit als Vogt der Kirche entfaltet wie seit langem kein römischer König. Aber hätte er auch die überlieferten Ideen für nichts geachtet, so durfte er doch eines nicht verletzen: das Interesse Ungarns."[6]

Eine Krönung zum römischen Kaiser konnte natürlich nur durch den Papst erfolgen. Vor seiner Rückreise in das Reich ersuchte Sigismund daher im Oktober 1429 Herzog Filippo Maria von Mailand und im Dezember in Preßburg die Kurfürsten von Mainz und Brandenburg, sich für ihn beim Papst zu verwenden. Da der mailändische Diplomat Benedetto Fulcho gerade in Preßburg war, wurde er nun zusammen mit dem kurfürstlichen Gesandten Dietrich nach Rom geschickt, wobei Fulcho von Sigismund noch den Auftrag erhielt, die Aussagen des kurfürstlichen Gesandten zu „überwachen".[7] Sigismund mußte sich nun mit dem Papst arrangieren, der vor allem auch das Zusammentreten des Konzils verzögern wollte, von dem sich der König allein eine Lösung der Hussitenfrage versprach. Mehr passiv als aktiv beteiligte er sich nun an der vor allem von der Kirche betriebenen Kampagne, die schließlich 1431 zum fünften und letzten – vergeblichen – Hussitenkreuzzug führen sollte. Sigismund war dies alles eher unangenehm; er wollte sich zum Kaiser krönen lassen und kam in erster Linie ins Reich, um einige Konflikte zu bereinigen und sich den Rücken für den Italienzug freizuhalten.

Das erste Problem, das seit Jahren die Gemüter erregte, war die Nachfolge des 1425 verstorbenen Herzogs Johann von Bayern-Straubing, des letzten niederländischen Wittelsbachers, früheren Bischofs von Lüttich und Enkel Kaiser Ludwigs, der mit Sigismunds Nichte Elisabeth von Görlitz vermählt gewesen war. Unter

Umgehung von Jakobäa, der Tochter seines Bruders Wilhelm, vermachte er Holland, Seeland, Friesland und Hennegau seinem Neffen Herzog Philipp von Burgund, dem Sohn seiner Schwester Margarethe.[8] Dem Burgunderherzog war es daraufhin gelungen, die Niederlande in Besitz zu nehmen – ohne hierfür freilich von Sigismund belehnt worden zu sein, der die Herrschaft der Burgunder in den Reichsgebieten nicht anerkannte. Verschärft wurde der Konflikt dann 1430, als Philipp von Saint-Pol, der Vetter Herzog Philipps und letzter Herzog von Brabant, starb und Philipp von Burgund auch dieses Reichslehen besetzte, ohne von Sigismund belehnt worden zu sein. Daraus wird ersichtlich, wie sehr der Einfluß des Reiches an der Westgrenze geschwunden war, während die Luxemburger sich vornehmlich nach Osten orientierten.

Das Herzogtum Niederbayern-Straubing, das ebenfalls Herzog Johann gehört hatte, bildete seit 1425 das Streitobjekt zwischen den drei übrigen Linien der Wittelsbacher, die von den Herzögen Ludwig VII. „dem Bärtigen" von Bayern-Ingolstadt, Heinrich XVI. von Bayern-Landshut und den Brüdern Ernst und Wilhelm von Bayern-München vertreten wurden. Auch Albrecht V. von Österreich stellte Erbansprüche, da seine Mutter Johanna eine Schwester von Herzog Johann III. gewesen war. Herzog Ludwig VII., dessen Schwester Isabeau mit König Karl VI. verheiratet gewesen war, hatte zu Beginn des Konstanzer Konzils die Politik Sigismunds unterstützt, war dann aber 1417 nach einem Überfall Herzog Heinrichs XVI. von Sigismund vor das Hofgericht gezogen worden und hatte dann jahrelang gegen Markgraf Friedrich von Brandenburg, den Verbündeten Heinrichs, Krieg geführt. Vergeblich hatte Sigismund mehrfach ein Friedensgebot erlassen und zwischen den Verwandten vermittelt. Die gegen Ludwig gerichtete Liga der Wittelsbacher hatte indes immer wieder Fühlung zum König gehalten und ihn auch gegen die Hussiten unterstützt. Ludwig „der Bärtige" wurde Rat Sigismunds und hielt sich jahrelang am ungarischen Hof auf, während sich Sigismund mehr und mehr von der Liga distanzierte. Das maßvolle Urteil Sigismunds auf dem Nürnberger Reichstag vom 22. 3. 1431 führte aber ebenfalls zu keiner Versöhnung zwischen Ludwig und Heinrich, die ihren Streit vor der westfälischen Feme fortsetzten.

Der Straubinger Erbfall führte vollends zur Zersplitterung der Kräfte der Wittelsbacher im Streit untereinander, während die Niederlande der Dynastie endgültig verlorengingen. Ludwig VII. verlangte als ältester Wittelsbacher das gesamte Erbe für sich, Heinrich XVI. die Dreiteilung entsprechend den drei Linien, während die beiden Münchener Herzöge für die Gleichheit aller Erben gleichen Grades, also die Vierteilung des Landes, eintraten. Sigismund entzog den Ständen Straubings die Entscheidung und übergab den Fall dem Kurfürsten von Brandenburg als Schiedsrichter. 1426 erhielten alle Wittelsbacher – allerdings auch Albrecht V. von Österreich – von Sigismund die Eventualbelehnung. Nach langen vergeblichen Vermittlungsbemühungen der Verbündeten und der Kurfürsten wurde der Fall 1427 wieder an Sigismund zurückverwiesen, und die Parteien gelobten, sich dem Spruch des Königs zu unterwerfen.

Bereits seit 1427 hatte Sigismund dem Münchener Hof seine Gunst zugewandt, hatten Wilhelm und Ernst doch 1424 in der Zeit der Isolierung des Königs zu diesem gehalten und 1427/28 seine Handelssperre gegen Venedig unterstützt; Wilhelm hatte den König auch in Ungarn besucht.[9] Durch den Preßburger Spruch vom 26. 4. 1429, der eine Teilung des Landes nach Köpfen in vier Teile vorsah und Albrecht V. nicht zum Zug kommen ließ, wurde der Streit beendet. Sigismund mußte erst dazu gedrängt werden; es lag ihm vor allem an einem „durchsetzbaren Spruch", dem sich alle Parteien beugten.[10] Damit trug das Urteil auch zur Festigung des Ansehens des Königs bei und bildete die Grundlage für die Teilnahme der Wittelsbacher am Hussitenkrieg.

Bei seinem Aufenthalt in Straubing wurde Sigismund Ende August 1430 von Kurfürst Friedrich von Brandenburg und den bayerischen Herzögen Ludwig, Ernst und Wilhelm, den Pfalzgrafen Johann und Otto und dem Erzbischof von Magdeburg begrüßt. Es wurde zunächst beschlossen, am 6. 10. von Cham aus einen Unterstützungszug nach Pilsen zu unternehmen. Dann wurde der Plan jedoch wieder abgeändert. Über Regensburg zog Sigismund weiter nach Nürnberg, wo er am 13. 9. eintraf und einige Tage darauf Herzog Friedrich II. von Sachsen, den Sohn Friedrichs des Streitbaren, mit der sächsischen Kurwürde belehnte. Noch Anfang November teilte er dem Hochmeister des Deutschen Ordens mit, er wolle nach dem Reichstag von Nürnberg nach Preußen und zur Krönung Witolds von Litauen reisen; kurz darauf erfuhr er dann, daß der Großfürst gestorben war. Über Ulm zog Sigismund dann an den Bodensee nach Überlingen und Konstanz, wo er Verhandlungen mit englischen Diplomaten führte. Herzog Adolf von Jülich-Berg kam nun zu ihm, um ihn um Unterstützung in der geldrischen Frage zu ersuchen, die durch ihre Verquickung mit der burgundischen Frage neue Aktualität gewann. Es kam auch zu einer Annäherung an Herzog Friedrich IV. von Österreich, der Sigismund um die Belehnung mit dem erledigten Herzogtum Brabant ersuchte. Dieser begann zu dieser Zeit mit der Anbahnung einer außenpolitischen Allianz mit König Karl VII. von Frankreich, da dessen Todfeind Philipp von Burgund Erbansprüche auf das österreichische Elsaß erhob, das bis 1426 als Witwengut für Katharina von Burgund, der Witwe Leopolds IV. von Österreich, unter deren Einfluß gewesen war und auf das ihr Neffe Philipp nun Ansprüche erhob. Die gemeinsame Gegnerschaft gegen Burgund führte die alten Feinde Sigismund und Friedrich zusammen.

Papst Martin V. hatte mittlerweile König Wladislaw von Polen ermächtigt, mit den Hussiten Verhandlungen zu führen. Im November 1430 wurde nun am Papstpalast in Rom ein Manifest angeschlagen, das dem Papst den Entzug der Obödienz und die Absetzung androhte, wenn er nicht bald das versprochene Konzil zu Basel einberufe; der hussitischen Ketzerei müsse endlich durch das Konzil ein Ende gesetzt werden, und jeder Christ müsse dafür eintreten, wenn er eine Todsünde vermeiden wolle. Am 1. 1. 1431 ernannte der Papst daraufhin den Kardinal Giuliano Cesarini zum Legaten für den Hussitenkreuzzug und bevollmächtigte ihn mit der Leitung des Konzils. König Wladislaw von Polen erhielt den Befehl, die skandalösen Beziehungen seines Landes zu den Ketzern nicht länger zu dulden. Bevor Martin V. noch gegen das gefürchtete Konzil einschreiten konnte, starb er am 20. 2. 1431. Der Venezianer Gabriele Condulmer – der einstige Anhänger Gregors XII. – wurde bald darauf zum neuen Papst gewählt und nahm den Namen Eugen IV. an.

Der Nürnberger Reichstag wurde erst im Februar 1431 eröffnet; erstmals seit Jahren nahmen wieder alle Kurfürsten an einem Reichstag teil. Bereits auf dem Preßburger Reichstag vom Dezember 1429 hatte Sigismund aufgrund seiner Enttäuschung darüber, daß die Städte nicht bereit waren, sich mit der Ritterschaft vom St. Georgenschild zusammenzuschließen, erkennen lassen, daß er sich von den Städten zu distanzieren begann und sich wieder ganz den Fürsten und Rittern zuwandte. Ritter und Fürsten beklagten sich immer wieder darüber, daß ihre Untertanen in die Städte flüchteten, wo ihnen der soziale Aufstieg und das Bürgerrecht winkten. In Konstanz hatte Sigismund die von den Zünften vertriebenen Geschlechter wieder in ihre Rechte eingesetzt; nun verlangte er von den Städten, die durch ihr Feilschen um die Höhe der Hussitenhilfe den König verärgert hatten, ihre „Ausbürger" – Leute, die außerhalb der Stadt wohnten und das Bürgerrecht besaßen – aus dem Bürgerrecht zu entlassen.[11] Mitte März erließ Sigismund einen Landfrieden und am 25. 3. mit einer „Goldenen Bulle" das „Pfahlbürgergesetz", das es den Städten verbieten sollte, Untertanen von Rittern und Adeligen aufzunehmen. Städte, Bauern und „arme Leute" sollten sich nicht mehr zusammenschließen dürfen. Formal erneuerte Sigismund damit eine Bestimmung der „Goldenen Bulle" und das Verbot der Städtebünde von Eger von 1389, die freilich nie eingehalten worden waren und nicht mehr der Rechtswirklichkeit entsprachen. Dieses Gesetz, das von den Kurfürsten von Mainz, Köln und Brandenburg, den Bischöfen von Magdeburg, Breslau, Bamberg, Augsburg, Regensburg und Eichstätt und den Herzögen Wilhelm, Heinrich, Johann, Otto und Stephan von Bayern, Adolf von Jülich-Berg, Markgraf Bernhard von Baden, dem Kanzler Bischof Johann von Zagreb und dem Minnesänger Oswald von Wolkenstein besiegelt wurde, dokumentierte, daß der Einfluß der Städte zu sinken begann. Im weiteren Verlauf des Reichstages kam es dann zu Verhandlungen über den Hussitenkreuzzug, der für Ende Juni ausgeschrieben wurde. Als die Städteboten erklärten, sie seien nicht bevollmächtigt, konkrete Zusagen über Hilfsleistungen zu geben, wurde Sigismund, der mehrfach Reden zum Hussitenkrieg auf dem Reichstag hielt, sehr zornig. Als Kardinal Cesarini auf dem Reichstag eintraf, suchte Sigismund ihn dazu zu bewegen, nach Basel zu reiten, um das Konzil zu eröffnen. Der Kardinal trat jedoch eher für den Kreuzzug ein, während Sigismund sich mit Grenzverteidigungsmaßnahmen zufriedengeben wollte. Die Kurie hoffte, mit einem siegreichen Kreuzzug werde auch das ungeliebte Konzil überflüssig werden. Sigismund indes zweifelte an den Erfolgsaussichten eines Feldzuges und erklärte, er wolle die Könige von England und Frankreich miteinander versöhnen und nach Italien ziehen. Mitte März sollte auf der Nürnberger Burg die Entscheidung fallen. Sigismund fürchtete eine neue Niederlage und erklärte, er wolle lieber sterben als eine weitere Schädigung des Ansehens des Reiches hinnehmen. Dann bat er die Fürsten und Vertreter der Städte, noch einmal über alles nachzudenken. Er sei bereit, ihrem Entschluß zu folgen, und ziehe sich auf einige Zeit in sein Gemach zurück. Daraufhin beschlossen die Fürsten und Städtevertreter, den Kreuzzug gegen die Hussiten durchzuführen. Die Städte behielten sich eine endgültige Stellungnahme vor; ihr Einverständnis wurde jedoch im Abschied vom 18. 3. bereits vorausgesetzt. Sigismund stimmte zu und erklärte, er wolle selbst an dem Kreuzzug teilnehmen. Dann unternahm er den bereits erwähnten letzten Versuch, die bayerischen Herzöge Ludwig VII. und Heinrich XVI. miteinander zu versöhnen.

Die Reichsmatrikel, die nun mit dem Glevenanschlag angefertigt wurde, zeigt eine größere Vollständigkeit als die erste von 1422; bedenklich war es allerdings, daß man dem Herzog von Burgund, Savoyen und dem Deutschen Orden ein Fünftel aller Truppen zugeteilt hatte, von denen doch kaum Hilfe zu erwarten war. Es wurde ein Heer von 32.000–33.000 Reitern veranschlagt; die Kurfürsten und Herzog Friedrich IV. von Österreich mit der Steiermark sollten je 200 Gleven, also etwa 800 Reiter, stellen, Bayern und Salzburg je 120, Württemberg, Magdeburg, Kleve, Hessen und Thüringen je 100, Würzburg 80, Jülich-Berg 60 und die übrigen Fürsten und Bischöfe zwischen fünf und 50 Gleven. Auch die Summe der Geschütze und Büchsen wurde genau vorgeschrieben. Das Heer sollte Anfang Juli in sieben Gruppen in Böhmen einrücken.[12] Mittlerweile wurde auch die Anfang März erfolgte Wahl Eugens IV. in Nürnberg bekannt, die Kardinal Cesarini den Vorwand bot, nicht nach Basel zu gehen, sondern den Papst um neue Instruktionen zu ersuchen. Bezüglich des Kreuzzuges holte er freilich keine neuen Anweisungen ein, sondern begann sogleich, in Franken und im Rheinland, das Kreuz zu predigen und die Rüstungen der Fürsten und Städte voranzutreiben.

Auf dem Nürnberger Reichstag bemühte sich Sigismund auch, das Münzwesen des Reiches neu zu ordnen, und ordnete an, die königlichen Münzstätten in Frankfurt, Nördlingen, Dortmund und Basel besser zu beaufsichtigen. Auf dem Reichstag wurde auch die universale Dimension seiner Politik deutlich. In seinem Gefolge befand sich der Woiwode Vlad Dracul von der Walachei, ein unehelicher Sohn des Woiwoden Mircea, der lange als Gefangener und Flüchtling in Ofen und Konstantinopel gelebt und im Jahr zuvor den Woiwoden Daniel besiegt und getötet hatte. Im Februar belehnte Sigismund ihn feierlich mit einer Keule, dem Symbol der Herrschaft bei den Rumänen, ließ ihn unter Trommelwirbel und Posaunenklang zum Woiwoden ausrufen und nahm ihn dann in den Drachenorden auf; seither trug er den Beinamen „Dracul" und wurde zum Urbild des „Dracula". Damit wurde wenigstens der Schein erweckt, daß die Walachei unter die ungarische Oberhoheit zurückkehrte. Bereits im Jahr darauf huldigte Vlad Dracul jedoch dem Sultan und unternahm Einfälle nach Siebenbürgen.

Auf dem Nürnberger Reichstag wird auch die Anwesenheit eines Herzogs „aus Tatern" (der Tataren) sowie etlicher „herren auß der Dürkgey" erwähnt. Im etwa ein bis zwei Jahrzehnte nach dem Reichstag angelegten „kaiserlichen Buch" von Albrecht Achilles, dem dritten Sohn des Markgrafen Friedrich, findet sich die teilweise verballhornte Übersetzung eines Briefes, den Uthman oder Quara Yuluq, genannt „der schwarze Blutegel" († 1435), der Herrscher über die Turkmenen vom „Weißen Hammel", der schon 1402 auf seiten Timur Lenks gegen die Türken gekämpft und von diesem Amida (Diabekir) am oberen Tigris erhalten hatte, im Frühjahr 1431 an Sigismund schickte. In dem Brief wird berichtet, daß Timurs Sohn Schah Roch († 1447) seine Stellung in Persien gefestigt habe; sein Sohn habe das Reich vom „Schwarzen Hammel" in Aserbaidschan besiegt. Nun rüste Schah Roch zu einem Feldzug gegen die Türken und wolle im Sommer Syrien angreifen. Der Araberfürst Qurmas ibn Husain ibn Nuair habe die Mamelucken besiegt, die seinen Sohn, den er zum Vizekönig von Edessa gemacht hatte und der 1430 in Kairo an der Pest gestorben war, im Sommer zuvor gefangengenommen hatten. Der „schwarze Blutegel" hielt die Niederlage der Mamelucken für eine gerechte Vergeltung für das Schicksal seines Sohnes; er schickte daher zwei Gesandte zu Sigismund, um ihn zu ersuchen, eine gemeinsame Botschaft an Schah Roch zu schicken. Offensichtlich teilte Sigismund den Inhalt des Briefes dem jungen Albrecht Achilles mit, der ihn später dem März 1431 zuordnete.[13] Sigismund, der zu dieser Zeit den angeblichen Osmanenprinzen und Thronprätendenten „Morathbeg" in seinem Gefolge hatte, war durch seine beiden Gesandten Nikolaus „Sarazenus" – der nach der Schlacht von Nikopolis zwölf Jahre in türkischer Gefangenschaft gewesen und bereits 1412 zum Khan des Kiptschak an die Wolga gereist war – und Josa Turcus, die den Brief Quara Yuluqs überbrachten, bestens über die Verhältnisse in Vorderasien informiert. Josa Turcus war eigentlich ein Mohammedaner, den Nikolaus „Sarazenus" in der Gefangenschaft kennengelernt hatte und der später zum Christentum übergetreten und in den Dienst Sigismunds übernommen worden war. In der erwähnten Urkunde für Nikolaus „Sarazenus" von 1428 war Josa Turcus, der von 1419 bis 1423 den Khan der „Goldenen Horde" aufgesucht und dann mit seinem Freund 1430 zu Quara Yuluq gereist war, mitbelehnt worden. Zur Belohnung für seine Dienste verlieh Sigismund dem zum Richter der Kumanen in Ungarn ernannten Josa Turcus im Juni 1431 in Nürnberg ein Wappen, das einen gekrönten und durch zwei Pfeile im Hals getroffenen Raben zeigt. Die beiden Freunde erhielten noch weitere großzügige Geschenke Sigismunds, wurden aber auch in Prozesse verwickelt. Nach dem Tod des Nikolaus „Sarazenus" wurde Josa Turcus, der zusammen mit dem Freund vom kroatischen Ban verhaftet worden war, Anfang 1437 auf Befehl Sigismunds freigelassen, obwohl man bei ihm einen Koran und türkische und mohammedanische Schriften gefunden hatte.

Leider wissen wir nicht, ob es nach dem März 1431 zu einer weiteren Kooperation zwischen Sigismund und Quara Yuluq kam. Osmanische Geschichtsschreiber berichten, daß Sigismund Ibrahim ibn Muhammed Tadschad-Din, den Herrscher von Karaman († 1463) zum zweiten „karamanischen Krieg" von 1435 gegen Sultan Murad aufgestachelt habe. Da die Mamelucken in Ägypten und Syrien den Venezianern monopolartige Stellungen einräumten, gehören diese Bemühungen Sigismunds zu den Versuchen, neue Fronten gegen die Türken und Venezianer in deren Rücken zu eröffnen. Dennoch verhandelte Sigismund auch mit den Türken selbst; der erwähnte mailändische Gesandte Fulcho, der am Waffenstillstand nach der Schlacht bei Golubac mitgewirkt hatte, wurde nach einem ragusanischen Bericht im April 1431 von Nürnberg aus zum Sultan geschickt. Kein spätmittelalterlicher Herrscher in Deutschland führte eine derart „universale" Politik wie Sigismund, der angesichts der vielfältigen Probleme, mit denen er zu kämpfen hatte, unentwegt auf der Suche nach Koalitionspartnern war.

Auf dem Nürnberger Reichstag von 1431 versöhnte sich Sigismund mit einem der wichtigsten Männer seiner Umgebung, dem Reichserbkämmerer Konrad von Weinsberg. Zum Bruch zwischen den beiden war es gekommen, als Weinsberg bei seinen Bemühungen, seinem Schwiegersohn Erich von Sachsen-Lauenburg die sächsische Kur zu verschaffen, selbst vor einer Urkundenfälschung nicht zurückgeschreckt war. Der Herzog wies nämlich eine auf Dezember 1414 rückdatierte Belehnungsurkunde über Kursachsen vor, deren Fälschung durch Konrad von Weinsberg im Sommer 1426 aufgedeckt worden war. Durch den „Sinsheimer Überfall" auf die Verbündeten der Reichsstadt Weinsberg, die er sich untertänig machen wollte, hatte er es sich endgültig mit dem König verscherzt. Nun kam es auf dem Nürnberger Reichstag zu einer Aussöhnung, die zum Teil dadurch zustande kam, daß Konrad dem König mehrere Summen lieh und Schulden übernahm und insgesamt 6850 Gulden dafür aufwendete.[14] Konrad schlug nun vor, das Ansehen des Reiches am Niederrhein angesichts der Expansion Burgunds durch die Neuerrichtung einer Reichsmünzstätte zu heben; der Plan wurde freilich nicht ausgeführt. Anfang Mai schickte Sigismund ihn dann zu Herzog Amadeo von Savoyen; zusammen mit einer Begleitung der Ritter vom St. Georgenschild, der Schweizer Eidgenossen und mit Hilfe der Herzöge von Mailand und Savoyen wollte Sigismund nun endlich den Romzug antreten, den er für den Mai plante.

Mitte März 1431 verhandelte der Hussitenführer Prokop der Große mit König Wladislaw von Polen in Krakau; auch Prinz Korybut nahm an dem „Gehör" teil. Der König forderte sie auf, mit dem Papst und Sigismund einen Ausgleich zu suchen, während sie selbst darauf bestanden, vor dem Konzil gehört zu werden. Bei den Verhandlungen hatte der Krakauer Bischof Oleśnicki, ein fanatischer Gegner der Hussiten, diesen die Abhaltung von Gottesdiensten in der Stadt verboten.[15] Im April kam es dann in Prag zu Verhandlungen zwischen den verfeindeten Parteien der Hussiten. Vergeblich versuchten die Utraquisten unter der Leitung von Erzbischof Konrad und dem Theologen Jan Rokyczana, sich mit den Taboriten zu verständigen. Unterdessen hatte König Wladislaw Verhandlungen zwischen den Hussiten und Sigismund angeregt. Der böhmische Landtag bot Sigismund an, die Preßburger Verhandlungen fortzuführen. Dieser stimmte zu, zumal immer mehr Theologen in Basel eintrafen und ein neuer Krieg das Konzil wieder in Frage gestellt hätte.

Während Kardinal Cesarini den Beginn des Kreuzzuges predigte, verließ Sigismund am 9. 5. Nürnberg in Richtung Bamberg und zog von dort aus weiter nach Eger, um persönlich mit den Hussiten zu verhandeln. Die Hussiten verlangten in den vom 24. bis zum 30. Mai dauernden Verhandlungen zu Eger „freies Gehör" vor einem Konzil, an dem auch die Griechen und Orientalen teilnehmen sollten. Sigismund schlug vor, daß das Konzil in letzter Instanz bindend über die Streitpunkte entscheiden sollte. Die Hussiten erklärten jedoch, sie wollten eher sterben, als sich dem Urteil des Konzils zu unterwerfen. Dennoch schien eine Einigung möglich, bis der Dominikaner Johann Stojkovich von Ragusa als Abgesandter des Kardinals Cesarini eintraf und sich in die Gespräche einschaltete; später rühmte er sich, daß er die Verhandlungen zu Fall gebracht habe.[16]

Nachdem Sigismund noch im Mai den Italienzug als unmittelbar bevorstehend angekündigt hatte, mußte er nun zuerst den letzten Hussitenkreuzzug abwarten. Von den auf dem Reichstag ausgeschriebenen Kontingenten war nur ein geringer Teil gekommen. Ende Juni ernannte Sigismund Kurfürst Friedrich zum obersten Reichsfeldherrn. Auf der Rückreise von Eger verletzte sich der König in Bamberg bei einem Sturz und erklärte, selbst nicht am Feldzug teilnehmen zu können. Anfang Juli zog Kardinal Cesarini mit den Kurfürsten von Brandenburg, Sachsen und Köln, Pfalzgraf Johann und dem Bischof von Würzburg los. Cesarini erklärte, wenn das Heer unverrichteter Dinge wieder zurückkehre, sei es um den christlichen Glauben geschehen. Prokop der Große, der politisch dachte und wußte, daß auch ein zu erwartender Sieg den Hussiten nicht die Anerkennung Europas einbringen würde, ersuchte Sigismund noch einmal um Verhandlungen. Doch zu Beginn des August überschritt das Kreuzfahrerheer, das 40.000 Mann und mit den in Mähren operierenden Österreichern und dem Troß 100.000 Mann betragen haben soll, den Böhmerwald.

Auch bei diesem letzten Hussitenfeldzug wurden die meisten Fehler der früheren Züge wiederholt. Die drei von den Kurfürsten von Brandenburg und Sachsen sowie den Wittelsbachern befehligten Heere operierten nicht einheitlich, und die Österreicher unter Albrecht V. in Mähren versuchten nicht, sich mit dem restlichen Heer zu verteidigen. Die hussitischen „Gotteskrieger" sollen sich auf 50.000 Mann zu Fuß, 5000 Reiter und 3000 Wagen belaufen haben. Die sogenannte „Schlacht bei Taus" (Domažlice) vom 14. 8. 1431 war wie die meisten früheren Treffen mit den Hussiten keine eigentliche Schlacht, sondern eine Massenflucht, die kopflos und undiszipliniert einsetzte, bevor die Kämpfe eigentlich begonnen hatten. Cesarini, der die Massen zunächst aufgehetzt hatte, mußte nun in Verkleidung fliehen, um nicht gelyncht zu werden; die päpstliche Fahne, die Kreuzbulle und der Kardinalsmantel Cesarinis fielen in die Hände der Hussiten, die viele Geschütze und Wagen erbeuteten und das Pulver in die Luft sprengten, während die Kreuzfahrer den mit Geld und Kostbarkeiten beladenen Wagen des Kardinals plünderten, dessen Zuversicht, man werde die Ketzer ausrotten, nun gebrochen war, zumal er den Ausgang der Schlacht selbst als Gottesurteil bezeichnet hatte. Fortan trat Cesarini für eine friedliche Lösung des Hussitenproblems ein. Die Führung der Kreuzfahrer hatte ebenso versagt wie die Massen selbst, die sich keiner militärischen Disziplin unterordneten. Ein nationales Selbstbewußtsein war nicht vorhanden, und die Kreuzfahrer hatten genauso sinnlos und grausam bei ihrem Vormarsch tschechische Dörfer eingeäschert und die Bevölkerung niedergemetzelt, wie dies umgekehrt von seiten der Hussiten geschah; allein die Österreicher hatten über 500 Dörfer in Mähren niedergebrannt. Zerstörte Dörfer markierten den Weg von Böhmen nach Westen. Die Katholiken betrachteten die katastrophale Niederlage als „Strafe Gottes", während die Hussiten sie als Wunder und göttliche Bestätigung ihrer Lehre ansahen. Die Zeit der Hussitenkriege war damit zu Ende. Auch in der Kirche sah man nun ein, daß den Hussiten mit Gewalt nicht beizukommen war. Sowohl das geistliche wie auch das weltliche „Schwert" hatten vollständig versagt. Kardinal Cesarini riet Papst Eugen IV., den Weg des Kompromisses zu gehen, da man eine Ausweitung der Unruhen in Deutschland befürchten müsse.[17] Nun war das Konzil, das am 23. 7. in Basel eröffnet worden war, die Ultima ratio; am 26. 8. lud Sigismund von Nürnberg aus die Hussiten zum Basler Konzil ein, dessen Vorsitz Kardinal Cesarini Anfang September übernahm. Sigismund zog nun über Donauwörth, Augsburg und Lindau nach Feldkirch, wo er bei Graf Friedrich VII. von Toggenburg die letzten Vorbereitungen für den Zug über die Alpen traf.

XVIII.
Der Beginn des Basler Konzils, Romzug und Kaiserkrönung (1431–1433)

Hätte das 1422 zwischen Venedig und Mailand geschlossene Bündnis gehalten, wäre Sigismund niemals zur Kaiserkrönung nach Rom gekommen. Die Liga zwischen Venedig und Florenz von Ende 1425 machte daher den Weg frei zum Bündnis zwischen Sigismund und Mailand, das im Juli 1426 in Visegrád geschlossen wurde. Der erste Krieg zwischen Mailand und Venedig wurde in zwei Etappen geführt und endete zunächst im Dezember 1426 mit dem Verzicht Filippo Marias auf Brescia. Vergeblich hatte der Herzog auf das Kommen Sigismunds gewartet. Auch während der Fortführung des Krieges zwischen den beiden oberitalienischen Staaten, der im Frühjahr 1427 von neuem ausbrach und Ende April 1428 mit dem Frieden von Ferrara endete, konnte Sigismund, der in Siebenbürgen und Serbien durch den Türkenkrieg festgehalten wurde, seinem Verbündeten keine Unterstützung zukommen lassen. Bündnisverhandlungen Sigismunds mit König Alfons V. von Aragon und Sizilien belasteten zwischen 1425 und 1428 das Verhältnis zwischen dem römischen König und Papst Martin V., der eine Herrschaft des Aragonesen in Neapel auf keinen Fall hinnehmen wollte.
Das ganze Jahr 1427 über vertröstete Sigismund den Herzog von Mailand, der im Oktober in der Schlacht bei Maclodio eine schwere Niederlage durch die Venezianer hinnehmen mußte, bezüglich seines Kommens. Der Türkenfeldzug des Frühjahrs 1428 und die schwere Niederlage vor Golubac machten es Sigismund unmöglich, den schon lange geplanten Romzug durchzuführen. Durch den Frieden von Ferrara verlor der Italienzug für Filippo Maria auch an Bedeutung, bis es dann – Anfang 1431 – zum Ausbruch des zweiten großen Krieges zwischen Venedig und Mailand kam. Bereits Anfang Februar 1428 hatte Sigismund neuerlich seinen Romzug angekündigt. Er erklärte in einem Schreiben an die bayerischen Herzöge, daß er durch Bayern und Schwaben in die Lombardei ziehen wolle und war dann im März 1428 bis nach Tyrnau in der Nähe der Reichsgrenze gekommen, wo er nach Verhandlungen mit Bischof Raban von Speyer aus nicht ganz geklärten Gründen seinen Plan änderte, nach Serbien zurückkehrte und den Romzug neuerlich verschob.
Nach dem Frieden von Ferrara erläuterte Filippo Maria von Mailand Ende Mai 1428 Sigismund die Motive seines Friedensschlusses[1] und schickte Corrado del Carretto zu Sigismund nach Serbien, um ihn über die neue Situation zu informie-

ren. Der König plante nun, die Konflikte mit den Türken, den Hussiten und mit Polen durch provisorische Abmachungen vorerst zu beenden, einen Reichstag in Deutschland abzuhalten, um alle anstehenden Probleme zu beraten, und dann nach Italien zu ziehen. Mitte Juli beauftragte er den Genuesen Bartolomeo Mosca, mit Filippo Maria über die Krönung mit der „eisernen Krone" der Lombardei und den Romzug zu verhandeln. Im Juli traf Sigismund auch mit dem venezianischen Abgesandten Marco Dandolo zusammen, mit dem er am 8. 9. einen bis April 1429 reichenden Waffenstillstand schloß.[2] Da es im April 1429 jedoch zu keiner Verlängerung kam, befand sich Sigismund mit der Republik ab dieser Zeit de facto wieder im Kriegszustand. Die Verhandlungen mit den Hussiten im Frühjahr 1429 nötigten Sigismund dann, den Romzug auch weiterhin zu verschieben. Der Papst wurde darüber und über Sigismunds Pläne bezüglich der Königskrönung des Großfürsten Witold derart verstimmt, daß es praktisch zum Abbruch der Beziehungen zwischen ihm und Sigismund kam.

Im Lauf des Jahres 1429 versuchte Sigismund dann, sein Verhältnis zu Papst Martin V. zu verbessern. Im Herbst ersuchte er Filippo Maria, eine Aussöhnung mit dem Papst zu vermitteln; Anfang 1430 zog dann der Diplomat Benedetto Fulcho mit einer Gesandtschaft der Kurfürsten nach Italien, um mit dem Papst über die Kaiserkrönung zu verhandeln. Im Lauf des Frühjahrs gelang es den Gesandten, den Papst dazu zu bewegen, Sigismund zur Krönung nach Rom einzuladen. Markgraf Jakob von Iseo, der Anfang 1430 im Auftrag des Herzogs von Mailand zu Sigismund nach Preßburg gekommen war, sollte über die Durchführung des Italienzuges mit dem Herzog weiterverhandeln. Im August 1430 kam Sigismund dann nach seiner Krankheit nach Deutschland, um den vor dem Romzug geplanten Reichstag durchzuführen. Auf dem Nürnberger Reichstag sollte auch über den Romzug und seine Organisation gesprochen werden. Sigismund hoffte, um Weihnachten 1430 bereits in der Lombardei zu sein. Durch die Verschiebung des Reichstages mußte jedoch auch der Romzug weiter aufgeschoben werden. Nach dem Reichstag im September und Oktober 1430 wollte Sigismund dann zunächst noch nach Preußen und nach Litauen zur Krönung des Großfürsten Witold. So ließ der Zug nach Italien auch weiter auf sich warten. Inzwischen verhandelte der Markgraf von Iseo mit Filippo Maria über die Durchführung des Zuges. Anfang Februar 1431 schloß Sigismunds Bevollmächtigter Brunoro della Scala mit dem Herzog einen Vertrag, in dem festgelegt wurde, daß der Herzog Sigismund 5000 Dukaten im Monat für die Zeit seines Aufenthaltes in der Lombardei zahlen und ihm die Städte Genua und Asti einräumen sollte. Der krankhaft mißtrauische Visconti verlangte noch eine Reihe von Sicherheitsklauseln; so sollte Sigismund Mailand höchstens mit 1500 bis 2000 Mann betreten und in Genua und Asti nur dem Herzog genehme Verwalter einsetzen. Filippo Maria verpflichtete sich auch, Sigismund Schiffe zur Überfahrt von Genua nach Rom zur Verfügung zu stellen und den König auf sein Verlangen auch zu Lande mit Truppen zu begleiten. Es wurde auch beschlossen, einen Feldzug gegen Venedig zu unternehmen. Ende Mai wurde als spätester Termin für den Zug und Sigismunds Ankunft in Mailand festgesetzt.[3]

Nun wäre der Durchführung des Romzuges nichts mehr im Weg gestanden, wenn die Kurie nicht auf der Durchführung des Zuges gegen die Hussiten bestanden und die Reichsstände im März 1431 auf dem Nürnberger Reichstag dem Kreuzzug nicht zugestimmt hätten. Dennoch hielt Sigismund zunächst an seinen Plänen fest. Anfang Mai schickte er den Reichsmarschall Haupt von Pappenheim zu den Eidgenossen, um Verhandlungen mit ihnen über eine militärische Unterstützung für den Zug gegen Venedig und in die Lombardei zu führen, während Konrad von Weinsberg Herzog Amadeo von Savoyen um Unterstützung ersuchen sollte. Benedetto Fulcho wurde im April zu Sultan Murad geschickt, um mit ihm über eine Verlängerung des Waffenstillstandes zu verhandeln. Dem neuen Papst Eugen IV. kündigte Sigismund Anfang Mai seine bevorstehende Krönungsreise an und ersuchte ihn, einen Frieden zwischen Venedig und Mailand und ihm zu vermitteln. Der Papst sagte ihm zwar prinzipiell die Kaiserkrone zu, verlangte aber zunächst die Ausrottung der Ketzer von ihm. Vorläufig wurde Sigismund jedoch durch die Verhandlungen mit den Hussiten, die Ende Mai 1431 in Eger stattfanden, gehindert, den Zug planmäßig anzutreten. Anfang August wurde der Vertrag mit Mailand verlängert; Filippo Maria verlängerte die Frist bis zum Erscheinen Sigismunds zunächst bis Ende August, dann bis Ende September und schließlich noch einmal bis Ende Oktober. Erst die Niederlage des Kreuzfahrerheeres in der Schlacht bei Taus, die auch Kardinal Cesarini zu der Überzeugung brachte, daß das Hussitenproblem militärisch nicht zu lösen sei, machte dann paradoxerweise den Weg frei, so daß Sigismund den Italienzug antreten konnte.

Von Anfang an hatte Sigismund geplant, den Romzug nur mit Unterstützung der Ritterschaft vom St. Georgenschild, der Eidgenossen und einiger oberitalienischer Verbündeter durchzuführen. Im Mai hatte Zürich, das Haupt von Pappenheim über die Pläne des Königs informieren sollte, Sigismund auf der Tagsatzung der Eidgenossen in Baden zugesagt, ihm 500 Mann auf seine Kosten bis Mailand zu stellen; auch der Abt von Einsiedeln war bereit, den Zug zu unterstützen, nicht aber die Schwyzer. Bereits Anfang Mai hatte Sigismund auch den Herzog Amadeo von Savoyen mitgeteilt, er wolle in Kürze in Rheinfelden eintreffen und dort über alles weitere verhandeln; er schickte Konrad von Weinsberg nach Savoyen; am 20. 5. traf dieser in Thonon am Genfer See mit dem Herzog zusammen. Um keine Zeit zu verlieren, wollte Sigismund mit den Eidgenossen nun nicht mehr in Rheinfelden und Solothurn zusammentreffen, sondern bereits in Oberitalien; auch Amadeo erklärte sich bereit, sich dort dem Zug des Königs anzuschließen.[4] Dann suchte er – über seinen Auftrag hinausgehend – den Herzog für eine Vermittlung des Papstes im Streit zwischen Frankreich und England zu gewinnen. Durch den Hussitenkreuzzug war schließlich die letzte Verschiebung des Romzuges notwendig geworden.

Auch in Feldkirch wollte sich Sigismund nur kurz aufhalten. Die Ereignisse rund um die Eröffnung des Basler Konzils veranlaßten ihn jedoch, den Übergang über die Alpen noch ein letztes Mal aufzuschieben. Auf dem Konstanzer Konzil war beschlossen worden, in fünf Jahren ein neues Konzil zu eröffnen. Dieses trat 1423 in Pavia zusammen und wurde dann nach Siena verlegt, wo man beschloß, spätestens im März 1431 in Basel ein neues Konzil zu eröffnen. Bis November 1430 hatte Martin V. jedoch nichts getan, um die Durchführung des Konzils zu organisieren, obwohl Sigismund ihn häufig gedrängt hatte, die Reformsynode doch schon früher beginnen zu lassen. Erst die Publikation des Drohmanifestes im November 1430 veranlaßte Martin V. dann, Anfang Februar 1431 Kardinal Cesarini zum Konzilspräsidenten zu ernennen. Dieser hatte den Tod des Papstes dann als Vorwand benutzt, zunächst am Hussitenkreuzzug teilzunehmen. Zur Konzilspartei an der Kurie gehörten besonders Sigismunds Freund Kardinal Branda Castiglione von Piacenza und der Prokurator der Dominikaner, Johannes Stojkovich von Ragusa. Am 4. 3. 1431 erklärte der Dominikanerprior Johann Nider in Basel die Zeit zur Vorbereitung des Konzils für beendet. Kurz darauf trafen die ersten Abgesandten der Pariser Universität in Basel ein. Ende April schickte Cesarini Johannes von Ragusa nach Basel und ließ den Theologen mitteilen, er werde zunächst am Kreuzzug teilnehmen. Die bereits in Basel anwesenden Konzilsväter erklärten jedoch, das Konzil lasse sich durchaus mit dem Kreuzzug vereinbaren. Sie schickten eine Gesandtschaft unter der Leitung von Johannes von Ragusa nach Nürnberg zu Sigismund, der jedoch bereits nach Eger abgereist war, wo die Gesandten Ende Mai mit dem König zusammentrafen. Sigismund erklärte sich bereit, das Konzil zu unterstützen; Anfang Juli ernannte er Herzog Wilhelm, den Bruder seiner Schwägerin Sophie, zum Konzilsprotektor. Diese Stellung kam fast der eines Reichsvikars gleich. Kardinal Cesarini ernannte Johannes von Ragusa und Johannes von Palomar zu seinen Stellvertretern; am 23. 7. eröffneten diese dann in Basel feierlich das Konzil. Nach der Niederlage in der Schlacht bei Taus kam Kardinal Cesarini dann selbst Anfang September nach Basel und übernahm die Leitung des Konzils.

Als Sigismund nun am 20. 9. 1431 nach Feldkirch kam, mußte er sich mit dem Krieg zwischen Herzog Friedrich IV., der sich im Jahr zuvor mit König Karl VII. von Frankreich verbündet hatte, und Burgund auseinandersetzen, da der Krieg die Lebensmittelversorgung des Konzils gefährdete. An Cesarini schrieb Sigismund noch von Augsburg aus, daß Friedrich IV. das Konzil störe, wundere ihn nicht, da er ja auch das Konstanzer Konzil gestört habe. Er wolle in Feldkirch mit ihm verhandeln, zumal er auch die Bischöfe von Brixen, Trient und Chur wie in früheren Zeiten bedränge. Das Konzil schickte den Abt Johannes von Maulbronn nach Feldkirch, um Sigismund um Unterstützung gegen Friedrich zu ersuchen. Der König blieb bis Ende Oktober, fast sechs Wochen, in Feldkirch. „Diese Wochen, während der Feldkirch das politische Zentrum des Reiches war, sind zweifellos ein Höhepunkt in der Geschichte der Stadt. Die Reichskanzlei stellte in der Zeit weit über hundert Urkunden aus: Privilegien, Belehnungen, Verbote und Gebote, Ernennungen, Legitimationen, Wappenverleihungen usw."[5] Sigismund bestätigte dem Grafen Friedrich von Toggenburg das Privileg, angesichts seiner Kinderlosigkeit über seine Besitzungen und Pfandschaften frei verfügen zu können. Mitte Oktober kam es dann zum Abschluß eines Waffenstillstandes sowohl zwischen Burgund und Herzog Friedrich IV. als auch zwischen dem Herzog und den Bischöfen von Chur bis zur Rückkehr des Königs, der die Reichsstände und die Herzöge Friedrich von Österreich und Philipp von Burgund ermahnte, das Konzil nicht zu behelligen.[6] Am 20. 9. schickte er Bischof Peter von Augsburg, der im August in Amboise mit König Karl VII. über einen Frieden zwischen England und Burgund einerseits und Frankreich andererseits verhandelt hatte, zu einer weiteren Vermittlungsmission nach Frankreich. Herzog Friedrich IV., der sich verpflichtet hatte, den König beim Krieg gegen Venedig zu unterstützen, kaufte sich mit 12.000 Dukaten frei. Dem venezianischen Gesandten Marco Dandolo ließ Sigismund durch Kaspar Schlick mitteilen, daß er nicht auf der Rückgabe Dalmatiens bestehe; vermutlich hatte er eingesehen, daß er mit einem derart kleinen Heer keinen Krieg gegen Venedig führen konnte. Vergeblich ersuchte Sigismund die Eidgenossen, ihm 2000 Mann für den Romzug zu stellen. Die „Klingenberger Chronik" berichtet, Sigismund sei nicht nach „alter gewonhait" mit Truppen und großem Gefolge nach Italien gezogen, sondern wie ein „Pilger", „won er hatt kain macht und kain volk, won im dienet kain namhaffter her gen Rom, denn allain sin hoffgesind und manger Unger".[7] Am Abend des 28. 10. verließ Sigismund Feldkirch und zog über Maienfeld rheinaufwärts zum Kloster Disentis, von wo aus er über das Medelser Tal zum Lukmanierpaß zog und Anfang November in das Blegnotal hinabstieg; an Bellinzona vorbei zog er weiter bis Lugano und Varese, wo er auf die Rückkehr seiner Gesandten aus Mailand wartete.

Der mißtrauische Herzog Filippo Maria, der den König jahrelang zur Eile gedrängt hatte, wurde nun durch das tatsächliche Kommen so überrascht, daß er dem Kommandanten von Bellinzona den Befehl erteilte, Sigismund nicht einzulassen. Bartolomeo Mosca und Benedetto Fulcho sollten den König ersuchen, seine Ankunft zu verschieben, und ein weiterer Bote erhielt sogar den Auftrag, Sigismund zur Rückkehr nach Basel zu bewegen. Sigismunds Bevollmächtigter Graf Matko von Thallóczy verhandelte mittlerweile um eine Beteiligung Aragons, Mantuas, Savoyens und Ferraras am Krieg gegen Venedig. Der Herzog versuchte Sigismund mit dem Vorwurf hinzuhalten, der Termin für seine Ankunft sei schon abgelaufen. Der König wurde jedoch mehr und mehr ungehalten und setzte den Vormarsch fort; am 22. 11. zog er, begleitet von einer Eskorte von 300 Reitern, in Mailand ein, während der Herzog sich voller Mißtrauen in seinem Schloß Abbiate Grasso eingeschlossen hatte; Eberhard Windecke berichtet, er habe gesagt, wenn er den König sehe, müßte er vor Freude sterben. Auch andere Chronisten wie Andreas von Regensburg bemerken ausdrücklich, daß Sigismund den Herzog nie zu Gesicht bekam, obwohl er sich einen ganzen Monat in Mailand aufhielt.

Die Herkunft der heute so genannten „eisernen Krone" im Domschatz von Monza ist ungeklärt. Im Mittelalter gab es die Sage von der langobardischen Krone, deren Innenreif aus einem Nagel vom Kreuz Christi geschmiedet und mit der Karl der Große 774 gekrönt worden sei. Gegen diese Sage erhob schon der Frühaufklärer Ludovico Antonio Muratori Einwände. Die heute in Monza aufbewahrte Krone, die nur einen Durchmesser von 15 Zentimetern hat, ist eine Votivkrone aus dem 9. Jahrhundert. Die älteren Könige Italiens wurden alle nicht gekrönt; erstmals fand eine derartige Zeremonie 844 bei Ludwig II. statt. Von den deutschen

Königen wurden Heinrich II. 1004 in Pavia, Konrad II. 1026 in Monza und Konrad III. als Gegenkönig 1128 in Monza gekrönt. 1158 wurde Friedrich I. zum König von Italien gekrönt, 1186 sein Sohn Heinrich VI. in Monza. „Aus der Zeit zwischen 1218 und 1246, genauer gesagt, von etwa 1230 stammt die erste sicher datierbare Erwähnung der ‚eisernen Krone'. Schon seit Muratori weiß man, daß die eiserne Krone vor dem 13. Jahrhundert in keiner einzigen Quelle erwähnt wird."[8] Um 1230 ist in der Chronik des Johannes Codagnellus von Piacenza erstmals von der „eisernen Krone" die Rede, die die römischen Kaiser getragen hätten. Um 1260 findet sich bei Mathäus von Paris ein Bericht über die drei Kronen des Kaisers, die eiserne, silberne und goldene; um 1300 ist die „Dreikronenfabel" auch in Italien nachweisbar. Um diese Zeit erwähnt der durch die Heiligenlegende bekannte Jakob von Voragine, der Kaiser werde in Aachen mit der silbernen Krone zum deutschen König, in Monza mit der eisernen zum König von Italien und in Rom mit der goldenen zum Kaiser gekrönt. In der langen Zeit ohne Krönungen in Oberitalien konnte sich die Sage von 1186 bis 1311 so entwickeln, daß sie schließlich als echte Tradition galt. Als Heinrich VII. von Luxemburg, der Urgroßvater Sigismunds, Ende 1310 in die Lombardei kam, wußte man weder etwas vom Verbleib der „eisernen Krone" noch, wo die Krönung durchzuführen sei. Er ließ bei einem Goldschmied eine Krone aus Stahl herstellen, die einem polierten Lorbeerkranz glich und mit der er im Januar 1311 in Mailand gekrönt wurde. „Damit wurde die Sage zur Geschichte . . .; im April 1311 ließ der König diese Krone, die im Gegensatz zu der verloren geglaubten corona ferrea die laurea ferrea genannt wurde, der Basilika von S. Ambrogio in Mailand, in der er gekrönt worden war, übergeben mit der Auflage, daß sie jeweils für die Krönungen seiner Nachfolger herausgegeben werden müsse."[9]
Nach Heinrich VII. wurde 1327 Ludwig der Bayer in Mailand zum König von Italien gekrönt. Bei der Krönung Sigismunds – bei der sie letztmals erwähnt wurde – war die Krone Heinrichs VII. bereits angerostet. Sigismunds Vater Karl IV. hatte sich vor seiner Kaiserkrönung 1355 in der Ambrosiuskirche in Mailand auch mit der vermeintlichen „eisernen Krone" krönen lassen und diesen Akt dann als zweite Station zur dreifachen Krönung des Imperators bezeichnet. Im Kirchenrecht heißt es in einer Glosse zu den „Klementinen" – Ergänzungen Papst Klemens' V. († 1314) zu den „Dekretalen" –, in Aachen empfange der deutsche König die eiserne Krone, in Mailand die silberne und in Rom die goldene; hieran dachte wohl Sigismund, wenn er gegenüber auswärtigen Herrschern bezüglich der Aachener Krönung von der „prima imperialis corona" (der ersten kaiserlichen Krone) sprach. Dahinter stand die Vorstellung von einer Stufenfolge, auf der er von einer minderen zur jeweils höheren Würde aufsteige.[10] Bei der Verlängerung des Vertrages vom 1. 8. 1431 mit Filippo Maria am 19. 9. war genau festgelegt worden, daß Sigismund die Krone nach dem gleichen Ritual erhalten sollte wie sein Vater Karl; das Zeremoniell ist noch im Kapitelarchiv von S. Ambrogio erhalten. Demnach holten die mailändischen Suffraganbischöfe Sigismund am 25. 11. ab und begleiteten ihn bis zu der noch vorhandenen Marmorsäule vor dem Dom. Dort stieg er vom Pferd und wurde vom Erzbischof

begrüßt, der ihm ein goldenes Kruzifix zum Kuß hinhielt. Danach zog die Prozession in den Dom, wo der Erzbischof Fragen an den König richtete. Nach der Epistellesung trat Sigismund vor den Altar und wurde vom Erzbischof gesalbt und erhielt Ring und Schwert; anschließend wurde er mit der vermeintlichen „eisernen Krone" gekrönt und erhielt das Zepter und den Reichsapfel. Danach wurde das Tedeum gesungen, und der König hörte stehend das Evangelium. Nach Ablegung der Krone empfing er die Kommunion und den Segen des Erzbischofs. Nun wurde die Krönung feierlich beurkundet; unter den Zeugen werden Kardinal Branda, Bischof Alexander von Trient, Vizekanzler Kaspar Schlick, Brunoro della Scala und sein Bruder Bartolemeo, Graf Matko von Thallóczy, Laurenz von Hedervar, Dr. Nikolaus Stock und Peter Kalde genannt.[11] Filippo Maria von Mailand ließ sich bei der Krönung nicht blicken und lehnte jeden Besuch des Königs ab. Von der Übergabe von Asti und Genua war keine Rede mehr. Es ist offensichtlich, daß es Sigismund darauf ankam, in die Fußstapfen seiner Vorgänger und Vorfahren zu steigen – wie er dem König von Frankreich nach der Krönung mitteilte.

Während Sigismund in Mailand den Verlauf der weiteren Verhandlungen mit dem Herzog abwartete, hatte sich die Situation des eben erst begonnenen Konzils dramatisch verschlechtert. Mitte September hatte das Konzil Eugen IV. zu seiner Wahl gratuliert und ihn ersucht, die Reform der Kirche ganz in die Hände des Konzils zu legen. Der Konzilsabgesandte Jean Beaupère von der Sorbonne verhielt sich Anfang November in Rom recht ungeschickt und schilderte die Verhältnisse in Basel düster, so daß die Kurie zu der Überzeugung kam, sie könnte jetzt durch einen raschen Schlag das ungeliebte Konzil loswerden. Bereits in einer am 12. 11. dem Bischof Daniel von Parenzo übergebenen Bulle löste Eugen IV. das Konzil auf. Am 14. 12. wurden in der ersten öffentlichen Session des Konzils die Kirchenreform, die Herstellung des Friedens und die Ausrottung der Ketzer zu den Hauptaufgaben des Konzils erklärt und eine Geschäftsordnung erlassen, nach der die Konzilsväter in vier Deputationen eingeteilt wurden. Als Beaupère kurz vor Weihnachten nach Basel zurückkam, getraute sich Kardinal Cesarini zunächst nicht, den Inhalt der Bulle bekanntzugeben, da er sehr wohl bemerkte, daß sie aufgrund der unrichtigen Schilderung der Lage in Basel erlassen worden war. Dennoch sickerte in Basel durch, daß der Papst das Konzil auflösen wolle. Ende November schickten die Väter eine Gesandtschaft an Sigismund mit dem Ersuchen, den Papst um Unterstützung des Konzils zu bitten. Der König wandte sich nun an Eugen IV. und an Cesarini, dem er versicherte, die Sache des Konzils auch weiterhin zu unterstützen. Der Papst hatte jedoch mittlerweile am 18. 12. eine neue Auflösungsbulle erlassen; als diese Mitte Januar 1432 in Basel bekannt wurde, brach der offene Konflikt aus, zumal einige Kardinäle wie Louis d'Aleman von Arles sich geweigert hatten, die Bulle zu unterschreiben. Anfang Februar beschloß man die Einführung eines Inkorporationseides, den jeder auf dem Konzil zu leisten hatte, und am 15. 2. 1431 wurden in der zweiten öffentlichen Session die Konstanzer Dekrete „Haec sancta" und „Frequens" über die Superiorität des Konzils über den Papst und die Abhaltung der Konzilien feierlich erneuert.[12]

Damit war der Kompetenzkonflikt zwischen Papst und Konzil, das sich bald ein eigenes Siegel zulegte, von neuem ausgebrochen.

Für Sigismund begann nun eine unangenehme Zeit des Wartens und Verhandelns; bis Mitte Dezember 1431 blieb er in Mailand; dann zog er nach Piacenza weiter und von dort nach Parma, wo er Ende März 1432 ankam. Von dort aus reiste er Mitte Mai über den Apennin nach Lucca, wo er von Ende Mai bis Anfang Juli blieb. Dann überschritt er den Arno und zog nach Siena, das bereits seit Beginn des Jahres in Kontakt mit ihm stand; hier blieb er bis zum April 1433. Seine Lage schien mehrfach sehr prekär; um das Hussitenproblem zu lösen, brauchte er das Konzil, das seine bereits in Nürnberg ausgesprochene Einladung, Gesandte nach Basel zu schicken, Mitte Dezember noch einmal erneuert hatte. In der Tat begannen nach Vorverhandlungen, die Abt Johann von Maulbronn und der Theologe Johann Nider im Mai in Eger geführt hatten, Ende 1431 ernsthafte Verhandlungen zwischen den Hussiten und dem Konzil. Sigismund mußte also das Konzil unterstützen; der Weg nach Prag führte für ihn über Basel. Andererseits durfte er jedoch nicht ganz mit dem Papst brechen, dem er bereits Anfang 1432, als er von der Konzilsauflösungsbulle erfuhr, unmißverständlich klarmachte, daß er das Konzil unterstützen werde. Als der Papst hartnäckig blieb, ermunterte Sigismund das Konzil, mit Maßnahmen gegen ihn vorzugehen. Erst Ende September 1432, als er bei den Verhandlungen in Siena diesen von der Notwendigkeit eines Einlenkens der Kurie überzeugen konnte, begann er, sich von der immer schärfer werdenden Diktion des Konzils gegenüber dem Papst allmählich zu distanzieren, insbesondere, nachdem die Konzilsväter Eugen am 18. 12. 1432 mit der Absetzung drohten, wenn er ihr Vorgehen nicht innerhalb von 60 Tagen billige.

In seinem Bündnispartner, dem ränkevollen und verschlagenen Herzog von Mailand, hatte Sigismund sich freilich getäuscht. Unter dem Vorwand, er wolle sich in Piacenza mit ihm treffen, war es Filippo Maria im Dezember 1431 gelungen, ihn aus Mailand wegzulocken. Er dachte freilich nicht daran, sich mit dem König zu treffen, der in Piacenza an der Gicht erkrankte. Seit dem Ausbruch des zweiten mailändischen Krieges im Frühjahr 1431 zeigte er überhaupt wenig Bereitschaft, Sigismund die vertraglich vereinbarten Truppen zur Verfügung zu stellen. Auch knüpfte er die ohnehin nur ratenweise erfolgte Auszahlung der vereinbarten Subsidien an immer neue Bedingungen wie z. B. die Abreise des Königs auch aus Piacenza. Der König, der nur mit etwa 800 Ungarn nach Italien gekommen war, konnte die Verbündeten zunächst nur durch die Ausstellung von Kaperbriefen gegen venezianische Schiffe unterstützen. Der venezianische Senat beschloß daraufhin neuerlich, einen Mörder für den König und den Herzog zu dingen. Die Position der Markusrepublik hatte unterdessen durch die Wahl Eugens IV., der Venezianer war, eine beträchtliche Stärkung erfahren. Venedig und Florenz unterstützten den Papst, während der Herzog von Mailand das Basler Konzil forcierte. Sigismunds Fehler bestand nun darin, daß er auf Drängen der ungarischen Barone – die beim Ablaufen des Waffenstillstandes mit den Türken einen Zweifrontenkrieg befürchteten – mit Venedig zwar neue Verhandlungen anknüpfte, diese aber nicht energisch genug betrieb, da er immer noch auf

Filippo Maria hoffte und letztlich nicht auf Dalmatien verzichten wollte. Venedig ließ nun den Condottiere Carmagnola, der zuletzt militärisch weniger erfolgreich gewesen war, im April 1432 enthaupten und übertrug Gianfrancesco Gonzaga von Mantua den Oberbefehl über die venezianischen Truppen. Sigismund suchte diesen nun auf seine Seite zu ziehen, indem er ihn Anfang Mai zum Markgrafen von Mantua erhob und damit seine Herrschaft legitimierte. Noch im gleichen Monat wurden die Venezianer dann von den Mailändern in der Schlacht bei Soncino besiegt.

In der Muße des Wartens in Piacenza hatte Sigismund Anfang 1432 den Minnesänger Oswald von Wolkenstein, den er im Jahr zuvor in den Drachenorden aufgenommen hatte, zu sich kommen lassen; von Parma aus stellte er ihm dann einen Geleitbrief aus.[13] Oswald verfaßte ein Lied über die Bestechlichkeit der königlichen Beamten Hermann Hecht, Marquard Brisacher und Peter Kalde. Sigismund schickte seinen Berater Dr. Nikolaus Stock nun zu neuen Verhandlungen mit dem Papst, der sich hartnäckig weigerte, das Konzil anzuerkennen. Bereits im April hatte Sigismund dem Konzil vorgeschlagen, den Papst zu zitieren. Nach der Rückkehr der unterwegs überfallenen Gesandtschaft von Rom schickte Sigismund Mitte Mai 1432 Dr. Stock und Oswald von Wolkenstein zum Basler Konzil zurück. In einem geheimen Zusatz zum Brief an Herzog Wilhelm schlug er vor, das Konzil solle ihn ganz offiziell „zurückberufen", wenn der Papst nicht nachgeben und er ohne Geld und Unterstützung in eine ausweglose Lage geraten würde. Auch Herzog Filippo Maria riet Sigismund, nach Basel zurückzukehren und das nutzlose Warten aufzugeben.

Wahrscheinlich während seines Aufenthaltes beim König ließ Oswald von Wolkenstein sich von dem bekannten Maler Antonio di Puccio Pisano, genannt Pisanello, porträtieren, da das Bild in der im August 1432 vollendeten Liederhandschrift des Dichters eingebunden ist. Pisanello arbeitete 1431/32 in Rom, wo er Fresken im Lateran vollendete. Im Juli 1432 erhielt er vom Papst einen Geleitbrief und reiste über Ferrara nach Verona, wo er noch 1434 und 1435 wirkte. Im Palazzo Gonzaga in Mantua schuf er die Fresken der Artusrunde. Wenn er nun Oswald 1432 in Parma porträtierte, so ist wohl anzunehmen, daß auch Sigismund sich in dieser Zeit des Wartens von ihm malen ließ. Von Pisanello stammen noch zwei Zeichnungen aus dem „Codex Vallardi", der heute im Louvre aufbewahrt wird. Auf einer davon wird der König mit der gleichen Pelzmütze abgebildet wie auf dem Wiener Gemälde auf Pergament, das auf Holz aufgezogen ist und das erst 1894 aufgrund einer ganz ähnlichen Medaille aus der Mitte des 16. Jahrhunderts, die Sigismunds Namen trägt, identifiziert wurde. Bei der einen Pariser Zeichnung dürfte es sich um eine Vorstudie zu dem Porträtgemälde handeln. Auf der zweiten Zeichnung trägt der bärtige König das Emblem des Drachenordens, das die Identifikation zweifelsfrei erlaubt. Es ist daher anzunehmen, daß alle diese Bilder im Sommer 1432 in Parma oder Siena entstanden.

Zu dieser Zeit befand sich der mit Sigismund befreundete Kardinal Branda Castiglione, den Sigismund bereits seit mehr als zwei Jahrzehnten kannte, in seinem Gefolge. In seinem Geburtsort Castiglione Olona ließ Branda von dem

Maler Masolino da Panicale, der bereits zwischen 1424 und 1427 für Pippo Spano in Ozora in Ungarn gearbeitet und in seinem Freskenzyklus in San Clemente in Rom Sigismund als Kaiser Maxentius dargestellt hatte[14], einen die Geschichte Johannes' des Täufers darstellenden Freskenzyklus im Baptisterium malen. Der berühmte Künstlerbiograph Giorgio Vasari berichtet über ein Gespräch mit Michelangelo, daß der Maler Masaccio Papst Martin V. und Sigismund auf einem Triptychon, das die Gründung von Santa Maria Maggiore in Rom zeigt, abgebildet habe; dabei habe Michelangelo den Künstler gelobt und erklärt, daß der Papst und der Kaiser Zeitgenossen des Malers gewesen seien. An dem noch erhaltenen Triptychon arbeiteten Masaccio und Masolino; das Mittelstück des heute in Neapel befindlichen Altarbildes wurde zwischen 1428 und 1431 fertiggestellt. Das Bild zeigt das Schneewunder, das zur Gründung von Santa Maria Maggiore geführt haben soll. Die Darstellung des Papstes Liberius zeigt die Züge Martins V. und die des Patriziers Johannes die Sigismunds. Masolino dürfte den König bei seinem Aufenthalt in Ungarn kennengelernt haben und war daher auch in der Lage, die Gesichtszüge des Königs wiederzugeben. „Es ist also klar, daß das von Masolino 1428–1431 im Auftrage Martins V. gemalte Mariae Schneewunder ikonographisch eine politische Bedeutung besaß."[15]

Von der Gesandtschaft unter der Leitung von Propst Benedikt von Stuhlweißenburg, Jan Svihóvsky von Riesenberg und Nikolaus Stock zu Papst Eugen IV. im Frühjahr 1432 haben sich Protokolle erhalten, die es uns ermöglichen, die Argumentationslinien der Gesandten zu rekonstruieren. Stock berief sich am 18. 3. dem Papst gegenüber auf dessen Einladung und betonte, daß die beiden obersten Schwerter der Welt in Einigkeit zusammenarbeiten müßten. In der ganzen Welt sei bekannt, was Sigismund im Kampf gegen die Hussiten geleistet und wie er die Kräfte Deutschlands und Ungarns erschöpft habe. Der Papst sei aufgerufen, zwischen Mailand und Venedig, das fortfahre, dem Königreich Ungarn und dem Reich Besitzungen zu entfremden, den Frieden zu vermitteln. Christus habe die beiden Schwerter auf der Erde aufgerichtet, daß sie sich gegenseitig unterstützten. Als Schirmherr der Kirche wolle Sigismund diese beschützen; daher müsse der Papst vor allem die Fortsetzung des Konzils gestatten, da nur so das Ausgreifen der Ketzer verhindert, der Friede gesichert und der Apostolische Stuhl vor dem Verfall bewahrt werden könne. Auch die Rückführung der Griechen zur Kirche könne nur so erreicht werden. Wenn die Hussiten am Konzil teilnähmen, sei ihre Rückkehr zur Kirche sicher zu erwarten; ansonsten aber sei zu befürchten, daß ganz Deutschland von der Kirche abfalle. Sigismund werde der Auflösung des Konzils durch den Papst niemals zustimmen, zumal auch die meisten anderen Staaten und Prälaten sich für dasselbe erklärt hätten. Schließlich habe sogar der Kardinal Zabarella erklärt, daß der römische König in Notzeiten das Recht habe, ein Konzil einzuberufen. Auch diese Drohungen konnten Eugen IV. indes nicht dazu bewegen, die Auflösungsbulle gegen das Konzil zurückzunehmen.

Unterdessen kam Sigismund über das mit Mailand verbündete Lucca nach Siena, das ebenfalls zur antivenezianischen Liga gehörte. Filippo Maria drängte Sigismund nun, Verhandlungen mit Florenz aufzunehmen, um dieses aus dem Bündnis mit

Venedig zu lösen. Die Florentiner lehnten einen Separatfrieden jedoch ab und griffen Lucca an. Daraufhin ließ Sigismund seine ungarischen Reiter in den Kampf eingreifen und brach die Verhandlungen mit Florenz ab. Unterdessen hatte der Erzbischof Jacques von Embrun Sigismund auf der Reise nach Rom seine Vermittlung angeboten; im Juni legte er dem Papst dar, daß es notwendig sei, Kontakte mit dem Konzil aufzunehmen. Trotz der sich immer stärker abzeichnenden Spaltung des Kardinalskollegiums war Eugen IV. jedoch immer noch nicht zum Einlenken bereit. Er wollte dem Konzil zwar gestatten, die Verhandlungen mit den Hussiten zu führen, es aber nicht als allgemeines Konzil anerkennen. Sogar diese für das Konzil unannehmbaren Konzessionen wollte er nur unter der Bedingung machen, daß Sigismund sich verpflichte, das Konzil aus Basel zu vertreiben, wenn es die ihm gesteckten Grenzen überschreiten sollte. Sigismund hatte unterdessen von Abt Johann von Maulbronn die für ihn erfreuliche Mitteilung vom erfolgreichen Abschluß der Verhandlungen des Konzils mit den Hussiten in Eger erhalten, die sich bereit erklärt hatten, das Konzil zu besuchen; erfreut erteilte er ihnen freies Geleit. Als er nun Mitte Juli die Mitteilungen des Papstes erhielt, lehnte er dessen Zugeständnisse als nicht ausreichend ab, da er befürchtete, daß die Hussiten nicht nach Basel kämen, wenn der Papst das Konzil nicht bedingungslos anerkenne. Sigismund ließ die Antwort des Papstes nun in Siena von Professoren diskutierten. Der Erzbischof von Embrun schlug vor, daß das Konzil nur in den Glaubensfragen das letzte Wort haben sollte, während Beschlüsse über die Friedenssicherung und die Kirchenreform erst vom Papst genehmigt werden sollten. Sigismund aber entschied, daß der Papst das Konzil bedingungslos anerkennen müßte, und schickte Bischof Johann von Chur mit dieser Botschaft gemeinsam mit dem Erzbischof nach Rom. Anfang August teilte der Papst dem Bischof mit, er werde zwei Kardinäle nach Siena schicken, die mit dem König weiter über die Sache verhandeln sollten.

Nun beging die Kurie einen schweren Fehler. Es war durchgesickert, daß das Konzil am 6. 9. 1432 nach Ablauf der Zitationsfrist, die man dem Papst gestellt hatte, den Prozeß gegen ihn eröffnen würde. Im August schickte sie daher den Trierer Domherrn Jakob von Sierck nach Siena, um Sigismund zu ersuchen, die Zitationsfrist zu verlängern. Der König mußte nun den Eindruck gewinnen, daß der Papst die Zitation fürchtete, und fuhr fort, das Konzil in seiner Linie zu bestärken; insgeheim aber ersuchte er, so lange nicht sehr scharf gegen den Papst vorzugehen, bis die Kardinalskommission in Siena eingetroffen sei. Die Kurie hingegen ließ sich Zeit mit der Absendung der Kardinäle, weil man vielleicht hoffte, daß Sigismund in Siena mittlerweile zermürbt und mittellos wäre und vor der Alternative stünde, entweder in der Konzilsfrage nachzugeben oder den Romzug abzubrechen. Für Sigismund bestand jedoch jederzeit die Möglichkeit, an die Küste nach Talamone zu ziehen und mit aragonesischen Schiffen unter Umgehung mailändischen Gebietes nach Nizza zu segeln und über Savoyen nach Basel zurückzukehren. Er ließ sich daher von den Zermürbungsversuchen der Kurie nicht einschüchtern. Ende September 1432 kamen die beiden Kardinäle Lucido Conti und Wilhelm von Montfort in Siena an. Sie versuchten nun, Sigismund auf ihre Seite zu ziehen, zumal das Konzil Nachricht erhalten hatte, daß die Wahl Eugens IV. rechtlich nicht ganz einwandfrei durchgeführt worden war. Das Pokerspiel ging nun weiter. Die Kardinäle boten Sigismund die Kaiserkrönung an; eine Krönung durch Eugen IV. bedeutete daher auch seine Anerkennung als rechtmäßiger Papst. Sigismund erklärte sich bereit, im November ohne mailändische oder sienesische Truppen nur mit seinem aus Deutschen und Ungarn bestehenden Gefolge nach Rom zu kommen, wenn der Papst vorher einen Waffenstillstand zwischen Florenz und Siena vermitteln würde. Da die Kardinäle in der Konzilsfrage jedoch keine Zugeständnisse machten, wollte Sigismund nun selbst mit dem Papst verhandeln und rief das Konzil zur Mäßigung auf. Mittlerweile war auch eine florentinische Gesandtschaft nach Siena gekommen, um über einen Waffenstillstand zu verhandeln. Der Rat der Stadt ersuchte Sigismund um seine Vermittlung, was die Florentiner jedoch ablehnten, da sie wünschten, daß der Papst sich der Sache annehme. Die vom Papst daraufhin angeregten Verhandlungen begannen jedoch erst im Januar 1433.

Sigismund ersuchte nun das Basler Konzil, auf dem mittlerweile im Dezember 1432 die erste Delegation der Hussiten mit Prokop dem Großen und Jan Rokyczana zu Verhandlungen eingetroffen war, keine weiteren Maßnahmen gegen den Papst zu erlassen, den er zur Anerkennung des Konzils bewegen wolle. Wiederholt versicherte er den Vätern, er werde sich nur dann vom Papst krönen lassen, wenn dieser gegenüber dem Konzil nachgeben würde. Als nun in Basel Gerüchte auftauchten, daß Sigismund sich mit dem Papst „arrangiert" habe, erließ er am 22. 11. ein Manifest an die Welt, in dem er versicherte, daß er zum Basler Konzil stehe, dem er von neuem Schutz und Schirm zusagte. Sigismund bot den Hussiten dann für den Fall einer Einigung eine allgemeine Amnestie an. Als der Papst aber noch immer keine deutlichen Signale einer Kompromißbereitschaft zeigte, wurde am 18. 12. in der achten öffentlichen Sitzung des Konzils dem Papst die Eröffnung des Prozesses angedroht, wenn er die Aufhebung des Konzils nicht innerhalb von 60 Tagen widerrufen würde.[16] Angesichts der Pläne der Kurie, das Konzil nach Italien zu verlegen, wurden alle übrigen Synoden während der Konzilszeit für ungültig und strafbar erklärt. Als dann das Gerücht auftauchte, Eugen IV. habe Sigismund exkommuniziert, erklärte das Konzil am 22. 1. 1433 in der neunten öffentlichen Sitzung jede Strafmaßnahme gegen Sigismund, der ausdrücklich unter den Schutz des Konzils gestellt wurde, für null und nichtig. Der Versuch der Kurie, einen Keil zwischen das Konzil und den König zu treiben, war damit gescheitert. Nun mußte der Papst nachgeben; am 16. 2. erließ er eine Bulle, in der er seine Zustimmung erteilte, daß das Konzil in Basel weiter bestehen und von seinem Legaten geleitet werden könne – nur drei Tage vor der zehnten Session, in der der Prozeß gegen Eugen IV. eröffnet werden sollte. Damit hatte Sigismund sein Ziel erreicht; von diesem Augenblick ab distanzierte er sich zunehmend von den Aktionen des Konzils, das am 27. 4. die Konstanzer Dekrete über die Superiorität der Konzilien über den Papst erneuerte.

Unterdessen hatte sich Sigismund in Siena mit Festen die Zeit vertrieben. Es ist sicherlich übertrieben, wenn Enea Silvio Piccolomini, der 1432 mit 26 Jahren ans

Basler Konzil kam, später behauptete, Siena hätte 200.000 Gulden für den Aufenthalt Sigismunds aufgewendet. Er verfaßte später die berühmte Liebesnovelle „Euryalus und Lukretia", in der er ein Verhältnis des Vizekanzlers Schlick mit einer verheirateten Bürgersfrau aus Siena beschreibt. Darin heißt es, Sigismund habe nichts mehr geschätzt als den Umgang mit schönen Frauen. Bei seinem Einzug in Siena habe er einen seiner Begleiter gefragt, ob er schon jemals so schöne Frauen gesehen habe; er wisse fast nicht, ob es Menschen oder Engel seien.[17] Piccolomini berichtet auch, Sigismund habe Siena besonders deswegen geschätzt, weil sein Vater ihn dort gezeugt habe. Noch heute gibt es Erinnerungsstücke an seinen Aufenthalt in der Stadt. In den „Biccherna" und „Gabella" (Rechnungsbüchern) der Kommune wurden wichtige Ereignisse aus der Stadtgeschichte abgebildet. Wir wissen nun, daß die verlorene Miniatur der Gabella von 1432 zeigte, wie die Sieneser Sigismund den Treueid leisteten. Erhalten ist jedoch die Miniatur der „Biccherna", die die Kaiserkrönung Sigismunds von 1433 zeigt. Außerdem ist die Karikatur des Ingenieurs und Zeichners Mariano di Jacobo Vanni, genannt Taccola, in seinem „Liber tertius de ingeniis" erhalten, die den panzergekleideten König mit gezogenem Schwert zeigt, wie er dem florentinischen Löwen auf den Schwanz tritt.[18]

Für die Popularität des Frauenfreundes Sigismund, der vom plötzlichen Tod einer schönen Sieneserin so ergriffen war, daß er bei ihrer Leiche die Totenwache hielt, am Begräbnis teilnahm und ihren Sohn zum Ritter schlug, spricht noch ein Fußbodenmosaik im Dom von Siena, das 1434 von Domenico di Bartolo Ghezzi geschaffen wurde. Der Kaiser sitzt auf dem Thron. Der Putto links von ihm trägt den neuen kaiserlichen Wappenschild herein, auf dem Sigismund den Doppeladler anbringen ließ, während der rechte Putto die Szene mit dem nicht mehr gebrauchten Königswappen verläßt. Das Bild ist eine Nachempfindung des berühmten Gemäldes „Die gute Regierung" von Ambrogio Lorenzetti im Palazzo Publico von Siena; Sigismund ersetzt hier den „guten Herrscher". Offensichtlich war Bartolo während Sigismunds Anwesenheit in Florenz. In einem Sitzungsprotokoll der Domwerkstatt vom 30. 10. 1434 wurde nun beschlossen, eine Zeichnung zu kaufen, die Sigismund nach seinen Gesichtszügen („simile alla faccia de la Cesarea Maestà") zeigte.[19] Bereits 1414 hatte er sich von der Stadt Siena ein Bild des „Ospedale della Scala" erbeten, das ihm als Anregung für eigene Bauten dienen sollte. Auch bei seinem Aufenthalt in der Stadt nahm er Kontakte mit verschiedensten Bürgern auf, die ihm interessant erschienen.

Zu den interessantesten Kontakten gehörte die Begegnung mit dem heiligen Bernardin von Siena, dem franziskanischen Volksprediger und Mystiker, der selbst einen Tyrannen wie Filippo Maria Visconti an seine Pflichten erinnerte und zum populärsten Heiligen Italiens wurde. 1431 hatte ihn Eugen IV. vom Verdacht der Ketzerei freigesprochen. Sigismund war hingerissen von der Begegnung mit dem Klosterbruder, obwohl dieser ihn wegen seiner Stellung zum Basler Konzil als Ketzer bezeichnet hatte. Ein Biograph des bereits 1450 heiliggesprochenen Mönchs berichtet, daß Sigismund ihn fast jeden Tag besucht habe und einen Tag als verloren angesehen habe, an dem er ihn nicht gesehen habe. Als Sigismund zur

Kaiserkrönung nach Rom aufbrach, begleitete Bernardin ihn und ritt auf seinem kleinen grauen Esel neben dem Streitroß des Königs bis nach Rom. Nachdem er der Krönung als Augenzeuge beigewohnt hatte, war er überzeugt, daß dieser Akt den Frieden in Europa befestigen würde, und ritt nach Siena zurück.[20]
Zunächst war es jedoch noch nicht soweit; Sigismund mußte erst einmal den Papst dazu gewinnen, endlich die Krönung durchzuführen. Eine Mission Kaspar Schlicks – der nun seine in „Euryalus und Lukretia" geschilderte Liebschaft abbrechen mußte – und des Bischofs Johann von Chur im November 1432 blieb ohne Ergebnis. Unterdessen kam es auch zu Verhandlungen Sigismunds mit Florenz; der Aufenthalt des Königs in Siena hatte die Finanzkraft der Republik enorm belastet, und man wäre froh gewesen, wenn Sigismund nach Florenz übersiedelt wäre. Bei den Verhandlungen kam es Anfang Februar 1433 zum Entwurf eines Friedensvertrages, in dem Florenz sich bereit erklärte, Sigismund den gleichen Treueid zu leisten wie seinem Vater. Unter kaiserlicher Leitung sollte ein toskanischer Friedensbund gebildet werden. Florenz sollte zwischen Venedig und Sigismund vermitteln und diesem 25.000 Dukaten zahlen. Zur großen Verärgerung Sigismunds waren die Sienesen von diesem Entwurf nicht begeistert. Sigismund konnte sie zwar zur Annahme überreden, aber dann erklärte das verbündete Lucca, den Vertrag nicht annehmen zu wollen. Daraufhin brach auch Siena die Verhandlungen ab. Sigismunds Position schien nun unhaltbar geworden zu sein; das Konzil hatte ihm den Abbruch der Verhandlungen mit dem Papst befohlen; von Mailand erhielt er keine Unterstützung mehr; der Papst lehnte ein weiteres Entgegenkommen ab, und mit Venedig, das den Papst unterstützte, war er de facto im Kriegszustand. Im Norden standen die Florentiner, und im Süden verwehrten päpstliche Truppen den Zug nach Rom, da der Papst den Venezianern versprochen hatte, Sigismund nicht zu krönen, bevor er mit Venedig Frieden geschlossen habe. Nun erhielt er die Nachricht, die aragonesische Flotte stehe in Talamone bereit, um ihn in die Provence zu bringen. In dieser aussichtslos scheinenden Lage war es dann ausgerechnet eine Gesandtschaft der Kurfürsten, die ihm den Rat gab, nicht ohne die Kaiserkrone nach Deutschland zurückzukehren.
Nach der päpstlichen Bulle vom 14. 2. 1433, in der er das Basler Konzil anerkannte, wurde Eugen IV. auch gegenüber Sigismund nachgiebiger. Anfang März schickte der König Jakob von Sierck zum Papst, der sich zu neuen Verhandlungen bereit erklärte. Kaspar Schlick, Matko von Thallóczy und der Bischof von Siena reisten nun nach Rom, wo Ende März die Verhandlungen begannen, die dann am 7. 4. zum Frieden führten. Sigismund verpflichtete sich, dem Papst die in den „Klementinen" vorgeschriebenen Eide zu leisten, und mußte versprechen, keine „Feinde des römischen Volkes" mit nach Rom zu bringen. Das Verlangen des Papstes, Sigismund solle nach der Krönung noch zwei Monate in Rom bleiben, um mit Eugen über den Frieden in Europa zu verhandeln, und Rom nur verlassen, wenn der Papst es wünsche, wurde nicht erfüllt; es wurde lediglich vereinbart, daß Sigismund nach der Kaiserkrönung noch mit dem Papst über den Frieden beraten sollte. Schließlich wurde festgelegt, daß Sigismund Eugen IV. als einzigen

Papst anerkannte. Außerdem sollte er treu zum Papst stehen, aber nur soweit er es vor Gott verantworten könne. Am 7. 4. leisteten die Gesandten Sigismunds die geforderten Eide in einem Generalkonsistorium und ritten dann in Begleitung des päpstlichen Kanonisten Antonio Roselli nach Siena zurück.[21]

Am 26. 4. 1433 kam es aufgrund der Vermittlung des Papstes und der Markgrafen Nikolaus von Este und Thomas von Saluzzo auch zum Abschluß des (zweiten) Friedens von Ferrara, der den zweiten Krieg zwischen Venedig und Mailand beendete. Durch die Handelssperre an den deutschen und ungarischen Grenzen hatte der venezianische Handel sehr gelitten. Mailand mußte alle Eroberungen herausgeben, insbesondere Pisa an die Florentiner; Venedig konnte seine Eroberungen jedoch behalten.[22] Die logische Fortsetzung dieses Vertrages war der fünfjährige Waffenstillstand, den Eugen IV. am 4. 6. zwischen Sigismund und der Republik Venedig vermittelte.[23] Die Venezianer hatten vom Basler Konzil einiges zu befürchten, da der aus Aquileia vertriebene Patriarch Ludwig von Teck in Basel einen Prozeß gegen die Markusrepublik inszenierte; in dieser Frage hatte Venedig das stark von Deutschen geprägte Konzil eindeutig gegen sich. Ende 1435 wurde der Doge dann vom Konzil zitiert und schließlich mitsamt der Stadt mit Exkommunikation und Interdikt belegt.[24] In den Verhandlungen mit Sigismund zeichnete sich bald auch hinsichtlich der „Terra ferma" ein Ausweg ab, indem die Möglichkeit diskutiert wurde, daß Venedig sich vom Kaiser mit Friaul belehnen ließ, womit das Gebiet formalrechtlich dem Reich erhalten blieb. Auch als Vermittler mit den Eidgenossen war Sigismund für die Venezianer interessant. Der große Einfluß des Herzogs von Mailand auf das Basler Konzil mußte zudem die Mißgunst des Königs wecken. So kam es, daß er schon bald auf Bündnisverhandlungen mit seinem jahrzehntelangen Feind drängte. Venedig verhielt sich in dieser Frage jedoch aus den gleichen Gründen reserviert wie Florenz: Beide befürchteten, ein Bündnis mit Sigismund würde ihnen unabsehbare Kosten aufladen, und es war zu erwarten, daß sie bei einem Bündnis mehr geben mußten als sie profitieren konnten, zumal Sigismund nicht bereit war, Eroberungen wie Dalmatien anzuerkennen.[25]

Für Sigismund stand nun der Weg nach Rom offen. Von Siena aus teilte er Mitte April den Reichsständen und dem Konzil die Einigung mit dem Papst mit; am 9. 5. ersuchte er von Viterbo aus das Konzil um Behutsamkeit beim Umgang mit dem Papst; der neue Wind war aus dem Schreiben sehr wohl zu spüren. Venedig erklärte sich bereit, ein Drittel von einer monatlichen Provision von 3000 Gulden an Sigismund zu bezahlen, wenn Florenz und der Papst die restlichen zwei Drittel übernähmen. Florenz lehnte dies jedoch ab. Nach seiner Abreise aus Siena ist Sigismund eine Woche lang nirgends nachweisbar, was zu der Vermutung Anlaß gab, er könnte sich in der Nähe des Hafens Talamone mit König Alfons von Aragon getroffen haben, um für den Fall eines Scheiterns der Verhandlungen mit Venedig mit dem Schiff in die Provence fahren zu können. Am 8. 5. traf er in Viterbo ein. Von dort ging es weiter über Sutri nach Rom, wo er am Himmelfahrtstag, dem 21. 5., mit etwa 500–600 Reitern und 800 Mann zu Fuß seinen Einzug hielt. Die Bevölkerung hielt Palmzweige in den Händen, und der Sekretär des Papstes verglich den Einzug etwas übertrieben mit der Auffahrt Christi in den Himmel. Der Zug ging über die Ponte Molle nach St. Peter, wo der Papst Sigismund auf der obersten Treppenstufe empfing und man ihm das angebliche Schweißtuch der Veronika entgegenhielt. Sigismund nahm im Palast des Kardinals von Arles Wohnung; dann gingen hinter den Kulissen die Verhandlungen mit den Venezianern weiter. Der berühmte Humanist Poggio Bracciolini beschrieb den Einzug des Königs in einem Brief.

Die Nachricht von der Erneuerung der Konstanzer Dekrete auf dem Basler Konzil mag den Papst veranlaßt haben, den Krönungstermin vorzuverlegen. Diese fand zu Pfingsten, am 31. 5. 1433, statt – seit der Krönung Karls IV. 1355 war es die erste Kaiserkrönung überhaupt. Dazu wurden die alten Formulare und Krönungseide von den Krönungen Heinrichs VII., Ludwigs des Bayern und Karls IV. aus dem päpstlichen Archiv geholt. Auch von der Krönung Sigismunds besitzen wir einen Bericht Poggios, während die Klatschgeschichten, die Windecke berichtet – die Krone sei bei der Krönung verrutscht und der Papst habe sie mit dem Fuß in die richtige Position gebracht –, ganz unwahrscheinlich sind. Nach der Kaiserkrönung und dem Hochamt gaben Papst und Kaiser sich den Friedenskuß. Es war üblich, daß der Kaiser nach der Krönung einige Schritte das Pferd des Papstes am Zaum führte; Sigismund hielt diese alte Zeremonie, der sich schon Friedrich Barbarossa unterzogen hatte, mit Berufung auf seine Gicht kurz. Dann zog er mit seinem Gefolge zur Engelsbrücke, wo Sigismund gemäß altem Brauch einige Leute aus seinem Gefolge wie Kaspar Schlick, Marquard Brisacher oder Henmann Offenburg aus Basel zu Rittern schlug. Zeugen der Kaiserkrönung waren außerdem Matko von Thallóczy, Hartung von Klux, Nikolaus Stock und Jakob von Sierck. Der Züricher Bürgermeister Rudolf Stüssi traf infolge der Vorverlegung der Krönung erst nachher in Rom ein. Normalerweise mußten sich die Reichsangehörigen ihre Privilegien nach der Kaiserkrönung neu bestätigen lassen. Man wartete damit jedoch in der Regel, bis der Kaiser in die Nähe kam. Mitte Mai reiste eine Delegation der Stadt Nürnberg nach Rom, ebenso wie die Delegation Zürichs; man wollte dadurch dem Kaiser seine Zuneigung bezeugen. Obwohl sich gerade die Züricher sonst gerne als „arme Leute" bezeichneten, ließen sie sich die Gesandtschaft etwas kosten; mit zwei – natürlich von Zürich zu bezahlenden – goldenen Bullen wurden ihre Privilegien und die Reichspfandschaft der früher österreichischen Gebiete vom Kaiser bestätigt.[26]

Es ist bekannt, daß Sigismund der erste Kaiser war, der den Doppeladler in seinem Siegel führte. Interessant ist, daß Sigismund bereits von 1402 bis 1410 als Reichsvikar seines Bruders Wenzel den Doppeladler als „Aquila imperialis" in seinem Siegel führte.[27] Als römischer König benutzte er jedoch den seit dem 13. Jahrhundert gebräuchlichen einköpfigen Reichsadler. In den Reichsregistraturbüchern findet sich eine Notiz, nach der sein Hofschreiber Johannes Kirchen 1417 in Konstanz bei einem Goldschmied zwei große Kaisersiegel („sigilla imperialis maiestatis") bestellte. Dabei ist ausdrücklich davon die Rede, daß der Adler zwei Köpfe haben solle. Ob dieses Siegel das gleiche wie das ist, das Sigismund seit der Kaiserkrönung verwendete, ist jedoch fraglich, da es einen Renaissancecharakter

hat und das Königreich Böhmen in der Titulatur trägt. Zu beiden Seiten des Kaisers stehen Doppeladler mit den Wappen von Böhmen, Luxemburg und Ungarn. Auch die Symbole des Drachenordens sind auf dem Siegel zu sehen, das auf der Rückseite den Doppeladler mit einer Erwähnung des Adlers beim Propheten Ezechiel zeigt. Die beiden Adler Ezechiels sind typologische Vorbilder des Erscheinens des apokalyptischen Adlers und weisen auf ein eschatologisches Element des triumphalen Kaiserkultes hin, das von der Adlervision des Danteschen Paradieses ausgeht. Winand von Steeg, der sich 1418/19 in Ofen aufhielt und die Verschwendung Sigismunds beim Bau der dortigen Burg kritisierte, ging in seinem erwähnten Traktat „Diamant der kämpfenden Adler" auf diese Adlerspekulation ein.[28] Die Erwähnung Ezechiels in der Siegelumschrift deutet in diese Richtung. Man muß dabei jedoch auch die Möglichkeit in Erwägung ziehen, daß Sigismund, der ja Konstantinopel kannte und dort vielleicht den Doppeladler der byzantinischen Kaiser gesehen hatte, bewußt auch auf das Vorbild der römischen Kaiser der Antike zurückgriff. Nachdem der Reichskanzler Bischof Johann von Zagreb im Frühjahr 1433 gestorben war, ernannte Sigismund nun seinen Stellvertreter Kaspar Schlick zum Reichskanzler; damit hörte die Verbindung zwischen der ungarischen und der Reichskanzlei auf. Schlick, der aus dem Bürgertum stammte, hatte am Hof Sigismunds eine große Karriere gemacht und dabei sich und seine Familie nicht vergessen; er häufte durch die Freigebigkeit Sigismunds Einkommen und Titel an und sollte auch als Freund Piccolominis und Kanzler unter Albrecht II. und Friedrich III. noch eine große Rolle spielen.
Bei den letzten Verhandlungen zwischen Sigismund und dem Papst war der Jurist und Philosoph Antonio Roselli beteiligt, der mit dem König im Frühjahr 1433 verhandelte und nach einer Notiz von ihm selbst das Formular für den Krönungseid redigierte. Roselli wurde 1386 in Arezzo geboren, promovierte 1406 in Bologna und wurde 1421 Professor an der Universität Florenz und dann in Siena der Lehrer Piccolominis, bis er schließlich in den Dienst des Papstes trat. Gegen die Androhung des Prozesses gegen den Papst durch das Basler Konzil hatte er scharf protestiert. Als Bürger von Arezzo, wo man über den Tod Kaiser Heinrichs VII. sehr getrauert hatte, war er mit der ghibellinischen Tradition vertraut und kannte auch die – von der Kirche verbotenen – Staatsschriften Dantes. Sigismund schätzte besonders die „Göttliche Komödie", in der sein Urgroßvater Heinrich VII. ins Paradies versetzt erscheint. Bereits während des Konstanzer Konzils hatte der Minorit Johannes von Seravalle auf Anregung von Bischof Robert Hallum von Salisbury das Werk ins Lateinische übersetzt und dem König gewidmet. In seinen Urkunden berief sich Sigismund häufig auf den Urgroßvater, der in der ghibellinischen Tradition eine Rolle spielte, während sein Vater Karl mehr von der guelfisch-kirchlichen Seite geschätzt wurde. Antonio Roselli verfaßte nun in Anlehnung an Dante einen Traktat „Über die Monarchie". Er widmete das Werk Sigismund, den er häufig als Nachkommen des „ruhmreichen Fürsten Heinrich" bezeichnete. Somit erneuerte Roselli den Kaisertraum der Italiener, die im Kaiser den Schutzherrn und Verderber der Tyrannen sahen. Von diesem Traktat, der bereits 1458 in Venedig als Buch gedruckt wurde, hat sich die Reinschrift mit einem Bild, das

Roselli zeigt, wie er dem Kaiser das Werk übergibt, in der Pariser Nationalbibliothek erhalten. Das Werk des Kurialisten ist ganz beseelt von der von Friedrich II. von Hohenstaufen über Dante zu Heinrich VII. reichenden Tradition, die jedoch mit einem päpstlichen Absolutismus verbunden wird. Roselli vertrat auf der einen Seite durchaus die Auffassungen des päpstlichen Hofes über das Konzil; „demokratische" Tendenzen finden sich in der Schrift nicht. Sein Werk zeigt, daß es in Italien immer noch ghibellinische Zentren und Bewunderer des Kaisertums gab, an die Sigismund anknüpfen konnte. Roselli als Verteidiger des Papsttums verwies Sigismund auf die Notwendigkeit eines Zusammengehens der beiden höchsten Gewalten und entwarf ein politisches System, in dem beide Platz hatten. Neben dem Papsttum hatte auch das Kaisertum an Macht und Ansehen verloren; gemeinsam sollten die beiden Gewalten nun dem Konziliarismus die Stirn bieten. Angesichts der Situation in der Kirche sollte der Kaiser nun auch kirchliche Funktionen übernehmen. Die Kirchenreform sollte darin bestehen, daß sich die Kirche auf ihre geistlichen Aufgaben zurückziehen und das weltliche Regiment dem Kaiser überlassen würde. Roselli entwarf nun vor dem Kaiser das Panorama einer universalistischen Kaiseridee, die das alte Reich mit neuem Glanz beleben und Europa den Frieden bringen sollte. Seine „Monarchie" hätte „nie entstehen können, wenn nicht das Kaisertum durch Sigismunds Wirken – nicht nur auf den Konzilien, sondern auch in seinen weltumspannenden Plänen – die Zeitgenossen in dem Maße beschäftigt hätte, wie es tatsächlich der Fall war. Man feierte nicht nur ihn – und wie er gefeiert wurde, zeigen die Reden, die auf ihn gehalten wurden –, der Glanz seiner Taten und seiner Persönlichkeit fiel auf das Kaisertum zurück."[29]

Im Vorwort seines Werkes erklärte Roselli, er habe es geschrieben, um das Kaisertum gegen ungerechtfertigte Angriffe zu verteidigen. Sein Kampf gegen den Konziliarismus war getragen vom Einheitsgedanken in der Weltordnung, der jeden Partikularismus ablehnte. Der Herrscher der „Monarchie" sei der Weltkaiser; das ewige Heil sei von der Zugehörigkeit zum Imperium abhängig. Während andere Theoretiker wie der junge Philosoph Nikolaus Cusanus – der 1432 Mitglied des Basler Konzils geworden war – die Herrschaft des Kaisers auf die Christenheit beschränkten, spricht Roselli Sigismund die Weltherrschaft zu. Auch die Juden, Heiden und anderen Völker unterstehen dem Kaiser. Nicht nur die Kirche, sondern auch die Zugehörigkeit zum Imperium ist heilsnotwendig. Das Reich der Römer sei zu den Deutschen übertragen worden, und das Reich der Griechen existiere nicht mehr. So führt Roselli das Einheitsprinzip konsequent durch und macht den Kaiser zum Herrscher der Welt. Die Kirche als rein spirituelle Institution soll sich aus den weltlichen Belangen zurückziehen. Somit wird der Staat bei Roselli trotz allem Verhaftetsein im mittelalterlichen Denken bereits säkularisiert. Der Kaiser als Vikar Christi soll die Stelle einnehmen, die früher der Papst einnahm. Somit wird dem Kaiser auch keine religiöse Aufgabe mehr zugewiesen wie noch bei Dietrich von Niem. Roselli gehörte zu den „Legisten", die bei der Entwicklung der Weltkaiseridee das antike Kaisertum vor Augen hatten. Die Menschheit ist für ihn das „römische Volk" unter dem Weltkaiser, dem auch die

Kleriker als Bürger untergeordnet sind. Nicht mehr der Glaube verbindet die Menschen, sondern ihre Unterordnung unter den Kaiser. Die päpstliche Approbation des Kaisers ist eine reine Formsache, denn der Kaiser empfängt sein Amt durch die Wahl. Roselli verleiht dem Kaiser alle Attribute eines absoluten Herrschers; er wird an die Stelle gesetzt, die ein Jahrhundert zuvor der Papst in den Traktaten der Kanonisten eingenommen hatte.[30] Sein Werk, das von Dantes Staatslehre ausgeht, bildet somit eine interessante Mischung von mittelalterlichen Vorstellungen mit neuen Denkansätzen, die bereits charakteristisch für die frühe Renaissance sind; beiden Welten gehörte auch Sigismund an.

Daß Sigismund Antonio Roselli auch nach den Verhandlungen vom April 1433 in Siena noch einmal persönlich begegnete, läßt sich aus den Berichten der Generalprokuratoren des Deutschen Ordens an der Kurie beweisen. Er vertrat an der Kurie auch die Interessen Polens gegen die Ansprüche der Ordensritter. Im Juni 1433 berichtete ein Ordensvertreter an den Hochmeister, Roselli habe in einem Konsistorium „etczliche unredliche sache" gegen den Orden berichtet.[31] In dem Konflikt des Kaisers mit Polen kam es am 18. 7. vor dem Papst zu einer Verhandlung. Nach der Verlesung der kaiserlichen Klageschrift antwortete Roselli, „daz der Romesche keyser were boslich underweyset" von den Ordensrittern. Daraufhin erläuterte der Kaiser, was die Polen alles gegen die „deutsche czunge" getan hätten; wie Herzog Wilhelm von Österreich, der schon mit Königin Hedwig vermählt gewesen sei, vertrieben worden sei und ein Heide und Ehebrecher sie zur Frau genommen habe. Sigismund verwies darauf, daß seine Urgroßmutter Elisabeth, die Gemahlin Wenzels II. von Böhmen, die Tochter König Przemysls II. von Polen gewesen sei, und erinnerte an das böhmische Abenteuer von Wladislaws Neffen Korybut.[32] Roselli verteidigte die Polen auch gegen den Vorwurf, sie seien Ketzer. Der Kanonist widmete dem Kaiser seine Schrift „De monarchia" trotz dieser Differenzen um Polen und den Deutschen Orden. Die Pariser Handschrift enthält die erste Fassung, die Roselli später noch beträchtlich erweiterte; die zweite, 1440 vollendete Fassung ist Friedrich III. gewidmet. Der in der ersten Fassung nicht enthaltene fünfte Teil des Werkes existiert in einer Wiener Handschrift unter dem Titel „Dissertation, in der bewiesen wird, daß das Römische Reich zu Recht bei den Deutschen und daher bei Sigismund ist" mit einer Widmung an den Kaiser.[33] Es schließt mit dem Wunsch, daß „unser siegreicher Monarch Sigismund" von Gott mit dem Glück begnadet werde und Frucht für die Ewigkeit bringen möge. Das Werk Rosellis fand bei den Zeitgenossen großen Anklang und wurde vor 1500 in Venedig fünfmal aufgelegt, 1517 auch in Pavia und 1544 in Lyon, bis Melchior Goldast es 1611 in Hannover druckte. Vor allem die Staatstheorie Dantes wurde durch dieses Werk bekannt, da Dantes „Monarchia" selbst erst in der Mitte des 16. Jahrhunderts erstmals gedruckt wurde. So bildet das Werk des Kanonisten Roselli ein gutes Beispiel dafür, welch hohes Ansehen Sigismund auch in Kreisen genoß, die ihm nicht unmittelbar nahestanden.

Der Traktat Rosellis entspricht den Vorstellungen, die auch Sigismund von seiner Stellung hatte. Anläßlich seiner Krönung sprach er auch mit dem Kanonisten

Petrus de Monte, der ihm erklärte, alle Könige stünden unter dem Kaiser. Dies mußte Sigismund an Gedanken erinnern, die er selbst während des Konstanzer Konzils geäußert hatte. Sein Selbstbewußtsein wirkte sich auch auf die weiteren Verhandlungen mit Eugen IV. aus. In dem täglichen Kontakt nach der Kaiserkrönung kamen sich Papst und Kaiser immer näher; ihr Verhältnis wurde geradezu vertraulich. Nach einer Anekdote sagte Sigismund eines Tages zum Papst: „Drei Dinge sind es, Heiliger Vater, worin wir voneinander verschieden sind: Du schläfst bis in den Tag hinein, ich erhebe mich vor Tagesanbruch vom Lager. Du trinkst Wasser, ich Wein. Du fliehst schöne Frauen, ich suche sie. Es gibt aber auch Dinge, worin wir zusammenstimmen: Du teilst die Schätze der Kirche aus, ich habe nichts von den Einkünften meiner Reiche. Du hast schlechte Hände, ich schlechte Beine."[34] Nach der Verständigung mit dem Papst wurde Sigismund vor allem vom Solidaritätsbewußtsein getragen und bemühte sich, ihn gegen ein zu radikales Vorgehen von seiten des Konzils in Schutz zu nehmen.

Nach der Krönung schickte Sigismund nun Bischof Johann von Chur, Hartung von Klux und Nikolaus Stock zum Basler Konzil, das trotz der abmahnenden Schreiben Sigismunds nicht aufhörte, gegen den Papst vorzugehen, der die Väter durch eine Bulle gegen sich aufgebracht hatte, in der er beim Konzil anhängig gemachte Prozesse an die Kurie verwies und sich damit am 13. 7. bei der zwölften Session eine neue Zitation zuzog.[35] Sigismund ersuchte das Konzil nun mehrfach, das Vorgehen gegen den Papst bis zu seiner Rückkehr nach Basel aufzuschieben. Eine Bulle des Papstes von Anfang August, in der er bestätigte, daß das Konzil nie aufgehört habe zu bestehen, entspannte dann die Lage etwas. Durch die Flucht des Kardinals Louis d'Aleman von Arles von Rom nach Basel erhielten die antipäpstlichen Kräfte dort eine enorme Verstärkung. Nikolaus Cusanus spielte dabei eine wichtige Rolle. Herzog Wilhelm von Bayern widersetzte sich den Konziliaristen mit allen Mitteln; in der 13. Session konnte er nur mit Mühe die Suspension des Papstes verhindern. Die Väter gaben dem Papst mit Rücksicht auf den Kaiser eine letzte Frist von 30 Tagen; man hoffte, daß Sigismund bis dahin nach Basel zurückgekehrt sei.

Die erste Verhandlungsphase der Hussiten auf dem Basler Konzil währte bis Mitte April 1433. Prokop – den Enea Silvio Piccolomini erstmals „den Großen" nannte – protestierte dagegen, daß die Tschechen von einem Konzilsmitglied als „Ketzer" bezeichnet wurden.[36] Rokyczana begann damit, die Notwendigkeit des Laienkelches darzulegen; Johann von Ragusa unternahm die Widerlegung. Kardinal Cesarini versuchte sich mit Prokop anzufreunden, und Kardinal Branda sorgte dafür, daß die Hussiten Bücher aus einer Klosterbücherei ausgeliehen erhielten. Als nach wochenlangen Disputationen keine Einigung zu erzielen war, kehrten die Hussiten nach Prag zurück, da das Konzil nicht bereit war, die Prager Artikel zu billigen. Damit begann der Krieg von neuem, und bald kam es zur Zerstörung von Kremnitz und Käsmark in Oberungarn. Schließlich kam eine Konzilsdelegation nach Prag, die bald einsah, daß eine Einigung mit den Taboriten unmöglich war, und nun mit den Utraquisten verhandelte. Obwohl die Hussiten im Bund mit Polen weite Streifzüge nach Preußen unternahmen und bis an die Ostsee kamen, gelang es ihnen jedoch nicht, das katholische Bollwerk Pilsen einzunehmen. Die Konzilsdelegation machte Rokyczana Aussichten auf die Prager Erzbischofswürde. Die gemäßigten Hussiten formulierten nun ihre Forderungen an das Konzil, die nach einigen Abänderungen angenommen wurden. Auf dringendes Ersuchen Sigismunds hin gewährte man ihnen schließlich auch den Laienkelch. Der Theologe Johannes von Palomar erklärte auf dem Konzil, die Tschechen seien ein wildes und zügelloses Volk; man müsse sie wie störrische Esel und unbändige Hengste behandeln, die gezähmt werden müßten. Man sollte ihnen freundlich begegnen, damit sie nicht den Halfter spürten, mit dem sie im Stall angebunden werden würden. Mit Nachgiebigkeit und Entgegenkommen suchte man nun die Hussiten zu spalten und mit dem gemäßigten Flügel zu einer Einigung zu kommen. Vor allem die Adeligen versuchte man zu gewinnen, indem man sie davor warnte, Leute als ihre Herren zu akzeptieren, die ihnen sonst nicht einmal als Diener gut genug wären. Unterdessen belagerten die Hussiten Pilsen, das Zentrum des katholischen Widerstandes. Im Juli 1433 scheiterten die Prager Verhandlungen. Im Oktober kam eine neue Konzilsgesandtschaft nach Prag. Die Theologen erklärten sich bereit, über die Prager Artikel zu verhandeln; „im geheimen aber bereiteten sie den ‚Halfter' vor, mit dem sie die revolutionäre Bewegung zu zügeln hofften".[37] Es gelang ihnen bald, neben den Universitätslehrern und den Adeligen auch die Bürger auf ihre Seite zu ziehen. Anfang November wurde auf einem Landtag an Stelle der zwölf Regenten der Adelige Aleš von Riesenburg zum Reichsverweser des Königreiches eingesetzt und der Einfluß Prokops zurückgedrängt. Die Konzilsgesandten boten auf dem Landtag nun eine verklausulierte Anerkennung der Prager Artikel an, die sich praktisch auf die Konzedierung des Laienkelches beschränkte. Auf diese Weise kam es am 30. 11. 1433 in Prag zum Abschluß der sogenannten „Prager Kompaktaten", durch die die gemäßigten Hussiten wieder mit der Kirche versöhnt wurden. Dies war eine der bedeutendsten Leistungen des Basler Konzils, während die römische Kurie und Papst Eugen IV. nur wenig Verständnis für die Problematik gezeigt hatten. Es war aber auch die Krönung von Sigismunds Lebenswerk. „Daß das Basler Konzil erstmalig in der abendländischen Kirche dem Prinzip der Toleranz religiöser Minderheiten Geltung verschafft hat, kann gleichwohl nicht hoch genug veranschlagt werden."[38]

Während dieser Verhandlungen war Kaiser Sigismund bereits auf der Rückreise von Rom nach Basel. Als er nach Italien gekommen war, war er der Verbündete Mailands und der Feind Venedigs gewesen. Bei der Rückreise hatte sich dieses Verhältnis beinahe umgekehrt. Ursprünglich wollte er über Florenz, Genua und Savoyen zurückkehren. Da er sich mittlerweile jedoch von Filippo Maria Visconti gelöst hatte und den ganzen Sommer über mit Venedig über ein Bündnis verhandelte, wollte er nun das mailändische Gebiet meiden und sich die Kosten der Rückreise von der Markusrepublik bezahlen lassen. Mitte August brach er von Rom auf. Nach einem Überfall in Monterotondo, von wo er Bischof Johann von Chur und Henmann Offenburg zum Konzil vorausschickte, zog er weiter über Corese, Todi und Foligno nach Perugia. Von dort aus teilte er Herzog Wilhelm von Bayern mit, er wolle möglichst rasch über Ferrara und Trient nach Basel reiten. Ende August kam er nach Gubbio und Anfang September nach Urbino, wo er den Fürsten Guidantonio von Montefeltre besuchte. Von dort aus ging es über Rimini und Ravenna nach Ferrara, wo er den Markgrafen Nikolaus von Este zum Reichsvikar von Modena ernannte und Taufpate von dessen jüngstem Sohn Sigismund wurde. Der berühmte Kamaldulensergeneral Ambrogio Traversari ersuchte ihn hier um die Bestätigung eines Privilegs für den Kamaldulenserorden und überreichte ihm eine Schrift über den heiligen Johannes Chrysostomus.[39] Sigismund traf in Ferrara auch wieder mit Schlick zusammen, der zu Verhandlungen in Florenz gewesen war. Am 21. 9. kam er nach Mantua, wo er in Anwesenheit des Fürsten Johann Jakob von Montferrat die Erhebung Mantuas zur Markgrafschaft bestätigte und den Markgrafen Gianfrancesco belehnte.[40] Ein Sohn des Markgrafen sagte zur Begrüßung des Kaisers ein Gedicht mit 200 Versen auf. Die Erhebung war in einer gewissen Weise ein reines Geldgeschäft, denn Gianfrancesco mußte dafür 12.000 Gulden an Sigismund bezahlen. Die Belehnungsfeier fand auf der Piazza S. Pietro statt; der Kaiser trug die goldene Krone und den Kaisermantel, überreichte dem Markgrafen die Insignien seiner neuen Würde und verlieh ihm die Gnade, den kaiserlichen Adler im Wappen zu tragen. Seinen ältesten Sohn Ludovico verlobte der Markgraf mit Barbara von Zollern, einer Enkelin des Kurfürsten von Brandenburg.[41] Von Mantua aus wandte sich Sigismund an das Konzil, um zwischen den Konzilsvätern und der Republik Venedig zu vermitteln. Anfang Oktober kam er dann nach Trient, wo er dem Grafen Anton von Arco seine Privilegien bestätigte.

Sigismunds Aufenthalt in Italien hinterließ dort in vielfacher Hinsicht seine Spuren. Auch der Frontwechsel von der Seite Mailands zu Venedig fand seinen Niederschlag; der Friauler Minorit Lodovico di Strassoldo widmete Sigismund den Dialog „Über die königliche und päpstliche Gewalt" („Dialogus de Regia ac Papali Potestate") in Anbetracht des Friedensschlusses, da er sich durch seinen Eifer für die Religion unsterbliche Verdienste erworben habe.[42] Nur er sei auch diesmal in der Lage, das Konzil zu einem guten Ende zu führen, und werde daher auch wie ein Vater geliebt. Daher habe er es auch unternommen, die Rechte der kaiserlichen Gewalt zu verteidigen. Sein Dialogpartner ist Francesco Barbaro, der als venezianischer Gesandter in Ferrara bei Sigismund weilte, eine Ansprache an ihn hielt und dort zum Ritter geschlagen wurde. Strassoldo beendete die Schrift, die jedoch nur ein Auszug aus dem gleichnamigen Traktat des französischen Dominikaners Johann von Paris vom Beginn des 14. Jahrhunderts ist, Anfang September 1434. So gab es zahlreiche Autoren, die dem Kaiser ihre Schriften widmeten, „denn es gab keinen Fürsten, der im Abendland damals in so hohem Ansehen stand, wie dieser Kaiser".[43]

Sigismunds Rückreise von Italien durch Tirol war bisher kaum bekannt; sie läßt einige Rückschlüsse auf die politische Lage zu. Mit einem Gefolge von nur etwa 20 Personen verließ er Ende September in Mantua sein Gefolge. Zwei Tage nach seinem Aufenthalt in Trient war er bereits auf der Churburg im Vintschgau, wo er den Churer Bischof Johann als Gesandten an das Konzil beglaubigte. Der Brixner

Bischof Ulrich Putsch erwähnt in seinem Tagebuch, daß der Kaiser Anfang Oktober ins Etschtal gekommen sei; er habe ihn festlich begrüßen wollen, aber Sigismund sei schon vorbeigeritten gewesen, so daß er ihn nicht mehr erreicht habe. Herzog Friedrich IV., der frühere Feind des Kaisers, berichtete an die Räte Albrechts V., er habe von Rom aus einen Brief des Kaisers erhalten und nun seinen Hofmeister zu Sigismund geschickt, um ihn dann selbst begrüßen zu können. Dieser habe jedoch erklärt, er habe keine Zeit, man solle ihm seine Eile nicht verargen. Friedrich berichtet dann weiter, er habe Sigismund zunächst an der Etsch erwartet; als er aber erfahren habe, daß der Kaiser in Richtung Basel geritten sei, habe er kehrtgemacht und ihn in Landeck erwartet. Als er dort ankam, war der mittlerweile 65jährige und gichtkranke Kaiser jedoch bereits über den Arlberg geritten und ließ den Herzog ersuchen, man solle es ihm nicht verübeln, daß er „underwegs nicht gewartet hiet".[44] Auch hier wird deutlich, daß die Versöhnung zwischen Sigismund und Friedrich nur äußerlich war; der Kaiser protegierte die Grafen von Arco und Toggenburg sowie die Eidgenossen und setzte die Politik der Nadelstiche gegen Herzog Friedrich fort. Es ist daher offensichtlich, daß der Kaiser der Begegnung mit seinem alten Feind auswich. Er reiste über Feldkirch an den Bodensee, fuhr mit dem Schiff nach Konstanz und ritt dann nach Basel, wo er am 11. 10. ankam, nachdem er von Mantua bis Basel nur etwas mehr als eine Woche gebraucht hatte. Der Einzug in Basel erfolgte so überraschend, daß man sich kaum darauf vorbereiten konnte. Der Kaiser hatte keine Schuhe mit und wollte nicht in Reitstiefeln in die Stadt einziehen und am Dankgottesdienst im Münster teilnehmen. Der Rat der Stadt schickte ihm eilends drei Paar reichgeschmückte Schuhe, um daraus ein passendes auszuwählen. Nun stand dem Einzug in die Konzilsstadt nichts mehr im Weg.

XIX.
Auseinandersetzung mit Burgund, Reichsreformbestrebungen und Bündnis mit Venedig (1433–1435)

Nach seiner Rückkehr nach Basel bemühte sich der Kaiser, die Spannungen zwischen dem Basler Konzil und Papst Eugen IV. nicht eskalieren zu lassen. Der junge und später berühmte Jurist und Kurienkritiker Gregor Heimburg, der 1432 als Vertreter des Kurfürsten von Mainz an das Basler Konzil gekommen war, unterstützte nun die Politik des Kaisers.[1] In der 14. öffentlichen Sitzung am 7. 11. 1433 hielt Sigismund eine Rede, in der er die Konzilsväter beschwor, ein Schisma zu vermeiden. „Ich bin der Kaiser, und ich will lieber sterben als von neuem ein Schisma in der Kirche hinnehmen", betonte er. Die Konzilsväter gaben dem Papst daher eine neue Frist von 90 Tagen, das Konzil bedingungslos anzuerkennen. Eugen IV. erließ Mitte Dezember endlich die langerwartete Konzils-Anerkennungs-Bulle, die am 5. 2. 1434 in der 16. Session, an der Sigismund in kaiserlichem Ornat teilnahm, gebilligt wurde. Das Konzil machte jedoch von der einmal gewonnenen Macht Gebrauch und stellte nun weitere Forderungen; die Legaten des Papstes sollten nur unter bestimmten Bedingungen die Leitung des Konzils innehaben; so sollten sie vorher schwören, die Superiorität des Konzils über den Papst anzuerkennen. Dem Kaiser mißfielen die Anmaßungen des Konzils, das bald in die gleichen Fehler verfiel, die es bei der päpstlichen Kurie kritisierte, und sich überall einmischte, besonders in politischen Fragen, die nach Sigismunds Auffassung in die Kompetenz des Reiches fielen. Eugen IV. wurde durch einen Aufstand im Kirchenstaat und durch den Einfall des mailändischen Condottiere Francesco Sforza in die Mark Ancona immer mehr bedrängt, so daß er auf Ersuchen des Kaisers den neuerlichen Forderungen des Konzils zustimmte. Am 26. 4. in der 17. Session wurden die päpstlichen Legaten in Anwesenheit Sigismunds als Präsidenten des Konzils anerkannt. Mitte Juli mußte Eugen IV. dann aus Rom fliehen; er ließ sich kurz darauf in Florenz nieder, wo er Asyl fand. Der Kaiser hingegen ermahnte das Konzil mehrfach – zuletzt am 8. 5. in einer Rede –, endlich die Kirchenreform vorzunehmen, und verließ schließlich Basel am 19. 5. für immer, um dem Konzil den Einfluß auf politische Fragen zu entziehen. Zu den Problemen, mit denen sich Sigismund nach der Rückkehr aus Italien auseinandersetzen mußte, gehörte in erster Linie das Umsichgreifen des neuburgundischen Reiches unter Philipp „dem Guten", der sich eine Reihe von Gebieten im Westen des Reiches angeeignet hatte, ohne dazu legitimiert oder vom

Reich belehnt worden zu sein. Die Orientierung der Luxemburger nach Osten hatte es den aus einer Seitenlinie des französischen Königshauses Valois stammenden Burgunderherzögen ermöglicht, sich auf Kosten des Reiches und Frankreichs immer weiter auszudehnen und schließlich ein neues „Lotharingien" entstehen zu lassen. Meist im Bund mit England hatten sie auch von Frankreich große Gebiete erobert und einen großen Einfluß in der französischen Politik ausgeübt. Kaiser Karl IV., der bereits 1363 den ersten Herzog Philipp den Kühnen mit der Freigrafschaft Burgund belehnt hatte, war ebenso wie sein Sohn Wenzel für die ersten Verluste des Reiches im Westen verantwortlich. Herzog Philipp war mit Margarethe von Flandern († 1405), der Tochter des Grafen Ludwig II. († 1384) und der Margarethe von Brabant, verheiratet gewesen; auf diese Weise war das reiche Tuchmacherland Flandern mit dem Artois 1367 an Burgund gekommen. Eine Doppelhochzeit ihrer Kinder sollte den Zugriff auf Holland vorbereiten: Philipps Sohn Johann Ohnefurcht heiratete Margarethe von Bayern-Holland und dessen Schwester Margarethe Herzog Wilhelm IV. von Bayern-Holland († 1417), den Bruder Margarethes und des Lütticher Bischofs Johann. Nach dem Tod Wilhelms von Bayern-Holland hatte Sigismund die Nachfolge des Bischofs Johann von Lüttich unterstützt, der das Bischofsamt aufgab und Sigismunds Nichte Elisabeth von Görlitz, die Herrin von Luxemburg, heiratete. Wilhelm hingegen wollte das Land seiner Tochter Jakobäa († 1436) zukommen lassen, die einen jahrelangen Krieg gegen ihren Onkel begann. Im Bund mit Sigismund hatte Johann versucht, die Ehe Jakobäas mit Herzog Johann wegen zu naher Verwandtschaft vom Papst für ungültig erklären zu lassen, was Sigismund auf dem Konstanzer Konzil gelang; später widerrief Martin V. jedoch diese Entscheidung wieder. Nach dem Tod Herzog Johanns († 1425) konnte Philipp zwischen 1426 und 1428 dann Jakobäa aus ihren holländischen Besitzungen verdrängen und im Vertrag von Delft zwingen, ihm die Regierung in Holland, Seeland und Friesland zu übertragen.[2] Als nächstes kam das Herzogtum Brabant an die Reihe. Der letzte Herzog Johann III. von Brabant († 1355) hatte nur zwei Töchter; Johanna war verheiratet mit Wenzel von Luxemburg, einem Bruder Karls IV., und Margarethe die erwähnte Gemahlin Ludwigs von Flandern. Nach einem Vertrag Karls IV. mit Margarethe sollten Brabant und Limburg nach ihrem kinderlosen Tod an das Haus Luxemburg fallen; der Vertrag wurde von den Ständen der Länder Flandern, Brabant und Limburg besiegelt; Herzog Wenzel († 1383) wurde 1357 von seinem Bruder Karl IV. mit Brabant und Limburg belehnt.[3] Bereits 1399 beklagten sich die Kurfürsten über König Wenzel, daß durch dessen Untätigkeit Brabant und Flandern vom Reich entfremdet würden, und machten es dem zukünftigen König Ruprecht zur Pflicht, die Gebiete dem Reich zurückzuerwerben. Nach dem Tod ihres Mannes übergab Johanna das Herzogtum Brabant jedoch an ihren Großneffen Anton († 1416), einen Sohn Philipps des Kühnen, ohne daß die Luxemburger etwas dagegen unternommen hätten. So regierte seit 1406 eine burgundische Seitenlinie in Brabant. Nach der Absetzung König Wenzels riet König Karl VI. von Frankreich seinem Vetter Anton, diesen anzuerkennen und ihn um die Hand seiner Nichte Elisabeth von Görlitz, der Tochter Herzog Johanns von Görlitz, zu ersuchen. Wenzel stimmte zu, erkannte Anton als Erzherzog von Brabant an und gab ihm mit der Nichte noch Luxemburg als Mitgift. Somit hatte ein deutscher König unter Bruch des Reichsrechtes, das nur die männliche Erbfolge kannte, dem Haus Valois weitere Reichslehen überantwortet. Nach dem Tod Antons fiel Brabant zunächst an dessen Sohn Johann IV. von Brabant († 1427), der mit Jakobäa von Holland verheiratet war, und nach dessen Tod an seinen Bruder Philipp, der 1430 kinderlos verstarb. Sigismund, der bereits bei seiner Wahl die Revindikation (Rückerwerbung) der dem Reich verlorengegangenen Lehen versprochen hatte, beanspruchte nun das Herzogtum Brabant als Luxemburger und als erledigtes Reichslehen, da es im Reich keine weibliche Erbfolge gab. Aus den gleichen Gründen hatte er die Erbfolge Jakobäas in Holland nicht anerkannt und deren Onkel Johann unterstützt, der nach dem Tod Antons von Brabant dessen Witwe Elisabeth geheiratet hatte. Philipp war mit den Reichslehen Holland, Hennegau, Seeland und Friesland nie reichsrechtlich belehnt worden. Zudem bestand die Gefahr, daß er auch noch Luxemburg annektieren würde, dessen kinderlose Herzogin Elisabeth ihm tief verschuldet war. Alle diese Erwerbungen auf Reichsgebiet waren den Burgundern nur möglich gewesen, weil die Reichsmacht in den entscheidenden Momenten – 1367 bei Flandern, 1426/28 bei Holland, Seeland und Friesland und 1430 bei Brabant – geschwächt oder mit anderen Problemen belastet war.

Ein weiterer Grund, warum Herzog Philipp sich den Zorn König Sigismunds zugezogen hatte, war, daß er die Nachfolge des Arnold von Egmond im Herzogtum Geldern, der vom König geächtet worden war, unterstützte. Er stützte sich in seiner niederländischen Politik auch auf seinen Schwager Herzog Adolf von Kleve, den Gemahl seiner Schwester Maria. Auch der Kölner Erzbischof Dietrich von Mörs gehörte zu Philipps Allianzpartnern. Problematisch war für Sigismund, daß Herzog Philipp wie auch er selbst mit England verbündet war. Zu Ostern 1433 hatte Jakobäa, zermürbt von den jahrelangen Auseinandersetzungen, dem Burgunder schließlich alle ihre Länder übertragen. Auf dem Basler Konzil war bereits im März 1433 eine burgundische Delegation unter der Leitung des Bischofs von Nevers erschienen. Obwohl Philipp sich im Zweifelsfall eher auf die Seite des Papstes stellte, bemühte sich das Konzil sehr um seine Gunst. Bald kam es zum Rangstreit, da die burgundischen Gesandten ihre Plätze vor den Gesandten der Kurfürsten einnehmen wollten. Als man Herzog Philipp auf die in der „Goldenen Bulle" festgelegte Rolle der Kurfürsten hinwies, ließ er entgegnen, diese gelte nur für deutsche Reichsfürsten, nicht aber für ihn. Da die Gesandten mit der sofortigen Abreise drohten, wenn sie nicht den Vortritt erhielten, gab das Konzil nach, was wiederum die Kurfürsten erbitterte.

Zu all diesen Konflikten kam schließlich noch ein weiterer Erbschaftsstreit. 1431 war Herzog Karl II. von Lothringen gestorben. Als Erbin hatte er seine Tochter Isabella vorgesehen, die mit dem Titularkönig René von Sizilien, dem Herzog von Bar und Markgraf von Pont a Mousson, verheiratet war. Nach dem Reichsrecht hätte das Herzogtum jedoch an Anton von Vaudemont fallen müssen, einem Sohn des Bruders von Herzog Karl II. Die lothringischen Stände hatten jedoch bereits die Erbfolge Renés anerkannt. Als Graf Anton nun nach dem Tod Karls in Nancy das Erbe für sich reklamierte und abgewiesen wurde, wandte er sich an Herzog Philipp von Burgund, der ihn sogleich unterstützte; in einer Schlacht wurde René geschlagen und gefangengenommen. Nun appellierte man an König Sigismund, der Herzog Philipp aufforderte, René freizulassen, und beide Parteien vor sein Gericht lud. Philipp ignorierte jedoch den Befehl des Königs; erst im Mai 1432 wurde René freigelassen. Beide Anwärter einigten sich nun darauf, Herzog Philipp als Schiedsrichter anzurufen, der entschied, Antons Sohn Friedrich solle eine Tochter Renés heiraten. Über die Nachfolge in Lothringen aber wurde keine Einigung erzielt. Dies veranlaßte den – so genannten – „guten König René", gemeinsam mit Anton von Vaudemont den Kaiser in Basel aufzusuchen und ihn um eine Entscheidung zu bitten.

Ungeachtet des Protestes Antons erließ Sigismund am 24. 4. 1434 in Basel in Anwesenheit der Kurfürsten von Trier und Brandenburg das Urteil, daß das Herzogtum Lothringen dem René von Anjou gebühre, und belehnte ihn noch am gleichen Tag von Reichs wegen mit den Ländern seines Schwiegervaters. Herzog Philipp unterstützte jedoch weiterhin den Grafen von Vaudemont und forderte René auf, wieder in die Gefangenschaft zurückzukehren, was dieser Anfang März 1435 auch tat. Dennoch konnte René sich auf die Dauer in Lothringen behaupten, wo er jedoch seinen Sohn zum Statthalter einsetzte, um das Königreich Sizilien erobern zu können, was ihm jedoch nicht gelang. Erst nach dem Tod von Renés Enkel Nikolaus ging Lothringen 1473 an René II. von Vaudemont, den Sohn Friedrichs und der Jolanda, Tochter Renés I., über. Letztendlich setzte sich somit das Schiedsurteil des Herzogs von Burgund durch.

Sigismund versuchte nach seiner Rückkehr aus Italien, den Herzog von Burgund einzukreisen. An der Seite Englands kämpften burgundische Truppen seit dem Frühjahr 1433 in der Champagne. Bereits seit Herbst 1433 bereitete Sigismund seinen Kurswechsel gegenüber Frankreich vor, zu dem er seit 1416 kaum noch Kontakte hatte. Seitdem Jeanne d'Arc im Frühjahr 1429 Karl VII. nach Reims zur Krönung geführt hatte, mußten die Engländer Rückschläge in Frankreich hinnehmen, obwohl der schwache Heinrich VI. Ende 1431 in Paris zum König von Frankreich gekrönt wurde. Karl VII. gelang es nun mehr und mehr, seine Macht zu festigen; ein Bündnis mit dem Kaiser konnte ihm dabei nur behilflich sein. Die Verhandlungen liefen über den französischen Gesandten Simon Charles in Basel. Am 17. 6. 1434 besiegelte Karl VII. von Frankreich die französische Ausfertigung eines Bündnisses mit dem Kaiser, in dem er sich verpflichtete, Burgund auch weiterhin zu bekämpfen. Mitte Juni ratifizierte Sigismund das Bündnis mit Frankreich, in dem er zusagte, Herzog Philipp innerhalb von sechs Monaten die Fehde anzusagen und zwei Monate darauf den Krieg zu beginnen.[4] Als der Kaiser dann am 8. 12. Burgund den Krieg erklärte, reagierte kaum jemand im Reich darauf, so daß er die Fehde auf später verschieben mußte.[5] Noch im Juli schickte Sigismund eine Gesandtschaft nach England, um König Heinrich VI. und dem Herzog von Bedford mitzuteilen, daß sich das neue Bündnis nicht gegen England richtete, sondern nur auf die unrechtmäßigen Erwerbungen des Burgunders auf dem

Boden des Reiches bezog. Herzog Philipp richtete jedoch schon im Juli 1434 Rechtfertigungsschreiben an die Fürsten des Reiches, an die Könige von Dänemark und Polen und den Großfürsten von Litauen, in denen er Sigismund unterstellte, von Frankreich „gekauft" worden zu sein.[6] Die Reichsstände, die die chronische Geldnot des Kaisers kannten, reagierten darauf nicht einmal mit Entrüstung. René von Anjou vermittelte nun zwischen Burgund und Frankreich. Auf der anderen Seite zeigten die Reichsstände keinerlei Interesse an einem Krieg gegen Burgund. Sigismund glaubte, im Bund mit Karl VII., den er umschreibend „Fürst" nannte, Herzog Philipp bekämpfen und dabei das Bündnis mit England aufrechterhalten zu können. Er erklärte den Engländern, das neue Bündnis beziehe sich nur auf die zum Reich gehörenden Besitzungen des Herzogs von Burgund; er wolle sie jedoch keineswegs in ihrer Herrschaft über einen Teil Frankreichs beeinträchtigen. Dies war „natürlich eitel Sophisterei"[7]; man konnte nicht gleichzeitig mit zwei Todfeinden, die sich gegenseitig bekriegten, befreundet sein. Zudem mußte Sigismund auf die Sicherheit des Basler Konzils Rücksicht nehmen. Der Feldzug gegen Burgund kam überhaupt nicht zustande.

So fein Sigismund das Netz gegen Burgund auch spann, seine Pläne zerrannen wohl ganz anders, als er gedacht hatte. Hinter dem Rücken des Kaisers und seines Verbündeten Friedrich IV. verhandelte König Karl VII. mit Herzog Philipp über einen Frieden, obwohl Sigismund erst im Februar 1435 den Dauphin zum Reichsvikar in der Dauphiné und im Königreich Arelat ernannt hatte! Bei den Friedensverhandlungen in Arras im August und September 1435 waren überhaupt keine Vertreter des Reiches anwesend. Der König berief sich sogar ausdrücklich auf sein Bündnis mit dem Kaiser und verpflichtete sich zur Unterstützung gegen die Engländer und jeden Angreifer, also auch gegen Sigismund![8] Karl VII. trat dem Herzog Boulogne und eine Reihe von Städten an der Somme ab und enthob ihn der Lehenspflicht für seine französischen Besitzungen. Damit konnte Herzog Philipp seine Macht konsolidieren; es begann nun eine lange Friedensperiode für Burgund, obwohl der Herzog sich auch weiterhin nicht mit den Reichslehen belehnen ließ. Sigismunds Revindikationspolitik im Westen war somit völlig gescheitert. Das lag jedoch in erster Linie daran, daß das Reich sich schon seit Generationen kaum noch gegen die Politik des Hauses Valois zur Wehr gesetzt hatte.

Mit der Schilderung der Ereignisse rund um die burgundische Politik Sigismunds bis zum Vertrag von Arras sind wir den Ereignissen nach seiner Rückkehr aus Italien nach der Kaiserkrönung weit vorausgeeilt. Mißmutig verließ der Kaiser Mitte Mai 1434 Basel. Über den Papst war er schwer verärgert, weil dieser die Kurfürsten zu Beschirmern des Konzils ernannt und mit seinen Anerkennungsbullen des Konzils ein doppeltes Spiel getrieben hatte, indem er verschiedene Fassungen ausgegeben hatte, in denen das Konzil einmal unbedingt und einmal bedingt anerkannt worden war. Über das Konzil war er verstimmt, weil dieses mehr und mehr auch politische Konflikte an sich zog und durch eine schiedsrichterliche Tätigkeit neuen Einfluß gewinnen wollte. So hatte sich Herzog Erich von Sachsen-Lauenburg wegen der Nichtzuerkennung der sächsischen Kur an das Konzil

gewandt. Die Übersiedlung nach Ulm hatte daher auch den Sinn, das Machtzentrum der Politik von Basel wegzuverlegen. In Ulm ratifizierte er das Bündnis mit Karl VII. von Frankreich und hielt einen Reichstag ab. Durch die Erneuerung der Privilegien nach der Kaiserkrönung gelang es ihm noch einmal, die stets leeren Kassen zu füllen. Sein Aufenthalt in Ulm kostete etwa 3000 Gulden pro Monat; insgesamt nahm er von der Kaiserkrönung bis etwa Ende 1434 etwa 150.000 Gulden ein; davon entfielen etwa 40.000 Gulden auf die Krönungssteuer der Juden, etwa gleich viel auf Gebühren der Städte, während die Venezianer, die weiterhin über einen Frieden mit Sigismund verhandelten, ihm etwa 24.000 Gulden zahlten. Ein Teil des Geldes wurde für einen Bordellbesuch verwendet, in das der den sinnlichen Genüssen stets aufgeschlossene Kaiser sein Gefolge einlud; die Stadt mußte die Beleuchtungskosten im öffentlichen Frauenhaus bezahlen.[9]
In Ulm gelang es Sigismund auch auf andere Weise, die Kasse zu füllen und seine Macht zu steigern. Herzog Ludwig VII. „der Bärtige" von Ingolstadt hatte Sigismund lange Zeit in Ungarn begleitet und war seit der Straubinger Erbschaft mit seinen Vettern zerstritten. Auch nach dem Schiedsurteil Sigismunds von 1429 hatte er seine Ansprüche nicht aufgegeben und Herzog Heinrich von Bayern-Landshut vor der westfälischen Feme verklagt. Auch das Basler Konzil war gegen den Herzog vorgegangen, der verschiedene Klöster geschädigt hatte. Sigismund konnte nun ähnlich wie 1415 gegen Friedrich IV. noch einmal erfolgreich gegen einen einflußreichen Fürsten vorgehen. Er lud ihn gleich nach seiner Ankunft in Basel vor sein Gericht und übertrug Herzog Wilhelm von Bayern-München seine Reichslehen. Nach mehreren Vorladungen erschien Ludwig VIII., der Sohn des Herzogs, und protestierte gegen das Gericht, das parteiisch und unstandesgemäß besetzt sei, worauf er trotz der Fürsprache der Franzosen Basel verlassen mußte. Das Pokerspiel ging nun weiter; Ende April verhängte der Kaiser die Reichsacht über den einstigen Gefährten und verhandelte auf dem Ulmer Reichstag über eine Exekution gegen ihn. Es ist bezeichnend, daß nicht die Reichsacht, sondern nur die von Sigismund schließlich zusammengebrachte Koalition den Herzog in die Knie zwang. Als der Aufmarschplan bereits besprochen war, erschien Ludwig VII. nach abermaliger Kriegsdrohung Anfang August in Ulm. Zunächst mußte er auf die 1422 für 60.000 Gulden als Reichspfand erhaltene Stadt Donauwörth verzichten, ebenso auf diverse Kredite an den Kaiser in Höhe von 23.000 Gulden; Darlehen an Sigismund galten ohnehin als uneinbringliche Forderungen. Dann unterwarf er sich und übertrug Sigismund die Ausgleichung seiner diversen Fehden.[10] Die Stadt Donauwörth hingegen mußte das um 5140 Gulden in Basel versetzte Silbergeschirr des Kaisers auslösen, die 7860 Gulden Aufenthaltskosten für das kaiserliche Gefolge in Ulm für zweieinhalb Monate und andere Schulden des Kaisers in einer Gesamthöhe von 13.000 Gulden bezahlen. Derartige Methoden der Verschaffung von neuen Einkünften waren bei Sigismund an der Tagesordnung; es handelte sich bei seiner Finanzmisere jedoch nicht in erster Linie um ein persönliches Verschulden, schuld war „der vollständige finanzwirtschaftliche Verfall der Reichsgewalt".[11]
In Ulm führte Sigismund auch die Bündnisverhandlungen mit Venedig weiter

und verhandelte erneut über einen Zusammenschluß zwischen den Reichsstädten und der schwäbischen Reichsritterschaft, der jedoch nicht zustande kam. Der Protest gegen das Vorgehen des Konzils in der Frage der sächsischen Kur hatte immerhin den Erfolg, daß das Konzil in diesen Belangen in Zukunft zurückhaltender vorging. Neben dem Gefolge des Kaisers nahmen die Kurfürsten von Sachsen und Brandenburg, Herzog Heinrich von Bayern-Landshut, Markgraf Jakob I. von Baden, Graf Ludwig von Württemberg und die Vertreter der Städte und der schwäbischen Ritterschaft teil. Die Fürsten verließen Ulm bereits Ende Juli; Sigismund wollte bereits Anfang August weiter nach Augsburg reiten, blieb dann aber bis nach der Unterwerfung Herzog Ludwigs in Ulm. Den Schutz des Konzils übertrug Sigismund zunächst der Stadt Basel; Bischof Johannes von Lübeck und Gregor Heimburg ernannte er zu seinen Gesandten beim Konzil. Mitte Juli 1434 zog Sigismund dann weiter über Augsburg und München nach Regensburg.

Auf dem kaiserlichen Reichstag in Regensburg im Herbst 1434 setzte sich Sigismund insbesondere mit der Hussitenfrage auseinander. Die Annahme der „Prager Kompaktaten" vom 30. 11. 1433 durch die Utraquisten wurde vor allem von den Taboriten und Orphaniten bekämpft. In Böhmen kam es bald darauf wieder zum Ausbruch des Bürgerkrieges. Ein Teil der Hussiten wollte Wladislaw, den Sohn König Wladislaws II. von Polen, der Ende Mai 1434 in hohem Alter gestorben war, auf den böhmischen Thron erheben. Die Partei der „Calixtiner", die die Kompaktaten angenommen hatte, stand unter der Führung von Meinhard von Neuhaus, während die Taboriten und Orphaniten von Prokop dem Großen befehligt wurden. Im Mai 1434 gelang den „Calixtinern" die Einnahme der Prager Neustadt, die immer schon ein Zentrum der revolutionären Bewegungen gewesen war. Das katholisch gebliebene Pilsen trotzte auch weiterhin den Belagerern. Am 30. 5. 1434 kam es dann bei Böhmisch-Brod (Ceský Brod) zu einer Entscheidungsschlacht – auch Schlacht bei Lipany genannt –, in der Prokop der Große und Prokop der Kleine, der Anführer der Orphaniten, von Meinhard von Neuhaus besiegt wurden und fielen. Damit wurden die Taboriten erstmals in Böhmen selbst besiegt. Nach der Eroberung Tabors beschloß ein Landtag in Prag, die Gefangenen zu befreien und die Vertriebenen wieder aufzunehmen.

Als Sigismund in Ulm vom Sieg über die Taboriten erfuhr, nahm er gleich Kontakte zu den Siegern auf und schickte eine Gesandtschaft zum Prager Landtag, die freundlich empfangen wurde. Prag war Sigismund die Konzession des Laienkelches wert, und er bemühte sich, bald zu einem Abschluß der Verhandlungen zu kommen. Er ersuchte das Konzil, eine Gesandtschaft nach Regensburg zu schicken, wo er mit den Hussiten verhandeln wollte. Im September kam dann eine Gesandtschaft der „Calixtiner" mit 400 Reitern unter der Leitung von Meinhard von Neuhaus und Jan Rokyczana nach Regensburg. Sigismund empfing die Hussiten freundlich, die ihn als Kaiser begrüßten. Zu einer schnellen Anerkennung waren sie jedoch nicht bereit. Als die „Calixtiner" die Entscheidung in die Länge ziehen wollten, begann Sigismund auch mit den Taboriten zu verhandeln, obwohl diese trotz ihrer Niederlage noch Streifzüge in benachbarte Gegenden unternahmen. Er versprach ihnen, sich mit aller Kraft dafür einzusetzen, daß die Kompaktaten bald in Kraft gesetzt würden. Die endgültigen Entscheidungen wurden jedoch auf den Mitte Oktober 1434 in Prag angesetzten Landtag vertagt. In Regensburg kam noch ein jahrelanger Konflikt zur Entscheidung, der wiederum illustriert, wie wenig das Wort des Kaisers im Reich galt und wie schwer es für ihn geworden war, seinen Geboten Gehör zu verschaffen. Es handelt sich dabei um die sogenannte „Heiligenberger Fehde". 1413 hatte Herzog Friedrich IV. von Österreich von Graf Albrecht IV. von Werdenberg-Heiligenberg dessen Grafschaft am Bodensee gekauft. Graf Hugo von Werdenberg, der Neffe des Grafen, hatte jedoch von König Sigismund eine Mitbelehnung erhalten und konnte die Erbschaft 1416 nach dem Tod seines Onkels angesichts der Ächtung Herzog Friedrichs auch ungehindert antreten. Herzog Friedrich IV. bemühte sich jedoch seit 1418, die Grafschaft mit Gewalt einzunehmen. Als Graf Hugo 1428 starb, erhoben Herzog Friedrich und die werdenbergische Seitenlinie von Trochtelfingen sowie die Herren von Hewen – die in weiblicher Linie von den Grafen von Heiligenberg abstammten – Ansprüche auf die Grafschaft. Graf Johann IV. von Werdenberg sollte sich letztendlich durchsetzen. Als der Streit vor das Gericht König Sigismunds kam, benutzte dieser die Gelegenheit, um seinen getreuen Mitarbeiter Brunoro della Scala, einen Enkel Cangrandes II. von Verona, damit zu belehnen. Die Skaliger waren bereits 1387 gestürzt worden, und ihr Besitz war seit 1405 von Venedig besetzt, das sich in den Verhandlungen mit Sigismund zwar bereit erklärte, Brunoro und seinen Nachkommen eine Rente zu zahlen, auf keinen Fall aber einen Territorialbesitz zurückzugeben. Brunoro heiratete Anna, die Tochter des Grafen Heinrich IV. von Görz aus dessen Ehe mit Elisabeth, der Schwester Barbaras von Cilli, also eine Nichte des Kaisers. 1437 sicherte Sigismund Brunoro auch die Anwartschaft auf die Grafschaft Görz zu. Bereits 1428 hatte er ihm – auf dem Papier – die Grafschaft Heiligenberg verliehen und ihn von Reichs wegen damit belehnt. Obwohl Brunoro in vielen Urkunden den Titel „Graf von Heiligenberg" trug, gelang es ihm jedoch nie, in den Besitz der Grafschaft zu gelangen, die in der Gegend des Reiches lag, wo das Wort des Kaisers noch am meisten galt. Nach einem jahrelangen Prozeß kam der Streit 1434 zur Entscheidung. Graf Johann IV. von Werdenberg, der Elisabeth von Württemberg geheiratet hatte – deren Mutter Elisabeth eine Tochter von Burggraf Johann von Zollern und Margarethe von Luxemburg, der Schwester des Kaisers, gewesen war –, schwor vor dem kaiserlichen Gericht, zum Mannesstamm der Werdenberger zu gehören, und wurde Ende September 1434 von Sigismund mit der Grafschaft Heiligenberg belehnt, der damit die reale Situation anerkannte.

Am Ende seines Aufenthaltes in Regensburg setzte Sigismund im Herbst 1434 Markgraf Friedrich den Jüngeren, den Sohn des Kurfürsten von Brandenburg, zu seinem Stellvertreter auf dem Konzil ein und bereitete danach seine Abreise nach Ungarn vor. Am 27. 9. berief er für Anfang Dezember eine reichsständische Konferenz nach Frankfurt ein. Um die schwerfällige Prozedur der – damals noch nicht so genannten – „Reichstage" zu vereinfachen, schlug er nun eine neue Vorgangsweise vor. Mit der Einladung verschickte er 16 Artikel („Propositionen") zur Reichsreform, die zunächst auf einer Konferenz von Vertretern der Reichsstände beraten werden sollten. Erst wenn diese sich geeinigt hätten, sollte ein formaler „Reichstag" einberufen werden, auf dem das Reformwerk beschlossen und verabschiedet werden sollte. Es ist nur als tragisch zu bezeichnen, daß die 16 Propositionen des Kaisers so gut wie kein Echo auslösten. Sie wurden zwar auf der Konferenz im Dezember diskutiert, aber alle Folgekonferenzen verliefen im Sand. „Die ganze groß angelegte Aktion des Kaisers war damit kläglich gescheitert. Man begreift es, wenn Sigismund die Lust verlor, den deutschen Dingen seine Kraft und Zeit zu widmen."[12]

Ein Blick in die kaiserlichen Propositionen[13] läßt die Bedeutung des Reformkonzeptes des Kaisers erkennen, das zum Teil auf Vorarbeiten aus der Zeit in Basel zurückgeht. Zunächst sollte das Reich in vier Kreise eingeteilt werden, um eine bessere Landfriedenswahrung zu ermöglichen. Durch die bessere Besetzung der kaiserlichen Gerichte und die Einhaltung der Reichsacht sollte die Rechtspflege verbessert werden. Die Auseinandersetzungen in Jülich-Geldern, Holstein, Trier und zwischen dem Erzbischof und der Stadt Magdeburg sollten beigelegt werden, ebenso der Streit der Wittelsbacher untereinander. Der Konflikt um Kursachsen, in den sich das Konzil eingemischt hatte, sollte bereinigt werden. Auch wurde vorgeschlagen, darüber zu beraten, wie die Gebiete des „heiligen Reiches", die der Herzog von Burgund usurpiert habe, zurückzugewinnen seien. Die Übergriffe des Basler Konzils auf die weltliche Gerichtsbarkeit sollten zurückgewiesen werden und die weltliche und geistliche Gerichtsbarkeit sich ergänzen; wer ein Jahr geächtet sei, müsse auch exkommuniziert werden. Die deutschen Bistümer sollten nicht von den Päpsten nach ihrem Willen vergeben werden. Das Konzil sollte dazu bewegt werden, dem Papst zu helfen, den Kirchenstaat zurückzugewinnen. Auch schlug Sigismund vor, die Verwendung des Hussitengeldes genau zu kontrollieren. Vorkehrungen gegen den Wucher sollten eine reguläre staatliche Wirtschaftspolitik einleiten. Interessant ist dann besonders der Artikel 13 über das Münzwesen; der Kaiser regte die Schaffung einer einheitlichen Gold- und Silbermünze im ganzen Reich an. Wenn man bedenkt, daß die einheitliche Münzprägung in Deutschland erst seit 1871 – mit allerdings verschiedenen Münzbildern – bzw. vollständig erst 1918 eingeführt wurde, läßt sich ermessen, wie weit der Vorschlag der Zeit voraus war! Bereits in der Ladung zum Frankfurter Tag ersuchte der Kaiser die Städte um Entsendung von Münzsachverständigen. Bei den Beratungen in Frankfurt wurde nun von den Vertretern der Städte vorgeschlagen, der Kaiser solle sich mit den Kurfürsten über die Einführung einer einheitlichen Münze einigen. Die Ausübung des Münzrechtes durch viele Territorialherren und die ständige Münzverschlechterung hatten zu einem heillosen Wirrwarr geführt, wogegen Sigismund durch die Ausprägung von Königsgulden in den königlichen Münzstätten Nürnberg, Dortmund, Frankfurt, Nördlingen und Basel mit einem etwas höheren Goldgehalt als bei den Goldgulden der rheinischen Kurfürsten versucht hatte, eine Reichsmünze einzuführen und gleichzeitig den Einfluß der Kurfürsten zurückzudrängen. Mit der Einführung eines Reichsgoldguldens waren die Vertreter von Frankfurt und Straßburg einverstanden, während man bei der Silberwährung auf die regionalen Besonderheiten Rücksicht nehmen wollte.[14] Wie so viele Reformvorschläge blieb auch der Plan der Einführung einer einheitlichen Reichswährung unausgeführt.

Zu den letzten Vorschlägen der kaiserlichen Proposition gehörte die Einschränkung der Schöffengerichtsbarkeit und des Geleites für Mörder und Geächtete. Schließlich regte Sigismund noch an, die westfälische Femegerichtsbarkeit zu reformieren. Dieses Gericht tagte im Namen des Königs unter der Kontrolle des Erzbischofs von Köln. Das Femegericht wurde vor allem von Leuten angerufen, die von den zuständigen Richtern abgewiesen worden waren. Bei den „Freigerichten" oder „Freistühlen" konnten auch freie Bauern „Freischöffen" werden. Die Leiter der Gerichte, die „Stuhlherren", konnten Adelige oder Ministerialen sein. Sieben Freischöffen verhängten die Strafe (mittelhochdeutsch veme bedeutet Strafe). Die Aufnahme in den Freischöffenbund erfolgte durch Eid, der den „Wissenden" zur Geheimhaltung verpflichtete. Auch Kaiser Sigismund ließ sich „wissend" machen.[15]

Die Reformvorschläge des Kaisers waren zwar sinnvoll und fortschrittlich, aber sie erfolgten zu einem ungünstigen Zeitpunkt, weil er nun nach Ungarn zurückreiste und bei den Folgekonferenzen nicht viel herauskam, weil vor allem die Fürsten nicht zu Reformen und einer Stärkung der Zentralgewalt bereit waren. Die Städte billigten zwar viele Vorschläge des Kaisers, aber sie gingen doch zu zaghaft vor; es kam nicht einmal zu einer Regelung über eine Schiedsgerichtsbarkeit zwischen Städten und Rittern. So blieb in den meisten Dingen alles beim alten. Kurz nach seiner Ankunft in Preßburg beauftragte der Kaiser Anfang 1435 seinen Reichserbkämmerer Konrad von Weinsberg mit der Revindikation des verfallenen Reichsgutes in Südwestdeutschland. In der Liste der verfallenen Lehen und Pfandschaften werden unter anderen angeführt: Freiburg im Breisgau, Neuenburg, Breisach, Endingen, Kenzingen, Säckingen, Laufenburg, Belfort, Thann, Ensisheim, Altkirch und Masmünster, also alles Orte, die Friedrich IV. nach der Aussöhnung mit Sigismund 1418 wieder zurückgewonnen hatte, sowie Rheinfelden, Lenzburg, Brugg, Baden, Bremgarten, Zofingen, Sursee, Aarau und Lenzburg, also Gebiete, die Friedrich IV. 1415 verloren hatte, aber nicht wieder zurückzuerwerben vermochte.[16] Der Erbkämmerer sollte alle Lehen und Pfandschaften im Bereich der Bistümer Straßburg und Basel, im Elsaß, Sundgau und Breisgau sowie im Bereich der Eidgenossen überprüfen. Bereits im Februar 1435 versuchte er von Basel aus, die „verschwiegenen" Lehen und Pfandschaften zu registrieren. Die Eidgenossen legten ihm zum Teil von Sigismund ausgestellte Urkunden vor. Bis Mitte Juli versuchte er die Lehen geltend zu machen. Seine „professionelle" Vorgangsweise dabei läßt vermuten, daß die Aktion gut durchdacht und vorbereitet war. Es scheint, daß auch dieser Reformansatz nicht konsequent zu Ende geführt wurde – zumindest ist nichts über weitere Erfolge der Aktion bekannt. Bemerkenswert ist jedenfalls, daß der Kaiser erst nach seiner Rückkehr aus Rom das „erste umfassende Reichsreformprogramm mit monarchischer Zielsetzung" vorlegte.[17] Auch der Einfluß des 1415 erstmals bezeugten Reichskammergerichtes, das einen neuen Ausdruck der allumfassenden königlichen Gerichtsbarkeit darstellte, wurde von Sigismund gestärkt. 1434 erklärte er, der König sei überall Richter und selbst das „lebendige Recht"; das Kammergericht symbolisiere seine Person. Vor seiner Abreise nach Ungarn versuchte Sigismund noch einmal, die Reformdiskussion in Bewegung zu setzen; erst mit diesen Vorschlägen begann das eigentliche Zeitalter der Reichsreformdiskussion.

Nach der Rückkehr aus Italien mußte Sigismund zur Kenntnis nehmen, daß er in den Kämpfen zwischen dem Deutschen Orden und Polen nicht mehr die Rolle spielen konnte wie in den Jahren zuvor. Nach dem Tod des Großfürsten Witold von Litauen hatte sein Bruder Swidrigal seit Anfang 1431 versucht, dessen Rolle als von Polen quasi unabhängiger Großfürst weiterzuspielen. Noch vor der Abreise nach Italien hatte Sigismund dem Hochmeister geraten, mit dem Großfürsten ein Bündnis abzuschließen, bezüglich Polens aber vorsichtig zu sein. Noch im gleichen Jahr brach zwischen Swidrigal und König Wladislaw ein Krieg aus. Sigismund trat nun dem Bündnis des Ordens mit Swidrigal bei und versprach, keinen Frieden zu schließen, bevor er nicht die ehemals ungarischen Gebiete in Galizien zurückerworben habe. Sigismund ersuchte seinen Vetter König Erich von Dänemark um Unterstützung gegen Polen und bemühte sich, diesen mit den Grafen von Holstein und der Hanse zu versöhnen. Anfang 1432 begann Polen dann von neuem den Krieg mit dem Deutschen Orden, in dem sich Polen mit den Hussiten verbündete. Ein Bürgerkrieg in Litauen schwächte die Position des Ordens. Während Papst Eugen IV. eine Zeitlang Polen gegen den Kaiser unterstützt hatte, gelang es Sigismund nun nach der Kaiserkrönung, den Papst auf seine Seite zu ziehen. Da der Papst nun eher den Orden unterstützte, begünstigte das Basler Konzil Polen. Im November 1434 kam es in Brest zu Friedensverhandlungen, die noch vor Jahresende mit einem zwölfjährigen Waffenstillstand abgeschlossen wurden, in dem der Hochmeister sich verpflichtete, das Bündnis mit Swidrigal aufzugeben.

Sigismund, der sich in Rom sehr für den Orden eingesetzt und sich im Sommer 1433 in der erwähnten Rede vor dem Papst über die „Treulosigkeit" des Polenkönigs ereifert und von der Verlobung Herzog Wilhelms mit der Königin Hedwig bis zur Gegenwart das Leben und die Politik des greisen Wladislaw aus seiner Perspektive „dargestellt" hatte, fühlte sich beim Abschluß des Vertrages von Brest zurückversetzt und polemisierte auch vor dem Basler Konzil über Polen, das mit den böhmischen Ketzern gemeinsame Sache gemacht habe. Dem Hochmeister befahl er, den Frieden aufzukündigen und Swidrigal auch weiterhin zu unterstützen. Paul von Rußdorf, der auch schon seine Erfahrungen mit Sigismund gemacht hatte, ging auf diese Befehle nicht ein und hielt den Waffenstillstand auch ein, nachdem König Wladislaw II. Ende Mai 1434 im hohen Alter gestorben war. Der Kaiser aber war mit dem Orden unzufrieden und näherte sich dem jungen polnischen König Wladislaw III., der eine Tochter Albrechts V. von Österreich – also eine Enkelin Sigismunds – heiraten wollte. Später sollte dann sein Bruder, der polnische König Kasimir, die 1436 geborene Kaiser-Enkelin Elisabeth heiraten, die zur Stammutter aller späteren Jagiellonenkönige wurde. Ende 1434 traf eine polnische Gesandtschaft in Preßburg ein, die ihn um den Abschluß eines

Verlobungsvertrages ersuchte. Sigismund aber unterstützte trotzdem auch weiterhin den Orden gegen Polen. Als im Sommer 1435 jedoch ein neuer Krieg zwischen Polen und dem Großfürsten Swidrigal ausbrach, forderte Sigismund den Orden zwar auf, gegen Polen zu kämpfen, als er ihm aber keine Unterstützung zukommen ließ, nahm der Hochmeister Verhandlungen mit Polen auf. Sigismund versprach ihm, dem Orden tatkräftig zu helfen, wenn er in Böhmen als König anerkannt sei. Am 31. 12. 1435 mit dem „ewigen Frieden" zu Brest auf der Grundlage des zwölfjährigen Waffenstillstandes. Der Thorner Friede von 1411 und die Schiedssprüche Sigismunds von Ofen und Breslau wurden als aufgehoben erklärt und die Urkunden darüber an Polen ausgeliefert. Der Orden mußte das Bündnis mit Swidrigal aufgeben und durfte kein Bündnis mehr gegen Polen eingehen. Bei einem Bruch dieses Vertrages sollten die – seit längerem gegen die Ordensleitung rebellierenden – ständischen Untertanen von der Treuepflicht zum Orden entbunden sein. Zweifellos signalisierte der Friedensvertrag die Schwäche des Ordens, der indes weder vom Kaiser noch vom Reich unterstützt worden war. Alle Beteuerungen Sigismunds über seine Treue zu den Ordensrittern vermögen nicht darüber hinwegzutäuschen, daß der Orden in den Jahrzehnten seiner schwersten Bedrohung von Kaiser und Reich im Stich gelassen wurde. Dies sollte sich auch bei den Nachfolgern Sigismunds keineswegs ändern, die noch weniger als er in dieser Sache engagiert waren.[18]

Als Sigismund Anfang März 1436 in Ofen vom Brester Frieden erfuhr, konnte er einen Wutausbruch gegenüber dem Gesandten des Ordens nicht zurückhalten und beschimpfte diesen als treulos und wortbrüchig, da er unter der Autorität des Kaisers stehe. Seine Drohung: „Wir werden dafür sorgen, daß ihr wissen sollt, was das römische Reich ist, oder wir wollen unseren Hals darum geben"[19], erwies sich als leere Phrase, der keine Taten folgten. Die innere Schwäche des Ordens, der einige Gebiete an Polen abtreten mußte, ließ dem Hochmeister keine andere Wahl, zumal auch die Städte des Landes den Ausgleich suchten. Auch in dieser Frage zeigt sich, wie begrenzt die Einflußmöglichkeit des Kaisers war, der dem Orden allenfalls durch diplomatische Interventionen wirksam helfen konnte.

Seit Abschluß des Waffenstillstandes mit Venedig im Juni 1433 verhandelte Sigismund mehr als zwei Jahre mit der Republik über einen Friedensvertrag und ein Bündnis. Durch die venezianischen Senatsprotokolle sind wir über das Tauziehen hinter den Kulissen gut informiert. Ein kaiserlicher Bündnisentwurf ist erhalten; zwei weitere lassen sich durch die drei venezianischen Gegenentwürfe rekonstruieren. Venedig ging es weniger um ein Bündnis als um einen möglichst langen Waffenstillstand oder Frieden, um die Hände gegen den Erzrivalen Filippo Maria Visconti frei zu haben. Der Doge wollte möglichst auch den Papst und Florenz in ein Bündnis mit dem Kaiser einbeziehen, um die Position Eugens IV. gegenüber dem Basler Konzil zu festigen. Wie Florenz, so befürchtete auch Venedig bei einem Bündnis mit Sigismund schwere finanzielle Belastungen bei möglicherweise wenig militärischer Hilfe. Es verhielt sich den Bündnisbemühungen des Kaisers gegenüber so lange reserviert, bis es im März 1435 zu einem Friedensvertrag zwischen dem Papst und Mailand kam und einige Monate später Mailand mit

Hilfe der genuesischen Flotte König Alfons V. von Aragon besiegte und gefangennahm. Nun drängte der Senat zu einem raschen Abschluß. Es kam ihm auch darauf an, für die eroberten Reichsgebiete in Friaul einen Rechtstitel zu erwerben, den nur der Kaiser verleihen konnte. Sigismund hingegen wollte mit Hilfe Venedigs und der Eidgenossen Mailand niederwerfen und möglichst noch die Hilfe der Markusrepublik gegen die Türken gewinnen. Auch ging es ihm darum, den enormen Einfluß des Herzogs von Mailand auf das Basler Konzil auszuschalten. Nach dem Abbruch der Verhandlungen zwischen Venedig und dem Kaiser im Frühjahr 1432 war es im Juni des Jahres darauf zu dem bereits erwähnten fünfjährigen Waffenstillstand zwischen den beiden „Erzrivalen" gekommen. Noch im gleichen Monat hatte der Kaiser mit seinen Bündniswerbungen begonnen. Zunächst wurden die Verhandlungen streng geheim geführt; die Venezianer forderten den Kaiser im Herbst 1433 auf, den Papst gegenüber dem Konzil mehr zu unterstützen. Venedig wollte den erst im April 1433 geschlossenen Frieden von Ferrara mit Mailand nicht sogleich wieder brechen und erst nach Abschluß des Konzils ein Bündnis mit dem Kaiser schließen. Die Gesandten des Senates betonten, daß erst nach Wiederherstellung der Einheit im Glauben eine wirksame Abwehr der Türken möglich sei. Sigismund hatte jedoch auch die Verbindung mit Mailand nicht völlig abreißen lassen und unterhielt sich nach seiner Rückkehr nach Basel dort demonstrativ öffentlich mit den mailändischen Gesandten. Nach dem Einfall des mailändischen Condottiere Francesco Sforza in die Mark Ancona im November 1433 wurde Venedig dem Kaiser gegenüber entgegenkommender. Ende Mai 1434 brach dann in Rom eine Revolution aus, und Eugen IV. mußte nach Florenz flüchten. Da der Herzog von Mailand, der sich von den Konzilsvätern zum „Konzilsfeldherrn" hatte ernennen lassen, um damit seine Eroberungsfeldzüge zu legitimieren, dadurch nun von sich aus den Frieden gebrochen hatte, sah Venedig keinen Grund mehr, sich bei Bündnisverhandlungen zurückzuhalten. Bereits Anfang November 1433 hatte der Senat dem Kaiser einen dauerhaften Frieden oder einen 15jährigen Waffenstillstand angeboten, um ihn nicht in die Arme des Mailänders zu treiben. Für den Fall der Anerkennung der Eroberungen in Dalmatien und Friaul wurde dem Kaiser – dem man die Rückreise nach Basel bereits zum Teil finanziert hatte – ein Geschenk von 60.000 Gulden angeboten.[20] Einen dauernden Frieden, der ihm gegenüber Venedig die Hände band, wollte Sigismund freilich nicht abschließen. Die Markusrepublik schickte nun Mitte Dezember 1433 den Gesandten Federigo Contarini zum Kaiser, der Verhandlungen über ein Bündnis aufnehmen sollte. Im Januar 1434 wiederholte Venedig das Friedensangebot und verband es mit der Bündnisfrage. Nachdem Sigismund noch im Juni 1433 seinem Rat Brunoro della Scala das Reichsvikariat über Verona erneuert hatte, war er nun auf keinen Fall bereit, Venedig den Besitz dieser Stadt zu bestätigen. Nach und nach erfuhr er vom Konzil, daß dieses den Herzog von Mailand zum „Konzilsfeldherrn" ernannt hatte, was ihn sehr empörte. Mitte Januar legte er den venezianischen Gesandten in Basel seine Vorstellungen über ein Bündnis dar. Er erklärte, im Fall eines Krieges mit Mailand die gesamte Macht der Eidgenossen und 12.000 Reiter ins Feld stellen zu wollen. Alle Eroberungen westlich der Adda sollten dem Kaiser und die östlich davon den Venezianern gehören. Venedig sollte auch die Kosten des kaiserlichen Heeres tragen. Die Abgesandten des Dogen erklärten dem Kaiser nun, die Belehnung der Republik mit den eroberten Reichsterritorien sei eine grundlegende Bedingung für jeden Bündnisvertrag. Der Senat lehnte es jedoch Anfang März 1434 ab, die Truppen des Kaisers zu finanzieren. Bezüglich der Einigung mit Brunoro della Scala sollten die Gesandten diesem eine jährliche Pension, auf keinen Fall aber Konzessionen an Land und Burgen in Aussicht stellen.[21]

Anfang März 1434 legte der Kaiser den Venezianern einen Bündnisentwurf vor, auf den der Senat Mitte des Monats mit Abänderungsvorschlägen antwortete. Sigismund wollte nun nur noch 3000 Reiter stellen, die Venedig besolden sollte; von den Eidgenossen war nun keine Rede mehr. Die Gesandten lehnten diese Forderung ab, machten Sigismund aber ein Geschenk von 1500 Dukaten. Auch über die Restitutionsforderungen von Brunoro della Scala wurde keine Einigung erzielt. Bezüglich der erst zu machenden Eroberungen auf Kosten Mailands wollte Sigismund sich nun nicht mehr festlegen, welche Gebiete Venedig erhalten sollte. Anfang April legten die Gesandten des Dogen dem Kaiser dann einen Gegenentwurf vor, in dem dieser erklärte, er rechne mit einer Unterstützung von 5000 Eidgenossen, die der Kaiser besolden sollte. Florenz sollte in das Bündnis eintreten können. Venedig war auf keinen Fall willens, auf die Adda-Linie zu verzichten, und erklärte sich bereit, nach Abschluß des Krieges gegen Mailand noch fünf Jahre beim Waffenstillstand zu verbleiben.[22] Venedig wollte nämlich sein Bündnis mit Florenz aufrechterhalten, das freilich nicht verpflichtet war, die Markusrepublik bei einem Angriffskrieg zu unterstützen.

Für Sigismund erwies es sich als schwierig, die Eidgenossen für einen Krieg gegen Mailand zu gewinnen, denn sie waren keinesfalls bereit, dem Kaiser gewissermaßen „automatisch" zu folgen. Nach seiner Rückkehr nach Basel berief Sigismund eine Versammlung der Eidgenossen ein, denen er berichtete, was ihm der Herzog von Mailand angetan habe. Er bestätigte im Februar 1434 Bern die 1415 von Herzog Friedrich IV. eroberten Gebiete als Reichslehen, ebenso Schwyz die Urkunde von 1415, mit der er Luzern, Zug, Uri, Schwyz und Unterwalden von aller österreichischer Untertänigkeit entbunden und an das Reich genommen hatte.[23] Zürich erklärte sich bereit, dem Kaiser mit der ganzen Macht zu Hilfe zu ziehen.[24] Zu konkreten Vereinbarungen kam es jedoch nicht; Sigismund versprach den Venezianern später, alles zu tun, um die Eidgenossen für den Krieg gegen Mailand zu gewinnen.

Die Verhandlungen zwischen dem Kaiser und Venedig scheinen im Juli 1434 auf dem Reichstag zu Ulm fortgeführt worden zu sein; aus dieser Zeit hat sich ein Friedensentwurf Sigismunds mit 18 Artikeln erhalten. Darin wurde vorgesehen, das Bündnis nun auf zehn Jahre festzulegen; der Waffenstillstand sollte dann noch ein Jahr weiterreichen. Eine Belehnung Venedigs mit Verona und Vicenza könne jedoch erst nach der Einigung der Republik mit Brunoro della Scala erfolgen. Die Schweizer erklärte er nicht aus eigener Kraft besolden zu können, wohl aber könne er auf seine Kosten 3000–4000 Mann aufstellen. Der Krieg sollte bis Mai 1435 beginnen; Sigismund wollte dazu auch die Reichsvasallen aufbieten. Für die Belehnung Venedigs mit dem Reichsgut sollte der Doge jährlich einen gewissen „Rekognitionszins" an den Kaiser bezahlen. Dem Papst sollte der Beitritt zum Bündnis anheimgestellt werden. Der Entwurf wurde dem venezianischen Gesandten Andrea Donato übergeben; kurz darauf schickte Sigismund Bischof Johann von Zengg und Giovanni Battista Cigala nach Venedig, um die Antwort des Senates auf sein Angebot entgegenzunehmen.[25]

Als die Gesandten des Kaisers im August 1434 nach Venedig kamen, wollte der Senat unbedingt Papst Eugen IV. in die Verhandlungen einbeziehen. Mitte September trafen die kaiserlichen Gesandten in Florenz ein. Sigismund verlangte, die Florentiner sollten sich vor einem Eintritt in das Bündnis mit ihm versöhnen. Florenz aber zeigte sich wenig an dem Bündnis interessiert, da es befürchtete, vor allem finanziell ausgenutzt zu werden. Der Papst hingegen wollte seine Karten nicht durch einen Bündnisabschluß auf den Tisch legen. Ende Oktober sah die Regierung in Venedig ein, daß der Papst und Florenz vorerst nicht zu einem Bündnis mit Venedig und dem Kaiser bereit waren. Auch ein neuerliches diesbezügliches Ersuchen Sigismunds im Oktober brachte keine Änderung. Im Dezember 1434 kehrte Giovanni Battista Cigala nach Venedig zurück, wo der Senat beschloß, eine eigene Gesandtschaft an den Kaiser zu schicken, die die Verhandlungen fortführen sollte. Der Papst lehnte ein Bündnis mit dem Kaiser ab, da dieses die Vermittlungstätigkeit Sigismunds im Konzilsstreit beeinträchtigt hätte. Im März 1435 kamen seine Verhandlungen mit dem Herzog von Mailand durch einen vorläufigen Friedensvertrag zu einem Abschluß. Dadurch konnte er hoffen, den Kirchenstaat zurückzugewinnen und dem Konzil einen starken Rückhalt zu entziehen. Zudem starb im Februar 1435 die berüchtigte Königin Johanna II. von Neapel, die Witwe Herzog Wilhelms von Österreich; mit ihr erlosch die neapolitanische Linie des Hauses Anjou. Herzog René I. von Lothringen und Bar, der „gute König", der noch in burgundischer Gefangenschaft war, erhob nun Erbansprüche, die ihm freilich von König Alfons V. von Aragon – der bereits 1420 von Johanna II. adoptiert worden war, die ihn dann jedoch verstoßen und Renés Bruder Ludwig († 1434) adoptiert hatte – bestritten wurden. Filippo Maria Visconti engagierte sich in diesem Konflikt auf seiten der französischen Anjous und war deswegen zu einem Verständigungsfrieden mit dem Papst bereit, um die Hände für ein Eingreifen in die neapolitanische Frage frei zu haben.

Die allgemeine Entwicklung der politischen Verhältnisse in Italien veranlaßte Venedig nun, dem Kaiser im Frühjahr 1435 mehr anzubieten als bisher. Auch wenn es fraglich schien, ob er tatsächlich je in der Lage sein würde, ein Heer nach Italien zu führen, schien es dem Senat doch besser, ihn auf seiner Seite zu haben. Es entbehrt nicht einer gewissen Peinlichkeit, daß der Kaiser die Markusrepublik immer wieder um kleinere „Darlehen" bat, die ihm meist auch gewährt wurden. Am 24. 1. 1435 erhielt der Gesandte Andrea Donato, der mittlerweile über sehr gute persönliche Kontakte zu Sigismund verfügte, vom venezianischen Senat neue Instruktionen für seine Verhandlungen mit dem Kaiser. Der Doge Francesco Foscari unterrichtete Sigismund nun auch von den Bündnisangeboten des Herzogs von Mailand. Mitte Februar traf die Gesandtschaft in Preßburg bei Sigismund ein. Der Kaiser legte den Gesandten nun einen dritten Bündnisentwurf vor, der aus den venezianischen Stellungnahmen dazu rekonstruierbar ist. Da die Lage des Papstes durch die Maßnahmen des Konzils noch schwieriger wurde, schraubte der Kaiser nun seine Forderungen höher. Die Venezianer wollten, daß der Angriff gegen Mailand von den eidgenössischen Pässen aus eröffnet werde und daß Sigismund nur das Gebiet auf der Westseite der Adda besetzen sollte. Der Kaiser aber fürchtete, so die Hauptlast des Kampfes zu tragen, während die Venezianer östlich der Adda ungestört Eroberungen machen könnten. Da es abzusehen war, daß er aus dem Reich kaum Unterstützung erhalten werde und daher wohl auf seine Ungarn zurückgreifen müsse, wollte er von Friaul aus in die Poebene vorstoßen. Jeden Widerstand der Gesandten dagegen wies er entrüstet als Mißtrauen zurück.

Nach dem Abschluß des Friedens zwischen Mailand und dem Papst antwortete der Senat am 19. 3. 1435 dem Kaiser mit einem Gegenentwurf zu dessen dritten Bündniskonzept. Dieser Entwurf wurde die Grundlage für den dann am 31. 8. 1435 abgeschlossenen Friedensvertrag. Bis zum Abschluß der Verhandlungen sollten freilich noch Monate vergehen, bis man sich – vor allem über den Weg, den die kaiserliche Armee nehmen sollte – einigen konnte. Anfang August war die Kompromißbereitschaft der Venezianer jedoch erschöpft. Ihre äußerste Konzession war das Einverständnis, daß der Kaiser selbst bestimmen konnte, ob er Mailand vom Norden oder vom Osten angreifen wolle. Die Adda sollte jedoch die Demarkationslinie bleiben. Die Forderung Sigismunds nach einer Unterstützung gegen die Türken sollten die Gesandten auf jeden Fall zurückweisen. Für den Fall, daß der Kaiser nicht bereit sei, unter diesen Bedingungen das Bündnis abzuschließen, sollten sie die Verhandlungen abbrechen. Nachdem der Papst am 10. 8. 1435 einen definitiven Frieden mit Mailand geschlossen hatte, war jetzt auch der Kaiser zum Abschluß des Bündnisses bereit. Mittlerweile hatte die in Diensten Mailands stehende genuesische Flotte Anfang August König Alfons V. von Aragon in der Seeschlacht bei der Insel Ponza besiegt und gefangengenommen. Dies veranlaßte den venezianischen Senat, die Gesandten am Kaiserhof zu beauftragen, die Verhandlungen nicht abzubrechen, sondern auf jeden Fall das Bündnis abzuschließen. Als die Boten des Senates in Preßburg ankamen, hatte Sigismund das Bündnis jedoch bereits am 31. 8. ratifiziert.[26]

Das nur gegen den Herzog von Mailand gerichtete Bündnis wurde auf zehn Jahre abgeschlossen; dem Papst und der Republik Florenz wurde der Beitritt offengehalten. Der Beginn des Krieges sollte von beiden Partnern festgelegt werden und der Kaiser sollte dazu 4000 Reiter stellen, die er mindestens vier Monate allein besolden mußte. Die Marschroute der Armee blieb ihm jedoch überlassen. Sigismund versprach, das Reich und den Herzog von Savoyen für den Feldzug aufzubieten; von den Eidgenossen war jedoch keine Rede mehr. Gegen den Herzog von Mailand als Reichsrebell sollte ein Prozeß eingeleitet werden, um ihm die Reichslehen und das Reichsvikariat abzuerkennen. Venedig sagte zu, für den Feldzug 10.000 Reiter und 4000 Mann zu Fuß zu stellen. Die Adda wurde als Grenzlinie zwischen Venedig und dem Reich festgelegt. Alle deutschen Könige sollten bei ihren Romzügen das venezianische Gebiet passieren können. Sigismund verpflichtete sich, Venedig mit den Reichslehen zu belehnen, wofür der Senat jährlich 1000 Dukaten zahlen sollte. Die Städte Verona und Vicenza sollten so lange davon ausgeschlossen bleiben, bis Venedig sich mit Brunoro della Scala geeinigt habe. Das Bündnis mit Venedig, das einen Wechsel der Allianzen zur Folge hatte, war zweifellos ein großer Erfolg für die Politik Sigismunds. Wenige Monate vor dem Tod des Kaisers wurde der venezianische Gesandte Marco Dandolo nach einer Verlängerung des 1433 geschlossenen Waffenstillstandes für die Zeit des Bündnisses und ein Jahr darüber hinaus als Stellvertreter des Dogen am 16. 8. 1437 in Prag feierlich vom Kaiser belehnt. Die Republik erhielt einen Vikariatsbrief über die nur noch auf dem Papier zum Reich gehörenden venezianischen Gebiete (die „Terra ferma"). „Der Doge wurde so Vasall des deutschen Kaisers."[27] Er reagierte jedoch verärgert, als Sigismund – der es meisterhaft verstand, in Urkunden sein imperiales Selbstbewußtsein auch rhetorisch umzusetzen – ihn in einem Schreiben als „unseren und des heiligen Reiches geliebten Vikar" ansprach. Er betonte, daß er nur für einen Teil der Republik die Lehnshoheit des Reiches anerkannt habe. Sigismund schickte ihm daraufhin einen Entwurf für eine Ratifikationsbestätigung über den von seinem Gesandten geleisteten Eid, in dem er sich als „gnädigster Herr" des Dogen bezeichnete. Als der Doge Francesco Foscari die Urkunde am 20. 12. 1437 ausstellte, war Sigismund bereits tot. Der Rekognitionszins von 1000 Dukaten wurde nur ein einziges Mal bezahlt. Die für die Ausstellung der Vikariatsurkunde verlangten 10.000 Dukaten wurden nun nicht mehr voll ausbezahlt, und auch der Lehnseid wurde nie mehr erneuert.

Sigismund war der letzte Kaiser des Mittelalters, der in den früher zum Reich gehörenden Teilen Italiens noch einen gewissen Einfluß ausüben konnte. Später versuchten auch Maximilian I. und Karl V., sich in die italienischen Verhältnisse einzuschalten, aber von ganz anderen Voraussetzungen, nämlich von der Basis ihrer österreichischen und spanischen Hausmacht aus. Mit seinen finanziellen Mitteln war Sigismund gar nicht in der Lage, eine Armee für einen Italienfeldzug aufzustellen. Die Tatsache, daß kein einziger deutscher Reichsfürst Sigismund bei seinem Romzug unterstützte, zeigt, wie ausgehöhlt die Machtstellung des Kaisers war, dem die Fürsten reichsrechtlich zu einer Begleitung auf dem Romzug verpflichtet waren. Aber die Zeiten eines Barbarossa waren längst vorbei. Wenn ihm eine Aktion gegen die Fürsten, die Hauptzerstörer der Reichsidee, gelang – wie etwa 1415 bei Friedrich IV. von Österreich oder 1434 bei Ludwig VII. von Bayern-Ingolstadt –, dann war dies nicht das Ergebnis eines reichsrechtlichen Vorgehens und einer Durchsetzung der höchsten Autorität im Reich, sondern nur die Folge davon, daß es ihm gelungen war, mit seinem Verhandlungsgeschick eine Interessenkoalition gegen den entsprechenden Fürsten zustande zu bringen. Sigismunds Mitarbeiter Nikolaus von Gara, der Palatin von Ungarn, sagte den Venezianern einmal: „Dieser König hat einen wandelbaren Sinn und richtet sein Augenmerk auf vielerlei Dinge: auf die Türken, auf die Angelegenheiten des Reiches, ja auf die ganze Welt."[28]

XX.
Der Einzug in Prag
(1436)

Nach mehr als vierjähriger Abwesenheit von Ungarn kehrte Sigismund Mitte Oktober 1434 in sein Erbkönigreich zurück; das Reich im engeren Sinn – also ohne Böhmen – sollte er nicht mehr wiedersehen. Während seiner Abwesenheit hatte Ungarn durch die wiederholten Einfälle der Türken gelitten. Nach dem Waffenstillstand auf drei Jahre vom Februar 1429 mußte Fürst Georg Brankowitsch von Serbien sich mit Sultan Murad II. arrangieren; der walachische Woiwode Vlad Dracul schloß im Juni 1432 mit den Türken ein Bündnis und führte sie nach Ungarn. Szöreny (Turnu Severin), die Kolonie des Deutschen Ordens am Eisernen Tor, wurde aufgegeben. Fürst Georg Brankowitsch mußte sich nun den Türken unterwerfen und dem Sultan versprechen, ihm seine Tochter Maria zur Frau zu geben, wenn sie herangewachsen wäre. In Ungarn bemühte sich Sigismund nun nach seiner Rückkehr in ähnlicher Weise wie im Reich um eine Verfassungsreform, die er bereits 1432/33 in Siena vorbereitet hatte.[1] Alle freien Männer in allen Komitaten in Ungarn sollten seinen Entwurf einer Reform der Rechtsprechung und des Kriegswesens diskutieren und dann auf einem ungarischen Reichstag dazu Stellung nehmen. Es sollte auch der Versuch unternommen werden, ein stehendes Heer aufzustellen. Die Pläne kamen jedoch nicht zur Ausführung. Sultan Murad, der Sigismund durch eine Delegation nach Basel zur Kaiserkrönung beglückwünscht hatte, unternahm nach Sigismunds Rückkehr nach Ungarn keine weiteren Vorstöße mehr und zeigte sich zur Fortsetzung des Friedens bereit. Nach dem Tod des Palatins Nikolaus von Gara verlor Sigismund auch durch den Tod seines Schwiegervaters Hermann von Cilli im Oktober 1435 einen wichtigen Mitarbeiter. Neben der Reform der ungarischen Verfassung bemühte sich Sigismund in den letzten Jahren auch um die Behebung der Mißstände in der ungarischen Kirche. In Siena hatte er den Olivetanerorden kennengelernt, den er nun nach Ungarn verpflanzte. Jakob Picenus von Marchia, der bosnische Vikar der Observanten, der strengeren Richtung des Franziskanerordens, wurde seit 1434 ein wichtiger Mitarbeiter des Königs bei der Kirchenreform und von diesem auch mit der Inquisition beauftragt.
Das Hauptanliegen des Kaisers in seinen letzten Jahren war jedoch die Einigung mit den Hussiten in Böhmen. Nach den Regensburger Verhandlungen im September 1434 war die Entscheidung auf den Prager Landtag vom Oktober verschoben

worden. Sigismund zeigte sich einerseits zwar entgegenkommend, aber er mußte andererseits darauf achtgeben, den Papst und das Konzil nicht durch zu große Konzessionen zu verstimmen. Mitte Februar 1435 verabschiedete ein neuer Landtag zu Prag 14 Artikel, die neben der Anerkennung der mit dem Konzil abgeschlossenen Kompaktaten unter anderem die Wiedererrichtung der zerstörten Klöster und den Bau neuer Burgen verboten und die tschechische Sprache neben der deutschen als Predigtsprache zuließen. Die Reichskleinodien sollten nach Böhmen zurückgebracht werden. Im königlichen Rat und in den Gerichten sollten nur Einheimische sitzen; dies richtete sich gegen den ungarischen und deutschen Anhang des Kaisers. Die Münzprägung sollte erneuert werden. Bei Abwesenheit des Königs durfte nur ein Einheimischer Statthalter werden. Den Juden sollte man das geliehene Geld auch ohne Zinsen zurückzahlen können. Vertriebene oder geflohene Bürger bekamen kein unbedingtes Rückkehr- und Restitutionsrecht. Im letzten Artikel wurde schließlich eine allgemeine Amnestie verlangt. Im Juli 1435 kam eine Gesandtschaft des Basler Konzils nach Beraun zu den Verhandlungen. Schließlich erklärten sich sowohl die Utraquisten wie auch die Taboriten bereit, die Verhandlungsergebnisse anzunehmen.

Der Kaiser kam Mitte Januar 1435 noch einmal nach Wien, wo er seinem Schwiegersohn Albrecht V. die Vermittlung zwischen Herzog Friedrich IV. und den Bischöfen von Trient und Chur sowie der Tiroler Adelsopposition übertrug. Anfang Februar traf der alte Kaiser zum letzten Mal in seinem Leben mit seinem Erzrivalen Friedrich in Wien zusammen, 20 Jahre nach der Ächtung in Konstanz; auch Friedrich „der Jüngere" von der Steiermark, der spätere Kaiser, war dabei anwesend. Es kam nun zur endgültigen Versöhnung, die seit langem von Albrecht V. angebahnt worden war. Möglich ist, daß Sigismund bereits 1427 Taufpate des einzigen Sohnes Friedrichs IV. geworden war; jedenfalls besaß dieser im hohen Alter ein Messer, auf dessen Schneide der Kaiser abgebildet war. Der älteste Bericht über diese Patenschaft stammt jedoch erst aus dem frühen 17. Jahrhundert. Sigismund ersuchte die Eidgenossen noch einmal, dem Tiroler Landesfürsten das 1415 erbeutete Archiv der Feste Baden zurückzugeben. Noch kurz vor seinem Tod bestätigte der Kaiser Friedrich IV. und seinem Sohn neben anderen Rechten auch das Privileg, daß die Untertanen des Hauses Österreich nicht vor fremde Gerichte gefordert werden dürften. Mitte Februar 1435 kehrte Sigismund dann nach Preßburg zurück, um danach Anfang März noch einmal nach Wien zurückzukehren, wo er mit seiner Gemahlin Barbara, seinem Schwager Friedrich von Cilli, Albrecht V. und König Twartko II. von Bosnien den Fasching feierte. Dann kehrte er wieder nach Preßburg zurück, wo er bis Mitte Mai blieb. Im Anschluß daran begab er sich nach Tyrnau, um die Verhandlungen mit den Hussiten weiterzuführen. Im Juni erklärte Sigismund sich dann bereit, die freie Wahl eines utraquistischen Erzbischofs von Prag zuzugestehen, was eine gewisse Unabhängigkeit der böhmischen Kirche vom Papst und vom Konzil zur Folge hatte.[2]

Anfang August 1435 begab sich der Kaiser mit seinem Schwiegersohn nach Brünn, wo ihn eine große Gesandtschaft aller Stände der Hussiten unter der

Leitung Rokyczanas aufsuchte, um ihm die 14 Artikel zu übergeben. Sigismund empfing sie freundlich und zeigte sich bereit, die Artikel als Preis für seine Anerkennung als böhmischer König zu beschwören. Doch eine Gesandtschaft des Basler Konzils interpretierte den Passus über den Kirchenbesitz anders, so daß es beinahe zum Abbruch der Verhandlungen kam. Die Konzilsgesandten wollten in Basel neue Vollmachten holen; sie betrachteten die Kompaktaten als äußersten Kompromiß, während die Hussiten ihn als Grundlage für einen Vergleich ansahen. Kaspar Schlick erschien im September 1435 auf einem weiteren Landtag in Prag, um die Verhandlungen zum Abschluß zu bringen. Er erreichte es, daß die Hussiten bis auf wenige Taboritengemeinden bereit waren, Sigismund auf der Grundlage der Kompaktaten und der 14 Artikel anzuerkennen. Auf einem Kongreß in Stuhlweißenburg sollten die Verhandlungen abgeschlossen werden. Sigismund blieb bis Mitte August 1435 in Brünn und zog dann über Tyrnau – wo er Ende August das Bündnis mit der Republik Venedig ratifizierte – und Preßburg zum Wallfahrtsort Großwardein zum Grab des hl. Ladislaus, wohin er sich in kritischen Situationen zum Gebet zurückzog.[3]

Von Großwardein ritt der Kaiser zurück nach Preßburg und begab sich dann zu Beginn des Jahres 1436 nach Stuhlweißenburg, wo er mit den Abgesandten der Hussiten und des Basler Konzils zusammentraf. Hier wurde nun der definitive Friede zwischen dem Konzil und den Hussiten sowie zwischen Sigismund und seinem Erbkönigreich Böhmen abgeschlossen. Am 8. 1. bestätigten Sigismund und sein Schwiegersohn Albrecht als sein Nachfolger alle Abmachungen; Sigismund erlaubte den Utraquisten, den Prager Erzbischof und dessen zwei Suffraganbischöfe selbst zu wählen, wobei nur die – kostenlose – Bestätigung des Königs notwendig sei. Enea Silvio Piccolomini berichtet in seiner Geschichte Böhmens, der Kaiser habe dann 60.000 Gulden und große Mengen an Schlachtvieh unter die Hussiten verteilen lassen.

Papst Eugen IV. hatte unterdessen nach seiner Anerkennung des Basler Konzils im Dezember 1433 und seiner Flucht aus Rom im Juni 1434 weitere Niederlagen einstecken müssen. Im Juni 1435 hatte das Konzil die verhaßten Annaten, die Gelder, die hohe Prälaten beim Antritt ihrer Ämter an den Papst zahlen mußten, abgeschafft, um der Kurie die Einkünfte zu entziehen, und einige Monate später jede Berufung vom Konzil an den Papst verboten.[4] Der Papst konnte es sich daher in seiner Lage gar nicht leisten, des Kaisers Wunsch nach Bestätigung der Kompaktaten abzuschlagen; am 11. 3. 1436 bestätigte er in einer Bulle an die böhmischen Stände den Vertrag von Stuhlweißenburg, wünschte den Hussiten Glück zu ihrer Rückkehr zur Kirche und ermahnte sie zur Treue gegen ihren König. Nun wählten die Hussiten Rokyczana zum Erzbischof von Prag. Sigismund schrieb nun an den Hochmeister des Deutschen Ordens, er wolle zu Pfingsten in Prag sein, und reiste nach Ofen zurück. Das Mißtrauen der Hussiten gegen den Kaiser war jedoch immer noch groß; sie verlangten noch weitere Absicherungen vor seinem Einzug in Prag.

Mitte Mai 1436 besuchte der Kaiser seinen Schwiegersohn Albrecht in Wien und reiste mit ihm über Klosterneuburg nach Iglau, wo er Mitte Juni eintraf und die letzten Verhandlungen mit den Hussiten führte. Am 2. 7. besiegelte er gemeinsam mit Albrecht V. die Kompaktaten und wurde dann, ziemlich genau 17 Jahre nach dem Tod seines Bruders Wenzel, von den Vertretern des Königreiches Böhmen als König anerkannt. Beide Fürsten beurkundeten auch, daß der Kaiser die Konzilsdelegierten zu dem Versprechen bewogen habe, daß die Bulle, die das Konzil über die Gewährung des Laienkelches ausstellen werde, sich an den Wortlaut der Brünner Abmachungen halten müsse. „Die übrigen drei der vier Prager Artikel wurden mit unbestimmten Versprechungen abgetan. Die Tschechen kehrten auf diese Weise wieder in den Schoß der katholischen Kirche zurück und unterschieden sich von der übrigen Christenheit nur durch das Abendmahl in beiderlei Gestalt. Das war ein mageres Ergebnis der kompromißbereiten Politik der bürgerlichen Opposition."[5] Nun bestätigte Sigismund auch die Wahl Rokyczanas und versicherte den böhmischen Ständen, daß sie nicht gezwungen werden sollten, geflüchtete Bürger wieder aufzunehmen und ihnen ihren Besitz zurückzugeben. Am 18. 8. verließ der Kaiser Iglau und zog über Tschaslau, Kuttenberg und Deutsch-Brod nach Prag, wo er am 23. 8. mit seiner Gemahlin Barbara unter dem Jubel der Bevölkerung seinen Einzug hielt. Mit einer Flut von Privilegienbestätigungen versuchte er dann, die Gemüter in der Stadt zu beruhigen.

Der Einzug in Prag war der letzte große Triumph im Leben des Kaisers. Was einer Reihe von Kreuzzügen und diversen Fürstenkoalitionen nicht gelungen war, gelang ihm nun auf friedliche Weise durch sein Verhandlungsgeschick: die Rückerwerbung des luxemburgischen Erbkönigreiches Böhmen mit allen seinen Nebenländern. Ob er freilich willens war, die besiegelten Versprechungen zu halten, muß durchaus bezweifelt werden. Er berief die aus Prag vertriebenen Domherren zurück und verschaffte ihnen die Güter wieder, die in der Revolution enteignet worden waren. Bald kehrten Mönche aus verschiedenen Orden nach Prag zurück, ohne die Stände um Erlaubnis zu fragen, was einen Bruch der Iglauer Abmachungen bedeutete. Der Kaiser vermied in seiner klug berechnenden Politik freilich jede Gewaltanwendung. Daß er sich nach dem 16jährigen Krieg und den zahlreichen Demütigungen von seiten der Hussiten ihnen gegenüber reserviert verhielt, ist verständlich. „Er war kein Hasser. Ihn hatten höhere Mächte zum Kampfe getrieben. Nun mühte er sich um Ruhe für das arme Land. Man huldigte Sigismund vor dem Altstädter Rathaus, man huldigte ihm vor dem Neustädter Rathaus."[6] Im Emmauskloster richtete der Kaiser den Utraquisten ein eigenes Konsistorium ein, an dessen Spitze der gemäßigte Johann von Pribam, ein Gegner der Taboriten, trat. 1437 wurde in Prag wieder das Fronleichnamsfest gefeiert. Dabei ließ Sigismund in lateinischer, tschechischer, deutscher und ungarischer Sprache verkünden, daß die Utraquisten in Böhmen und Mähren treue Christen und Söhne der Kirche seien. Er ließ nun auch die 1420 außer Landes gebrachte Wenzelskrone nach Prag zurückbringen, wofür ihm die utraquistischen Stände eigens dankten.[7] Am 11. 2. 1437 wurde Sigismunds Gemahlin Barbara feierlich zur Königin von Böhmen gekrönt; der Kaiser schenkte ihr dabei eine Reihe von böhmischen Städten und Schlössern, was darauf schließen läßt, daß die

Berichte des Enea Silvio Piccolomini über die angeblichen wilden sexuellen Ausschweifungen der Kaiserin – die von ihm als nymphomanes Monstrum geschildert wird, die auch das Leben nach dem Tod geleugnet und den Lustgewinn als Sinn des Lebens bezeichnet hätte[8] – zumindest stark übertrieben sind. Als der Kaiser Mitte Juli 1437 von Prag zum Reichstag nach Eger reiste, setzte er Barbara als Statthalterin in Böhmen ein.[9]

Es scheint, daß Sigismund nun in Prag an die Politik seines Vaters anknüpfte, die böhmische Hauptstadt zum Sitz des Kaisertums zu machen.[10] Diesen Gedanken vertrat auch sein Diplomat Bischof Johannes Schele von Lübeck in einem Gutachten zur Reichsreform. Schwierigkeiten entstanden in Prag nun dadurch, daß Rokyczana nicht vom Papst als Erzbischof von Prag bestätigt wurde. Als er dem Kaiser von der Kanzel die Begünstigung der Katholiken vorwarf, mußte er die Hauptstadt verlassen. Von Königgrätz aus eiferte er weiter für seine panslawistischen Ideen und predigte gegen das Haus Luxemburg; er blieb jedoch aus Prag verbannt. Königgrätz wurde zu einem Zentrum der hussitischen Opposition, die auch in Mähren gelegentlich aufflackerte und dem alten Kaiser bis zu seinem Tod keine vollständige Ruhe ließ. Trotzdem gelang es ihm durch eine Politik der Mäßigung und des Entgegenkommens, nach den furchtbaren Zerstörungen und Kriegsgreueln, die Böhmen auch wirtschaftlich zerrüttet und politisch isoliert hatten, die Ruhe im Lande allmählich wiederherzustellen.

Auch im letzten Jahr seines Lebens blieb der Kaiser politisch aktiv. Ende April 1436 starb Graf Friedrich VII. von Toggenburg, der alte Weggefährte Sigismunds, der sich nach der Ächtung Herzog Friedrichs IV. auf Kosten Österreichs einen relativ geschlossenen Herrschaftsbereich zwischen dem Arlberg und dem Zürichsee aufgebaut hatte. Herzog Friedrich IV. hatte seine Absicht, seine 1415 verlorenen Gebiete zurückzuerwerben, natürlich nie aufgegeben. Noch 1434 bat er den Kaiser, ihm seine Besitzungen vor dem Arlberg, am Bodensee und im Thurgau zurückzugeben; auch auf den Aargau wollte er keinesfalls verzichteten. Sigismund aber dachte nicht daran, ihm zu der Rückgewinnung dieser Gebiete zu verhelfen; im Gegenteil: 1435 beauftragte er – wie bereits erwähnt – Konrad von Weinsberg damit, verfallene Reichslehen und Pfandschaften einzuziehen. Friedrich IV. kam aber zu Hilfe, daß sein Rivale Friedrich VII. von Toggenburg keine Kinder hatte. Bei seinem Besuch in Feldkirch hatte Sigismund dem Grafen 1431 das Recht konzediert, für den Fall seines Todes frei über sein Erbe verfügen zu können. Der despotische Graf wollte sich nun keinesfalls bei Lebzeiten beerbt sehen und machte Verwandten seiner Frau, aber auch Zürich und Bern vage Andeutungen. 1433 hatte er Zürich gegenüber seine Gemahlin Elisabeth von Matsch mündlich als Erbin bezeichnet. Sigismund hatte indes der ihn fast immer unterstützenden Stadt Zürich bereits 1424 das Recht eingeräumt, die ehemals österreichischen und dann Reichspfänder Windegg, Weesen und Gaster in der heutigen Ostschweiz von dem Grafen auslösen zu dürfen. Zu Lebzeiten Friedrichs VII. wagten die Züricher dies jedoch nicht; nach seinem Tod aber legten sie die kaiserliche Urkunde vor. Man ahnte in Zürich, daß nach dem Tod Sigismunds die Übernahme der Königswürde durch Albrecht V. von Österreich eine Verschlechterung der

Beziehung der Eidgenossen zum Reichsoberhaupt zur Folge haben würde, und wollte vorbauen. Aber auch Friedrich IV. wollte vollendete Tatsachen schaffen und schloß mit der Witwe nach einigen Drohungen im September 1436 den Vertrag von Telfs, nach dem die Grafschaft Feldkirch an Österreich zurückfallen sollte.[11] Sigismund indes war auch nicht mehr um jeden Preis bereit, die Eidgenossen zu unterstützen. Sein Kanzler Schlick, der unablässig in die eigene Tasche wirtschaftete, mag ihn darin bestärkt haben. Die von Konrad von Weinsberg eingeleitete Politik der Revindikationen des Reichsgutes zeigte erste Wirkungen. Seit 1431 ist Simon Amman von Asparn als „königlicher Kammer-Prokurator" und „Reichsfiskal" nachweisbar. Der Reichsfiskal hatte die Aufgabe, systematisch nach in Vergessenheit geratenen Reichsrechten zu suchen. Nun wurde der Reichsfiskal Johann Geissler – der auch den Prozeß gegen Herzog Filippo Maria Visconti wegen der Besetzung der Städte Genf und Asti vorbereitete – im „toggenburgischen Erbschaftsstreit" aktiv. Im Mai und August 1437 ließ der Kaiser auf Vorschlag Geisslers den Grafen Wilhelm V. von Montfort-Tettnang als Vertreter der Erbengemeinschaft vor das kaiserliche Gericht laden, da die Herrschaften des Grafen nach der Meinung des Fiskals an das Reich zurückgefallen seien.[12] Graf Wilhelm kam tatsächlich nach Eger, wo er jedoch nur einen Aufschub der Entscheidung erreichte. Aber auch Schwyz und Glarus, die Hauptgegner Zürichs im toggenburgischen Streit, wandten sich an den Kaiser, der Zürich Anfang August 1437 befahl, die Kornsperre gegen Schwyz und Glarus aufzuheben. Einer Gesandtschaft Zürichs, die zunächst unwillig von Sigismund empfangen worden war, gelang es dann jedoch, den Kaiser wieder für ihre Anliegen zu gewinnen. Sigismund zeigte sich den beiden Gesandtschaften gegenüber freundlich, ohne sich in die Karten blicken zu lassen. Ob die Urkunde, mit der Sigismund seinen Kanzler Schlick im August 1437 mit den Herrschaften Toggenburg, Davos und Prättigau belehnte, eine Fälschung ist – sie fehlt in den Reichsregistern –, läßt sich nicht mit letzter Sicherheit sagen.[13] Im Juni 1439 arrangierte sich Schlick jedoch mit den Erben, den Verwandten der Witwe des Toggenburgers. Die Grafschaft Feldkirch fiel jedenfalls an Herzog Friedrich zurück. Zürich rief in der Auseinandersetzung mit Schwyz um Teile des toggenburgischen Erbes noch Mitte September den Kaiser als Schiedsrichter an. Durch den Tod Sigismunds blieb die Sache dann jedoch zunächst unentschieden.

In einer anderen Angelegenheit sorgte der Kaiser noch kurz vor seinem Tod für klare Verhältnisse. Sein Schwiegervater, Graf Hermann II. von Cilli († 1435), war über viele Jahrzehnte eine getreue Stütze der Politik Sigismunds gewesen und hatte das Amt des Bans von Slawonien bis zum August 1435 ausgeübt. Noch kurz vor seinem Tod hatte Sigismund Ende September 1435 die Grafschaft Cilli zum Reichsfürstentum erhoben. Die Erhebung war jedoch zunächst noch nicht publiziert worden, da sie die innerösterreichischen Herrschaften der Habsburger betraf. Mit Herzog Ernst „dem Eisernen" war Graf Hermann bis zu seinem Tod im Jahr 1424 gut ausgekommen, weniger jedoch mit Friedrich IV., der die Vormundschaft für seine Neffen Friedrich V. und Albrecht VI. übernahm. In einem Zwist vermittelte Albrecht V., der seinen Vetter daran erinnerte, daß der Graf sich auf dem Konstanzer Konzil für ihn bei Sigismund eingesetzt habe. Als Friedrich V. – der spätere Kaiser Friedrich III. – sich 1434 der Vormundschaft seines Onkels entledigen wollte, wandte er sich an Albrecht V., der die Sache dem Kaiser und dessen greisen Schwiegervater vortrug, die mit der Entlassung der beiden Brüder aus der Vormundschaft einverstanden waren, die dann auch 1435 vollzogen wurde. Als sich Herzog Friedrich V. im Herbst 1436 auf einer Pilgerreise nach Palästina befand, unternahm Sigismund den entscheidenden Schritt, um Cilli zu einem eigenen Reichsfürstentum zu erheben. Patriarch Ludwig von Aquileia erteilte dem Grafen Friedrich von Cilli, Sigismunds Schwager, „Lehenurlaub" für die aquileischen Lehen der Cillier. Am 30. 11. 1436 erhob der Kaiser dann in Prag feierlich die Grafschaft Cilli zum Reichsfürstentum und belehnte seinen Neffen Graf Ulrich II. in Vertretung seines Vaters mit den Grafschaften Cilli und Ortenburg. Er verlieh ihnen auch das Berg-, Münz- und Gerichtsrecht und gebot allen Reichsständen bei einer Strafe von 200 Mark in Gold, die „gefürsteten Grafen" von Cilli und Ortenburg künftig als Reichsfürsten zu betrachten.[14] Als Herzog Friedrich V. gegen Ende des Jahres von seiner Palästinareise zurückkehrte, erhob er Einspruch gegen diesen Rechtsakt, da die Cillier ihm als Landesfürsten „pflichtig" seien und die Grafschaft Ortenburg nach dem kinderlosen Tod des Grafen Friedrich an ihn als Landesfürsten zurückgefallen sei. Karl IV. hatte 1372 die Zustimmung der Habsburger eingeholt, als er die Herren von Saneck zu Grafen von Cilli erhob. Der Kaiser aber wies nun den Protest des Hauses Österreich zurück und erklärte, nie etwas von der „Pflichtigkeit" seiner Schwäger gehört zu haben. Widersetze sich der Herzog diesem Akt – so erklärte Sigismund Ende Mai 1437 –, werde er das als Eingriff in seine kaiserliche Gewalt betrachten und dementsprechend handeln. Während Graf Friedrich und sein Sohn Ulrich sich fortan als Reichsfürsten betrachteten und auch eigene Münzen prägten, bezeichnete Friedrich V. ihre Untertanen immer noch als zu seiner Herrschaft gehörend. Graf Ulrich hielt sich in den letzten Jahren des Kaisers fast ständig in dessen Nähe auf. Der Konflikt mit Habsburg wurde erst 1443 beigelegt, als Friedrich III. – nun als deutscher König – die Grafen von neuem formal in den Reichsfürstenstand erhob und einen Erbschaftsvertrag mit ihnen abschloß.

Auch nach seiner Rückkehr nach Ungarn und Böhmen verfolgte der Kaiser mit Interesse die Weiterentwicklung des Basler Konzils, das mit der Abschaffung der Annaten im Juni 1435 ein Hauptübel in der Kirche beseitigen wollte. Papst Eugen IV. hatte sich sogar dazu bereit erklärt, wenn die Kurie auf andere Weise finanziell entschädigt worden wäre. Auch eine Sendung des Kamaldulensergenerals Ambrogio Traversari nach Basel konnte den Konflikt nicht entschärfen. Als das Konzil Anfang November 1435 jede Berufung an den Papst verbot, ließ Eugen IV. daraufhin im Juni 1436 allen Fürsten Europas eine Schrift („Libellus apologeticus") über die Anmaßungen des Konzils zukommen.[15] Mit den Prager Kompaktaten hatte das Basler Konzil einen entscheidenden Erfolg errungen. Nun ging es darum, wer die Wiedervereinigung mit der griechischen Kirche zustande bringen würde. Schon als Kardinal war der spätere Eugen IV. für diese Idee eingetreten. Bereits 1434 hatte Kaiser Johannes VIII. Paläologus eine Gesandtschaft nach Basel geschickt und seine Bereitwilligkeit erklären lassen, an einem vom Konzil zu bestimmenden Ort über die Vereinigung zu verhandeln. Das Basler Konzil hatte in seiner 19. Session am 7. 9. 1434 beschlossen, den Kaiser, den Patriarchen und ihr Gefolge mit einigen bewaffneten Schiffen holen zu lassen, um in Basel oder an einem anderen Ort über die Wiedervereinigung zu verhandeln. Auch Kaiser Sigismund hatte diesen Schritt auf dem Regensburger Reichstag Anfang Oktober 1434 unterstützt. Unabhängig vom Konzil knüpfte jedoch auch Papst Eugen IV. Verhandlungen mit den Byzantinern an, die die Vereinigung höchstens aus politischen Gründen wünschten und den Machtkonflikt zwischen Papst und Konzil ausnutzten. Vertreter der Ostkirche teilten dem Konzil Ende November 1435 mit, sie wünschten Verhandlungen in einer Stadt am Meer, die für sie leicht zu erreichen sei. Eugen IV. hatte mittlerweile seine Position gefestigt; erst 1443 konnte er jedoch wieder nach Rom zurück. Der Konzilspräsident Kardinal Cesarini zeigte sich mit einer Verlegung des Konzils nach Italien einverstanden, was von den Kritikern der Kurie jedoch vehement abgelehnt wurde.

Seitdem das Einigungswerk mit den Hussiten vollzogen war, wandte sich der Kaiser mehr und mehr vom Konzil ab und unterstützte den Papst, dessen Gesandte er Ende 1435 in Stuhlweißenburg huldvoll empfing, wo Ambrogio Traversari eine Rede auf ihn hielt und ihn wegen seiner körperlichen und geistigen Vorzüge lobte. Dann forderte der Kamaldulensergeneral den Kaiser auf, den Papst offen zu unterstützen. Sigismund erklärte in den Geheimverhandlungen darauf freilich, er sei zwar bereit, alles für den Papst zu tun, könne aber noch nicht offen mit dem Konzil brechen. Er verspreche jedoch, nach dem Vollzug der Vereinigung mit den Hussiten das Konzil aufzulösen. Ob Sigismund dies ernst meinte, mag dahingestellt bleiben. Der Papst schickte ihm im Frühjahr 1436 als Zeichen seiner Freundschaft eine geweihte goldene Rose. Als das Konzil Sigismund indes ersuchte, den Beschluß über die Abschaffung der Annaten zu bestätigen und nach dem Tod Herzog Wilhelms von Bayern einen neuen Konzilsprotektor zu ernennen, reagierte er ausweichend; Mitte Januar 1436 ernannte er den Markgrafen Wilhelm von Hachberg-Rötteln zu seinem Statthalter auf dem Konzil. Von Prag aus schrieb er dann Anfang 1437 an Bischof Johannes Schele von Lübeck und Dr. Georg Vischel, seine Gesandten beim Konzil, es sei sein Wunsch, das Konzil zur Wiedervereinigung mit den Griechen nach Ofen zu verlegen; er habe bereits an die Venezianer geschrieben und sie ersucht, den Byzantinern Galeeren für die Überfahrt zur Verfügung zu stellen. Im März instruierte er dann seinen Legaten auf dem Konzil, er solle den Konzilsvätern berichten, daß er so lange in Böhmen bleiben werde, bis die Ruhe dort wiederhergestellt sei. Er habe nun Vorkehrungen getroffen, die für ein Konzil notwendigen Wohnungen in Ofen bereitzustellen.[16] Gerade an der Frage der Griechenunion sollte das Konzil jedoch endgültig zerbrechen.

Es begann nun ein Wettlauf zwischen dem Papst und dem Konzil um die Gunst der Griechen. Der päpstliche Legat, Kardinal Cesarini, tendierte zunehmend mit einer Minderheit der Konzilsväter zum Papst. Während Enea Silvio Piccolomini – der spätere Papst Pius II. – dem Konzil die Treue hielt, trat der deutsche Theologe Nikolaus Cusanus – der in seiner Reformschrift „De concordantia catholica" noch einen gemäßigten Konziliarismus vertreten hatte – wohl aus Karrieregründen zur päpstlichen Partei über.[17] In der 25. Session des Konzils kam es am 7. 5. 1437 zum Bruch: Die Mehrheit stimmte dem Antrag des Kardinals d'Aleman von Arles zu, die Verhandlungen mit den Griechen in Basel, Avignon oder in Savoyen zu führen, während die Minderheit mit Cesarini und Cusanus für ein Konzil in Florenz oder Udine eintrat. Mitte Mai beglaubigte die Minderheit die Gesandtschaft – zu der Cusanus gehören sollte – an den byzantinischen Kaiser. In einer Nacht gelang es einem Vertreter des Papstes, den als Bulle besiegelten Mehrheitsbeschluß durch Entfernen der Siegel ungültig zu machen und den Minderheitsbeschluß heimlich als Bulle zu siegeln. Im Juni trafen die Gesandten in Bologna ein; Eugen IV. berichtete Sigismund von der Ankunft des Nikolaus Cusanus, der bald darauf nach Konstantinopel aufbrach, wo die päpstliche Gesandtschaft auf die Konzilsgesandtschaft traf.[18] Die päpstliche Gesandtschaft machte jedoch das Rennen; der Kaiser kam im März 1438 in Begleitung des Philosophen Plethon nach Ferrara, wo im Juli 1439 die – letztlich wirkungslose – Union abgeschlossen wurde.

Der Kaiser war mit dem Vorgehen des Konzils nicht einverstanden; bereits am 11. 6. 1437 forderte er den Bürgermeister und Rat von Basel auf, dafür Sorge zu tragen, daß das Konzil einig beisammen bleibe und keine „Neuigkeiten" einführe, „damit nicht scisma und zwytracht in der heiligen kirchen wachsen und uffersteen"; die Väter sollten daher alle Probleme anstehen lassen, bis seine Gesandten nach Basel kämen.[19] Besonders ärgerte es ihn, daß das Konzil nach dem vom Patriarchen von Aquileia angestrengten Prozeß die Republik Venedig mit dem Interdikt belegte, mit der Sigismund sich nun politisch gut verstand. Der Papst sprach ihn freilich von allen Konsequenzen in dieser Sache frei. So lähmten der Papst und das Konzil sich nun fortwährend gegenseitig. Als das Konzil den Papst Ende Juli in der 26. Session vorlud und den Prozeß gegen ihn eröffnete, antwortete Eugen IV. im September mit der Auflösung des Konzils und der Verlegung nach Ferrara.

Der alte Kaiser sollte das neuerliche Schisma und die Wahl des Gegenpapstes Felix V. nicht mehr erleben. Anfang Juli 1437 schrieb er an das Konzil, er habe gehört, wie man in Basel mit dem Konzilssiegel umgehe und falsche Beschlüsse damit besiegelt habe. Er sprach sich gegen die Verlegung des Konzils nach Florenz aus und schlug wiederum vor, das Unionskonzil in Ofen abzuhalten. Auch in dem Konflikt zwischen Papst und Konzil nahm er letztlich eine vermittelnde Position ein, obwohl er in dem prinzipiellen Autoritätskonflikt sicherlich eher auf seiten des Papsttums stand. Als Sigismund starb, verschied der letzte Vermittler, der in der Lage war, sowohl auf das Konzil wie auch auf das Papsttum Einfluß auszuüben. Damit konnte der Konflikt vollends eskalieren.[20]

XXI.
Reichstag zu Eger, letzte Friedensbemühungen und Tod

Nur ein pragmatischer und konzessionsbereiter Politiker wie Sigismund konnte in einer Situation wie in Böhmen um 1436 die Wogen glätten. Schon von Basel aus hatte Sigismund den Adeligen Ulrich von Rosenberg ermächtigt, mit den radikalen Taboriten Verhandlungen zu führen. Wie behandelte der Kaiser nun die gefürchtete Stadt Tabor, das „Haupt der Ketzer", das Enea Silvio Piccolomini später mit Schaudern besuchte? Er bestätigte der Stadt, die ihn als „rothaarige Bestie" bezeichnet hatte, Anfang 1437 die Privilegien und schenkte ihr noch ein Stück Land hinzu; sie erhielt auch die „Gnade", statt des Kelches den Doppeladler im Wappen zu führen. Die Bürger der Stadt begründeten ihren Parteiwechsel damit, daß sie ihren Geschäften nachgehen wollten![1] Im November 1436 kam es auch zu einer Übereinkunft zwischen den Utraquisten und den Taboriten, die vom Kaiser bestätigt wurde. Mit Milde und Mäßigung suchte der Kaiser die Gefürchteten zu besänftigen, wohl wissend, daß sie ihn niemals lieben würden, da sie ihm den Tod von Jan Hus niemals verziehen. Mit den Taboriten fand er sogar ein Übereinkommen und setzte sie im Kampf gegen die Türken ein. Der nach Belgrad abrückende Taboritenhauptmann erhielt 1000 Gulden aus der Staatskasse. „Der gemeinsame Auftritt gegen die Türken als gemeinsamen Feind sowie die gemeinsame Verteidigung der Donaulinie, der Grenze der europäischen Kultur, waren geeignet, die Grausamkeiten des Bruderkrieges vergessen zu machen und die Grundlagen einer Zusammenarbeit zu schaffen, die für beide Seiten vorteilhaft war."[2] So gelang es ihm allmählich, das Land zu beruhigen. Nur die Stadt Königgrätz und der Adelige Jan Roháč von Dubá in seiner Bergfestung Sion bei Kuttenberg leisteten Widerstand. Sigismund ließ die Feste erobern; Königgrätz wurde belagert und nach einigen Verlusten schließlich eingenommen. Am 9. 9. 1437 wurde Roháč, der als letzter die Fahne mit dem Kelch verteidigt hatte, mit 60 seiner Gefährten am Altstädter Ring in Prag gehenkt. „Kaiser Sigismund tat dem ganzen tschechischen Volke kund, daß er in dieser blutigen Exekution die definitive Beendigung der revolutionären Bewegung erblickte und daß er ohne Gnade gegen alle einschreiten würde, die es wagen sollten, den Spuren der Hussiten zu folgen."[3] Diese Hinrichtung war in der Tat das Ende der hussitischen Revolution. Der Kaiser suchte ansonsten Konflikte nach Möglichkeit zu umgehen. Da das Prager Domstift viele Besitzungen verloren hatte, ordnete er an, daß es jährlich 6000 Gulden aus der Staatskasse erhielt. Nach der Flucht Rokyczanas setzte er den Konzilstheologen Bischof Philibert von Coutances zum Administrator des Erzbistums Prag ein. Rokyczana wehrte sich nach Kräften und bezeichnete Papst und Kaiser öffentlich als apokalyptische Bestien, während der Engländer Peter Payne den Papst als apokalyptische Hure und den Kaiser einen törichten Hund nannte. Sigismund ließ ihn verbannen und kümmerte sich nicht viel um die Haßtiraden der Männer, die der vergangenen Periode angehörten. Anfang 1437 setzte er eine oberste Justizbehörde für Böhmen ein und begann mit einer Neuordnung der Finanzen. Der Bergbau in Kuttenberg nahm wieder seinen Betrieb auf; ein allmählicher Aufschwung zeichnete sich ab.

Anfang Juli bestellte der Kaiser Meinhard von Neuhaus, den neuen Prager Burggrafen, zu seinem Statthalter und übertrug ihm zusammen mit seiner Gemahlin Barbara die Regierung des Landes. Ihn bewogen andere Gedanken. Er fühlte die Krankheit und wußte, daß ihm nicht mehr viel Zeit bleiben würde, seine Pläne hinsichtlich einer Reform des Reiches in die Tat umzusetzen. So zog er nach Eger zu seinem letzten Reichstag, der ganz im Zeichen der Reichsreform stand. Bei der Einberufung des Reichstages hatte der Kaiser den Kurfürsten die Wahl gelassen, entweder einen Reichstag mit ihm in Eger oder einen anderen Tag im Reich mit seinen Vertretern abzuhalten. Warum Sigismund den Kurfürsten so weit entgegenkam, ist nicht vollständig klar; vielleicht erwartete er, daß sich gegen ein zu selbständiges Vorgehen der Kurfürsten eine Opposition der Städte bilden würde. Da es aber Anzeichen dafür gibt, daß er ins Auge faßte, seinen Schwiegersohn Albrecht zum deutschen König wählen zu lassen, ist es denkbar, daß er den Kurfürsten so weit wie möglich entgegenkommen wollte.

Bevor nun der letzte Reformreichstag Sigismunds behandelt werden soll, ist es notwendig, auf die Reformschriften dieser Zeit einzugehen. Von dem Werk „De concordantia catholica" des Nikolaus Cusanus war bereits die Rede, das 1433 während des Basler Konzils entstand und Sigismund und Kardinal Cesarini gewidmet ist.[4] Die Untersuchung über die Superiorität des Konzils wurde schließlich zu einer Darstellung der gesellschaftlichen Problematik seiner Zeit. „In hymnischer Eloge feierte Cusanus Sigismund zum Schluß als den von allen erwarteten Retter, als Führer in eine glückliche Zukunft."[5] Aus einer Vermischung von neuplatonischer Spekulation und konziliaristisch fortentwickeltem Kirchenrecht entwickelt er seine Gesellschaftstheorie. Kirchen- und Reichsreform gehören für ihn zusammen. Der quellenkritische und gebildete Kanonist ging auf die Urkirche und die frühen ökumenischen Konzilien zurück und studierte deren Urkunden. Das erste Buch handelt von der Kirche, die für Cusanus ein Abbild der Dreifaltigkeit darstellt. Der Primat des Papstes wird zwar grundsätzlich anerkannt, aber in Glaubenssachen sieht Cusanus den Papst an die Konzilien gebunden. Im zweiten Buch äußert er sich über die Konzilien, die in Zeiten des Schismas das entscheidende Wort haben. Da die Päpste Menschen seien, sei es erklärbar, daß sie ihre Gewalt mißbraucht hätten. Die römische Kurie wird wegen ihrer Habsucht und Simonie scharf kritisiert; alles sollte an der Kurie umsonst verhandelt werden. Im Rückgriff auf die Ursprünge des Christentums müsse die Kirche der Gegenwart reformiert werden, betont Cusanus. Im dritten Buch kommt er dann auf die Reichsreform zu sprechen. Auch diese muß seiner Meinung nach von einer Besinnung auf die frühere Geschichte ausgehen. Cusanus bezeichnet erstmalig die Überlieferung, Kaiser Konstantin habe dem Papst Silvester die Westhälfte des Reiches geschenkt („Konstantinische Schenkung") als Fälschung, da in den alten Quellen nichts davon berichtet wird. Die Zeit der Ottonen verkörperte für ihn eine ideale Phase der Reichsgeschichte. Auch im Staat soll der Konsens, die „concordantia", eine zentrale Rolle einnehmen. Die Krönung des Kaisers durch den Papst sei nur eine Formalität; Imperator sei er, wenn er die volle Befehlsgewalt habe. Der Papst hat auch keine Gewalt, den Kaiser abzusetzen. Der Kaiser ist Herr der Welt („dominus mundi"), auch wenn seine Macht kaum über die Grenzen des Reiches reicht. Als Vogt der Kirche hat er eine universale Jurisdiktion.

In der Praxis erscheint es Cusanus als Übel, daß der Kaiser häufig nur durch eine seine Macht schmälernde Wahlkapitulation auf den Thron gelange. Auch die Kurfürsten gehörten zu denjenigen, die nur ihren Vorteil suchen und die ihnen anvertraute Gewalt statt zum Wohl des Reiches zu dessen Auflösung verwenden. Scharf geht er auch mit dem Fehdeunwesen ins Gericht. Jährlich in Frankfurt abzuhaltende Reichstage sollten dem Fehdeunwesen steuern. Wenn ein Reichsheer das Land schützen würde, dann könnten die Bischöfe sich ganz ihren geistlichen Aufgaben widmen und die weltlichen den Verwaltern überlassen. Er kritisierte auch die lange Dauer der Prozesse und deren Verschleppung an den Höchstgerichten. Papsttum und Kaisertum sollten in Eintracht zusammenstehen. Reichsgerichtshöfe, eine Reichsarmee und eine Reichssteuer sollten dazu helfen, die Macht des Reiches neu zu begründen.

Der Publizist Josef Görres bemerkte 1815, es wäre besser für das Reich gewesen, wenn man den Rat des Cusanus angenommen hätte. Damit wird ein grundsätzliches Problem der sogenannten „Reformtraktate" berührt. Es hat nicht den Anschein, als ob derartige Werke irgendeine Rolle auf den Reichstagen gespielt hätten. Obwohl zum Leben des Kaisers mehr als 12.000 Urkunden bekannt sind und auch das Leben des Cusanus gut dokumentiert ist, lassen sich bis heute nur wenige direkte Verbindungen des Kaisers zum Philosophen nachweisen, obwohl Sigismund ihn gekannt haben muß – wie aus dem erwähnten Brief Eugens IV. an den Kaiser von 1437 hervorgeht. Cusanus war 1432 als Sekretär des von einer Minderheit des Trierer Domkapitels gewählten Kölner Domdechanten Ulrich von Manderscheid zum Basler Konzil gekommen, um dort den Standpunkt seines Herrn zu vertreten. Die Mehrheit des Kapitels hatte Jakob von Sierck gewählt; Papst Martin V. ernannte jedoch den Speyerer Bischof Raban von Helmstadt zum neuen Erzbischof. Am 15. 3. 1434 kam es nach dem Verzicht Jakobs von Sierck auf dem Basler Konzil zu einem Auftritt Ulrichs vor dem Kaiser. Anschließend sprach Cusanus und brachte die „angebliche Privilegierung der Trierer Kirche durch die Kaiser" ins Spiel. „Im Hinblick auf die Anwesenheit Sigmunds dürfte es wohlüberlegt gewesen sein."[6] Dabei gab Cusanus ein Privileg König Karls III. von Frankreich als ein Privileg Karls des Großen aus, um Sigismund auf die Seite Ulrichs zu ziehen. Der Kaiser bemühte sich zunächst um die Versöhnung zwischen beiden Parteien,

entschied sich dann aber vor seiner Abreise für Bischof Raban, der sich schließlich auch durchsetzte. Die jüngere Forschung hat darauf hingewiesen, daß von den in der Tradition der Konzilsliteratur stehenden Reformschriften kaum Impulse für die Reichsreform ausgegangen sind und daß „die Theorie nicht die Führung und die Konzeption der Reichsreform übernommen hat und die entscheidenden Impulse nicht von ihr ausgingen, sondern daß auch nach 1440 die Schriften den Reformgang betrachtend und erwägend begleiteten und nach 1500 die Reformschriften sich im wesentlichen mit der Rolle des Protestes begnügten".[7]
Neben dem „Advisamentum" des fürstlichen Rates Job Vener von 1417 sind vor allem die Vorschläge zur Reform des geistlichen und weltlichen Standes des Lübecker Bischofs Johannes Schele zu erwähnen, die um 1436 im Auftrag des Kaisers abgefaßt wurden. Schele blieb bis zu seinem Tod im Jahr 1439 ein Verfechter der konziliaren Theorie. An die Spitze seines Traktates stellt Schele die Forderung, daß Böhmen in Zukunft die Grundlage der kaiserlichen Macht im Reich bilden sollte, wie sie ähnlich der Kirchenstaat für das Papsttum innehatte. „Daß Sigismund diesen Vorschlag gebilligt hatte, ist so gut wie sicher."[8] Schele nahm im Juni 1436 gemeinsam mit Nikolaus Cusanus an einer Vermittlung des Basler Konzils im Streit der Wittelsbacher teil, wo es beiden gelang, die Kriegsparteien an den Verhandlungstisch zu bringen. Der Reformtraktat Scheles beeinflußte auch eine spätere Reformschrift, die sich zwar auf Kaiser Sigismund berief, jedoch erst nach seinem Tod in Basel verfaßt wurde.
Die sogenannte „Reformation Kaiser Sigismunds"[9] wurde 1439 in Basel verfaßt und 1476 erstmals nach einer relativ unzulänglichen Abschrift in Augsburg gedruckt; bis 1500 gab es drei, bis 1522 vier weitere Drucke. Die vielgelesene Reformschrift stammt aus der Feder eines Kanzleibeamten und verkündet ihr Reformprogramm als Vision Sigismunds. Neben der Fassung, die dem Druck von 1476 und den weiteren älteren Drucken zugrunde liegt, existieren zwei zum Teil erheblich vom Druck abweichende Fassungen, auf denen die moderne Edition von Heinrich Koller beruht. Der Verfasser ist nach wie vor unbekannt und dürfte unter den Juristen des Basler Konzils zu suchen sein. Er benutzte den von Bischof Schele verfaßten Reformentwurf, den er jedoch erheblich erweiterte. Die Geschichte der Regierungszeit Sigismunds, aber auch die frühere Geschichte der Kaiser war ihm gut bekannt. Die „Vision Kaiser Sigismunds" steht in einigen Handschriften am Anfang, sonst am Ende des Textes. Darin erzählt der Kaiser, daß er noch vor seiner Wahl zum deutschen König im Traum eine Stimme gehört habe, die gesagt habe: „Sigismundt, stant auff, bekenne got, berait einen wegk der gotlichen ordenung halb. Alles geschriben recht hat gebrechen an gerechtigkeyt. Du magst es aber nit volbringen, du bist woll ein wegbreyter deß, der nach dir komen sol. Er ist ein priester, durch den wirt got vil wurcken; er wirt genant Friderich von Lantnewen. Er wirt des reichs zeichen auffsetzen, er wirt sein zeichen furen neben dem reich zü der lincken seyten, er wirt furen ein creutz da mitten."[10] Mit dem Priesterkönig Friedrich „von Lantnewen" wird an spätmittelalterliche Prophezeiungen von einem Friedenskaiser Friedrich angeknüpft. Vom Tag seiner Wahl an habe Sigismund die rechte Ordnung in der Kirche einführen

und durch ein Konzil verwirklichen wollen, zunächst in Konstanz, dann in Pavia, in Siena und schließlich in Basel. Der weltliche und vor allem der geistliche Staat sei verfallen; nur bei den Reichsstädten sei noch die göttliche Ordnung zu finden. Am Anfang der Reformschrift steht dann die Analyse der Ursachen der Unordnung, zu denen vor allem Simonie (Ämterkauf), Wucher und Habsucht gehören. Dann kommt der Verfasser zum Papst und zu den Kardinälen, die nur aus dem Mönchsstand gewählt werden sollen. Alle Einnahmen der Kirche aus geistlichen Angelegenheiten sollen abgeschafft werden, ebenso die weltliche Herrschaft der Bischöfe, die die Kirchendisziplin durch Synoden und Visitationen heben sollten. Das Zölibat wird als nicht von Christus eingeführt abgelehnt. Auch die Pfarrer sollten besoldet werden und nichts mit Grundbesitz, Abgaben usw. zu tun haben. Den Johannitern und dem Deutschen Orden wird das baldige Ende prophezeit. Mönche und Nonnen sollten studieren, sich aber nicht mit weltlichen Fragen beschäftigen. Auf den Vorschlag der Säkularisation der geistlichen Herrschaften folgt dann die weltliche Reform. Der zukünftige König sollte gelehrt und rechtserfahren sein. Darauf folgen Vorschläge zur Reform der Reichskanzlei, zur Verbesserung des Straßennetzes, das mit den Steuern aus den öffentlichen Häusern (Bordellen) ausgebaut werden sollte, und zur Förderung des Handels. Der Reform des Gerichtswesens wird dann breiter Raum gewidmet. Mit der Aufforderung, das Werk der Reform zu unterstützen, schließt der aus der Perspektive der „Kleinen" geschriebene Reformtraktat. Ein Vorschlag zur Reform des Münzwesens und des Mönchtums dürfte erst später an das Werk angefügt worden sein.
Auf dem Reichstag zu Eger wurden seit Anfang Juli 1437 zunächst die kaiserlichen Reformvorschläge beraten, die uns nur indirekt aus den Stellungnahmen der Kurfürsten und der Städte bekannt sind. Keine Spur deutet darauf hin, daß ein Reformtraktat diskutiert worden wäre. Auch von dem 1434 vorgeschlagenen Weg, zunächst die Themen von den Gesandten vorberaten zu lassen, war keine Rede mehr. Bereits in den ersten Tagen wurden die vier kaiserlichen Propositionen in Plenarversammlungen beraten; die Fürsten und Städte gaben dann getrennt dazu Stellungnahmen ab. Die Fürsten äußerten sich lediglich zu zwei Vorschlägen, die Städte zu allen vieren, aber nur vage und geradezu naiv, da keinerlei Wege zu einer Realisierung aufgezeigt wurden. Schließlich kam es zu einem Kompromißvorschlag der Fürsten und der Städte, der den Anschein erweckt, als ob die Fürsten sich nur noch zum Schein an der Beratung beteiligt hätten.
Die Fürsten legten den Schwerpunkt auf die Reform der Gerichte. Sie machten eine Reihe von Vorschlägen, was geschehen sollte, wenn Fürsten, Adelige, Bürger oder „arme Leute" miteinander in Streit gerieten. Ihre Tendenz ging dahin, die Prozesse vor das Gericht eines Fürsten, der in der Nähe des Konfliktortes residierte, zu ziehen. Dies hätte eine Ausweitung der fürstlichen Gerichtsbarkeit über das eigene Territorium hinaus zur Folge gehabt, was der Kaiser und die Vertreter der Städte natürlich ablehnten. Der Vorschlag der Fürsten war nur „das reichstreue Mäntelchen, das sie ihren auf Schwächung der Zentralgewalt hinzielenden Bestre-

bungen umhängten. Das durchschauten der Kaiser und die Städte wohl, und so verbanden sich die Sorge des Kaisers für die Aufrechterhaltung der Reichsgewalt und die Furcht der Städte vor der Umklammerung zu einem Widerstand, der vorläufig noch Erfolg haben sollte."[11] Zum zweiten kaiserlichen Vorschlag, der Handhabung des Landfriedens, meinten die Fürsten, diesen zu institutionalisieren und ihrem maßgeblichen Einfluß zu überlassen. Damit wäre dem König die Möglichkeit einer unmittelbaren Exekution entzogen und dem System der Gerichtsbarkeit die Spitze abgebrochen worden, weil dessen Gerichtsbarkeit ausgeschaltet und durch eine Austragsgerichtsbarkeit nach dem Prinzip zu wählender Schiedsrichter ersetzt worden wäre. Das Reichshofgericht wäre so zwar theoretisch die Spitze der Gerichtsbarkeit geblieben, in der Praxis aber nur im Fall der freiwilligen Unterwerfung aktionsfähig gewesen.[12] Dies lehnten der Kaiser und die Städte ebenso ab, was de facto ein Ende der Landfriedensdiskussion unter Sigismund zur Folge hatte, der bei seinen Reformbestrebungen zu wenig konsequent an einer Linie festhielt. Die Gegnerschaft zwischen den Städten und Fürsten wurde fortan vertieft, während sich gleichzeitig die Reichsritterschaft seit Anfang 1437 von den Städten ab- und den Fürsten zuwandte. Nach Sigismunds Tod sollten die Fürsten dann noch vor der Wahl Albrechts einen Landfrieden ohne Beteiligung der Städte errichten.

Der kaiserliche Artikel über die Ausführung der kaiserlichen Achtsprüche sowie die Frage der Münzreform wurden nur von den Städten aufgegriffen, die die Durchsetzung der Acht dem Kaiser überließen und bezüglich der Münzreform verlangten, daß für die Goldwährung ein Münzfuß von 19 Karat für einen Goldgulden festgesetzt werde. Damit verzichteten sie stillschweigend auf die Einführung einer Reichsgoldwährung. Vermutlich hielten sie die Einführung einer einheitlichen Goldwährung gegen den Willen der Kurfürsten für nicht realisierbar. Als Sigismund mit den Vertretern der Städte gesondert beriet, brachten sie wiederum die übliche Ausrede vor, sie hätten keine ausreichenden Vollmachten für einen definitiven Abschluß. Die Kurfürsten hingegen schlossen im September 1437 einen neuen Münzvertrag auf sechs Jahre, ohne sich weiter um den Kaiser zu kümmern. So endete die Reichsreformbewegung unter Kaiser Sigismund auf dem Reichstag zu Eger mit einem vollen Mißerfolg, weil die Fürsten nicht bereit waren, zugunsten des Reiches ihre eigenen Interessen hintanzusetzen und die Reichsstände sich nicht über ein Strafsystem und die Anwendung und Durchsetzung der Rechtsnormen einigen konnten.

Der einzige bleibende Erfolg des Reichstages war für das Reich ein negativer: Sigismund schloß im Juli die bereits in Prag begonnenen Verhandlungen mit der Republik Venedig mit einer Verlängerung des Waffenstillstandes auf neun Jahre und der Belehnung mit dem Reichsvikariat über die eroberten Reichsgebiete in Friaul, Verona und Treviso ab. Ende 1435 war in dem seit 1421 von Mailand okkupierten Genua ein Aufstand ausgebrochen, durch den die Hafenstadt ihre Freiheit zurückerhalten hatte. Im Mai 1436 hatten Venedig und Florenz eine neue Liga auf zehn Jahre gegen Mailand geschlossen. Die Venezianer setzten Sigismund von ihren Verhandlungen regelmäßig in Kenntnis. Dieser hingegen bemühte sich, die auf Klage des Patriarchen Ludwig von Aquileia gegen Venedig verhängten Konzilsmaßnahmen wirkungslos zu machen. Das Verhältnis zwischen dem Kaiser und dem Dogen Foscari war nun wirklich freundschaftlich geworden. Anfang Februar 1437 hatte Markgraf Gianfrancesco von Mantua im Auftrag Venedigs den Krieg gegen Mailand begonnen. Auf eine Mahnung des Basler Konzils hin, mit den Herzögen von Burgund und Mailand Frieden zu halten, hatte Sigismund bereits 1436 auf deren Nichterfüllung ihrer Pflichten gegen das Reich hingewiesen. Ein Gesandter Filippo Marias hatte noch im März aus Prag von seinen Versuchen, die Kaiserin und die Grafen von Cilli auf seine Seite zu ziehen, nach Mailand berichtet und die Gefahr einer militärischen Aktion des Kaisers gegen den Herzog als gering eingeschätzt. Gleichzeitig ersuchten die Venezianer den vom Papst zurückkehrenden kaiserlichen Gesandten Bischof Johann von Zengg, den Kaiser aufzufordern, ihnen Hilfe gegen Mailand zukommen zu lassen. Im April 1437 hatte der Doge dann den Kaiser ersucht, vom Gebiet der Eidgenossen aus den Krieg mit Mailand zu beginnen. Nach der ersten Niederlage der Venezianer im März 1437 wurde dann im Mai der venezianische Diplomat Marco Dandolo beauftragt, zum Kaiser zu reisen und ihn um Hilfe gegen Mailand zu ersuchen. Sigismund war zwar nicht in der Lage, Venedig militärisch zu unterstützen, aber er belehnte Venedig nach der Ablegung des Treueides durch den Gesandten Dandolo am 20. 7. 1437 mit dem immerwährenden – also unbegrenzten – Reichsvikariat über Treviso, Feltre, Belluno, Ceneda, Padua, Brescia, Bergamo, Casale und Soncino und allen Gebieten bis zur Adda.[13] Diese Belehnung war zwar nur der Schlußstrich unter eine Entwicklung, die sich längst vollzogen hatte, aber immerhin erhielt die Markusrepublik damit die völkerrechtliche Anerkennung ihrer Eroberungen auf dem Boden des Reiches! Da der Kaiser den Dogen wie einen Vasallen angesprochen hatte, ersuchte dieser den Kaiser Ende November 1437, ihn zukünftig wieder in gewohnter Weise zu benennen. Der Lehnscharakter war lediglich eine Formsache und geriet schon bald in Vergessenheit. Nach dem Tod Sigismunds wurde von Venedig weder der jährliche Rekognitionszins bezahlt noch die Lehenschaft jemals erneuert, die freilich auch von Albrecht II. und Friedrich III. niemals gefordert wurde.

Bis in die letzten Tage seines Lebens setzte der alte Kaiser seine Maßnahmen gegen die Herzöge Philipp von Burgund und Filippo Maria von Mailand fort. Nachdem Sigismund den Krieg mit Burgund 1435 auf Ersuchen des Konzils bis zu dessen Ende aufgeschoben hatte, gab er dem Konzil ein Jahr später auf ein neues Eintrachtsgebot mit Mailand eine geharnischte Antwort. Im November 1436 erteilte er dann Eberhard von Lupfen, dem Sohn des mittlerweile verstorbenen Hofrichters Hans, den Auftrag, den Reichsfeind Herzog Philipp zu schädigen. Angesichts der englischen Erfolge gegen Burgund und eines Aufstandes der Flamen gegen die burgundische Herrschaft erklärte er den Gesandten der Kurfürsten, daß die Situation nun günstig sei, das Ansehen des Reiches in diesen Gebieten wiederherzustellen. Die kurfürstlichen Räte schlugen ihm jedoch Anfang 1437 vor, zunächst noch einmal den Rechtsweg zu versuchen. Auf dem Reichstag zu Eger legte der Kaiser dann den Reichsständen die Frage vor und

beauftragte den Landgrafen Ludwig von Hessen am 27. 7. 1437 mit Zustimmung des Reichstages mit dem Einzug der von Burgund widerrechtlich annektierten Länder Brabant, Holland, Seeland, Friesland und Limburg und ermächtigte ihn, mit den Ständen der Länder in Kontakt zu treten.[14] Der Kaiser wies dem Landgrafen 2000 Gulden an, der Mitte August nach Aachen kam und die Städte Brüssel, Löwen, Herzogenbusch und Antwerpen aufforderte, Gesandte zu ihm zu senden. Diese antworteten jedoch, daß sie Herzog Philipp als ihren rechten Herrn ansähen und deshalb keine Gesandt schicken wollten. Ein Einfall der Herren von Reifferscheid nach Limburg mit 500 Lanzenreitern wurde im September 1437 zurückgeschlagen. Damit endete die „Reichsexekution" gegen Burgund ohne jeglichen Erfolg.
Unmittelbar nach der Belehnung des Vertreters des Dogen mit dem Reichsvikariat über Oberitalien eröffnete Sigismund Ende Juli 1437 in Eger den Prozeß gegen den Herzog von Mailand. Der Kaiser forderte Herzog Amadeo von Savoyen auf, seine Bündnisse mit Mailand aufzugeben. Den Luzernern verbot er jede Hilfe für Mailand und ersuchte um die Unterstützung seitens der Eidgenossen. Auf die Fertigstellung der Anklageschrift durch den Fiskalprokurator Johann Geissler hin zitierte er den Herzog unter Berufung auf die „Carolina", das Reichsgesetz seines Vaters Karl zum Schutz der Geistlichkeit gegen die Übergriffe weltlicher Machthaber, sowie auf das Edikt über die Majestätsverbrechen „des glorreichen Heinrich VII." innerhalb von 90 Tagen vor sein Gericht. Filippo Maria wurde beschuldigt, 1421 Genua und dann auch die Stadt Asti besetzt zu haben, in den Kirchenstaat eingedrungen zu sein und sich damit eines Majestätsverbrechens schuldig gemacht und Leib und Reichslehen verwirkt zu haben.[15] Von einer weiteren Verfolgung der Angelegenheit ist nichts bekannt. Die Sache verlief im Sand, zumal es den Mailändern gelang, die Venezianer im September 1437 ein zweites Mal zu schlagen. Nachdem der Kaiser noch in Eger seinem getreuen Mitarbeiter Brunoro della Scala, der mit Anna, der Tochter des Grafen Heinrich IV. von Görz, verheiratet war, die Anwartschaft auf die Görzer Reichslehen in Aussicht gestellt hatte, starb dieser noch im gleichen Jahr. Am Tag des Todes des Kaisers schickte der venezianische Senat diesem ein Schreiben, in dem er ihn ersuchte, die Republik nun auch formal mit dem Reichsvikariat über Verona und Vicenza zu belehnen. Sowohl König Albrecht II. wie auch dessen Nachfolger Friedrich III. belehnten jedoch – auf dem Papier – die Brüder und Neffen Brunoros mit den Reichslehen, die natürlich auch weiterhin unangefochten im Besitz der Venezianer verblieben.
Der berühmte Humanist Enea Silvio Piccolomini, der bereits 1432 erstmals zum Basler Konzil gekommen war, dann aber eine Zeitlang in Mailand lebte und Anfang 1436 nach Basel zurückgekehrt war, scheint dem Kaiser selbst nie persönlich begegnet zu sein. Ihn beschäftigten die Wirren in Italien zutiefst. Er orientierte sich nun an seinem Vorbild Dante, der einst Kaiser Heinrich VII. herbeigesehnt hatte, damit dieser nach Italien komme und die chaotischen Zustände beende. Mitte Juni 1437 schrieb er dem Kaiser, der die Wirren in Deutschland seit Jahren zu beruhigen versuchte, einen emphatischen Brief, in dem es heißt: „Elend bist du, Italien, und unglücklich. Läßt du so das Römische Reich in sich zusammenbre-

chen? Beugst du freiwillig deinen Nacken dem Joch des Pöbels? – Doch, was rufe ich Italien an? Du mußt kommen, gütigster Kaiser. Du mußt dies sehen – du mußt eingreifen!"[16] In der Tat plante der greise Kaiser noch kurz vor seinem Tod im November 1437 für das folgende Jahr einen neuen Feldzug nach Italien.[17] Doch dazu sollte es nicht mehr kommen. Der sogenannte „dritte mailändische Krieg" endete erst 1441 mit der Festlegung der Adda als Grenze zwischen Mailand und Venedig.

Die letzten Aktivitäten des Kaisers vor seinem Tod konzentrierten sich wiederum auf die Vermittlung zwischen Papst und Konzil und die Wiederherstellung der Einheit des Glaubens. Auf die Spaltung des Konzils in Mai 1437 und die widerrechtliche Verwendung des Konzilssiegels durch die Minderheit der Konzilsväter, die das Konzil nach Florenz verlegen wollte, hatte er verärgert reagiert. Als die Mehrheit der Konzilsväter sich für die Weiterführung des Konzils in Avignon aussprach, winkte der Kaiser ab und bezeichnete die Vorgänge als Intrigen der Franzosen. Auf dem Reichstag zu Eger legte er den Fürsten die Frage vor und ersuchte sie, keine Maßnahmen gegen den Papst zu treffen, bevor nicht seine Boten Bischof Paul von Ardzis und Georg Vischel angekommen seien. Er verlangte auch die Bestrafung der Bullenfälscher. Wiederum bot er dem Konzil Ofen als Ausweichmöglichkeit an. Ende Juli benachrichtigte er von Eger aus die deutschen Bischöfe und Fürsten, daß er jetzt den Augsburger Bischof Peter von Schaumberg zum Konzil schicke und auch die Fürsten um Entsendung von Boten dorthin gebeten habe, um dem Vorgehen gegen den Papst und den Intrigen der Franzosen, die das Konzil nach Avignon verlegen wollten, entgegenzutreten. An einer Konzilsgesandtschaft nach Konstantinopel hatte er sich im Februar 1437 beteiligt und seinen Vertrauten Henmann Offenburg mitgeschickt, der Bischof Johannes Schele von Lübeck und drei weitere Bischöfe begleitete.[18] Bischof Schele brach die Reise im Juli jedoch aus „Krankheitsgründen" ab; vielleicht glaubte er, seine Verpflichtungen gegenüber dem Kaiser nicht mit denen gegenüber dem Konzil vereinbaren zu können. Henmann Offenburg aber war dem Konzil nicht verpflichtet; er reiste lediglich im Auftrag des Kaisers. Als die Gesandtschaft dann in Konstantinopel ankam, traf sie auf die des Papstes, zu der der einstige Konziliarist Cusanus gehörte und die bei Kaiser Johannes VIII. das Rennen machte, da dieser lieber mit dem Papst als mit dem Konzil verhandeln wollte. Als der Kaiser und der Patriarch im Februar 1438 in Venedig ankamen und sich nach Ferrara zum Konzil des Papstes begaben, war der alte Kaiser bereits tot.

Nach seiner Rückkehr von Eger nach Prag warnte Sigismund am 19. 8. noch einmal das Konzil vor voreiligen Schritten gegen den Papst, die zu einem Schisma führen könnten, und forderte, nichts ohne den Rat der Könige und Fürsten zu unternehmen. Er nahm auch mit dem Gesandten König Juans II. von Kastilien Kontakt auf, der seine Position gegenüber dem Konzil unterstützte. Dieses beschloß nun, eine Gesandtschaft zum Kaiser zu schicken, um ihn von der Rechtmäßigkeit des Vorgehens der Väter zu überzeugen. Am 31. 7. hatte das Konzil in seiner 26. Session unter dem Protest der Deutschen und Spanier den Papst innerhalb von 30 Tagen vor das Konzil zitiert. Es schien sich nun das Spiel vom Herbst 1433 zu wiederholen. Die Position des Papstes aber war in dieser Situation stärker als vier Jahre zuvor. Er lehnte jede weitere Verhandlung mit den Vätern zu Basel ab und verlegte das Konzil am 18. 9. nach Ferrara. Damit schien der Bruch endgültig und das Schisma die zwangsläufige Folge dieser Aktionen zu sein.

Kaiser Sigismund besann sich trotz seiner schweren Krankheit, deren akute Phase am 9. 9. in Prag ausbrach und die ihm das Gehen unmöglich machte, so daß er nur noch in einer Sänfte durch die Stadt getragen werden konnte, noch einmal auf seine Stellung als Vogt der Kirche und wandte sich am 10. 9. an das Konzil. Er erklärte, er habe den Bischof Johann von Zengg zum Papst geschickt und sei auch bereit, nach Anhörung der Konzilsgesandtschaft eine weitere Gesandtschaft an ihn abzuordnen. Er erkläre feierlich, daß er die Partei des Konzils ergreifen wolle, wenn der Papst die Vermittlung nicht annehme. Umgekehrt aber sei er auch willens, mit den Königen und Fürsten die Partei des Papstes zu ergreifen, wenn das Konzil in seiner Erregung übereilte Beschlüsse fasse und seine Vermittlung zurückweise.[19] Der Konzilsgeschichtsschreiber Johannes von Segovia berichtet, man habe diesen Brief auf dem Konzil vielfach für eine Fälschung gehalten. Doch zunächst blieben die Bemühungen des Kaisers erfolglos, denn der Bischof von Zengg kam zu spät zum Papst, um die Verlegung des Konzils nach Ferrara zu verhindern. Die Väter in Basel aber waren nun verbittert und begannen am 1. 10. mit der Fortführung des Prozesses gegen Eugen IV. Doch bald trat eine Wendung ein. Es gelang den Gesandten des Kaisers und der Kurfürsten, am 12. 10. in Basel einen Aufschub des Prozesses gegen den Papst um zwei Monate zu erreichen. Auf der anderen Seite mußte Eugen IV. einsehen, daß es ihm nicht gelungen war, den Kaiser auf seine Seite zu ziehen. Er schickte seinen Diplomaten Giovanni Francesco Capodilista von Padua mit weitestgehenden Vollmachten zur Vermittlung zu Sigismund nach Prag.

Unterdessen protestierten die Gesandten des Königs von Kastilien am 5. 10. unter Berufung auf mehrere Schreiben des Kaisers gegen jeden weiteren Schritt des Konzils gegen den Papst. Daraufhin widersetzten sich die kaiserlichen Gesandten Bischof Johannes Schele und Peter von Augsburg am 19. 10. mit Verweis auf das Versprechen an den Kaiser, das Verfahren gegen den Papst zwei Monate ruhen zu lassen, erfolglos einem Rundschreiben des Konzils gegen den Papst. Sigismund selbst berichtete dem Konzil am 6. 11. von der Ankunft des Gesandten und erklärte, er sei willens, den Frieden wiederherzustellen, wozu der Papst ihn ermächtigt und ihn als Schiedsrichter angenommen habe. Er verwahrte sich gegen die Unterstellung, daß er vom Papst Geld angenommen habe. Er wäre gerne selbst zum Konzil gekommen, aber seine Krankheit und die Bedrohung durch die Türken machten dies unmöglich. Der Protest seiner Gesandten sowie der spanischen Delegation habe sein Wohlgefallen gefunden.[20] Der Kaiser hatte nun also freie Hand, und es sah alles so aus, als ob es ihm wie im Herbst 1433 noch einmal gelingen werde, das Konzil mit dem Papst zu versöhnen. Mitte Oktober verließ Bischof Georg von Vic, der Gesandte des Konzils, Basel, um zum Kaiser zu Verhandlungen zu reisen. In seiner letzten Zeit hatte Sigismund eine Reihe von

Gelehrten an seinem Hof, weniger aber Dichter, weil ihm zumeist das Geld fehlte, sie großzügig zu entlohnen. Der Humanist Pier Paolo Vergerio brachte es in Ungarn zu einem beachtlichen Wohlstand; er besaß Liegenschaften und Einkünfte. Seine Bibliothek erbte Johannes Vitez, der 1436 Notar an der königlichen Kanzlei wurde. Vergerio „half Vitez, dem Bahnbrecher des ungarischen Humanismus, eine epochemachende, erfolgreiche Laufbahn einzuschlagen".[21]

In den letzten Wochen im Leben des Kaisers wurde eine Verschwörung aufgedeckt, an deren Spitze die Kaiserin Barbara und ihr Neffe Ulrich von Cilli standen, die sich mit den rebellischen Hussiten verbündet hatten. Geplant war offensichtlich, daß die 45jährige Kaiserin nach dem Tod des schwerkranken Sigismund den 13jährigen polnischen König Wladislaw III. heiraten sollte. Nach seiner Rückkehr aus Eger erfuhr Sigismund von der Verschwörung; er ließ sich zunächst nichts anmerken und plante die Rückkehr nach Ungarn, da er nur wenige Streitkräfte bei sich hatte. Die Verschwörer waren sich jedoch nicht einig; einige hussitische Adelige glaubten, die Zustimmung des Kaisers für die Vereinigung der Kronen von Polen und Böhmen erlangen zu können, und schlugen ihm vor, er solle König Wladislaw und seinen Bruder Kasimir adoptieren und ihnen Anna und Elisabeth, die beiden Töchter Albrechts V., zur Frau geben, so daß seine Nachkommen dann in Böhmen und Polen regieren würden. Der Kaiser aber lehnte dies ab, da er seinem Schwiegersohn Albrecht, der ihm über so viele Jahre die Treue gehalten hatte, seit über 25 Jahren die Nachfolge in allen seinen Reichen zugedacht hatte. Am 9. 11. verließ er Prag im kaiserlichen Ornat; mit einem Lorbeerkranz auf dem Kopf wurde er in einer offenen Sänfte durch die Straßen getragen. Die Katholiken verfolgten die Abreise des schwerkranken Kaisers mit ernster Miene, während die Hussiten ihre Freude nur schwer verhehlen konnten. Sigismund befürchtete, daß sein ungarisches Gefolge, das ihm während so vieler Jahre die Treue gehalten hatte, nach seinem Tod Verfolgungen von den Tschechen erleiden könnte. Noch in Prag hatte man ihm die große Zehe ab- und das Bein aufgeschnitten. Die letzte Krankheit des Kaisers wurde von den Zeitgenossen „heiliges Feuer" („ignis sacer") oder „Höllenbrand" genannt. Moderne Mediziner bezeichnen diese Krankheit als „Altersbrand" („Grangraena senilis"), ein bösartiges Geschwür, das das Absterben von Gliederteilen verursacht.[22]

Von Prag aus wandte sich der Kaiser nach Mähren, wo ihn Albrecht V. erwartete. Noch am 11. 11. erreichte er Beneschau, und am 18. kam er nach Teltsch, wo er den Bischof Georg von Vic traf. Dieser verfaßte am 25. 11. in Znaim einen erschütternden Bericht über die letzte Reise des Kaisers, in dem er schrieb, das Papier könne kaum die Gefahren und Leiden der Reise fassen. In eisiger Kälte zog der Prälat, der den Kaiser in Prag nicht mehr angetroffen hatte, durch die Wälder, vorbei an den Leichen von Erschlagenen. Am 18. 11. erreichte er Teltsch in Mähren, wohin der Kaiser gekommen war. Da das Hospiz überfüllt war, mußte der Bischof in einem Bauernhaus vor der Stadt übernachten. Am nächsten Tag wurde er von Reichskanzler Schlick empfangen, der ihn um Geduld bat, da der Kaiser gerade eine Medizin empfange. Am 21. 11. konnte er dann Sigismund die Briefe des Konzils übergeben, der ihm freundlich dankte. Der Bischof bemerkte dazu, der

Kaiser gleiche den alten Vätern in der Wüste, die nur aus Haut und Knochen bestanden. Der päpstliche Gesandte Capodilista war ebenfalls beim Kaiser, der erklärte, er habe immer die Hände über das Konzil gehalten und werde sich auch weiter um die Einheit und die Konsolidierung der Kirche bemühen. Herzog Albrecht V. und seine Gemahlin Elisabeth waren bei ihm und wollten ihn nach Wien bringen. Der Bischof berichtet dann weiter, der Kaiser liege beim Transport in einer Sänfte, die zwischen zwei Pferden dicht über dem Boden hing. Es war so kalt, daß auch Jüngere und Robustere die Temperatur kaum ertragen konnten. Der Kaiser sah mehr tot als lebend aus, aber sein Geist war noch rege. Der Bischof von Vic notierte einen Ausspruch, der gewissermaßen die Lebensleitlinie Sigismunds, die er Jahrzehnte früher formuliert hatte, noch einmal anklingen ließ: Er sagte, er werde nicht sterben, bevor er den Kreuzzug ins Heilige Land durchgeführt habe.[23] Einige Tage später kam der Zug nach Znaim, von wo der Kaiser eine Gesandtschaft nach Prag schickte, die der von ihm eingesetzten Regierung mitteilen sollte, daß Herzog Albrecht ihm nach seinem Tod nachfolgen werde. In Znaim erfolgte noch vor seinem Tod der Gegenschlag Albrechts V. gegen die Putschisten. Die Kaiserin Barbara wurde auf ausdrücklichen Befehl Sigismunds hin verhaftet. Am 26. 11. befahl der Kaiser den Preßburgern, einen Wagenzug der Kaiserin, der nach Ungarn geschickt wurde, festzuhalten und keinem Diener seiner Frau mehr einen Zutritt zu gestatten. Ihr Bruder Friedrich von Cilli und sein Sohn Ulrich flohen, als die Pläne der Kaiserin im Hinblick auf Polen publik wurden. Nach Sigismunds Tod brachte man Barbara nach Preßburg und gestattete nicht, daß sie an seinem Begräbnis teilnahm.
Der todkranke Kaiser versammelte seine Getreuen aus Böhmen und Ungarn und forderte sie auf, seinen Schwiegersohn zum Nachfolger zu wählen; die Ruhe der beiden Länder erfordere diese Wahl. Zum letzten Mal entwickelte er seine Vision der Donaumonarchie: mit dem Rückhalt an Österreich und Böhmen könne Ungarn den Kampf gegen die Türken bestehen, die selbst wieder in Ungarn die Vormauer ihres Reiches sehen könnten. Eberhard Windecke, Enea Silvio Piccolomini, Andreas von Regensburg und Jan Długosz geben die letzte Rede des Kaisers wieder. Die böhmischen und ungarischen Adeligen versprachen dem Kaiser die Erfüllung seines Wunsches. Die Böhmen ersuchten ihn noch, diesen seinen Letzten Willen in einem Testament niederzulegen. Sigismund beauftragte Kaspar Schlick, nach seinem Tod nach Prag zu reiten und dafür zu sorgen, daß Albrecht zum König gewählt werde. Noch am 7. 12. schrieb der Kaiser an die Stände der Lausitz in Bautzen, Görlitz, Zittau und Kamenz, daß er seine Tochter und ihren Gemahl Albrecht V. zum Erben aller seiner Länder eingesetzt habe; sie sollten am 18. 12. in Prag auf einem Landtag erscheinen, auf dem die Erbfolge definitiv beschlossen werden sollte.
Als Sigismund von den Ärzten von seinem Zustand erfuhr und seinen Tod erwartete, ließ er sich den kaiserlichen Ornat anlegen, die Krone aufsetzen und hörte die Messe. Dann ordnete er an, daß sein Leichnam mehrere Tage öffentlich ausgestellt werde, weil es erschütternd und mahnend sei, zu sehen, wie ein Kaiser sterbe; dies entsprach wahrscheinlich einer in Byzanz verbreiteten Auffassung.

Am 9. 12. 1437 starb er in der Burg von Znaim im Alter von fast 70 Jahren, nachdem er 51 Jahre in Ungarn, 17 bzw. eineinhalb Jahre in Böhmen und 27 Jahre in Deutschland regiert hatte, als letzter Vertreter des Hauses Luxemburg. Nachdem er drei Tage lang sitzend im kaiserlichen Ornat aufgebahrt worden war, wurde er von Albrecht V. nach Großwardein gebracht, wo er in der Kathedrale zu Füßen des von ihm besonders verehrten hl. Ladislaus beigesetzt wurde. Der Zug mit dem Sarg des Kaisers und der gefangenen Kaiserin führte über Preßburg, wo die Bevölkerung ihrem toten König die letzte Ehre erwies. Die Grabinschrift, die Sigismund sich selbst setzen ließ, wurde sogar in der ostschweizerischen „Klingenberger Chronik" verewigt.[24] Darin heißt es, er habe die Einheit im Papsttum wiederhergestellt, als es drei Päpste gegeben habe. 1755 wurde das Grab bei der Errichtung eines Brunnens in der Festung, die auf dem Gelände der von den Türken zerstörten mittelalterlichen Kathedrale errichtet worden war, geöffnet. Dabei fand man 1755 seinen Leichnam in goldgesäumten Brokat gekleidet, mit einem Reichsapfel in der Hand und einer silbernen Krone auf dem Kopf; auf seiner Brust lag das Abzeichen des Drachenordens, den er gestiftet hatte.

Der Tod des Kaisers hatte zunächst Konsequenzen für den Streit zwischen dem Basler Konzil und dem Papst und für die weitere Geschichte des Reiches. Da Sigismund starb, bevor er die völlige Aussöhnung zwischen dem Papst und dem Basler Konzil bewerkstelligen konnte, wurde der Gegensatz zwischen beiden unüberbrückbar. Das Konzil von Ferrara und Florenz führte schließlich zur – kurzfristigen – Wiedervereinigung der Griechen mit den Katholiken. Dies hob das Ansehen des Papstes, der sich schließlich gegenüber dem Basler Konzil durchsetzen konnte, das in Deutschland noch lange viele Anhänger hatte und sich 1449 selbst auflöste. Dadurch kam es zu einer Wiedererstarkung des Papsttums, das 1448 mit König Friedrich III. das „Wiener Konkordat" abschloß. Der Sieg des Papsttums aber war mit schweren Hypotheken belastet; die Anklagepunkte der „deutschen Nation" („Gravamina"), wie sie Gregor Heimburg gegenüber dem vom Konziliaristen zum Papalisten gewandelten Piccolomini – der 1458 zum Papst gewählt wurde – und seinem alten Feind Nikolaus Cusanus artikulierte, wurden in modifizierter und erweiterter Form weiterüberliefert und fanden sich schließlich im Programm Luthers und der Reformation wieder.

Die zweite Konsequenz des Todes Sigismunds war, daß es seinem Schwiegersohn, dem Habsburger Albrecht, gelang, innerhalb eines halben Jahres die Kronen Ungarns, des Reiches und Böhmens zu erwerben. Damit wurde der luxemburgische Länderblock um Österreich verstärkt, und die Donaumonarchie entstand. Tragisch war nur, daß Albrecht II. bereits 1439 starb; sein Sohn Ladislaus Postumus wurde erst nach seinem Tod geboren und starb 1457, bevor er im eigentlichen Sinn selbständig regierte, ohne Erben. Albrecht II. hatte auf dem Totenbett seinen Vetter Friedrich „den Jüngeren" von der Steiermark zum Nachfolger eingesetzt, der zwar die Regentschaft in Österreich für Ladislaus Postumus übernahm, de facto aber auf Ungarn und Böhmen verzichtete. Die von Sigismund und Albrecht II. geschaffene Idee der Donaumonarchie lebte jedoch weiter; endgültig angebahnt wurde sie 1491 im Preßburger Vertrag zwischen Maximilian I., dem

Sohn Friedrichs III., und König Wladislaw von Böhmen und Ungarn, dem Sohn König Kasimirs von Polen und der Elisabeth von Österreich, der Tochter Albrechts II. und Enkelin Kaiser Sigismunds. König Wladislaw, der Urenkel Kaiser Sigismunds, vereinbarte in diesem Vertrag mit Maximilian, daß die Habsburger nach dem Aussterben der ungarischen Jagiellonen seine Nachfolger sein sollten. Seine 1503 geborene Tochter Anna heiratete dann später Maximilians Enkel Ferdinand und brachte nach dem Tod ihres Bruders 1526 Böhmen und Ungarn an die Habsburger, wodurch die Donaumonarchie Sigismunds und Albrechts II. dauerhaft wiedererrichtet wurde. Durch Anna von Böhmen und Ungarn wurden alle späteren Habsburger auch Nachkommen Sigismunds und der Jagiellonen. Auf diese Weise war der Plan der Kaiserin Barbara – die nach ihrer Freilassung durch Albrecht II. nach Krakau floh, von wo sie 1441 nach Böhmen zurückkehrte und noch zehn Jahre auf ihrem Witwensitz in Melnik bei Prag lebte – doch noch in abgewandelter Form realisiert worden. Die bisher eher westwärts orientierten Habsburger konzipierten ihre zukünftige Politik nach den Mustern, die die Luxemburger entwickelt hatten. „Es gehört, wie man mit Recht hervorgehoben hat, zu den wirklichen Verdiensten Sigismunds um die deutsche Geschichte, daß er das Entstehen jener polnisch-böhmischen Verbindung verhinderte, die sich während der Hussitenkämpfe zeitweise anzubahnen schien. Statt dessen eröffnete sich nun bei seinem Tod zum erstenmal die Aussicht auf einen staatlichen Zusammenschluß der ganzen Sudeten- und Donauländer in der Hand der Habsburger, dessen volle Verwirklichung freilich noch ein Jahrhundert in Anspruch nehmen sollte."[26]

Die europäische Bedeutung Sigismunds von Luxemburg ist in erster Linie darin zu sehen, daß er in einer Zeit der Glaubensspaltung und der Zerrissenheit der europäischen Völker sich auf seine kaiserliche Aufgabe („imperiale officium") besann und den Papst dazu bewegen konnte, ein allgemeines Konzil auszurufen. Dieses Konzil und die Wiederherstellung der Einheit der Christenheit war in der Hauptsache sein Werk. Seiner konsequenten und konzilianten Politik war es auch zu verdanken, daß das Hussitentum – der größte revolutionäre Unruheherd des 15. Jahrhunderts – allmählich wieder zur Ruhe kam. Wie bedeutend diese Leistung war, wird auch daraus ersichtlich, wie schwer sich Europa noch Jahrzehnte später mit Böhmen tat. Auch das Basler Konzil verdankt dem Kaiser die Einigung mit dem Papst und damit die Anerkennung und Legitimation. Es ist freilich nicht zu verkennen, daß Sigismund dem Basler Konzil weit weniger Sympathien entgegenbrachte als dem Konstanzer, das er auch in ungleich höherem Maße gelenkt hatte. Sigismunds Haltung zum Basler Konzil nach 1434 zeigt, daß er den radikalen Bestrebungen, die auf eine Verfassungsänderung in der Kirche hinausliefen, ablehnend gegenüberstand.

Dies führt uns schließlich zum Doppelgesicht des Kaisers, der in einer Phase des Übergangs vom Mittelalter zur Neuzeit lebte und dadurch geprägt war. Auf der einen Seite war er in seinem Denken und Fühlen ein zutiefst mittelalterlicher Mensch. Der größte Teil seines Lebens war geprägt von der mittelalterlichen Idee des Kreuzzuges gegen den Islam; auch die Hussiten waren für ihn stets Ketzer, die ihm unsympathisch waren und die er – wie in Breslau – auch in mittelalterlicher Manier hinrichten ließ, wenn er die Möglichkeit dazu hatte. Seine Unterstützung des Papsttums entsprang wohl dem Gefühl, daß die demokratischen Tendenzen des Konzils letztlich gegen den monarchischen Gedanken überhaupt gerichtet waren. Daher blieb er in Distanz zu derartigen Bewegungen, was eine pragmatische Politik jedoch nicht ausschloß: als Kämpfer gegen die Türken in Ungarn waren ihm sogar die Taboriten willkommen. Auf der anderen Seite ist Sigismund jedoch auch schon eine Gestalt der frühen Renaissance. Sein Umgang mit den Menschen, seine pragmatische Politik und seine Aufgeschlossenheit für das Neue und die Wissenschaften und Künste zeigen den Kaiser, der sieben Sprachen sprach, bereits als frühen Vertreter der Epoche des Humanismus, aber auch als einen Vorläufer des „Fürsten" Machiavellis, der Verträge brach, wenn es ihm politische Vorteile verschaffte. Neben den aristokratisch-feudalen Zügen, die Denker wie Antonio Roselli ansprachen oder die ihn mit Persönlichkeiten wie Laurenz Tari oder Oswald von Wolkenstein verbanden, zeigte Sigismund auch recht „bürgerliche" Eigenschaften wie Interesse für neue Erfindungen, das Handwerk, Vorliebe für die Städte und Volkstümlichkeit. Seine Besteuerung der Juden, seine Münzpolitik und seine Revindikationsbestrebungen lassen bereits den modernen Staat ahnen. Er war ein Mann, der sich auf dem Konzil ebenso bewegen konnte wie im Palast des Papstes oder am Hof zu Paris und London und der sich im Bordell von Ulm ebenso zu Hause fühlte wie auf der Wildschweinjagd mit dem Großfürsten von Litauen oder dem König von Polen.

In einer Zeit, die dynastisch dachte, war es Sigismund aufgrund der Tatsache, daß das Haus Luxemburg mit ihm erlosch, nicht möglich, seine Dynastie neu zu begründen. Nach der gängigen Sicht in Österreich beruht die Entstehung der Donaumonarchie auf den Heiratsverträgen zwischen den Luxemburgern und Habsburgern im 14. Jahrhundert. Diese waren jedoch nur vage Fixierungen von unkalkulierbaren Möglichkeiten. Heinrich Koller betont mit Recht, daß es an der Zeit sei, „diese weitverbreitete These zu korrigieren und festzustellen, daß die habsburgische Monarchie wohl eher als Werk Sigismunds angesprochen werden sollte. ... Sigismund hat sich in Ungarn und Deutschland, in Konstanz und Basel eindeutig als eine überragende politische Persönlichkeit erwiesen. Er verdient es nicht, vergessen oder gar verurteilt zu werden; zu viele seiner Leistungen und Erfolge – seine Kämpfe gegen die Türken, sein Eintreten für die Konzile und endlich seine Bemühungen um die Reform im Reich – verpflichten uns vielmehr auch in der Gegenwart, des Luxemburgers dankbar zu gedenken."[27] Dazu kommt, daß Sigismund die „Würde" eines deutschen Königs in einer Zeit übernahm, in der diese beinahe zur Farce geworden war. Seine Vorgänger Wenzel und Ruprecht wurden im Reich weitgehend ignoriert und übten kaum einen Einfluß außerhalb von Deutschland selbst aus. Sigismund hingegen gelang es, unter geschickter Ausnutzung der jeweiligen historischen Konstellationen, die imperiale Stellung des deutschen Königtums zu erneuern und auch auszuweiten. Dies zeigt besonders auch seine Nord- und Ostpolitik. Daß viele seiner Vorhaben Stückwerk blieben, lag auch daran, daß er als König von Ungarn und Böhmen und als Kaiser zu viele Aufgaben zu gleicher Zeit zu bewältigen hatte und vieles zu gleicher Zeit anfaßte und beim Auftauchen von Schwierigkeiten zu schnell wieder aufgab. Diese Charakterschwäche schmälert seine welthistorische Leistung zwar; was jedoch bleibt, reicht noch immer, um Sigismund als den bedeutendsten deutschen Kaiser des 15. Jahrhunderts zu bezeichnen, ja vielleicht sogar als die interessanteste Gestalt unter den Herrschern des späten Mittelalters überhaupt.

ANMERKUNGEN

I.
Die Preßburger Verlobung von 1411
und ihre Vorgeschichte

1 Franz Kurz: Österreich unter Kaiser Albrecht dem Zweyten, Bd. 1, Wien 1835, 166.
2 Gustav Beckmann: Der Kampf Kaiser Sigmunds gegen die werdende Weltmacht der Osmanen 1392–1437, Gotha 1902, 106.
3 Alfons Huber: Geschichte des Herzogs Rudolf IV. von Österreich, Innsbruck 1865, 12.
4 Alphons Lhotsky: Geschichte Österreichs seit der Mitte des 13. Jahrhunderts (1281–1358), Wien 1967, 364.
5 Huber, 106f.
6 Günther Hödl: Habsburg und Österreich 1273–1493, Gestalten und Gestalt des österreichischen Spätmittelalters, Wien–Köln–Graz 1988, 127.
7 Heinz Stoob: Kaiser Karl IV. und seine Zeit, Graz–Wien–Köln 1990, 132.

II.
Die Hausmachtpolitik Karls IV. und die Anfänge
Sigismunds als König von Ungarn

1 Peter Moraw: Von offener Verfassung zu gestalteter Verdichtung. Das Reich im späten Mittelalter 1250 bis 1490 (= Propyläen Geschichte Deutschlands 3), Studien-Ausgabe Frankfurt–Berlin 1989, 240.
2 Ignaz Aurelius Fessler: Geschichte von Ungarn, 2. Aufl., hrsg. v. Ernst Klein, Bd. 2, Leipzig 1869, 164, u. Richard Arndt: Die Beziehungen König Sigmunds zu Polen bis zum Ofener Schiedsspruch 1412, Diss., Halle 1897, 7.
3 František Kavka: Zum Plan der luxemburgischen Thronfolge in Polen (1368–1382), in: Zeitschr. f. histor. Forschung 13, 1986, 257–283, hier 275f.
4 Ebenda, 265.
5 Herbert Grundmann: Wahlkönigtum, Territorialpolitik und Ostbewegung im 13. und 14. Jahrhundert (= Gebhardt Handbuch der deutschen Geschichte 5), Stuttgart 1973, 240.
6 Thomas von Bogyay: Grundzüge der Geschichte Ungarns, Darmstadt 1977, 75–80.
7 Kavka, 279, u. Elemér Mályusz: Kaiser Sigismund in Ungarn 1387–1437, Budapest 1990, 10.
8 Joseph von Aschbach: Geschichte Kaiser Sigmunds, Bd. 1, Hamburg 1838 (Neudruck Aalen 1964), 9.
9 Grundmann, 242.
10 Bertalan Kery: Kaiser Sigismund. Ikonographie, Wien–München 1972, 125 u. 133, Abb. 87.
11 Arndt, 8, u. Mályusz, 11.
12 Aschbach 1, 12f.
13 Mályusz, 11.
14 Franz Kurowski: Venedig. Das tausendjährige Weltreich im Mittelmeer, München–Berlin 1981, 171.
15 Fessler 2, 188f, Arndt, 12, u. Kavka, 282.
16 Constantin Höfler: Die Zeit der luxemburgischen Kaiser (= Österreichische Geschichte für das Volk 5), Wien 1867, 37.

17 Fessler 2, 233.
18 Ebenda, 234.
19 Aschbach 1, 29–33.
20 Alfons Huber: Die Gefangennehmung der Königinnen Elisabeth und Maria von Ungarn und die Kämpfe König Sigismunds gegen die neapolitanische Partei und die übrigen Reichsfeinde in den Jahren 1386–1395, in: Archiv f. österr. Gesch. 66, 1885, 507–548, hier 515.
21 Mályusz, 27.
22 Ebenda, 28.

III.
Jahre der Selbstbehauptung
(1387–1403)

1 Joseph von Hormayr: Österreichischer Plutarch oder Leben und Bildnisse aller Regenten, Bd. 17, 1. Abtlg.: Böhmische Regenten, Wenzel u. Sigmund, Wien 1809, 78f.
2 Jakob Caro: Geschichte Polens, Bd. 3: 1386–1430, Gotha 1869, 70, u. Arndt, 30.
3 Huber: Gefangennehmung, 536f; Beckmann, 5; Max Zawadzki: Die Cillier und ihre Beziehungen zu Kaiser Sigmund und König Albrecht, Halle 1911, 10, u. Mályusz, 131.
4 Huber: Gefangennehmung, 540.
5 Fessler 2, 260, u. Aschbach 1, 85.
6 Ebenda, 76f.
7 Mályusz, 22.
8 Alois Gerlich: Habsburg – Luxemburg – Wittelsbach im Kampf um die deutsche Königskrone. Studien zur Vorgeschichte des Königtums Ruprechts von der Pfalz, Wiesbaden 1960, 5f.
9 Mályusz, 48f.
10 Aschbach 1, 61.
11 Gerlich, 31f.
12 Ebenda, 55.
13 Huber: Gefangennehmung, 541.
14 Ebenda, 541f.
15 Fessler 2, 261, u. Mályusz, 139.
16 Beckmann, 6.
17 Mályusz, 141f.
18 Ebenda, 58.
19 M. Mayer: Zur Geschichte K. Sigmunds, in: Zeitschr. f. österr. Gymnas. 1892, 1ff.
20 Gerlich, 77.
21 Fessler 2, 270.
22 Eberhard Windecke: Das Leben König Sigmunds (= Die Geschichtsschreiber der deutschen Vorzeit, 15. Jahrhundert, Bd. 1), Leipzig 1886, 3.
23 Aschbach 1, 69f.
24 L. Kupelwieser: Die Kämpfe Ungarns mit den Osmanen bis zur Schlacht bei Mohács, 1526, Wien–Leipzig 1895, 11.
25 Zawadzky, 11.
26 So auch Aschbach 1, 101; vgl. dagegen Mályusz, 133.
27 Joseph Calmette: Die großen Herzöge von Burgund, München 1963, 72f.
28 H. V. Sauerland: Ein Brief des Königs Sigmund von Ungarn an den Großmeister des Johanniterordens Philibert von Naillac, in: Neues Archiv der Ges. f. ältere deutsche Geschichtskunde 21, 1896, 565f.
29 Fessler 2, 279.
30 Elemér Mályusz: Die Zentralisationsbestrebungen König Sigismunds in Ungarn, in: Études historiques publ. par l. Comm. Nation. d. Historiens Hongrois 1, 1960, 317–357, hier 326f.
31 Fessler 2, 283.
32 Zawadzky, 12f.
33 Aschbach 4, 411–419.
34 Archibald Main: The Emperor Sigismund, Oxford 1903, 18.
35 Fessler 2, 288.
36 Kery, 129 u. Tafel 99, sowie Franz-Heinz Hye: Der Doppeladler als Symbol für Kaiser und Reich, in: MIÖG 81, 1973, 63–100, hier 78f.
37 Emil Göller: König Sigmunds Kirchenpolitik 1404–1410, Freiburg 1901, 5f.

IV.
Reform- und Kirchenpolitik (1404–1410)

1 Wolfgang von Stromer: Die ausländischen Kammergrafen der Stefanskrone, in: Hamburger Beiträge zur Numismatik 27/29, 1973/75, 85–106, hier 92f.
2 Ebenda, 99.
3 Ondrej R. Halaga: Kaschaus Rolle in der Ostpolitik Sigmunds von Luxemburg I (1387–1411), in: Hochfinanz, Wirtschaftsräume, Innovationen. Festschrift Wolfgang v. Stromer, Bd. 1, Trier 1987, 383–399, hier 390.
4 Günther v. Probszt: Die niederungarischen Bergstädte. Ihre Entwicklung und wirtschaftliche Bedeutung bis zum Übergang an das Haus Habsburg (1546) (= Buchr. der Südostdeutsch. Histor. Kommission 15), München 1966, 56.
5 Aschbach 1, 256–260.
6 Günther v. Probszt: Österreichische Münz- und Geldgeschichte, Wien–Köln–Graz 1973, 350.
7 Mályusz, 213.
8 Ebenda, 71.
9 Ebenda, 73.
10 Elemér Mályusz: Die gesellschaftlichen Grundlagen der ungarischen Intelligenz (Zur Geschichte der Ofner Universität), in: Acta Historica Academiae Scientarum Hungaricae 32, 1986, 243–270, hier 243.
11 Fessler 2, 303.
12 Zawadzky, 20, u. Marija Wakounig: Dalmatien und Friaul. Die Auseinandersetzung zwischen Sigismund von Luxemburg und der Republik Venedig um die Vorherrschaft im adriatischen Raum (= Dissertationen der Universität Wien 212), Wien 1990, 37, Anm. 103.
13 Göller, 11.
14 Ebenda, 66.
15 Beckmann, 115.
16 Ebenda, 108–113.
17 Mályusz, 79.
18 Heinrich Koller: Der Ausbau königlicher Macht im Reich des 15. Jahrhunderts, in: Das spätmittelalterliche Königtum im europäischen Vergleich, hrsg. v. Reinhard Schneider (= Vorträge u. Forschungen 32), Sigmaringen 1987, 425–464, hier 434–446.

V.
Sigismund als Vermittler zwischen Polen und dem Deutschen Ritterorden (1409–1412)

1 Caro 3, 64, u. Arndt, 24–29.
2 Caro 3, 125f, u. Arndt, 36f.
3 Ebenda, 39f.
4 Halaga, 387f.
5 Caro 3, 160; Arndt, 45, u. Jerzy Wyrozumski: Die territoriale Entwicklung Polens im Zeitalter der Jagiellonen, in: Polen im Zeitalter der Jagiellonen, Ausstellung Schallaburg, Wien 1986, 10.
6 Josef Pfitzner: Großfürst Witold von Litauen als Staatsmann (= Schriften der philos. Fak. der deutsch. Univ. Prag 6), Brünn–Prag–Leipzig 1930, 126.
7 Fessler 2, 285, u. Caro 3, 225f.
8 Joachim Leuschner: Zur Wahlpolitik im Jahre 1410, in: Deutsches Archiv 11, 1954, 506–553, hier 531.
9 Aschbach 1, 246f, sucht bei jeder Gelegenheit den polnischen Chronisten Długosz herabzusetzen, da dieser Sigismund gegenüber negativ eingestellt war. Arndt, 63, bringt den Nachweis, daß Sigismund dem Großfürsten tatsächlich die Krone anbot! Vgl. dazu auch: Kurt Forstreuter: Deutschland und Litauen im Mittelalter, Köln–Graz 1962, 19.
10 Johannes Janssen: Frankfurts Reichskorrespondenz 1376–1519, Bd. 1, Frankfurt 1863, 153, Nr. 362, u. Caro 3, 319.
11 Aschbach 1, 250; vgl. dazu: Zdizlaw Zygulski: Das Heer- u. Militärwesen der Jagiellonen, in: Polen im Zeitalter der Jagiellonen. Schallaburg 1986, Wien 1986, 66–76, hier 68.
12 Pfitzner, 113.
13 Arthur Steinwenter: Beiträge zur Geschichte der Leopoldiner, in: Archiv f. österr. Geschichte 58, 1879, 389–508, hier 398f.

14 Arthur Steinwenter: Studien zur Geschichte der Leopoldiner, in: Archiv f. österr. Geschichte 63, 1882, 1–146, hier 36f.
15 Erhardt Schmidt: Die deutschen Könige und der Norden im späten Mittelalter, Diss., Würzburg 1950, 85.
16 Caro 4, 380–384; Arndt, 79f, u. Halaga, 397.
17 Aschbach 1, 442, Beilage XI.
18 Ebenda, 330f; Caro 3, 395f, u. Arndt, 88ff.

VI.
Die Wahl zum deutschen König (1410/11)

1 Franz Schroller: Die Wahl Sigmunds zum römischen Könige, Breslau 1875, 14.
2 Josef Schwerdfeger: Papst Johann XXIII. und die Wahl Sigismunds zum römischen König, 1410, in: Bericht des Akad. Vereins deutscher Historiker in Wien, Vereinsjahr 1893/94, Wien 1894, 15–69, hier 34.
3 Leuschner, 542.
4 Wilhelm Eberhard: Ludwig III. Kurfürst von der Pfalz und das Reich 1410–1427, Gießen 1896, 14f, u. Heinrich Schrohe: Die Wahl Sigmunds zum römischen Könige, in: MIÖG 19, 1898, 471–516, hier 472.
5 Andreas von Regensburg: Sämtliche Werke, hrsg. v. Georg Leidinger (= Quellen und Erörterungen zur Bayerischen und Deutschen Geschichte, NF, Bd. 1), München 1903, 144.
6 Erich Brandenburg: König Sigmund und Kurfürst Friedrich I. von Brandenburg, Berlin 1891, 9.
7 Sabine Wefers: Das politische System Kaiser Sigmunds (= Veröff. d. Instituts f. europ. Gesch., Abtlg. Universalgeschichte 138), Stuttgart 1989, 8.
8 Deutsche Reichstagsakten, Bd. 7: 1410–1420, hrsg. v. Dietrich Kerler, Gotha 1878, 18–23, Nr. 7–10 (künftig zitiert als: RTA 7).
9 Vgl. dazu Brandenburg, 202f.
10 Adolf Kaufmann: Die Wahl König Sigmunds von Ungarn zum römischen Könige, Göttingen 1879, 13.
11 Ludwig Quidde: König Sigmund und das Deutsche Reich von 1410 bis 1419 (1. Die Wahl Sigmunds), Göttingen 1881, 33.
12 Schrohe, 477, u. Leuschner, 510.
13 Andreas von Regensburg, 145.
14 Kaufmann, 35.
15 RTA 7, 28f, Nr. 13.
16 Regesta Imperii XI: Die Urkunden Kaiser Sigmunds, 2 Bde., hrsg. v. Wilhelm Altmann, Innsbruck 1896/1900, hier Bd. 1,3, Nr. 21 (künftig zitiert als: RI XI/1 u. XI/2).
17 Quidde, 26ff.
18 RTA 7, 103–106, Nr. 63, u. RI XI/1, 5, Nr. 59.
19 RTA 7, 106–111, Nr. 64ff, u. RI XI/1, 6, Nr. 65f.
20 Janssen, 241–247, Nr. 447.
21 Ebenda, 185, Nr. 390.

VII.
Krieg gegen Venedig, Italienzug und Königskrönung (1411–1414)

1 Beckmann, 25, u. Wakounig, 70.
2 Heinrich Finke: Acta Concilii Constanciensis, 4 Bde., Münster 1896/1928, hier Bd. 1, 391–394 (künftig zitiert als: ACC), u. Franz Dölger: Regesten des Oströmischen Reiches, Bd. 5 (1341–1453), München–Berlin 1965, 98, Nr. 3329.
3 ACC 1, 397f, Nr. 112; vgl. dazu: Odilo Engels: Der Reichsgedanke auf dem Konstanzer Konzil, in: Das Konstanzer Konzil, hrsg. v. Remigius Bäumer (= Wege der Forschung 415), Darmstadt 1967, 368–403, hier 375.
4 Steinwenter: Studien, 3–9.
5 Janssen, 235–238, Nr. 445.
6 Steinwenter: Studien, 120f, Nr. 27.
7 Hermann Herre: Die Beziehungen König Sigmunds zu Italien vom Herbst 1412 bis zum Herbst 1414, in: Quellen u. Forschungen aus italienischen Archiven 4, 1902, 1–62, hier 4.

8 ACC 1, 89–92, Nr. 24.
9 Beckmann, 52f; Schiff, 15f, u. Wakounig, 76.
10 Heinrich Kretschmayr: Geschichte von Venedig, Bd. 2 (= Allg. Staatengeschichte, Abtlg. 1, Bd. 35), Gotha 1920, Neudruck Aalen 1964, 265; Herre, 16ff, u. Wakounig, 109.
11 Ernst Kagelmacher: Filippo Maria Visconti und König Sigismund, Greifswald 1885, 4ff, u. Wakounig, 111.
12 Windecke, 30f, Nr. 42.
13 Carmen Heyer: Hans I. von Lupfen (= Hegau-Bibliothek 76), Singen 1991, 42.
14 Schiff, 38f.
15 August Schulz: Die Kirchenpolitik König Sigmunds auf dem Konstanzer Konzil bis zur Flucht Johanns XXIII. (1413–1415), Diss., Freiburg 1921, 51ff.
16 W. Oechsli: Die Beziehungen der schweizerischen Eidgenossenschaft zum Reiche bis zum Schwabenkrieg, in: Polit. Jahrb. der Schweiz. Eidgenossenschaft 5, 1890, 302–616, hier 413f.
17 Otto Schiff: König Sigmunds italienische Politik bis zur Romfahrt (1410–1431) (= Frankfurter historische Forschungen 1), Frankfurt 1909, 42f.
18 Herre, 38.
19 Schiff, 53f.
20 Beckmann, 85.
21 Julius Hollerbach: Die gregorianische Partei, Sigismund und das Konstanzer Konzil, in: Röm. Quartalschrift 23, 1909, 129–165, u. 24, 1910, 3–39 u. 121–140, hier 23, 137.
22 Walter Brandmüller: Das Konzil von Konstanz 1414–1418, Bd. 1, Paderborn–München–Wien–Zürich 1991, 117.
23 RI XI/1, 46, Nr. 773; Engels, 377; Quellen zur Verfassungsgeschichte des römisch-deutschen Reiches im Spätmittelalter (1250–1500), hrsg. v. L. Weinrich, Darmstadt 1983, 456, Anm. 4, u. Brandmüller, 56.
24 Jacob Burckhardt: Die Kultur der Renaissance in Italien, Stuttgart, 10. Aufl., 1976, 17.
25 Georg Schmid: Itinerarium Johanns XXIII. zum Concil von Konstanz 1414, in: Festschrift zum 1100. Jubiläum des Campo Santo, Freiburg 1897, 196–206, hier 198.
26 Herre, 47, Anm. 4.
27 RTA 7, 175, Nr. 137ff, u. Schiff, 58.
28 August Schulz: Die Kirchenpolitik König Sigmunds auf dem Konstanzer Konzil bis zur Flucht Johanns' XXIII. (1413–1415). Diss., Freiburg 1921, 59f.
29 Hans Gustav Keller: König Sigmunds Besuch in Bern 1414, Thun 1937.
30 Friedrich Bernward Fahlbusch: Hartung von Klux. Ritter König Heinrichs V. – Rat Kaiser Sigmunds, in: Studia Luxemburgensia, Festschrift Heinz Stoob (= Studien zu den Luxemburgern und ihrer Zeit 3), Warendorf 1989, 353–401, hier 361f.
31 Wilhelm Gierth: Die Vermittlungsversuche zwischen Frankreich und England im Jahre 1416, Halle 1895, 9f.
32 Heinz Angermeier: Königtum und Landfriede im deutschen Mittelalter, München 1966, 345ff.
33 Windecke, 33, Nr. 44; Aschbach 1, 405f, nimmt dies für bare Münze.
34 Wolfgang von Stromer: Ein Wirtschaftsprojekt des deutschen Königs Siegmund, in: Vierteljahrsschrift f. Sozial- u. Wirtschaftsgeschichte, 51, 1964, 374–382, hier 377.
35 Göller, 91.
36 Heidi Schuler-Alder: Reichsprivilegien und Reichsdienste der eidgenössischen Orte unter König Sigmund 1410–1437 (= Geist und Werk der Zeiten 69), Bern–Frankfurt–New York 1985.
37 Wefers, 37.
38 Wilhelm Baum: Kaiser Sigmund von Luxemburg und Oswald von Wolkenstein, in: Jahrb. d. Oswald v. Wolkenstein-Gesellsch. 4, 1986/87, 201–228.

VIII.
Der Beginn des Konstanzer Konzils (1414/15)

1 Engels, 378.
2 Max Lenz: König Sigismund und Heinrich der Fünfte von England, Berlin 1874, 54.
3 RTA 7, 198f, Nr. 142; vgl. dazu: Friedrich Schoenstedt: König Sigmund und die Westmächte 1414–1415, in: Die Welt als Geschichte. Zeitschrift für universalhistorische Forschung 14, 1954, 149–164, hier 158f, u. Fahlbusch, 361f.
4 Schulz, 78f.
5 Hollerbach (1909), 155–160; Schulz, 27ff, u. Brandmüller, 108f.

6 Schulz, 39–42.
7 Vgl. dazu: Das Konzil von Konstanz. Beiträge zu seiner Geschichte und Theologie, hrsg. v. August Franzen u. Wolfgang Müller, Freiburg–Basel–Wien 1964, u.: Das Konstanzer Konzil, hrsg. v. Remigius Bäume (= Wege der Forschung 415), Darmstadt 1977.
8 Moraw, 369.
9 Brandmüller, 192.
10 ACC I, 399ff, u. Dölger, 99, Nr. 3339.
11 Hans Kramer: Das Meraner Bündnis Herzog Friedels mit der leeren Tasche mit Papst Johann XXIII., in: Schlern 15, 1934, 440–452, hier 440.
12 Nikolaus von Dinkelsbühl: Leben und Schriften, hrsg. v. A. Madre (= Beitr. z. Gesch. d. Philosophie u. Theologie des Mittelalters XL/4), Münster 1965, 279f.
13 Schulz, 143.
14 Aschbach, Bd. 2, 59, u. Hermann Georg Peter: Die Flucht Papst Johanns XXIII. von Konstanz bis Schaffhausen, Freiburg 1926, 13.
15 Ebenda, 81f.

IX.
Der Krieg gegen Friedrich IV. von Österreich (1415)

1 Baum (1986/87), 204f.
2 Konrad Justinger: Die Berner Chronik, hrsg. v. Gottlieb Studer, Bern 1871, 223.
3 RI XI/1, 97, Nr. 1542; Aschbach 2, 73f; Schuler-Alder, 207, u. Heinrich Koller: Kaiser Sigmunds Kampf gegen Herzog Friedrich IV. von Österreich, in: Studia Luxemburgensia. Festschrift Heinz Stoob (= Studien zu den Luxemburgern und ihrer Zeit 3), Warendorf 1989, 313–352, hier 338.
4 Wilhelm Baum: Friedrich IV. von Österreich und die Schweizer Eidgenossen, in: Die Eidgenossen und ihre Nachbarn im Deutschen Reich des Mittelalters, hrsg. v. Peter Rück u. Heinrich Koller, Marburg 1991, 87–109, hier 95f.
5 Wilhelm Baum: Die Habsburger und die Grafen von Nellenburg, in: Jahrbuch für die Geschichte des Bodensees 110, 1992, 73–94, hier 78.
6 Wilhelm Baum: Die Stadt Villingen in der Auseinandersetzung zwischen Kaiser Sigmund von Luxemburg und Herzog Friedrich IV. „mit der leeren Tasche" von Österreich, in: Geschichts- u. Heimatverein Villingen, Bd. 13, 1988/89, 29–43.
7 Benedikt Bilgeri: Geschichte Vorarlbergs, Bd. 2: Bayern, Habsburg, Schweiz – Selbstbehauptung, Wien–Köln–Graz 1987, 179.
8 Clemens Graf Brandis: Tirol unter Friedrich von Österreich, Wien 1823, 99f.
9 Brandis, 395ff; vgl. dazu: Aschbach 2, 79; Schuler-Alder, 68; Hödl, 185; Koller (1989), 341, u. Baum (1991), 96f.
10 RI XI/1, 123f, Nr. 1877, u. Karl Dändliker: Geschichte der Stadt und des Kantons Zürich, Bd. 2, Zürich 1910, 44.
11 Johann Slokar: Warum Herzog Friedrich von Tirol im Jahre 1415 von König Sigmund geächtet und mit Krieg überzogen wurde, in: Forschungen zur Geschichte Tirols 8, 1911, 197–214 u. 293–303, hier 213.
12 Alois Madre: Ein Brief des Nikolaus von Dinkelsbühl aus Konstanz, in: Das Konzil von Konstanz, hrsg. v. August Franzen u. Wolfgang Müller, Freiburg–Basel–Wien 1964, 282–291, hier 290.
13 Brandis, 105.
14 Abgebildet bei Anton Schwob: Oswald von Wolkenstein, Bozen, 3. Aufl. 1979, 129, u. Bilgeri, nach 176.

X.
Der Prozeß gegen Jan Hus (1415)

1 Friedrich Heer: Jan Hus, in: Heilige, Ketzer, Reformatoren (= Exempla historica. Epochen der Weltgeschichte in Biographien 25), Frankfurt 1983, 37–63, hier 52.
2 Ferdinand Seibt: Die Zeit der Luxemburger und die hussitische Revolution, in: Handbuch der Geschichte der böhmischen Länder, hrsg. v. Karl Bosl, Stuttgart 1967, 490f.
3 Wilhelm Berger: Johannes Hus und König Sigmund, Augsburg 1871, 38f.
4 A. Hall: Sigmund und Hus, Diss., Freiburg 1912, 9.
5 Ebenda, 22.

6 Berger, 88f.
7 Adolf von Harnack: Lehrbuch der Dogmengeschichte, Bd. 3, Nachdruck der 4. Aufl., Darmstadt 1980, 486.
8 Berger, 178f, im Text ist ausdrücklich das Recht der freien Rückkehr („redire libere") erwähnt! Mittelalter, Reich und Kirche, 3. Aufl. 1989, 806f., Nr. 722.
9 Rudolf Hoke: Der Prozeß des Jan Hus und das Geleit König Sigmunds, in: Annuarium Historiae Conciliorum 15, 1983, 172–193, hier 186.
10 Brandmüller, 330.
11 Hall, 52.
12 Brandmüller, 329f.
13 Hall, 72.
14 Hoke, 191.
15 Brandmüller, 342.
16 Ebenda, 342f.
17 Ebenda, 347.
18 Ebenda, 351.
19 Als man Karl V. auf dem Wormser Reichstag 1521 vorschlug, Luther trotz des erteilten freien Geleites zu verhaften, soll er erklärt haben: „Ich will nicht wie Sigismund, mein Vorgänger, erröten." Vgl. dazu: Aschbach 2, 124, Anm. 61.
20 Joseph Lortz: Geschichte der Kirche in ideengeschichtlicher Betrachtung, Bd. 1, 23. Aufl., Münster 1962, 453.

XI.
Sigismunds Reise nach Perpignan, Paris und London und das Bündnis von Canterbury (1415/16)

1 Harald Zimmermann: Die Absetzung der Päpste auf dem Konstanzer Konzil, in: Das Konzil von Konstanz, hrsg. v. A. Franzen u. W. Müller, Freiburg–Basel–Wien 1964, 113–137, hier 128.
2 Conrad Bischoff: Studien zu P. P. Vergerio dem Älteren (= Abh. z. Mittl. u. Neueren Geschichte 15), Berlin–Leipzig 1909, 72, u. Epistolario di Per Paolo Vergerio, hrsg. v. L. Smith (= Fonti per la storia d'Italia), Roma 1934, XXVIII.
3 Dieter Kühn: Ich Wolkenstein. Eine Biographie, Frankfurt, 2. Aufl. 1980, 180.
4 Wilhelm Baum: Oswald von Wolkenstein in Katalonien (1415), in: Deutsche Schule Barcelona, Jahresbericht 1984/85, 74–80.
5 Heinz Angermeier: Die Reichsreform 1410–1555, München 1984, 52.
6 Ernö Marosi: König Sigismund von Ungarn und Avignon, in: Festschrift Heinrich Franz, Graz 1986, 229–249.
7 Calmette, 117.
8 RI XI/1, 131, Nr. 1948; vgl. dazu: Aschbach 2, 159, u. Lenz, 82ff.
9 Joseph Caro: Das Bündnis von Canterbury, Gotha 1880, 6.
10 Joseph Caro: Aus der Kanzlei Kaiser Sigmunds, in: Archiv f. österr. Geschichte 59, 99f, Nr. 36; vgl. dazu: Gierth, 29f.
11 Caro: Aus der Kanzlei, 101f, Nr. 37, u. Gierth, 33.
12 Caro (1880), 24–27, u. Gierth, 29f.
13 Caro: Aus der Kanzlei, 102ff, Nr. 38.
14 Windecke, 48, Nr. 60; Caro, 47, u. Gierth, 36.
15 RI XI/1, 134, Nr. 1974; RTA 7, 332–337, Nr. 224, u. Hermann Heimpel: Aus der Kanzlei Kaiser Sigmunds, in: Archiv f. Urkundenforschung 12, 1932, 111–180, hier 176, Nr. 106.
16 Lenz, 137.

XII.
Das Ende des Konstanzer Konzils und der Krieg gegen Venedig (1417–1420)

1 Bilgeri 2, 177–189.
2 RTA 7, 340f, Nr. 227.
3 Johannes Hollnsteiner: König Sigismund auf dem Konstanzer Konzil, in: MIÖG 41, 1926, 185–200, hier 195.
4 August Franzen: Das Konstanzer Konzil, in: Das Konstanzer Konzil, hrsg. v. R. Bäumer (= Wege der Forschung 415), Darmstadt 1977, 165–207, hier 197.

5 Schuler-Alder, 106ff.
6 Kery, 44ff, u. Helmut Maurer: Geschichte der Stadt Konstanz, Bd. 2, Konstanz 1989, 44ff.
7 Frauenfeld, Bürgerarchiv, Urk. 21.
8 Elemér Mályusz: Das Konstanzer Konzil und das königliche Patronatsrecht in Ungarn (= Studia Historica Academiae Scientarum Hungaricae 18), Budapest 1959, 5.
9 RTA 7, 278f, Nr. 182; Aschbach 2, 437-440, Beilage 21, datiert den Plan irrtümlich zu 1417; vgl. dazu auch Heinrich Finke: König Sigmunds reichsstädtische Politik von 1410-1418, Bocholt 1880, 41f, u. Angermeier: Reichsreform, 56.
10 Barbara Obrist: Das illustrierte „Adamas colluctancium aquilarum" (1418-1419) von Winand von Steeg als Zeitdokument, in: Zeitschr. f. Schweiz. Archäologie u. Kunstgeschichte 40, 1983, 136-143, hier 139.
11 Schiff, 74; vgl. dazu: Wakounig, 123f.
12 Hermann Heimpel: Zur Handelspolitik Kaiser Sigismunds, in: Vierteljahrsschrift f. Sozial- u. Wirtschaftsgeschichte 23, 1930, 145-156.
13 Wolfgang von Stromer: Die Kontinentalsperre Kaiser Sigismunds gegen Venedig 1412-1413, 1418-1433 und die Verlagerung der transkontinentalen Transportwege, in: Trasporti e sviluppo economico (= Istituto intern. di storia economica F. Datini, Pubblicazioni II), Firenze 1986, 61-84, hier 74.
14 Wolfgang von Stromer: Die Schwarzmeer- und Levante-Politik Sigismunds von Luxemburg, in: Bulletin de l'Institut Historique Belge de Rome, Fasc. 44, Bruxelles-Rom 1974, 601-610, hier 609.

XIII.
Türkenkrieg, Reichstag zu Breslau und erster Hussitenzug (1419/20)

1 Ernst Werner: Die Geburt einer Großmacht. Die Osmanen (1300-1481) (= Forschungen zur mittelalterlichen Geschichte 32), Wien-Köln-Graz 1985, 241.
2 Aschbach 2, 411, u. RI XI/1, 275, Nr. 3926a; vgl. dagegen: Kupelwieser, 35.
3 RTA 7, 408, Anm. 3; vgl. dazu: Fessler 2, 346 u. 367, u. Kupelwieser, 37.
4 Loránd von Szilági: Die Personalunion des Deutschen Reiches mit Ungarn in den Jahren 1410 bis 1439, in: Ungarische Jahrbücher 16, 1937, 145-189, hier 183ff.
5 Seibt, 512ff.
6 Die Hussiten. Die Chronik des Laurentius von Březová 1414-1421, hrsg. v. J. Bujnoch (= Slavische Geschichtsschreiber 11), Graz-Wien-Köln 1988, 72.
7 Josef Macek: Die hussitische revolutionäre Bewegung, Berlin 1958, 60f.
8 Jaroslaw Goll: Kaiser Sigmund und Polen 1420-1436, in: MIÖG 15, 1894, 441-478, u. 16, 1895, 222-275, hier 15, 451f.
9 RTA 7, 393f, Nr. 266, u. Friedrich v. Bezold: König Sigmund und die Reichskriege gegen die Hussiten, Bd. 1: Bis zum Ausgang des dritten Kreuzzuges, München 1872, 34.
10 Josef Pfitzner: Großfürst Witold von Litauen als Staatsmann (= Schriften der philos. Fak. d. deutschen Universität Prag 6), Brünn-Prag-Leipzig 1930, 146.
11 Caro 3, 492, u. Vilho Niitema: Der Kaiser und die Nordische Union bis zu den Burgunderkriegen (= Annales Academiae Scientarum Fennicae, B, 116), Helsinki 1960, 140.
12 RTA 7, 399-404, Nr. 276, u. RI XI/1, 277, Nr. 3944; vgl. dazu: Pfitzner, 136f.
13 Zenon Nowak: Internationale Schiedsprozesse als ein Werkzeug der Politik König Sigmunds in Ostmittel- und Nordeuropa 1411-1425, in: Blätter f. deutsche Landesgeschichte 111, 1975, 172-188.
14 Brandenburg, 98.
15 Macek, 82; die Zahl dürfte jedoch zu hoch gegriffen sein!
16 Aschbach 3, 82; Bezold 1, 42, u. Laurentius von Březová, 115.
17 Brandenburg, 101f.
18 Ebenda, 113ff.
19 Bezold 1, 53f; Macek, 101f, u. Březová, 226-238.

XIV.
Kurfürstentage, Reichsreform und Mainzer Reichsvikariat (1421-1424)

1 RI XI/I, 277, Nr. 3952, u. 279f, Nr. 3981; vgl. dazu: Aschbach 3, 43.
2 Christiane Mathies: Kurfürstenbund und Königtum in der Zeit der Hussitenkriege. Die kurfürstliche Reichspolitik gegen Sigmund im Kraftzentrum Mittelrhein (= Quellen u. Abh. z. mittelrheinischen Kirchengeschichte 32), Mainz 1978, 62f.

3 Deutsche Reichstagsakten, Bd. 8: 1421–1426, hrsg. v. Dietrich Kerler, 2. Aufl., Göttingen 1956, 28–38, Nr. 28–32.
4 Bezold 1, 50.
5 Goll, 455.
6 Kurz 2, 41.
7 Macek, 106.
8 Caro 3, 525f; Brandenburg (1891), 107, u. Goll (1894), 455f.
9 Březová, 271.
10 Niitema, 125, u. Martin Seeliger: Die politischen Beziehungen König Sigmunds zu König Erich von Dänemark bis zum Jahre 1422, Halle 1910, 11.
11 Niitema, 138.
12 Caro 3, 507, u. Niitema, 127.
13 Seeliger, 38–41.
14 RTA 8, 124, Nr. 110.
15 Dieter Karasek: Konrad von Weinsberg. Studien zur Reichspolitik im Zeitalter Sigmunds, phil. Diss., Erlangen 1967, 74.
16 Bezold 1, 88.
17 RTA 8, 210ff, Nr. 176.
18 Caro 3, 545f; Pfitzner, 138f; Forstreiter, 13, u. Manfred Hellmann: Grundzüge der Geschichte Litauens, 3. Aufl., Darmstadt 1976, 46.
19 Albert Werminghoff: Die deutschen Reichskriegssteuergesetze von 1422 bis 1427 und die deutsche Kirche, Weimar 1916, 25f.
20 Ebenda, 152f, Nr. 139.
21 RTA 8, 157–165, Nr. 145; Aschbach 3, 419–429, Beilage XVIII, u. Werminghoff, 134–149.
22 RTA 8, 166ff, Nr. 147.
23 Moraw, 363.
24 Angermeier, 64.
25 Ulrich Knolle: Studien zum Ursprung und zur Geschichte des Reichsfiskalats im 15. Jahrhundert, jur. Diss., Freiburg 1964, 64f.
26 Heinrich Koller: Der Ausbau königlicher Macht im Reich des 15. Jahrhunderts, in: Das spätmittelalterliche Königtum im europäischen Vergleich, hrsg. v. R. Schneider (= Vorträge u. Forschungen 32), Sigmaringen 1987, 425–464, hier 446.
27 Probszt, 331.
28 Arthur Suhle: Deutsche Münz- und Geldgeschichte von den Anfängen bis zum 15. Jahrhundert, Berlin 1971, 177f.
29 Mathies, 97.
30 Wefers, 91.
31 RTA 8, 142, Nr. 131.
32 Hermann Mau: Die Rittergesellschaften mit St. Jörgenschild in Schwaben (= Darstellungen aus der württembergischen Geschichte 33), Stuttgart 1941, 36.
33 RTA 8, 219f, Nr. 181, u. Mau, 48f.
34 Mau, 59: vgl. dazu ebenda, 36f, das Urteil Maus über Sigmund: „Kaum je hat ein mittelalterlicher deutscher König vor so ungeheuren Aufgaben gestanden wie Sigmund. Die vier brennenden Aufgaben des Jahrhunderts beherrschen seine Regierungszeit und drängen zur Lösung: Kirchenreform, Reichsreform, Hussitenfrage und Türkengefahr. Keiner dieser Aufgaben, deren jede das Lebenswerk eines einzelnen Herrschers hätte ausfüllen können, ist Sigmund ausgewichen. Jede hat er zu ihrer Zeit mutig aufgegriffen, sie mit dem ihm eigentümlichen, durch keinen Mißerfolg zu lähmenden Eifer verfolgt und mit den Mitteln, die ihm nun einmal zur Verfügung standen, der Lösung näher gebracht. Wie viel größer sind die Maße der Politik Sigmunds in Vergleich zu seinem Vorgänger! Ruprecht, kaum je zu königlicher Wirksamkeit gelangt, zu schwach, seinem Königtum selbst im engeren Umkreis Geltung zu verschaffen, und in seinem einzigen Unternehmen, das über die Grenzen des Reichs hinausführte, gescheitert, blieb auch als König, was er als Pfalzgraf war: ein Landesherr mittlerer Bedeutung. Für Sigmund, der schon als König von Ungarn gezwungen war, sich mit den Osmanen, mit Polen, Venedig und Neapel auseinanderzusetzen, blieben auch als deutscher König europäische Gesichtspunkte maßgebend. In seiner Tätigkeit für die Reform der Kirche, als Schirmherr der beiden großen Reformkonzilien, erneuerte sich zum letztenmal der Anspruch des deutschen Königs auf die Schirmherrschaft über die Christenheit; er war insofern ‚ein Kaiser im alten Stil'."

35 Dieser dritte Zug eines Reichsheeres ist besonders deswegen zu erwähnen, weil Aschbach 3, 158, ihn nicht erwähnt und schreibt: „Aus dem Kriegszug gegen die Hussiten im Spätjahr 1422 ward nichts." Aschbach zählt dann den vierten Hussitenzug von 1426 als dritten usw.
36 Caro 3, 570f; Goll, 224, u. Pfitzner, 189.

XV.
Der Binger Kurfürstenbund – Sigismunds tiefste Demütigung
(1424/25)

1 Bezold 2, 7.
2 Baum: Kaiser Sigmund, 209 u. 217f, Nr. 4 (nicht in RI XI!).
3 Karasek, 93f.
4 RI XI/2, 19, Nr. 6309; vgl. dazu: Suhle, 178.
5 Land im Mittelpunkt der Mächte. Die Herzogtümer Jülich, Kleve, Berg, 2. Aufl., Kleve 1984, 353, Nr. C 28, u. 342, C 3 (Mülheimer Weißpfennig mit dem Bild Sigismunds).
6 Calmette, 170.
7 Goll 1895, 235.
8 RTA 8, 343, Nr. 291.
9 Mathies, 142–148.
10 Vgl. dazu: Wefers, 119f.
11 Auch Bezold 2, 21, verwendet diese Formulierung; vgl. dazu: Georg Schuster: Der Konflikt zwischen Sigmund und den Kurfürsten und die Haltung der Städte dazu (1424–1426), phil. Diss. Jena, Berlin 1885, 15.
12 Brandenburg, 174f.
13 Schuster, 25f.
14 Windecke, 143, Nr. 193; Aschbach 3, 187, u. Niitema, 154f.
15 Niitema, 152.
16 Ebenda, 155, u. Nowak, 187; vgl. dazu: Schmid, 79.
17 RTA 8, 409, Nr. 345, u. Niitema, 157.
18 Der Kaiser war nicht Manuel II., wie Aschbach 3, 194f, Fessler 2, 366f, u. Altmann im Kommentar zu Windecke, 136, Nr. 186, berichten, sondern dessen Sohn Johannes VIII.
19 Windecke, 137, Nr. 186.
20 Georg Ostrogorsky: Geschichte des Byzantinischen Staates (= Handb. der Altertumswiss. 12, I/2) München 1952, 445.
21 Kery, 72–78.
22 Jakob Caro: Liber cancellariae Stanislai Ciolek. Ein Formelbuch der polnischen Königskanzlei aus der Zeit der hussitischen Bewegung, in: Archiv f. österr. Geschichte 45, 1871, 319–545, hier 333, Nr. 1B, u. Codex Epistolaris Vitoldi Magni Ducis Lithuaniae 1376–1430, hrsg. v. Anton Prochaska (= Monumenta Medii Aevi historica res gestas Poloniae illustrantia), Krakau 1882, 624, Nr. 1133; vgl. dazu: Pfitzner, 192f.
23 Wolfgang v. Stromer: Oberdeutsche Hochfinanz 1350–1450, Bd. 2 (= Beihefte d. Vierteljahrsschrift f. Sozial- u. Wirtschaftsgeschichte 56), Wiesbaden 1970, 250f.
24 Windecke, 142, Nr. 192, u. Wefers, 125.
25 Stromer: Oberdeutsche Hochfinanz 2, 288.
26 RTA 8, 357–360, Nr. 303, Schuster, 34f.
27 Mathies, 163f.
28 RTA 8, 367–371, Nr. 309; vgl. dazu: Schuster, 37ff.
29 RTA 8, 385ff, Nr. 322, u. 392f, Nr. 332.
30 RTA 8, 396, Nr. 336; vgl. dazu: Wefers, 128.
31 Baum: Kaiser Sigmund, 222, Nr. VII.
32 RTA 8, 405, Nr. 341.
33 RTA 8, 423–428, Nr. 360; vgl. dazu: Bezold 2, 63f, Schuster, 66f, u. Brandenburg, 192ff.
34 Paul Hagemann: Die Beziehungen Deutschlands zu England seit dem Vertrag von Canterbury vom 15. August 1416 bis zu Kaiser Sigismunds Ende, Halle 1905, 37.

XVI.
Italienpolitik, Türkenfeldzug und Kongreß von Luck (1426–1429)

1 Wilhelm Altmann: Urkundliche Beiträge zur Geschichte Kaiser Sigmunds, in: MIÖG 18, 1897, 588–609, hier 598–601, Nr. 9.
2 Schiff, 81, u. Storia di Milano, Vol. 6: Il ducato visconteo e la repubblica ambrosiana (1392–1450), Milano 1955, 204f.
3 Karl Mommsen: Eidgenossen, Kaiser und Reich (= Basler Beiträge zur Geschichtswissenschaft 72), Basel–Stuttgart 1958, 199f.
4 Schuler-Alder, 192f.
5 Schiff, 87.
6 Schuler-Alder, 194.
7 Deutsche Reichstagsakten, Bd. 10: 1431–1432, hrsg. v. H. Herre, 2. Aufl., Göttingen 1957, 6–11.
8 Brandenburg, 199.
9 Aschbach 3, 245ff, u. Bezold 2, 82f.
10 Macek, 124.
11 Kagelmacher, 25.
12 Mommsen, 212f.
13 RI XI/2, 45, Nr. 6679, u. Altmann, 602ff, Nr. 11.
14 Kagelmacher, 64f; Schiff, 104f; Kretschmayr 2, 337f, u. Storia di Milano 6, 230–233.
15 Karl August Fink: König Sigmund und Aragon. Die Bündnisverhandlungen vor der Romfahrt, in: Deutsches Archiv 2, 1938, 149–171, hier 151f, Anm. 3.
16 RI XI/2, 48, Nr. 6716; Schiff, 101, u. Fink, 154.
17 Kupelwieser, 38.
18 Aschbach 4, 417f.
19 Fessler 2, 373.
20 Mályusz, 140.
21 Erich Joachim: König Sigmund und der Deutsche Ritterorden in Ungarn 1429–1432, in: MIÖG 33, 1912, 87–119, hier 89.
22 Schiff, 106f, u. RTA 10, 59ff.
23 RTA 10, 14f; Kagelmacher, 82f; Schiff, 111f, u. Storia di Milano 6, 239f.
24 Deutsche Reichstagsakten, Bd. 9: 1427–1431, hrsg. v. D. Kerler, Göttingen, 2. Aufl. 1956, 34–40, Nr. 31; vgl. dazu: Bezold 2, 99–103.
25 RTA 9, 85–112, Nr. 71–78; vgl. dazu: Bezold 2, 126–131, u. Werminghoff, 52–131 u. 150–262.
26 Ebenda, 80f.
27 Ebenda, 126f.
28 Janssen, 357, Nr. 650.
29 Wilhelm Baum: Freiburgs Rückkehr zu Österreich (1426/27). Ein Beitrag zur Geschichte der Politik Herzog Friedrichs IV. von Österreich im Krieg zwischen König Sigmund von Luxemburg und Filippo Maria Visconti von Mailand mit der Republik Venedig, in: Zeitschr. d. Breisgau-Geschichtsvereins „Schau-ins-Land" 107, 1988, 7–21, hier 15f.
30 RTA 10, 67f, Nr. 37.
31 Schiff, 118.
32 Wolfgang von Stromer: König Sigmunds Gesandte in den Orient, in: Festschrift Hermann Heimpel, Bd. 2, Göttingen 1972, 591–609, hier 594f.
33 Ebenda, 599f.
34 Mályusz, 146.
35 Zur Datierung der Ereignisse vgl. RTA 10, 18; vgl. auch den Bericht des Großfürsten Witold an den Hochmeister des Deutschen Ordens vom 22. 8. 1428 in: Codex Epistolaris Vitoldi, 800f, Nr. 1330.
36 Schiff, 122f.
37 Aschbach 3, 276f; Fessler 2, 40ff, u. Mályusz, 146.
38 Pfitzner, 193f; vgl. dazu: Caro 3, 612–615; Forstreuter, 19f, u. Hellmann, 48.
39 Stoob, 186f.
40 Pfitzner, 198.
41 Goll, 247.
42 Pfitzner, 199: „Romanorum rex, qui caput est tocius christianitatis".
43 Aschbach 3, 337f; Bezold 3, 7f, u. Macek, 135f.
44 Vgl. dazu: Friedrich Bernward Fahlbusch: Städte und Königtum im frühen 15. Jahrhundert. Ein Beitrag zur Geschichte Sigmunds von Luxemburg, Köln–Wien 1983, 185.

XVII.
Rückkehr nach Deutschland und letzter Hussitenkreuzzug
(1430/31)

1. Schiff, 133.
2. Macek, 138f.
3. Pfitzner, 201.
4. Ebenda: „Sed pro certe sciat, quod per hoc nollemus lucrari totum mundum"; vgl. dazu: Forstreuter, 19f.
5. Pfitzner, 207.
6. Schiff, 125; vgl. dazu: Heinz Grill: Die ältesten „Turcica" des Haus-, Hof- u. Staatsarchivs, in: MÖSTA 3, 1950, 127–142, hier 134f, Nr. 10ff.
7. Mathies, 264f.
8. Yvon Lacaze: Philippe de Bon et l'empire: bilan d'un règne, in: Francia 9, 1981, 133–175, u. 10, 1982, 167–227, hier 136ff.
9. Theodor Straub: Bayern im Zeichen der Teilungen und der Teilherzogtümer (1347–1450), in: Handb. d. bayer. Geschichte, Bd. 2, hrsg. v. M. Spindler, 2. Aufl., München 1977, 182–267, hier 246.
10. Karl-Friedrich Krieger: Die Lehnshoheit der deutschen Könige im Spätmittelalter (ca. 1200–1437) (= Untersuchungen zur deutschen Staats- u. Rechtsgeschichte NF 23), Aalen 1979, 543.
11. Georg Tumbült: Schwäbische Einigungsbestrebungen unter König Sigmund (1426–1432), in: MIÖG 10, 1889, 98–120, hier 113f.
12. RTA 9, 526, Nr. 408; vgl. dazu: Bezold 3, 106–115, u. Werminghoff, 145–149.
13. Wolfgang von Stromer: Diplomatische Kontakte des Herrschers vom Weißen Hammel, Uthman genannt Quara Yuluq, mit dem Deutschen König Sigismund, in: Südostforschungen 20, 1961, 267–272, u. ders.: Eine Botschaft des Turkmenenfürsten Quara Yuluq an König Sigismund auf dem Nürnberger Reichstag im März 1431, in: Jahrbuch f. fränk. Jahresforschung 22, 1962, 433–441.
14. Karasek, 129ff.
15. Caro 4, 24f, u. Macek, 142.
16. Bezold 3, 127.
17. Macek, 145.

XVIII.
Der Beginn des Basler Konzils, Romzug und Kaiserkrönung
(1431–1433)

1. Luigi Osio: Documenti diplomatici tratti dagli Archivi Milanesi, Vol. 2, Milano 1869, 373–378, Nr. 248.
2. Ebenda, 114, Nr. 66.
3. Ebenda, 90–93, Nr. 51f, u. Schiff, 137.
4. RTA 10, 157f, Nr. 86, u. Karasek 131f.
5. Karl Heinz Burmeister: Kulturgeschichte der Stadt Feldkirch (= Geschichte der Stadt Feldkirch 2), Sigmaringen 1985, 102.
6. RTA 10, 186–192, Nr. 109–112.
7. Die Klingenberger Chronik, hrsg. v. A. Henne, Gotha 1861, 206, Nr. 31.
8. Reinhard Elze: Die „Eiserne Krone" in Monza, in: Herrschaftszeichen und Staatssymbolik, hrsg. v. P. E. Schramm (= Schriften der Monumenta Germaniae historica 13/III), Stuttgart 1955, 450–479, hier 466.
9. Ebenda, 474f.
10. Karla Eckermann: Studien zur Geschichte des monarchischen Gedankens im 15. Jahrhundert (= Abhandl. z. Mittl. u. Neueren Geschichte 73), Berlin 1933, 88f.
11. RTA 10, 195f, Nr. 116; vgl. dazu: Aschbach 4, 47, u. Storia di Milano 6, 280f.
12. Joachim W. Stieber: Pope Eugenius IV, the Council of Basel and the secular and ecclesiastical authorities in the Empire (= Studies in the history of Christian thought 13), Leiden 1978, 14.
13. Baum: Kaiser Sigmund, 225f, Nr. XI.
14. Kery, 177f, Nr. 1 u. Tafel 150ff.
15. Ebenda, 82 u. Tafel 56f.
16. Stieber, 16, Anm. 16.
17. Enea Silvio Piccolomini: Briefe. Dichtungen, München 1966, 247f.
18. Kery, 93, Nr. 10 u. Tafel 76, 88ff u. Tafel 72.
19. Ebenda, 93–96 u. Tafel 77.

20 Iris Origo: Der Heilige der Toskana. Leben und Zeit des Bernardino von Siena, München 1989, 120f.
21 RTA 10, 715 u. 768–776, Nr. 450.
22 Kretschmayr 2, 343, u. Storia di Milano 6, 293 u. 296f.
23 RTA 10, 812ff, Nr. 487.
24 Johannes Helmrath: Das Basler Konzil 1431–1449. Forschungsstand und Probleme, Köln–Wien 1987, 258f.
25 Bruno Spors: Die Beziehungen Kaiser Sigmunds zu Venedig in den Jahren 1433–1437, Kiel 1905, 17–20.
26 Schuler-Alder, 158f.
27 Kery, 129 u. Tafel 99.
28 Ernö Marosi: Die Skulpturen der Sigismundzeit in Buda und die Anschaulichkeit der Kunst des frühen 15. Jahrhunderts, in: Internationale Gotik in Mitteleuropa (= Kunsthistorisches Jahrbuch Graz) 24, 1990, 182–195, hier 186f.
29 Eckermann, 48.
30 Ebenda, 49–111.
31 Die Berichte der Generalprokuratoren des Deutschen Ordens an der Kurie, Bd. 4 (1429–1436), 2. Halbbd. (1433–1436), hrsg. v. K. Forstreiter u. H. Koeppen (= Veröff. d. Niedersächs. Archivverwaltung 37), Göttingen 1976, 583, Nr. 545.
32 Ebenda, 595–598, Nr. 555.
33 Wien, Österr. Nationalbibliothek, Cod. 5129, fol. 1–32. „Dissertatio, qua probatur Romanum imperium juste esse apud Germanos et per consequens apud Sigismundum ad quem opusculum istud scriptum est."
34 Aschbach 4, 121.
35 Stieber, 18f.
36 Macek, 148.
37 Ebenda, 160.
38 Harald Zimmermann: Das Mittelalter: 2. Teil: Von den Kreuzzügen bis zum Beginn der großen Entdeckungsfahrten, Braunschweig 1979, 195.
39 Deutsche Reichstagsakten, Bd. 11: 1433–1435, hrsg. v. G. Beckmann, 2. Aufl., Göttingen 1956, 3.
40 Giuseppe Coniglio: Mantova. La Storia, Vol. 1: Dalle origine a Gianfrancesco primo marchese, Mantova 1958, 451.
41 Giuseppe Coniglio: I Gonzaga, Milano 1967, 50.
42 Eckermann, 168–171 (Widmungsschreiben an Sigmund).
43 Ebenda, 12.
44 Innsbruck, Tiroler Landesarchiv, Fridericiana 33/10.

XIX.
Auseinandersetzung mit Burgund, Reichsreformbestrebungen und Bündnis mit Venedig
(1433–1435)

1 Paul Joachimsohn: Gregor Heimburg (= Histor. Abhandl. aus dem Münchener Seminar 1), Bamberg 1891, 32.
2 Laetitia Boehm: Das Haus Wittelsbach in den Niederlanden, in: Zeitschr. f. bayer. Landesgeschichte 44, 1981, 93–130, hier 123.
3 Franz v. Löher: Kaiser Sigmund und Herzog Philipp von Burgund, in: Münchener Histor. Jahrbuch, Jg. 1866, 305–419, hier 313.
4 RTA 11, 404ff, Nr. 215f; Werner Maleczek: Österreich – Frankreich – Burgund. Zur Westpolitik Herzog Friedrichs IV. in der Zeit von 1430 bis 1439, in: MIÖG 79, 1971, 111–155, hier 147, u. Helmrath, 210.
5 RTA 11, 531f, Nr. 286; vgl. dazu: Maleczek, 150.
6 RTA 11, 422ff, Nr. 220.
7 RTA 11, XXVIII.
8 Löher, 379; Maleczek, 150f, u. Lacaze, 153.
9 Aschbach 4, 231.
10 RTA 11, 401f, Nr. 212; Adolf Nuglisch: Das Finanzwesen des Deutschen Reiches unter Kaiser Sigmund, in: Jahrbücher f. Nationalökonomie u. Statistik 21, 1901, 145–167, hier 162f, u. Straub, 247f.

11 RTA 11, XLII.
12 RTA 11, 492.
13 Ebenda, 503–510, Nr. 264f.
14 Hans Stümke: Die Pläne einer Reform des Münzwesens bis zum Tode Kaiser Sigmunds (= Historische Studien 169), Berlin 1927, 61–65.
15 Heinrich Mitteis: Deutsche Rechtsgeschichte, 17. Aufl., hrsg. v. H. Lieberich (= Juristische Kurzlehrbücher), München 1985, 245.
16 RTA 11, 547ff, Nr. 298; vgl. dazu: Karasek, 1967, 173ff.
17 Angermeier, 55f.
18 Caro 4, 162f, u. Schmidt, 91f.
19 Aschbach 4, 287, u. Caro 4, 165.
20 Spors, 26f.
21 RTA 11, 346ff, Nr. 185; vgl. dazu: Spors, 31f.
22 RTA 11, 350ff, Nr. 187; vgl. dazu: Spors, 33f.
23 Schuler-Alder, 167ff.
24 Amtliche Sammlung der Eidgenössischen Abschiede, Bd. 2: 1421–1477, hrsg. v. A. Ph. Segesser, Luzern 1863, 102, Nr. 153, u. Oechsli, 430f.
25 RTA 11, 556f, Nr. 301; vgl. dazu: Spors, 36ff.
26 RTA 11, 588–594, Nr. 316; vgl. dazu: Spors, 45–48.
27 Ebenda, 58.
28 Schiff, 152 („Ipse rex habet animum ita varium et attendit ad tot negotia videlicet ad Turchos, ad facta imperii et ad totum mundum, quod obliviscitur istarum rerum Dalmatie").

XX.
Der Einzug in Prag (1436)

1 Aschbach 4, 258ff, u. Mályusz, 156.
2 Wefers, 217.
3 Windecke, 274, Nr. 331, u. Aschbach 4, 299.
4 Ludwig von Pastor: Geschichte der Päpste, Bd. 1, 12. Aufl., Neudruck Freiburg 1955, 318.
5 Macek, 168.
6 Oskar Schürer: Prag. Kultur. Kunst. Geschichte, 5. Aufl., München–Brünn 1935, 109.
7 Karl Fürst Schwarzenberg: Die Sankt Wenzels-Krone und die böhmischen Insignien (= Die Kronen des Hauses Österreich), 2. Aufl., Wien–München 1982, 25.
8 Aeneas Sylvius Piccolomineus: De viribus illustribus, in: Bibliothek des literarischen Vereins in Stuttgart, Bd. 1, Stuttgart 1843, 1–68, hier 46, Nr. 31 (hier auch die Biographie Sigmunds, 58–66, Nr. 41), u. ders.: Die Geschichte Kaiser Friedrichs III. (= Die Geschichtsschreiber der deutschen Vorzeit), Leipzig 1889, 225f.
9 Hans Chilian: Barbara von Cilli, Borna–Leipzig 1908, 38.
10 Heinrich Koller: Das Reich von den staufischen Kaisern bis zu Friedrich III. 1250–1450, in: Handbuch der europäischen Geschichte, Bd. 2, hrsg. v. Th. Schieder, Stuttgart 1987, 383–467, hier 452.
11 Baum: Friedrich IV. von Österreich und die Schweizer Eidgenossen, Marburg 1991, 106.
12 Knolle, 83.
13 Hans Berger: Der alte Zürichkrieg im Rahmen der europäischen Politik, Zürich 1978, 81.
14 Zawadzki, 71f.
15 Stieber, 27.
16 RI XI/2, 389, Nr. 11621, u. 398f, Nr. 11744.
17 Wilhelm Baum: Nikolaus Cusanus in Tirol. Das Wirken des Philosophen und Reformators als Fürstbischof von Brixen (= Schriftenreihe des Südtiroler Kulturinstitutes 10), Bozen 1983, 23–32.
18 Acta Cusana. Quellen zur Lebensgeschichte des Nikolaus von Kues, Bd. 1/2, hrsg. v. E. Meuthen, Hamburg 1983, 204f, Nr. 299.
19 RI XI/2, 404, Nr. 11812.
20 Stieber, 39: „The death of the Emperor Sigismund on 9 December 1437 removed from the scene one of the few political figures who might have been able to heal the open break between the Council of Basel and Eugenius. The emperor's death freed the pope and the council from their promises to accept Sigismund's mediation. Since these promises had originally been given with reluctance, each side now promptly reaffirmed its intransingent stand."

XXI.
Reichstag zu Eger, letzte Friedensbemühungen und Tod

1 Macek, 167.
2 Mályusz, 127.
3 Macek, 169.
4 Nicolai de Cusa Opera omnia XIV/1: De Concordantia catholica, hrsg. v. Gerhard Kallen, Hamburg 1964, 3.
5 Erich Meuthen: Nikolaus von Kues. 1401–1464. Skizze einer Biographie, 4. Aufl., Münster 1979, 40.
6 Johannes Bärmann: Cusanus und die Reichsreform, in: Mitteilungen u. Forschungsbeiträge der Cusanus-Gesellschaft 4, 1964, 74–103, hier 90, u. Helmut G. Walther: Imperiales Königtum, Konziliarismus und Volkssouveränität, München 1976, 256.
7 Angermeier, 90f.
8 Heinrich Koller: Kaiserliche Politik und die Reformpläne des 15. Jahrhunderts, in: Festschrift H. Heimpel, Bd. 2 (= Veröff. d. Max Planck-Inst. f. Geschichte 36/II), Göttingen 1972, 61–79, hier 65.
9 Reformation Kaiser Siegmunds, hrsg. v. H. Koller (= Monumenta Germaniae Historica, Staatsschriften des späteren Mittelalters 6), Stuttgart 1964.
10 Ebenda, 332ff.
11 Deutsche Reichstagsakten, Bd. 12: 1435–1437, hrsg. v. G. Beckmann, Göttingen, 2. Aufl. 1957, 104.
12 Angermeier: Königtum und Landfriede, 379.
13 RTA 11, 181–184, Nr. 113, u. Spors, 52f.
14 Ebenda, 154f, Nr. 96.
15 Ebenda, 188f, Nr. 117, u. Knolle, 83.
16 Thea Buyken: Enea Silvio Piccolomini. Sein Leben und Wirken bis zum Episkopat, Bonn–Köln 1931, 36f.
17 RTA 12, 205, Nr. 128f, u. 209, Nr. 133; vgl. dazu: Spors, 53, Anm. 1.
18 Gilomen-Schenkel, 90f.
19 RTA 12, 239–242, Nr. 152.
20 Ebenda, 254–257, Nr. 158.
21 Mályusz, 342.
22 Wilhelm Ebstein: Die letzte Krankheit des Kaisers Sigmund, in: MIÖG 27, 1906, 678–682.
23 RTA 12, 263, Nr. 160: „Dicit se non moriturum hac vice, quousque passagium adimpleverit terre sancte".
24 Klingenberger Chronik, 209, Nr. 35: „Pontificem summum feci, spretis trebus, unum".
26 Friedrich Baethgen: Europa im Spätmittelalter. Grundzüge seiner politischen Entwicklung, Berlin 1951, 107.
27 Heinrich Koller: Sigismund 1410–1437, in: Kaisergestalten des Mittelalters, hrsg. v. H. Beumann, 2. Aufl., München 1985, 277–300, hier 298ff.

ZEITTAFEL
(allgemein)

1342–1382 Ludwig I. der Große, König von Ungarn
1346–1378 Karl IV., deutscher Kaiser
1370 † Kasimir III. der Große, König von Polen; Ludwig I. von Ungarn wird polnischer König
1373 Karl IV. erwirbt die Mark Brandenburg
1375 Verlobungsvertrag über Maria von Ungarn mit Sigismund von Luxemburg
1378–1400 Wenzel von Böhmen, deutscher König
1378–1417 Großes abendländisches Schisma (Rom – Avignon)
1378–1389 Papst Urban VI. (Rom)
1378–1394 Papst Klemens VII. (Avignon)
1380–1422 Karl VI. von Valois, König von Frankreich
1381 Friede von Turin: Ungarn behauptet Zara gegen Venedig
1382–1395 Maria, Tochter Ludwigs I. von Ungarn-Polen, Königin von Ungarn
1384 Hedwig, Tochter Ludwigs I. von Ungarn-Polen, Königin von Polen
1384 † John Wiclif, Reformator in England
1384 Philipp der Kühne von Burgund erwirbt die Freigrafschaft Burgund
1385/86 Karl III. von Neapel-Durazzo in Ungarn
31. 12. 1385 Karl III. von Neapel-Durazzo in Stuhlweißenburg zum König von Ungarn gekrönt
24. 2. 1386 † Karl III. von Neapel-Durazzo nach einem Attentat
Juni 1386 Flucht der Königinnen Maria und Elisabeth nach Novigrad
1386 Union von Polen und Litauen, König Wladislaw II. Jagiello (1386–1434) läßt sich taufen und heiratet Königin Hedwig von Polen
Januar 1387 Königin Elisabeth von Ungarn-Polen von den Aufständischen der Horvati-Partei ermordet
1387 Galizien und das Fürstentum Moldau erkennen die polnische Oberhoheit an
1389–1404 Papst Bonifaz IX. (Rom)
15. 6. 1389 Schlacht auf dem Amselfeld (Kosovo); Stefan Lazarewitsch, Fürst von Serbien (1389–1427)
1391 † Twartko I., König von Bosnien
1391–1425 Manuel II., Kaiser von Byzanz
1393 Bulgarien unter türkischer Oberhoheit
1394–1417 Papst Benedikt XIII. (Avignon)
1394 1. Gefangennahme König Wenzels
1394 Das Fürstentum Walachei gerät unter türkische Oberhoheit
17. 5. 1395 † Königin Maria von Ungarn
28. 9. 1396 Schlacht bei Nikopolis, Serbien türkischer Vasallenstaat
1397 Margarethe I. vereinigt Dänemark, Norwegen und Schweden („Kalmarer Union")

1398	Friede von Salinwerder; der Deutsche Orden erhält das Samaitenland (Litauen)
17. 7. 1399	† Königin Hedwig von Polen
20. 8. 1400	Absetzung König Wenzels; Wahl Ruprechts von der Pfalz zum deutschen König
17. 7. 1402	Schlacht bei Angora; Sieg Timur Lenks über die Türken
1402/03	2. Gefangennahme König Wenzels
5. 8. 1403	Ladislaus von Neapel in Zara zum König von Ungarn gekrönt
25. 12. 1403	Prag: Rückkehr König Wenzels
1404	† Albrecht IV. von Österreich; † Philipp der Kühne von Burgund
1405	† Timur Lenk
1405	† Prokop von Mähren
1406	† Papst Innozenz VII.; Wahl Gregors XII. (römische Obödienz)
1409	Konzil von Pisa: Wahl Papst Alexanders V.
1409	Gründung der Universität Leipzig; Ladislaus von Neapel verkauft Zara an Venedig
1410–1415	Papst Johannes XXIII. (Baldassare Cossa) (Pisaner Obödienz)
18. 5. 1410	Oppenheim: † Ruprecht von der Pfalz
15. 7. 1410	Schlacht bei Tannenberg, Niederlage des Deutschen Ordens
1. 10. 1410	Frankfurt: Mainz, Köln, Sachsen und Böhmen wählen Jobst von Mähren zum deutschen König
18. 1. 1411	Brünn: † Jobst von Mähren
1. 2. 1411	1. Friede von Thorn; das Samaitenland wird litauisch
1412–1439	Erich von Pommern, König der „Nordischen Union"
1412	50jähriger Friede zwischen Österreich und den Eidgenossen
1413–1422	Heinrich V. von Lancaster, König von England
1414	Bündnis zwischen Venedig und Mailand auf zehn Jahre
1414	† König Ladislaus von Neapel; Königin Johanna II. von Neapel (1414–1435)
1414–1418	Konzil von Konstanz
20./21. 3. 1415	Friedrich IV. von Österreich verhilft Papst Johannes XXIII. zur Flucht
30. 3. 1415	Friedrich IV. von Österreich geächtet; der Aargau wird von den Eidgenossen besetzt
29. 5. 1415	Absetzung Papst Johannes' XXIII.
6. 7. 1415	Konstanz: Jan Hus als Ketzer verbrannt
15. 7. 1415	Vereinigung der Obödienzen von Rom und Pisa
25. 10. 1415	Schlacht bei Azincourt: Sieg Heinrichs V. von England über Frankreich
1415/17	Friedrich I. von Zollern wird Kurfürst von Brandenburg
30. 3. 1416	Konstanz: Flucht Herzog Friedrichs IV. von Österreich aus der Haft
1416–1458	Alfons V. von Aragon (1420, 1442/43 König von Neapel)
3. 3. 1417	Konstanz: Herzog Friedrich IV. von Österreich wird exkommuniziert und geächtet
17. 4. 1417	Konstanz: Belehnung Friedrichs I. von Zollern mit der Mark Brandenburg
9. 9. 1417	Konstanz: Italiener, Franzosen und Spanier protestieren gegen Sigismund
1417–1431	Papst Martin V.
1419	† Johann Ohnefurcht, Herzog von Burgund
1419–1467	Philipp der Gute, Herzog von Burgund
16. 8. 1419	† König Wenzel von Böhmen; 1. Prager Fenstersturz; Žižka gründet die Stadt Tabor
1419–1422	Krieg Deutscher Orden gegen Polen
1420	„Prager Artikel" der Hussiten; Venedig erobert Friaul
1421–1451	Murad II., Sultan der Türken
Juni 1421	Landtag zu Tschaslau: Die Hussiten lehnen Sigismund als König ab
1421	Filippo Maria von Mailand erobert Genua
1422–1461	Karl VII. von Valois, König von Frankreich
1422	Belagerung von Konstantinopel durch die Türken
1422	Prinz Sigismund Korybut von Polen Statthalter in Böhmen
1422	Reichstag zu Nürnberg: älteste erhaltene Reichsmatrikel

30. 6. 1422	Schlacht bei Arbedo: Mailand (Carmagnola) besiegt die Eidgenossen
27. 9. 1422	Friede vom Melnosee zwischen dem Deutschen Orden und Polen-Litauen
1423	Friedrich von Meißen wird Kurfürst von Sachsen
17. 1. 1424	Binger Kurverein
12. 10. 1424	† Jan Žižka, Führer der Hussiten
1425–1448	Johannes VIII., Kaiser von Byzanz (seit 1421 Mitkaiser)
1426–1428	1. mailändischer Krieg gegen Venedig: Brescia und Bergamo venezianisch
1427–1456	Georg Brankowitsch, Fürst von Serbien
3. 7. 1428	Vertrag von Delft: Jakobäa von Holland übergibt Philipp von Burgund die Regierung
1429	Jeanne d'Arc erzwingt die Aufhebung der Belagerung von Orleans
11. 2. 1430	Vertrag von Beheimstein mit den Hussiten
27. 10. 1430	† Großfürst Witold von Litauen
1430	Herzog Philipp von Burgund besetzt Brabant
1431–1447	Papst Eugen IV.
1431–1449	Basler Konzil
1431–1433	2. mailändischer Krieg gegen Venedig
18. 12. 1431	Papst Eugen IV. versucht, das Basler Konzil zu verlegen
15. 2. 1432	Das Basler Konzil erneuert die Konstanzer Dekrete
1432	Enea Silvio Piccolomini kommt zum Basler Konzil
1432	Nikolaus Cusanus vertritt Ulrich von Manderscheid auf dem Basler Konzil
1433/34	Nikolaus Cusanus: „De concordantia catholica"
15. 12. 1433	Papst Eugen IV. bestätigt das Basler Konzil
30. 5. 1434	Schlacht bei Lipany: Der böhmische Herrenbund besiegt die Hussiten; Prokop der Große und Prokop der Kleine fallen
31. 5. 1434	† Wladislaw II. von Polen; Nachfolger: Wladislaw III. (1434–1444)
4. 6. 1434	Papst Eugen IV. flieht von Rom nach Florenz
9. 6. 1435	Das Basler Konzil schafft die Annaten ab
20. 9. 1435	Friede von Arras zwischen Karl VII. von Frankreich und Philipp von Burgund
31. 12. 1435	Brest-Litowsk: „Ewiger Friede" zwischen Polen und dem Deutschen Orden
30. 4. 1436	† Graf Friedrich VII. von Toggenburg; Feldkirch wird wieder österreichisch
7. 5. 1437	Basel: Spaltung des Konzils
15. 6. 1437	Basel: Enea Silvio Piccolomini fordert Kaiser Sigismund auf, nach Italien zu kommen

ZEITTAFEL
(Sigismund)

14. 2. 1368	Sigismund als Sohn Kaiser Karls IV. geboren
1376	Belehnung mit der Mark Brandenburg
1376/77	Niccolò Beccari Erzieher Sigismunds in Tangermünde
1378/81	Sigismund in Berlin
1379	Tyrnau: Verlobung mit Maria von Ungarn und Polen
1382	Sigismund in Ofen; Ludwig I. überträgt ihm die Regierung in Polen
1383	„Herr des Königreichs Polen"; Aufenthalt in Gnesen und Posen
1384	Polenfeldzug
1385	Eroberung von Preßburg und Behauptung Nordwestungarns; Eheschließung mit Königin Maria von Ungarn
31. 3. 1387	Krönung in Stuhlweißenburg zum König von Ungarn
4. 7. 1387	Wiedersehen mit Königin Maria in Zagreb
22. 5. 1388	Verpfändung Brandenburgs um 565.263 Gulden an Jobst von Mähren
2. 6. 1390	Bündnis mit Jobst von Mähren und Albrecht III. von Österreich gegen seinen Bruder Wenzel
1392	erster Türkenfeldzug; Plan der Aufteilung Polens
18. 12. 1393	Bündnis mit Jobst von Mähren, Albrecht III. von Österreich und Markgraf Wilhelm I. von Meißen
2. 2. 1394	Erbvertrag mit seinem Bruder Wenzel
1394	Eroberung von Dalmatien und Feldzug gegen die Moldau
1395	Feldzug gegen die Türken und die Walachei und Eroberung von Klein Nikopolis
Februar 1396	bei Wenzel in Prag; † Johann von Görlitz
Oktober bis Dezember 1396	Nach der Schlacht bei Nikopolis Flucht über Konstantinopel und Rhodos nach Ragusa mit Hermann von Cilli und Nikolaus Gara
Juli 1397	Treffen mit Wladislaw II. und Königin Hedwig in der Zips; Besuch in Kaschau
1397	Reichstag von Temesvár mit Vertretern der Städte
24. 10. 1398	Bündnis mit Albrecht IV. und Wilhelm von Österreich
November 1398	Treffen mit König Wladislaw II. und Königin Hedwig in Krakau
Februar 1400	in Prag bei König Wenzel; Anerkennung von Jobst als Kurfürst von Brandenburg
Oktober 1400	Treffen mit König Wenzel in Sedlitz
Ende April bis August 1401	Putsch der Barone; Gefangenhaltung durch die ungarische Opposition in Burg Siklos
27. 10. 1401	Landtag von Papa: Aussöhnung mit der „Liga der Barone"
4. 2. 1402	Wenzel bestätigt Sigismund als Statthalter von Böhmen und ernennt ihn zum Reichsvikar
29. 6. 1402	Sigismund führt Wenzel und Prokop gefangen von Prag nach Österreich

16. 8. 1402	Erbvertrag mit Albrecht IV. von Österreich, den er zum Nachfolger ernennt
29. 9. 1402	Verpfändung der Neumark um 63.200 Gulden an den Deutschen Orden
18. 2. 1404	Reichstag zu Ofen: Regelung der Güterrückgabe der Adeligen
6. 4. 1404	Preßburg: Einführung des ungarischen Staatskirchentums
1406	Hochzeit mit Barbara von Cilli
1408	Bosnienfeldzug
1409	Geburt der Tochter Elisabeth
1409	Sigismunds Erbvertrag mit Leopold IV. und Ernst von Österreich über Böhmen
20. 12. 1409	Bündnis mit dem Deutschen Orden gegen Polen
1409	Gründung des Drachenordens
6. 4. 1410	Treffen mit Wladislaw II. von Polen und Witold von Litauen in Käsmark
Juni 1410	Anerkennung von Papst Johannes XXIII.
Juli 1410	Verhandlungen mit Vertretern der Kurfürsten von Mainz und Köln in Visegrád
5. 8. 1410	Ofen: Verhandlungen mit Friedrich von Zollern, Pfalz und Trier
20. 9. 1410	Frankfurt: Pfalz und Trier wählen Sigismund zum deutschen König
9. 7. 1411	Versöhnung mit Wenzel von Böhmen
21. 7. 1411	Frankfurt: Sigismund von Mainz, Köln, Sachsen, Böhmen und Brandenburg zum deutschen König gewählt
30. 10. 1411	Preßburger Schiedsspruch: Albrecht V. von Österreich für volljährig erklärt
15. 3. 1412	Burg Lublau: Bündnis mit König Wladislaw II. von Polen
24. 8. 1412	Ofener Schiedsspruch zwischen Polen und dem Deutschen Orden
17. 4. 1413	Castelotto/Triest: Waffenstillstand mit Venedig auf fünf Jahre
23. 10. 1413	Sala/Tessereta: Vertrag mit Filippo Maria von Mailand
30. 10. 1413	Como: Konzilseinberufung aufgrund des „imperiale officium"
29. 11. 1413	Lodi: Zusammentreffen mit Papst Johannes XXIII.
25. 6. 1414	Trino/Vercelli: Bündnis mit Frankreich
18. 10. 1414	Speyer: freies Geleit zum Konzil und zur Rückkehr für Jan Hus
8. 11. 1414	Aachen: Krönung zum deutschen König durch Erzbischof Dietrich von Köln
25. 12. 1414	Konstanz: Eintreffen beim Konzil
5. 5. 1415	Konstanz: erste Versöhnung mit Herzog Friedrich IV. von Österreich
23. 7. 1415	Basel: Verpfändung des Aargaues an Bern
19. 2. 1416	Chambery: Erhebung des Grafen Amadeo VIII. von Savoyen zum Herzog
5.–20. 4. 1416	Paris: Besuch bei und Verhandlungen mit König Karl VI.
4. 5. 1416	London: mit Heinrich V. vor dem englischen Parlament
15. 8. 1416	Canterbury: Bündnis mit Heinrich V. von England
4. 9. 1416	Calais: Belehnung Herzog Johann Ohnefurchts von Burgund
27. 1. 1417	Konstanz: Rückkehr zum Konzil
22. 3. 1417	Konstanz: Kriegserklärung an Frankreich
2. 4. 1418	Konstanz: Bündnis mit Filippo Maria von Mailand
7. 5. 1418	Konstanz: Friedensvertrag mit Herzog Friedrich IV. von Österreich
2. 7. 1418	Reichskrieg gegen Venedig und Verhängung der Wirtschaftsblockade
8. 5. 1419	Kaschau: Treffen mit König Wladislaw II. von Polen
1419–1436	Hussitenkriege
28. 4. 1420	Einmarsch in Böhmen: 1. Hussitenkreuzzug
28. 7. 1420	Prag: Krönung zum König von Böhmen im Veitsdom
1. 11. 1420	Schlacht bei Višehrád: Sieg der Hussiten
28. 9. 1421	Preßburg: Albrecht V. von Österreich heiratet Sigismunds Tochter Elisabeth
Oktober 1421	2. Hussitenkreuzzug; Rückzug der Kreuzfahrer vor Saaz

8. 1. 1422	Schlacht bei Deutschbrod: Sieg der Hussiten
März/April 1423	Treffen mit König Wladislaw II. von Polen in Käsmark und Leutschau
5. 3. 1424	Krakau: mit König Erich von Dänemark bei der Krönung von Königin Sophie
Juni–August 1424	Kaiser Johannes VIII. von Byzanz und König Erich in Ungarn
17. 2. 1425	Hornsteiner Friedensvertrag mit Herzog Friedrich IV. von Österreich
15. 6. 1426	Schlacht bei Aussig; Sieg der Hussiten (3. Hussitenkreuzzug)
6. 7. 1426	Visegrád: Bündnis mit Filippo Maria von Mailand
21. 8. 1427	Schlacht bei Mies: Sieg der Hussiten (4. Hussitenkreuzzug)
6. 6. 1428	Golubac: Waffenstillstand mit den Türken auf drei Jahre
12. 6. 1428	Schlacht bei Golubac: Fehlschlag der Eroberung der Festung
9. 10. 1428	Sigismund fordert den Hochmeister auf, Ritter des Deutschen Ordens am Eisernen Tor an der türkischen Grenze anzusiedeln
22. 1. 1429	Luck in Rußland: Treffen mit Großfürst Witold von Litauen und König Wladislaw II.: Plan der Erhebung Litauens zum Königreich
April und Juli 1429	Preßburg: Verhandlung mit dem Hussitenführer Prokop dem Großen
24.–30. 5. 1431	Eger: Verhandlung mit den Hussiten
Juni 1430	Rückkehr nach Deutschland; Reichstag zu Straubing (August)
14. 8. 1431	Schlacht bei Taus: Sieg der Hussiten (5. Hussitenkreuzzug)
25. 11. 1431	Mailand: Krönung mit der „eisernen Krone"
12. 7. 1432–15. 4. 1433	Aufenthalt in Siena; Treffen mit Bernhardin von Siena
5. 6. 1433	Papst Eugen IV. vermittelt einen Waffenstillstand mit Venedig auf fünf Jahre
31. 5. 1433	Rom: Kaiserkrönung durch Papst Eugen IV.
1. 8. 1433	Rom: Verhandlung vor Eugen IV. mit Antonio Roselli über den Konflikt zwischen Polen und dem Deutschen Orden
22.–29. 9. 1433	Mantua: Bestätigung der Erhebung von Gianfrancesco Gonzaga zum Markgrafen von Mantua
11. 10. 1433	Basel: Rückkehr zum Konzil
15. 3. 1434	Basel: Zusammentreffen mit Nikolaus Cusanus
24. 4. 1434	Basel: Belehnung von René von Anjou mit Lothringen
8. 5. 1434	Basel: letzte Rede auf dem Konzil
17. 6. 1434	Ulm: Bündnis mit Karl VII. von Frankreich gegen Burgund
Juli 1434	Ulm: Entwurf zur Reichsreform (18 Artikel)
11. 8. 1434	Ulm: Unterwerfung Ludwigs VII. von Bayern-Ingolstadt
8. 12. 1434	Preßburg: Kriegserklärung an Herzog Philipp von Burgund
4. 1. 1435	Preßburg: Auftrag zur Revindikation des Reichsgutes an Konrad von Weinsberg
31. 8. 1435	Tyrnau: Bündnis mit Venedig auf fünf Jahre
30. 11. 1435	Prag: Abschluß der Kompaktaten
12. 6. 1436	Iglau: Beschwörung der „Prager Kompaktaten"
23. 8. 1436	Einzug in Prag
30. 11. 1436	Prag: Erhebung der Grafen von Cilli zu Reichsfürsten
11. 2. 1437	Prag: Barbara von Cilli wird zur Königin von Böhmen gekrönt
Juli/August 1437	Reichstag von Eger: letzte Reichsreformdiskussionen
19. 8.–9. 11. 1437	Prag: letzter Aufenthalt; Verschwörung Barbaras und Zehenamputation
21. 11. 1437	Teltsch: Sigismund ersucht das Basler Konzil, keine weiteren Schritte gegen den Papst zu unternehmen, der ihn um Vermittlung ersucht habe
9. 12. 1437	Znaim: † Sigismund (Begräbnis in Großwardein)

LITERATUR

ACC 1–4 (1896/1928), Acta Concilii Constantiensis, hrsg. von Heinrich Finke, 4 Bde., Münster 1896/1928

Acta Cusana. Quellen zur Lebensgeschichte des Nikolaus von Kues, Bd. 1/2, hrsg. von E. Meuthen, Hamburg 1983

Aeneas Sylvius Piccolomineus: De viribus illustribus, in: Bibliothek des literarischen Vereins in Stuttgart, Bd. 1, Stuttgart 1843, 1–68

Altmann, Wilhelm: Urkundliche Beiträge zur Geschichte Kaiser Sigmunds, in: MIÖG 18, 1897, 588–609

Amtliche Sammlung der Eidgenössischen Abschiede, Bd. 2: 1421–1477, hrsg. von A. Ph. Segesser, Luzern 1863

Andreas von Regensburg: Sämtliche Werke, hrsg. von Georg Leidinger (= Quellen und Erörterungen zur Bayerischen und Deutschen Geschichte, NF, Bd. 1), München 1903

Angermeier, Heinz: Königtum und Landfriede im deutschen Spätmittelalter, München 1966

Ders.: Die Reichsreform 1410–1555, München 1984

Arndt, Richard: Die Beziehungen König Sigmunds zu Polen bis zum Ofener Schiedsspruch (1412), Halle 1897

Aschbach, Joseph v.: Geschichte Kaiser Sigismunds, Bd. 1–4, Hamburg 1838–1845 (Neudruck Aalen 1964)

Baethgen, Friedrich: Europa im Spätmittelalter. Grundzüge seiner politischen Entwicklung, Berlin 1951

Bärmann, Johannes: Cusanus und die Reichsreform, in: Mitteilungen und Forschungsbeiträge der Cusanus-Gesellschaft 4, 1964, 74–103

Balladen, hrsg. von H. Haselbach, Klagenfurt, o. J.

Baum, Wilhelm: Nikolaus Cusanus in Tirol. Das Wirken des Philosophen und Reformators als Fürstbischof von Brixen (= Schriftenreihe des Südtiroler Kulturinstitutes 10), Bozen 1983

Ders.: Oswald von Wolkenstein in Katalonien (1415), in: Deutsche Schule Barcelona, Jahresbericht 1984/85, 74–80

Ders.: Kaiser Sigmund und Oswald von Wolkenstein, in: Jahrbuch der Oswald von Wolkenstein-Gesellschaft 4, 1986/87, 201–228

Ders.: Freiburgs Rückkehr zu Österreich (1426/27). Ein Beitrag zur Geschichte der Politik Herzog Friedrichs IV. von Österreich im Krieg zwischen König Sigmund von Luxemburg und Filippo Maria Visconti von Mailand mit der Republik Venedig, in: Zeitschrift des Breisgau-Geschichtsvereins „Schau-ins-Land" 107, 1988, 7–21

Ders.: Die Stadt Villingen in der Auseinandersetzung zwischen Kaiser Sigmund von Luxemburg und Herzog Friedrich IV. „mit der leeren Tasche" von Österreich, in: Geschichts- und Heimatverein Villingen, Bd. 13, 1988/89, 29–43

Ders.: Friedrich IV. von Österreich und die Schweizer Eidgenossen, in: Die Eidgenossen und ihre Nachbarn im Deutschen Reich des Mittelalters, hrsg. von P. Rück und H. Koller, Marburg 1991, 87–109

Ders.: Die Habsburger und die Grafen von Nellenburg, in: Jahrbuch für die Geschichte des Bodensees, Bd. 110, 1992, 73–94

Beckmann, Gustav: Der Kampf Kaiser Sigmunds gegen die werdende Weltmacht der Osmanen 1392–1437, Gotha 1902
Berger, Hans: Der Alte Zürichkrieg im Rahmen der europäischen Politik, Zürich 1978
Berger, Wilhelm: Johannes Hus und König Sigmund, Augsburg 1871
Die Berichte der Generalprokuratoren des Deutschen Ordens an der Kurie (= Veröffentlichungen der Niedersächsischen Archivverwaltung 13, 21, 29, 32 und 37), Bd. II (1403–1419), hrsg. von H. Koeppen, Göttingen 1960; Bd. III/1 (1419–1423), 1966; Bd. III/2 (1424–1428), 1971; Bd. IV/1 (1429–1432), 1973, und Bd. IV/2, hrsg. von K. Forstreuter und H. Koeppen, 1976
Bezold, Friedrich v.: König Sigmund und die Reichskriege gegen die Hussiten, 1. Abteilung: Bis zum Ausgang des dritten Kreuzzugs, München 1872; 2. Abteilung: Die Jahre 1423–1428, 1875, und 3. Abteilung: Die Jahre 1428–1431, 1877
Bilgeri, Benedikt: Geschichte Vorarlbergs, Bd. 2: Bayern, Habsburg, Schweiz – Selbstbehauptung, Wien–Köln–Graz 1974
Bischoff, Conrad: Studien zu P. P. Vergerio dem Älteren (= Abhandlungen zur Mittleren und Neueren Geschichte 15), Berlin–Leipzig 1909
Boehm, Laetitia: Das Haus Wittelsbach in den Niederlanden, in: Zeitschrift für bayerische Landesgeschichte 44, 1981, 93–130
Bogyay, Thomas v.: Grundzüge der Geschichte Ungarns, Darmstadt 1977
Brandenburg, Erich: König Sigmund und Kurfürst Friedrich I. von Brandenburg, Berlin 1891
Brandis, Clemens: Tirol unter Friedrich von Österreich, Wien 1823
Brandmüller, Walter: Das Konzil von Konstanz 1414–1418, Bd. 1: Bis zur Abreise Sigismunds nach Narbonne, Paderborn–München–Wien–Zürich 1991
Die Hussiten. Die Chronik des Laurentius von Březová 1414–1421, hrsg. von J. Bujnoch (= Slavische Geschichtsschreiber 11), Graz–Wien–Köln 1988
Burckhardt, Jacob: Die Kultur der Renaissance in Italien, 10. Aufl., Stuttgart 1976
Burmeister, Karl Heinz: Kulturgeschichte der Stadt Feldkirch (= Geschichte der Stadt Feldkirch 2), Sigmaringen 1985
Buyken, Thea: Enea Silvio Piccolomini. Sein Leben und Werden bis zum Episkopat, Bonn–Köln 1931
Calmette, Joseph: Die großen Herzöge von Burgund. München 1963
Caro, Jakob: Geschichte Polens, Bd. 3: 1386–1430, Gotha 1868, u. Bd. 4: 1430–1455, Gotha 1875
Ders.: Liber cancellariae Stanislai Ciolek. Ein Formelbuch der polnischen Königskanzlei aus der Zeit der hussitischen Bewegung, in: Archiv für österreichische Geschichte 45, 1871, 319–545
Caro, Joseph: Aus der Kanzlei Kaiser Sigismunds, in: Archiv für österreichische Geschichte 9, 1879, 1–175
Ders.: Das Bündnis von Canterbury, Gotha 1880
Chilian, Hans: Barbara von Cilli, Borna–Leipzig 1908
Codex epistolaris Vitoldi Magni Ducis Lithuaniae 1376–1430, hrsg. von A. Prochaska (= Monumenta medii aevi historica res gestas Poloniae illustrantia), Krakau 1882
Coniglio, Giuseppe: Mantova. La Storia, Vol. 1: Dalle origine a Gianfrancesco primo marchese, Mantova 1958
Ders.: I Gonzaga, Milano 1967
Coulin, Alexander: Eine neue Urkunde König Sigmunds und ihre Bedeutung für die Kenntnis der Preces Primariae, in: MIÖG 33, 1912, 122–127
Dändliker, Karl: Geschichte der Stadt und des Kantons Zürich, Bd. 2, Zürich 1910
Deutsche Reichstagsakten, Bd. 7: 1410–1420; Bd. 8: 1421–1426, und Bd. 9: 1427–1431, hrsg. von Dietrich Kerler; Bd. 10: 1431–1433, hrsg. von Hermann Herre; Bd. 11: 1433–1435, und Bd. 12: 1435–1437, hrsg. von Gustav Beckmann, 2. Aufl., Göttingen 1956
Dölger, Franz: Regesten der Kaiserurkunden des Oströmischen Reiches, Bd. 5: 1431–1453 (= Corpus der griech. Urkunden des Mittelalters u. d. neueren Zeit, A: Regesten, Abteilung 1), München–Berlin 1965
Eberhard, Wilhelm: Ludwig III. Kurfürst von der Pfalz und das Reich 1410–1427, Gießen 1896
Ebstein, Wilhelm: Die letzte Krankheit des Kaisers Sigismund, in: MIÖG 27, 1906, 678–682
Eckermann, Karla: Studien zur Geschichte des monarchischen Gedankens im 15. Jahrhundert (= Abhandlungen zur Mittleren und Neueren Geschichte 73), Berlin 1933

Elze, Reinhard: Die „Eiserne Krone" in Monza, in: Herrschaftszeichen und Staatssymbolik, hrsg. von P. E. Schramm (= Schriften der Monumenta Germaniae historica 13/II), Bd. 2, Stuttgart 1955, 450–479

Engels, Odilo: Der Reichsgedanke auf dem Konstanzer Konzil, in: Das Konstanzer Konzil, hrsg. von Remigius Bäumer (= Wege der Forschung 415), Darmstadt 1967, 368–403

Epistolario di Pier Paolo Vergerio, hrsg. von L. Smith (= Fonti per la storia d'Italia), Roma 1934

Ernst, Werner: Die Geburt einer Großmacht. Die Osmanen (1300–1481) (= Forschungen zur mittelalterlichen Geschichte 32), Wien–Köln–Graz 1985

Fahlbusch, Friedrich Bernward: Städte und Königtum im frühen 15. Jahrhundert. Ein Beitrag zur Geschichte Sigmunds von Luxemburg, Köln–Wien 1983

Ders.: Hartung von Klux. Ritter König Heinrichs V. – Rat Kaiser Sigmunds, in: Studia Luxemburgensia, FS Heinz Stoob (= Studien zu den Luxemburgern und ihrer Zeit 3), Warendorf 1989, 353–401

Fessler, Ignaz Aurelius: Geschichte von Ungarn, 2. Aufl., hrsg. v. Ernst Klein, Bd. 2, Leipzig 1869

Fink, Karl August: König Sigmund und Aragon. Die Bündnisverhandlungen vor der Romfahrt, in: Deutsches Archiv 2, 1938, 149–171

Finke, Heinrich: König Sigmunds reichsstädtische Politik, Bocholt 1880

Ders.: Acta Concilii Constanciensis, 4 Bde., Münster 1896/1928

Forstreuter, Kurt: Deutschland und Litauen im Mittelalter, Köln–Graz 1962

Franzen, August: Das Konstanzer Konzil, in: Das Konstanzer Konzil, hrsg. von R. Bäumer (= Wege der Forschung 415), Darmstadt 1977, 165–207

Galesloot, M. L.: Revendication du duché de Brabant par l'empereur Sigismond (1414–1437), in: Compte rendu des séances de la commission royale d'histoire, ou recueil de ses bulletins, Tome 5, Bruxelles 1878, 437–470

Gerlich, Alois: Habsburg – Luxemburg – Wittelsbach im Kampf um die deutsche Königskrone. Studien zur Vorgeschichte des Königtums Ruprechts von der Pfalz, Wiesbaden 1960

Gierth, Wilhelm: Die Vermittlungsversuche Kaiser Sigmunds zwischen Frankreich und England im Jahre 1416, Halle 1895

Gilomen-Schenkel, Elsanne: Henmann Offenburg (1379–1459). Ein Basler Diplomat im Dienste der Stadt, des Konzils und des Reichs (= Quellen und Forschungen zur Basler Geschichte 6), Basel 1975

Göller, Emil: König Sigmunds Kirchenpolitik 1404–1410, Freiburg 1901

Goll, Jaroslaw: K. Sigmund und Polen 1420–1436, in: MIÖG 15, 1894, 441–478, und 16, 1895, 222–275

Gottschalk, August: Kaiser Sigmund als Vermittler zwischen Papst und Konzil, 1431–34, phil. Diss., Borna–Leipzig 1911

Grill, Heinz: Die ältesten „Turcica" des Haus-, Hof- und Staatsarchivs, in: MÖSTA 3, 1950, 127–142

Grundmann, Herbert: Wahlkönigtum, Territorialpolitik und Ostbewegung im 13. und 14. Jahrhundert (= Gebhardt Handbuch der deutschen Geschichte 5), Stuttgart 1973

Hagemann, Paul: Die Beziehungen Deutschlands zu England seit dem Vertrag von Canterbury vom 15. August 1416 bis zu Kaiser Sigmunds Ende, Halle 1905

Halaga, Ondrej R.: Kaschaus Rolle in der Ostpolitik Siegmunds von Luxemburg I (1387–1411), in: Hochfinanz, Wirtschaftsräume, Innovationen, FS W. v. Stromer, Bd. 1, Trier 1987, 383–410

Hall, A.: Sigismund und Hus, Diss., Freiburg 1912

Harnack, Adolf von: Lehrbuch der Dogmengeschichte, Bd. 3, Nachdruck der 4. Aufl., Darmstadt 1980

Heer, Friedrich: Jan Hus, in: Heilige, Ketzer, Reformatoren (= Exempla historica. Epochen der Weltgeschichte in Biographien 25), Frankfurt 1983, 37–63

Heimpel, Hermann: Zur Handelspolitik Kaiser Sigismunds, in: Vierteljahrschrift für Sozial- und Wirtschaftsgeschichte 23, 1930, 145–156

Ders.: Aus der Kanzlei Kaiser Sigmunds, in: Archiv für Urkundenforschung 12, 1932, 111–180

Helmrath, Johannes: Das Basler Konzil 1431–1449. Forschungsstand und Probleme, Köln 1987

Hellmann, Manfred: Grundzüge der Geschichte Litauens und des litauischen Volkes (= Grundzüge 5), 3. Aufl., Darmstadt 1976

Herre, Hermann: Die Beziehungen König Sigmunds zu Italien vom Herbst 1412 bis zum Herbst 1414, in: Quellen und Forschungen aus italienischen Archiven 4, 1902, 1–62
Heyer, Carmen: Hans I. von Lupfen (= Hegau-Bibliothek 76), Singen 1991
Hödl, Günther: Habsburg und Österreich 1273–1493. Gestalten und Gestalt des österreichischen Spätmittelalters, Wien–Köln–Graz 1988
Höfler, Constantin: Die Zeit der luxemburgischen Kaiser, Wien 1867
Hösch, Edgar: Geschichte der Balkanländer. Von der Frühzeit bis zur Gegenwart, München 1988
Hoke, Rudolf: Der Prozeß des Jan Hus und das Geleit König Sigmunds, in: Annuarium Historiae Conciliorum 15, 1983, 172–193
Hollerbach, Julius: Die gregorianische Partei, Sigismund und das Konstanzer Konzil, in: Röm. Quartalschrift 23, 1909, 129–165, und 24, 1910, 3–39 und 121–140
Hollnsteiner, Johannes: König Sigismund auf dem Konstanzer Konzil, in: MIÖG 41, 1926, 185–200
Hormayr, Joseph v.: Österreichischer Plutarch, Bd. 17: Böhmische Regenten: Wenzel und Sigmund, Wien 1809
Huber, Alfons: Geschichte des Herzogs Rudolf IV. von Österreich, Innsbruck 1865
Ders.: Die Gefangennehmung der Königinnen Elisabeth und Maria von Ungarn und die Kämpfe König Sigismunds gegen die neapolitanische Partei und die übrigen Reichsfeinde in den Jahren 1386–1395, in: Archiv für österreichische Geschichte 66, 1885, 507–548
Hye, Franz-Heinz: Der Doppeladler als Symbol für Kaiser und Reich, in: MIÖG 81, 1973, 63–100
Jäger, Albert: Kaiser Sigmund in Tirol, in: Neue Zeitschrift des Ferdinandeums 7, 93–120
Janssen, Johannes: Frankfurts Reichskorrespondenz 1376–1519, Bd. 1, Frankfurt 1863
Joachim, Erich: König Sigmund und der Deutsche Ritterorden in Ungarn 1429–1432, in: MIÖG 33, 1912, 87–119
Joachimsohn, Paul: Gregor Heimburg (= Historische Abhandlungen aus dem Münchener Seminar 1), Bamberg 1891
Justinger, Konrad: Die Berner Chronik, hrsg. von Gottlieb Studer, Bern 1871
Kagelmacher, Ernst: Filippo Maria Visconti und König Sigismund, Greifswald 1885
Karasek, Dieter: Konrad von Weinsberg. Studien zur Reichspolitik im Zeitalter Sigismunds, Diss., Erlangen 1967
Kaufmann, Adolf: Die Wahl König Sigmunds von Ungarn zum römischen Könige, Göttingen 1879
Kavka, František: Zum Plan der luxemburgischen Thronfolge in Polen (1368–1382). Strittige Forschungen, in: Zeitschrift für historische Forschung 13, 1986, 257–283
Keller, Hans Gustav: König Sigmunds Besuch in Bern 1414, Thun 1937
Kery, Bertalan: Kaiser Sigismund. Ikonographie, Wien–München 1972
Die Klingenberger Chronik, hrsg. von A. Henne, Gotha 1861
Knolle, Ulrich: Studien zum Ursprung und zur Geschichte des Reichsfiskalats im 15. Jahrhundert, jur. Diss., Freiburg 1965
Koch, Max: Die Kirchenpolitik König Sigmunds während seines Romzuges (1431–1433), Diss., Leipzig 1906
Koller, Heinrich: Eine neue Fassung der Reformatio Sigismundi, in: MIÖG 60, 1952, 143–154
Ders.: Kaiserliche Politik und Reformpläne des 15. Jahrhunderts, in: FS H. Heimpel, Bd. 2 (= Veröffentlichungen des Max Planck-Instituts für Geschichte 36/II), Göttingen 1972, 61–79
Ders.: Sigismund 1410–1437, in: Kaisergestalten des Mittelalters, hrsg. von H. Beumann, 2. Aufl., München 1985
Ders.: Das Reich von den staufischen Kaisern bis zu Friedrich III. 1250–1450, in: Handbuch der europäischen Geschichte, Bd. 2, hrsg. von Th. Schieder, Stuttgart 1987, 383–467
Ders.: Der Ausbau königlicher Macht im Reich des 15. Jahrhunderts, in: Das spätmittelalterliche Königtum im europäischen Vergleich, hrsg. von Richard Schneider (= Vorträge und Forschungen 32), Sigmaringen 1987, 425–464
Ders.: Kaiser Sigmunds Kampf gegen Herzog Friedrich IV. von Österreich, in: Studia Luxemburgensia. Festschrift Heinz Stoob (= Studien zu den Luxemburgern und ihrer Zeit 3), Warendorf 1989, 313–352
Das Konstanzer Konzil, hrsg. von R. Bäumer (= Wege der Forschung 415), Darmstadt 1977
Das Konzil von Konstanz. Beiträge zu seiner Geschichte und Theologie, hrsg. von A. Franzen und W. Müller, Freiburg–Basel–Wien 1964

Kramer, Hans: Das Meraner Bündnis Herzog Friedels mit der leeren Tasche mit Papst Johann XXIII., in: Schlern 15, 1934, 440–452
Kretschmayr, Heinrich: Geschichte von Venedig, Bd. 2 (= Allgemeine Staatengeschichte, Abteilung 1, Bd. 35), Gotha 1920, Neudruck Aalen 1964
Krieger, Karl-Friedrich: Die Lehnshoheit der deutschen Könige im Spätmittelalter (ca. 1200–1437) (= Untersuchungen zur deutschen Staats- und Rechtsgeschichte, NF 23), Aalen 1979
Kühn, Dieter: Ich Wolkenstein. Eine Biographie, 2. Aufl., Frankfurt 1980
Kupelwieser, L.: Die Kämpfe Ungarns mit den Osmanen bis zur Schlacht bei Mohács 1526, Wien–Leipzig 1895
Kurowski, Franz: Venedig. Das tausendjährige Weltreich im Mittelmeer, München–Berlin 1981
Kurz, Franz: Österreich unter K. Albrecht dem Zweyten, 2. Bde., Wien 1835
Lacaze, Yvon: Philippe le Bon et l'empire: bilan d'un règne, in: Francia 9, 1981, 133–175, und 10, 1982, 167–227
Land im Mittelpunkt der Mächte. Die Herzogtümer Jülich–Kleve–Berg, 2. Aufl., Kleve 1984
Lenz, Max: König Sigismund und Heinrich der Fünfte von England, Berlin 1874
Leuschner, Joachim: Zur Wahlpolitik im Jahre 1410, in: Deutsches Archiv 11, 1954, 506–553
Lhotsky, Alphons: Geschichte Österreichs seit der Mitte des 13. Jahrhunderts (1281–1358), Wien 1967
Löher, Franz v.: Kaiser Sigmund und Herzog Philipp von Burgund, in: Münchener Historisches Jahrbuch, Jahrgang 1866, 305–419
Lortz, Joseph: Geschichte der Kirche in ideengeschichtlicher Betrachtung, Bd. 1, 23. Aufl., Münster 1962
Macek, Josef: Die hussitische revolutionäre Bewegung, Berlin 1958
Madre, Alois: Ein Brief des Nikolaus von Dinkelsbühl aus Konstanz, in: Das Konzil von Konstanz, hrsg. von A. Franzen und W. Müller, Freiburg–Basel–Wien 1964, 282–291
Ders.: Nikolaus von Dinkelsbühl. Leben und Schriften (= Beiträge zur Geschichte der Philosophie und Theologie des Mittelalters XL/4), Münster 1965
Main, Archibald: The Emperor Sigismund, Oxford 1903
Maleczek, Werner: Österreich – Frankreich – Burgund. Zur Westpolitik Herzog Friedrichs IV. in der Zeit von 1430 bis 1439, in: MIÖG 79, 1971, 111–155
Mályusz, Elemér: Das Konstanzer Konzil und das königliche Patronatsrecht in Ungarn (= Studia Historica 18), Budapest 1959
Ders.: Die Zentralisationsbestrebungen König Sigismunds in Ungarn, in: Études historiques publiées par la Commission Nationale des Historiens Hongrois 1, 1960, 317–357
Ders.: Die gesellschaftlichen Grundlagen der ungarischen Intelligenz (Zur Geschichte der Ofner Universität), in: Acta Historica Academiae Scientarum Hungaricae 32, 1986, 243–270
Ders.: Kaiser Sigismund in Ungarn 1387–1437, Budapest 1990
Marosi, Ernö: König Sigismund von Ungarn und Avignon, in: FS Heinrich Franz, Graz 1986, 229–249
Ders.: Die Skulpturen der Sigismundzeit in Buda und die Anschaulichkeit der Kunst des frühen 15. Jahrhunderts, in: Internationale Gotik in Mitteleuropa (= Kunsthistorisches Jahrbuch Graz 24), 1990, 182–195
Mathies, Christiane: Kurfürstenbund und Königtum in der Zeit der Hussitenkriege. Die kurfürstliche Reichspolitik gegen Sigmund im Kraftzentrum Mittelrhein (= Quellen und Abhandlungen zur mittelrheinischen Kirchengeschichte 32), Mainz 1978
Mau, Hermann: Die Rittergesellschaften mit St. Jörgenschild in Schwaben (= Darstellung aus der Württembergischen Geschichte 33), Stuttgart 1941
Maurer, Helmut: Geschichte der Stadt Konstanz, Bd. 2, Konstanz 1989
Mayer, F. M.: Zur Geschichte K. Sigmunds, in: Zeitschrift für österreichische Gymnasien 1892, 1ff
Meuthen, Erich: Nikolaus von Kues 1401–1464. Skizze einer Biographie, 4. Aufl., Münster 1979
Mitteis, Heinrich: Deutsche Rechtsgeschichte, 17. Aufl., hrsg. von H. Lieberich (= Juristische Kurzlehrbücher), München 1985
Mommsen, Karl: Eidgenossen, Kaiser und Reich (= Basler Beiträge zur Geschichtswissenschaft 72), Basel–Stuttgart 1958
Moraw, Peter: Von offener Verfassung zu gestalteter Verdichtung. Das Reich im späten Mittelalter 1250 bis 1490 (= Propyläen Geschichte Deutschlands 3), Frankfurt–Berlin 1989

Nicolai de Cusa Opera omnia XIV/1: De concordantia catholica, hrsg. von G. Kallen, Hamburg 1964

Niitema, Vilho: Der Kaiser und die Nordische Union bis zu den Burgunderkriegen (= Annales Academiae Fennicae, B, 116), Helsinki 1960

Nowak, Zenon: Internationale Schiedsprozesse als ein Werkzeug der Politik König Sigmunds in Ostmittel- und Nordeuropa 1411–1425, in: Blätter für deutsche Landesgeschichte 111, 1975, 172–188

Nuglisch, Adolf: Das Finanzwesen des Deutschen Reiches unter Kaiser Sigmund, in: Jahrbücher für Nationalökonomie und Statistik 21, 1901, 145–167

Obrist, Barbara: Das illustrierte „Adamas colluctancium aquilarum" (1418–1419) von Winand von Steeg als Zeitdokument, in: Zeitschrift für Schweizerische Archäologie und Kunstgeschichte 40, 1983, 136–143

Oechsli, Wilhelm: Die Beziehungen der schweizerischen Eidgenossenschaft zum Reiche bis zum Schwabenkrieg, in: Politisches Jahrbuch der Schweizerischen Eidgenossenschaft 5, 1890, 302–616

Origo, Iris: Der Heilige der Toskana. Leben und Zeit des Bernardino von Siena, München 1989

Osio, Luigi: Documenti diplomatici tratti dagli Archivi Milanesi, Vol. 2, Milano 1869

Ostrogorsky, Georg: Geschichte des Byzantinischen Staates (= Handbuch der Altertumswissenschaften 12, I/2), München 1952

Pastor, Ludwig v.: Geschichte der Päpste, Bd. 1, 12. Aufl., Neudruck Freiburg 1955

Peter, Hermann Georg: Die Flucht Papst Johannes' XXIII. von Konstanz bis Schaffhausen (Grund und Vorgang), Diss., Freiburg 1926

Pfitzner, Josef: Großfürst Witold von Litauen als Staatsmann (= Schriften der philosophischen Fakultät der deutschen Universität Prag 6), Brünn–Prag–Leipzig 1930

Piccolomini, Enea Silvio: Die Geschichte Kaiser Friedrichs III. (= Die Geschichtsschreiber der deutschen Vorzeit), Leipzig 1889

Ders.: Briefe. Dichtungen, München 1966

Probszt, Günther: Die niederungarischen Bergstädte. Ihre Entwicklung und wirtschaftliche Bedeutung bis zum Übergang an das Haus Habsburg (1546) (= Buchreihe der Südostdeutschen Historischen Kommission 15), München 1966

Ders.: Österreichische Münz- und Geldgeschichte, Wien–Köln–Graz 1973

Quidde, Ludwig: König Sigmund und das Deutsche Reich von 1410 bis 1419 (1. Die Wahl Sigmunds), Göttingen 1881

Quellen zur Verfassungsgeschichte des römisch-deutschen Reiches im Spätmittelalter (1250–1500), hrsg. von L. Weinrich, Darmstadt 1983

Reformation Kaiser Siegmunds, hrsg. von H. Koller (= Monumenta Germaniae historica, Staatsschriften des späteren Mittelalters 6), Stuttgart 1964

RI XI/1 u. XI/2 (Regesta Imperii XI): Die Urkunden Kaiser Sigmunds, 2 Bde., Innsbruck 1896/1900

Sauerland, H. V.: Ein Brief des Königs Sigmund von Ungarn an den Großmeister des Johanniterordens Philibert von Naillac, in: Archiv der Gesellschaft für ältere deutsche Geschichtskunde 21, 1896, 565f

Schiff, Otto: König Sigmunds italienische Politik bis zur Romfahrt (1410–1431) (= Frankfurter historische Forschungen 1), Frankfurt 1909

Schmid, Georg: Itinerarium Johannes XXIII. zum Concil von Konstanz 1414, in: Festschrift zum 1100. Jubiläum des Campo Santo, Freiburg 1897, 196–206

Schmidt, Erhardt: Die deutschen Könige und der Norden im späten Mittelalter, Diss., Würzburg 1950

Schoenstedt, Friedrich: König Sigmund und die Westmächte 1414–1415, in: Zeitschrift für universalgeschichtliche Forschung 14, 1954, 149–164

Schramm, Percy Ernst/Fillitz Hermann: Denkmale der deutschen Könige und Kaiser (= Veröffentlichungen des Zentralinstituts für Kunstgeschichte), 1979

Schrohe, Heinrich: Die Wahl Sigmunds zum römischen Könige, in: MIÖG 19, 1898, 471–516

Schroller, Franz: Die Wahl Sigmunds zum römischen Könige, Breslau 1875

Schubert, Ernst: König und Reich. Studien zur mittelalterlichen deutschen Verfassungsgeschichte (= Veröffentlichungen des Max Planck-Instituts für Geschichte 63), Göttingen 1979

Schürer, Oskar: Prag. Kultur. Kunst. Geschichte, 5. Aufl., München–Brünn 1935

Schuler-Alder, Heidi: Reichsprivilegien und Reichsdienste der eidgenössischen Orte unter König Sigmund 1410–1437 (= Geist und Werk der Zeiten 69), Bern–Frankfurt–New York 1985
Schulz, August: Die Kirchenpolitik König Sigmunds auf dem Konstanzer Konzil bis zur Flucht Johanns XXIII. (1413–1415), Diss., Freiburg 1921
Schuster, Georg: Der Conflict zwischen Sigmund und den Kurfürsten und die Haltung der Städte dazu (1424–1426), Diss., Berlin 1885
Schwarzenberg, Karl Fürst: Die Sankt Wenzels-Krone und die böhmischen Insignien (= Die Kronen des Hauses Österreich), 2. Aufl., Wien–München 1982
Schwerdfeger, Josef: Papst Johann XXIII. und die Wahl Sigmunds zum römischen König, 1410, in: Bericht des Akademischen Vereins deutscher Historiker in Wien, Vereinsjahr 1893/94, 15–69
Schwob, Anton: Oswald von Wolkenstein (= Schriftenreihe des Südtiroler Kulturinstitutes 4), 3. Aufl., Bozen 1979
Seibt, Ferdinand: Die Zeit der Luxemburger und die hussitische Revolution, in: Handbuch der Geschichte der böhmischen Länder, hrsg. von K. Bosl, Stuttgart 1967
Seeliger, Gerhard: Die Registerführung am deutschen Königshof bis 1493, in: MIÖG, Ergänzungsband 3, 1890/94, 223–360
Seeliger, Martin: Die politischen Beziehungen König Sigmunds zu Erich von Dänemark bis zum Jahre 1422, Diss., Halle–Wittenberg 1910
Slokar, Johann: Warum Herzog Friedrich von Tirol im Jahre 1415 von König Sigmund geächtet und mit Krieg überzogen wurde, in: Forschungen zur Geschichte Tirols 8, 1911, 197–214 und 293–303
Spors, Bruno: Die Beziehungen Kaiser Sigmunds zu Venedig in den Jahren 1433–1437, phil. Diss., Kiel 1905
Steinwenter, Arthur: Beiträge zur Geschichte der Leopoldiner, in: Archiv für österreichische Geschichte 58, 1879, 389–508
Ders.: Studien zur Geschichte der Leopoldiner, in: Archiv für österreichische Geschichte 63, 1882, 1–146
Stieber, Joachim W.: Pope Eugenius IV, the council of Basel and the secular and ecclesiastical authorities in the empire (= Studies in the history of christian thought), Leiden 1978
Stoob, Heinz: Kaiser Karl IV. und seine Zeit, Graz–Wien–Köln 1990
Storia di Milano, Vol. VI: Il ducato visconteo e la repubblica ambrosiana (1392–1450), Milano 1955
Straub, Theodor: Bayern im Zeichen der Teilungen und der Teilherzogtümer (1347–1450), in: Handbuch der bayerischen Geschichte, Bd. 2, hrsg. von M. Spindler, München, 2. Aufl., 1977, 182–267
Stromer, Wolfgang v.: Diplomatische Kontakte des Herrschers vom Weißen Hammel, Uthman genannt Quara Yulug, mit dem deutschen König Sigismund, in: Südostforschungen 20, 1961, 267–272
Ders.: Eine Botschaft des Turkmenenfürsten Quara Yuluq an König Sigismund auf dem Nürnberger Reichstag im März 1431, in: Jahrbuch für fränkische Landesforschung 22, 1962, 433–441
Ders.: Ein Wirtschaftsprojekt des deutschen Königs Siegmund, in: Vierteljahrschrift für Wirtschafts- und Sozialgeschichte 51, 1964, 374–382
Ders.: Oberdeutsche Hochfinanz 1350–1450, Bd. 2 (= Beihefte der Vierteljahrschrift für Wirtschafts- und Sozialgeschichte 56), Wiesbaden 1970
Ders.: König Sigmunds Gesandte in den Orient, in: FS Hermann Heimpel, Bd. II, Göttingen 1974, 591–609
Ders.: Die ausländischen Kammergrafen der Staatskrone, in: Hamburger Beiträge zur Numismatik 27/29, 1973/75, 85–106
Ders.: Die Schwarzmeer- und Levantepolitik Sigmunds von Luxemburg, in: Bulletin de l'Institut historique Belge de Rome 44), Bruxelles–Rome 1974, 601–611
Ders.: Die Kontinentalsperre Kaiser Sigismunds gegen Venedig 1412–1413, 1418–1433 und die Verlagerung der transkontinentalen Transportwege, in: Trasporti e sviluppo economico (= Istituto internazionale di storia economica „F. Datini", Publicazioni, Ser. II, Atti delle „Settimane di studio" e altri Convegni), Firenze 1986, 61–84
Stümke, Hans: Die Pläne einer Reform des Münzwesens bis zum Tode Kaiser Sigmunds (= Historische Studien 169), Berlin 1927

Suhle, Arthur: Deutsche Münz- und Geldgeschichte von den Anfängen bis zum 15. Jahrhundert, Berlin 1971
Szilági, Loránd v.: Die Personalunion des Deutschen Reiches mit Ungarn in den Jahren 1410 bis 1439, in: Ungarische Jahrbücher 16, 1937, 145–189
Tumbült, Georg: Schwäbische Einigungsbestrebungen unter König Sigmund (1426–1432), in: MIÖG 10, 1889, 98–120
Wakounig, Marija: Dalmatien und Friaul: Die Auseinandersetzungen zwischen Sigismund von Luxemburg und der Republik Venedig um die Vorherrschaft im adriatischen Raum (= Dissertationen der Universität Wien), Wien 1990
Walther, Helmut G.: Imperiales Königtum, Konziliarismus und Volkssouveränität, München 1976
Wefers, Sabine: Das politische System Kaiser Sigmunds (= Veröffentlichungen des Instituts für Europäische Geschichte, Abteilung Universalgeschichte 138), Stuttgart 1989
Werminghoff, Albert: Die deutschen Reichskriegssteuergesetze von 1422 bis 1427 und die deutsche Kirche, Weimar 1916
Werner, Ernst: Die Geburt einer Großmacht. Die Osmanen (1300–1481) (= Forschungen zur mittelalterlichen Geschichte 32), Wien–Köln–Graz 1985
Windecke, Eberhard: Das Leben König Sigmunds (= Die Geschichtsschreiber der deutschen Vorzeit, 15. Jahrhundert, Bd. 1), Leipzig 1886
Winterstein, Christian: Goldgulden von Basel, Basel 1977
Wyrozumki, Jerzy: Die territoriale Entwicklung Polens im Zeitalter der Jagiellonen, in: Polen im Zeitalter der Jagiellonen, Ausstellung Schallaburg 1986, Wien 1986
Zawadzki, Max: Die Cillier und ihre Beziehungen zu Kaiser Sigmund und König Albrecht, Halle 1911
Zimmermann, Harald: Die Absetzung der Päpste auf dem Konstanzer Konzil, in: Das Konzil von Konstanz, hrsg. von A. Franzen und W. Müller, Freiburg–Basel–Wien 1964, 113–137
Ders.: Das Mittelalter: 2. T.: Von den Kreuzzügen bis zum Beginn der großen Entdeckungsfahrten, Braunschweig 1979
Zygulski, Zdizlaw: Das Heer- und Militärwesen der Jagiellonen, in: Polen im Zeitalter der Jagiellonen, Ausstellung Schallaburg 1986, Wien 1986, 66–76

PERSONENREGISTER

Adolf I., Hzg. v. Jülich-Berg (†1437) 172, 181f, 219, 225f
Adolf I., Hzg. v. Kleve (†1448) 145, 257
Adolf von Nassau (†1298), dt. Kg. 113
Adolf II. v. Wiesbaden-Idstein, Gf. von Nassau (†1426) 80, 194
d'Ailly, Pierre, Theologe u. K. (†1420) 106ff, 124, 126ff, 138
Alben, Hans v. (†1433) 55f
Alben, Heinrich v. (†1444) 55f
Albergati, Nicolo, K. (†1443) 204, 209
Albik von Uniczow, Eb. v. Prag 123
Albrecht I., dt. Kg. (†1308) 13f, 15, 113
Albrecht II. (V.), dt. Kg. (†1439) 9, 12, 16, 56, 58, 70, 72, 98, 108, 119, 139, 143, 145, 149, 157ff, 165, 169, 177, 180, 184, 186–189, 191, 193, 203, 210f, 216, 218, 224f, 230, 248, 254, 265, 273–278, 286ff, 291–294
Albrecht II., Hzg. v. Österreich (†1358) 13f
Albrecht III., Hzg. v. Österreich (†1395) 14f, 33ff, 37, 43, 66
Albrecht IV., Hzg. v. Österreich (†1404) 11f, 16, 35, 37, 43, 46, 48f, 55, 58
Albrecht VI., Ehzg. v. Österreich (†1463) 277
Albrecht Achilles, Kfst. v. Brandenburg (†1486) 227f
Albrecht III., Hzg. v. Bayern-München (†1460) 171
Albrecht III., Kfst. v. Sachsen (†1422) 163, 175f
Albrecht IV. v. Werdenberg-Heiligenberg siehe Werdenberg
d'Aleman, Louis K. 238, 251, 280
Alexander V., P. (†1410) 61f, 74, 123
Alexander v. Masowien, B. v. Trient (†1444) 238, 273
Alexios IV. Komnenos, Ksr. v. Trapezunt 212
Ales v. Riesenburg 252
Amadeo VIII., Hzg. v. Savoyen (= Felix V.) (†1451) 88, 93, 103, 133, 197, 203f, 207–210, 227, 229, 234, 270, 288
Amman, Simon 277
Ammannatini, Manetto, Maler (†1450) 206

Alfons V., Kg. v. Aragon-Sizilien (†1458) 205, 232, 267, 269f
Andreas II., Kg. v. Ungarn (†1235) 40, 206
Andreas (†1345), Sohn v. Karl I. Robert v. Ungarn 20
Andreas v. Regensburg, Geschichtsschreiber (†1438) 76, 150, 169, 180, 211, 236, 292
Andreas, Eb. v. Kalocsa 103f, 107, 203
Anna v. Böhmen (†1394), Gem. Richards II. 120
Anna v. Böhmen u. Ungarn (†1547), Gem. Ferdinands I. 294
Anna v. Österreich (†1462), Gem. Kfst. Wilhelms v. Sachsen 291
Anna v. Görz, Gem. v. Brunoro della Scala 262, 288
Anton v. Burgund, Hzg. v. Brabant (†1416) 18, 31, 256f
Anton v. Vaudemont (†1447) 257f
Arco, Vinciguerra v. 91
Armagnac, Gf. Bernhard VII. v. 133ff
Artaud, Abt v. St. Antoine de Viennois 198f
Aschbach, Josef, Historiker (†1882) 8, 220

Bacon, Roger, Philosoph (†1294) 57
Bajazed (†1403), Sultan der Türkei 32, 35, 38ff
Barbara von Cilli siehe Cilli
Barbara v. Sachsen, Gem. Johanns v. Zollern 176
Barbara v. Zollern (†1481), Gem. Ludovicos III. Gonzaga 253
Barbadico, Johann 30
Barbaro, Francesco 253
Barbo, Pantaleon 28, 30
Barnard de Corbaria 205
Beaupère, Jean 238
Beckett, Thomas, Eb. v. Canterbury, Heiliger (†1170) 134
Bedford siehe John Bedford
de Bellonis, Ottobono 105
Benedikt XIII., P. (†1423) 42, 59f, 94f, 100, 102, 104f, 107, 109f, 130ff, 140
Benedikt v. Stuhlweißenburg (†1439) 241
Benesch v. Weitmühl, Geschichtsschreiber 17

Bernhard I., Mgf. von Baden (†1431) 110, 118, 140, 171f, 175, 192f, 211, 226
Bernhardin v. Siena, Heiliger u. Theologe (†1444) 244, 245
Bertrand de la Barre 132
Blanca v. Lancaster (†1409), Gem. Ludwigs III. v. d. Pfalz 75
Bodman, Frischhans v. (†1424) 143
Bodman, Hans Konrad (†ca. 1443/45) 175
Bogislav V., Hzg. v. Pommern (†1373/74) 18, 167
Bogislav IX., Hzg. v. Pommern-Stolp (†1446) 168, 185, 187
Bonifaz VIII., P. (†1303) 59
Bonifaz IX., P. (†1404) 35, 42ff, 46f, 49, 59f, 75
Brieg, Hzg. Ludwig v. 131
Branda siehe Castiglione Branda
Brisacher, Marquard 240, 247
Brunellesco, Filippo (†1446) 206
Bubek, Dietrich, ungar. Palatin (†1404) 39f, 44
Burkhard v. Rabenstein 85

Cane Facino, mailändischer Condottiere (†1412) 88f
Cangrande II. v. Verona siehe della Scala
Capodilista, Giovanni Francesco 289, 291
Carmagnola, Francesco Bussone Gf. v., venezianischer Condottiere (†1432) 197, 199, 201, 240
Carrara, Marsiglio 56
Castiglione, Branda, K. v. Piacenza (†1443) 55, 71f, 75, 88f, 164, 170, 186, 235, 238, 240, 251
Cesarini, Giuliano, K. u. Konzilspräsident (†1444) 225ff, 229f, 231, 234f, 238, 251, 279f, 282
Charles, Simon 258
Chlum, Heinrich v., gen. Lacembok 125, 128f
Chlum, Johann v. 125, 127ff
Chrysoloras, Manuel, Humanist (†1415) 94, 100, 106, 145
Cigala, Giovanni Battista, Diplomat 222, 269
Cilli, Gf. Wilhelm v. (†1392) 32, 38, 45
Cilli, Gf. Hermann II. v. (†1435) 38f, 41, 44–47, 55ff, 71f, 148, 177, 187, 191, 272, 277
Cilli, Gf. Friedrich II. v. (†1454) 56, 110, 204, 206, 273, 278, 292
Cilli, Gfin. Barbara v. (†1451) 57f, 71, 98, 170, 262, 273, 275f, 287, 291f, 294
Cilli, Gf. Ulrich II. v. (†1456) 278, 291f
Cilli, Gfin. Anna v. (†1416), Gem. Wladislaws II. v. Polen 71f
Cilli, Gfin. Elisabeth v. (†ca. 1426), Gem. Heinrichs IV. v. Görz 262
Clementia v. Habsburg (†1293), Gem. Karl Martells v. Ungarn 20
Codagnellus, Johannes 237
Colonna, Odo v., siehe Martin V.
Condulmer, Gabriele, siehe Eugen IV.
Contarini, Federigo 267

Conti, Luigi 243
Corner, Hermann, Geschichtsschreiber 32
Corrado del Caretto, Mgf. v. Savona 201f, 209, 232
Cossa, Baldassare, siehe Johannes XXIII.

Dandolo, Marco 214, 233, 236, 271, 287
Daniel v. Parenzo 238
Daniel, Woiwode der Walachei (†1431) 188, 205f, 213, 227
Dante Alighieri, Dichter u. Philosoph (†1321) 248ff, 288
Dietrich v. Mörs, Eb. v. Köln (†1463) 98, 103, 163, 169f, 182, 194, 230, 257
Dietrich von Niem, Theologe u. Geschichtsschreiber (†1418) 60, 93f, 100, 109, 122, 249
Długosz, Jan, Geschichtsschreiber (†1480) 9, 25, 45, 67, 153, 166, 292, 298
Dolfin, Giorgio 147
Domarat, Reichsverweser v. Polen 24
Domenico di Bartoldo, Ghezzi 244
Dominici, Giovanni, K. 104, 106f, 151
Donato, Andrea 269
Döring, Mathias, Theologe u. Geschichtsschreiber (†1469) 217
Droysen, Johann Gustav, Historiker (†1886) 184
Dschelaleddin, Khan der Goldenen Horde von Kiptschak 146

Ebendorfer, Thomas, Theologe u. Geschichtsschreiber (†1464) 12
Eberhard, B. v. Zagreb (†1419) 41, 45, 50, 54ff
Eduard III. Plantagenet, Kg. v. England (†1377) 101
Egmond, Maria, Gem. d. Gf. Johann 181
Egmond, Arnold v. (†1473), Hzg. v. Geldern 181f, 257
Eleonore v. Albuquerque, Gem. Kg. Ferdinands I. v. Aragon 131
Elisabeth v. Luxemburg (†1373), Gem. Albrechts III. v. Österreich 16, 18
Elisabeth v. Luxemburg (†1442), Gem. Albrechts II. 12, 56, 58, 70, 98, 148, 165, 292
Elisabeth v. Österreich (†1505), Gem. Kasimirs IV. v. Polen 265, 291, 293
Elisabeth v. Böhmen (†1330), Gem. Johanns v. Luxemburg 17
Elisabeth v. Polen (†1381), Gem. Karls I. v. Ungarn 19f, 23f, 26f, 65
Elisabeth v. Pommern (†1393), Gem. Karls IV. 18f, 167
Elisabeth v. Polen (†1361), T. Kasimirs III. u. Gem. Boguslaws V. v. Pommern 18
Elisabeth v. d. Pfalz (†1409), Gem. Friedrichs IV. v. Österreich 43
Elisabeth v. Görlitz (†1451), Gem. v. Anton v. Brabant u. Johann v. Bayern-Straubing 91, 182, 223, 256f

Elisabeth v. Polen, Gem. Wenzels II. v. Böhmen 250
Elisabeth v. Schleswig 187
Elisabeth v. Cilli siehe Cilli
Elisabeth v. Württemberg, Gem. Johanns IV. v. Werdenberg 262
Elisabeth v. Zollern (†1409), Gem. Eberhards III. v. Württemberg 262
Elisabeth v. Matsch (†ca. 1446), Gem. Friedrichs VII. v. Toggenburg 276f
Ems, Ulrich v. 117
Erich XIII. v. Pommern, Kg. v. Dänemark-Schweden-Norwegen (†1449) 71, 154, 167, 177f, 180, 183, 185–188, 194f, 198, 200, 259, 265
Erich V., Hzg. v. Sachsen-Lauenburg (†1435) 171, 176f, 185, 200, 229, 259
Ernst, Hzg. v. Österreich (†1424) 33, 43, 48, 56, 58, 70, 72, 79, 82, 85f, 118, 139, 143, 170f, 180, 193, 277
Eugen IV. (Gabriele Condulmer), P. (†1447) 226f, 229, 231, 234, 238f, 241, 243ff, 248, 251f, 255, 265ff, 269f, 274, 278ff, 283, 289f

Felix V., P., siehe Amadeo VIII. v. Savoyen
Ferdinand I., dt. Ksr. (†1564) 294
Ferdinand I. v. Antequera, Kg. v. Aragon (†1416) 104f, 128, 130ff, 205
Ferdinand, B. v. Lucca 151, 153
Filippo del Bene 197
Filippo Maria Visconti, Hzg. v. Mailand (†1447) 89f, 92, 96, 146f, 180, 196f, 199, 201–204, 207–210, 222f, 229, 232ff, 236–239, 241f, 246, 252, 266f, 269f, 277, 287f
Fillastre, Guillaume, K. 106, 108f, 141, 144
Fondolo, Gabrino 95
Forchtel, Ulrich 52
Foscari, Francesco, Doge v. Venedig (†1457) 204, 268f, 271, 286
Francesco I. da Carrara, Herr v. Padua (†1393) 23
Freiburg, Gf. Johann v. (†1457) 143
Friedrich I. Barbarossa, dt. Ksr. (†1190) 22, 215, 237, 247
Friedrich II., dt. Ksr. (†1250) 64, 113, 249
Friedrich „d. Schöne", dt. Kg. (†1330) 13
Friedrich III. (V.), dt. Ksr. (†1493) 145, 182, 248, 250, 273, 277, 287f, 293
Friedrich III. v. Saarwerden, Eb. v. Köln (†1414) 62, 74–79, 81
Friedrich IV. mit d. leeren Tasche, Hzg. v. Österreich (†1439) 43, 58, 70, 79, 81, 85f, 88, 90f, 95f, 99, 106, 109–112, 114–119, 139f, 142ff, 146, 176, 180f, 193f, 195, 197, 199, 204, 211, 225, 227, 235f, 254, 259f, 262, 264, 268, 271, 273, 276f
Friedrich I. „d. Streitbare", Mgf. v. Meißen u. Kfst v. Sachsen (†1428) 157f, 160, 171, 176f, 179, 185, 194f, 200, 209, 225

Friedrich II. „d. Sanftmütige", Kfst v. Sachsen (†1464) 160, 225, 230, 261
Friedrich V. v. Zollern, Burggf. v. Nürnberg (†1398) 21
Friedrich VI. v. Zollern, Kfst (I.) v. Brandenburg (†1440) 42, 48, 76–81, 97f, 113f, 116, 119, 128, 142, 144, 149, 160f, 163, 166, 168–171, 174ff, 178, 186, 189f, 192, 194f, 200, 209, 211f, 214, 218ff, 223ff, 227, 230, 253, 261
Friedrich II. v. Zollern „d. Eiserne", Kfst v. Brandenburg (†1471) 170, 186, 192, 262
Friedrich VII., Gf. v. Toggenburg u. Feldkirch (†1436) 91, 114ff, 139f, 180, 231, 235, 240, 244, 276
Friedrich v. Vaudemont, Hzg. v. Bar (†1470) 258
Friedrich III., Gf. v. Ortenburg (†1418) 79, 85, 87, 145
Friedrich, Priesterkönig (myth. Gestalt) 284
Fürstenberg, Gf. Egon v. (†1449) 114
Fürstenberg, Gf. Konrad v. (†v. 1419) 114
Fulcho, Benedetto, Diplomat 222f, 228, 233f, 236

Gara, Nikolaus I. v., ungar. Palatin (†1386) 22, 26f
Gara, Nikolaus II. v., ungar. Palatin (†1433) 30f, 35f, 39, 41, 44ff, 48, 55f, 69–72, 80, 131, 135, 187, 191, 271f
Gara, Johann v. (†1428) 56
Gedimin (†1341/42), Großfürst v. Litauen 65
Geissler, Johann 277, 288
Georg v. Liechtenstein, B. v. Trient (†1419) 90, 116, 139
Georg, B. v. Passau, siehe Hohenlohe
Georg Brankowitsch, Despot v. Serbien (†1456) 205, 213, 223, 272
Georg, B. v. Vic 290ff
Gerhard VI., Hzg. v. Schleswig (†1404) 187
Gerson, Johannes, Philosoph (†1429) 100, 111, 124, 127, 145
Geyger, Hans 97
Gianfrancesco Gonzaga, Mgf. v. Mantua (†1444) 240, 253, 286
Giangaleazzo Visconti, Hzg. v. Mailand (†1402) 37, 42, 47, 61, 83, 89, 196f, 204
Görz, Gf. Heinrich IV. v., Pfalzgf. v. Kärnten (†1454) 98, 262, 288
Görz, Gf. Johann Meinhard v., Pfalzgf. v. Kärnten (†1430) 98
Görres, Josef (†1848) 283
Gregor XI., P. (†1378) 23
Gregor XII., P. (†1417) 59ff, 76f, 79, 93ff, 100, 102f, 105–109, 121, 130, 226
Guidantonio v. Montefeltro, Fürst v. Urbino 253

Hachberg-Röttlen, Mgf. Wilhelm v. (†n. 1473), Konzilsprotektor 279
Hallum, Robert, B. v. Salisbury (†1417) 108, 110, 138, 140, 248
Harnack, Adolf v., Historiker (†1930) 124

Hartmann v. Werdenberg, B. v. Chur (†1416) 91, 114f
Hecht, Hermann 240
Hedervar, Lorenz v., ungar. Palatin (†1447) 238
Hedwig von Anjou, Kgin. v. Polen (†1399) 25f, 29, 31, 35f, 43, 65ff, 71, 265
Hedwig v. Polen, T. Wladislaws II. (†1431) 168, 186, 192
Hefele, Karl J. v., Historiker, B. v. Rottenburg 125
Heimburg, Gregor, Humanist u. Diplomat (†1472) 255, 261 u. 293
Heimpel, Hermann, Historiker (†1988) 9
Heinrich II., dt. Ksr. (†1024) 237
Heinrich III., dt. Ksr. (†1056) 105, 107
Heinrich VI., dt. Ksr. (†1197) 237
Heinrich (VII.), dt. Kg. (†1242) 113
Heinrich VII. v. Luxemburg, dt. Ksr. (†1313) 13, 17, 89, 113, 172, 237, 247ff, 288
Heinrich IV. v. Lancaster, Kg. v. England (†1413) 75, 86, 97, 101f, 138
Heinrich V. v. Lancaster, Kg. v. England (†1422) 94, 97, 102f, 108, 132ff, 136f, 140, 156, 163, 198, 209
Heinrich VI. v. Lancaster, Kg. v. England (†1471) 198, 258
Heinrich XVI., Hzg. v. Bayern-Landshut (†1450) 157f, 171, 186, 224, 226f, 260f
Heinrich Beaufort, K. v. Winchester (†1447) 134, 209ff
Heinrich III., Hzg. v. Schleswig, B. v. Osnabrück 186ff
Heinrich X. Rumpold, Hzg. v. Schlesien-Glogau (†1423) 187
Heinrich, Hzg. v. Brieg (†1399) 36
Heinrich v. Moos 203
Henri de Colombier 208
Hervoja, Woiwode v. Bosnien u. Hzg. v. Split (†1416) 56ff, 148f
Hieronymus v. Prag (†1416), hussit. Theologe 123, 129, 145, 150
Hohenlohe, Georg v., B. v. Passau, dt. Reichskanzler (†1423) 55, 98, 142, 164, 169, 177, 189
Hohenlohe, Gf. Albrecht v., kgl. Rat (†1429) 184f, 211
Hormayr, Joseph v., Historiker (†1848) 30
Horvati, Paul, B. v. Zagreb 26
Horvati, Johann v. (†1394?) 27, 30, 32
Hugo v. Hervorst 74
Hugo v. Werdenberg siehe Werdenberg
Humfried v. Lancaster, Hzg. v. Glocester (†1447) 134
Hus, Jan, Reformator (†1415) 100f, 120–129, 145, 147, 151, 161, 281
Hynek v. Kolstein 160f, 166

Ibrahim ibn Muhammed Tadschad–Din (†1463), Herrscher v. Karaman 228
Ilsvai, Leusták, ungar. Palatin (†n. 1400) 39

Innozenz VII., P. (†1406) 59f
Isabeau v. Bayern, Gem. Karls VI., Kgin. v. Frankreich (†1435) 137, 224
Isabella v. Lothringen, Gem. Renés I. v. Anjou (†1453) 257

Jacopo da Lonate 208
Jacques, Eb. v. Embrun 242
Jagiello siehe Wladislaw II. v. Polen
Jakobäa v. Bayern, Hzgin v. Holland (†1436) 134f, 138, 182, 224, 256f
Jakobellus v. Mies, huss. Theologe 150
Jakob I., Mgf. v. Baden (†1453) 261
Jakob, Mgf. v. Iseo 233
Jakob Picenus v. Marchia, Theologe u. Inquisitor (†1476) 272
Jakobus v. Voragine 237
Jean de Montreuil, Geschichtsschreiber 136
Jeanne d'Arc, Heilige (†1431) 258
Jeferimberdi, Khan d. Goldenen Horde 147
Jobst, Mgf. v. Mähren, dt. Kg. (†1411) 19, 22, 26f, 32–35, 37f, 42–49, 58, 74–81
Johannes XXIII. (Baldassare Cossa), P. (†1419) 55, 62, 74–77, 79, 81, 84ff, 89f, 94, 96, 98, 100, 103–110, 116, 118, 122–125, 130, 132, 142, 284
Johannes V. Paläologus, Ksr. v. Byzanz (†1391) 21
Johannes VIII. Paläologus, Ksr. v. Byzanz (†1448) 188, 212, 278ff, 289
Johannes v. Gelnhausen, Abt v. Maulbronn (†1443) 235, 239, 242
Johannes v. Palomar, Theologe 235, 252
Johannes v. Pomuk („Nepomuk") (†1393), Theologe 33, 121
Johannes v. Seelau, hussit. Theologe (†1422) 150ff
Johannes v. Segovia, Theologe u. Geschichtsschreiber (†1458) 290
Johannes v. Seravalle 248
Johann v. Luxemburg, Kg. v. Böhmen (†1346) 13, 17, 20, 29, 101, 214
Johann v. Nassau. Eb. v. Mainz (†1419) 42, 62, 74, 76–81, 98f, 110, 118, 163
Johann Ohnefurcht, Hzg. v. Burgund (†1419) 38–41, 75, 86, 91, 102f, 110, 133f, 137, 157
Johann III. v. Bayern-Straubing u. Holland (B. v. Lüttich) (†1425) 137f, 182, 185, 195, 223f, 256f
Johann v. Luxemburg, Hzg. v. Görlitz (†1396) 18, 22, 33f, 37f, 66f, 91, 182, 256
Johann, Dauphin, Gem. Jakobäas v. Bayern-Holland (†1417) 134, 137
Johann III., Hzg. v. Brabant (†1355) 256
Johann IV., Hzg. v. Brabant (†1427) 257
Johann v. Zollern, Burggf. v. Nürnberg (†1420) 38f, 81, 114, 262
Johann v. Zollern, Kfst. v. Brandenburg (†1464) 176
Johann v. Pfalz-Neumarkt (†1443) 171, 201, 210, 220, 225f, 230

Johann Stojkovich v. Ragusa siehe Stojkovich
Johann v. Bucca „der Eiserne",
  B. v. Leitoschmil 126, 184
Johann, Eb. v. Riga, siehe Wallenrode
Johann, B. v. Würzburg 80, 171, 186, 190, 194, 230
Johann IV., B. v. Zagreb, Reichskanzler (†1433) 177, 200, 226, 248
Johann, B. v. Zengg 269, 287, 290
Johann, B. v. Veszprém 204f, 208
Johann IV. v. Werdenberg siehe Werdenberg
Johann v. Aussig 85
Johann, Propst v. Ofen 199
Johann VI. v. Waldau, B. v. Lebus (†1424) 185
Johann v. Paslisna 31
Johann v. Pribam 275
Johann Nas, B. v. Chur (†1440) 242, 245, 251ff, 273
Johann Heinrich, Mgf. v. Mähren, Gf. v. Tirol (†1375) 15, 18
Johann Jakob, Mgf. v. Montferrat 253
Johanna I., Kgin. v. Neapel (†1382) 20, 23
Johanna II., Kgin. v. Neapel (†1435) 36, 45, 49, 104, 205, 269
Johanna v. Brabant (†1406), Gem. Wenzels v. Luxemburg 17
Johanna, T. Hzg. Wilhelms II. v. Jülich-Geldern 181
Johanna v. Bayern (†1410), Gem. Albrechts IV. v. Österreich 224
John v. Lancaster, Hzg. v. Bedford (†1435) 198, 258
Jolanda v. Anjou, Gem. Friedrichs v. Vaudemont 258
Josa, Turcus 228
Juan II., Kg. v. Kastilien (†1454) 104, 289f
Jungingen, Konrad v., Hochmeister d. Dt. Ordens (†1407) 67f
Jungingen, Ulrich v., Hochmeister d. Dt. Ordens (†1410) 67f
Justinger, Konrad, Geschichtsschreiber (†ca. 1438) 114
Juvenal des Ursins, Geschichtsschreiber 133

Kalde, Peter 238, 240
Kamerer, Ulrich, ungar. Kammergraf (†n. 1438) 51f, 55
Kanizsai, Johann, Eb. v. Gran u. Reichskanzler (†1418) 28, 39, 41, 44f, 48ff, 66, 70, 72, 80, 88, 133, 142
Karl d. Große, Ksr. (†814) 105, 236, 283
Karl IV. v. Luxemburg, dt. Ksr. (†1378) 8, 12–15, 17–23, 28, 59, 68, 74, 85, 91, 113, 120, 151, 158f, 163, 171f, 195, 215, 237, 247f, 256, 278, 288
Karl V., dt. Ksr. (†1558) 271
Karl III. d. Einfältige, Kg. v. Frankreich (†929) 283
Karl V., Kg. v. Frankreich (†1380) 21f

Karl VI., Kg. v. Frankreich (†1422) 22, 26, 42, 71, 75, 91, 95f, 101ff, 105, 118, 133, 135, 137, 140, 198, 224, 256
Karl VII., Kg. v. Frankreich (†1461) 195, 198, 225, 235, 236, 258ff
Karl I. Robert v. Anjou, Kg. v. Ungarn (†1342) 19f
Karl I. v. Anjou, Kg. v. Neapel (†1285) 20
Karl II. v. Anjou, Kg. v. Neapel (†1309) 20, 23
Karl III. von Anjou-Durazzo, Kg. v. Ungarn (†1386) 23, 26ff, 36, 60
Karl III., Kg. v. Navarra 131
Karl II., Hzg. v. Lothringen (†1431) 118, 210, 257f
Karl, Hzg. v. Orleans (†1465) 91, 96
Kasimir III. d. Große, Kg. v. Polen (†1370) 14, 18ff, 24, 64
Kasimir IV., Kg. v. Polen (†1492) 265, 291, 293
Kaspar v. Waldenfels 220
Katharina v. Luxemburg, Gem. Rudolfs IV. v. Österreich (†1395) 14f
Katharina v. Anjou, T. Ludwigs d. Großen v. Ungarn (†1376) 18, 21f
Katharina v. Valois, Gem. Heinrichs V. v. England (†1438) 137, 198
Katharina v. Lancaster, Witwe Heinrichs III. u. Regentin v. Kastilien 131f
Katharina v. Burgund, Gem. Leopolds IV. v. Österreich (†1425) 225
Katharina, T. Friedrichs V. v. Zollern 21
Kerler, Dietrich, Historiker 184
Kery, Bertalan, Historiker 9
Kirchen, Johannes 98, 172, 247
Klemens V., P. (†1314) 237
Klemens VII., P. (†1394) 23, 36, 42
Klingenberg, Kaspar v. 175
Klux, Hartung v., Diplomat (†ca. 1445) 97, 101f, 156, 247, 251
Koller, Heinrich, Historiker 284, 294
Konrad II., dt. Ksr. (†1039) 237
Konrad III., dt. Kg. (†1152) 237
Konrad III. v. Dhaun, Eb. v. Mainz (†1434) 163, 170f, 173, 178f, 181, 194, 200, 218f, 223
Konrad v. Vechta, Eb. v. Prag (†1431) 124, 150, 158, 161, 229
Konrad v. Waldhausen (†1369), Theologe 120
Konrad v. Bickenbach 190
Konstantin d. Große, röm. Ksr. (†337) 105
Konstantin v. Morea (= Konstantin XII., Ksr. v. Byzanz) (†1453) 212

Lackfi, Stefan, Woiwode v. Siebenbürgen u. ungar. Palatin (†1397) 41
Ladislaus v. Durazzo, Kg. v. Sizilien (†1414) 36, 41, 44ff, 48–51, 56f, 59ff, 75, 83ff, 88–96, 103, 123, 148
Ladislaus Postumus, Kg. v. Böhmen u. Ungarn (†1457) 293
Landulf v. Bari, K. 60

Laurent, Jean 132
Laurentius v. Březová, Geschichtsschreiber (†ca. 1438) 152
Laurenz v. Pastoch 88
Lazar, Despot v. Serbien (†1389) 29, 31
Lefl v. Laczan, Heinrich 123f
Leinigen, Emich VI. v. (†1442) 55
Leopold III., Hzg. v. Österreich (†1386) 14f, 24, 43, 70, 85, 114
Leopold IV., Hzg. v. Österreich (†1411) 35, 37, 43, 47, 58, 70, 225
Lodovico de Sabini 208
Lorenzetti, Ambrogio, Maler 244
Lorenzo de Monacis 30
Lortz, Joseph, Historiker u. Theologe (†1975) 129
Ludovico III. Gonzaga, Mgf. v. Mantua (†1478) 253
Ludwig der Bayer, dt. Ksr. (†1347) 13, 17, 20, 159, 223, 237, 247
Ludwig II., Kg. v. Italien (†875) 237
Ludwig I. d. Große, Kg. v. Ungarn u. Polen (†1382) 12, 14–27, 31, 50, 54f, 64ff
Ludwig VI. der Römer, Kfst. v. Brandenburg (†1365) 18
Ludwig III., Kfst. v. d. Pfalz (†1436) 42, 74–79, 81, 103, 108, 114, 117, 128, 130, 138, 163, 176, 178f, 187, 192, 194
Ludwig VII. d. Bärtige, Hzg. v. Bayern-Ingolstadt (†1447) 118f, 133, 186, 191f, 224f, 227, 260f, 271
Ludwig II., Gf. v. Flandern (†1384) 256
Ludwig, Patriarch v. Venedig, siehe Teck
Ludwig I., Gf. v. Württemberg (†1450) 261
Ludwig I. d. Friedfertige, Gf. v. Hessen (†1458) 287
Ludwig II. v. Brieg u. Liegnitz, Hzg. v. Schlesien (†1436) 108
Ludwig I. v. Anjou (†1384) 21
Ludwig II. v. Anjou (†1417) 36, 95, 137
Ludwig III. von Anjou-Sizilien (†1434) 269
Ludwig von Orleans (†1407) 26, 75, 91, 101
Lupfen, Hans v., Gf. v. Stühlingen (†1436) 90, 114, 116ff, 140, 175f, 209, 287
Lupfen, Eberhard v. (†1448) 287
Luther, Martin, Reformator (†1546) 293

Machiavelli, Niccolò, Philosoph (†1527) 295
Malatesta, Carlo, Herr v. Rimini 87f, 93, 103f, 130
Malatesta, Pandolfo, Feldherr 88
Mályusz, Elemér, Historiker 8f, 54
Marcus v. Nürnberg, ungar. Oberstkammergraf (†n. 1418) 51f
Manderscheid, Ulrich v., erw. Eb. v. Trier (†1438) 283
Manuel II. (†1425), Ksr. v. Byzanz 39, 41, 84f, 105f, 188
Margarethe I., Kgin. v. Dänemark-Schweden-Norwegen (†1412) 145

Margarethe „Maultasch", Gfin. v. Tirol (†1369), Gem. Joh. Heinrichs v. Luxemburg u. Ludwigs d. Brandenburgers 14
Margarethe v. Brabant (†1368), Gem. Ludwigs II. v. Flandern 256
Margarethe v. Flandern (†1405), Gem. Philipps d. Kühnen v. Burgund 256
Margarethe v. Bayern-Holland (†1423), Gem. Johanns v. Burgund 256
Margarethe v. Luxemburg (†1349), Gem. Ludwigs I. v. Ungarn 17, 19
Margarethe v. Luxemburg (†1410), Gem. Burggf. Johanns v. Zollern 262
Margarethe v. Österreich (†1366), Gem. Meinhards III. v. Tirol u. Joh. Heinrichs v. Mähren 15
Margarethe v. Pommern (†1407), Gem. v. Hzg. Ernst v. Österreich 33
Margarethe v. Brieg (†n. 1409), Verlobte Kg. Sigismunds 36, 45
Margarethe v. Prades, Witwe Kg. Martins I. v. Aragon 131
Margarethe v. Burgund (†1441), Gem. Wilhelms II. v. Bayern-Holland 134, 224, 256
Maria v. Anjou, Kgin. v. Ungarn (†1395), Gem. Kg. Sigismunds 18, 22–30, 32, 36, 54
Maria v. Ungarn, Gem. Karls II. von Anjou 20
Maria v. Burgund (†1463), Gem. Adolfs I. v. Kleve 257
Maria Brankowitsch, Gem. Sultan Murads II. (†1451) 272
Mariano di Jacopo Vanni, gen. Taccola, Maler 244
Maroth, Johann (†1434/35) 206
Marsilius v. Padua, Philosoph (†1342/43) 221
Martin V. (Odo Colonna), P. (†1431) 123, 130, 141f, 144, 151, 154, 165f, 169, 186, 188, 201, 205, 209, 220f, 223, 225, 232f, 235, 241, 256, 283
Martin I., Kg. v. Aragon (†1410) 131
Marx, Karl, Philosoph (†1883) 201
Masaccio, eigentl. Tommaso di Giovanni di Simone Guidi, Maler (†1428) 241
Masolino, Panicale da (†1447), Maler 241
Matko v. Thallóczy (†1445) 236, 238, 245, 247
Matteo v. Tallotz 213
Matthäus v. Paris, Geschichtsschreiber 237
Mauroux, Jean, Patriarch v. Antiochien 110, 140
Maximilian I., dt. Ksr. (†1519) 271, 293f
Megiser, Hieronymus, Humanist u. Geschichtsschreiber (†1616) 149
Meinhard v. Neuhaus 261
Mengen, Johann 85
Michelangelo Buonarroti (†1564), Maler 241
Michael Küchenmeister, Hochmeister d. Dt. Ordens (1414–1422) (†1423) 147, 154
Michael, Woiwode der Walachei 36
Michael de Causis (von Deutschbrod), Theologe 125f
Michael v. Jakch 205
Milanesi da Prato, Giovanni 199

Milic, Konrad 120
Mircea, Woiwode der Walachei (†1418) 35f, 38f, 188, 227
Mocenigo, Tommaso, Doge v. Venedig (†1423) 41, 87f, 92
Mohammed I., Sultan d. Türkei (†1421) 148f
Montfort, Wilhelm v., K. 243
Montfort-Tettnang, Rudolf VII. v. (†1445) 114
Montfort-Tettnang, Wilhelm V. v. (†1439) 114, 277
Montfort-Bregenz, Wilhelm VII. v. (†1422) 114
Moraw, Peter, Historiker 17, 105
Mosca, Bartolomeo 199, 202, 233, 236
Murad I., Sultan d. Türkei (†1399) 21, 31
Murad II., Sultan d. Türkei (†1451) 149, 188, 191, 212f, 228, 272
Muratori, Antonio Ludovico, Historiker u. Philosoph (†1750) 236f

Nassau, Johann v., siehe Johann v. Nassau
Nellenburg, Gf. Eberhard IV. v. (†1422) 94, 114, 117, 139, 175
Nepomuk siehe Johannes v. Pomuk
Niccolò dei Beccari 23
Nider, Johann, Theologe (†1438) 235, 239
Nikolaus v. Este, Mgf. v. Ferrara 246, 253
Nikolaus Cusanus, Philosoph u. Theologe (†1464) 9, 210f, 249, 251, 279f, 282ff, 293
Nikolaus (Pruntzlein) v. Dinkelsbühl, Theologe (†1433) 100, 107f, 119
Nikolaus v. Dresden 150
Nikolaus v. Gorecz „Sarazenus" 212, 228
Nikolaus v. Hus 150, 157
Nikolaus v. Nazareth 127
Nikolaus de Altronandis 74
Nikolaus v. Troppau 216
Novello de Caimi 202

Ockham, Wilhelm v., Philosoph (†1349) 221
Offenburg Henmann, Diplomat (†1459) 194, 247, 252, 289
Olesnicki, Zbigniew, Eb. v. Krakau 216, 229
Olgerd, Großfst. v. Litauen (†1377) 215
Oppeln, Hzg. Bolko v. 32
Orsini, Giordano K. (†1438) 200
Orsini, Bertoldo 86, 88f, 94, 135
Ostoja, Stefan, Kg. v. Bosnien (†1418) 148
Otto III., dt. Ksr. (†1002) 215
Otto V. d. Faule, Kfst. v. Brandenburg (†1379) 18, 22
Otto I., Pfalzgf. v. Mosbach (†1461) 225f
Otto v. Ziegenhain, Eb. v. Trier (†1430) 163, 209
Otto III. v. Hachberg, B. v. Konstanz (†1451) 114
Öttingen, Gf. Ludwig XII. v., Hofmeister Sigismunds (†1440) 175, 192f, 200, 219f

Palecz, Stefan, Theologe 123, 125, 127
Pappenheim, Haupt II. v., Reichserbmarschall (†1439) 175, 181, 234

Paul v. Ardzis 289
Payne, Peter 282
Pedro v. Portugal 196, 206
Peter v. Schaumberg, B. v. Augsburg (†1469) 236, 289f
Peter, Woiwode der Moldau 31
Peter v. Pulkau, Theologe 127
Peter v. Mladenovic, Theologe 128
Peter (Meister), Diplomat 190
Petrus de Monte 251
Pfintzing, Sebald 189
Philibert v. Coutances, Theologe u. Administrator des Erzbistums Prag 282
Philipp IV. d. Schöne, Kg. v. Frankreich (†1314) 101
Philipp VI. v. Valois, Kg. v. Frankreich (†1350) 101
Philipp d. Gute, Hzg. v. Burgund (†1467) 182, 224f, 227, 236, 255, 257ff, 263, 287f
Philipp d. Kühne, Hzg. v. Burgund (†1404) 38, 256
Philipp v. St. Pol, Hzg. v. Brabant (†1430) 224, 257
Philipp I. zu Weilburg-Saarbrücken, Gf. v. Nassau, kgl. Rat (†1429) 80
Philipp v. Heimgarten 197
Piccolomini, Enea Silvio (= 1458 P. Pius II.) (†1464) 32, 58, 153, 180, 212, 244, 248, 251, 274, 276, 279, 288, 292f
Pisanello, Antonio di Puccio Pisano, Maler (†1455) 188, 240
Plauen, Heinrich v., Hochmeister d. Dt. Ordens (1410–1413) (†1429) 69
Plethon, Georgios Gemisthos, v. Mistra, Philosoph (†1452) 280
Poggio, Bracciolini, Giovanni Francesco (†1459), Humanist 100, 145
Prokop, Mgf. v. Mähren (†1405) 22, 26f, 33, 37f, 42f, 46f, 58
Prokop d. Große, Hussit (†1434) 191, 201, 209, 216f, 219ff, 229f, 243, 251, 261
Prokop d. Kleine, Hussit (†1434) 191, 261
Puchala, Dobeslaw 221
Putsch, Ulrich, B. v. Brixen (†1437) 254
Przemysl II., Hzg. v. Großpolen (†1296) 250

Quara Yuluk, gen. Uthman ibn Tur Ali, der „schwarze Blutegel" (†1435) 146ff, 212, 227f
Qurmans ibn Husain ibn Nuair, arab. Fürst 228

Raban v. Helmstadt, B. v. Speyer, Eb. v. Trier (†1439) 172, 186f, 190, 211f, 232, 283
Raczynski, Wyszek 166
Radul, Woiwode der Walachei (†1427) 206
Redwitz, Nikolaus v. 207, 213f
René I. v. Anjou, Titularkg. v. Sizilien, Hzg. v. Lothringen (†1480) 257ff, 269

René II. v. Vaudemont, Hzg. v. Lothringen (†1508) 258
Richard II. Plantagenet, Kg. v. England (†1399) 101,120
Richental, Ulrich v., Geschichtsschreiber (†1434) 119
Reginald, Eb. v. Reims 134
Reinald IV., Hzg. v. Jülich-Geldern (†1423) 181
Rinaldo degli Albizzi 200,202
Roch Schah, Herrscher v. Samarkand u. Persien (†1447) 212,228
Rohac, Jan 281
Rokyczana, Jan v., utraquist. Eb. v. Prag (†1471) 201, 229, 243, 251f, 261, 274ff, 282
Rosenberg, Ulrich v. 157,161,281
Roselli, Antonio, Philosoph u. Theologe (†1466) 8, 246, 248ff, 294
Rosenplüt, Hans, gen. d. Schnepperer, Dichter (†ca. 1470) 209f
Rozgony, Stephan 213
Rudolf I. v. Habsburg, dt. Kg. (†1291) 17,20,113
Rudolf IV. der Stifter, Hzg. v. Österreich (†1365) 10, 12, 14f
Rudolf III., Kfst. v. Sachsen (†1419) 74f, 78–81, 163, 176
Ruprecht v. d. Pfalz, dt. Kg. (†1410) 34, 42ff, 46–49, 58, 60ff, 76f, 82f, 85, 98, 121, 152, 168, 172f, 186, 256, 294, 303
Ruprecht II., Kfst. v. d. Pfalz (†1398) 34, 38, 42
Rußdorf, Paul v., Hochmeister d. Dt. Ordens (1422–1441) 170f, 207, 214, 222, 225, 250, 265, 274

Sbinko v. Hasenburg, Eb. v. Prag 122f
Scala, Brunoro della (†1434), Thronprätendent v. Verona 56, 86, 131, 135, 173, 196, 202, 204f, 208, 233, 238, 262, 267f, 271, 285
Scala, Bartolomeo della 238
Scala, Cangrande II., Herr v. Verona (†1359) 262
Schele, Johannes VII., B. v. Lübeck (†1439) 261, 276, 279, 284, 289f
Schenk v. Landsberg, Albrecht 80,176
Schilling, Diebold d. Ältere (†1486), Geschichtsschreiber 119
Schiltperger, Johannes, Geschichtsschreiber 38, 40f
Schlick, Kaspar, Reichskanzler (†1449) 145, 177, 207, 236, 238, 244f, 247f, 253, 274, 277, 291f
Schoef, Hermann 66
Schwarzenberg, Walter 192
Scolari, Filippo, siehe Spano, Pippo
Sekendorf, Erenfried v. 97
Sforza, Francesco (†1466), Condottiere u. Hzg. v. Mailand 255, 267
Sierck, Jakob v., Theologe u. Eb. v. Trier (†1456) 242, 245, 247, 283
Sigismund Korybut, Gubernator v. Böhmen (†1440) 164, 166, 168ff, 175–178, 183, 189ff, 201, 204, 221, 229, 250

Sigismund d. Münzreiche, Hzg. v. Österreich (†1496) 9,273
Sigismund v. Este 253
Sisman III. v. Tirnovo, Fürst v. Bulgarien (†1393) 31
Sluter, Lambert 55
Sophia v. Bayern (†1425), Gem. Kg. Wenzels v. Böhmen 43, 151ff, 169, 235
Sophia (†1461), Gem. Wladislaws II. v. Polen 183
Spano, Pippo (Filippo Scolari), Gf. v. Ozora, Feldherr (†1426) 45, 52, 55f, 62, 74, 80f, 84ff, 88, 165, 177, 206
St. Denis, Mönch v., Geschichtsschreiber 102
Starkenberg, Ulrich v. 181
Starkenberg, Wilhelm v. 181
Steeg, Winand v., Theologe (†1453) 145, 248
Stefan, Dabischia, Kg. v. Bosnien (†1395) 32, 35
Steno, Michele, Doge v. Venedig (†1413) 61
Stephan V., Kg. v. Ungarn (†1272) 20
Stephan Lazarewitsch, Despot v. Serbien (†1427) 39, 57, 72, 148, 188, 205f
Stephan II., Hzg. v. Bayern-Ingolstadt (†1413) 34, 42, 78, 80, 88, 91
Stephan, Pfalzgf. v. Simmern-Zweibrücken-Veldenz (†1459) 226
Stibor v. Stiborze, Woiwode v. Siebenbürgen (†1414) 28, 32, 36, 41, 45, 48, 50, 55, 67, 69f, 80
Stock, Dr. Nikolaus 238, 240f, 247, 251
Stojkevich, Johannes v. Ragusa 230, 235, 251
Strassoldo, Lodovico 253
Stromeir, Ulman 97
Stromeir, Georg 97f
Stromeir, Sigismund 189
Stromer, Wolfgang v., Historiker 9
Stüssi, Rudolf, Bürgermeister v. Zürich (†1443) 198, 247
Svihóvsky, Jan 241
Swidrigal, Großfürst v. Litauen (†1452) 212, 265f
Szaffraniec, Johannes, poln. Kanzler 221
Szántói, Lukas (†1406), Propst v. Ofen 55

Tari, Laurenz, Dichter (†n. 1426) 57, 294
Teck, Hzg. Ludwig VII. v., Patriarch v. Aquileia (†1439) 86, 145, 186, 202, 204, 246, 278, 286
Teodoro II., Mgf. v. Montferrat 88, 93, 96, 203
Theodor II., Despot v. Morea (†1448) 212
Theodosius, röm. Ksr. (†395) 105
Thomas v. Saluzzo 246
Thuróczy, Johann (†ca. 1490), Geschichtsschreiber 9, 31
Timur Lenk (Tamerlan), Herrscher der Mongolen (†1405) 40, 148, 212, 227f
Torner, Kaspar 197
Traversario, Ambrogio, K. u. päpstl. Legat (†1439) 253, 278f
Trulle 167

Twartko I., Kg. v. Bosnien (†1391) 21, 26, 28–32, 148, 206
Twartko II., Kg. v. Bosnien (†1443) 56f, 148, 206, 273

Urban VI., P. (†1389) 23, 35, 59f

Vasari, Giorgio, Kunsthistoriker (†1574) 241
Vener, Job, Diplomat 284
Vergerio, Pier Paolo, Humanist (†1444) 131, 145, 290
Vignati, Giovanni 95
Visconti, Estorre 89
Visconti siehe Filippo Maria Visconti
Visconti siehe Giangaleazzo Visconti
Visconti, Giovan Carlo 89
Visconti, Giovanni Maria, Hzg. v. Mailand (†1412) 89
Visconti, Viridis (†1414), Gem. Leopolds III. v. Österreich
Vischel, Dr. Georg, Diplomat 279, 289
Vitez, Johannes, Humanist (†1472) 284
Vooght, Paul de, Theologe 125
Vrie, Dietrich, Theologe 108

Waldburg, Johann II., Truchseß v., Reichslandvogt in Schwaben (†1424) 116, 143
Walker, Ulrich 199
Wallenrode, Johann, Eb. v. Riga (1393–1418) u. B. v. Lüttich (1418–1419) (†1419) 72, 131f, 140
Wartenberg, Cenek v. 153, 156f, 161
Weinsberg, Konrad v., Reichserbkämmerer 114, 116f, 163, 169, 173, 181, 184f, 188, 193, 200, 218, 229, 234, 264, 276f
Wenzel IV. v. Luxemburg, dt. Kg., Kg. v. Böhmen (†1419) 13ff, 18f, 21f, 26f, 33f, 37f, 43f, 46–49, 60ff, 66–69, 71, 74–80, 82f, 85, 90f, 98, 120, 123f, 129, 149–153, 157f, 163, 168f, 185, 195, 201, 204, 247, 256f, 275, 294
Wenzel II., Kg. v. Böhmen (†1305) 17, 250
Wenzel v. Luxemburg, Hzg. v. Brabant (†1383) 17f, 256
Werdenberg-Heiligenberg, Gf. Albrecht IV. (†1416) 262
Werdenberg-Heiligenberg, Gf. Hugo VIII. (†1428) 91, 262
Werdenberg-Heiligenberg, Gf. Johann IV. (†1465) 262
Werner v. Falkenstein, Eb. v. Trier (†1418) 74, 76, 78–82, 163f
Wiclif, John, Reformator (†1384) 120–124, 126ff, 133, 150
Wilhelm, Hzg. v. Österreich (†1406) 24f, 35, 37, 43, 45, 48f, 58, 250, 265, 269
Wilhelm III., Hzg. v. Bayern-München, Konzilsprotektor (†1435) 157f, 171, 186, 191, 200, 224–227, 235, 240, 251ff, 256, 260, 279
Wilhelm I., Markgf. v. Meißen (†1407) 33, 35, 66
Wilhelm II. d. Reiche v. Altenburg, Markgraf v. Meißen (†1425) 158, 175f
Wilhelm II., Hzg. v. Bayern-Straubing, Gf. v. Holland (†1417) 134–138, 182, 224
Windecke Eberhard, Geschichtsschreiber (†1442) 12, 34, 52, 54, 69, 90, 97, 136f, 172, 181, 236, 247, 292
Witich v. der Pforten 147
Witold, Großfürst v. Litauen (†1430) 31, 56, 65, 67, 69–72, 82, 154f, 160f, 164–169, 171, 177, 183f, 186f, 189, 191f, 212, 214ff, 221f, 225, 233, 265, 294
Wladislaw Lokietek, Kg. v. Polen (†1333) 64
Wladislaw II. Jagiello, Kg. v. Polen, Großfürst v. Litauen (†1434) 25, 28f, 31, 36, 43, 45, 64–72, 82–87, 89, 153ff, 160f, 164, 166, 168f, 171, 175, 177f, 183, 186f, 189, 192, 194, 214ff, 221f, 225, 229, 250, 259, 261, 265, 294
Wladislaw III., Kg. v. Polen u. Ungarn (†1444) 186, 200, 261, 265, 291
Wladislaw, Kg. v. Böhmen und Ungarn (†1516) 293f
Wladislaw, Hzg. v. Oppeln 65ff
Wrede, Johann 55

Zabarella, Francesco, Theologe u. K. (†1417) 92, 94, 109, 131, 145
Zawisza, Czarny v. Garbów (†1428) 213
Zeno, Antonio 166ff
Ziemovit III., Hzg. v. Masowien, Thronprätendent in Polen (†1426) 25, 70
Zimburgis v. Masowien (†1429) 70
Žižka, Jan v. Trocznow, hussitischer Heerführer (†1424) 150, 152, 155ff, 159, 161, 165f, 180, 183, 191